La nueva alquimia entre el aprendizaje y la enseñanza

CIENCIAS SOCIALES EN ABIERTO

Editada por

DAVID CALDEVILLA DOMÍNGUEZ
ALMUDENA BARRIENTOS-BÁEZ

Vol. 17

PETER LANG

Berlin - Bruxelles - Chennai - Lausanne - New York - Oxford

Bárbara Cerrato Rodríguez /
Nazareth Martínez Heredia /
Juan Manuel Corbacho Valencia (eds.)

La nueva alquimia entre el aprendizaje y la enseñanza

PETER LANG

Berlin - Bruxelles - Chennai - Lausanne - New York - Oxford

Información bibliográfica publicada por la Deutsche Nationalbibliothek
La Deutsche Nationalbibliothek recoge esta publicación en la Deutsche Nationalbibliografie; los datos bibliográficos detallados están disponibles en Internet en http://dnb.d-nb.d.

Catalogación en publicación de la Biblioteca del Congreso
Para este libro ha sido solicitado un registro en el catálogo CIP de la Biblioteca del Congreso.

ISSN 2944-4276
ISBN 978-3-631-91603-2 (Print)
E-ISBN 978-3-631-93463-0 (E-PDF)
E-ISBN 978-3-631-93464-7 (EPUB)
DOI 10.3726/b22720

Publicado por Peter Lang GmbH, Berlín, Alemania
info@peterlang.com - www.peterlang.com

PREFACIO

El presente libro, *La nueva alquimia entre el aprendizaje y la enseñanza*, incluido en la colección '*Ciencias sociales en abierto*' de la editorial PETER LANG reúne textos que sirven de puente entre el ayer y el hoy y lanzan sus redes al mañana.

Todos los capítulos que conforman las presentes páginas suponen una apuesta comprometida con la Academia, la ciencia y sus investigadores por parte de unos autores que quieren exponer sus experiencias profesionales en las aulas y en los laboratorios, transmitiendo y compartiendo sus logros. Los campos del saber en los que se centra la colección '*Ciencias sociales en abierto*' compendian lo que damos en llamar Ciencias Sociales, Docencia y Humanismo pues en ellas encontramos el verdadero centro del universo: el hombre, ya que sin él nada tendría sentido.

La Academia halla su esencia y motivo de ser en esfuerzos como el que aquí se presenta, fruto de años, si no de carreras docentes completas, llenos de labores concienzudas, vocacionales y reiteradas, las más de las veces calladas, pero con gran predicamento social pues la imagen de la Ciencia y los científicos es socialmente siempre muy valorada, aunque sea más citada que comprendida por el gran público.

Los autores de los capítulos conformantes de este volumen son profesores investigadores con años de desempeño en Universidades de muchos países, en especial los de la Lengua y los de los países hermanos lusófonos, a los que se unen algunos europeos que trabajan en idioma italiano, francés e inglés.

Su valía, su profesionalidad y su buen hacer revierten en la sociedad el esfuerzo que ésta realiza para que los centros de investigación y docencia mejoren y la hagan avanzar; es un camino de doble sentido que busca una simbiosis perfecta. Acompasar necesidades y aportaciones de una y de otra, Academia y sociedad, deben ser el motor de esta relación nuclear para el desarrollo del hombre.

El compromiso de calidad, exigido y exigible en todo producto científico se halla respaldado por la inestimable, y pocas veces valorada en su justa medida, labor del conspicuo Comité Editorial conformado por más de 200 doctores de más de 40 universidades internacionales, y cuyas filiaciones encabezan cada libro. Así podemos asegurar que los resultados aquí expuestos responden a los cánones de excelencia científica irrenunciable en el trabajo académico; es decir, todos los capítulos han superado la llamada revisión por doble par ciego (*peer review*). Este método, apriorístico y secular en la Universidad avala que la evaluación es llevada a cabo por académicos de igual categoría (pares), que desconocen la autoría de los textos arbitrados (ciegos) y al menos en número de dos (doble).

Deontológica e inconcusamente, todos los firmantes se han comprometido a salvaguardar las exigencias propias de la ética investigadora: renunciar al plagio, veracidad en la obtención de datos, presentación de conclusiones pertinentes y desinteresadas, planteamiento de resultados que supongan un avance académico-científico, eludir la autoalabanza y la colusión académica, las autocitas o las de favor a terceros, evitar la parcialidad en la selección de las fuentes epistemológicas y teóricas, remitirse a todos los datos procedentes, adecuados, relevantes y actuales y no omitir informaciones que puedan colisionar con los postulados o pretensiones del texto o directamente los refuten.

Por ello, está garantizado el total cumplimiento de todos los requisitos imprescindibles y la observancia rigurosa de lo anteriormente descrito. Todo ello supone la marca identitaria de la colección '*Ciencias sociales en abierto*' y que este título cumple plenamente. Por ello, la editorial, los coordinadores y los autores coinciden al manifestar:

- El consentimiento en la publicación de su trabajo y, de existir, de sus entidades financiadoras (tácita o explícitamente).
- La originalidad del texto como fruto de un trabajo, análisis y/o reflexión personales.
- Las citas empleadas no obedecen a criterios de favor.
- La bibliografía es actualizada y pertinente.
- Trabajo de revisión a cargo de revisores externos a la editorial PETER LANG y pertenecientes a la Comunidad Universitaria Internacional.
- Coherencia y calidad de los resultados, aportaciones, objetivos y conclusiones.

Por ello, supone un honor poder afirmar que, gracias a su esfuerzo editorial y a sus autores, en ideal simbiosis, la colección 'Ciencias sociales en abierto' se posiciona a la altura de las mejores y más grandes recopilatorios de literatura científica mundial, logrando que PETER LANG sea una de las editoriales más señeras, según el índice referencial SPI (2022).

Rogamos al lector marque estas iniciales páginas como si de un *albo lapillo notare diem* se tratase ya que podrá dumir dulces frutos del árbol de la ciencia.

David Caldevilla-Domínguez

I. P. Grupo Complutense de Investigación en Comunicación ***Concilium*** (nº 931.791)

Universidad Complutense de Madrid (España)

Coordinador adjunto en la colección 'Ciencias sociales en abierto'

COMITÉ EDITORIAL

María Belén Cobacho Tornel

Universidad Politécnica de Cartagena (España)

Rubén Comas Forgas

Universitat de les Illes Balears (España)

Juan Manuel Corbacho Valencia

Universidade de Vigo (España)

José Luis Corona Lisboa

Universidad Nacional Experimental Francisco de Miranda y Universidad Centro Panamericano de Estudios Superiores (México)

Almudena Cotán Fernández

Universidad de Huelva (España)

Carmen Cristófol Rodríguez

Universidad de Málaga (España)

Francisco Javier Cristófol Rodríguez

Universidad Loyola (España)

Purificación Cruz Cruz

Universidad de Castilla-La Mancha (España)

Jorge Enrique Chaparro Medina

Fundación Universitaria del Área Andina (Colombia)

Ricardo Curto Rodríguez

Universidad de Oviedo (España)

Alberto Dafonte Gómez

Universidade de Vigo (España)

Virginia Dasí Fernández

Universitat de València (España)

Pedro De La Paz Elez

Universidad de Castilla-La Mancha (España)

Senén Del Canto García

Universidad Internacional de La Rioja (España)

Carlos Felimer del Valle Rojas

Universidad de La Frontera en Temuco (Chile)

Yorlis Delgado López

Colegio Universitario San Gerónimo de La Habana (Cuba)

Francisco Javier Jiménez Ríos

Universidad de Granada (España)

Abigail López Alcarria

Universidad de Granada (España)

Enric López C.

CETT - Universitat de Barcelona (España)

Lorena López Oterino

Universidad de Castilla-La Mancha (España)

Sidoní López Pérez

Universidad Internacional de La Rioja (España)

Manuel José López Ruiz

Universidad de Granada (España)

Paloma López Villafranca

Universidad de Málaga (España)

Arantza Lorenzo De Reizábal

Universidad Pública de Navarra (España)

Manuel Osvaldo Machado Rivero

Universidad Central "Marta Abreu" de Las Villas (Cuba)

Cristina Manchado Nieto

Universidad de Extremadura (España)

Rafael Marcos Sánchez

Universidad Internacional de La Rioja (España)

Pedro Pablo Marín Dueñas

Universidad de Cádiz (España)

Sara Mariscal Vega

Universidad de Cádiz (España)

María José Márquez Ballesteros

Universidad de Málaga (España)

Davinia Martín Critikián

Universidad CEU San Pablo (España)

Marta Martín Gilete

Universidad de Extremadura (España)

Nazaret Martínez Heredia
Universidad de Granada (España)
Soledad María Martínez María-Dolores
Universidad Politécnica de Cartagena (España)
Alba María Martínez Sala
Universidad de Alicante (España)
Xabier Martínez Rolán
Universidade de Vigo (España)
Sendy Meléndez Chávez
Universidad Veracruzana (México)
María Isabel Míguez González
Universidade de Vigo (España)
Olga Moreno Fernández
Universidad de Sevilla (España)
Louisa Mortimore
Universidad Internacional de La Rioja (España)
Daniel Muñoz Sastre
Universidad de Valladolid (España)
Sara Navarro Lalanda
Universidad Internacional de La Rioja (España)
Daniel Navas Carrillo
Universidad de Málaga (España)
Marta Oria De Rueda
Universidad Isabel I (España)
Inmaculada Concepción Orozco Almario
Universitat Jaume I de Castellón (España)
Delfín Ortega Sánchez
Universidad de Burgos (España)
Enrique Ortiz Aguirre
Universidad Complutense de Madrid (España)
Graciela Padilla Castillo
Universidad Complutense de Madrid (España)

ÍNDICE

PRÓLOGO

En el vasto panorama del conocimiento y la educación, la alquimia ha sido, y aún es, una metáfora perdurable que ha trascendido los siglos hasta el mismo día de hoy. Esta antigua práctica, que buscaba transformar lo ordinario en extraordinario, ha encontrado un eco en el corazón mismo de la enseñanza y el aprendizaje, como así lo reflejan las 38 magníficas investigaciones que componen el libro que el lector tiene entre manos.

La alquimia de la educación es un proceso mágico, e indudablemente también precioso, de transformación donde docentes y estudiantes trabajan juntos para destilar el conocimiento y convertirlo en una riqueza incalculable. Así como los alquimistas de antaño buscaban convertir el plomo en oro, los educadores contemporáneos buscan transformar las mentes jóvenes en gemas rutilantes, resplandecientes y rebosantes de sabiduría y creatividad, de manera que las generaciones venideras dispongan de aquellas competencias que les permitirán enfrentarse a los retos y desafíos de nuestro siglo, y salir airosos.

Asimismo, en su anhelo por lograr la ansiada transmutación del metal en oro, un espíritu innegable de experimentación y exploración acuciaba a los alquimistas, el mismo que sirve como guía hoy en día a los docentes en su firme voluntad de renovar el proceso de enseñanza y aprendizaje, diseñar actividades y desarrollar estrategias pedagógicas que fomenten el aprendizaje profundo, significativo, autónomo, emocional y adaptativo de su alumnado.

Además de su espíritu de experimentación, exploración y descubrimiento, ambas disciplinas aspiran a la perfección: la alquimia a través de la piedra filosofal y la educación mediante la excelencia en el aprendizaje y la enseñanza, y el consiguiente crecimiento integral del alumnado. Al igual que el alquimista que se azacanaba sin descanso para trascender las limitaciones de la materia, los docentes consagran sus esfuerzos a salvar los límites de las barreras y el conocimiento superfluo en la enseñanza.

Como se desprende de las líneas anteriores, y como así lo demostrarán también los trabajos que forman parte del presente volumen, la metáfora que traslada tácitamente el sentido de la alquimia a la educación está más presente y resulta más valedera que nunca en la actualidad. Y es justamente por ese motivo que las investigaciones que constituyen este libro convidan al lector, en calidad de disimulado alquimista, a adentrarse en lo desconocido, a explorar, a descubrir y a buscar vías alternativas para superar las limitaciones con las que pueda tropezar en su periplo.

En un mundo en constante evolución, donde la (des)información (in)fluye a una velocidad asombrosa y las tecnologías revolucionan vertiginosamente la forma en la que aprendemos y enseñamos, es menester explorar esta nueva alquimia. Por eso, este libro se concibe como un viaje hacia la comprensión de cómo la enseñanza y el aprendizaje se entrelazan y se nutren mutuamente, cómo la pasión y la empatía pueden catalizar la transformación del conocimiento en comprensión profunda, y cómo la curiosidad y la innovación pueden llevarnos más allá de los límites de lo establecido.

A lo largo de las páginas venideras, el lector tendrá la oportunidad de explorar y descubrir propuestas docentes innovadoras que beben de esta nueva alquimia, y que plantean experiencias educativas de todos los niveles educativos que trascienden las aulas tradicionales. A modo de ilustración, en el presente volumen se aborda una diversidad de temas, tales como estrategias didácticas, sistemas de evaluación, propuestas de educación no formal, la formación en competencias, la metodología *flipped classroom*, el Diseño Universal de Aprendizaje (DUA), la accesibilidad universal o el Aprendizaje y Servicio (APS), entre otros. Así, el resultado no es otro que un compendio de herramientas y estrategias que hacen posible esta transmutación de la información en sabiduría y conocimiento, y del que emanan, a su vez, vías alternativas para aplicar esta nueva alquimia educativa en nuestra propia práctica docente.

En un mundo donde el aprendizaje es un viaje azaroso e incierto sin fin, donde la enseñanza se concibe como un acto de descubrimiento y generosidad, *La nueva alquimia entre el aprendizaje y la enseñanza* pretende erigirse como un faro de inspiración que ilumina la tierra firme del litoral en un océano de infoxicación. Con este propósito, el presente libro invita a surcar sus páginas a todo aquel que busque comprender y abrazar la magia de la educación en un mundo líquido, en constante cambio y metamorfosis. Juntos, nos embarcaremos en un viaje apasionante que nos permitirá escudriñar, primero, y destilar, después, el conocimiento en su forma más pura y valiosa, trascendiendo las barreras del tiempo y el espacio.

Bienvenidos a esta nueva alquimia, donde la educación se convierte en una aventura, que no odisea, transformadora y reveladora a partes iguales, donde la chispa del aprendizaje iluminará el camino al lector, que, al término de su viaje, acabará por recalar en un nuevo mundo de posibilidades educativas.

Bárbara Cerrato Rodríguez
Nazaret Martínez Heredia
Juan Manuel Corbacho Valencia
Universitat d'Andorra (Andorra)
Universidad de Granada (España)
Universidad de Vigo (España)

ACTIVIDADES FORMATIVAS, RESULTADOS DE APRENDIZAJE Y LA EVALUACIÓN: DESAFÍO EN UN PROGRAMA DE POSTGRADOS EN LA UNIVERISDAD DE LA GUAJIRA (COLOMBIA)

Aarón-Gonzálvez[1], *Andrés D. Solano-Barliza*[1], *Rosalba Cuesta-López*[1]

1. INTRODUCCIÓN

El funcionamiento de cualquier programa de formación ya sea en niveles básicos o avanzado, presenta importantes desafíos para adaptarse a las exigencias del siglo XXI, pasando desde su concepción, la construcción de sus bases y la definición de su ruta formativa, lo que es fundamental para garantizar que los procesos de enseñanza sean de alta calidad y que produzcan graduados capaces de generar cambios significativos en la sociedad. La Universidad de La Guajira, ubicada en Riohacha- La Guajira- Colombia, ha asumido este reto a través del programa de postgrado en Maestría en Pedagogía de las TIC-MPTIC, cuyo objetivo es abordar las necesidades educativas de la región, proporcionando formación que atienda las debilidades identificadas en la enseñanza de los docentes en los diferentes niveles y contextos educativos del departamento. La pertinencia y efectividad del programa plantea desafíos para los procesos de enseñanza del programa que se viven en el aula, lo que implica la necesidad de establecer relaciones claras entre el enfoque pedagógico y didáctico adoptado, los resultados de aprendizaje, la forma como esto se valora y los seminarios que contribuyen a ellos. Es fundamental identificar de manera precisa los propósitos de estos seminarios y su relación con los logros del programa académico.

2. OBJETIVOS

El objetivo de este estudio es realizar un análisis crítico de la relación existente entre el modelo pedagógico, las actividades formativas y los resultados de aprendizaje en un programa de postgrado de la Universidad de La Guajira, para con ello generar conocimiento y una ruta frente a como implementar y aplicar estos elementos necesarios para un proceso de enseñanza y aprendizaje de calidad, que cumpla con las promesas que se hacen cuando se oferta, divulga y un interesado que se convierte en estudiante, aplica para ingresar a este.

1. Universidad de La Guajira (Colombia)

3. METODOLOGÍA

La metodología utilizada en este estudio es de enfoque cualitativo, apoyada en la técnica de observación directa no participante y en el análisis de contenidos. Se analizaron 25 seminarios del programa de la MPTIC, expresados en 45 créditos académicos, los cuales se distribuyen en cuatro campos: Básico, Específico, Socio-humanista y Profundización e Innovación educativa (investigativo) y se revisaron encuestas aplicadas por los estudiantes, graduados y docentes.

4. DESARROLLO DE LA INVESTIGACIÓN

El plan de formación de la Maestría en PTIC está organizado por créditos, los cuales se distribuyen en cuatro campos: Básico, Específico, Socio-humanista y Profundización e Innovación educativa (investigativo), tal como se observa en la Tabla 1.

Campos de Formación	Núcleos	No. Créditos Rel. 1:3	Porcentaje en créditos %	Seminarios Cursos
Campo de formación básico-de Fundamentación	Lo Teórico conceptual	15	33.3	9
Campo de formación específico-profesional de profundización	Lo específico	09	20	4
Campo de formación de Profundización e Innovación Educativa (investigativo)	Lo instrumental	14	31.1	2
Campo de formación socio-humanístico	Lo complementario	3	6.6	6
Electiva de profundización		4	8.9	4
Total Créditos		45	100%	25

Tabla 1. Créditos por campos de formación de MPTIC. Fuente: Elaboración propia.

Se desarrolla cada semestre académico en 16 semanas, más una semana inicial de retoma del semestre anterior y otra semana de evaluación integral del semestre. Esto es, cada semestre es de 18 semanas. La formación tiene aplicabilidad en el contexto educativo donde labora el docente-estudiante de la Maestría, a su vez, los cursos socio-humanísticos y la formación para la construcción del proyecto de grado avanzan a lo largo de los cuatro semestres a través de la articulación de los conocimientos que se adquieren en la práctica educativa. El agrupamiento de los cursos contiene las disposiciones que orientan la estructura de la planeación docente para cada uno de los seminarios (Agüero y Pérez, 2021; Loyola *et al.*, 2012) que es la forma como se aborda el currículo.

Las relaciones entre el enfoque pedagógico y didáctico adoptado y los resultados de aprendizaje declarados para el programa/espacio académico, podemos presentarlas haciendo uso de la siguiente Tabla 2, en la que se encuentran relacionados los Resultados de Aprendizaje y los seminarios que tributan a ellos, indicando de manera precisa cuales propósitos de estos apuntan a sus logros.

RESULTADOS DE APRENDIZAJE	SEMINARIOS	Propósito de los SEMINARIOS
Conozco los elementos pedagógicos y didácticos que me permiten intervenir el aula de clases	Teoría y Práctica Pedagógica I y II Didáctica Aplicada I y II	Sentar bases conceptuales para la práctica educativa, desde las escuelas de la educación y las teorías de aprendizaje. Acercar al estudiante a la conceptualización y comprensión de la Pedagogía y la Didáctica, a través del estudio de Modelos, Teorías y Estrategias pedagógicas, que lo lleven a interiorizar el sentido educativo y la intencionalidad de la didáctica en interacción con el currículo institucional y los planes de aula que direcciona en su proceso de enseñanza y aprendizaje. Desarrollar criterio acerca del diseño de cursos por grandes ideas, usando pedagogía activa y con integración de tecnologías digitales.
Reconozco el contexto y el escenario cultural para una formación integral	-Proyecto De Grado I, II, III, IV -Desarrollo Humano Sostenible Y Sustentable	Identificar y documentar el contexto que aborda la necesidad educativa propia y de otros Desarrollar en los estudiantes un compromiso sólido con su formación soportado en el análisis de sus escenarios educativos y evidenciando la transformación de su entorno
Comprendo con claridad la importancia que tiene la pedagogía y la didáctica y como se aborda el modelo pedagógico con el uso y apropiación de TIC en el proceso de enseñanza y aprendizaje en el contexto donde realizo la práctica educativa.	-Modelos Y Estrategias Pedagógicas con el Uso y Apropiación De Tic -Teoría Y Práctica Pedagógica I Y II	Analizar la importancia y la utilidad de evaluar, valorar los procesos educativos que se pongan en marcha y estén soportados en TIC. para el fortalecimiento de la enseñanza. Sentar bases conceptuales para la práctica educativa desde las estrategias pedagógicas, con una fuerte construcción teleológica y los medios que pueden ser válidos.

Comprendo y genero un proceso de observación en el aula que me permite identificar claramente la necesidad educativa.	Proyecto De Grado I Desarrollo Humano Sostenible Y Sustentable	Afinar el reconocimiento de la necesidad educativa y proponer soluciones que sirvan para mejorarla desde un diseño pedagógico que es una innovación y que se apoya en uso de TIC, no desde un sentido instrumental, sino instruccional para lograr que ese diseño pedagógico sea efectivo y logre atender la problemática detectada. Desarrollar en los estudiantes un compromiso sólido con su formación soportado en el análisis de sus escenarios educativos y evidenciando la transformación de su entorno
Construyo de manera innovadora mi proyecto de profundización y formación en el aula desde la identificación de una necesidad educativa.	Proyecto De Grado I, II,III, IV Comunicación Y pedagogía I y II Didáctica Aplicada I y II Ciberespacio y Sociedad Formación de Docentes para el Uso y Apropiación de Tic	Identificar y documentar la innovación que hará la diferencia entre la estrategia pedagógica y el contexto en que se desarrolla la práctica Comprender el Diseño de la Innovación como techo o marco para la planeación de la acción de la enseñanza, desde la metodología y el plan de acción Analizar los alcances e implicaciones de la práctica educomunicativa -Reflexión crítica de las dimensiones sociales, políticas, pedagógicas y culturales de la Educomunicación. Ilustrar con ejemplos propios y análisis de situaciones problemáticas, los tipos de medios y enfoques educativos algorítmico y heurístico, así como los conceptos, teorías y estrategias de aprendizaje bajo aproximaciones conectivista, constructivista, cognitivista, conductista y otros. Comprender el cambio en la sociedad y en particular en las dinámicas del trabajo y la educación que plantea el desarrollo tecnológico y la tendencia creciente de una mayor inmersión del mundo digital en la cotidianidad Planificar sesiones de clases mediadas por TIC desde una intención pedagógica. -Ilustrar las visiones de uso de las TIC, las TAC y las TEP en el marco de los procesos de enseñanza- aprendizaje mediados por tecnología.

Apropio principios teóricos para desarrollar una mejor práctica evaluativa en el aula	Teoría Y Práctica Pedagógica I Y II Modelos Pedagógicos que Soportan el Uso de Tic Evaluación de Modelos Pedagógicos que Soportan El Uso de Tic	Sentar bases conceptuales para la práctica educativa, desde las escuelas de la educación, las teorías de aprendizaje y la evaluación Analizar la importancia y la utilidad de evaluar, valorar los procesos educativos que se pongan en marcha y estén soportados en TIC. para el fortalecimiento de la enseñanza. Analizar la importancia y la utilidad de la evaluación para el fortalecimiento de los procesos educativos soportados en TIC.
Reconozco los aspectos que deben fundamentarse en la autovaloración de la práctica docente	Modelos y Estrategias Pedagógicas para el Uso Y Apropiación de TIC Mediación y Estrategias Pedagógicas con el Uso y Apropiación de Tic Reflexión de la Practica Pedagógica - Sistematización De La Práctica	Analizar la importancia y la utilidad de evaluar, valorar los procesos educativos que se pongan en marcha y estén soportados en TIC. para el fortalecimiento de la enseñanza. Reconocer los aspectos que caracterizan las prácticas de visibilización del pensamiento para mediar procesos de aprendizaje y desarrollo de habilidades cognitivas, con apoyo en TIC Construir conocimiento para orientar de manera crítica el cambio de la práctica educativa y su innovación, después de la mirada autocrítica al quehacer docente para vencer las rutinas, las inercias y los miedos a la reinvención de la práctica.
Fundamento mi práctica docente y los aspectos identificados en la autovaloración de la práctica docente para intervenirla a partir de lo aprendido en los seminarios de MPTIC	Teoría y Práctica Pedagógica I y II Proyecto De Grado I, II, III, IV Evaluación de Modelos Pedagógicos para el Uso Y Apropiación de Tic	Validar y documentar la decisión de usos de modelos pedagógicos frente a una necesidad educativa y el contexto. Identificar y documentar las estrategias pedagógicas que acompañan la solución en las aulas- Fundamentar las razones por las cuales se abordan las estrategias pedagógicas que se pondrán en marcha en el aula de clases Identificar y documentar la innovación que hará la diferencia entre la estrategia pedagógica y el contexto en que se desarrolla la práctica. Fundamentar y evaluar Modelos pedagógicos propios y de otros

Uso y apropio las TIC en el aula con sentido para un aprendizaje significativo	Medios Y Tic I y II Ciberespacio Y Sociedad I Y II Redes Comunidades De Aprendizaje Y Gestión Del Conocimiento Proyecto Colaborativo Ejercitación Sobre Autenticidad Y Originalidad De Producción Escrita. Uso De Herramienta Atlas Ti (1 C)	Comprender el rol que cumplen los medios en el aula de clases para favorecer los procesos de enseñanza y aprendizaje. Comprender el papel de la mediación tecnológica en los procesos de enseñanza y aprendizaje. Comprender el cambio en la sociedad y en particular en las dinámicas del trabajo y la educación que plantea el desarrollo tecnológico y la tendencia creciente de una mayor inmersión del mundo digital en la cotidianidad. Comprender el cambio en la sociedad y en particular en las dinámicas del trabajo y la educación que plantea el desarrollo tecnológico y la tendencia creciente de una mayor inmersión del mundo digital en la cotidianidad Desarrollar habilidades para la gestión de información y datos cualitativos asociados a procesos de investigación formativa en las ciencias sociales y que contribuyan a la solución de problemas del contexto, desde las líneas de investigación estipuladas por la MPTIC y que permitan a su vez la agrupación, gestión e interpretación de datos generados en tales procesos haciendo uso del Software AtlasTI
Aplico lo aprendido en los seminarios para la elaboración del análisis del aula y el diseño tecnopedagógico que resuelve la necesidad educativa	Medios y Tic I y II Proyecto De Grado I, II, III Formación de Docentes para El Uso De TIC	Analizar críticamente la razón (¿por qué?) y el fin (¿para qué?) de incorporar TIC en el aula de clases. Aproximar a los maestrantes en la conceptualización de la innovación educativa a partir del uso de mediaciones pedagógicas y tecnológicas. Identificar y documentar la innovación que hará la diferencia entre la estrategia pedagógica y el contexto en que se desarrolla la práctica Comprensión del Diseño de la Innovación como techo o marco para la planeación de la acción de la enseñanza, desde la metodología y el plan de acción Formar docentes que usen y apropien las TIC como una herramienta que les posibilite el construir una práctica pedagógica desde la innovación, y los intereses de la comunidad

Analizo el aula y el contexto de mi aula para identificar elementos de innovación en el proceso de enseñanza - aprendizaje	Proyecto de Grado III Formación de Docentes para el Uso de Tic Evaluación de Modelos Pedagógicos para el Uso Y Apropiación de TIC Comunicación y Pedagogía	Identificar y documentar la innovación que hará la diferencia entre la estrategia pedagógica y el contexto en que se desarrolla la práctica, a partir de la necesidad educativa detectada. Analizar escenarios áulicos para la puesta en escena de estrategias pedagógicas innovadoras, mediadas por TIC Analizar la importancia y la utilidad de la evaluación para el fortalecimiento de los procesos educativos soportados en TIC. Analizar los alcances e implicaciones de la práctica educomunicativa Reflexión crítica de las dimensiones sociales, políticas, pedagógicas y culturales de la Educomunicación.
Reconozco el contexto y el escenario cultural para una formación integral	Proyecto De Grado I, II Teoría Y Práctica Pedagógica Formación de Docentes para el Uso de TIC	Identificar y documentar el contexto que aborda la necesidad educativa propia y de otros. Interpretar y analizar el sentido del Proyecto de Profundización en contexto Validar y documentar la decisión de usos de modelos pedagógicos a usar frente a una necesidad educativa y el contexto. Explicar los retos y oportunidades para el aprendizaje que ofrecen las TIC, teniendo en cuenta las características del contexto formativo en el cual se desempeñan.

Tabla 2. Resultados de aprendizaje declarados para el programa/ espacio académico MPTIC. Fuente: Elaboración propia.

Para lograr estos propósitos la Maestría en PTIC, definió de manera inicial un modelo pedagógico que está fundamentado en la Pedagogía Crítica, la Teoría Crítica y la Educación Popular de Paulo Freire. Este modelo es reflexivo, inclusivo, dinámico, centrado en la relación del estudiante con los objetos de conocimiento (Piaget, 2012), en que la construcción de conocimiento se hace con los otros y su entorno (Vigostsky, 2012); además en lo significativo del conocimiento para el sujeto que aprende (Ausubel, 1976) y de manera sustancial en la concepción de creatividad e innovación en la educación (Salinas, 2012; Garrido y Salinas, 2022; Roig-Vila, 2019). Es un esquema construccionista en la que también se reconoce que todos somos nodos de conocimiento (Conectivismo) y quien quiere enseñar, debe estar dispuesto a aprender (Freire, 2019). Esta estructura que sustenta los vértices del modelo pedagógico de la MPTIC usa también apuestas del modelo Flipped Classroom (Bedregal-Alpaca *et al.*, 2022) para provocar de manera permanente autonomía en los estudiantes y la maximización del tiempo de trabajo directo estudiante-docente.

Desde esa estructura que está representada gráficamente en la Tabla 2, en cada seminario se proponen apuestas didácticas que pretenden que el estudiante genere pensamiento crítico de manera permanente, aprenda autónomamente y construya conocimiento de manera individual y social. Las relaciones entre el modelo pedagógico y las apuestas didácticas son planeadas para:

- Recuperar los presaberes de los estudiantes,
- Vincular estos saberes previos a situaciones problémicas de sus propios contextos para que la información sobre la que va a trabajar el estudiante de su dominio sea significativa.
- Generar aprendizaje in situ. Siempre se trabaja sobre su aula. Todo lo que conecta cada Seminario está asociado a su aula, a las asignaturas o cursos que orienta, para que todo esto tenga sentido y pueda abrir un proceso de aprendizaje,
- Que el proceso de aprendizaje que va construyendo, dé cuenta de una solución. Siempre debe haber desarrollos, lo que hace que el proceso de estudio permee el aula. Hay una pregunta que ilumina la acción es ¿Cómo voy a actuar para resolverlo?
- Que el estudiante realice cosas; no ejercicios rutinarios, sino acciones creativas que vinculan el conocimiento que va construyendo, sus experiencias previas, con interrogantes que provienen de lo real ¿qué pasa en el aula? Y además lo vincule con información sobre un objeto de conocimiento con el que de manera permanente interactúa. Por ejemplo, DBAs, Lineamientos ministeriales, Misión Institucional, programa de la asignatura o curso, aula, estudiantes, contexto de los estudiantes, su bitácora de clases; todo esto, asociado a teorías, casos, experiencias de desarrollo multi-contexto, sirven para apropiar conocimiento y transferirlo.
- Que el estudiante produzca documentos escritos como ensayos, tareas, planeaciones, secuencias didácticas para su aula, relaciones entre asignatura-necesidad educativa - modelo pedagógico - innovación-tecnologías, que le permitan divulgar su conocimiento y sobre todo construir capacidad de comunicarse de manera escrita.
- Que el estudiante use lo que desarrolla en cada seminario para aportar a su proyecto de grado que es un dispositivo pedagógico que se realiza en el aula para atender una necesidad educativa y es el eje vertebral de la transformación de su aula
- Reconocer y valorar cada momento del acto pedagógico. El método de evaluación estima el logro de los objetivos de los seminarios per se y su contribución a los resultados de Aprendizaje y se aportan mecanismos de apreciación del desempeño de los estudiantes y la acción formativa.

Partiendo que en la actualidad los Resultados de Aprendizaje orientan las estrategias pedagógicas y didácticas en la MPTIC, lo que buscan estas acciones es que el estudiante sea más profundo en su conocimiento y el docente sea un facilitador del proceso que orienta (Ojeda *et al.*, 2022; Vargas *et al.*, 2021; Solano y Aarón, 2020). Esto demanda un cambio de modelo de enseñanza. El docente deja de ser el que mayormente ejecuta los verbos "construye" y "desarrolla", para ser el "provocador" de la construcción y el desarrollo del estudiante, para atender la esencia formativa de la MPTIC, su misión y apoyar en la consecución de los Resultados de Aprendizaje.

De esta forma para especificar la relación entre los resultados de Aprendizaje y los modelos pedagógicos y didácticos, los primeros RA, alinean las actividades formativas que se derivan de los modelos pedagógicos y las didácticas, dejando de lado la rigidez y la monotonía y provocando siempre acciones a tono con las características de los estudiantes, sus presaberes, expectativas, sus núcleos de aula, sus comunidades educativas, y se incorpora un elemento valioso que son las estrategias para la evaluación del proceso formativo de manera integral (De la Fuente Aragón *et al.*, 2014).

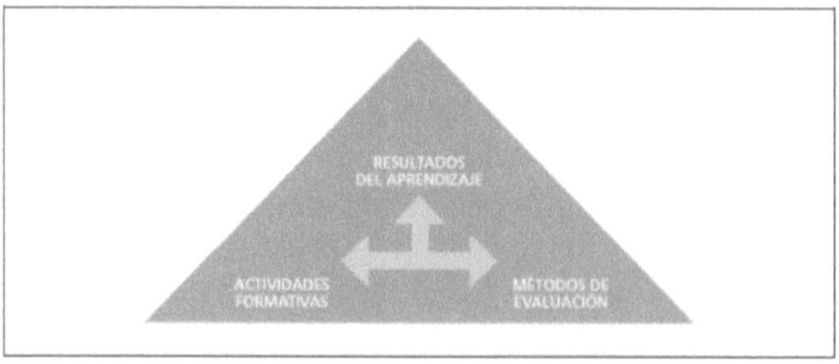

Figura 1. Coordinación entre Resultados del aprendizaje, actividades formativas y métodos de evaluación **Fuente:** ANECA (2013).

En la Figura 1, se retoma lo que ANECA (2013) promueve para construir relaciones entre los Resultados de Aprendizaje, lo que denominan Actividades formativas y los métodos de evaluación.

4.1. ¿Cómo se genera esta acción atenta y permanente a los procesos formativos para que estos métodos de evaluación estén en relación con los RA y los modelos pedagógicos y didácticos?

Los docentes envían a la coordinación académica de la MPTIC y a su comité académico, sus diseños, apuestas y planeaciones para los seminarios que orientan a través de las guías de Cursos propedéuticas, que son guías del contenido y desarrollo de cada curso posgradual. Cada una incluye propósitos, modelo, didácticas, actividades y evaluación. Esto es objeto de valoración por el comité de área en las sesiones cuya periodicidad es semanal, y en la plenaria se aportan recomendaciones en función de la mirada integral que tiene el mismo comité, sobre los procesos formativos de los estudiantes y cohortes. Esta mirada integral sobre los procesos formativos in situ y el accionar en el aula de cada cohorte de la maestría se conoce, porque uno o dos de los docentes miembros del Comité de área de MPTIC, de manera permanente asisten a todos los seminarios que se desarrollan, lo que permite seguimiento al proceso y una mirada objetiva, crítica y articulada sobre todo el acto educativo.

Parte de las agendas de los comités responden a presentar estas situaciones e identificar, articular y asegurar el sentido del seminario con el desarrollo del mismo en consonancia con lo que se observa en el aula que corresponde a la apropiación de conocimiento y la práctica que el estudiante debe ir alcanzando a partir de las acciones docentes que se consolidan no solo en sus diseños sino también en sus reacciones frente a lo que ocurre en el aula como resultado de la actividad conjunta (Coll *et al.*, 2016) entre estudiantes - docentes y la interacción real de estos con los contenidos, herramientas y mediaciones.

El análisis y valoración que hace el comité de área ayuda a reorientar didácticas, procesos evaluativos y revisar logros, lo que se hace de manera sinérgica, respetuosa, consensuada con el docente. La interacción sobre las didácticas, los propósitos del seminario, y resultados de aprendizaje se establece como una dinámica permanente. Así como la interacción con los docentes a cargo de los seminarios. De manera sinérgica esto permite que, si bien existe una planeación, unos tiempos, escenarios e intenciones, se le da valor a la flexibilidad que permite que se hagan cambios que ayuden a concebir respuestas para las situaciones específicas o generales detectadas y buscar mejoras en el proceso formativo.

La pirámide de la Figura 1, muestra que este programa tiene un elemento más en lo evaluativo que incluye la valoración permanente que hace la MPTIC sobre el proceso formativo que se va dando en las aulas con los actores docentes y estudiantes. Teniendo en cuenta que esta valoración se hace en un momento histórico del programa que corresponde al final de cada semestre.

Para esto, hemos creado las siguientes relaciones, que se presentan en la Figura 2.

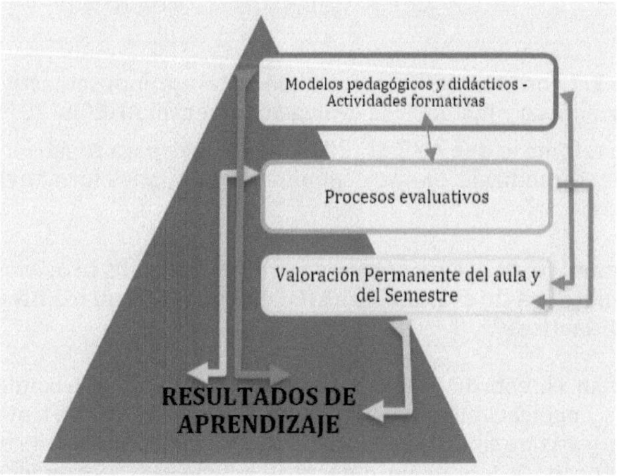

Figura 2. Relación entre los Resultados de Aprendizaje, Modelos pedagógicos, didácticas, Procesos evaluativos y valoración permanente del aula y semestre. Fuente: Elaboración propia.

Los seminarios se orientan de forma participativa, enfatizando permanentemente en la comprensión de la conceptualización básica de la temática y el sentido que se otorga a la práctica educativa. Lo anterior, permite ir visionando como ha de ser la innovación pedagógica que los estudiantes deben poner en marcha como parte de sus resultados de Aprendizaje, esperando de esta manera trascender lo cotidiano y justificar una transformación real y necesaria de esa comunidad educativa en particular (Aarón *et al.*, 2022).

Por tal razón, la acción valorativa, constructiva y analítica de los seminarios se concibe, construye y reconstruye permanentemente, a través de acercamientos previos a los conceptos y realidades relacionadas en sus contenidos, con las formas y maneras de reconocer las necesidades educativas que son el punto de inicio para abordar el escenario pedagógico a profundizar. Para lograr la dinámica que exige aprender a hacer esta construcción de conocimiento, se hace necesario impulsar una metodología activa acompañando a cada estudiante, para ir dando cuenta de la formación apropiada, guiada desde la misión de la MPTIC que busca generar profundas transformaciones en el aula de clases, permitiéndole al estudiante ser master en observación del aula propia o de otros. En esto se debe lograr una verdadera profundización (Solano-Barliza *et al.*, 2022).

Cómo parte de este mecanismo valorativo, la MPTIC realiza una evaluación integral al final de cada semestre en la que participan los estudiantes y los docentes y el comité de área, sobre todo el devenir del mismo. Desde el año 2020 se viene implementando un formato para valorar el estado de apropiación del conocimiento que la MPTIC propone de manera integral que incluye los avances en la consecución de los Resultados de Aprendizaje. Entendido este proceso como un ejercicio en el que se van valorando al final de cada semestre a tono con el tiempo de formación, lo que se espera que los estudiantes van alcanzando y la forma como se apropian los aprendizajes y la relación conocimiento – apropiación en el aula.

El Comité de área de la MPTIC define los elementos a valorar dentro de los cuales están los Resultados de Aprendizaje. Se construye un formato de valoración que atiende las relaciones entre los aspectos administrativos, académicos y los RA. Para estos se generan preguntas a tono con el semestre que se cursa. Esta valoración sirve para hacerle seguimiento al proceso formativo y a la forma cómo se van logrando. En la Tabla 3 se presenta lo anterior.

ARTICULACIÓN INTEGRAL DE LOS PROCESOS ACADÉMICOS, ADMINISTRATIVOS Y LOS RESULTADOS DE APRENDIZAJE DESDE LA EVALUACIÓN.						
Objetivo	Reflexionar sobre la dinámica del proceso de enseñanza y aprendizaje de MPTIC, para construir una evaluación integral que permita valorar el Periodo Académico 202x_x					
Aspectos a valorar	Personal	Profesional	Administrativos	RA	Otra	

Tabla 3. Valoración integral de los procesos formativos, administrativos y RA, para semestre 1. Fuente: Elaboración propia.

Este proceso es parte del componente relacional (Ortiz, 2020) que se ha construido para alinear los RA con las acciones formativas que van desde los diseños de clases hasta el desarrollo conjunto y los métodos de evaluación. Desde el 2023_1 resultados se comparten con los docentes para su análisis y propuestas.

5. CONCLUSIONES

Se pudo comprobar que el triángulo que se conforma entre el modelo pedagógico (los principios y las estrategias para la enseñanza), actividades formativas y los resultados de aprendizaje (indica la efectividad del programa en la formación), y la forma cómo se arraiga una valoración integral, son transcendentales para la consolidación y el éxito de un programa de formación de profesionales en cualquier nivel. En ese sentido, se muestra que en este triángulo hay elementos esencialmente interdependientes y complementarios que conforman la base de la enseñanza activa y efectiva en un programa educativo de calidad.

Identificar los propósitos de cada seminario en cuanto a la forma como tributan a los resultados de aprendizaje, se concluye que aporta a la gestión del cumplimiento de la misión del programa.

La didáctica se convierte en un elemento que posibilita acciones y actividades que se realizan para generar un ambiente provocador de los resultados del aprendizaje que deben ser visible por los estudiantes. La construcción de los resultados de aprendizaje es un ejercicio dinámico que continúa en proceso y del que aún se sigue aprendiendo para elevar los niveles de calidad del programa y los productos expresados en graduados

Otra de las conclusiones valiosas que permite este estudio, responde a las potencialidades que tienen las actividades formativas escritas en las guías o formatos de la planeación del profesor. Es posible construir y valorar la ruta de un programa de estudio a través del seguimiento a ellas. Y se puede colegir que el análisis de estas y la observación no participante en el aula, contrasta la planeación versus la acción en el aula, - actividad conjunta-, que aporta valor innegable al proceso de aprendizaje y de manera sustancial a la gestión de los procesos de enseñanza.

6. REFERENCIAS

Aarón, M. A., Barliza, A. S., Choles, P. E., y López, R. C. (2022). Apuestas de innovación pedagógica en el aula, favorecidas desde un programa de posgrado en educación y TIC. En *Transformando la educación a través del conocimiento* (pp. 3–15). Octaedro.

ANECA (2013). Guía de apoyo para la redacción, puesta en práctica y evaluación de los Resultados del aprendizaje. https://n9.cl/sd047

Ausubel, D. P., Novak, J. D. y Hanesian, H. (1976). *Psicología educativa: un punto de vista cognoscitivo*. Trillas.

Bedregal-Alpaca, N., Cornejo-Aparicio, V., Flores-Silva, S., y Laura-Ochoa, L. (2022). Aprendizaje invertido y aprendizaje cooperativo en la asignatura Innovación y Creatividad: Resultados de una experiencia. *Revista Ibérica de Sistemas e Tecnologías de Informação, 50,* 211–224.

Agüero Contreras, F., y Pérez Peña, O. A. (2021). Seminario académico como base para desplegar el método científico: Un cuasi-experimento en la formación. *Conrado, 17*(80), 28–40.

De la Fuente Aragón, M. V., McDonnell, D. R., Ayala, M. F., Guillermo, M. M., Cavas, F., y Martínez, L. (2014). La relación de los resultados del aprendizaje, la metodología docente y la metodología de evaluación. XII Jornadas de redes de investigación en docencia universitaria. El reconocimiento docente: Innovar e investigar con criterios de calidad, 1862–1876.

Freire, P. (2019). *El maestro sin recetas: el desafío de enseñar en un mundo cambiante*. Siglo XXI Editores.

Garrido-Fonseca, C. G., y Salinas-Carvajal, D. (2022). Innovación y escenas pedagógicas: formadores de profesores en laboratorio de aprendizaje. *Revista Colombiana de Educación*, (85), 79–99. https://doi.org/10.17227/rce.num85-11969

Loyola, C. N. P., Echevarría, A. S., y Borrell, C. M. R. (2012). El seminario como forma de organización de la enseñanza. *MediSur, 10*(2), 109–116.

Mauri, T., Onrubia, J., Coll, C., y Colomina, R. (2016). La calidad de los contenidos educativos reutilizables: Diseño, usabilidad y prácticas de uso. *Revista de Educación a Distancia (RED), 50.* https://revistas.um.es/red/article/view/271181

Ojeda, A. D., Solano-Barliza, A. D., Ortega, D. D., y Cañavera, A. M. (2022). Análisis cuantitativo de un proceso de enseñanza soportado en una estrategia pedagógica de gamificación. *Formación universitaria, 15*(6), 83–92. http://dx.doi.org/10.4067/S0718-50062022000600083

Ortiz, W. U. O. (2020). *Alineamiento constructivo: análisis de una carta descriptiva.* https://n9.cl/6zvoc

Piaget, J., y Vigotsky, L. (2012). Teorías del aprendizaje. *Materia, 15*(3), 45–99. https://www.fichier-doc.fr/2013/06/06/piaget-y-vigotsky/

Roig-Vila, Rosabel (2019). *Investigación e innovación en la Enseñanza Superior. Nuevos contextos, nuevas ideas.* Octaedro.

Salinas, J. (2012). La investigación ante los desafíos de los escenarios de aprendizaje futuros. *Revista de Educación a Distancia (RED), 32.*

Solano-Barliza, A. D., y González, M. A. A. Echeverría-King, L. F. y Deluque-Montaño, O. (2022). Democratización del conocimiento en tiempos de pandemia en docentes. *HUMAN REVIEW. International Humanities Review/Revista Internacional de Humanidades, 14*(5), 1–13. https://doi.org/10.37467/revhuman.v11.4167

Solano, A. D., y Aarón, M. A. (2020). Enseñanza en ingeniería de manera colaborativa a partir de un diseño tecnopedagógico, usando SMILE. *Formación Universitaria, 13*(4), 201–210. http://dx.doi.org/10.4067/S0718-50062020000400201

Vargas, J. D., Arregocés, I. C., Solano, A. D., y Peña, K. K. (2021). Aprendizaje basado en proyectos soportado en un diseño tecno-pedagógico para la enseñanza de la estadística descriptiva. *Formación Universitaria, 14*(6), 77–86. http://dx.doi.org/10.4067/S0718-50062021000600077

CAMBIO DE PARADIGMA EDUCATIVO EN EL PROCESO DE ENSEÑANZA-APRENDIZAJE EN EL ÁMBITO UNIVERSITARIO

Estela Alarcón Rodríguez[1]

El presente trabajo nace en el marco de la innovación educativa mediante el empleo de la metodología basada en el aprendizaje cooperativo (AC), en el que se llevaron a cabo, una serie de actividades educativas grupales utilizando la técnica educativa grupal philips 6/6, siendo esta adaptada al ámbito universitario.

1. INTRODUCCIÓN

La pandemia trajo consigo, entre otras cosas, una crisis sanitaria que desembocó en el confinamiento y más allá de él, en una nueva forma de afrontar la educación en la que la utilización de las nuevas tecnologías fue el cimiento y la pieza clave sobre el que se sustentó el sistema educativo.

En 2020, a medida que la pandemia de la covid-19 se propagaba por todo el planeta, la mayor parte de los países anunciaron el cierre temporal de las escuelas, lo que afectó a más del 91 % de los estudiantes en todo el mundo (Organización de las Naciones Unidas para la Educación, la Ciencia y la Cultura [UNESCO], 2020). Para poder finalizar el curso académico 2020/2021 de una manera eficiente, tuvimos que adaptarnos de forma abrupta a esa nueva situación y, lo hicimos desde nuestras casas. Los profesores impartíamos docencia en remoto y los estudiantes seguían las clases a través de sus dispositivos, la modalidad de educación a distancia, fundamentalmente en soporte digital, vino a ofrecer soluciones de emergencia a dicha crisis (García, 2021).

Cuando se estableció la presencialidad en nuestra universidad después de esta situación tan adversa, observamos una desmotivación por parte del estudiantado, una pérdida de su atención y, en consecuencia, un descenso de su asistencia al aula, esto se debió a que las clases en remoto provocaron que la rutina de nuestros estudiantes fuera subvertida. Además, de todo esto, pudimos apreciar que la relación entre los estudiantes era vana, no tenían confianza los unos en los otros por la situación tan ardua que habían experimentado.

Nos encontramos con un profundo averno en el que tuvimos que tomar decisiones apresuradas, el éxito implicaba la toma de decisiones y resolución de problemas en contextos cambiantes y poco definidos a la par de, también, saber trabajar en equipo (Pareja *et al.*, 2019). Para ello, comenzamos a poner en práctica una serie de acciones dentro del

1. Universidad Rey Juan Carlos (España)

proceso de enseñanza-aprendizaje fundamentalmente centradas en el estudiante, como son: las actividades en grupo; las discusiones y debates; las actividades de aprendizaje práctico y un uso más limitado de exposiciones por parte de los docentes (Zhu y Liu, 2020) esto, provocó el paso de un modelo expositivo, fundado en los contenidos, a un modelo de cooperación y acompañamiento del aprendizaje (Gutiérrez-Moreno, 2020).

La implementación de la metodología activa basada en el aprendizaje cooperativo (AC) fue nuestro punto de partida. Era muy importante que la actividad y participación del estudiante a través del uso de metodologías activas se planificaran con actividades de enseñanza a través del trabajo individual y cooperativo (Calle-Suáres y Quichimbo-Rosas, 2021). Para poderla poner en práctica se emplearon diversas actividades educativas grupales basadas en la técnica educativa philips 6/6 dado que sus características, potenciaron la reconstrucción del pensamiento de los agentes implicados en la enseñanza, de los alumnos especialmente, pero también de los propios profesores (Thinkö, 2020).

Una de las finalidades de la utilización de la metodología activa del (AC), fue recuperar el trabajo colaborativo y participativo del estudiantado y para ello, fue preciso que la educación estuviera orientada al desarrollo de capacidades y valores, donde los contenidos y los métodos solo constituyeran los medios para obtención de dicho desarrollo, el cual, les serviría para toda la vida (Puga *et al.*, 2016).

En los epígrafes que preceden se describe la estructura de este trabajo de la siguiente manera: en el epígrafe nº2, se concretan los objetivos; en el epígrafe nº3, se explica la metodología empleada en el proceso de enseñanza-aprendizaje de la asignatura *Responsabilidad Social Corporativa: principios jurídicos básicos, (RSC),* durante el curso académico 2021/2022 y se describen las distintas actividades educativas grupales de una manera pormenorizada; en el epígrafe nº4, se presentan los resultados obtenidos; en el epígrafe nº5, la discusión, por último, en el epígrafe nº6 se exponen las conclusiones obtenidas.

2. OBJETIVOS

El objetivo principal de nuestro estudio estuvo encaminado a mejorar la motivación del estudiantado con el fin de reducir sus ausencias, reestablecer la confianza entre ellos e incentivar la atención mediante el aprendizaje activo, colaborativo y participativo.

3. METODOLOGÍA

Con la finalidad de alcanzar el objetivo planteado: la motivación del estudiantado y poderlo evaluar/medir, se implementó la metodología activa basada en el aprendizaje cooperativo (AC) para ello, se realizaron una serie de actividades educativas grupales basadas en la técnica educativa philips 6/6. Estos recursos didácticos adecuadamente utilizados por los docentes y discentes generaron el desarrollo de habilidades para el aprendizaje autónomo como premisa de sólidos conocimientos (Valerazo *et al.*, 2019).

Una vez realizadas las distintas actividades, se evaluó la metodología (AC) para poder valorar si era la adecuada, para ello, se fijó como mecanismo de medición y seguimiento un cuestionario en el que se plantaban veinte preguntas relacionadas con las actividades realizadas en el aula con las a su vez, se pudo medir mediante las respuestas de los estudiantes, si se llegó a alcanzar o no el objetivo propuesto en este estudio.

3.1. Participantes

Dentro del modelo experimental tratado, se contó con la participación de 57 estudiantes de primer curso de la asignatura (RSC) del Grado en Contabilidad y Finanzas de la Facultad de Ciencias de la Economía y de la Empresa, perteneciente a la Universidad Rey Juan Carlos de Madrid.

La muestra fue recogida en el mes de mayo del año 2022 una vez concluidas las clases y, habiendo finalizado el periodo de evaluación ordinaria. El tiempo de trabajo presencial fue distribuido en 24 clases de hora y media de duración cada una, las cuales se dividieron en dos partes.

3.2. Procedimiento

La primera parte fue empleada en explicar los contenidos teóricos marcados por la guía docente para esa sesión para después, iniciar la segunda parte en la que los estudiantes llevaban a cabo la actividad educativa grupal correspondiente. La división de las sesiones se realizaba con el fin de reforzar lo explicado, afianzar su motivación y alcanzar progresivamente las competencias generales y específicas planteadas en la guía docente de la asignatura (Tabla 1):

Competencias generales:
CT1. Capacidad de análisis y síntesis. CT9. Compromiso ético y social en el trabajo. CT10. Motivación por la calidad en el trabajo. CT21. Sensibilidad hacia temas medioambientales y sociales. CT4. Capacidad crítica y autocrítica. CT5. Aprendizaje autónomo
Competencias específicas:
CE02. Comprender la relación entre la empresa y el sector en el que desarrolla su actividad: conocer las instituciones, los productos y los mercados que lo forman, así como las relaciones entre ellos y con su entorno económico. CE03. Conocer el marco económico, el marco legal y el marco fiscal que regula las actividades empresariales. CE09. Conocer y organizar la documentación legal que hay que presentar periódicamente a la Administración Pública en todos sus aspectos (Hacienda Pública, Seguridad Social, Registro Mercantil) y las consecuencias que conlleva el incumplimiento de su normativa. CE29. Identificar y evaluar los elementos que crean valor para la empresa.

Tabla 1. Competencias de la asignatura (RSC). Fuente: elaboración propia a partir de un fragmento de la guía docente.

3.2.1. Descripción de las actividades educativas grupales

Para poder desarrollar las actividades se empleó la técnica educativa grupal philips 6/6. El número total de estudiantes se dividió en 5 grupos de 6 alumnos. Los grupos quedaron designados de la siguiente manera: grupo A, grupo B, grupo C, grupo D y grupo E. Cada grupo eligió un portavoz. Sus funciones fueron las de interlocutor y de coordinador.

Con la realización de cada actividad se buscaba un enfoque crítico-reflexivo en el que la apreciación personal e individual de cada estudiante fuera el pilar fundamental en el que se detuvieran a analizar y consensuar cada uno de los distintos criterios obtenidos. Una vez realizado este trabajo individual, el siguiente paso era resolver la actividad entre todos los miembros del grupo (Tabla 2):

ACTIVIDAD	DESCRIPCIÓN DE LA ACTIVIDAD
n. º1	Lectura de artículo divulgativo (individualmente) Partes en la que se divide la actividad: Responder a las preguntas consultando el temario de la asignatura, el texto propuesto e internet (10 minutos). Realizar un resumen/guion como preparación al debate, (15 minutos). Debate de todos los estudiantes.
n. º 2	Exposición de trabajo en el aula (I) Partes en la que se divide la actividad: Búsqueda de información en el temario, internet y otras plataformas sobre el tema propuesto por la profesora. Realización de un guion con la información recabada, con el objetivo de realizar una exposición oral del trabajo.
n. º 3	Exposición del trabajo en el aula (II) Exposición de trabajo en el aula.
n. º 4	Mesa redonda con el tema propuesto por la profesora. Partes en la que se divide la actividad: Realizar un resumen/guion como preparación de la mesa redonda, (15 minutos). Desarrollo de la mesa redonda (30 minutos).
n. º 5	Podcast (I) Partes en la que se divide la actividad: Distribución de los temas entre los grupos. Búsqueda de información en el temario, internet y otras plataformas sobre el tema propuesto por la profesora (30 minutos). Realización de un resumen/guion como preparación del Podcast (30 minutos).
n. º 6	Podcast (II) Grabación del Podcast por grupos (30 minutos).

n. º 7	Visionado de documental (I) Partes en la que se divide la actividad: Visionado del documental en el aula. Responder a las preguntas consultando el temario de la asignatura, el texto propuesto e internet (10 minutos). Realizar un resumen/guion como preparación al debate, (15 minutos). Debate de todos los estudiantes (30 minutos).
n. º 8	Vídeo píldora educativa (I) Partes en la que se divide la actividad: Distribución de los temas entre los grupos. Búsqueda de información en el temario, internet y otras plataformas sobre el tema propuesto por la profesora (20 minutos).
n. º 9	Vídeo píldora educativa (II) Realización de un resumen/guion como preparación de la vídeo píldora educativa (30 minutos).
n. º 10	Vídeo píldora educativa (III) Grabación de la vídeo píldora por grupos (30 minutos).

Tabla 2. Descripción de las actividades educativas grupales. Fuente: elaboración propia.

3.2.2. Planificación de las actividades educativas grupales

La planificación se realizó conforme a los contenidos teóricos del temario, (tabla 3), de la asignatura (RSC) que la guía docente estipulaba. Se realizó un estudio exhaustivo para poder conectar el contenido teórico de la sesión de ese día con la correspondiente actividad educativa grupal con el fin de obtener el máximo rendimiento de los estudiantes.

Tema 1: La formación como responsabilidad social.
Tema 2: Tres cualidades a desarrollar en la responsabilidad social: cambio, creatividad y liderazgo.
Tema 3: La vocación como elemento de responsabilidad social.
Tema 4: La Inteligencia como concepto responsable.
Tema 5: Atenerse a razones y la "discrepancia ética" en el mundo de la responsabilidad social.
Tema 6: La palabra como elemento de responsabilidad social.
Tema 7: Ética, legalidad y empresa.
Tema 8: ¿Qué es una empresa?
Tema 9: Qué es la RSC y qué implica.
Tema 10: La gestión de la RSC.

Tabla 3. Temario de la asignatura (RSC). Fuente: elaboración propia a partir de un fragmento de la guía docente.

Las actividades educativas grupales fueron un total de diez, una por cada tema, y se distribuyeron de la siguiente manera:

- Sesión 1ª y 2ª: presentación de la asignatura y explicación de la guía docente.
- Sesiones 3ª y 4ª: Tema 1. La formación como responsabilidad social y la actividad educativa grupal nº1.
- Sesiones 5ª y 6ª: Tema 2. Tres cualidades a desarrollar en la responsabilidad social: cambio, creatividad y liderazgo y la actividad educativa grupal nº2.
- Sesiones 7ª y 8ª: Tema 3. La vocación como elemento de responsabilidad social y la actividad educativa grupal nº3.
- Sesiones 9ª y 10ª: Tema 4. La Inteligencia como concepto responsable y la actividad educativa grupal nº4.
- Sesiones 11ª y 12ª: Tema 5. Atenerse a razones y la "discrepancia ética" en el mundo de la responsabilidad social y la actividad educativa grupal nº5.
- Sesiones 13ª y 14ª: Tema 6. La palabra como elemento de responsabilidad social y la actividad educativa grupal nº6.
- Sesiones 15ª y 16ª: Tema 7. Ética, legalidad y empresa y la actividad educativa grupal nº7.
- Sesiones 17ª y 18ª: Tema 8. ¿Qué es una empresa? y la actividad educativa grupal nº8.
- Sesiones 19ª y 20ª: Tema 9. Qué es la RSC y qué implica y la actividad educativa grupal nº9.
- Sesiones 21ª y 22ª: Tema 10. La gestión de la RSC y la actividad educativa grupal nº10.
- Sesiones 23ª y 24ª: se emplearon en la realización de un repaso de todos los temas de la asignatura.

La planificación detallada, tenía como objetivo principal el que los estudiantes trabajasen en grupo mediante la realización de las distintas actividades educativas grupales las cuales proporcionarían un refuerzo a la hora de afianzar los contenidos teóricos de la asignatura.

3.3. Evaluación de la metodología

Para la recogida de datos y la consiguiente evaluación de la metodología (AC) implementada, utilizamos un cuestionario con el fin de obtener unos resultados dentro de un perfil cuantitativo. Obtuvimos la opinión los participantes, utilizando una variedad de tipos de pregunta, como opción múltiple, sí/no o texto. Las respuestas del cuestionario fueron anónimas y nos ayudaron a mejorar el contenido y las técnicas utilizadas, pensando en los futuros participantes.

El cuestionario se realizó a través de Google Forms y fue estructurado en cinco bloques con el objeto de responder a los objetivos de la metodología aplicada. En el bloque I, se abordó todo lo relacionado con los contenidos de la asignatura; el bloque II se hizo referencia a la metodología implementada y a las actividades educativas grupales realizadas en el aula; el bloque III pretendió evaluar la importancia de la adquisición por parte de los estudiantes, de la motivación, capacidad de análisis, síntesis, conocimiento y compromiso con la asignatura; el bloque IV incidió en los soportes utilizados para la búsqueda de información y en el bloque V se indagó en el grado de dificultad de las tareas y la distribución de las mismas, entre los miembros del grupo.

Las preguntas de los distintos bloques fueron las siguientes:

Bloque I: Preguntas relacionadas con los contenidos, con la organización y la guía docente de la asignatura.

- Pregunta nº1: ¿La profesora ha facilitado los contenidos/temario de la asignatura?
- Pregunta nº2: Los contenidos facilitados por la profesora a través del Aula Virtual, ¿le han sido de ayuda a la hora de comprender los conceptos más importantes de la asignatura?
- Pregunta nº3: Las presentaciones realizadas por la profesora en PowerPoint, ¿le han sido ayuda a la hora de comprender los conceptos más importantes de la asignatura?
- Pregunta nº4: ¿La profesora se ha basado en la guía docente de la asignatura para explicar ordenadamente el temario?
- Pregunta nº5: Valore del 1 al 5 la organización de la asignatura por parte de la profesora.
- Pregunta nº8: ¿Cree que ha adquirido los conocimientos suficientes para tener un dominio de los conceptos más importantes de la asignatura?

Bloque II: Preguntas relacionadas con las actividades realizadas y la metodología basada en el (AC), implementada.

- Pregunta nº6: ¿Prefiere que la profesora elija los temas a desarrollar en las actividades educativas grupales en el aula o que sean elegidos por los miembros de su grupo?
- Pregunta nº7: ¿La metodología aplicada por la profesora le ha permitido seguir la clase y aprender adecuadamente?
- Pregunta nº9: ¿Le ha parecido excesivo el número de las entregas que ha realizado su grupo de trabajo para el desarrollo de las actividades educativas grupales propuestas por la profesora?
- Pregunta nº10: ¿Le han parecido interesantes los temas tratados en el desarrollo de las actividades educativas grupales propuestas por la profesora?
- Pregunta nº11: ¿La realización de las actividades educativas grupales en el aula le han servido para ampliar contenidos relacionados con la asignatura?

Bloque III: Preguntas relacionadas con la motivación, capacidad de análisis, síntesis, compromiso y conocimiento adquirido por los estudiantes tras realizar las actividades educativas grupales.

- Pregunta nº12: Valore del 1 al 5 la motivación que ha sentido al realizar las actividades educativas grupales propuestas por la profesora en el aula.
- Pregunta nº13: Valore del 1 al 5 el grado de análisis y síntesis adquirido tras la experiencia.
- Pregunta nº14: ¿Cree que tras la experiencia ha adquirido una mayor capacidad de análisis y de síntesis?
- Pregunta nº15: Valore del 1 al 5 el grado de satisfacción del compromiso que ha tenido con la asignatura.

Bloque IV: Preguntas relacionadas con la búsqueda de información para la realización de las actividades educativas grupales.

- Pregunta nº16: ¿Ha buscado información de manera organizada en las redes sociales para el desarrollo de las actividades educativas grupales propuestas por la profesora?
- Pregunta nº17: ¿La información localizada le ha servido para ampliar sus conocimientos?
- Pregunta nº18: Valore del 1 al 5 la importancia de las TIC en la búsqueda de información.

Bloque V: Preguntas relacionadas con el grado de dificultad y la distribución de las tareas entre los miembros del grupo:

- Pregunta nº19: Valore del 1 al 5 el grado de dificultad de las actividades educativas grupales realizadas en el aula.
- Pregunta nº20: ¿Han tenido algún problema a la hora de distribuir las tareas entre los miembros del grupo? En caso afirmativo, explique cuáles.

4. DESARROLLO DE LA INVESTIGACIÓN

Los cuestionarios reflejaron la opinión conjunta de los 57 estudiantes. Las preguntas más relevantes fueron las que pasamos a detallar a continuación:

La pregunta nº7 (Figura 1), expone que el 96,4% de los participantes han aprendido adecuadamente tras la aplicación de la metodología basada en (AC), frente a un 3,6% que no cree que el aprendizaje adquirido sea el adecuado.

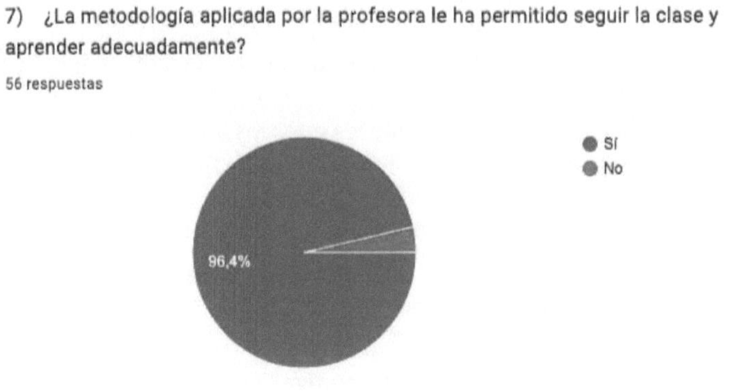

Figura 1. Respuestas de la pregunta nº7. Fuente: elaboración propia

De la pregunta nº9 (Figura 2), se desprende que al 29,8% de los participantes les han parecido que el número de entregas de las actividades educativas grupales es excesivo, frente a un 70,2% que no cree que sean excesivas.

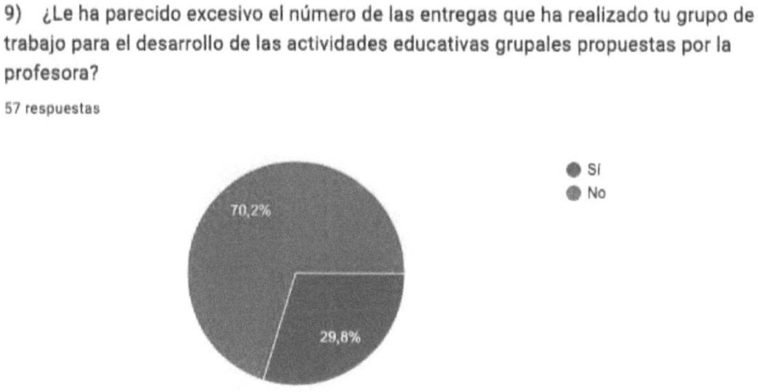

Figura 2. Respuestas de la pregunta nº9. Fuente: elaboración propia.

La pregunta nº10 (Figura 3), expone que al 89,5% de los participantes le han parecido interesantes los temas propuestos por la profesora para la realización de las actividades educativas grupales, frente a un 10,5% que no cree que fueran interesantes.

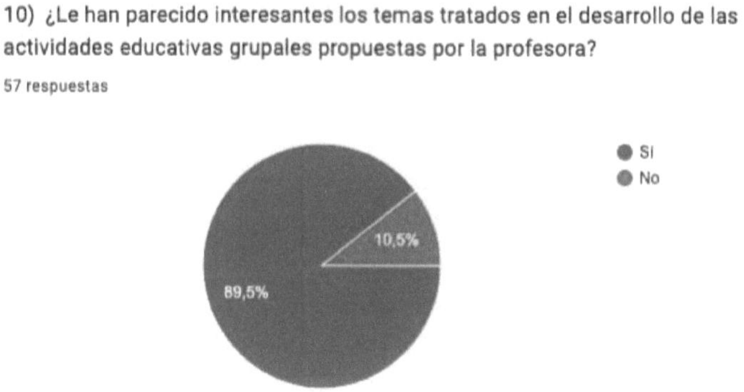

Figura 3. Respuestas de la pregunta nº10. Fuente: elaboración propia.

La pregunta nº12 (Figura 4), solicitaba a los participantes que valorasen del 1 al 5 el grado de motivación adquirido. De las respuestas obtenidas se desprende que el 3,5% lo valora con el 1, el 10,5% lo valora con el 2, el 24,6% lo valora con el 3, el 31,6% lo valora con el 4 y el 29,8% lo valora con el 5.

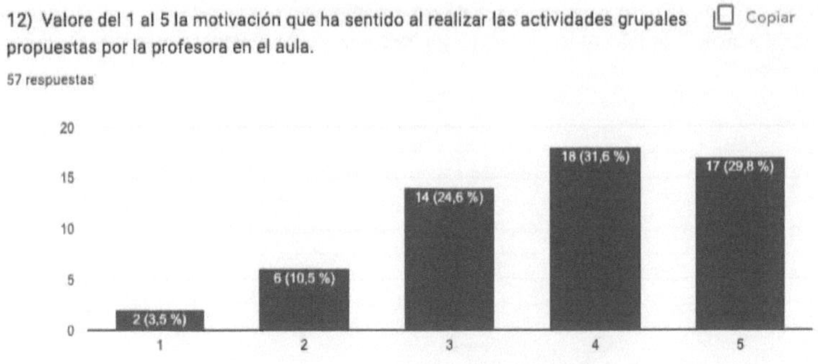

Figura 4. Respuestas de la pregunta nº12. Fuente: elaboración propia.

La pregunta nº14 (Figura 5), expone 73,3% de los participantes han adquirido mayor capacidad de análisis y de síntesis tras haber realizado las actividades educativas grupales, frente al 26,3% cree que no lo ha adquirido.

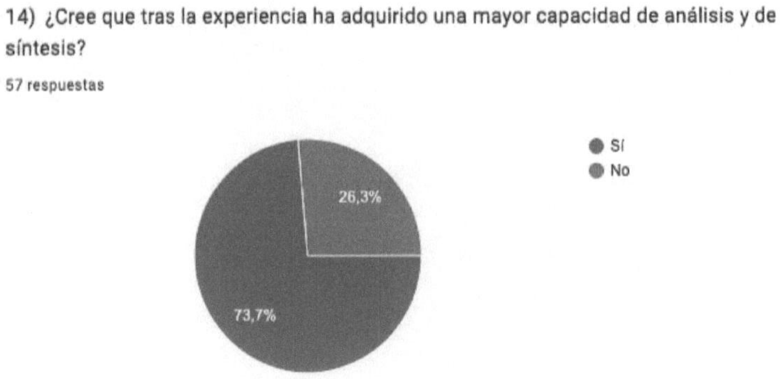

Figura 5. Respuestas de la pregunta nº14. Fuente: elaboración propia.

La pregunta nº15 (Figura 6), solicitaba a los participantes que valorasen del 1 al 5 el grado de compromiso adquirido. De las respuestas obtenidas se desprende que el 0,0% lo valora con el 1, el 7% lo valora con el 2, el 14% lo valora con el 3, el 35,1% lo valora con el 4 y el 43,9% lo valora con el 5.

Figura 6. Respuestas de la pregunta nº15. Fuente: elaboración propia.

La pregunta nº19 (Figura 7), solicitaba a los participantes que valorasen del 1 al 5 el grado de dificultad de las actividades realizadas. De las respuestas obtenidas se desprende que el 9,1% lo valora con el 1, el 43,6% lo valora con el 2, el 32,7% lo valora con el 3, el 3,6% lo valora con el 4 y el 10,9% lo valora con el 5.

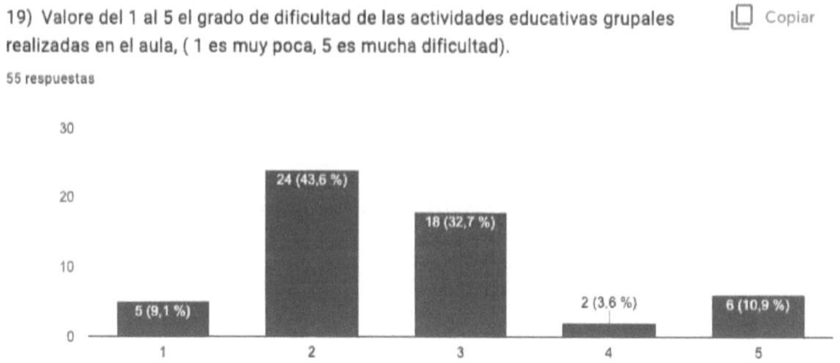

Figura 7. Respuestas de la pregunta nº19. Fuente: elaboración propia.

La pregunta nº20 (Figura 8), pretendía que los participantes explicasen si habían tenido algún problema a la hora de distribuir las tareas entre los miembros del grupo:

El 3,7% de los participantes respondieron: *"Los grupos eran muy grandes y las tareas no eran tan complejas como para distribuir el trabajo entre todos los miembros"*; el 3,7% contestó: *"Cuando los grupos eran irregulares y la profesora ha rellenado a la gente colgada, ha sido bastante incómodo con algunos grupos ya que solo se organizan entre los que ya se conocen o son amigos, en vez de hablar todos, teniendo que tirar de ellos"*; el 3,7% respondió: *"no, no ha habido ningún problema"*; el 7,4% contestó: *"ninguno"*; el 3,7% respondió: *"nada que decir"*; el 3,7% contestó: *"ningún problema"* y el resto de los participantes contestaron: *"no"*.

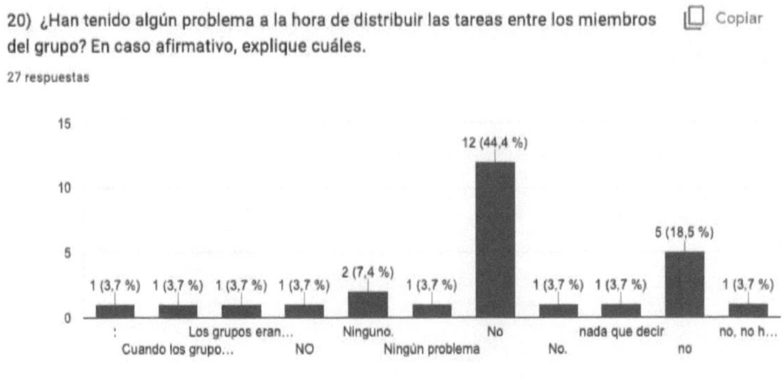

Figura 8. Respuestas de la pregunta nº20. Fuente: elaboración propia.

5. CONCLUSIONES

Los resultados permitieron obtener la información necesaria para poder evaluar si la metodología basada en aprendizaje cooperativo implementada en el proceso de enseñanza- aprendizaje de la asignatura (RSC) fue la idónea para alcanzar los objetivos propuestos en este estudio.

Mejorar la motivación del estudiantado con el fin de reducir su inasistencia al aula, incentivar la atención mediante el aprendizaje activo, colaborativo y participativo y reestablecer la confianza entre ellos, fueron aquellos objetivos que, tras la realización de un total de 10 actividades educativas grupales, ayudaron a alcanzar de una manera notable estos propósitos. Se puede afirmar que el trabajo cooperativo guiado puede conseguir un adecuado rendimiento a nivel de adquisición de conocimientos teóricos en comparación con la clase magistral y el estudio memorístico (Navarro *et al.*, 2019).

Todas las acciones empleadas fomentaron la participación activa de los estudiantes, la interacción entre ellos, además, de la colaboración en el desarrollo de las actividades. La ausencia fue disminuyendo conforme se iban realizando las actividades en el aula, entre los estudiantes se motivaron unos a otros a acudir descartando así el ausentismo. Permitió que se conociesen unos a otros de una manera más cercana y natural. Se observó que hubo un cambio relevante a la hora de interactuar con la profesora en el momento de preguntar dudas sobre las actividades, se sentían más confiados y tranquilos. Todos los logros conseguidos se pudieron corroborar en el rendimiento cualitativo que demostraron cuando realizaron las pruebas teóricas en la evaluación ordinaria.

Este trabajo fue crucial para establecer tentativas sistemáticas que permitieran desarrollar las actitudes motivacionales de los estudiantes universitarios. Las actividades tenían como objetivo el que los estudiantes trabajaran en grupo con el propósito de conseguir no solo la realización correcta de las mismas y obtener un alto rendimiento, si no que el aprendizaje fuera motivado y por ende, se pudieran fomentar actitudes encaminadas al incremento del interés y confianza perdida de cada uno de ellos ante la nueva situación de la presencialidad de la enseñanza tras el confinamiento.

Tenemos que concienciarnos y repensar la importancia del concepto de motivación para el aprendizaje activo y significativo de los estudiantes universitarios. La motivación proporciona óptimos resultados y fomenta la excelencia de su educación, además, de prepararlos para la vida profesional. El interés de los estudiantes se basa en una amplia variedad de aspectos tales como la consecución de un futuro mejor, el logro de éxito económico y otros más de carácter personal como la adquisición de conocimientos, el deseo de superación personal o tener mejores opciones en el trabajo (Moral *et al.*, 2022).

La educación como ciencia viva, crece junto con la sociedad en la que se desarrolla, por esta razón, tiene que ir cubriendo las necesidades en cada momento y fomentar el aprendizaje motivado consiguiendo así una educación significativa para toda la vida de todos y todas las ciudadanas.

Se propone que, a partir de este estudio, se puedan iniciar investigaciones futuras que aborden nuevos objetivos con el fin de dejar cubiertas las distintas necesidades según la naturaleza de las enseñanzas y de los participantes.

En nuestro caso, dimos prioridad a la implementación de la metodología activa basada en el aprendizaje cooperativo por las circunstancias tan adversas que se habían experimentado con la crisis sanitaria. No se descarta la idea de realizar futuras investigaciones e incluir metodologías activas que refuercen los objetivos marcados en este estudio y que impulsen y fomenten el aprendizaje de la mano de las nuevas tecnologías. El cambio del paradigma educativo se debe centrar en la sustitución de una enseñanza excesivamente teórica por una educación activa y en el uso de nuevas tecnologías (Michavilla, 2009).

6. REFERENCIAS

Calle-Suáres, C., y Quichimbo-Rosas, A. (2021). Presencia de metodologías tradicionales en la educación del Ecuador. *Revista científica dominio de las ciencias, 7*(4), 1205–1215.

García, L. (2021). COVID-19 y educación a distancia digital: Preconfinamiento, confinamiento y posconfinamiento. *RIED. Revista Iberoamericana de Educación a Distancia, 24*(1), 9–25. https://doi.org/10.5944/ried.24.1.28080

Gutiérrez-Moreno, A. (2020). Educación en tiempos de crisis sanitaria: Pandemia y educación. Praxis. *Revista de la facultad de las ciencias de la educación. Universidad del Magdalena, 16*(1), 7–10. https://doi.org/10.21676/23897856.3040

Michavilla, F. (2009). La innovación educativa. Oportunidades y barreras. *Arbor, 185* (Extra), 3–8. https://doi.org/10.3989/arbor.2009.extran1201

Moral, E., Pedrosa, C., Gallego, L., Martínez, C., y Barreda, R. (2022). Motivación en estudiante universitarios: Metas vitales y actitudes de aprendizaje. *Revista Internacional de Humanidades,* 2–11. https://doi.org/10.37467/revhuman.v11.4060

Navarro, I., González, C., López, B., y Contreras, A. (2019). Aprendizaje cooperativo basado en proyectos y entornos virtuales para la formación de futuros maestros. *Educar, 55*(2), 519–541. https://doi.org/10.5565/rev/educar.935

Organización de las Naciones Unidas para la Educación, la Ciencia y la Cultura. (2020). *Coalición Mundial para la Educación de la UNESCO.* www.unesco.org/en/global-education-coalition

Pareja, J. A., Fernández, M., y Fuentes, J. (2019). Innovación metodológica en el máster profesionalizador de formación del profesorado: Aprendizaje basado en proyectos desde la interdisciplinariedad. *Profesorado. Revista de currículum y formación del profesorado, 23*(3), 114–128.

Puga, L., Rodríguez, J., y Toledo, A. (2016). Reflexiones sobre el lenguaje matemático y su incidencia en el aprendizaje significativo / Reflections on the mathematical language and its incidence in the significant learning. *Sophía, 1*(20), 197. https://doi.org/10.17163/soph.n20.2016.09

Thinkö. (2020, 15 de junio). Métodos de trabajo. Qué son las metodologías activas y cómo aplicarlas en el aula. https://thinkoeducation.com/metodologias-activas/

Valarezo, J. W., y Santos, O. C. (2019). Las tecnologías del aprendizaje y el conocimiento en la formación docente. *Conrado. Revista pedagógica de la Universidad de Cienfuegos, 15*(68), 180–186.

RECURSOS DIDÁCTICOS EN LA FORMACIÓN PROFESIONAL DOCENTE PARA LA ATENCIÓN EN ESCUELAS INCLUSIVAS

Maribel Enaida Alegre Jara[1]*, Jacqueline Victoria Hernández Falla*[1] *y Giovanna Fiorella Marcelo Gómez*[1]

El presente texto nace de un estudio realizado en el marco de financiamiento de los fondos nacionales asignados a la universidad pública en Perú (PIC FF.E.H. 018-2021-UNS-VRIN), Universidad Nacional del Santa (Perú).

1. INTRODUCCIÓN

La agenda 2030 para el Desarrollo Sostenible, en el objetivo 4 respecto a la educación, propone la necesidad de eliminar las barreras en la educación y asegurar el acceso igualitario a todos los niveles de la enseñanza y la formación profesional para las personas en situación de vulnerabilidad, incluidas las personas con discapacidad. Comisión Económica para América Latina y el Caribe - CEPAL (2015). Según informe del Programa de Promoción de Educación Inclusiva en las Américas OEA – ORITEL (2019), más de mil millones de personas en el mundo - alrededor del 15% de la población mundial - presentan una o más disfunciones en los planos físico, sensorial, intelectual o psicosocial, lo que significa la mayor "minoría" en el mundo. Doscientos millones de niños y niñas tienen discapacidad, de los cuales el 90% no asiste a la escuela (UNICEF, 2016). En el Perú, la diversidad de cifras acerca de la cantidad de personas con discapacidad está determinada por las variables para medir la discapacidad. Así, mientras la Encuesta Nacional Especializada sobre Discapacidad – ENEDIS (2012) refería que el 5,2% de la población nacional (1 millón 575 mil 402 personas) presenta algún tipo de discapacidad, el Censo Nacional 2017 señala que el 10,4% (3 millones 51 mil 612 personas) presenta esta condición.

Es así por lo que la educación inclusiva se convierte hoy, en un reto transformador para la sociedad y, especialmente, para la estructura de la escuela actual, como institución encargada de acoger y socializar a generaciones que representan el presente y futuro de nuestro país. La responsabilidad del cambio de paradigma exige actitud positiva y propositiva de la docencia para saber valorar las diferencias enriquecedoras en el ámbito escolar. Este profundo cambio debe orientarse a superar las barreras impuestas por la sociedad y para ello, será necesario que el docente renueve su práctica cuando se requiera

1. Universidad Nacional del Santa (Perú)

para favorecer la mejora continua. Así, la formación permanente representa un derecho y a la vez un deber para garantizar la educación para todos; esta necesidad de cambio del enfoque de formación ha sido destacado por diversos autores (Freire, 2010; Martín, 2015; Delgado, 2013; Imbernón, 2011), que enfatizan en el papel protagónico del docente para el desarrollo personal y social. En los últimos años y a raíz de las exigencias que demanda los procesos de inclusión educativa en la Educación Básica Regular en el Perú, se hace necesario no solo capacitar al magisterio en servicio sino además reformular los planes de formación de la docencia desde la educación superior a fin de que consoliden los aportes teóricos, normativos y prácticos relacionados con el tema de la inclusión educativa; y a partir de ello desarrollen capacidades que les permitan enfrentar de manera favorable los desafíos en las escuelas inclusivas a través de aplicación de estrategias y recursos pertinentes e innovadores, propuestas tanto por especialistas como por ellos mismos, con el propósito de brindar un servicio responsable en el marco la atención en la diversidad.

Para el Banco Interamericano de Desarrollo (2017) es indudable que, uno de los factores que determina la calidad educativa y el desarrollo de capacidades y competencias de las y los estudiantes, es la capacidad profesional del docente para brindar una educación de calidad, así como la capacidad de adecuarse a las necesidades educativas de las y los estudiantes con diversidad funcional (p. 52); dichas capacidades se logran mediante la capacitación, evaluación y promoción permanente del docente desde los procesos formativos. En tal sentido, la inversión pública en educación no solo requiere atender la inversión en infraestructura escolar y mobiliario; sino que debe asegurar las competencias y habilidades necesarias del personal docente para el uso y manejo de recursos que apoyen el aprendizaje y el desarrollo de habilidades (libros, materiales didácticos, tecnología, entre otros), estos últimos resultan ser fundamentales para generar condiciones adecuadas para que las niñas y niños logren experiencias más significativas y estimulantes desde sus diferencias. En ese sentido, la inversión para hacer realidad la educación inclusiva debe considerar la dotación de materiales de enseñanza y aprendizaje accesibles y efectivos para favorecer la mediación entre el conocimiento y la realidad que rodea al estudiante con discapacidad.

La Defensoría del Pueblo del Perú, en su informe defensorial 183 (2019); enfatiza en el objetivo de desarrollo sostenible 4 de la Agenda 2030, que reconoce que las personas con discapacidad deben tener acceso a la educación inclusiva, con aprendizajes que los ayuden a adquirir los conocimientos y habilidades necesarias para aprovechar las oportunidades y participar plenamente en la sociedad, y expone un modelo de acción de parte del Ministerio de Asuntos Exteriores de Noruega, quienes en el marco de "Oslo Summit on Education for Development, Addressing the Unfinished Agenda – Delivering Quality Education for All" recomendaron, en materia de inversión en educación inclusiva:

1. requerir estándares mínimos de accesibilidad para todas las escuelas, incluso en entornos de emergencia,
2. invertir en capacitación a los docentes para responder a las necesidades educativas de las y los estudiantes;
3. asegurar que los materiales y equipos sean accesibles y fácilmente adaptables;
4. invertir en tecnología de asistencia y dispositivos para niñas y niños con discapacidad; y,
5. garantizar la participación de las organizaciones de personas con discapacidad en la planificación de la educación y monitoreando.

Los materiales comunican contenidos para su aprendizaje y deben servir para estimular y dirigir el proceso de enseñanza-aprendizaje, total o parcialmente. Los recursos constituyen un elemento esencial para la tarea docente. El profesorado necesita disponer de recursos de distinto tipo, y entre ellos los denominados materiales curriculares. Los materiales curriculares son un recurso o un medio para ayudar en el proceso de aprendizaje.

Para Pérez (2010) la evaluación y manejo de los recursos didácticos o materiales curriculares por parte del profesorado es imprescindible; el uso adecuado de éstos es propio del hecho educativo y requiere necesariamente de procesos de análisis y de reflexión; así como recoger información sobre las características de los materiales para tomar decisiones sobre cuáles de ellos son más adecuados o sobre de qué manera se usarán en el aula; este proceso resulta ser imprescindible para conocer si el material es coherente con el propósito previsto, si se adapta al contexto y si tiene rigor científico. El uso requiere los siguientes análisis:

a. análisis en función de las intenciones educativas.
b. analizar cuáles son los valores y las actitudes que fomenta implícitamente el material.
c. análisis en función de los elementen favorecedores del aprendizaje, la coherencia de las propuestas del material con relación a los elementos que favorecen un proceso de aprendizaje de construcción personal y funcional.
d. análisis en función de la atención a la diversidad debemos prestar atención si le permiten y si sugieren posibilidades en este sentido; propuesta de distintos niveles de objetivos y contenidos; de actividades complementarias, de ampliación y de refuerzo; de distintas posibilidades de actividades para el aprendizaje de un mismo contenido.

El programa se sustenta en el enfoque socio constructivista en tanto reconoce que aprendizaje de los estudiantes y lo que ocurre en el aula es fruto de aportaciones tanto individuales como de la dinámica que establecen profesores y estudiantes desde sus experiencias y representaciones. Precisamente Vygotsky parte de que la dimensión social de la conciencia es la primaria, mientras que la dimensión individual es la secundaria y derivada de ella. Para Vygotsky «el primer problema es encontrar cómo la reacción individual procede de las formas de la vida común» (según Wertsch, 1985, p. 59). Vygotsky asimismo formulaba la ley general del desarrollo cultural como el elemento central de sus consideraciones: Cada función en el desarrollo cultural. [...] aparece [...] a dos niveles. En primer lugar, aparece a nivel social, después a nivel psicológico. [...] Eso es válido igualmente para la atención intencional, la memoria lógica, la formación de conceptos y el desarrollo de la voluntad. La investigación asume como tarea central el mejoramiento del perfil del estudiante de la carrera profesional de Educación Primaria en la Universidad Nacional del Santa, en relación a la atención a la diversidad y su interacción con los recursos didácticos en el marco de la educación inclusiva coincidiendo con Freire (1998); quien en su pedagogía de la Autonomía remarca la necesidad de lograr que los maestros desarrollen una autonomía profesional que le permita asumir de manera responsable, su perfeccionamiento constante y sobre todo consciente. Es una propuesta que tiene la finalidad de mejorar la formación profesional de los estudiantes de la carrera profesional de Educación Primaria considerando la adquisición, uso y manejo de recursos diversos para abordar las habilidades diferentes más comunes y presentes en el aula.

Hoy en día es un imperativo la generación de transformaciones desde los currículos formativos de los futuros profesionales de educación; así como el replanteamiento de las formas de enseñar a fin de preparar a los docentes para contribuir con éxito en contextos escolares donde la diversidad es una característica ineludible.

En la atención a la diversidad el dar respuesta a las necesidades de aprendizaje de los estudiantes es primordial, y la población estudiantil con discapacidad, talento y aptitudes sobresalientes demandan de un docente que sepa utilizar los recursos básicos para contribuir con el fortalecimiento de su práctica; -cómo podría brindar atención pedagógica a un estudiantes con discapacidad visual; sino se tiene conocimiento y manejo del sistema Braille, el Ábaco Kramer, y otros materiales con características específicas para la ceguera y la baja visión, tales como atriles, lupas, telescopios y rejillas, entre otros. Estas habilidades de los futuros docentes asegurarían que en la actividad pedagógica puedan ofrecer puntual y efectiva respuesta a los requerimientos particulares del alumnado.

Pérez (2010) detalla los tipos de recursos didácticos a través de la siguiente clasificación:

a. Documentos impresos y manuscritos: libros y folletos, revistas, periódicos, fascículos, atlas, mapas, planos, cartas, libros de actas y otros documentos de archivo histórico, entre otros materiales impresos.
b. Documentos audiovisuales e informáticos: videos, CD, DVD, recursos electrónicos, casetes grabados, transparencias, láminas, fotografías, pinturas, disquetes y otros materiales audiovisuales.
c. Material Manipulativo: globos terráqueos, tableros interactivos, módulos didácticos, módulos de laboratorio, juegos, colchonetas, pelotas, raquetas, instrumentos musicales. Incluye piezas artesanales, reliquias, tejidos, minerales, etc.
d. Equipos: Proyector multimedia, retroproyector, televisor, videograbadora, DVD, ecran, pizarra eléctrica, fotocopiadora.

La Dirección de Educación Especial (DEE) del distrito Federal a través de la Secretaría de Educación Pública - México, en su publicación denominada: Educación Inclusiva y recursos para la enseñanza (2012) expresa que: todos los estudiantes pueden progresar si se les brinda las oportunidades, ayudas o medios de compensación necesarios; ya que el aprendizaje no depende únicamente de las capacidades propias, sino también de la cantidad y calidad de experiencias y apoyos que se le brindan en el aula y en la escuela. El docente en los procesos de planeación puede proyectar las oportunidades de aprendizaje para dar respuesta oportuna y acorde a las particularidades de los estudiantes y a la totalidad del grupo. En el proceso de planeación didáctica, el docente propone las formas de interacción que permiten lograr el mayor grado posible de comunicación y de participación de todos los estudiantes sin perder de vista las necesidades particulares de cada uno para alcanzar los aprendizajes esperados. Para ello, el docente requiere avanzar hacia planeaciones de aula más diversificadas, creativas, interesantes e incluso divertidas, que consideren los diferentes niveles, ritmos y estilos de aprendizaje, los distintos intereses y motivaciones y las características socioculturales de los estudiantes. Una demanda actual para una escuela en igualdad de condiciones (Aguerrondo, 2008; Ainscow y Miles, 2008; Arnáiz, 2005; Echeita y Duk, 2008; Fernández, 2003; Jacobo, 2012; Juárez *et al.*, 2010; Ocampo, 2015; Yadarola, 2006). Asimismo, necesita incorporar estrategias que promuevan la accesibilidad universal en sus diferentes áreas: comunicación e información, movilidad, bienes y servicios y actitudes ante la discapacidad. Para lograr que la planeación de aula o planeación didáctica cumpla con criterios mínimos para promover la accesibilidad, el estudio propone que el docente requiere:

• Conocer y utilizar estrategias y múltiples formatos de presentación (visual, auditiva, táctil), los diversos medios y modos de comunicación (oral, escrita, de señas, macrotipos, tableros de comunicación), canales sensoriales (visual, auditivo, táctil), estilos de aprendizaje, intereses, preferencias.

• Desarrollar actividades para promover la autonomía, la motivación, la personalización y la variedad. Se trata en este sentido de prever un currículo inclusivo, accesible para todos, a través de una enseñanza multinivel y la creación de "contextos de aprendizaje enriquecedores" (SEP, 2012, p. 17).

De esta forma, se requiere de la formación de profesores y profesoras que resignifiquen el concepto de inclusión desde su contribución más competente para abordar con autonomía y solvencia su labor pedagógica en la atención a la diversidad, el desafío latente para las instituciones de educación superior es prepararlos para liderar las acciones educativas relacionadas con la diversidad desde la inclusión demostrando conocimientos y habilidades para la elaboración y manejo de recursos didácticos que le permitan eliminar las barreras de acceso y participación de los estudiantes con habilidades diferentes asociadas a la discapacidad en la educación básica regular; y para ello, el programa formativo debe contemplar un espacio que les permita gestionar el uso y manejo de los recursos didácticos entendidos como el conjunto de materiales, equipos y herramientas que intervienen y facilitan los procesos de enseñanza aprendizaje; objetos diseñados con fines exclusivamente pedagógicos con el propósito de facilitar al docente su función y al estudiante el aprendizaje en un contexto educativo inclusivo (Ministerio de Educación, 2007; 2006).

Es necesario que la Universidad Nacional del Santa - Perú, hoy licenciada, se proyecte como una institución que busca fortalecer las competencias de nuestros profesionales para abordar de manera exitosa y liderar los desafíos que la educación trae consigo. Para ello, requiere de profesionales idóneos y del equipamiento e implementación de un centro de recursos didácticos y educativos que complemente su preparación y sirva de modelo y aporte a la localidad y la región. El diseño de una propuesta de recursos didácticos para mejorar la preparación para la enseñanza en la diversidad en los estudiantes de la carrera de educación primaria en la Universidad Nacional del Santa tiene por finalidad sentar bases sobre los recursos básicos que debe ser de dominio de los estudiantes antes de graduarse como docentes, a fin de asegurar su desempeño óptimo y más pertinente en las aulas en el marco de la atención en la diversidad. La importancia del presente estudio radica en que permitirá: enriquecer el campo de los recursos didácticos para la atención en la diversidad y elevar la calidad del proceso y resultados del plan formativo de los estudiantes de la carrera profesional de Educación Primaria en la Universidad. El profesor en contexto de educación inclusiva necesita una preparación o actualización urgente para afrontar todos los desafíos de la diversidad y de las NEE de los estudiantes. El estudio pretende sentar bases sobre esos recursos básicos que deben ser de dominio de los estudiantes, de los docentes y futuros egresados de la carrera profesional a fin de que a partir de ello se pueda asegurar su desempeño en las aulas en el marco de la atención en la diversidad.

2. OBJETIVOS

Diseñar una propuesta de recursos didácticos para mejorar la preparación para la enseñanza en la diversidad en los estudiantes de la carrera de educación primaria en la Universidad Nacional del Santa.

3. METODOLOGÍA

La investigación se enmarca en el tipo proyectivo, ya que involucra la creación, diseño y elaboración de una propuesta (Hurtado, 2010, p. 331). En este sentido Hurtado (2010) afirma que en la investigación proyectiva se "utilizan diversos instrumentos para cubrir diversos estadíos que permitan formular la propuesta. Para cubrir el primer estadío descriptivo deben utilizarse instrumentos abiertos y flexibles como las entrevistas". (p. 334). Asimismo, propone un diseño transeccional descriptivo propositivo; en tanto se obtienen datos en un tiempo único, respecto a la población determinada y plantea tratamiento sin intención de administrar (Sánchez y Reyes, 2006; Jiménez y Carrera, 2005; Pinal, 2006).

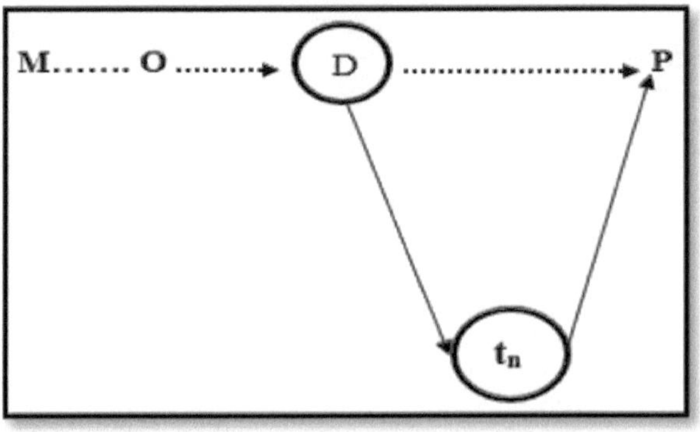

Figura 1. Diseño transeccional descriptivo propositivo. Fuente: Estela (2020) citado en Marcelo (2022).

De la figura anterior, se desprende que en una determinada muestra (M) se estudia la variable del estudio (O), en ella se realiza un diagnóstico (D) que conlleva al análisis y fundamentación en base al bagaje científico existente (t_n) para finalmente estar en la capacidad de elaborar y presentar una propuesta (P). Todo ello, constituye, de acuerdo con Marcelo (2022), en un "proceso de indagación que culmina en una propuesta de solución a una determinada situación" (p. 81).

El desarrollo del estudio responde al uso de una metodología mixta principalmente cualitativa, para el registro de información, análisis e interpretación de datos numéricos considerando durante el proceso los métodos analíticos, deductivos y sintéticos. La estrategia del estudio toma como punto de partida el análisis de diferentes modelos exitosos para la formación docente para la atención a la diversidad en el ámbito escolar; el estudio descriptivo de la demanda estudiantil, y el diseño de una propuesta considerando para ello, los aportes de egresados y expertos respecto a los recursos didácticos que consideran necesarios para la formación del desempeño docente en un contexto de atención a la diversidad; definiendo para ellos las 5 invariantes de los mismos: documentos impresos y manuscritos, documentos audiovisuales e informáticos, material manipulativo, equipos y Soporte (Docentes, expertos e instancias especializadas). El diseño del estudio es transeccional descriptivo propositivo; ya que se obtiene datos en un tiempo único respecto a la población determinada y se plantea tratamiento sin intención de administrar (Sánchez y Reyes, 2006; Jiménez y Carrera, 2005; Pinal, 2006).

La población estuvo conformada por el 100% de los estudiantes (145 estudiantes) de la carrera profesional de educación primaria de la Universidad Nacional del Santa-Perú, matriculados en la carrera el semestre 2019 II, según datos proporcionados por la Dirección de evaluación y desarrollo académico de la UNS - DEDA. La muestra de estudio se determinó en base a la fórmula de muestreo simple, considerando un margen del 10% y un nivel de confianza del 95% obteniéndose un grupo de 59 estudiantes (principalmente del VI, VIII y X ciclo académico por su acercamiento a la realidad problemática a través de la práctica profesional).

Los procedimientos para la recolección y procesamiento de datos consideraron el diseño, pilotaje y validación por juicio de expertos de los instrumentos, se utilizó la estadística descriptiva: cuadros estadísticos, gráficos de barras, y otros adecuados a la investigación para la organización de la información hasta la generación de la propuesta de Recursos didácticos para el objetivo del estudio.

Para la obtención de datos se recurrió a la técnica de análisis documental, a fin de estructurar los fundamentos normativos y técnicos de la propuesta; la observación, con el uso de una lista de cotejo como instrumento para el diagnóstico y descripción de los recursos didácticos definidos en sus invariantes (documentos impresos y manuscritos, documentos audiovisuales e informáticos, material manipulativo equipos y Soporte) existentes en la carrera profesional y, estructurados para evaluarse en correspondencia con 13 temas que contiene la programación de la propuesta relacionados con la atención a la diversidad y de relevancia para la formación de la docencia; la encuesta, con el diseño y aplicación de dos cuestionarios el primero, dirigido a los estudiantes que les permitió valorar el desarrollo cada uno de los 13 temas definidos, asignándole un nivel de demanda de Recursos Didácticos para su desarrollo como Muy Necesario (MN), Necesario (N), Poco Necesario (PN) e Incensario (I); y otro cuestionario para los egresados en servicio, especialistas y expertos con 13 preguntas abiertas (también en correspondencia a los temas de la propuesta) con la finalidad de complementar con propuestas de recursos didácticos específicos para garantizar una adecuada preparación para la enseñanza en la diversidad; se incluye al final de este último instrumento un ítem para registrar tres sugerencias de contenidos temáticos que a juicio de egresados, especialistas y expertos deberían adicionarse a los temas planteados en la propuesta para el proceso formativo de los futuros profesionales.

N°	Temas de la Propuesta
1	La Inclusión Educativa en el Perú: Antecedentes, desafíos, y perspectivas.
2	Marco Jurídico y políticas educativas de la integración y/o Inclusión educativa.
3	Educación Inclusiva en la EBR. Teorías y Enfoques Inclusivos sustentan las NEEs asociadas a la discapacidad y la inclusión en la escuela.
4	Barreras que condicionan la inclusión educativa. Dimensiones en el desempeño de los docentes en la Educación Inclusiva
5	Necesidades educativas especiales asociadas a la discapacidad presentes en la escuela inclusiva.
6	Atención pedagógica de estudiantes con discapacidad visual en las aulas de primaria.
7	Atención pedagógica de estudiantes con discapacidad auditiva en las aulas de primaria
8	Atención pedagógica de estudiantes con autismo en las aulas de primaria

9	Atención pedagógica de estudiantes con discapacidad intelectual en las aulas de primaria
10	Atención pedagógica de estudiantes con discapacidad motriz en las aulas de primaria
11	Atención pedagógica de estudiantes con talento y sobredotación intelectual en las aulas de primaria
12	Desarrollo y estimulación sensorial para la atención de la diversidad.
13	Fortalecimiento de las habilidades sociales en la escuela inclusiva.

Tabla 1. Temas de la propuesta. Fuente: Elaboración propia.

Cada uno de los 13 temas presentados en la tabla 1, los cuales constituyen la propuesta del estudio serían desarrollados a través de la utilización de diversos recursos didácticos, con un nivel de demanda diferente de acuerdo con la naturaleza de cada temática, para lo cual se ha determinado cuatro niveles de demanda, así como una distinta valoración en cada uno de ellos. Estos niveles de demanda de recursos didácticos se presentan en la siguiente tabla.

Nivel de demanda de recursos didácticos	Valoración	Escala por ítem (x nm) = (x 59)
Muy necesario (Muy alto)	MN=4	178-236
Necesario (Alto)	N=3	119-177
Poco necesario (Regular)	PN=2	60-118
Innecesario (Bajo)	IN=1	1-59

Tabla 2. Valores cuantitativos y cualitativos para la consolidación de resultados por ítems, para definir el nivel de demanda de cada recurso desde la percepción de la muestra de estudio. Fuente: Elaboración propia.

4. DESARROLLO DE LA INVESTIGACIÓN

Los resultados obtenidos de la aplicación de la lista de cotejo fueron: el diagnóstico y descripción de los recursos didácticos existentes para la formación de los estudiantes de la carrera de educación primaria para la atención a la diversidad. Se obtuvo que si bien la Universidad y la carrera profesional dispone para la formación de basta literatura científica, documentos e informes actualizados principalmente disponibles en la web y bibliotecas especializadas; no existe un laboratorio pedagógico con recursos didácticos principalmente con material manipulativo, y equipos orientados al desarrollo específico de los contenidos para el aspecto práctico en la formación de profesionales para la atención en la diversidad.

Según la observación, la carrera profesional no cuenta con recursos didácticos necesarios para desarrollar habilidades para el uso y manejo de los mismos en la atención pedagógica de estudiantes con discapacidad visual, auditiva, autismo, discapacidad intelectual, discapacidad motriz en las aulas de primaria; asimismo carece de materiales didácticos para la atención pedagógica de estudiantes con talento y sobredotación intelectual y el desarrollo y estimulación sensorial para la atención de la diversidad en las aulas de primaria En este aspecto, los egresados en servicio, así como especialistas en atención a la diversidad han bridado una serie de propuestas de recursos que deben ser de dominio básico de los estudiantes de la carrera profesional. Tanto los contenidos como los recursos propuestos han sido considerados en la propuesta para fortalecer el desempeño de los estudiantes para la atención en la diversidad.

Los datos demuestran que para el desarrollo de temas que demandan análisis, interpretación y discusión de contenidos; los valoran con mayor puntuación a 3 de los 5 recursos didácticos definidos en el estudio (documentos impresos y manuscritos; documentos audiovisuales e informáticos y, docentes especialistas); asignándole una valoración de Muy Necesario y Necesario a estos tres recursos didácticos para el desarrollo de los contenidos propuestos.

En la Tabla 3, por ejemplo, la cual se presenta a continuación, los estudiantes refieren que para desarrollar temas como La Inclusión Educativa en el Perú: Antecedentes, desafíos, y perspectivas (tema 1 de la propuesta); los documentos impresos y manuscritos son Muy Necesarios en un 61% y Necesarios un 25%; asimismo a los recursos: Documentos audiovisuales e informáticos le asignan un 33.9% en la calificación de Muy Necesario y 26,64% en Necesario; y respecto al recurso educativo: docentes especialistas, el 37.28% lo valoran como un recurso Muy Necesario y 47.03% como Necesario.

Al respecto, la literatura explica que las teorías contemporáneas del aprendizaje proponen una docencia con habilidades y suficiente preparación para enfrentar y generar aprendizajes de calidad en diversos contextos y aulas donde se compartan con estudiantes con diversas potencialidades y limitaciones dejando de lado el estereotipo de una escuela con estudiantes homogéneos. Este docente ahora se ve enfrentado a una serie de problemas que no es capaz de resolver, pues ha definido una identidad profesional que lo encapsula en la supuesta homogeneidad de una escuela que ya no existe (Tenorio, 2007).

N°	RECURSOS DIDÁCTICOS	VALORACIÓN							
		MN		N		PN		IN	
		Fi	%	Fi	%	Fi	%	Fi	%
1	Documentos impresos y manuscritos	144	61.02	60	25.42	6	2.54	0	0
2	Documentos audiovisuales e informáticos	80	33.9	63	26.64	16	6.78	10	4.24
3	Material Manipulativo	0	0	0	0	24	10.17	47	19.92
4	Equipos	0	0	18	7.63	24	10.17	41	17.37
5	Soporte (Docentes capacitados, expertos e instancias especializadas)	88	37.28	111	47.03	0	0	0	0

Tabla 3. Demanda de recursos didácticos para el tema 1: La Inclusión Educativa en el Perú: Antecedentes, desafíos, y perspectivas. Fuente: Cuestionario para identificar las demandas respecto a los recursos didácticos necesarios para garantizar una adecuada preparación para la enseñanza en la diversidad en los estudiantes de la carrera de Educación Primaria – UNS.

En los resultados del mismo cuestionario las demandas y valoración cambian; por ejemplo, en la Tabla 4, respecto al desarrollo del tema: Atención pedagógica de estudiantes con discapacidad visual en las aulas de primaria, los estudiantes le asignan mayor valor a 2 de los recursos definidos en el estudio: Material Manipulativo y Equipos, por ejemplo el 100% de estudiantes califica al primer recurso como Muy Necesario para desarrollar el tema y para el segundo recurso se obtiene un 69.49% como Muy Necesario y 22.88% como Necesario. Cabe mencionar que respecto al recurso: Soporte (Docentes capacitados, expertos e instancias especializadas) la valoración se mantiene entre Muy Necesario y Necesario. De hecho, en la cuadragésima octava Conferencia Internacional de Educación Ginebra (UNESCO, 2008) se considera a la formación del profesorado como uno de los aspectos básicos a abordar: (...) las capacidades y los materiales necesarios para enseñar a distintas poblaciones estudiantiles y satisfacer las distintas necesidades de aprendizaje de las diferentes categorías de educandos, mediante métodos como el desarrollo profesional a nivel de la escuela, la formación inicial sobre inclusión y una instrucción en la que se tenga en cuenta el desarrollo y los puntos fuertes de cada educando (p. 3).

Es este uno de los temas, dentro de la propuesta, que corresponde a la mayor cantidad de oportunidades de mejora en cuanto a la dotación e implementación de recursos didácticos que le permitan al profesional de educación en formación prepararse adecuadamente para un adecuado desenvolvimiento ante contextos educativos inclusivos. La predominancia en la demanda de Material Manipulativo y Equipos como recursos didácticos demanda a su vez la existencia de personal capacitado que les guíe en la utilización de dichos recursos, con la finalidad de asegurar el aprendizaje de los futuros docentes en cuanto a todos los equipos, herramientas e instrumentos para una enseñanza que atienda eficientemente las necesidades educativas relacionadas a la discapacidad visual y a otras similares.

N°	RECURSOS DIDÁCTICOS	VALORACIÓN							
		MN		N		PN		IN	
		Fi	%	Fi	%	Fi	%	Fi	%
1	Documentos impresos y manuscritos	48	20.34	48	20.34	6	2.54	28	11.86
2	Documentos audiovisuales e informáticos	104	44.07	93	39.41	4	1.69	0	0
3	Material Manipulativo	236	100	0	0	0	0	0	0
4	Equipos	164	69.49	54	22.88	0	0	0	0
5	Soporte (Docentes capacitados, expertos e instancias especializadas)	236	100	0	0	0	0	0	0

Tabla 4. Demanda de recursos didácticos para el tema 6: Atención pedagógica de estudiantes con discapacidad visual en las aulas de primaria. Fuente: Cuestionario para identificar las demandas respecto a los recursos didácticos necesarios para garantizar una adecuada preparación para la enseñanza en la diversidad en los estudiantes de la carrera de Educación Primaria – UNS.

Para consolidar estos resultados recurrimos a Pérez (2010), quien refiere que la evaluación y manejo de los recursos didácticos o materiales curriculares por parte del profesorado es imprescindible para un uso adecuado de éstos es propio del hecho educativo y requiere necesariamente de procesos de análisis y de reflexión. Recoger información sobre las características de los materiales y analizarlos para tomar decisiones sobre cuáles de ellos con más adecuados o sobre de qué manera se usarán en el aula resulta ser imprescindible para conocer si el material es coherente con el proyecto curricular de la institución, si se adapta al contexto y si tiene rigor científico.

5. CONCLUSIONES

El estudio ha generado el diseño de una propuesta de recursos didácticos detallado para mejorar la preparación para la enseñanza en la diversidad en los estudiantes de la carrera de educación primaria en la Universidad Nacional del Santa considerando los hallazgos y aportes de estudiantes, egresados en servicio y especialistas en el tema de atención a la diversidad. Es necesario la contribución de un perfil más integral que contemple el dominio de los recursos didácticos para potenciar su práctica; Stainback y Stainback (1999), Alegre (2000), Arnáiz (2003) y Tilstone *et al.,* (2003), entre otros, coinciden en señalar que uno de los pilares para que la educación inclusiva sea efectiva es la formación de los docentes para atender las características diversas de los estudiantes, pues son ellos los que llevarán a cabo los cambios en las aulas y en las escuelas. La estructura de la propuesta producto de esta investigación considera aspectos orientadores para su consideración en el proceso de atención a la diversidad.

Los recursos didácticos existentes para la formación docente de los estudiantes de la carrera de educación primaria para la enseñanza en la diversidad, son principalmente; literatura científica, documentos e informes actualizados principalmente disponibles en la web y en la biblioteca de la universidad que dan cuenta de las Teorías y Enfoques Inclusivos sustentan las necesidades educativas especiales - NEEs asociadas a la discapacidad y la inclusión en la escuela; y, lo que se requiere, es material manipulativo y equipos orientados al desarrollo específico del contenido práctico para la atención pedagógica de estudiantes con discapacidad en la escuela.

La demanda de los estudiantes de la carrera profesional respecto a los recursos didácticos: Material Manipulativo y Equipos, para garantizar su adecuada formación docente; se concentra entre Muy Necesario y Necesario para el desarrollo de la atención pedagógica de estudiantes con: discapacidad visual, auditiva, autismo, discapacidad intelectual, discapacidad motriz, estudiantes con talento y sobredotación intelectual y estudiantes que requieren desarrollo de estimulación sensorial. Y, respecto al soporte (Docentes capacitados, expertos e instancias especializadas), la valoración se mantiene entre Muy Necesario y Necesario en el desarrollo de todos los contenidos propuestos.

6. REFERENCIAS

Alegre, O. (2000). *Diversidad humana y educación*. Aljibe.

Aguerrondo, I. (2008). Revisar el modelo: Un desafío para evitar la exclusión. *Perspectivas Dossier: Educación Inclusiva, 38*(1), 61–80. https://goo.gl/Ub3bwf

Arnáiz, P. (2003). *Educación inclusiva: Una escuela para todos*. Aljibe.

Arnáiz, P. (2005). *Atención a la Diversidad. Programa curricular*. Editorial Universidad Estatal a Distancia.

Ainscow, M., y Miles, S. (2008). Por una educación para todos que sea inclusiva: ¿Hacia dónde vamos ahora? *Perspectivas Dossier: Educación Inclusiva, 38*(1), 14–44. https://goo.gl/wRMYyA

Banco Interamericano de Desarrollo (2017). *La Realidad del Desarrollo Social Latinoamericano.*

CEPAL (2015). *Agenda 2030 y los Objetivos de Desarrollo Sostenible. Transformar nuestro mundo: la Agenda 2030 para el Desarrollo Sostenible.*

Defensoría del Pueblo (2019). *El derecho a la educación inclusiva el derecho a la educación inclusiva. Barreras en la implementación de los servicios educativos públicos y privados para estudiantes con discapacidad y con otras necesidades educativas - Serie Informes Defensoriales - Informe 183.* Lima.

Delgado Benito, V. (2013). *La formación del profesorado universitario. Análisis de los programas formativos de la Universidad de Burgos (2000-2011)* [Tesis Doctoral, Universidad de Burgos]. https://dialnet.unirioja.es/servlet/articulo?codigo=4491550

Dirección de Educación Especial - DEE (2012). *Educación Inclusiva y recursos para la enseñanza.* Secretaría de Educación Pública.

Echeita, G., y Duk, C. (2008). Inclusión Educativa. *REICE, Revista Electrónica Iberoamericana sobre Calidad, Eficacia y Cambio en Educación, 6*(2), 1–8. https://revistas.uam.es/reice/article/view/5436

Fernández, A. (2003). Educación Inclusiva: Enseñar y Aprender entre la Diversidad. *Revista Digital Umbral, 13.* https://acortar.link/uHJ9KG

Fondo de las Naciones Unidas para la Infancia - UNICEF (2016). *El estado mundial de la infancia.* Plaza. https://acortar.link/kDyz5t

Freire, P. (2010). *Pedagogía de la autonomía y otros textos.* Caminos.

Hurtado, J. (2010). *Metodología de la investigación: guía para la comprensión holística de la ciencia.* (5ta ed.) Quirón Ediciones.

Imbernón (2011). La formación pedagógica del docente universitario. *Educação 36*(3), 387–396. https://acortar.link/gXer0D

Instituto Nacional de Estadística e Informática (2014). *Primera encuesta nacional especializada sobre discapacidad 2012.*

Instituto Nacional de Estadística e Informática (2017). *Censo Nacional 2017.* https://acortar.link/P91w4o

Freire, P. (1998). *Pedagogía de la Autonomía: Saberes Necesarios para la Práctica Educativa.* Paz e Terra.

Jacobo, Z. (2012). ¿De qué ética hablamos de la de inclusión o de la diferencia? En Z. Jacobo, S. Vargas y L. Meléndez (Comp.), *Sujeto, Educación Especial e Integración* (pp. 47–66). UNAM.

Juárez, J., Comboni, S., y Garnique, F. (2010). De la educación especial a la educación inclusiva. *Argumentos, 3*(62), 41–83. https://goo.gl/TftahS

Jiménez, R. y Carreras, M. (2005). *Metodología para la Investigación en Ciencias de lo Humano.* Publicaciones Cruz O.

Marcelo, G. (2022). *Programa "Educación en Igualdad" para mejorar el nivel de valoración del enfoque de género en docentes de una institución educativa de Nuevo Chimbote, 2019* [tesis doctoral, Universidad Nacional del Santa]. https://acortar.link/tDnHb7

Martín, D. R. (2015). La formación docente universitaria en Cuba: Sus fundamentos desde una perspectiva desarrolladora del aprendizaje y la enseñanza. *Estudios Pedagógicos, 41*(1), 337–349. www.scielo.cl/pdf/estped/v41n1/art20.pdf

Ministerio de Educación (2007). *Uso de materiales educativos en la enseñanza y aprendizaje de los estudiantes en condición de discapacidad uso de materiales educativos en la enseñanza y aprendizaje de los estudiantes en condición de discapacidad.* Lima. https://acortar.link/IY5uPp

Ministerio de Educación (2007). *La inclusión de la educación. Cómo hacerla realidad.* Lima. M. E.
Ministerio de Educación (2006). *Manual de Educación Inclusiva.* Lima. M.E.
Ocampo, A. (2015). Aproximaciones y descripciones generales sobre la Formación del Objeto de la Educación Inclusiva. En A. Ocampo (Coord.), *Los rumbos de la educación inclusiva en Latinoamérica en los inicios del siglo XXI.* Cartografías para modernizar el enfoque (pp. 24–90). Celei.
Pérez, S. (2010). Los recursos didácticos. *Revista digital para profesionales de la enseñanza.* ISNN 1989–4023. Andalucía.
Pinal, K. (2006). *Apuntes de metodología y redacción. Guía para la elaboración de un proyecto de tesis.* Universidad Panamericana.
Programa de Promoción de la Educación Inclusiva de personas con discapacidad en las Américas OEA-ORITEL (2019). https://acortar.link/qZZV4o
Sánchez, H. y Reyes, C. (2006). *Metodología y Diseños en la Investigación Científica.* Editorial Visión Universitaria.
Stainback, S. y Stainback, W. (1999). *Aulas inclusivas. Un solo sistema una única finalidad.* Paul Brooks.
Tenorio, S. (2007). *Las representaciones sociales de profesores básicos de las comunas de Ñuñoa y Macul acerca de la integración escolar* [tesis doctoral, Pontificia Universidad Católica de Chile].
Tilstone, C., Florian, L. y Rose, R. (2003). *Promoción y desarrollo de prácticas educativas inclusivas.* EOS.
UNESCO (2008). Conclusiones y recomendaciones de la 48ª reunión de la conferencia internacional de educación (CIE). Ginebra. https://acortar.link/CkeFM8
Wertsch, J. (1985). *Vygotsky and the social formation of mind.* Harvard University.
Yadarola, M. (2006). Una mirada desde y hacia la Educación Inclusiva. *Boletín Electrónico de IntegraRed.* https://goo.gl/Xij2Cv

ESCRIBIR ES COMPONER: EL USO DE LA COMPOSICIÓN ESCRITA PARA OPTIMIZAR EL APRENDIZAJE EN LA EDUCACIÓN SUPERIOR

Lilliana L. Avendaño-Miranda[1]

1. INTRODUCCIÓN

La Macroeconomía puede ser un campo de estudio excesivamente teórico para grados con contenidos más prácticos como en el caso del grado de Marketing. Su estudio requiere procesos complejos de pensamiento en los que el estudiante debe asociar diferentes saberes, analizarlos y reflexionar en ellos para construir su conocimiento. Además, suele suceder que los estudiantes no realizan interpretaciones de los textos consultados cuando elaboran un trabajo escrito, sino que más bien repiten las ideas que han leído cambiando tan solo algunas palabras, lo que resulta en ausencia de aportaciones personales. Con frecuencia no se sienten motivados por las lecturas y contenidos propuestos para esta asignatura porque no se toman el tiempo de recapacitar sobre sus implicaciones para la vida diaria y cómo puede ayudarles a tomar mejores decisiones tanto a nivel personal como profesional. Esta situación se vio acentuada una vez terminado el confinamiento provocado por la COVID-19. A ello se sumó una elevada inasistencia a clases, lo que contribuyó a que las calificaciones finales fuesen comparativamente más bajas en el curso 2020–2021 que en cursos anteriores. Varios estudios demuestran que la vuelta a clases supuso para muchos alumnos elevados niveles de ansiedad y estrés por miedo a contraer la enfermedad, perjudicando su motivación, asistencia y rendimiento general (Elhaty y Elhadary, 2022; Rashid *et al.*, 2022; Zheng *et al.*, 2022). Entonces, como docente de esta asignatura para el curso 2021–2022, el reto consistió en aplicar estrategias educativas orientadas a revertir la situación descrita previamente.

Este trabajo ilustra una experiencia docente en la aplicación de la composición escrita con un doble propósito, en primer lugar, construir el conocimiento de la asignatura de Macroeconomía del grado de Marketing (curso 2021–2022) de una forma novedosa y, en segundo lugar, despertar el interés de los estudiantes promoviendo al mismo tiempo la asistencia a clases.

2. OBJETIVOS

El objetivo de este estudio fue utilizar la composición escrita como una herramienta para: a) optimizar el proceso de aprendizaje, b) promover la interiorización de conceptos que

1. Universidad Rey Juan Carlos (España)

conectan aspectos de la vida diaria con la Economía y las cifras macroeconómicas, c) hacer interesante y atractiva la introducción a la asignatura de Macroeconomía del grado de Marketing a través de la composición escrita y d) promover la asistencia a clase.

3. MARCO TEÓRICO

Uno de los retos que plantea la educación superior es asegurar que los estudiantes desarrollen estrategias y destrezas que les permitan seleccionar de forma razonada la información idónea para transformarla en conocimientos útiles. En este sentido, no sólo se trata de aprender los contenidos teóricos de cada asignatura, sino de saber qué habilidades cognitivas utilizar y cuándo hacerlo para convertir la información en conocimiento aplicable en la vida diaria.

Según Jiménez *et al.* (2007, p. 3) "las estrategias de aprendizaje son conceptualizadas como procesos de toma de decisiones (conscientes e intencionales) en los cuales el alumno elige y recupera, de manera coordinada, los conocimientos que necesita para cumplimentar una determinada demanda u objetivo, dependiendo de las características de la situación educativa en que se produce la acción." Las estrategias de aprendizaje están compuestas por diversas técnicas y habilidades, que el alumno deberá seleccionar, controlar y adaptar según cada situación y necesidad. Bajo este enfoque, el alumno es el responsable supremo de su proceso de aprendizaje (Buendía, 1993) mientras que el profesor es un facilitador que genera las oportunidades para que el alumno construya su propio conocimiento.

Existen autores que proponen que las estrategias de aprendizaje deben enseñarse integradas en el contexto (Entwistle, 2000; Wertsch *et al.,* 1997). Ello implica que la enseñanza de estas estrategias se haga en función de las características de los alumnos y sus necesidades específicas. Como señala Monereo *et al.* (2001, p. 241) "Si, tal como venimos señalando, la mejor forma de lograr que los alumnos aprendan a usar estratégicamente sus conocimientos es enseñarles desde y para cada una de las materias del currículo... es necesario plantearse cómo incluir esas estrategias como contenidos de cada una de esas materias."

La escritura es un medio para aprender, pero también es un medio para pensar y repensar los saberes, proceso que lleva a la construcción y reconstrucción del conocimiento. La composición escrita es una actividad compuesta por múltiples procesos cognitivos de diversa índole. El texto resultante refleja el conocimiento y aplicación de habilidades cognitivas y lingüísticas de quien lo escribe (Albarrán y García, 2010; Castrillón, 2006). En este sentido, la escritura se convierte en una estrategia de aprendizaje para conseguir que los estudiantes adquieran los conocimientos y desarrollen las competencias recogidas en la guía docente, especialmente el aprendizaje autónomo.

De acuerdo con Andrade (2022), escribir es componer. Sobre la composición Alvarado (2015) afirma que "el término se corresponde con la concepción de la escritura como proceso retórico, que comprende las operaciones de invención, disposición y elocución" y que comprende un conjunto de "subprocesos recursivos (planificación, redacción y revisión), que dan por resultado un texto." En consecuencia, la escritura no solo es un medio para aprender, también pone a prueba los conocimientos y habilidades de quien escribe. La composición requiere de una sofisticación que va más allá de la ortografía y las reglas de redacción. A este respecto Díaz-Barriga y Hernández (2002) manifiestan que, al enfrentarse a una redacción, los estudiantes realizan muy pocas actividades de planificación, sus escritos poseen poca riqueza conceptual y cohesión de ideas, además de que no suelen estar redactados para una audiencia definida.

En el nivel educativo superior la escritura se caracteriza por establecerse a partir de la redacción de argumentos que son la base de diversos géneros, como la reseña crítica, el ensayo, el informe de investigación, el trabajo de fin de grado y la tesis de un posgrado. La argumentación es una actividad mental que va más allá de la mera producción de un conjunto de afirmaciones sobre una opinión o proposición, pues demanda un proceso de análisis que conlleva fundamentar, comparar, contrastar, debatir o reelaborar una afirmación (Díaz, 2006; Weston, 2000). Entonces, la escritura en los niveles de educación superior requiere aprender la compleja tarea de componer argumentos (Andrade, 2022). Por tanto, los estudiantes de grado necesitan seguir cultivando sus habilidades de escritura durante su paso por la universidad de modo que sean capaces de redactar trabajos de distintos géneros. Esto implica el diseño de tareas de aprendizaje que cubran las necesidades de los estudiantes en un contexto educativo más exigente y que a la vez sean novedosas e interesantes para el alumno. En el caso concreto del ejercicio de la escritura, diversos estudios revelan que representa una experiencia motivadora, que desarrolla la confianza personal en los alumnos y les permite adquirir los conocimientos necesarios para la investigación académica (Bacha, 2002). Además, mejora el vocabulario, el razonamiento, la lógica y la calidad de la escritura (Flowers *et al.*, 2001; Haswell, 2000).

En resumen, la composición escrita como estrategia de aprendizaje favorece el desarrollo de la argumentación, el proceso retórico y la autonomía en la gestión del conocimiento, al tiempo que permite adaptar el aprendizaje a un contexto específico para generar conocimiento útil tanto para el ámbito académico como para otros.

4. METODOLOGÍA

El método seguido para este estudio está dividido en dos partes. La primera parte consistió en la lectura de un texto sobre Gary Becker, economista del comportamiento humano (Suanzes, 2014) que aborda, entre otros, temas referentes al consumo, la fijación de los precios, la familia y el capital humano. Por ejemplo, sobre el mecanismo mediante el cual los restaurantes o los eventos deportivos fijan los precios, el texto menciona que la fijación no ocurre solo por medio de la oferta y la demanda, sino que, además obedece a un mecanismo social. La demanda personal depende de la demanda de otros porque seguimos la moda, porque se piensa que si hay gente en un restaurante los demás piensan que es de calidad, etc. En otras palabras, se espera que haya mucha gente demandando el servicio y el restaurante se llene en lugar de subir el precio para llegar al equilibrio.

El texto también relata que Becker afirmaba que el crimen es una industria que genera enormes cantidades de ingresos y gastos y que existe una cantidad óptima de crimen en cada sociedad. Es decir, la total ausencia de crímenes en una sociedad, además de ser una utopía, tendría un precio insoportablemente alto. Sobre el matrimonio, Becker afirmaba que las personas se casan para obtener riqueza, la cual podía estar relacionada con el dinero o con la mejora personal y analizaba dicha institución sobre la base de los mercados en equilibrio.

La lectura dio paso a un debate sobre las ideas de Becker que duró 15 minutos. El debate tenía como objetivos sensibilizar a los alumnos sobre la conducta individual y su influencia en las cifras agregadas, además de permitirles abrirse a considerar ideas y formas de expresión atípicas.

Una vez creado el espacio para la discusión de ideas, el debate se recondujo hacia la Economía del Comportamiento, el estudio del comportamiento del consumidor y cómo las cifras individuales posteriormente dan paso a las cifras agregadas. Así, los estudiantes pudieron analizar la influencia de ciertas actividades de Marketing en la demanda personal, misma que luego estudiaríamos de forma agregada en la asignatura. Esto permitió introducir en la clase las primeras nociones de Macroeconomía y macromagnitudes.

Concluida la fase de sensibilización, el segundo paso consistió en proponer un trabajo individual consistente en la redacción de una composición escrita sobre la relación de la Economía con el Marketing y el comportamiento del consumidor.

Esta actividad, a su vez, tuvo tres objetivos específicos: 1) que los alumnos inicien el estudio de la Macroeconomía a través del comportamiento del consumidor, un tema del campo de la Microeconomía que es muy relevante para el Marketing; 2) que reflexionen sobre el impacto que tiene el consumo individual en el consumo agregado que es un tema macroeconómico; 3) que sean capaces de apreciar la conexión entre la Macroeconomía y el Marketing.

Para este estudio se compararon tres aspectos: la calificación del trabajo individual, la asistencia a clase y la calificación final de la asignatura. La comparativa se hizo con estudiantes pertenecientes a los cursos 2020–2021 (que llamaremos primer grupo) y 2021–2022 (que llamaremos segundo grupo). La asignatura se impartió en el segundo cuatrimestre en ambos casos. El primer grupo estaba formado por 62 estudiantes y el segundo por 65.

Los dos grupos pertenecían al mismo grado, semestre y campus. Todas las clases de Macroeconomía se impartieron presencialmente en ambos casos. La diferencia residió en que en el curso 2020–2021 se pidió a los alumnos que entregaran un trabajo de investigación típico sobre un tema macroeconómico incluido en la guía docente, cuya estructura era: introducción, desarrollo del tema, conclusiones, bibliografía y anexos. Mientras que en el curso 2021–2022, el alumno tenía libertad creativa para escribir la composición, únicamente tenía que apegarse al tema propuesto. Es decir, la composición podía tener el enfoque que el estudiante determinara. En ambos casos, durante la primera clase se explicó el tipo de trabajo que tendrían que entregar y tres clases después, se dedicaron unos minutos para responder cualquier duda que hubiese surgido al respecto. Asimismo, los estudiantes de ambos grupos tuvieron la oportunidad de solicitar tutorías para aclarar sus dudas. Las descripción, objetivo y características de entrega de ambos trabajos, así como la rúbrica de evaluación se publicaron en el aula virtual.

5. RESULTADOS Y DISCUSIÓN

A continuación, se muestran los resultados obtenidos por ambos grupos en el trabajo individual (Figura 1). Lo primero que destaca es que el número de trabajos no presentados fue mayor en el segundo grupo. Cuando se les preguntó a los alumnos cuál había sido la razón de que no entregaran la composición, una parte respondió que les costó trabajo escribir y no supieron por dónde comenzar, otros dijeron que no habían entendido el trabajo, el resto fueron alumnos que rara vez o nunca se presentaron a clase. Esto nos da indicios de que para el segundo grupo la tarea fue retadora y no todos fueron capaces de investigar y leer suficientes fuentes para luego determinar cómo abordar el tema y redactar sus ideas. En el primer grupo los que no presentaron el trabajo fueron alumnos que nunca acudieron a clase.

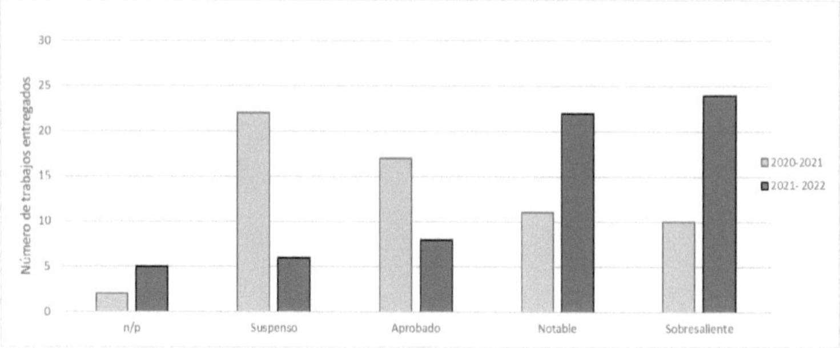

Figura 1. Calificaciones trabajo individual. Fuente: Elaboración propia.

Otro aspecto llamativo es el número de trabajos del primer grupo que no reunieron los requisitos mínimos de entrega y que, por tanto, obtuvieron una calificación de suspenso. Esta calificación se debió a dos razones principales: por una parte, varios trabajos contenían un porcentaje superior al 30 por ciento de información plagiada, carecían de bibliografía o la bibliografía no cumplía la norma especificada, o bien, faltaba la introducción y/o las conclusiones del trabajo. La otra causa, menos común, fue la entrega de trabajos que contenían información no relacionada con el tema.

En el segundo grupo sólo hubo dos casos de plagio, el resto suspendió porque entregaron un trabajo diferente del descrito en las instrucciones. En la Figura 1 también se puede apreciar que el número de trabajos con calificación notable y sobresaliente fue mayor en el segundo grupo a pesar del mayor grado de complejidad del trabajo propuesto.

En relación con la asistencia a clase se puede observar (Figura 2) que al principio acudieron la mayoría de los estudiantes, la asistencia decayó conforme avanzaron las clases, especialmente en el primer grupo, que en algunos momentos llega a tener menos del 40 por ciento de asistencia. En cambio, en el segundo grupo la asistencia se mantiene por encima del 50 por ciento en la mayoría de las clases. Tanto el primer grupo como el segundo recibieron una sesión de aclaración de dudas respecto al trabajo en la cuarta clase, que fue anunciada con antelación por medio del aula virtual, pero el porcentaje de asistencia fue menor en el curso 2020–2021.

El pico que se observa en la clase 14 del primer grupo se debió a la clase de repaso de prácticas con alta probabilidad de formar parte del examen. Después las cifras de asistencia bajaron nuevamente. Las prácticas de repaso se hicieron en la clase 17 en el caso de los estudiantes del segundo grupo.

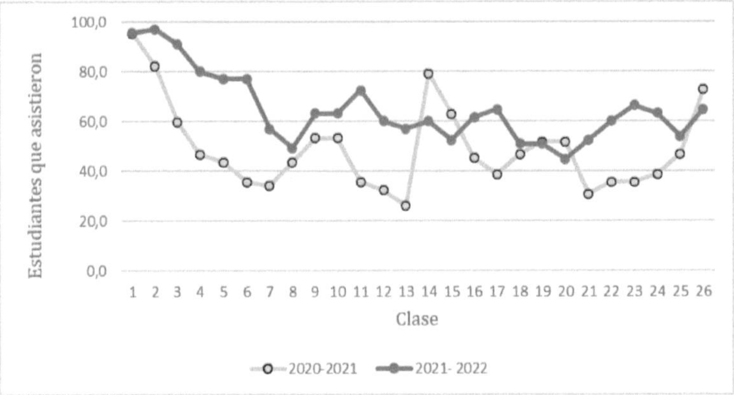

Figura 2. Asistencia a clase (%). Fuente: Elaboración propia.

Por último, en relación con las notas finales (Figura 3) podemos observar que el porcentaje de estudiantes suspensos en el primer grupo es casi el triple del segundo grupo, que el 51,6 por ciento de los estudiantes del primer grupo obtuvieron aprobado en contraste con el 27,7 por ciento del segundo, mientras que casi el 50 por ciento de los estudiantes del segundo grupo obtuvieron notable contra solo el 3,2 por ciento del primer grupo.

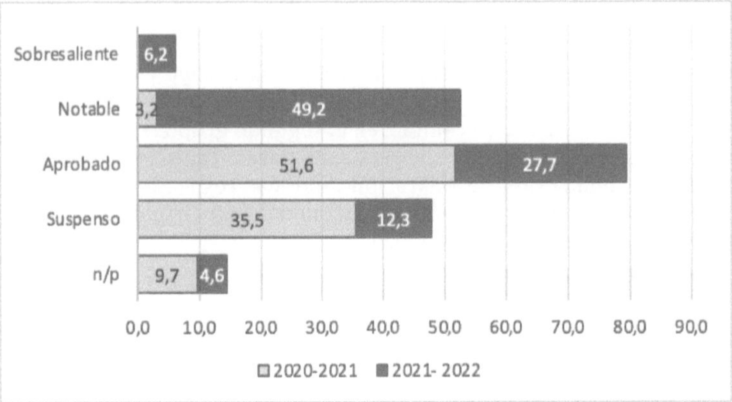

Figura 3. Calificaciones finales (%). Fuente: Elaboración propia.

Los grupos de marketing se caracterizan por ser participativos, exigentes con relación al contenido de las clases y preferir la práctica sobre la teoría. En ambos grupos hubo alumnos que asistieron en contadas ocasiones y otros que casi nunca faltaron. Para la mayoría era la primera vez que se matriculaban en la asignatura.

La docencia durante los cursos 2020–2021 y 2021–2022 fue compleja porque transcurrió entre el confinamiento y la gradual vuelta a la normalidad. Sabemos que, probablemente, los estudiantes del primer grupo se hayan visto más afectados por esta situación que los del segundo grupo, ya que habían pasado por la experiencia del confinamiento más recientemente. Es posible que además de verse afectados por la falta de motivación experimentada por muchos estudiantes durante las clases en remoto (De las Nieves *et al.*, 2021; Fernández *et al.*, 2021) también se hayan visto afectados por la ansiedad y el estrés, el miedo al contagio y la apatía cuando se restablecieron las clases presenciales (Elhaty y Elhadary, 2022; Zheng *et al.*, 2022). Esto último fue especialmente notorio en el curso 2020–2021 y fue una de las causas que motivaron el cambio de estrategia el siguiente curso.

Cuando se explicó el trabajo individual al primer grupo no hubo dudas más allá de las típicas (número de folios, fecha de entrega, etc.). En el segundo grupo fue notable el desconcierto que causó, en primer lugar, el debate de sensibilización. Primero porque se asombraron con las ideas de Becker y segundo porque no sabían muy bien cuál era la intención del debate. Después, la descripción del trabajo produjo muchas dudas, no sabían cómo comenzar a escribirlo, la libertad creativa desconcertó más de uno. Sin embargo, a medida que avanzaron las clases, tuvieron más claro qué es lo que se esperaba de ellos.

La lectura y debate sobre Becker (Suanzes, 2014) marcaron el tono que tendrían las clases en lo sucesivo en el sentido de que, siempre que fue posible, se mencionó un aspecto microeconómico antes de pasar a la explicación macroeconómica. Además, se propusieron nuevas lecturas que contribuyeron a acercar la Economía al Marketing y se debatieron ciertas teorías económicas en clase de acuerdo con el temario de la guía docente pero siempre buscando puntos con común con el quehacer de los egresados de Marketing. Por ejemplo, cuando se discutieron las teorías sobre el mercado de trabajo se analizaron los artículos de Arrazola *et al.* (2018) y Doménech *et al.* (2018) que versan sobre el desempleo juvenil y la revolución digital en España. Esta actividad dio paso a un debate en el que los estudiantes que trabajaban en ese momento compartieron sus experiencias con el resto de sus compañeros. Asimismo, se analizaron las características de las ofertas de trabajo para el perfil de Marketing. Es posible que esta estrategia haya influido favorablemente en la asistencia, el interés en la clase y las calificaciones de los estudiantes.

6. CONCLUSIONES

Los estudiantes que ingresan a estudios de educación superior poseen habilidades de escritura hasta cierto punto limitadas, lo que puede complicar su paso por la universidad e integración posterior en el ámbito profesional. La evolución de las competencias de redacción y composición tienen "una relación directa con los saberes previos, los conocimientos adquiridos al cursar el currículo y los aspectos formales en la producción de los distintos géneros académicos" (Andrade 2022, p. 206). En ese sentido la composición escrita es una estrategia que favorece el perfeccionamiento de los conocimientos previos, la integración de los que se adquieren al cursar la educación superior y la aplicación de los aspectos formales requeridos para cada género académico. En consecuencia, las tareas basadas en la composición escrita plantean no solo un reto al estudiante, sino que exigen de él habilidades superiores. En nuestro caso, la respuesta de los estudiantes ante la tarea de escribir una composición reveló un mayor compromiso al momento de desarrollarla, en parte debido al mayor esfuerzo requerido lo que a su vez llevó a buena parte de los alumnos a aplicarse más y por tanto a obtener mejores resultados. Además, la libertad creativa y la posibilidad de decidir el desarrollo de la argumentación produjeron una motivación adicional que elevó el interés tanto en la entrega de la tarea como en las clases.

Como hemos señalado anteriormente, el propósito de la enseñanza superior es lograr estudiantes que gestionen su conocimiento de forma autónoma. Esta experiencia educativa nos permite afirmar que, bajo una orientación adecuada, la composición escrita es una herramienta eficaz de aprendizaje que ofrece muy buenos resultados en la autogestión y la construcción de un aprendizaje significativo. No obstante, la adaptación de las tareas al contexto de los estudiantes y sus necesidades y el acompañamiento del profesor a través de tutorías personalizadas o grupales son indispensables para que esta estrategia funcione.

7. REFERENCIAS

Albarrán, M., y García, M. (2010). El proceso de enseñanza de la composición escrita adaptado a la evolución del aprendizaje de la escritura de los estudiantes. *Didáctica. Lengua y Literatura, 22*, 15–32.

Andrade, M. (2022). Escritura y composición escrita en la educación superior. *Reencuentro. Análisis de problemas universitarios, 34*(83), 197–218.

Alvarado, M. (2015). Blog Lengua y literatura. Enfoques en la enseñanza de la escritura. http://navedeasterion.blogspot.com/2015/05/enfoques-en-la-ensenanza-de-la.html

Arrazola, M., Galán, S., y de HEVIA, J. (2018). Desempleo juvenil en España: Situación, consecuencias e impacto sobre la vida laboral de los adultos. *Papeles de economía española, 156*, 62–75.

Bacha, N. N. (2002). Developing learners' academic writing skills in higher education: A study for educational reform. *Language and Education, 16*(3), 161–177.

Buendía, L., y Olmedo, E. (2000). Estrategias de aprendizaje y procesos de evaluación en la educación universitaria. *Bordón, 52*(2), 151–163.

Castrillón, C. M. (2006). La enseñanza de estrategias metacognitivas en el proceso de la composición escrita: Un estudio de caso sobre un modelo para la intervención educativa. *Revista Grafías, 3.*

Díaz-Barriga, F., y Hernández, G. (2002). *Estrategias docentes para un aprendizaje significativo. Una interpretación constructivista.* 2ª edición. México: McGraw – Hill.

Díaz Rodríguez, A. (2006). *La argumentación escrita.* Universidad de Antioquia.

De las Nieves Montiel, M., Feris, R. F., y Arrúa, K. (2021). Condiciones de los estudiantes de la educación superior en tiempo de COVID-19. *Revista sobre estudios e investigaciones del saber académico, 14,* 82–86.

Doménech, R., García, J. R., Montañez, M., y Neut, A. (2018). Afectados por la revolución digital: El caso de España. *Papeles de economía española, 156*, 128–145.

Elhaty, I. A., y Elhadary, T. (2022). Reluctance shown by university students to go back to face-to-face classes post Covid-19: Different ways of motivation. *International Journal of Mechanical Engineering, 7*(22), 493–496.

Entwistle, N. J. (2000). Approaches to studying and levels of understanding: The influences of teaching and assessment. En J. Smart (Ed.), *Higher education: Handbook of theory and research* (pp. 156-218). Agathon Press.

Fernández Torres, M. J., Chamizo Sánchez, R., y Sánchez Villarrubia, R. (2021). Universidad y pandemia: La comunicación en la educación a distancia. *Ámbitos: revista internacional de comunicación, 52*, 156-174.

Flowers, L., Osterlind, S., Pascarella, E., y Pierson, C. T. (2001). How much do students learn in college? Cross-sectional estimates using the College BASE. *Journal of Higher Education, 72*(5), 565–583.

Haswell, R. H. (2000). Documenting improvement in college writing: A longitudinal approach. *Written Communication*, *17*(3), 307–352.

Jiménez, L. O., Pérez, H. S., y Fernández, S. R. (2007). La enseñanza de estrategias de aprendizaje en educación infantil. *Profesorado. Revista de currículum y formación de profesorado*, *11*(2).

Monereo, C., Pozo, J. I., y Castelló, M. (2001). La enseñanza de estrategias de aprendizaje en el contexto escolar. Psicología de la educación escolar, *2*, 235–258.

Rashid, S., Shaikh, S., Mardini, L., y Saad, F. S. (2022). Back to school: COVID-19 post-lockdown classroom anxiety. *Education Sciences*, *12*(11), 800.

Suanzes, P. R. (2014, mayo, 10). Gary Becker, el gran economista del comportamiento humano. El Mundo. www.elmundo.es/economia/2014/05/10/536a5b1f22601d314e8b4587.html

Zheng, Y., y Zheng, S. (2023). Exploring educational impacts among pre, during and post COVID-19 lockdowns from students with different personality traits. *International Journal of Educational Technology in Higher Education*, *20*(1), 1–20.

Wertsch, J., del Río, P., y Álvarez, A. (Eds.) (1997). *La mente sociocultural.* Fundación Infancia y Aprendizaje.

Weston, A. (2000). *Las claves de la argumentación.* Ariel.

APRENDIZAJE Y SERVICIO (APS): UN CASO DE APLICACIÓN EN LA UNIVERSIDAD

Estrella Barrio-Fraile[1], *Anna Fajula-Payet*[1]

El presente texto nace en el marco del proyecto de Innovación docente y mejora de la calidad docente 2022 de la Universitat Autònoma de Barcelona, "Necessitats comunicatives de les entitats socials: cerca de solucions a través de l'aprenentatge-servei".

1. INTRODUCCIÓN

Las autoras López-Medialdea y Martín-Bermúdez (2021) definen dos factores que ilustran muy bien la situación de la universidad en la actualidad. Por un lado, la creciente sensibilidad social y medioambiental de la ciudadanía que está provocando un cambio en el modelo de universidad que deriva en formatos pedagógicos más conectados con la realidad que permitan al alumnado involucrarse en las necesidades de la comunidad. Estamos hablando de alianzas y colaboraciones con entidades del entorno, mediante proyectos de innovación docente, programas de voluntariado o prácticas extracurriculares orientados a la promoción del desarrollo humano. Por otro lado, la necesidad de dar respuesta a problemas en las aulas derivados de la desmotivación como el fracaso escolar o el absentismo que plantean, en la comunidad educativa, la posibilidad de dar un giro de timón en las prácticas de enseñanza.

Ante este escenario en el que, desde la universidad, no sólo se busca la formación de técnicos expertos, sino de personas formadas tanto en competencias técnicas como transversales, "el trabajo de valores solidarios en el aula fomenta la construcción de ciudadanos socialmente responsables y comprometidos" (Martínez-Sanz y Durántez-Stolle, 2020, p. 563), por lo que el método de Aprendizaje y Servicio (APS), definido por Rego (2017, p. 374) como "un proceso de formación integral del alumnado que responde a la necesidad de incluir los valores cívicos y sociales en la educación profesionalizadora" se presenta como una oportunidad para las universidades de formar a profesionales comprometidos con la sociedad. De hecho, un estudio elaborado por Salazar-Botello *et al.* (2023) muestra el incremento de investigaciones publicadas sobre este método de aprendizaje a lo largo de la última década.

El método pedagógico Aprendizaje y Servicio, a diferencia de otras metodologías educativas donde también se tienen en cuenta los conocimientos prácticos, permite al

1. Universitat Autònoma de Barcelona (España)

alumnado desarrollar sus conocimientos a través de una situación real orientada a la comunidad, por lo que estamos ante una propuesta educativa compleja que combina los contenidos académicos y la acción práctica con el servicio a la comunidad. De este modo, los/as alumnos/as aprenden y ofrecen un servicio que genera nuevos aprendizajes que no podrían alcanzarse de otra manera (Martínez, 2009). El APS se presenta como una metodología que "permite el aprendizaje y el ejercicio de la profesión creando las condiciones sociales que invitan al juicio, al sentimiento y a la conducta ética" (Martínez-Usarralde *et al.*, 2016, p. 202) por lo que conjuga perfectamente la formación en los ámbitos profesionales y sociales. Precisamente, la formación del estudiantado con competencias relacionadas con temas sociales y ámbito ciudadano es lo que se espera de la educación superior que deben ofrecer las universidades en pleno siglo XXI (Gil, 2012).

Puig i Martín (2006) definen el Aprendizaje y Servicio como un método que permite la adquisición de conocimientos (aprendizaje), vivir la experiencia real, la realización de una tarea útil (servicio) y la reflexión sobre el conjunto del proceso. En esta línea, los autores Puig *et al.* (2009) explican que la esencia de este método es dar respuesta a necesidades reales de la sociedad a través de un servicio que aporta al alumnado aprendizajes vinculados a su currículum y aprendizajes informales. Nos encontramos ante una metodología de aprendizaje que presenta diversas virtudes, entre las que se destacan las siguientes:

1. Permite el desarrollo curricular del alumnado en tanto que vincula la teoría a la práctica real ajustándose a entornos reales de aprendizaje que favorecen la simulación de la práctica profesional (López-Fernández y Benítez-Porres, 2018; Rodríguez-Izquierdo, 2018; Rodríguez, 2014).
2. Favorece el desarrollo de competencias transversales por parte del estudiantado universitario, ya que permite la puesta en práctica de diferentes habilidades comunes en los distintos estudios, pero igual de importantes para el desarrollo de la profesión, como la capacidad analítica, la capacidad de liderazgo, habilidades comunicativas, el pensamiento crítico o la toma de decisiones, entre otras (Arranz, 2018; López-Fernández y Benítez-Porres, 2018; Portillo, 2018).
3. Fomenta la formación en valores, como la responsabilidad social, la solidaridad o el sentido de la justicia de los futuros profesionales, cuya actividad a futuro puede tener un impacto en la sociedad (Arranz, 2018; Rodríguez, 2014).
4. Destaca el rol de la universidad como institución y de los estudiantes universitarios como ciudadanos responsables ante la sociedad, poniendo énfasis en su vinculación y compromiso con la comunidad más próxima (Arranz, 2018; López-Fernández y Benítez-Porres, 2018; Rodríguez, 2014).

No obstante, a pesar de las virtudes anteriores, la aplicación de un proyecto APS no está exenta de limitaciones, por lo que diferentes autores exponen una serie de consideraciones que se deben tener en cuenta para la puesta en práctica de un proyecto de aprendizaje de estas características y que deben tenerse en cuenta en su aplicación en el ámbito universitario. En primer lugar, los objetivos de aprendizaje del proyecto deben estar relacionados con el currículum académico (Razquín, 2017). En segundo lugar, se recomienda una buena red de colaboradores que se impliquen durante todo el proceso de formación a través de APS (Rodríguez-Izquierdo, 2018). En tercer lugar, para evitar las limitaciones del desarrollo de APS en el marco de una sola asignatura, es preferible el trabajo interdisciplinar de varias asignaturas que permita una visión más holística de la situación (López-Fernández y Benítez-Porres, 2018). En cuarto lugar, como alternativa ante la ejecución de un APS en grupos numerosos de estudiantes, se recomienda la formación de subgrupos de trabajo que trabajen de forma coordinada (López-Fernández y Benítez-Porres, 2018). Por último, para realizar un profundo análisis de valoración de la aplicación de un proyecto APS Gómez-Hurtado, Moya y García-Rodríguez (2019) y Arranz, Vázquez y Abán (2013) proponen una adaptación del modelo empresarial de evaluación DAFO que permite detectar las debilidades, amenazas, fortalezas y debilidades que presenta la ejecución del proyecto.

A nivel práctico se pueden encontrar numerosas experiencias de aplicación del APS en el ámbito universitario. EE. UU. es el país líder en el uso de esta metodología, con programas y organizaciones dedicadas tanto a fomentar el APS como a ofrecer capacitación para su aplicación práctica (Gil, 2012). América Latina cuenta con experiencias ya en la década de los 80 del siglo XX. En el ámbito nacional, se encuentran ejemplos tanto a nivel de proyectos de innovación docente, como el que aquí se presenta, como en introducción de bibliografía en las guías docentes, metodología contemplada dentro de la programación de las asignaturas (Fernández *et al.*, 2020) y celebración de congresos o jornadas dedicadas a esta metodología.

2. OBJETIVOS

A raíz de los datos anteriormente expuestos, se plantea un proyecto docente que versa sobre la aplicación del método de APS en dos asignaturas de tercer curso de dos grados que se imparten en la Facultad de Ciencias de la Comunicación de la *Universitat Autònoma de Barcelona*: la asignatura de Responsabilidad Social Corporativa del Grado en Comunicación de las Organizaciones y la asignatura de Proyectos Publicitarios y de Relaciones Públicas del Grado en Publicidad y Relaciones Públicas.

El objetivo de este proyecto de innovación docente a través del método APS tiene como finalidad traspasar las fronteras de la fundamentación y de la propia universidad con el fin de conectar al alumnado con la sociedad y movilizarle para introducir mejoras y dar respuesta a necesidades sociales reales. Se busca la transferencia de conocimiento, poniendo el saber adquirido en los estudios universitarios que ofrece la *Universitat Autònoma de Barcelona* al servicio de entidades sociales.

3. METODOLOGÍA

La aplicación de este proyecto basado en APS se ha realizado con el alumnado de las dos asignaturas mencionadas anteriormente y se ha llevado a cabo a través de la colaboración con diversas entidades como son el CORE Educación y Empleabilidad de la *Universitat Autònoma de Barcelona*, la *Fundació Autònoma Solidària* y el *Teler Cooperatiu de Sabadell*. Esta última entidad, que ha sido clave en la ejecución del APS, es una agrupación de cooperativas, proyectos y asociaciones enmarcadas dentro de la economía social y solidaria que busca potenciar y visibilizar el cooperativismo y la economía social y solidaria en el municipio de Sabadell (provincia de Barcelona). A través de estos actores, el alumnado ha conocido dos entidades sociales pertenecientes al *Teler Cooperatiu de Sabadell*, a las que ha ofrecido sus conocimientos de comunicación.

Las entidades sociales sobre las que se ha aplicado la metodología APS han sido:

- *El Esplai La Baldufa*. Un centro de esparcimiento con 30 años de historia y organizado con monitores jóvenes no residentes en el barrio, que desarrolla actividades de ocio en *Can Puiggener*, un barrio de realidades sociales y demográficas complejas situado en la periferia de Sabadell. Este centro presenta problemas de comunicación con las familias y la comunidad y el centro.

- *La Sàrria*. Una cooperativa de ciclologística sin afán de lucro creada en el año 2021, cuya actividad se centra en la distribución de cualquier tipo de mercancías mediante bicicletas de carga. De este modo conectan, de forma sostenible, productores y comercios con consumidores. No obstante, la actividad de esta cooperativa va más allá y busca, a través de la comunicación, potenciar la transformación de los modelos de movilidad hacia modelos más sostenibles, inclusivos, equitativos y activos; posicionándose como la mejor alternativa para ello en el municipio de Sabadell.

También se incorpora al proyecto *La Productora*, una cooperativa de servicios audiovisuales creativos centrada en la dinamización y difusión cultural, que guía al alumnado en la ejecución de la práctica durante la primera fase del proyecto.

La propuesta busca la transversalidad y las sinergias de colaboración entre los grados implicados, por tanto, otra parte importante de este proyecto es que se ha llevado a cabo en dos fases con la participación de estudiantes de dos grados distintos. A continuación, se detalla cada una de las fases del proyecto:

Primera fase: semestre 1 curso 2022-2023

En la primera fase ha participado el alumnado de la asignatura de Responsabilidad Social Corporativa (Grado en Comunicación de las Organizaciones) asumiendo el rol de personal del departamento de comunicación de una de las dos entidades participantes. La mitad de la clase ha adoptado el papel de responsables de comunicación de *La Baldufa* y la otra mitad de la clase ha asumido el rol de responsable de comunicación de *La Sàrria*. En ambos casos, los/as estudiantes, que han trabajado en equipos de 5-6 personas, han abordado la parte estratégica de la comunicación de la entidad dando como resultado la creación de un *brief* que ha pasado al alumnado de la asignatura de Proyectos Publicitarios y de Relaciones Públicas (Grado en Publicidad y Relaciones Públicas).

Segunda fase: semestre 2 curso 2022-2023

En la segunda fase ha participado el alumnado de la asignatura de Proyectos Publicitarios y de Relaciones Públicas (Grado en Publicidad y Relaciones Públicas), que ha asumido el rol de la agencia de comunicación. A partir del *brief* entregado por el cliente (elaborado por los/as estudiantes de Responsabilidad Social Corporativa), los equipos de estudiantes han planteado, ideado y ejecutado una campaña de comunicación 360º donde han propuesto acciones que se vehiculan a través de diferentes puntos de contacto.

4. RESULTADOS

A continuación, se exponen los resultados obtenidos una vez finalizado el proyecto de innovación docente. Primero, con el fin de comprender la aplicación realizada de APS, se realiza una descripción detallada de la ejecución de las dos fases del proyecto. Después, se presenta un análisis de los resultados del desarrollo del APS en el caso expuesto.

4.1. Fase 1 del APS

En la primera fase ha participado el alumnado de la asignatura de Responsabilidad Social Corporativa, asumiendo el rol de responsables de comunicación del *Esplai la Baldufa* (la mitad de la clase) y de *La Sàrria* (la otra mitad de la clase). De este modo, se ha presentado al grupo de estudiantes una entidad social con una necesidad comunicativa a la que ellos debían dar respuesta, aplicando de este modo los conocimientos teóricos de la asignatura, especialmente aquellos relacionados con la vertiente más social de la comunicación empresarial y con la elaboración de un *brief*.

Esta fase se ha realizado durante tres sesiones de actividades supervisadas de los meses de noviembre y diciembre de 2022. Durante la primera sesión, los actores colaboradores (*Teler Cooperatiu de Sabadell* y *La Productora*) han ofrecido una formación dinámica al estudiantado sobre la comunicación alternativa. Posteriormente, las dos entidades sociales han planteado sus problemas comunicativos. Acto seguido, los/as alumnos/as, en grupos de trabajo de 5-6 personas, han aplicado el pensamiento de diseño para encontrar soluciones efectivas a las problemáticas comunicativas presentadas. Para ello se han usado plafones de trabajo modo canvas que favorecen las discusiones entre el equipo de estudiantes y el pensamiento crítico y estratégico (véase Figura 1). Este trabajo se ha realizado de manera guiada por el profesorado de la asignatura y por todos los actores y entidades implicados con el fin de ofrecer una visión más amplia de la realidad comunitaria.

CONTEXTO DE LAS ENTIDADES
Datos del cliente. ¿Quién es y a qué se dedica?
Misión, visión y valores de la organización
Problemática: ¿Cuál es el problema detectado?
Alianzas y actores estratégicos del proyecto
ANÁLISIS DEL ENTORNO
Identificar el problema en clave de comunicación
Análisis de la competencia
Acotación de los objetivos de comunicación
Definición del público objetivo

Figura 1. Guion de los plafones de trabajo para realizar el trabajo de análisis inicial. Fuente: Elaboración propia a partir de los documentos de trabajo aportados al proyecto por el Teler Cooperatiu y La Productora.

Posteriormente, durante la segunda sesión de trabajo guiado, el alumnado ha volcado el diagnóstico realizado mediante el plafón modo canvas a una propuesta de *brief* (véase Figura 2) que ha sido presentada durante la tercera sesión a las entidades sociales participantes, a las que se les ha ofrecido una propuesta comunicativa de solución a los problemas detectados. Finalmente, tras una valoración del equipo de profesorado implicado en el proyecto, se decidió que las propuestas de *brief* sobre *La Sàrria* serían las que se entregarían al alumnado de la asignatura de Proyectos Publicitarios y de Relaciones Públicas para continuar con el desarrollo de la tarea asignada.

1. Datos de la organización.
Presentación de la organización: ¿A qué se dedica? Es decir, ¿cuál es la actividad de la organización? ¿En qué zona geográfica opera? ¿Cuál es su tamaño (número de trabajadores/ colaboradores/voluntarios, volumen del negocio o de la actividad, etc.)
2. El ADN de la organización.
Descripción de los vectores de la identidad de organización y su sistema de valores.
3. Mapa de públicos.
Identificación de los distintos públicos de la organización.
4. Posibles colaboradores
Identificación de entidades y/u otras organizaciones con las que podría establecerse una red de colaboración.
5. Competencia.
Identificación y análisis de las organizaciones que están ofreciendo un servicio o producto similar y que, en definitiva, están cubriendo la misma necesidad.
6. Posicionamiento actual.
Cómo somos percibidos. Si no hay imagen clara, especificar cómo nos gustaría que nos vieran.
7. Identificación del problema de la organización.
Estamos hablando a nivel global. Definición del reto de la organización.
8. Diagnóstico de las principales necesidades de comunicación de la organización.
Identificación de las principales necesidades de comunicación de la organización en relación con la problemática identificada.
9. Concreción de los objetivos de comunicación
Descripción de lo que se quiere conseguir con esta campaña de comunicación.
10. Público objetivo.
Definición del público al que se dirige el mensaje: cómo es, edad, sexo, clase social, ámbito geográfico, preocupaciones, intereses, etc.
11. Beneficio/promesa
¿Qué recompensa prometemos? ¿Cómo lo apoyamos?
12. Tono y estilo de comunicación.
Dar unas directrices de partida sobre el tono y estilo de comunicación que se considera más adecuado para esta campaña.
13. Medios.
Descripción de los medios que se consideran más adecuados para transmitir la campaña.

Figura 2. Guion del contenido incluido en el brief. Fuente: Elaboración propia a partir de material de la asignatura de Responsabilidad Social Corporativa.

4.2. Fase 2 del APS

La segunda fase del proyecto tuvo lugar durante el segundo semestre del curso 22/23 e intervino el alumnado de la asignatura Proyectos Publicitarios y de Relaciones Públicas del grado en Publicidad y Relaciones Públicas de la UAB. En esta asignatura, tal como su nombre indica, se trabaja por proyectos en los que las/os alumnas/os reciben un *brief* y deben plantear acciones comunicativas que den respuesta a los objetivos planteados en el documento. En este caso, el trabajo se encajó dentro del proyecto 360 de la asignatura en el que se plantea al estudiantado la ideación, elaboración y ejecución de una campaña que utilice múltiples puntos de contacto para impactar al *target*.

La tarea se inició con la recepción del *brief* elaborado por el alumnado de la asignatura de Responsabilidad Social Corporativa. Dado que se contaba con diferentes documentos, ya que cada grupo de trabajo de la asignatura de RSC elaboró su propio *brief*, la primera tarea que se realizó fue la selección del documento con el que se iba a trabajar. Este cometido lo llevó a cabo el equipo docente de la asignatura que, tras revisar los distintos documentos, seleccionó el *brief* del equipo 3 sobre *La Sàrria*. Al material elaborado por este grupo se le añadió alguna información que se consideró importante para que el encargo quedara más claro. Una vez se contó con el *brief* final, se presentó oralmente en clase y se colgó en el campus virtual de la asignatura para ponerlo a disposición del alumnado.

Las/os estudiantes de Proyectos trabajaron en grupos de 5-6 miembros y se contó con un total de 14 grupos que fueron tutorizados por 3 miembros del profesorado. Aparte de la sesión dedicada a la presentación del *brief*, se programaron 4 sesiones de tutorías de 3 horas de duración y una sesión de presentación de las propuestas. En las tutorías, los 14 grupos se dividieron en 3 aulas con un miembro del equipo docente que actuaba como guía y tutor. La labor de tutorización se veía facilitada, en este caso, por el hecho de trabajar en grupos más pequeños (2 aulas con 5 grupos y 1 con 4 grupos).

La primera tarea que abordaron los distintos equipos fue la de tener claros los objetivos que debían conseguir con su propuesta comunicativa. Los principales problemas que se identificaron fueron: (1) No se conoce a la entidad *La Sàrria* (no se conoce la marca ni a qué se dedica). 2) La ciudad de Sabadell es poco ciclable. Cuenta con pocos carriles acondicionados y eso contribuye a que la bicicleta no sea considerada como un medio de transporte habitual y que haya poca cultura en relación con este medio y los beneficios que comporta. Tras identificar las principales necesidades comunicativas, se fijaron los siguientes objetivos: 1) Dar a conocer la marca. 2) Posicionar a *La Sàrria* como un activista a favor de la seguridad vial ciclista en Sabadell y como un promotor del uso de este medio de transporte sostenible.

Con los objetivos claramente definidos, cada grupo emprendió la labor de idear un concepto comunicativo que actuara como eje de todas sus acciones. Una vez definido el concepto (véase Figura 3), se concretaron las acciones, medios y soportes a través de los cuáles iba a vehicularse la campaña propuesta.

Grupo 1. Aunque nada se sostenga, seamos sostenibles.
Grupo 2. *Black is the new green.*
Grupo 3. Sé eco aunque sea por ego.
Grupo 4. Envíos con propósito.
Grupo 5. Pilla un pedal.
Grupo 6. Los pulmones de Sabadell.
Grupo 7. Dale dos vueltas.
Grupo 8. Todo lo que necesitas está más cerca de lo que crees.
Grupo 9. La campaña que (literalmente) no te vende humo.
Grupo 10. El cambio climático está incluido en tu *ticket.*
Grupo 11. "De Sabadellenc a Sabadellenc".
Grupo 12. El camino que nos une.
Grupo 13. Tan fácil como ir en bici.
Grupo 14. Con un par de ruedas.

Figura 3. Concepto creativo de los distintos grupos de trabajo de la asignatura Proyectos Publicitarios y de Relaciones Públicas. Fuente: Elaboración propia.

El proyecto culminó con la elaboración de las diferentes piezas comunicativas y la presentación oral del trabajo realizado. La sesión de presentación, de tres horas de duración, se llevó a cabo ante el equipo docente de la asignatura de Proyectos Publicitarios y de Relaciones Públicas y algunos miembros de las entidades sociales participantes (*La Sàrria, La Productora* y el *Teler Cooperatiu*).

Los distintos grupos de trabajo elaboraron un amplio muestrario de propuestas entre las que se encontraban acciones gráficas (prensa, exterior), audiovisuales (spots, vídeos para redes sociales, piezas para soportes en línea), acciones para el medio radiofónico (*podcasts,* cuñas, reportajes), acciones en establecimientos, *street marketing*, guerrilla, creación de aplicaciones móvil y páginas web y organización de eventos. En la Figura 4 se muestra un resumen de la propuesta presentada por parte de uno de los grupos participante en el proyecto.

Figura 4. Póster resumen de las acciones propuestas por el equipo 5 de la asignatura Proyectos Publicitarios y de Relaciones Públicas. Fuente: elaborado por S. López, J. Maench, J. Mas, M. Merino.

4.3. Análisis resultados

Prosiguiendo con la exposición del desarrollo del proyecto, a continuación, se exponen los principales resultados derivados del análisis de la aplicación del APS en el caso estudiado.

En primer lugar, se destaca que la incorporación de un nuevo actor – en el ejemplo expuesto las entidades colaboradoras Teler Cooperatiu y La Productora y las entidades receptoras Esplai La Baldufa y La Sàrria – en el binomio profesorado-estudiantado favorece la toma de conciencia por parte del alumnado de su proceso de formación para adquirir unos conocimientos y habilidades que les permitan producir un impacto positivo en la sociedad.

En segundo lugar, la aplicación de la teoría en un caso real produce una mejora en la comprensión e interiorización de los conceptos teóricos impartidos. En el caso analizado el alumnado ha tenido la oportunidad de poner en práctica, por un lado, sus conocimientos de planificación y comunicación estratégica en su vertiente más social (asignatura de

Responsabilidad Social Corporativa) y, por otro lado, sus conocimientos de las diferentes técnicas creativas y de ideación en publicidad y relaciones públicas a través de la creación, producción y presentación de un proyecto de comunicación 360 real (asignatura de Proyectos Publicitarios y de Relaciones Públicas).

En tercer lugar, el desarrollo colaborativo del APS en dos grados universitarios diferentes fomenta las sinergias de trabajo entre el alumnado y favorece el trabajo en equipo. En el ejemplo presentado, las sinergias se han producido en la suma de los conocimientos técnicos aportados por estudiantes de dos grados universitarios distintos: El grado en Comunicación de las Organizaciones y el grado en Publicidad y Relaciones Públicas.

En cuarto lugar, la situación real presentada orientada a la comunidad – en este caso los problemas presentados por el Esplai La Baldufa y la cooperativa ciclologística La Sàrria - permite al grupo de estudiantes profundizar en la aplicación práctica del pensamiento estratégico, estimulando la creatividad y la imaginación en el proceso de aportar una solución comunicativa planificada para los problemas presentados por las entidades sociales.

Finalmente, la presentación oral del proyecto en ambas fases ayuda al desarrollo de las competencias comunicativas del alumnado, especialmente ante una simulación real de la profesión en la que los estudiantes, como expertos en comunicación, tienen la oportunidad de presentar de manera directa sus propuestas a las entidades sociales implicadas.

5. DISCUSIÓN

El presente manuscrito muestra un ejemplo de aplicación de APS en la universidad, que siguiendo a Martínez-Usarralde *et al.* (2016) ha permitido la simulación del ejercicio de la profesión en asignaturas de dos grados distintos. Esta simulación de la realidad se ha llevado a cabo en tanto que el alumnado de la asignatura de Responsabilidad Social Corporativa (Grado en Comunicación de las Organizaciones) ha asumido el rol de personal del departamento de comunicación de las entidades participantes, mientras que el alumnado de la asignatura de Proyectos Publicitarios y de Relaciones Públicas (Grado en Publicidad y Relaciones Públicas) ha asumido el rol de la agencia de comunicación. De este modo, en línea con las afirmaciones de López-Fernández y Benítez-Porres (2018), Rodríguez-Izquierdo (2018) y Rodríguez (2014) esta aplicación de APS ha permitido vincular la teoría a un ejercicio real favoreciendo la práctica de la profesión en la universidad. Por otra parte, tal y como ya ilustraron Arranz (2018), López-Fernández y Benítez-Porres (2018) y Portillon (2018) la vivencia de esta experiencia por parte del alumnado también ha fomentado el desarrollo de competencias transversales entre las que se destacan de manera especial: la aplicación del pensamiento estratégico, la capacidad de trabajar en equipo, la estimulación de la creatividad, la capacidad de exponer y de defender ideas y la capacitación para tomar decisiones. Además, el caso expuesto también es un ejemplo del rol que puede ejercer la universidad como institución y, por ende, el estudiantado como parte de la ciudadanía (Arranz, 2018; López-Fernández y Benítez-Porres, 2018; Rodríguez, 2014) en tanto que el ejercicio de la profesión se ha puesto en práctica en entidades con un alto calado social y cuyas misiones están relacionadas con la integración social y/o la sostenibilidad del planeta.

Por otra parte, para la aplicación de este proyecto se han tenido en cuenta las recomendaciones de distintos autores. Así, siguiendo a Razquín (2017) los objetivos de aprendizaje del proyecto han estado relacionados con el currículum académico de las asignaturas participantes. También se debe destacar la continua colaboración y participación de las diferentes entidades que han estado presentes e involucradas durante todo el proyecto, tal y como recomienda Rodríguez-Izquierdo (2018). Por otro lado, siguiendo a López-Fernández y Benítez-Porres (2018) el desarrollo de APS se ha realizado no sólo en más de una asignatura, sino que se ha llevado a cabo de manera conjunta en dos asignaturas de dos grados diferentes, lo que ha fomentado la vivencia de una experiencia cooperativa por parte del alumnado y ha potenciado la transversalidad entre dos grados universitarios que forman perfiles profesionales complementarios que tendrán que convivir en el mercado laboral.

Finalmente, siguiendo los trabajos de Gómez-Hurtado, Moya y García-Rodríguez (2019) y Arranz, Vázquez y Abán (2013) se realiza una valoración del proyecto APS mediante modelo DAFO (véase Figura 5).

Nivel interno	Fortalezas	Profesorado implicado altamente motivado. Entendimiento y buena relación entre los profesores participantes. Colaboración entre el profesorado y los profesionales de las entidades colaboradoras. Se conecta el trabajo entre materias de dos grados universitarios complementarios. Alta participación y motivación del estudiantado. Buenos rendimientos en las propuestas desarrolladas por el alumnado. Satisfacción, por parte del alumnado, en las evaluaciones de las asignaturas implicadas en el proyecto.
	Debilidades	Escasa difusión del proyecto a nivel interno. Limitada disposición de agendas del profesorado y los entes participantes para la planificación del proyecto. Mayor inversión de tiempo por parte del profesorado. Se requiere de una mejora de las herramientas de evaluación de las competencias transversales que adquiere el alumnado participante.
Nivel externo	Oportunidades	Buena acogida del proyecto por parte de las entidades participantes. Satisfacción por parte de las entidades beneficiarias con las propuestas comunicativas elaboradas por el alumnado. El CORE Educación y Empleabilidad de la *Universitat Autònoma de Barcelona*, la *Fundació Autònoma Solidària* y el *Teler Cooperatiu* de Sabadell colaboran activamente para hacer visible el proyecto.
	Amenazas	Se trabaja a nivel individual de profesorado por lo que su continuidad depende de la voluntad personal del profesorado implicado. La temporalidad contractual del profesorado joven participante. La complejidad de encontrar entidades beneficiarias que encajen en las necesidades de aprendizaje de las diferentes asignaturas implicadas.

Figura 5. Evaluación del proyecto APS mediante modelo DAFO. Fuente: elaboración propia.

6. CONCLUSIONES

A modo de conclusión, se presenta un decálogo de consejos para la aplicación de APS en asignaturas universitarias surgido a partir de la experiencia de la aplicación del proyecto de innovación docente en dos grados universitarios de la Facultad de Ciencias de la Comunicación de la *Universitat Autònoma de Barcelona*:

- La aplicación de un proyecto APS debe ser beneficioso tanto para el estudiantado como para la comunidad, por lo que, todos los agentes implicados, deben consensuar los objetivos del proyecto desde el primer momento. El alumnado debe poder aplicar el conocimiento teórico como parte del proceso de aprendizaje y la comunidad debe verse favorecida de manera real por el trabajo del grupo de estudiantes.
- Todas las partes implicadas (universidad y entidades sociales) deben escuchar y ser escuchadas con el fin de promover la optimización de los resultados para todos. Por ello, el establecimiento de un diálogo continuo entre el profesorado y las entidades sociales participantes en el APS es imprescindible.
- Otro aspecto importante para que la experiencia APS sea lo más enriquecedora posible para los/as estudiantes es explicarles desde el inicio la naturaleza del proyecto y remarcar la repercusión positiva que la aplicación de sus conocimientos puede llegar a tener en la comunidad a través de esta práctica real. El carácter social del proyecto y el hecho de saber que sus propuestas pueden ser aplicables y no quedarse en un simple ejercicio de clase, influye de manera positiva en la implicación del alumnado con el trabajo, mejorando de esta manera el proceso de aprendizaje.
- La implicación de la entidad social durante todo el desarrollo del proyecto es otro de los factores de su éxito. Es importante que la entidad social tenga contacto directo con el alumnado, que pueda explicarles de primera mano cual es su situación, la problemática que le preocupa, como es su entorno y los medios de los que dispone. También es recomendable que participe en las sesiones de trabajo guiando a los/as estudiantes en el desarrollo de las propuestas y ofreciendo una visión externa a la que puede aportar el profesorado de la asignatura. Y finalmente, esta implicación por parte de la entidad debe llevar también a dar un *feedback* a la clase sobre la idoneidad y utilidad de las propuestas presentadas.
- En cuanto al trabajo que debe llevar a cabo el alumnado, se destaca como básico la realización de un acertado y detallado diagnóstico inicial de las necesidades de la entidad. Una de las ventajas de trabajar con la realidad y no con un caso inventado es la complejidad y riqueza de detalles que esta ofrece y que deben ser detectados por los/as estudiantes.
- La transversalidad en la aplicación de APS aporta mayor riqueza al proceso al sumarse diferentes visiones y enfoques formando proyectos pluridisciplinares. Esta transversalidad puede venir dada por varias vías. La primera, por la combinación de diferentes entidades participantes, ya que no todas ellas deben ser receptoras del APS, algunas pueden participar como colaboradoras y acompañantes del proceso. La segunda, por el grupo de estudiantes participantes, ya que sumar alumnos/as de formaciones diferentes puede aportar sinergias de trabajo.

- Finalmente, para que un proyecto APS dé sus frutos, se aconseja a todos los agentes implicados (profesorado, alumnado y comunidad) tener una mente abierta y estar dispuestos a explorar las posibilidades que pueden brotar y a los caminos que pueden surgir fruto del trabajo conjunto.

7. REFERENCIAS

Arranz, P. (2018). Universidad, ApS y responsabilidad social. En *Aprendizaje de servicio: diálogo universidad y sociedad* (pp. 11–16). Prensas Universitarias de la Universidad de Zaragoza.

Arranz, P., Vázquez, S., y Abán, A. (2013). El proyecto de aprendizaje servicio en la Universidad de Zaragoza: Un análisis DAFO.*Universidad y sociedad. Experiencias de aprendizaje servicio en la universidad* (pp. 299–304). Universidad de Barcelona.

Fernández-Vega, D., Recalde-Esnoz, I., Morón-Fernández, C., y Yedra-Alvarez, E. (2020). Aprendizaje-Servicio (ApS). Metodología y aplicación desde la asignatura de Gestión y Control de la Calidad. *Advances in Building Education*, *4*(2), 60–72. https://doi.org.10.20868/abe.2020.2.4464

Gil-Gómez, J. (2012). *El aprendizaje-Servicio en la Enseñanza Superior: Una aplicación al ámbito de la educación física* [Tesis doctoral, Universitat Jaume I]. Tesis doctorales en Red. http://hdl.handle.net/10803/86937

Gómez-Hurtado, I., Moya Maya, A., y García-Rodríguez, M. P. (2019). Aprendizaje Servicio en la Formación Inicial de Docentes en la Universidad de Huelva. El Proyecto INCLUREC. REICE. *Revista Iberoamericana Sobre Calidad, Eficacia Y Cambio En Educación*, *18*(1), 105–123. https://doi.org/10.15366/reice2020.18.1.006

López-Medialdea, A., y Martín-Bermúdez, N. (2021). Aprendizaje-servicio (APS): Aprender desde la responsabilidad social. *Campo Abierto*, *40*(1), 1–4. https://mascvuex.unex.es/revistas/index.php/campoabierto/article/view/3950

López-Fernández, I., y Benítez-Porres, J. (2018). El Aprendizaje Servicio en la Universidad: una experiencia en el marco de una asignatura del Grado en Educación Primaria. *Revista de Docencia Universitaria*, *16*(2), 195–210. https://doi.org/10.4995/redu.2018.9127

Martínez, M. (2009). *Aprenenetage servei i responsabilitat social de les universitats*. Octaedro.

Martínez-Sanz, R., y Durántez-Stolle, P. (2020). Comunicación corporativa y educación en valores en el aula universitaria. Un proyecto de Aprendizaje servicio (APS). *OBETS. Revista de Ciencias Sociales*, *15*(2), 563–588. https://doi.org/10.14198/OBETS2020.15.2.07

Martínez-Usarralde, M. J., Zayas B., y Sahuquillo, P. M. (2016). Aps y ciudadanía comprometida aproximación descriptiva-exploratoria a un caso. *Opción: Revista de Ciencias Humanas y Sociales*, *8*, 187–208.

Portillo, N. (2018). El aprendizaje-servicio, la educación para el desarrollo sostenible y las competencias transversales, una vía hacia sociedades sostenibles. En *El Aprendizaje y Servicio en la Universidad. Una metodología docente y de investigación al servicio de la justicia social y el desarrollo sostenible* (pp. 120–126). Comunicación Social Ediciones y Publicaciones.

Puig, J. M., Batlle, R., y Bosch, C. (2009). *Aprendizaje servicio (Aps)*. Graó.

Puig, J. M. y Martín, X. (2006). L'aprenentatge servei en la formació i la recerca universitàries. En *Prácticas de ciudadanía. Diez experiencias de aprendizaje servicio* (pp. 99–113). Octaedro.

Razquín, B. E. (2017). El Aprendizaje-Servicio como respuesta a la responsabilidad social de la Universidad. *AmbioCiencias: Revista de Divulgación, 15,* 63–69. http://buleria.unileon.es/handle/10612/7688

Rego, L. (2017). Aprendizaje-servicio y misión cívica de la universidad: Una propuesta de desarrollo. *REDU. Revista de Docencia Universitaria, 15*(1), 373–376.

Rodríguez-Izquierdo, R. M. (2018). Contribuciones del Aprendizaje Servicio en Educación Superior en el logro de las competencias de acción profesional. En *El Aprendizaje y Servicio en la Universidad. Una metodología docente y de investigación al servicio de la justicia social y el desarrollo sostenible* (pp. 64–68). Comunicación Social Ediciones y Publicaciones.

Rodríguez, M. (2014). El Aprendizaje-Servicio como estrategia metodológica en la Universidad. *Revista Complutense de Educación, 25*(1), 95–113. https://doi.org/10.5209/rev_RCED.2014.v25.n1.41157

Salazar-Botello, C.M., Ganga-Contreras, F., Fossatti, P., Muñoz-Jara, Y., y Monje-Sanhueza, R. (2023). Evolución del aprendizaje servicio: Un análisis bibliométrico desde la Web of Sciencie. *Bibliotecas. Anales de Investigacion, 19*(1), 1–13.

APRENDIZAJE EXPERIENCIAL, PROGRAMA UNIDIVERSIDAD: UNIVERSIDAD, DIVERSA E INCLUSIVA

Susana Bautista Blasco[1], *Iván Ramos Luján*[2], *Lorena Alejandra Lobato Deschamps*[1]

El presente trabajo nace en el marco del proyecto UniDiversidad de la convocatoria 2022.

1. INTRODUCCIÓN

En el marco de la V Convocatoria para el desarrollo de programas universitarios de formación para el empleo dirigido a jóvenes con discapacidad intelectual inscritos en el Sistema Nacional de Garantía Juvenil de la Fundación ONCE[3], aparece el programa UNIDIVERSDIDAD[4] que es un programa operativo de empleo juvenil cofinanciado por el Fondo Social Europeo de la Unión Europea. El presente trabajo presenta la propuesta llevada a cabo por la Universidad Francisco de Vitoria (UFV) y la Fundación Juan XXII (23) en el curso académico 2022-2023.

La Fundación ONCE tiene como misión la inclusión social por medio de la formación y el empleo de las personas con discapacidad. Dentro de este colectivo, los jóvenes con discapacidad intelectual representan un grupo con especiales dificultades de inserción laboral, debido a su bajo nivel formativo, por lo que es preciso la realización de actuaciones concretas para invertir esta situación y mejorar la empleabilidad de estos jóvenes[5]. Esta convocatoria pretende también contribuir a los objetivos 4 y 8 de los Objetivos de Desarrollo Sostenible (ODS, ya que el objetivo 4 persigue asegurar la educación inclusiva y de calidad y el objetivo 8 persigue lograr el trabajo decente que consideramos imprescindible para los jóvenes con discapacidad intelectual. Este trabajo por la inclusión de personas con discapacidad ya se recoge en la Ley General de Discapacidad[6] publicada en el Boletín Oficial del Estado.

1. Universidad Francisco de Vitoria, Madrid (España)
2. Fundación Juan XXIII de Madrid (España)
3. https://www.fundaciononce.es/es
4. https://www.fundaciononce.es/sites/default/files/2022/VI%20Convocatoria%20 UNIDIVERSIDAD% 20def.pdf
5. https://ec.europa.eu/employment_social/esf/docs/sf_disability_es.pdf
6. https://www.boe.es/eli/es/rd/2023/03/21/193/dof/spa/pdf

La UFV ha estado implicada en el curso académico 2022-2023 en colaboración con la Fundación Juan XXIII, en la creación del título propio de "Diseño Web, accesibilidad y usabilidad en entorno web" para personas con discapacidad intelectual.

El objetivo general es ofrecer una formación superior, pionera y especializada que mejore la empleabilidad y la inclusión universitaria de las personas con discapacidad intelectual. Para ello se ha diseñado y llevado a cabo un programa académico de 36 ECTS divididos en cuatro módulos más un módulo final de prácticas no laborales que han cursado en diferentes departamentos de la universidad y de la Fundación Juan XXIII y de entidades colaboradoras, empresas y organizaciones. Para el programa diseñado, la Fundación Juan XXIII contrató a un tutor que ha acompañado a los alumnos en todas las clases y además se han diseñado clases inclusivas donde los alumnos del programa se han sumado a diferentes asignaturas de diferentes grados ofertados por la UFV. Ejemplos de estas clases, son la asignatura de Interacción Persona Ordenador de 3º curso del grado de Ingeniería Informática, en la que los alumnos del programa se sumaron a diferentes sesiones donde participaban en las dinámicas y actividades realizadas en la clase con el resto de los estudiantes del grado. De igual manera en la asignatura de Diseño Web y Digital, de 2º curso del grado de Diseño. Además, el diseño del programa ha contado con mentores del Instituto de Acompañamiento de la UFV, con preparadores laborales de la Fundación Juan XXIII, que han acompañado a los alumnos a lo largo del curso.

El programa también se diseñó con diferentes talleres, conferencias y actividades de la vida universitaria que ofrece la universidad donde han podido disfrutar del campus y de la compañía de los estudiantes de la UFV. El pasado 10 de mayo se celebró la graduación de los estudiantes del programa, compartiendo con sus familias esta vivencia, recogiendo con éxito su experiencia y aprendizaje de todo lo vivido durante este curso. Este programa está alineado con el proyecto formativo de la UFV, "Formar para Transformar en Comunidad" (Formar para Transformar en Comunidad, 2021) que recoge la relación de encuentro como eje sobre el que gira todo.

En las siguientes secciones se presentan con detalle la información relativa a Objetivos en la sección 2, la metodología en la sección 3, el aprendizaje experiencial en sus diferentes facetas en la sección 4, la evaluación en la sección 5, nuestras conclusiones en la sección 6 y finalmente las referencias en la sección 7.

2. OBJETIVOS

Los objetivos que se persiguen con el desarrollo de este programa (Bardin, 2019) y en concreto para esta investigación son:

- Diseñar y llevar a cabo un título propio universitario especializado en Diseño Web, accesibilidad y usabilidad en entorno web. Los alumnos del programa compartirán clases regladas con los alumnos de diversos grados universitarios de diferentes facultades de la Universidad Francisco de Vitoria, realizando así clases inclusivas que proporcionan experiencias reales de aprendizaje.
- Seleccionar a un conjunto de alumnos que puedan participar en el programa para trabajar con ellos las habilidades necesarias para mejorar su autonomía, su formación académica y su preparación laboral, y así aumentar sus posibilidades de inserción laboral.
- Proporcionar un programa de mentorías y acompañamiento personalizado a los alumnos del programa, desde la formación integral de la Universidad Francisco

de Vitoria, que les ayude a aprovechar su experiencia universitaria y vivir la universidad a todos los niveles.

- Sensibilizar a la comunidad universitaria de la Universidad Francisco de Vitoria en relación con la discapacidad, especialmente intelectual, y también en relación con la importancia de la accesibilidad web y el diseño para todos, como clave para la igualdad de oportunidades y derechos.
- Buscar y facilitar un conjunto de empresas del sector donde los alumnos del programa puedan realizar sus prácticas no laborales.
- Contribuir al desarrollo de un modelo educativo integral y completo para las personas con discapacidad intelectual, del desarrollo y/o del espectro autista, que les permita formarse hasta el máximo de su talento y de sus capacidades, con los mayores niveles de inserción social y laboral.

3. METODOLOGÍA

El Proyecto se ha llevado a cabo conforme a la necesidad de desarrollo integral de los alumnos (Morcillo, 2020) y, encaminando a los alumnos hacia habilidades y conocimientos con las siguientes características:

- Polivalentes: es decir, que les permita una mayor y mejor adaptación a las nuevas necesidades personales, sociales, así como su acceso al mundo laboral.
- Funcionales: entendiendo por funcionales no solo la aplicación práctica de lo aprendido sino también el hecho de que sea necesario y útil. Esto es, que dichos conocimientos pueden ser efectivamente utilizados cuando las circunstancias así lo ameriten.
- Significativos: entendidos como el desarrollo de una actividad por parte del alumno, no simplemente manipulativa sino cognitiva, es decir, posibilidad de incorporar lo que se aprende a lo que ya se sabe.

Para el desarrollo del programa formativo se han empleado metodologías de docencia y aprendizaje más innovadoras, y sobre todo centradas en la persona, para garantizar la adquisición de conocimientos y de habilidades por parte de los alumnos. Concretamente, se han utilizado las siguientes:

- Diseño Universal del Aprendizaje[7], de tal manera que responda a las necesidades formativas de todo el alumnado –de todas y cada una de las personas que han integrado el grupo de formados-, incorporando la accesibilidad a los materiales, las actividades y los contenidos, garantizando la comprensión y el seguimiento de las materias.

Durante el desarrollo del curso se han realizado las adaptaciones correspondientes en respuesta a las necesidades individuales de cada uno de los alumnos. Se han realizado dichas adaptaciones no solo en el ámbito de docencia del aula habitual, sino también en las clases inclusivas. En estas, los profesores con apoyo del docente del curso han reelaborado y adaptado sus materiales para potenciar las oportunidades de aprendizaje de los alumnos del título propio.

7. https://www.educacionyfp.gob.es/dam/jcr:c8e7d35c-c3aa-483d-ba2e-68c22fad7e42/pe-n9-art04-carmen-alba.pdf

- Acciones tutoriales. Componente básico de cualquier actividad docente, elemento que ha favorecido la inclusión y la participación de los alumnos en el ámbito universitario, así como realizar un seguimiento individualizado del proceso de aprendizaje. También nos permitirá acompañar y orientar al alumnado y a su familia a lo largo de todo el proyecto formativo.
- Aprendizaje cooperativo, como metodología que permite favorecer y hacer realidad la inclusión, de tal manera que se contribuya a que los alumnos se apoyen, estableciendo metas de aprendizaje comunes que les ha permitido convivir con personas con diversidad, es decir, con características diferentes.
- Inteligencias múltiples. Cada alumno participante en este proyecto es único y aprende de manera diferente. Por esto, los contenidos impartidos se articularon en torno a dos focos: individualización (intervenir de forma personalizada, conociendo las diferentes inteligencias de cada alumno enseñándole y evaluándole, atendiendo a sus capacidades) y pluralización (mostrar conocimiento de formas diferentes para garantizar la adquisición de los distintos estilos de aprendizajes) de los alumnos.
- Utilización de TIC. Las tecnologías de la información y la comunicación han supuesto la herramienta clave para poder desarrollar Título Propio, ofrecen la posibilidad de utilizar múltiples lenguajes, herramientas y soportes para la exposición de contenidos y preparación de las clases, como docente, y también para la adquisición de conocimientos por parte de los alumnos. Además, las TIC permiten combinar las formas tradicionales con las nuevas formas de expresarse, comunicarse y relacionarse con el mundo y las personas que nos rodean. Todo ello facilita la aplicación de la teoría de las inteligencias múltiples en el aula y, al mismo tiempo, permite ejercitar otras destrezas relacionadas con la competencia digital y el uso de los nuevos dispositivos y herramientas de comunicación, convirtiendo al alumno en una persona más versátil y capaz de afrontar los retos que le plantean los docentes, y en general, el mercado laboral y la sociedad actual.
- Clases magistrales. Se han empleado las clases magistrales como herramienta para la transmisión e intercambio de conocimientos entre los distintos docentes y los alumnos. De esta manera, hemos incorporado periodos y tiempos específicos donde el estudiante pueda reforzar lo aprendido:
- Clases inclusivas: asignaturas impartidas dentro de la programación académica general de determinados grados y especialidades de la Universidad, junto con el resto de los alumnos sin discapacidad. Las clases inclusivas han sido el núcleo a partir del cual hemos podido llevar la inclusión al campus. Este apartado se explicará mejor en la sección 4.2

Además, la metodología empleada se ha basado en la individualización y personalización de los contenidos impartidos, proporcionando a los participantes todos los apoyos que requieran en función de su perfil profesional y de sus capacidades, detectando aquellas áreas donde el alumno presente algún tipo de déficit y diseñando un plan de actuación para solventar todas sus dificultades. En la apuesta por establecer currículos individualizados que permitieran a los alumnos la plena adquisición de los conocimientos impartidos, se han adaptado y se han hecho accesibles, como ya hemos mencionado, los contenidos a lectura fácil.

4. APRENDIZAJE EXPERIENCIAL

El programa ha permito a todos los alumnos, tanto a los del título propio como a los propios alumnos de la universidad, llevar a cabo un aprendizaje experiencial, diferenciador y que promueve la inclusión real. En las siguientes secciones vamos a ir viendo en detalle los elementos del proceso.

4.1. Usuarios finales y planificación

Al comienzo del curso, en octubre los participantes del título propio eran 16. Los alumnos que han participado del curso tienen reconocida, conforme a los requerimientos de la ayuda; una discapacidad igual o superior al 33%. De los 16 alumnos, la mayoría presentaban discapacidad intelectual, y tres de los alumnos cursan un Trastorno del Espectro Autista, habiendo también un alumno con comorbilidad entre los dos trastornos mencionados previamente.

El alumnado que ha participado del curso cumple con un nivel de autonomía suficiente como para poder realizar los trayectos derivados del curso de forma totalmente independiente, así como para desenvolverse en su día a día en entornos sociales diversos.

Al mismo tiempo, en relación con sus habilidades para el manejo de herramientas y productos dentro del entorno digital, los alumnos participantes del curso tienen los conocimientos y la formación previa necesaria para el manejo de Word, Excel, Power Point, correo electrónico... Todo esto se ha podido conseguir gracias a la entrevista inicial que se realizó a los alumnos en la fase de planificación del proyecto.

Ha sido necesario hacer una planificación temporal para poder organizar las clases con el tutor y las clases inclusivas en los diferentes grados de la universidad, superando las dificultades de organización de horarios de clase con el resto de las actividades que han realizado los estudiantes a lo largo del programa. La Tabla 1 presenta la distribución de los cuatro módulos más el módulo correspondiente a las prácticas no laborales, con información de sus horas y sus créditos ECTS correspondientes.

4.2. Docencia tutorizada y clases inclusivas

Dentro del programa, la presencia y la labor del tutor es un elemento fundamental para el buen funcionamiento y aprovechamiento del curso por parte de los alumnos. El tutor desempeña una importante labor de coordinación con el resto del claustro docente, se mantiene en contacto cercano con el resto de los profesores, dándoles las orientaciones pedagógicas que estos demandan en el desarrollo de sus clases. Además, es una figura muy importante por el conocimiento y la cercanía que mantiene con los alumnos, lo que le permite poder adaptarse a cada uno de ellos y a sus necesidades particulares (Martínez, 2021).

MÓDULOS	HORAS	ECTS
MÓDULO I	30	3
MÓDULO II	40	4
MÓDULO III	120	12
MÓDULO IV	120	12

MÓDULO PRACTICUM	50	5
TOTAL	360	36

Tabla 1. Reparto de los módulos del título propio, con información en horas y créditos ECTS. Fuente: Elaboración propia.

4.3. Docencia tutorizada y clases inclusivas

En los espacios de docencia tutorizada, la ratio de alumnos ha sido muy reducida (15 alumnos), lo que facilita la individualización de las metodologías y las estrategias de trabajo. Esta situación ha permitido que la herramienta guía para la programación, implementación y evaluación del programa haya sido el Diseño Universal del Aprendizaje, centrado en cada uno de los alumnos.

Dentro del aula, el tutor ha introducido a los alumnos en el temario previamente a trabajar en las clases inclusivas, y, del mismo modo se ha profundizado y repasado el temario después de las clases inclusivas.

En definitiva, la docencia tutorizada ha servido como un elemento reforzador del contenido académico del programa, como facilitador de orientaciones pedagógicas, y sobre todo como figura de acompañamiento a los alumnos y a los profesores.

El desarrollo de las clases inclusivas dentro de nuestro programa ha sido una experiencia claramente enriquecedora para todas las personas que han participado en ellas, desde profesores, a alumnos de grado, alumnos de programa...

Este programa ha demostrado ser un ejemplo de que la inclusión educativa en el entorno universitario es posible, brindando a todos los estudiantes, sin importar sus capacidades o circunstancias individuales, la oportunidad de participar plenamente en el proceso de aprendizaje y de crecimiento humano de los demás. A través de un enfoque centrado en las necesidades de cada estudiante, se ha logrado crear un entorno educativo en el que todos se sienten valorados, respetados y apoyados. Los resultados han sido verdaderamente buenos, todos los alumnos que han participado de las clases inclusivas las han valorado de forma positiva, siendo para la mayor parte de nuestros alumnos el elemento mejor valorado de todo el programa. Al mismo tiempo, hemos trabajado por mejorar el rendimiento académico de nuestros alumnos, la confianza en sí mismos y la inclusión social, el bienestar emocional, etc.

Dentro de nuestro programa las clases inclusivas se han desarrollado dentro de los grados de: Ingeniería Informática, Diseño, Educación Infantil, Educación Primaria y Periodismo.

En estas clases inclusivas, los alumnos del programa han participado de la docencia en igualdad de condiciones y oportunidades que el resto de los alumnos universitarios, y todo el temario que se ha trabajado en esas horas inclusivas, se ha reforzado por parte del tutor a través de docencia en el aula. Los profesores responsables de estas clases inclusivas han preparado la sesión y a los alumnos de su grado, sabiendo que en esa clase iban a estar los alumnos del título propio.

4.4. Vida Universitaria

La vida universitaria ha sido otro aspecto fundamental y muy enriquecedor del programa (Suárez Suárez, 2019). Favoreció la inclusión de nuestros alumnos en el entorno permitiéndoles desarrollar habilidades sociales, de autonomía y de disfrute de la vida en el campus asistiendo a eventos, actividades deportivas, y disfrutando de las instalaciones de la universidad: biblioteca, cafetería, pistas deportivas, etc.

Se ha aprovechado la oferta universitaria de actividades culturales, deportivas, de ocio, de voluntariado, etc. para profundizar y reforzar los conocimientos y habilidades transversales adquiridos por los alumnos y tan importantes para su desarrollo personal integral y su posterior inclusión laboral. La participación en estas actividades ha supuesto para nuestros alumnos una oportunidad de aprendizaje verdaderamente relevante, al mismo tiempo ha sido una oportunidad para conocer a otros alumnos y poder ser más partícipes de la vida universitaria extraacadémica.

Entre las actividades de las que pudieron disfrutar destacamos:

- Actividades deportivas: Durante el curso se realizaron diversas actividades deportivas de participación con alumnos de distintos grados, en ellas los alumnos han podido relacionarse con otros alumnos de grados de su misma edad y compartir con ellos momentos de ocio inclusivo
- Talleres integradores: Se han realizado diferentes talleres en colaboración con alumnos de grado. En estos talleres se han trabajado contenidos propios del curso como las habilidades sociales, habilidades laborales, herramientas de office, diseño... Pero siempre desde una perspectiva más distendida e inclusiva, haciendo de estos talleres un espacio para compartir sus vivencias universitarias con otros alumnos de grado de la universidad. En estos talleres los alumnos del programa han tenido un espacio distendido en el que compartir sus vivencias y sus sentimientos utilizando los talleres de arte, lectura, debate etc. Como contexto para compartir el tiempo entre iguales.
- Alumnos acompañantes: Durante todo el curso, ha habido un grupo de alumnos que en calidad de voluntarios de acción social que han acompañado a nuestros alumnos en su paso por la universidad, los han asesorado, y les han facilitado ayuda en diferentes ocasiones, ofreciéndoles una buena acogida por parte de la comunidad universitaria.
- Actividades Formativas Complementarias (AFCs): A lo largo del curso han tenido lugar varias actividades formativas complementarias, en las que los alumnos del programa han podido compartir actividades inclusivas y formativas con otros alumnos de grado. Dentro de estas AFCs, cabe destacar la realización de mesas redondas por la inclusión y la accesibilidad o talleres sobre la accesibilidad universal. Este tipo de actividades no solo fomentan la inclusión de los alumnos dentro del aula a nivel físico o social, sino que sirven como puerta para la participación y protagonismo de las personas con discapacidad dentro de la comunidad universitaria UFV.
- Mentorías: el programa ha contado con un equipo de mentores del Instituto de Acompañamiento de la UFV que han acompañado a los alumnos a lo largo del curso a través de la implementación de un programa de mentorías adaptadas a las características de nuestros alumnos con el fin de ayudarlos a conocerse, a identificar sus necesidades y fortalezas, y conocer sus grupos de apoyo más cercanos en los que apoyarse y a través de los cuales poder desarrollarse.

4.5. Prácticas

A nivel general, la experiencia de prácticas de los alumnos ha sido un reto de crecimiento paulatino y de adquisición de autonomía, que les ha permitido superar con éxito la que para muchos ha sido la primera experiencia laboral, y para otros, una de las primeras (Suñé, 2012).

Al comienzo de las prácticas, recibieron un apoyo más intensivo por parte del tutor y el Preparador Laboral (PL) de la Fundación Juan XXIII, así como de los alumnos que habían realizado prácticas sociales con ellos, y poco a poco estos apoyos se fueron retirando para darles la oportunidad de ser autónomos e independientes en un entorno laboral protegido.

Antes de comenzar con el período de prácticas planificado en el programa, se llevaron a cabo sesiones formativas y de sensibilización con todos los departamentos y empresas colaboradoras implicadas. Esto favoreció la acogida y la atención facilitada a los alumnos durante su periodo de prácticas.

Cabe destacar como limitación en este sentido, la dificultad para encontrar empresas de prácticas para nuestros alumnos. Se trata de un perfil complejo y muchas empresas muestran miedo e inseguridad a no saber actuar y responder frente a sus necesidades.

Para realizar las prácticas no laborales de los alumnos, se contactó con diferentes departamentos de la UFV y con empresas colaboradoras, donde se distribuyeron los alumnos como a continuación se indica: En Extensión Universitaria UFV: 1 alumno. En el Instituto de acompañamiento UFV: 2 alumnos. En la Oficina de Transformación Digital UFV:1 alumno. En el Motor Sport Institute UFV:1 alumno. En el departamento de Marketing Fundación Juan XXIII: 1 alumno. En el CFPE Fundación Juan XXIII: 2 alumnos. En la Empresa Café Filantrópico: 2 alumnos. En la empresa Oliver Wayman: 1 alumno. En la empresa Aebia: 1 alumno. En la Fundación Altius: 2 alumnos

5. EVALUACIÓN

En esta sección se presentan las diferentes evaluaciones llevadas a cabo: en primer lugar, la evaluación en base a objetivos, después la evaluación de los alumnos, después la evaluación de los profesores y finalmente la evaluación de las prácticas.

5.1. Evaluación en base a objetivos

Los resultados que se han alcanzado en este título propio son:

1. La implantación y consolidación de un título propio universitario adaptado a alumnos con necesidades educativas especiales.

2. Mejora formativa de alumnos con discapacidad, para encaminar su futuro hacia una empleabilidad digna y acorde a la preparación específica en la que se han formado.

3. Mejora de la calidad de vida de los alumnos por medio de una experiencia universitaria inclusiva y satisfactoria para las expectativas y necesidades socio afectivas de los alumnos.

4. Mejora de la capacidad emocional, las habilidades sociales y de autonomía de los jóvenes participantes en el proyecto.

5. Incrementto del compromiso de la comunidad universitaria (Facultades, Escuelas y áreas de conocimiento distintas), administraciones y otros agentes sociales en el desarrollo del Proyecto.

Los indicadores previstos para medir la consecución de los resultados esperados han sido:

Indicador 1: Número de solicitudes de información sobre el Título Propio. (Al menos 20 solicitudes de información respecto del Programa).

En la fase de preparación del curso, al menos 40 estudiantes solicitaron información acerca del curso, de los cuales 22 fueron entrevistados a lo largo de los meses de agosto y septiembre. Por lo tanto, el indicador 1 se ha superado de forma satisfactoria.

Indicador 2: Porcentaje de usuarios que finalizan la titulación propia. (El 80% de los participantes finalizan el Programa).

Han finalizado el programa 14 de los 16 alumnos que lo comenzaron, lo que supone que el 87,5% de los alumnos han finalizado el curso, aunque de los 14 alumnos, solamente 13 han obtenido la calificación de apto.

Indicador 3: Nivel de satisfacción de las empresas y departamentos involucrados en la realización de las prácticas no laborales del último módulo del programa.

El 80% de los profesionales del grado de Ingeniería informática vinculados con las prácticas, valoran con un grado alto la participación de los alumnos durante el módulo.

Además, el nivel de satisfacción de las empresas y departamentos de la UFV se evaluó con una escala Likert, y el resultado obtenido ha sido: 83,3% de las personas han valorado su satisfacción en un 5 sobre 5, y el 16,7% restante han valorado su satisfacción en un 4 sobre 5. Por ello consideramos que el indicador de calidad 3 se ha cumplido exitosamente.

Indicador 4: Número actividades extracurriculares integradoras ofertadas en el Programa. (Al menos 9 actividades extracurriculares integradoras ofertadas).

Las actividades integradores propuestas han superado con creces las expectativas iniciales del curso, además de las clases inclusivas, se han realizado más de 15 actividades inclusivas, desde talleres de arte, deporte, de juegos de mesa, espacios de ocio libre, actividades de lectura...

Número de alumnos sin discapacidad que participan como mentores de los alumnos con discapacidad durante el Programa formativo (Al menos 10 alumnos)

A lo largo del curso ha habido un grupo de 16 alumnos que, en diferentes días de la semana han trabajado en colaboración con los alumnos durante todo el curso, e incluso algunos de ellos nos acompañaron también en el acto de entrega de diplomas.

Indicador 5: Grado de satisfacción de los participantes del programa: alumnos, familias, docentes y otros agentes participantes en el Programa, respecto a las habilidades adquiridas. (Al menos el 80% de participantes valoran con un grado alto su participación en el Programa)

La valoración del programa por parte de los estudiantes se ha realizado a través de una ficha impresa en la que tenían que responder a varias preguntas en relación con su experiencia dentro del campus, la relación con los demás miembros de la comunidad educativa, y el nivel de satisfacción general con el curso.

El resultado de esta evaluación indica que el 85% de los estudiantes que han finalizado el curso se muestra muy satisfecho con el mismo, mientras que el 15% restante se muestra simplemente satisfecho.

Indicador 6: Número de actividades de sensibilización desarrolladas por los alumnos en el Campus Universitario. (Al menos 3 actividades sobre sensibilización organizadas por los alumnos en el ámbito comunitario).

Durante el curso se han realizado más de 5 actividades de sensibilización para la comunidad educativa, entre ellas se ha realizado una jornada de formación para los alumnos mentores, jornada de sensibilización para el claustro de la docencia inclusiva, jornada de concienciación para los departamentos donde los alumnos han realizado prácticas, jornadas de sensibilización abiertas para toda la comunidad universitaria etc.

Grado de implicación/compromiso de la comunidad universitaria post desarrollo del título propio (Al menos un 70% de los encuestados en la comunidad universitaria han participado, o se han implicado, con algún aspecto vinculado con el proyecto o sus participantes).

Para evaluar la satisfacción del claustro docente de las actividades inclusivas, se ha realizado una breve entrevista telefónica recogiendo las principales experiencias, y la opinión general a cerca del curso. Todos los profesores de las clases inclusivas han reflejado su gran satisfacción, y varios de ellos han manifestado que, esta experiencia ha sido un regalo para ellos.

5.2. Evaluación de los alumnos

Para realizar la evaluación del alumnado a lo largo de todo el programa se ha realizado una evaluación continua e integral, que se ha reflejado de forma concreta en una evaluación intermedia y una evaluación final.

En cada una de estas dos evaluaciones se han tenido en cuenta aspectos académicos, así como aspectos motivacionales y comportamentales de los alumnos, su participación y actitud en el aula etc.

La evaluación de la actitud y participación de los alumnos se ha basado en la observación del tutor y el resto del claustro a lo largo de todo el desarrollo del curso.

Por su parte la evaluación académica ha estado subdividida en dos partes, los exámenes teóricos en los que los alumnos han reflejado sus conocimientos y el aprendizaje del curso, y exámenes o pruebas prácticas en las que los alumnos han tenido que demostrar y reflejar sus conocimientos y su habilidad para ponerlos en práctica.

Adicionalmente, los propios alumnos han evaluado el curso desde su perspectiva y su experiencia a través de un formulario cuantitativo y cualitativo en el que han podido reflejar su satisfacción sobre la formación recibida.

En cuanto a los resultados cuantitativos, siguiendo una escala Likert del 1 al 5, siendo 1 la puntuación más baja, y 5 la puntuación más alta, los alumnos han reflejado los siguientes resultados:

- Satisfacción general con el curso: 4.66
- Satisfacción con las clases inclusivas: 4.44
- Nivel de inclusión y participación en la universidad percibido por parte de los alumnos: 4.33

A través del cuestionario, además, hemos podido recoger las experiencias de algunos de los alumnos en breves testimonios, entre los que puede destacar:

"Mi experiencia ha sido muy buena, me he sentido una más dentro de la universidad".

5.3. Evaluación de los profesores

Por su parte para realizar la evaluación del curso en relación con el profesorado, se ha realizado un *focus group* con el claustro docente del programa en el que se han recogido las principales experiencias, dificultades y situaciones que se han vivido a lo largo del curso. Sus principales conclusiones son que es un programa retador, porque requiere reinventarse, tanto al profesor como a los alumnos. El ambiente de trabajo en clase es transformador para ellos.

Podemos concluir a partir de este grupo de trabajo, que la satisfacción del profesorado con el curso y su colaboración en el mismo ha sido muy buena. La mayor parte de los profesores que han colaborado con nosotros en el programa nos han transmitido que están interesados en seguir colaborando en el mismo, e incluso algunos de los docentes reflejaban en el grupo de trabajo el interés de otros profesores de su facultad de implicarse de forma directa en el programa.

5.4. Evaluación de las Prácticas

La evaluación de las prácticas se ha realizado por medio de dos indicadores: El primero de ellos ha sido una valoración por parte de los tutores de prácticas de su implicación y colaboración en el desarrollo de estas. En segundo lugar, la otra herramienta que se ha empleado para valorar las prácticas de los alumnos ha sido la elaboración de una memoria de prácticas individual en la que han recogido sus principales experiencias aprendizajes y acciones dentro de la empresa donde han realizado sus prácticas (Suñé, 2012).

Adicionalmente, realizamos un grupo de trabajo con las empresas y departamentos que acogieron a los alumnos de prácticas con el fin de determinar el nivel de satisfacción con su participación en el proyecto, y recibir *feedback* y oportunidades para favorecer estas colaboraciones. Entre las conclusiones de dicha reunión, se pueden extraer los siguientes puntos clave:

- Las prácticas en empresas ayudan a los alumnos a ser más independientes, a poner en práctica lo aprendido durante el curso y a comprender el funcionamiento de una empresa.
- Las empresas necesitan tener claro cómo ayudar al alumno a desarrollar su labor para que el trabajo sea efectivo, por ello es importante trabajar con ellas de antemano y ofrecerles formación y apoyo para que comprendan el valor que estos alumnos pueden aportar.

6. CONCLUSIONES

Realizamos a continuación un análisis general del programa desde los aspectos positivos, aspectos a mejorar y elementos innovadores[8] del mismo:

En el desarrollo del programa nos hemos encontrado con algunas dificultades que nos han desviado del planteamiento original, o que más correctamente explicado, han supuesto adaptaciones y pequeñas variaciones del proyecto original.

Algunas de estas dificultades han sido los horarios de las clases inclusivas, que en algunas ocasiones han requerido cambios de hora o fecha por dificultades para compatibilizar y sincronizar el temario del programa con el temario de las asignaturas de grado en las que hemos participado.

La selección del alumnado también supuso en un primer momento un reto por las dificultades derivadas de los plazos. Esto se debe a que en el momento en que se publicó

8. https://www.fundaciononce.es/sites/default/files/2022/VI%20Convocatoria%20 UNIDIVERSIDAD % 20def.pdf

la resolución de las ayudas, comenzamos con la captación y selección del alumnado, pero entonces la mayor parte de las personas con las que contactamos para publicitar y difundir el curso ya estaban matriculadas en otros cursos o ya habían planificado este curso 2022-2023 con mayor antelación

Dentro del desarrollo del programa consideramos que los puntos a destacar positivamente son: Mentorías y acompañamiento, actividades integradoras, formación y acompañamiento durante las prácticas de los alumnos, etc.

Una vez finalizado el curso y haciendo balance de este, planteamos las siguientes propuestas de mejora de cara a la próxima convocatoria.

Actividades de intercambio con otras universidades. Se planea realizar actividades de intercambio con otras universidades para enriquecer mutuamente los proyectos y permitir a nuestros chicos conocer realidades que se viven en otros campus universitarios.

Bloque transversal con clases inclusivas: se busca promover el desarrollo de bloques transversales de conocimiento en los que los alumnos puedan participar en clases inclusivas con alumnos de CAFYD, educación social, etc. Y mejorar sus habilidades sociolaborales y su formación en vida saludable y deporte.

Bloque de formación humanista: participación en clases de responsabilidad social (formación específica en ODS). Desde la asignatura de responsabilidad buscamos contribuir al bien común desde el compromiso con el otro. Buscamos dar respuesta a una sociedad que demanda, cada vez con más urgencia, personas socialmente responsables por ello promoveremos también realización de actividades de voluntariado periódicas con los alumnos, con el fin de acercarlos a las necesidades de otras realidades y enriquecerse de lo que mutuamente se pueden aportar.

A modo de conclusión consideramos que este programa es sumamente positivo tanto para la universidad como para los alumnos, y esperamos poder continuar con el mismo en próximas ediciones como herramienta para construir una sociedad más inclusiva y una universidad más humana.

7. REFERENCIAS

Bardin, L. B.-U. (2019). Supported education for individuals with intellectual disability in a postsecondary education setting: a review. *Journal of Postsecondary Education and Disability*, 32(1) 39-51.

Lorente, I. (2021). Claves para la inclusión en Educación Superior. *Pulso. Revista de educación*, (44) 191-193.

Martínez, L. L. (2021). La accesibilidad cognitiva y su implantación en los centros educativos. Muros de discriminación y exclusión en la construcción de identidades: la mirada de las ciencias sociales, 1618-1638.

Morcillo, M. S. (2020). La formación universitaria como garantí del derecho a una calidad de vida óptima de jóvenes con discapacidad intelectual. *Anales de derecho y discapacidad*, (5) 259-275.

Suárez Suárez, G. L. (2019). Modelo para la formación de valores en la universidad inclusiva. Conrado, *15*(69), 79-88.

Suñé, M. D. (2012). La inclusión laboral de los jóvenes con discapacidad intelectual: un reto para la orientación psicopedagógica. *Revista Española de Orientación y Psicopedagogía, 23*(1), 85-93.

Universidad Francisco Vitoria. Formar para Transformar en Comunidad (2021). UFV.

CREACIÓN Y DIFUSIÓN DE MATERIAL DIDÁCTICO POR PARTE DEL ALUMNADO DE LAS ASIGNATURAS DIRECCIÓN FINANCIERA Y SISTEMA FINANCIERO PARA FAVORECER LA EDUCACIÓN FINANCIERA DE COLECTIVOS VULNERABLES

María Cantero Saiz[1], Begoña Torre Olmo[1], Sergio Sanfilippo Azofra[1]

El presente texto nace en el marco de un proyecto de la VI Convocatoria de Proyectos de Innovación Docente de la Universidad de Cantabria en colaboración con Santander Financial Institute (SANFI).

1. INTRODUCCIÓN

La crisis de 2008 puso de manifiesto la vulnerabilidad de muchos colectivos por el desconocimiento de algunos conceptos financieros básicos que están presentes en el día a día de las decisiones financieras de cada individuo. Conceptos como endeudamiento, ahorro, gasto, inversión o seguros son términos que, de manera sencilla, se pueden transmitir a la sociedad en general, y cuyo conocimiento contribuiría a la mejora de la educación financiera a lo largo de la vida. La reciente crisis de la Covid-19, aun presente en nuestras vidas, y la incertidumbre económica internacional, han añadido a nuestro día a día conceptos como, por ejemplo, inflación, moratoria, etc. que tienen consecuencias en la gestión diaria de las finanzas personales y domésticas.

La educación financiera entronca directamente con los Objetivos de Desarrollo Sostenible (ODS) que deben alcanzarse en el marco de la Agenda 2030, donde el logro de una educación inclusiva y de calidad constituye una de las principales prioridades. Por otro lado, son numerosos los informes de organismos internacionales, como los de la Organización para la Cooperación y el Desarrollo Económicos (OCDE) (2022), que demuestran que favorecer la educación financiera es una palanca para la reducción de la desigualdad de género, así como otras desigualdades que se han ido acelerando con la transformación digital de nuestra sociedad, especialmente desde la pandemia de la Covid-19 (las personas mayores, por ejemplo, o también aquellas alejadas de las habilidades digitales que ahora parece exigir nuestro entorno).

Debido a la relevancia de la educación financiera, el Banco de España y la Comisión Nacional del Mercado de Valores (CNMV) desarrollan desde el año 2008 y a instancias de la OCDE, planes cuatrienales de educación financiera. En el último de ellos (2022-2025),

1. Santander Financial Institute (SANFI), Universidad de Cantabria – Fundación UCEIF (España).

entre los destinatarios se incluye por primera vez al colectivo universitario. Según este programa, el colectivo universitario merece una especial atención ya que, en su vida profesional, deberán tomar importantes decisiones financieras, para las que muchas veces no han recibido formación específica.

2. OBJETIVOS

El objetivo de este trabajo es describir una experiencia de innovación docente orientada a fomentar la educación financiera y que se ha realizado durante el curso 2022/2023 en las asignaturas Dirección Financiera y Sistema Financiero, ambas impartidas en la Facultad de Ciencias Económicas y Empresariales de la Universidad de Cantabria. Concretamente, Dirección Financiera se imparte en el tercer curso del Grado en Administración y Dirección de Empresas y en el cuarto curso del Doble Grado en Administración y Dirección de Empresas y Economía, y del Doble Grado en Derecho y Administración y Dirección de Empresas. Sistema Financiero es una asignatura de segundo y tercer curso del Grado y de los Dobles Grados mencionados, respectivamente, además de impartirse en el tercer curso del Doble Grado en Administración y Dirección de Empresas y Relaciones Laborales.

Los estudiantes que han participado voluntariamente en este proyecto de innovación docente han desarrollado materiales didácticos, en forma de vídeos cortos, relativos a conceptos o información financiera que sean comprensibles y accesibles, y que faciliten a cualquier persona la gestión de productos o servicios financieros y la toma de decisiones financieras en cualquier etapa o actividad que efectúe. Este material didáctico se ha difundido a través de Internet y redes sociales, contribuyendo a la educación financiera de la sociedad.

El enfoque propuesto en este proyecto forma parte de una metodología denominada aprendizaje-servicio, en la que, a partir de la detección de una necesidad del entorno (la educación financiera), los estudiantes dan respuesta a dicha necesidad a través de la difusión de los materiales didácticos creados. Además, esta metodología sensibiliza e involucra a los alumnos, a través de su participación directa, en el cumplimiento de los ODS, principalmente los vinculados a mejorar la educación y la formación de las personas. De esta manera, se convierten en ciudadanos activos en la consecución de los preceptos de la Agenda 2030.

A partir de estos planteamientos, el trabajo se estructura en tres partes fundamentalmente. En primer lugar, se presenta el marco teórico del proyecto, centrándose en sus características y etapas teniendo en cuenta la importancia de la educación financiera y las posibilidades de la metodología aprendizaje-servicio. A continuación, se analiza el perfil de los participantes y los resultados más importantes del proyecto en base a las calificaciones y la percepción de los estudiantes. Finalmente, se muestran las conclusiones y las principales implicaciones.

3. MARCO TEÓRICO

Desde comienzos de siglo, la educación financiera ha adquirido un papel cada vez más relevante hasta el punto de ser una prioridad de diversos organismos nacionales e internacionales como el Banco de España, la CNMV, la OCDE, el Fondo Monetario Internacional o la Comisión Europea. La educación financiera es *"el conocimiento y la comprensión de los conceptos y riesgos financieros, y las habilidades, la motivación y la confianza para aplicar dicho conocimiento y comprensión con el fin de tomar decisiones efectivas en una variedad de contextos financieros, para mejorar el bienestar financiero de los individuos y de la sociedad, y para permitir la participación en la vida económica"* (OCDE, 2014). Las personas con mejor educación financiera disponen de mayores herramientas para ahorrar, planificar y gestionar mejor los riesgos, evitar problemas de sobreendeudamiento y morosidad y, en definitiva, acumular riqueza y administrarla más adecuadamente (Abad-González *et al.*, 2022; Cole *et al.*, 2011, Lusardi, 2015; Van Rooij, *et al.*, 2011).

Una posible vía para impulsar la educación financiera de la sociedad pasa precisamente porque los propios universitarios de titulaciones vinculadas a economía y finanzas transmitan a la ciudadanía los conocimientos financieros que van adquiriendo durante su formación. Esto no solo beneficiaría al conjunto de la sociedad, sino también a los estudiantes implicados, que combinarían su propio aprendizaje con un servicio a la comunidad. Esta modalidad educativa se denomina aprendizaje-servicio y constituye un proceso donde los estudiantes universitarios se formarían a la vez que se implicarían en las necesidades reales de su entorno con la finalidad de mejorarlo (Batlle, 2020).

A partir de la importancia de la educación financiera de la sociedad y de las posibilidades que ofrece la metodología aprendizaje-servicio, se propone un proyecto de innovación docente donde los estudiantes de Grado y Doble Grado de las asignaturas Dirección Financiera y Sistema Financiero de la Universidad de Cantabria, crean material didáctico comprensible y accesible a todo el mundo, contribuyendo a la formación financiera en general. Para elaborar este material didáctico, los alumnos participan individualmente o en parejas y deben explicar un concepto financiero mediante la creación de un vídeo corto (de 1,5 a 3 minutos de duración), utilizando para ello plataformas de edición de acceso libre (Canva, Renderforest, Clipchamp, etc). Estas plataformas son aplicaciones en línea que permiten crear vídeos a partir de una amplia galería de imágenes, fondos, efectos animados y música entre otros. Los estudiantes reciben previamente una formación en capacitación digital y edición de vídeos por parte de personal técnico de Santander Financial Institute (SANFI), instituto de investigación mixto de la Universidad de Cantabria. Este personal asiste a los estudiantes en las cuestiones puramente técnicas de los vídeos, mientras que el profesorado brinda apoyo en los aspectos académicos de los conceptos a desarrollar. Los vídeos creados por los estudiantes se difunden finalmente a través de Internet.

La actividad propuesta resulta adecuada para los fines del proyecto, puesto que algunas de las aplicaciones recomendadas para el diseño de iniciativas de educación financiera consisten en desarrollar contenido corto, directo y sencillo en forma de píldoras de conocimiento o utilizar canales digitales fácilmente accesibles, atractivos y entretenidos (Andújar-Nagore, 2022). Además, los grandes avances que han experimentado las tecnologías de la información y la comunicación en los últimos años, suponen un gran potencial para el desarrollo del método aprendizaje-servicio en entornos virtuales (García-Gutiérrez y Ruiz-Corbella, 2020).

Se trata, por tanto, de un proyecto donde está muy presente la labor de transferencia y constituye una forma de aprendizaje innovadora que fomenta la participación de los estudiantes al adquirir más protagonismo en su formación. Además, permite al alumnado adquirir nuevas competencias digitales, profundizar en los conocimientos que se adquieren en ambas asignaturas y reconstruirlos de una manera creativa atendiendo a una necesidad social. Todo esto se produce en un contexto más motivador para el alumno, al dirigir su trabajo a un colectivo más allá del de su propia aula, como son colectivos vulnerables de la sociedad y también incluso sus propios compañeros universitarios de otras titulaciones que deberán enfrentarse a decisiones que pondrán a prueba sus conocimientos sobre finanzas personales. Además, con frecuencia, estos estudiantes habrán de desarrollar su vida profesional emprendiendo proyectos empresariales. La adecuada toma de decisiones financieras responsables por parte de estos jóvenes universitarios dependerá, en parte, del grado de solidez de la educación financiera que hayan adquirido hasta ese momento. Por esta razón, el Banco de España, entre sus colectivos estratégicos en el plan estratégico 2022-2025, centrará también sus esfuerzos en fomentar la cultura financiera entre los estudiantes universitarios, especialmente entre aquellos procedentes de estudios no relacionados directa o indirectamente con la economía y las finanzas.

El proyecto también está relacionado con el necesario cumplimiento de los ODS con los que estamos comprometidos la mayoría de los países. Garantizar una educación inclusiva, equitativa y de calidad que ayude a promover oportunidades de aprendizaje a la sociedad en materia financiera, entronca directamente con el objetivo número 4. La difusión de los conceptos creados por los alumnos favorecerá la educación financiera de la sociedad, especialmente de los colectivos más vulnerables y estudiantes universitarios de otras ramas de conocimiento. Esto facilitará la toma de decisiones financieras en el contexto actual caracterizado por la pandemia y la aceleración de la digitalización. Dicho contexto se ha traducido en nuevos desarrollos y relaciones financieras que pueden dar lugar a elevados riesgos, especialmente entre las personas con carencias en formación financiera y capacitación digital. Así, la falta de conocimientos financieros limita y dificulta la elección de los productos financieros más adecuados y aumenta la sensación de vulnerabilidad. En este sentido, el objetivo de la educación financiera consiste en incrementar las competencias de las personas en el uso de estos productos y servicios financieros. Reducir en este sentido la disparidad de género, tradicionalmente puesta de manifiesto en los objetivos internacionales de la educación financiera, forma parte de este proyecto, y más recientemente la brecha de desigualdad abierta por motivos de edad, donde las personas más mayores encuentran dificultades en el acceso a los servicios financieros (Atkinson y Messy, 2012; OCDE, 2022).

Las asignaturas Dirección Financiera y Sistema Financiero son muy apropiadas para el desarrollo de este proyecto. En primer lugar, al ser obligatorias, cuentan con un elevado número de alumnos de cuatro titulaciones (una de Grado y tres de Doble Grado). Además, en ellas se explican la gran mayoría de conceptos esenciales en la toma de decisiones financieras, que van desde las decisiones de financiación hasta el funcionamiento de productos y servicios financieros o bancarios, pasando por los principales mercados financieros. Por otra parte, los participantes, al estar dentro del propio colectivo universitario, seguro conectan más fácilmente con el resto de universitarios de otras titulaciones. De esta manera, ejercen como catalizadores que motivan hacia la necesidad de entender conocimientos financieros básicos, dirigiéndose directamente a uno de los colectivos prioritarios del último plan cuatrienal de educación financiera (2022-2025).

Para el desarrollo del proyecto se propuso un plan de trabajo continuado por parte del alumno dividido en diferentes etapas que debían completarse gradualmente con la supervisión del profesorado. La realización satisfactoria de todas estas etapas ha supuesto un incentivo de calificación adicional (hasta 1,5 puntos) sobre la puntuación final de la asignatura en cuestión. Para la aplicación de este incentivo era necesario que los alumnos hubiesen alcanzado las notas mínimas que establece la guía docente en cada actividad de evaluación de la asignatura correspondiente. La tabla 1 resume las etapas del proyecto, junto con los puntos adicionales a la nota final de las asignaturas que conlleva cada una. La división de puntos por etapas completadas permite reforzar aun más la motivación del estudiante, al conocer en todo momento el resultado de su trabajo.

Etapa	Características	Puntos adicionales
Formación y test en creación y edición de vídeos	Sesión de formación en capacitación digital y edición de vídeos a través de algunas plataformas de acceso libre (Canva, Renderforest, Clipchamp, etc). Realización de un test individual sobre la formación.	Hasta 0,25
Elaboración de un primer guion del vídeo	Primer guion del vídeo, indicando la definición del concepto financiero de una manera divulgativa y comprensible para un público no especializado, así como las secuencias que aparecerán en el vídeo y los elementos de apoyo que utilizarán para facilitar la comprensión (aplicaciones, ejemplos, comparaciones, etc.). Envío de retroalimentación por parte del profesorado.	Hasta 0,5
Edición final del vídeo	Edición final del vídeo a partir del guion previo y de la retroalimentación proporcionada por el profesorado.	Hasta 0,75
PUNTOS ADICIONALES TOTALES		Hasta 1,5

Tabla 1. Etapas del proyecto de innovación docente. Fuente: Elaboración propia.

4. METODOLOGÍA

En este apartado se describe la muestra de estudiantes participantes en el proyecto y la metodología seguida para medir los resultados del mismo. Inicialmente se inscribieron 68 alumnos, de los cuales 55 consiguieron completar satisfactoriamente todas las etapas del proyecto. En la tabla 2 se muestran las principales características de esta muestra de alumnos. La edad media de los participantes es de 21 años y en su mayoría son mujeres. Algo más de la mitad provienen del Grado en Administración y Dirección de Empresas (G-ADE). La siguiente titulación con mayor participación es el Doble Grado en Derecho y Administración y Dirección de Empresas (DT-DERECHADE) con algo más del 35%. Con una presencia más residual están los Dobles Grados en Administración y Dirección de Empresas y Economía (DT-ADECO) y Administración y Dirección de Empresas y Relaciones Laborales (DT-LABORADE) contando con aproximadamente el 5% y el 3% de los estudiantes respectivamente. El número de estudiantes es muy similar en ambas asignaturas con prácticamente el 50% en cada una de ellas. Respecto a la modalidad de participación, un 80% lo realiza en parejas frente a un 20% que prefiere hacerlo individualmente. La participación de estos 55 estudiantes ha dado lugar a la definición de 33 conceptos financieros (15 en la asignatura de Dirección Financiera y 18 en Sistema Financiero). La tabla 3 recoge un listado de los conceptos desarrollados en ambas asignaturas.

Sexo	Número de estudiantes	Proporción (%)
Hombre	11	20%
Mujer	44	80%
TOTAL	55	100%
Titulación	Número de estudiantes	Proporción (%)
G-ADE	30	54,55%
DT-ADECO	3	5,45%
DT-DERECHADE	20	36,36%
DT-LABORADE	2	3,64%
TOTAL	55	100%
Asignatura	Número de estudiantes	Proporción (%)
Dirección Financiera	28	50,91%
Sistema Financiero	27	49,09%
TOTAL	55	100%
Participación	Número de estudiantes	Proporción (%)
Individual	11	20%
En parejas	44	80%
TOTAL	55	100%

Tabla 2. Muestra de participantes. Fuente: Elaboración propia.

DIRECCIÓN FINANCIERA	SISTEMA FINANCIERO
	Ampliaciones de capital
Apalancamiento financiero	Bancos
Bolsa de valores	Bolsa de valores
Business angels	Compras a crédito
Capital riesgo o capital privado	Diferencia entre préstamo y crédito
Concurso de acreedores	El Banco Central Europeo
Coste de capital	Euribor
Crowdfunding	Fondo de inversión
Descuento comercial	IBEX-35
Dividendos	Mercado monetario
Estructura de capital	Mercado primario
Factoring	Mercado secundario
Fondo de maniobra	Plan de pensiones
Insolvencia financiera	Política monetaria
Línea de crédito	Sistema de contratación general de la Bolsa
Scrip dividend	Swaps
	Títulos de deuda pública
	Títulos de renta fija

Tabla 3. Lista de conceptos financieros. Fuente: Elaboración propia.

Los principales resultados del proyecto se analizarán a partir del desempeño del estudiante y su percepción. Por un lado, para medir el desempeño, el trabajo del alumno se orienta mediante una rúbrica de evaluación por niveles (tabla 4), lo que unido a la formación y supervisión del profesorado contribuyen a un mayor acompañamiento del estudiante y a que este conozca mejor lo que se espera de su aprendizaje. La formación digital se evalúa a través de un test de conocimientos cuya calificación se pondera sobre una escala de 0,25 puntos. El guion del vídeo (0,5 puntos) y la edición final del mismo (0,75 puntos), se califican por niveles según el grado de consecución de los objetivos (0, básico, medio o avanzado). Estos objetivos incluyen la definición correcta del concepto desde un punto de vista divulgativo, atractivo y ameno, de tal manera que sea relativamente comprensible para el público no especializado, contribuyendo significativamente a la mejora de su formación financiera. La suma de las tres etapas permite alcanzar una nota máxima de 1,5 puntos, que es el incentivo de calificación adicional que se ofrece por participar voluntariamente en el proyecto. Asimismo, se establecen una serie de requisitos como la exclusión automática del proyecto de quienes obtengan un nivel 0 en la fase final del vídeo, perdiendo los posibles puntos acumulados hasta entonces. Del mismo modo, para difundir en Internet los vídeos por parte del profesorado es necesario obtener una calificación de nivel medio o avanzado. Además, si la calificación del vídeo mejora de nivel con respecto al guion, la nota de este sube al mismo nivel que la del vídeo.

Etapa	Puntos	Nivel 0	Nivel básico	Nivel medio	Nivel avanzado
Formación y test en creación y edición de vídeos	0,25	La nota del test individual sobre 10 se pondera sobre 0,25 puntos.			
Elaboración de un primer guion del vídeo	0,5	No se describe el concepto o se hace vagamente con errores graves, ni se menciona el guion del vídeo que acompañará al concepto. **0 puntos.**	Se describe el concepto y el guion de forma general, pero no queda claro cómo se desarrollará el concepto o como se logrará el enfoque divulgativo. **0,15 puntos.**	Se describe correctamente el concepto y el guion del vídeo que lo acompañará. **0,25 puntos.**	Se describe correctamente el concepto y es muy comprensible para el público no experto. Se explica con mayor detalle el guion, especificando cada secuencia. **0,5 puntos.**
Edición final del vídeo *(Si la nota de esta parte mejora de nivel con respecto al guion, la nota de este último sube al mismo nivel que la del vídeo)*	0,75	El concepto se desarrolla con poco rigor o errores graves. Implica la exclusión del proyecto, perdiendo los posibles puntos acumulados. **0 puntos.**	El concepto se describe correctamente, pero algunas partes pueden reenfocarse mejor con recursos de apoyo para que sea más comprensible por el público no especializado. Impide la publicación del vídeo. **0,25 puntos.**	El concepto se describe correctamente y en general es comprensible para un público no especializado. Hay elementos de apoyo para reforzar la comprensión con ligeros vacíos. **0,5 puntos.**	El concepto se describe con total claridad y es perfectamente comprensible por el público no experto. Los elementos de apoyo guardan total relación con el concepto y ayudan a comprenderlo. **0,75 puntos.**
PUNTOS TOTALES	1,5				

Tabla 4. Rúbrica de evaluación de las etapas del proyecto de innovación docente. Fuente: Elaboración propia.

Por otro lado, para medir la percepción, se facilitó a los estudiantes una breve encuesta voluntaria y anónima, la cual fue respondida por 26 personas (13 de cada una de las dos asignaturas implicadas). Esta encuesta tiene en cuenta la valoración del estudiantado de la metodología aprendizaje-servicio, su nivel previo de competencias digitales, especialmente las vinculadas a la creación y edición de vídeos, y el grado de mejora de dichas competencias, así como del nivel de conocimientos del concepto elegido. Por último, la encuesta recoge la percepción global del proyecto de acuerdo a los siguientes ítems:

- **Pregunta 1:** El proyecto de innovación docente desarrollado forma parte de una metodología denominada aprendizaje-servicio, que une el aprendizaje con el compromiso social. A partir de la detección de una necesidad del entorno (en este caso la importancia de la educación financiera, especialmente en colectivos vulnerables), los estudiantes dan respuesta a dicha necesidad creando y difundiendo materiales didácticos relativos a conceptos financieros básicos. ¿Qué opinión te merece esta metodología en el desarrollo de tu aprendizaje? (Nada motivadora; Poco motivadora; Motivadora; Muy motivadora).
- **Pregunta 2:** ¿Cuál crees que era tu grado de conocimientos en creación y edición de vídeos antes de participar en el proyecto? (Nulos; Bajos; Medios; Altos; Muy altos).
- **Pregunta 3:** ¿Cuál crees que es tu grado de conocimientos en creación y edición de vídeos después de participar en el proyecto? (Nulos; Bajos; Medios; Altos; Muy altos).
- **Pregunta 4:** La participación en el proyecto ha mejorado y reforzado tu nivel de conocimientos del concepto financiero elegido (Nada; Poco; Bastante; Mucho).
- **Pregunta 5:** En términos generales, valora el proyecto desarrollado de una escala de 0 (Nada interesante) a 10 (Muy interesante).

5. RESULTADOS

Los resultados del desempeño del alumnado son analizados en este apartado de acuerdo a la rúbrica mostrada en la tabla 4. La tabla 5 recoge las calificaciones globales de los 55 estudiantes que finalmente superan el proyecto (de los 68 participantes inscritos) en cada una de las etapas del mismo (la nota del guion es la obtenida inicialmente, sin considerar el posible incremento por la mejora del vídeo). Como se puede comprobar, la formación digital previa no genera mayores dificultades al alumno, al obtener una nota promedio (0,24) muy próxima a la máxima posible (0,25) con una desviación típica muy pequeña (0,023). En cuanto al guion y la edición del vídeo posterior, el desempeño medio tiende a ser similar en ambas etapas, ya que en los dos casos la nota media dista de la máxima posible en torno a 0,25 puntos. En global, la nota media alcanzada por los participantes es de 1,05 sobre 1,5 puntos (el 70% de la puntuación máxima a la que podían aspirar) con una desviación de 0,31 puntos.

En cualquier caso, para analizar la evolución de los estudiantes desde que elaboran el guion hasta que editan finalmente el vídeo, en la tabla 6 se indican con más detalle los niveles alcanzados en cada una de estas dos tareas. Nuevamente, el guion considera el nivel alcanzado inicialmente sin la posible subida posterior. El 20% de los participantes obtiene un nivel básico en el guion, porcentaje que sube hasta aproximadamente el 30% en el caso del vídeo. Además, la proporción de alumnos que obtienen un nivel de avanzado también aumenta significativamente, pasando de casi el 11% en el guion hasta algo más del 27% en el vídeo. Sin embargo, el tamaño relativo de estudiantes con nivel medio desciende desde casi el 70% en el guion hasta cerca del 42% en el vídeo. Si atendemos a la evolución de los participantes entre ambas tareas, prácticamente la mitad mantiene el nivel alcanzado, mientras que un 20% y un 32,7% lo empeora y lo mejora, respectivamente.

Etapas	Nota máxima	Nota media	Desviación típica
Formación y test en creación y edición de vídeos	0,25	0,24	0,023
Elaboración de un primer guion del vídeo	0,5	0,26	0,094
Edición final del vídeo	0,75	0,49	0,192
NOTA FINAL	1,5	1,05	0,31

Tabla 5. Calificaciones globales del proyecto. Fuente: Elaboración propia.

	Guion		Vídeo	
Nivel	Nº estudiantes	Proporción	Nº estudiantes	Proporción
Básico	11	20%	17	30,91%
Medio	38	69,10%	23	41,82%
Avanzado	6	10,91%	15	27,27%
TOTAL	55	100%	55	100%
EVOLUCIÓN DEL NIVEL DEL VÍDEO CON RESPECTO AL DEL GUION				
Mejora			18	32,73%
Empeora			11	20%
Igual			26	47,27%
TOTAL			55	100%

Tabla 6. Calificaciones del guion y del vídeo. Fuente: Elaboración propia.

Estos resultados harían referencia a tres tipos de desempeño identificados en el transcurso del proyecto. Por un lado, un grupo mayoritario de estudiantes que mantiene sus resultados, al incorporar al vídeo todas las sugerencias planteadas por el profesorado en la retroalimentación del guion. Por otro lado, otro grupo de alumnos que además de considerar dichas sugerencias, añaden al vídeo efectos visuales y elementos de apoyo que, si bien no plasmaron detalladamente en el guion previo, finalmente logran conseguir ese enfoque divulgativo y ameno que se perseguía con el proyecto, por lo que su desempeño mejora. Finalmente, existiría un grupo más reducido de participantes que empeora porque, o bien no incorpora satisfactoriamente todas las sugerencias del profesorado, o bien realiza una primera aproximación del término que es correcta, en sentido técnico, pero posteriormente no consigue difundirlo de una manera que resulte atractiva y fácilmente comprensible para el público no especializado. Por este motivo, los profesores únicamente han publicado los vídeos que hayan alcanzado una calificación de nivel medio o avanzado. No obstante, el peor desempeño relativo del vídeo con respecto al guion no supone en ningún caso una reducción de la calificación inicial de este último.

Por otra parte, la tabla 7 muestra los resultados de la encuesta de percepción de los estudiantes. Casi el 90% valora positivamente la metodología aprendizaje-servicio al considerarla motivadora, frente a poco más del 10% que no la encuentra especialmente atractiva. Además, parece existir una mejora en las competencias digitales del alumno, en concreto en lo que concierne a la creación y edición de vídeos, puesto que antes de participar en el proyecto el nivel de conocimientos de la mayoría de los encuestados era bajo o medio. Posteriormente, se detecta una mejoría ya que más del 75% se posiciona con un grado de dichos conocimientos alto o incluso muy alto. Por otra parte, no solo tienden a mejorar las habilidades digitales, sino también la asimilación de conocimientos del concepto financiero elegido. Casi el 90% afirma haber reforzado sus conocimientos del término analizado de manera significativa. Finalmente, en términos globales y en una escala de 0 a 10, los encuestados asignan una puntuación media al proyecto de 8,31. Parece haber un cierto grado de consenso en este sentido, ya que prácticamente el 90% otorga una puntuación igual o superior a 7 puntos. No obstante, dado que no todos los participantes han respondido a la encuesta, estos resultados deben interpretarse con cautela.

PREGUNTA 1: Grado de motivación de la metodología aprendizaje-servicio	Número de estudiantes	Proporción (%)
Nada motivadora	0	0%
Poco motivadora	3	11,54%
Motivadora	10	38,46%
Muy motivadora	13	50%
TOTAL	26	100%
PREGUNTA 2: Grado de conocimientos en creación y edición de vídeos antes del proyecto	Número de estudiantes	Proporción (%)
Nulos	0	0%
Bajos	12	46,15%
Medios	11	42,31%
Altos	3	11,54%
Muy altos	0	0%
TOTAL	26	100%
PREGUNTA 3: Grado de conocimientos en creación y edición de vídeos después del proyecto	Número de estudiantes	Proporción (%)
Nulos	0	0%
Bajos	0	0%
Medios	6	23,08%
Altos	17	65,38%
Muy altos	3	11,54%
TOTAL	26	100%
PREGUNTA 4: Grado de mejora de conocimientos del concepto financiero elegido	Número de estudiantes	Proporción (%)
Nada	0	0%
Poco	2	7,69%
Bastante	15	57,69%
Mucho	8	30,77%
NS/ NC	1	3,85%
TOTAL	26	100%

PREGUNTA 5: Valoración global del proyecto 0-10 (nota media: 8,31)	Número de estudiantes	Proporción (%)
< 5	1	3,85%
5-6,9	2	7,69%
7-8,9	12	46,15%
9-10	11	42,31%
TOTAL	26	100%

Tabla 7. Percepción de los estudiantes. Fuente: Elaboración propia.

6. CONCLUSIONES

En este trabajo se ha descrito un proyecto de innovación docente realizado en el curso 2022/2023 en las asignaturas Dirección Financiera y Sistema Financiero para favorecer la educación financiera, como consecuencia de la creciente importancia que ha adquirido tras la pandemia y la transformación digital de la sociedad. Los 55 estudiantes que voluntariamente han participado en el proyecto han desarrollado la definición de conceptos financieros básicos en forma de vídeos cortos y con un enfoque divulgativo, que después se han difundido en Internet. Esta experiencia forma parte de la metodología aprendizaje-servicio que permite atender una demanda social (la educación financiera), a la vez que refuerza los conocimientos de los alumnos de un modo más motivador y creativo.

Se propuso un plan de trabajo continuado donde los estudiantes completaron gradualmente varias etapas que van desde la formación en capacitación digital, específicamente en creación de vídeos, hasta la elaboración de uno de estos vídeos, pasando por un guion previo y aprovechando los conocimientos financieros que adquieren en ambas asignaturas. Todo ello apoyado en una rúbrica de evaluación por niveles que les permitía conocer mejor que se esperaba de su aprendizaje y con una orientación social que les ha ayudado a comprender la importancia de los ODS en general, y de la educación financiera en particular. En general, los resultados de los participantes encuestados indican que esta iniciativa cuenta con una buena acogida, ya que el alumno no solo valora positivamente el método aprendizaje-servicio en su proceso de asimilación de contenidos, sino que reconoce una mejora en sus habilidades digitales y en sus conocimientos de las asignaturas.

No obstante, es preciso seguir potenciando estrategias y herramientas que impulsen la educación financiera, ya que las nuevas generaciones se van a encontrar con productos financieros más complejos, riesgos financieros más comunes y nuevas vías para efectuar transacciones económicas. Por tanto, se deben reforzar los planes de formación en finanzas básicas desde etapas educativas tempranas, con actividades y tareas adaptadas al nivel cognitivo propio de cada etapa, de tal manera que se inicie la conciencia financiera en la ciudadanía desde la infancia. En cualquier caso, también se debe reenfocar la formación financiera a colectivos concretos con necesidades particulares (los más vulnerables, los menos capacitados digitalmente, las personas mayores, etc.), diseñando materiales educativos específicamente para ellos y no solo desde la perspectiva de la mayoría de los ciudadanos. Asimismo, se debe seguir fomentando la capacitación digital para que los individuos puedan acceder a mayores productos financieros de un modo seguro. Finalmente, es preciso seguir divulgando conceptos como finanzas sostenibles, criterios ESG (Environmental, Social and Governance) o riesgos climáticos debido a su especial potencial sobre el sector financiero y las posibilidades de inversión y financiación de individuos y empresas.

7. REFERENCIAS

Abad-González, J. I., Castaño-Gutiérrez, F. J., Castro-Castro, P., Corral-Fernández, S., Ferreras-González, A., Gutiérrez-López, C. y Tascón-Fernández, M. T. (2022). Factores determinantes de la educación financiera en los jóvenes preuniversitarios. *AECA: Revista de la Asociación Española de Contabilidad y Administración de Empresas, 137*, 38-40.

Andújar-Nagore, I. (2022). Educación financiera en píldoras: jeroglíficos financieros y posts en el Portal del Cliente Bancario. *Tecnología, Ciencia y Educación, 21*, 81-114. https://doi.org/10.51302/tce.2022.634

Atkinson, A. y Messy, F. (2012). *Measuring financial literacy: Results of the OECD/ International Network on Financial Education (INFE) pilot study*. OECD Working Papers on Finance, Insurance and Private Pensions, 15, OECD Publishing. https://doi.org/10.1787/20797117

Batlle, R. (2020). *Aprendizaje-servicio: compromiso social en acción*. Santillana Educación.

Cole, S., Sampson, T. y Zia, B. (2011). Prices or knowledge? What drives demand for financial services in emerging markets? *The Journal of Finance, 66*(6), 1933-1967. https://doi.org/10.1111/j.1540-6261.2011.01696.x

CNMV (2022). *Plan de educación financiera 2022-2025*. Ministerio de Asuntos Económicos y Transformación Digital. Banco de España. Comisión Nacional del Mercado de Valores.

García-Gutiérrez, J. y Ruiz-Corbella, M. (2020). Aprendizaje-servicio y tecnologías digitales: un desafío para los espacios virtuales de aprendizaje. *RIED. Revista Iberoamericana de Educación a Distancia, 23*(1), 31-42. https://doi.org/10.5944/ried.23.1.25390

Lusardi, A. (2015). Financial literacy skills for the 21st century: Evidence from PISA. *Journal of Consumer Affairs, 49*(3), 639-659. https://doi.org/10.1111/joca.12099

OCDE (2014). *PISA 2012 results: Students and Money (Volume VI): Financial literacy skills for the 21st century*. PISA, OECD Publishing. https://doi.org/10.1787/9789264208094-en

OCDE (2022). *Estudios Económicos de la OCDE: México 2022*. OECD Publishing, Paris. https://doi.org/10.1787/8b913f19-es

Van Rooij, M., Lusardi, A. y Alessie, R. (2011). Financial literacy and stock market participation. *Journal of Financial Economics, 101*(2), 449-472. https://doi.org/10.1016/j.jfineco.2011.03.006

DIDÁCTICA DE LAS MATEMÁTICAS EN LA FORMACIÓN Y PRÁCTICA DE FUTURAS EDUCADORAS DE PÁRVULOS

Olga Casanova Cárdenas[1]

La presente investigación se desarrolla en el marco de la tesis doctoral "Situaciones didácticas sobre las formas geométricas para futuras educadoras de párvulos", que se lleva a cabo en el Doctorado en Educación Matemática de la Universidad de Los Lagos, Osorno, Chile.

1. INTRODUCCIÓN

Los sistemas educativos exitosos requieren, entre otros aspectos, "conseguir a las personas más aptas para ejercer la docencia, es decir conseguir los mejores profesores" (Barber y Mourshed, 2007, p. 302). Es por ello que la formación de futuros profesores ha sido objeto de estudio de diversos autores (Ávalos *et al.*, 2004, Ávalos, 2009; Montecinos, 2005; Varas *et al.*, 2008), quienes reflexionan sobre su impacto en los sistemas educativos. Desde hace décadas la formación inicial docente y el desarrollo profesional continuo han sido ubicadas como elementos centrales de los diagnósticos educativos, transformándose en foco de intervención privilegiado de las políticas de reforma y de las estrategias destinadas a la elevación de la calidad. En América Latina se han desarrollado programas de mejora de los sistemas educativos, al igual que las reformas europeas realizadas en los años '90, en donde se han incluido iniciativas específicas destinadas a fortalecer las competencias y la profesionalidad de los futuros docentes y de aquellos que se encuentran en ejercicio.

En las últimas décadas, la evidencia empírica nacional e internacional ha puesto énfasis en la importancia de extender la cobertura y asegurar la calidad de la educación parvularia. Para ello resulta fundamental, por una parte, poner el foco en las mallas curriculares de las instituciones formadoras, y por otro, en quienes día a día son responsables de formar a nuestros niños y niñas: las educadoras y educadores de párvulos (Mineduc, 2012).

La educación parvularia es decisiva en el desarrollo integral futuro de los estudiantes, es por ello que requiere de educadoras con sólida formación tanto en conocimientos pedagógicos como disciplinares.

El Ministerio de Educación en Chile (2012) señala que los niños y niñas desarrollan un conocimiento matemático durante sus primeros años de vida y que el juego libre no es suficiente para promover aprendizajes matemáticos sólidos en estas edades. Por lo tanto, hoy se acepta ampliamente que el aprendizaje de las matemáticas sea favorecido

1. Universidad de Los Lagos (Chile)

pedagógicamente con propuestas intencionadas y juegos pertinentes, utilizando estrategias didácticas adecuadas que presenten los principales objetos matemáticos para la iniciación a las matemáticas en la primera infancia. Para lograrlo, la educadora de párvulos que ha finalizado su formación inicial debe estar preparada para enfrentar la tarea antes señalada y contar con una comprensión de la matemática para llevarla al nivel de los párvulos, favoreciendo aprendizajes de manera que contemplen el interés, la edad, el nivel de desarrollo cognitivo de los niños y el contexto donde se situará la propuesta de enseñanza y aprendizaje.

Sin embargo, en Chile la formación de educadoras de párvulos requiere ser revisada considerando los resultados de la Evaluación Nacional Diagnóstica (END), en los últimos años, y en particular en los conocimientos disciplinarios y didácticos de matemática.

Tal como puede desprenderse del contexto presentado, este trabajo busca realizar una aproximación de carácter teórico y tiene por objetivo analizar elementos vinculados a la formación en didáctica de las matemáticas de educadoras de párvulos en Chile; se utilizan para ello, fuentes secundarias de información, como artículos de revistas indexadas, documentos del Ministerio de Educación y páginas web de universidades chilenas.

Con la información que sea posible obtener al realizar este estudio, se espera poder observar cuáles son las distintas realidades existentes, y de esta forma ver en qué profundidad ha sido abordado el tema de la formación en educación matemática de las educadoras de párvulos, tanto a nivel nacional como internacional, lo que permitirá tener una perspectiva global sobre esta temática.

2. MATERIALES

Para llevar a cabo este estudio se revisaron fuentes secundarias de información, como artículos de revistas indexadas listadas en bases de datos de Scopus y Web of Science (WoS), documentos del Ministerio de Educación como las Bases Curriculares de Educación Parvularia, Estándares Orientadores para Carreras de Educación Parvularia, Marco para la Buena Enseñanza de Educación Parvularia y páginas web de universidades chilenas.

3. MÉTODO

Este trabajo se circunscribe en una revisión narrativa, para ello la estrategia de búsqueda consistió primero, en seleccionar la base de datos, luego se eligieron los descriptores o palabras claves: formación de educadoras de párvulos (o de inicial), didáctica de las matemáticas en educación parvularia (o en inicial), educación matemática infantil.

El criterio de selección de los artículos revisados estuvo determinado por el objetivo de la revisión, es decir, analizar elementos vinculados a la formación en didáctica de las matemáticas de educadoras de párvulos en Chile. De igual forma se seleccionaron los artículos con calidad metodológica y que cumplían con los criterios de calidad científica buscada.

En una primera fase los aspectos que se tuvieron en cuenta fueron: el título, los autores, el resumen y los resultados. Respecto al título, se observó si era útil y relevante para el tema en revisión, de los autores se identificó la experiencia en el tema, y en el resumen se analizó su coherencia y si los resultados eran aplicables al tema de estudio.

Los artículos científicos fueron evaluados en tres aspectos:

a) Confianza en los resultados: Es decir, se evaluó la validez metodológica del artículo.
b) Resultados: ¿Cuáles son los resultados?, ¿cómo miden el efecto?, ¿son precisos los resultados?
c) Pertinencia o aplicabilidad de los resultados a nuestro medio.

4. RESULTADOS

4.1. Realidad Nacional

La modernización como proceso global trae consigo cambios y demandas en todos los ámbitos de la sociedad y la educación no es la excepción. Sin embargo, considerando diversos estudios y evaluaciones del sistema, la educación en Chile no estaría respondiendo a las demandas del sistema.

En los años 90 la educación en Chile recibió un apoyo gracias al aumento del gasto público. Luego, entre los años 1991 y 2000 el aporte aumentó en educación creciendo alrededor de 150% (Bassi y Urzúa, 2010), y así lo ha hecho sostenidamente hasta la actualidad.

Pese a los apoyos recibidos en estas tres últimas décadas, el sistema educativo no ha mostrado mejorías, por ejemplo, en los resultados de aprendizajes de los niños y niñas, tal como lo demuestra el SIMCE.

4° Básico	2012	2022
Matemática	261	250
Lengua y Literatura	267	267

Tabla 1. Resultados de la Prueba SIMCE de los años 2012 y 2022. Fuente: Elaboración propia con datos obtenidos desde la Agencia de Calidad.

La Tabla 1 da cuenta que después de diez años no se ha mejorado los resultados e incluso presentándose una baja importante en la asignatura de Matemática.

En la última década, el Ministerio de Educación ha desplegado lineamientos para la formación inicial docente en: i) Políticas públicas (principios generales, marco regulatorio y marco curricular); ii) Condiciones institucionales (cuerpo académico, infraestructura y equipamiento y gestión institucional); iii) Plan de estudios (condiciones de ingreso, estructura curricular, formación práctica y perfil de egreso); iv) Vinculación con el sistema escolar (formación en el aula escolar y desarrollo de los establecimientos educacionales).

En particular, para la formación de los futuros profesionales de infantil, el año 2012, creó los Estándares Orientadores para Carreras de Educación Parvularia, en donde el "Estándar 6: Maneja estrategias pedagógicas basadas en su comprensión de las nociones fundamentales de las matemáticas", señala que:

La educadora de párvulos que ha finalizado su formación inicial debe contar con una comprensión profunda sobre los aprendizajes matemáticos que busca favorecer en las niñas y los niños a su cargo. Gracias a ella, es capaz de emplear, a través de estrategias didácticas adecuadas, los principales conceptos matemáticos para favorecer la iniciación a las matemáticas en la primera infancia. (Mineduc, 2012, p. 54)

Sin embargo, los últimos resultados de la Evaluación Nacional Diagnóstica en las carreras de educación parvularia arrojan un 53,7% de respuestas correctas en el tema de matemática en el año 2018 y 60,8% para el año 2019. Si bien hubo un aumento de 7,1% en el 2019 respecto del año anterior, esto es insuficiente para asegurar resultados positivos en educación matemática en la primera infancia. Lo anterior, podría haberse mejorado con el desarrollo profesional docente, considerando que es un factor que predice resultados de aprendizaje (Saracho y Spodek, 2007), no obstante, es un componente crítico en la educación infantil. En Chile, el estudio TALIS Starting Strong 2018, sobre desarrollo profesional y formación en servicio de los profesionales de educación inicial, señaló la escasa participación en instancias de formación docente para cubrir la facilitación del aprendizaje de las matemáticas (Subsecretaría de Educación Parvualaria, 2021).

4.2. Antecedentes sobre las investigaciones a fines

Aun cuando existen evidencias de experiencias exitosas tal como las señaladas en el informe de Michael Barber y Mona Mourshed (2007), éstas no han sido consideradas en países de Europa y América Latina. Este informe, originalmente preparado y publicado por McKinsey & Company bajo el título How the World's Best-Performing School Systems Come Out On Top (Cómo hicieron los sistemas educativos con mejor desempeño del mundo para alcanzar sus objetivos), resalta tres aspectos que hacen exitosos a los sistemas educativos:

- Conseguir a las personas más aptas para ejercer la docencia, es decir conseguir los mejores profesores
- desarrollarlas hasta convertirlas en instructores eficientes. Se trata de contar con formación y apoyo continuo para que los docentes desarrollen prácticas cada vez más eficaces, y
- garantizar que el sistema sea capaz de brindar la mejor instrucción posible a todos los niños. (Barber y Mourshed, 2007, p. 302)

Complementario a lo anterior, responder ¿qué tienen que saber los futuros profesores para enseñar? resulta ser el tema que desde hace años motiva las investigaciones en educación (Ávalos, 2011). Esta discusión ha contribuido al desarrollo de distintas conceptualizaciones del conocimiento del profesor (Godino, Batanero y Font, 2007; Ball *et al.*, 2008; Carrillo, Climent *et al.*, 2013), siendo su precursor Shulman (1987), quién estudió el conocimiento que los profesores tienen de la materia y cómo la trasladan/transforman en representaciones escolares comprensibles.

Las investigaciones realizadas en España, en torno a la educación matemática infantil, han aportado antecedentes que "deberían orientar los cambios en materia de legislación educativa en los procesos formativos de los profesionales y, en consecuencia, en la práctica escolar" (Alsina, 2020, p. 374). Para ello se requiere de un cuerpo de investigadores organizado que aporte datos relevantes que contribuyan a estas finalidades. Esta situación se ha visto satisfecha en las últimas décadas, en donde el volumen de investigación en educación matemática infantil ha mejorado sustancialmente, además, existe una red de investigadores, tanto en España como en el extranjero, que resguardan esta labor.

En el ámbito internacional, por ejemplo, se está realizando una importante labor en el grupo Matemática de la Primera Infancia (Early Years Mathematics-EYM) dentro del Congreso de Investigación Europea en Educación Matemática (Congress of European Research in Mathematics Education-CERME), (Alsina, 2020).

De igual modo ocurre en el contexto español, en donde también se ha producido un aumento considerable de la producción científica desde la creación del Grupo de Investigación en Educación Matemática Infantil (IEMI) en 2011, dentro de la Sociedad Española de Investigación en Educación Matemática (SEIEM), y se han publicado diversos metaanálisis acerca de los resultados de las investigaciones de diferentes grupos (Alsina, 2020). Esto ha llevado a levantar una "Agenda para la acción" (Alsina, 2020, p. 384) específica que permita mejorar la situación actual de la Matemática y su didáctica en el Grado de Maestro de Educación Infantil, estableciendo perspectivas y acciones para su logro en los próximos años (Tabla 2).

Ámbitos de investigación	Agendas de investigación
A. Análisis didáctico.	A.1. Perspectivas teóricas y componentes del análisis didáctico. A.2. Análisis de contextos de enseñanza y/o recursos didácticos: situaciones de vida cotidiana, materiales manipulativos, juegos, recursos tecnológicos y gráficos.
B. El estudiante para profesor, el profesor y el formador de profesores. Aprendizaje y desarrollo profesional.	B.1. Aprender el conocimiento y destrezas útiles para enseñar matemáticas. B.2. Planificación y gestión de la enseñanza en diversos contextos de enseñanza y su influencia en el desarrollo de la comprensión. B.3. Evaluación formativa (del profesorado) y formadora (del alumnado). B.4. Relación entre la teoría y la práctica como elemento para el desarrollo profesional del formador e investigador. B.5. Sistema de creencias del estudiante para profesor, el profesor y el formador de profesores.
C. Construcción y organización del conocimiento matemático: contenidos y procesos.	C.1. Lo que influye en la construcción y el desarrollo de los contenidos y los procesos matemáticos. Conexiones entre contenidos y procesos matemáticos C.2. Organización del conocimiento matemático (contenidos y procesos) en el currículo. Alfabetización matemática.
D. Interacción, contexto y práctica del profesor.	D.1. Interacción, participación y comunicación en el aula. D.2. Práctica del profesor. Reflexión sobre la propia práctica.

Tabla 2. Ámbitos y agendas de investigación en educación matemática infantil. Fuente: Ángel Alsina.

Como puede apreciarse, la investigación en educación matemática infantil aborda una amplia gama de temáticas de interés que, según Alsina, "deberían ser tenidas en cuenta en los procesos de profesionalización docente y, cómo no, en la legislación educativa que regula las enseñanzas mínimas en la etapa de Educación Infantil" (Alsina, 2020, p. 376).

No obstante, otro estudio del mismo autor, en España, da cuenta de "la alarmante falta de formación en Matemática de los futuros maestros de Educación Infantil durante los estudios universitarios del Grado de Maestro de Educación Infantil" (Alsina, 2020, p. 383). Este estudio analizó la formación en Matemática y en Didáctica de la Matemática que reciben actualmente los futuros maestros de Educación Infantil en 17 universidades españolas, una de cada comunidad autónoma (Tabla 3), y se compara con el contexto latinoamericano (Tabla 4).

Comunidad autónoma	Universidad	ECTS ob	DM op	ECTS ob	M op
1. Andalucía	Granada	6	0	6	0
2. Catalunya	Girona	8,3	1,5	0	0
3. Com. de Madrid	Autónoma de Madrid	6	9	0	0
4. Com. Valenciana	Valencia	6	0	0	0
5. Galicia	Santiago de Compostela	6	0	9	0
6. Castilla y León	Valladolid	9	6	0	0
7. Euskadi	País Vasco	6	9	0	0
8. Canarias	La Laguna	6	0	0	0
9. Castilla-La Mancha	Castilla-La Mancha	14	0	0	0
10. Región de Murcia	Murcia	15	0	0	0
11. Aragón	Zaragoza	6	0	0	0
12. Illes Balears	Illes Balears	6	0	0	0
13. Extremadura	Extremadura	6	0	0	0
14. Pdo. De Asturias	Oviedo	6	6	0	0
15. Navarra	Pública de Navarra	12	0	0	0
16. Cantabria	Cantabria	6	0	0	6
17. La Rioja	La Rioja	9	0	0	0

Tabla 3. Síntesis de los datos obtenidos referentes a las universidades españolas participantes en el estudio. Créditos ECTS (Sistema Europeo de Transferencia y Acumulación de Créditos) obligatorios (ob) y optativos (op) de Didáctica de la Matemática (DM) y de Matemática (M) en España. Fuente: Ángel Alsina.

Como puede apreciarse en el cuadro, el rango de créditos obligatorios destinados a la Didáctica de la Matemática en las universidades españolas analizadas oscila entre 6 y 15 ECTS. En relación a la Matemática, las comunidades autónomas donde se imparten asignaturas de formación disciplinar son 3, con un rango que oscila entre 6 y 9 ECTS.

País	Universidad	DM ob	M ob	Total
1. Argentina	Unidad Académica «Antonio E. Díaz», Ins. Formación Docente y Técnica No 28, 25 de mayo	160	64	2817 horas
2. Colombia	Universidad de Antioquia	4	9	224 créditos
3. Chile	Pontificia Universidad Católica de Chile	25	15	400 créditos
4. Ecuador	Universidad Católica de Cuenca	48	48	2064 horas
5. México	Benemérica Escuela Nacional de Maestros	6.75	20.25	282 créditos

Tabla 4. Datos correspondientes a los países latinoamericanos. Créditos/horas obligatorias (ob) de Didáctica de la Matemática (DM) y de Matemática (M) en Latinoamérica.Fuente: Ángel Alsina.

Los datos correspondientes a los 5 países latinoamericanos de la Tabla 4, señala Alsina (2020) se refieren a créditos no ECTS u horas presenciales.

A pesar de esta diferencia señala respecto a las universidades españolas, los datos son comparables ya que en España 1 ECTS se contabiliza con 25 horas de trabajo, de las cuales 10 horas son presenciales, que es la unidad de referencia de los créditos latinoamericanos. Por otro lado, al no disponer de una unidad de referencia como en el caso de España para poder comparar el porcentaje de créditos destinados a la Matemática y su didáctica respecto del total de créditos, "se ha tomado como unidad el número total de créditos o de horas presenciales de la titulación en cada universidad, por lo que se ha añadido una columna con este dato (total créditos/horas presenciales)". Finalmente, cabe señalar también que en las universidades latinoamericanas analizadas no se imparten asignaturas optativas, razón por la cual no se aporta este dato (Alsina, 2020, p. 381).

Las primeras conclusiones a partir de los datos obtenidos en este estudio son "bastante alarmantes y responden a la *crónica de una ausencia anunciada*" (Alsina, 2020, p. 381).

En Brasil, la formación de los y las maestras de educación infantil (niños hasta 5 años de edad), responde a una estructura tradicional, es decir, de la teoría a las aplicaciones dentro de la propia matemática, y sin contar con una preparación suficiente para interpretar, solucionar, analizar y evaluar situaciones-problema, por lo tanto, se requiere que los profesores, entre ellos los de infantil o educación parvularia, aprendan a enseñar de cotidiana y en sintonía con los cambios gestados en el sector educativo (Martínez y Camarena, 2015).

En México se hace un fuerte énfasis en la incorporación de la tecnología para la enseñanza de la matemática, por lo tanto, los maestros deben contar con competencias digitales (Santos, 2015).

Por su parte en Perú, se han desarrollado algunas actividades de formación de profesores y reflexiones teóricas como Seminarios para el fortalecimiento de la línea de investigación acerca del uso de la tecnología en la enseñanza y en el aprendizaje de contenidos matemáticos, con la finalidad de atender debilidades en la enseñanza de la matemática (Flores, 2015).

Así mismo, una investigación norteamericana constató baja coincidencia entre lo que las docentes de infantil reportan como importante en el aprendizaje de la matemática y lo observado en sus clases (Olfos *et al.*, 2014).

5. DISCUSIÓN/CONCLUSIONES

La revisión de la literatura realizada permite observar las distintas miradas existentes, asociadas a la formación de educadoras de párvulos o de inicial en el ámbito labor académica de la educación superior nacional e internacional, su incidencia en la el desarrollo de las políticas ligadas a la Formación Inicial Docente y la relevancia de la didáctica de las matemáticas para la educación de las niñas y niños.

Si bien la Formación Inicial Docente ha ido en evolución, en cuanto a la Didáctica de las Matemáticas, en el caso de España, los créditos de los planes de estudio destinados a la Didáctica de la Matemática oscilan entre 6 y 15 ECTS, lo que representa un rango entre el 2,5% y el 6,25% del total de créditos (240 ECTS). Sin embargo, la mayoría de las universidades analizadas (11 de 17) dedica 6 créditos del plan de estudios, por lo que la tendencia más generalizada es que el porcentaje de créditos dedicados a la Didáctica de la Matemática en el Grado de Maestro de Educación Infantil en España es el 2,5% del total de créditos, (Alsina, 2020).

En los países latinoamericanos analizados, el rango oscila entre el 1,8% y el 6,25% del total de créditos/horas de la titulación, pero tres de los cinco países no superan el 2,5%. Solo dos países latinoamericanos considerados de desarrollo alto superan la tendencia española (Argentina con un 5,6% y Chile con un 6,25%), (Alsina, 2020).

En cuanto a la Matemática, son muy pocas las universidades españolas que imparten asignaturas de Matemática en el Grado de Maestro de Educación Infantil (3 de las 17 comunidades autónomas). En las universidades que imparten dichas asignaturas, el número de créditos oscila entre 6 y 9, lo que representa un rango entre el 2,5 % y el 3,75% del total de créditos, (Alsina, 2020).

En los países latinoamericanos analizados, en cambio, todas las mallas curriculares incluyen asignaturas de Matemática, y en tres de los cinco países el número de créditos/horas presenciales es claramente superior que, en España, alcanzando casi un 7,5% en el caso de México, (Alsina, 2020).

De las investigaciones a fines, Alsina (2020) manifiesta su preocupación por la ausencia de formación en Matemática de los futuros maestros de Educación Infantil durante los estudios universitarios del Grado de Maestro de Educación Infantil, dando cuenta de una "Agenda para la acción" (Alsina, 2020, p. 384) específica que permita mejorar la situación actual de la Matemática y su didáctica en el Grado de Maestro de Educación Infantil, estableciendo perspectivas y acciones para su logro en los próximos años.

La enseñanza universitaria consciente de la problemática, en los últimos tiempos, ha llevado a cabo proyectos que apunten a cambios de fondo en la educación superior, sin embargo, estos han sido procesos lentos y superficiales, debidos principalmente a la actitud conservadora del medio académico y al poco interés de innovar.

De igual modo la formación de los profesores en ejercicio de la profesión docente sigue siendo una respuesta a requerimientos inmediatos, no un proceso continuo que prepare para el futuro. La cultura de recompensa por resultados se impone, en contraste con la cultura asociada, desde muchos años atrás al concepto de vocación y de misión dirigida al desarrollo humano de niños y jóvenes.

6. REFERENCIAS

Alsina, Á. (2020). La Matemática y su didáctica en la formación de maestros de Educación Infantil en España: crónica de una ausencia anunciada. *La Gaceta de la RSME, 23*(2), 373–387. www.researchgate.net/profile/Alsina-Angel

Ávalos, B., Carlson, B. y Aylwin, P. (2004). La inserción de profesores neófitos en el sistema educativo: ¿Cuánto sienten que saben y cómo perciben su capacidad docente en relación con las tareas asignadas. Proyecto Fondecyt No. 1020218.

Ávalos, B. (2009). La inserción profesional de los docentes. Profesorado, *Revista de currículum y Formación del profesorado, 13*(1), 43-59.

Ávalos, B. (2011). *Desarrollo profesional docente en Enseñanza y Formación Docente durante diez años.* UNESCO. https://n9.cl/gwogi

Ball, D., Thames, M. y Phelps, G. (2008). Content knowledge for teaching: what makes it special?. *Journal of Teacher Education, 59*(5), 389-407.

Barber, M. y Mourshed, M. (2007). Informe de McKinsey y Company "How the World's Best-Performing School Systems Come Out On Top". *OEI.int.* www.oei.es/pdfs/documento_preal41.pdf

Bassi M. y Urzúa, S. (2010). *Educación en Chile: El desafío está en la calidad.* Banco Interamericano de Desarrollo. https://acortar.link/vxv2bR

Carrillo, J., Climent, N., Contreras, L. y Muñoz, M. (2013). Determining Specialized Knowledge for Mathematics Teaching. En B. Ubuz, C. Haser y M. A. Mariotti (Eds.). *Proceedings of the VIII Congress of the European Society for Research in Mathematics Education (CERME 8)*, 2985-2994. Antalya: Middle East Technical University, Ankara.

Flores, J. (2015). *Educación matemática en el Perú: avances y perspectivas.* X. Martínez Ruiz. www.researchgate.net/publication/304545697

Godino, J., Batanero, C. y Font, V. (2007). The ontosemiotic approach to research in mathematics education. ZDM. *The International Journal on Mathematics Education, 39*(1-2), 127-135. http://dx.doi.org/10.1007/s11858-006-0004-1

Martínez, X. y Camarena, P. (2015). *La educación matemática en el siglo XXI.* Instituto Politécnico Nacional.

Ministerio de Educación de Chile (2012). *Estándares Orientadores para Carreras de Educación Parvularia.* Centro de Perfeccionamiento, Experimentaciones e Investigaciones Pedagógicas (CPIPE).

Ministerio de Educación de Chile (2018). *Bases Curriculares Educación Parvularia.* Subsecretaría de Educación Parvularia.

Ministerio de Educación de Chile (2018). *Resultados Institucionales Evaluación Nacional Diagnóstica de la Formación Inicial Docente 2018.* Centro de Perfeccionamiento, Experimentaciones e Investigaciones Pedagógicas (CPIPE).

Ministerio de Educación de Chile (2019). *Resultados Institucionales Evaluación Nacional Diagnóstica de la Formación Inicial Docente 2019.* Centro de Perfeccionamiento, Experimentaciones e Investigaciones Pedagógicas (CPIPE).

Montecinos, C. (2004). Paradojas en la investigación de la formación docente multicultural: Estudiantes de color posicionados como objetos mientras son ignorados como sujetos. *Revista Internacional de Estudios Cualitativos en Educación, 17*(2), 167-181.

Olfos, R., Guzmán, I. y Estrella, S. (2014). Gestión didáctica en clases y su relación con las decisiones del profesor: El caso del Teorema de Pitágoras en séptimo grado. *Boletim de Educação Matemática, 28*(48), 341-359.

Shulman, L. (1987). Knowledge and teaching: foundations of the new reform. *Harward Educational Review, 57*(1), 1-22.

Subsecretaría de Educación Parvularia (2021). TALIS Educación Parvularia en Práctica: Desarrollo Profesional Docente en Equipos Pedagógicos en Chile. *Mineduc.cl.* https://hdl.handle.net/20.500.12365/18456

Varas, L., Felmer, P., Gálvez, G., Lewin, R., Martínez, C., Navarro, S., Ortiz, A. y Schwarze, G. (2008). Oportunidades de preparación para enseñar matemática de futuros profesores de Educación General Básica en Chile. *Calidad en la Educación* 29, 64-88. https://hdl.handle.net/20.500.12365/17373

TEACHING STRATEGIES FOR FITNESS EXPERTS

Ferdinando Cereda[1]

1. INTRODUCTION

In recent times, the significance of physical fitness has escalated for people across various ages and backgrounds in Europe, which has resulted in the emergence of a plethora of fitness centers, gyms, and health clubs, and the advent of novel forms of physical activity like outdoor sports, dance, and yoga. Consequently, fitness has emerged as a major industry in Europe, having a considerable impact on the economy and public health (Hafner *et al.*, 2020). The fitness sector in Europe has witnessed rapid growth in the last decade, attributable to various factors like heightened awareness among the public regarding the advantages of physical activity, increasing levels of obesity, and an aging population. The growth has resulted in a substantial increase in the number of individuals engaging in physical activity and a corresponding rise in the demand for fitness amenities and services. Furthermore, the fitness landscape in Europe has witnessed a shift from conventional forms of physical activity like weightlifting and cardio, to novel forms like yoga, Pilates, and group fitness classes, leading to a more diversified and comprehensive fitness industry, catering to the distinctive fitness goals of a wider array of individuals (Batrakoulis, 2020). One of the most significant challenges is the increasing prevalence of sedentary lifestyles and inactivity, leading to mounting rates of obesity, heart disease, and other health problems that could have been averted through regular physical activity (Troiano *et al.*, 2020).

Another challenge is the lack of access to fitness facilities and services, particularly in rural and underserved communities. This can be attributed to a number of factors, including financial barriers, limited resources, and a lack of public transportation. This can make it difficult for people in these communities to engage in regular physical activity, leading to health disparities and further exacerbating existing health problems. Despite the challenges, there are also significant opportunities in the fitness industry in Europe. One of the biggest opportunities is the potential to improve public health through increased physical activity. By encouraging people to engage in regular physical activity, fitness facilities and services can help to prevent and manage chronic health conditions, improve mental health, and enhance overall quality of life (Stamatakis *et al.*, 2020).

---

1. Catholic University of Sacred Heart in Milan (Italy).

Fitness is a rapidly growing industry in Europe with a significant impact on public health and the economy. Despite the challenges that exist, there are also significant opportunities for improvement and growth in the industry. By addressing the barriers to physical activity and expanding access to fitness facilities and services, the fitness industry in Europe has the potential to make a positive impact on the health and wellbeing of people of all ages and backgrounds. Another opportunity is the potential for job creation and economic growth in the fitness industry. The fitness industry is a major employer in Europe, providing a wide range of jobs, from personal trainers and fitness instructors to managers and administrative staff. By expanding the reach and accessibility of fitness facilities and services, the industry has the potential to create even more jobs and contribute to economic growth.

Engaging in regular and appropriate physical activity and exercise throughout one's life can have a significant positive impact on health and well-being (Blair, 2009; Trost, Blair, & Khan, 2014). For example, the World Health Organization (Bull *et al*., 2020) recommends that adults should engage in at least 150 minutes of moderate-intensity physical activity (or at least 75 minutes of vigorous-intensity activity) per week, in increments of at least 10 minutes. They also suggest that children and young people should participate in at least 60 minutes of moderate to vigorous physical activity each day. Despite these recommendations and the detrimental effects of inactivity, data shows that over one-third of adults and 80% of adolescents globally do not reach these recommended levels of daily physical activity (Hallal *et al*., 2012). Physical inactivity is now considered the fourth leading cause of death worldwide (Bull *et al*., 2020), and addressing this issue has been designated a global public health priority (Kohl *et al*., 2012) due to it being seen as a pandemic by experts.

While the issue of physical inactivity is widely recognized, there is limited agreement about effective solutions, who is responsible for addressing it, the role of different professional groups, and the root cause of the problem (e.g., Armour & Chambers, 2014; Joy, Joy *et al*., 2013; Pate, O'Neill, & McIver, 2011). In this uncertain and disputed environment, the fitness industry, and its workforce of "fitness professionals" operate, claiming that they can be a valuable resource for public health and play an important role in implementing policies aimed at reducing physical inactivity (e.g., see Central YMCA Qualifications, 2014; European Health & Fitness Association [EHFA] 2011; Sallis, 2009). This idea of fitness professionals as public health "assets" has been supported by a wide range of stakeholders, including researchers, politicians, industry organizations, and policymakers. For instance, Howley and Thompson (2017) in Fitness Professional's Handbook, claimed that "fitness professionals are at the forefront of health, just as scientists discovering vaccines for major diseases were at the turn of the 20th century" (p. 14). Similarly, Oprescu, McKean, and Burkett (2012) argued that fitness professionals could be a crucial resource in the fight against obesity and inactive lifestyles.

Researchers in the field of Kinesiology have been studying physical activity, fitness, health, and the professional education and work practices of coaches and teachers for a long time (Sparling, 2005; Cushion, Armour, & Jones, 2003; Ermelling, 2012). Additionally, pedagogical researchers have consistently explored the role of physical education (PE) teachers in promoting public health goals (e.g., McKenzie & Lounsbery, 2009; Rossi, Pavey, Macdonald, & McCuaig, 2015) and the professional status and responsibilities of sports coaches (Gilbert & Trudel, 2004; Lyle & Cushion, 2010; Potrac, Gilbert, & Denison, 2013). However, despite this focus on coaches and teachers, researchers in the field of Kinesiology have largely neglected the educational needs and work practices of fitness professionals. This is surprising given the fact that, for a large number of adults after they finish school, fitness professionals will be a primary source of support for physical activity and exercise.

2. MATERIALS

This section highlights the importance of utilizing appropriate resources to ensure the accuracy and reliability of the study's findings and outlines the sources of data, including reports, statistical databases, and relevant literature.

2.1. Determinants of physical activity: understanding what influences exercise

Physical activity is a health-promoting behavior that is influenced by a multitude of factors. These factors serve as a foundation for developing and implementing strategies to promote physical activity. The factors can be classified into three primary categories: personal, environmental, and social. Personal factors encompass inherent aspects of an individual, including age, genetics, sex, race, education level, income, and psychological factors. Environmental factors are related to the physical space where an individual resides, including geography, urbanization, accessibility to physical activity facilities, and climate. Social factors are associated with an individual's social networks and the level of influence they exert, which may vary at different stages of life. Research has demonstrated the crucial role of social support as a determinant of physical activity, specifically highlighting the importance of "perceptions of pressure (real or imagined) exerted for another to change a behavior, attitude, or belief" (Gammage & Lamarche, 2014).

Numerous studies have identified exercise leaders' didactic and communication tools as one of the most influential sources of social support, particularly with respect to initiating and maintaining physical activity behavior (Burke *et al.*, 2006; Gammage and Lamarche, 2014; Joseph-Polyte *et al.*, 2015; Salgado *et al.*, 2021). These authors concur that fitness instructors represent a powerful and influential variable that can significantly impact participants' exercise experiences and subsequent engagement and retention in physical activity, particularly during the initial stages.

2.2. The impact of fitness instructors on community health

In recent times, the fitness instructor has emerged as a significant motivator for individuals to engage in physical activity due to their potential to positively influence participation. Several reports highlight that these instructors exhibit crucial characteristics, such as enthusiasm, ability to provide feedback, motivation, and understanding of the capabilities of each person, which contribute to the sustained engagement of their clients in training programs. Research indicates that the communication style of fitness instructors may impact not only adherence to physical activity but also motivation and performance (Gammage and Lamarche, 2014; Joseph-Polyte *et al.*, 2015).

Moreover, recent studies suggest that the didactics and communication skills of fitness instructors may also impact participants' sense of well-being, enjoyment, and motivation towards physical activity. Maher *et al.* (2015) found that instructors who fostered a sense of competence among participants reported higher levels of satisfaction. Additionally, Ryan and Deci (2018) underscore the mounting evidence supporting the role of coaches or instructors in facilitating the development of well-being in individuals and groups.

2.3. The relationship between psychological needs and self-determination theory

Self-determination theory (SDT), as proposed by Ryan and Deci (2000), has emerged as an important approach for leaders and instructors responsible for guiding activities such as exercise. This theory emphasizes the significance of high-quality motivation and psychological well-being through the satisfaction of basic psychological needs, thereby enhancing participants' motivation and personal growth and increasing the likelihood of their continued involvement in the activity. Deci and Ryan suggest that SDT and the fulfillment of psychological needs are essential components of basic training for leaders, including fitness professionals.

According to SDT, individuals' behavior, including their engagement in physical activity, is influenced by three fundamental psychological needs, namely, autonomy, competence, and relatedness to others. Ryan and Deci (2018) describe these basic psychological needs as "the essential nutrients of effective behavior and well-being," which are critical to the self-regulation of daily activities, positive experiences, and overall life satisfaction (p. 3). In addition, Moreno-Murcia (2016) notes that intrinsic motivation, particularly enjoyment and competence, are closely linked to the initial reasons for participation in physical exercise programs. To this end, Moreno-Murcia suggests that generating motivational climates that aim to fulfill the needs for autonomy, competence, and relatedness is of utmost importance (p. 154).

The concept of autonomy as defined by SDT refers to an individual's belief that his or her actions are voluntary and reflexively chosen: "The concept of autonomy refers to the idea that a person's actions are voluntary or volitional; to be autonomous means to feel self-regulation and authentic action to own and take ownership of what one does" (Ryan & Deci, 2018, p. 4). Fitness instructors and coaches are encouraged to promote autonomy among their clients by explaining the reasons and purpose behind the activities, offering choices, and avoiding control and conditions (Ryan & Deci, 2018).

The need for competence is related to an individual's confidence and capability in the activities they participate in. Fitness instructors must be able to promote competence by setting realistic goals, providing relevant, clear, and positive feedback, and creating optimal challenges for their clients (Ryan & Deci, 2018). The satisfaction of the relational psychological need involves building strong and supportive relationships based on authenticity, transparency, and unconditional support. Fitness instructors who can meet this need can improve client retention and promote their clients' wellbeing.

Overall, the self-determination theory and satisfaction of basic psychological needs offer promising tools to improve the teaching methods of fitness instructors. Implementing these strategies can positively influence clients' attitudes and behaviors towards their instructors and physical activity in general. Attitude is defined as "the degree of positive or negative psychological affect associated with a psychological object" (Edwards, 2009, p. 2), and a positive attitude towards a fitness instructor has been linked to better health and wellbeing outcomes, including increased levels of physical activity (Salgado-Núñez *et al.*, 2021).

3. METHODS

The approach and procedures employed elucidate the rigor and validity of the study by providing a clear and systematic account of how the research was conducted. The analysis of documents, such as training manuals, guidelines, or educational programs, that pertain to teaching strategies for fitness experts. This approach can provide information on theoretical principles, recommendations, and existing best practices in the field.

3.1. Trainer, teacher, or both?

Personal training is a fast-growing industry (Batrakoulis, 2020) that requires individuals to possess a wide range of skills, including pedagogical skills. Teaching skills refer to the abilities and knowledge that are necessary to effectively instruct and educate individuals in the field of physical training. Personal trainers must possess a thorough understanding of human anatomy and physiology to effectively educate and instruct their individuals. They must be knowledgeable about the muscles, bones, and joints in the human body and how they interact with each other during exercise. This knowledge is critical for designing safe and effective training programs and preventing injury. Personal trainers must also have a comprehensive understanding of exercise science, including the principles of strength training, cardio-respiratory training, and flexibility training. This understanding allows them to design effective programs that meet the specific needs and goals of their individuals.

Effective communication is a critical component of personal training. Personal trainers must be able to communicate their instructions and objectives clearly and effectively to their individuals. They must also be able to listen to their individuals, understand their needs and goals, and adjust their training programs accordingly. Personal trainers must have the ability to assess their individuals' fitness levels and design training programs that are tailored to meet their specific needs and goals. They must also be able to evaluate the progress of their individuals and adjust their programs accordingly.

In addition to their pedagogical skills, personal trainers must also have the ability to market themselves and their services effectively. They must be able to communicate the benefits of their services to potential individuals and convince them to sign up for their programs. Kotler and Andreasen (1997) emphasize the importance of marketing and sales skills in nonprofit organizations and this principle applies equally to personal training.

Personal trainers must be able to empathize with their individuals and understand their challenges and obstacles. They must also be able to motivate their individuals to stay committed to their training programs and achieve their goals. Paluska and Schwenk (2000) note the relationship between physical activity and mental health, and a personal trainer's ability to motivate their individuals is crucial in this regard.

Personal trainers must possess a wide range of pedagogical skills to succeed in this field. They must have a thorough understanding of anatomy and physiology, exercise science, and must possess excellent communication, assessment and evaluation, marketing and sales, and empathy and motivational skills. By possessing these skills, personal trainers can effectively educate and instruct their individuals and help them achieve their fitness goals.

4. RESULTS

Personal training is a rapidly growing industry, with an increasing demand for qualified and knowledgeable professionals (Batrakoulis, 2020). As the fitness industry evolves, it is essential that personal trainers possess not only a thorough understanding of exercise science and physical training principles, but also strong pedagogical skills to effectively educate and motivate individuals.

Personal trainers must be able to effectively communicate information to individuals in a clear and concise manner. This requires strong verbal and nonverbal communication skills, including active listening, empathy, and the ability to adapt to different learning styles and personalities(Green, 2014). Effective lesson planning is critical for personal trainers to ensure that individuals receive well-rounded, progressive training programs. This involves creating a clear and organized lesson plan that incorporates all elements of exercise science and takes into account individual client needs and goals (Gabbett, 2016). Personal trainers must be able to adapt to the needs and learning styles of each individual client. This requires the ability to adjust training programs, modify exercises, and provide appropriate feedback and support based on individual client progress (Vernon & Barr, 2014).

Personal trainers must have the ability to motivate and encourage individuals, keeping them engaged and focused on their fitness goals. This involves creating a positive and supportive training environment, using effective feedback and reinforcement, and fostering a sense of accountability (Hendrick & Avelar, 2013).

Personal trainers must be able to effectively assess and evaluate client progress and adjust training programs as necessary. This requires the use of various assessment tools, such as fitness assessments, and the ability to track and interpret client data (Siff & Verkhoshansky, 2009).

The pedagogical skills of effective communication, lesson planning, motivation and encouragement, adaptability, and assessment and evaluation are all essential for personal trainers to provide high-quality, effective training programs. Personal trainers who possess these skills are better equipped to meet the needs of individuals, achieve desired outcomes, and advance their careers within the fitness industry.

4.1. Effective communication

Effective communication is a critical pedagogical skill for personal trainers as it allows them to effectively convey information to individuals in a clear and concise manner. This requires strong verbal and nonverbal communication skills, including active listening, empathy, and the ability to adapt to different learning styles and personalities. Verbal communication refers to the use of words and language to convey information. Personal trainers must be able to explain complex exercise concepts in simple terms and respond to client questions in a clear and concise manner (Green, 2014). Additionally, they must be able to actively listen to their individuals and ask relevant questions to better understand their needs and goals (Hendrick & Avelar, 2013). Nonverbal communication refers to the use of body language and other nonverbal cues to convey information. Personal trainers must be aware of the impact of their nonverbal communication, including eye contact, posture, and tone of voice, in order to create a positive and supportive training environment (Vernon & Barr, 2014).

Adaptability is also an important aspect of effective communication. Personal trainers must be able to adapt their communication style to the individual needs and learning styles of each one. For example, some individuals may prefer a more hands-on approach, while others may respond better to visual aids or written instructions (Gabbett, 2016).

Wacherhage (2021), Trent (2021), NSCA (2022) and ACE (2014) highlights the importance of effective communication for personal trainers, stating that it is critical for building rapport with individuals and facilitating the process of goal setting and program design. Personal trainers must be able to clearly communicate the rationale and benefits of the exercises they prescribe, as well as provide clear and concise instructions on how to perform the exercises correctly.

4.2. Lesson planning

Lesson planning is an important pedagogical skill for personal trainers as it helps to ensure that individuals receive structured and effective training sessions. A well-planned lesson should clearly outline the objectives, methods, and materials needed to achieve specific learning outcomes (Burke, 2018).

The first step in lesson planning is to clearly define the learning objectives. Personal trainers should consider the goals and needs of their individuals and create objectives that are specific, measurable, and achievable (Lloyd & Bompa, 2013). For example, a learning objective might be to teach a client how to perform a proper squat with correct form and technique.

Next, personal trainers should choose appropriate methods for achieving the learning objectives. This may involve a combination of verbal explanations, demonstrations, and hands-on practice. The methods chosen should be suitable for the learning objectives and the client's level of experience and ability (Burke, 2018).

Finally, personal trainers should consider the materials and equipment needed to effectively deliver the lesson. This may include props, exercise equipment, or written materials to support the learning process (Lloyd & Bompa, 2013).

Llesson planning is a key component of effective training for personal trainers. By clearly defining learning objectives, choosing appropriate methods, and considering the materials and equipment needed, personal trainers can create structured and effective training sessions that meet the needs and goals of their individuals.

Wacherhage (2021), Trent (2021), NSCA (2022) and ACE (2014) also emphasizes the importance of lesson planning for personal trainers, stating that it is essential for designing safe, effective, and efficient training programs. Personal trainers must be able to plan and organize their sessions effectively, taking into consideration factors such as client goals, training experience, and exercise preferences. They must also be able to adapt their plans as needed, in response to client feedback and progress.

4.3. Adaptability

Adaptability is a crucial pedagogical skill for personal trainers as it allows them to effectively respond to the changing needs and circumstances of their individuals. Personal trainers must be able to quickly adapt to changing situations, whether it be a client's changing fitness level, an injury, or a change in personal circumstances.

One key aspect of adaptability is the ability to adjust training programs to meet the needs of individual individuals. Personal trainers should have a good understanding of their individuals' fitness levels, goals, and limitations, and use this information to design effective and personalized training programs (Burke, 2018). This may involve adjusting the intensity, frequency, or duration of the training sessions, as well as the exercises and methods used.

Another aspect of adaptability is the ability to respond to unexpected events or circumstances, such as injuries or changes in personal circumstances. Personal trainers must be able to quickly modify training programs to accommodate these changes, while still ensuring that individuals receive safe and effective training (Lloyd & Bompa, 2013).

Finally, personal trainers should also be adaptable in their teaching approach. This may involve adjusting the teaching methods, materials, and equipment used, to better meet the needs and learning style of individual individuals (Burke, 2018).

Adaptability is a vital pedagogical skill for personal trainers. By being able to adjust training programs to meet individual client needs, respond to unexpected events and circumstances, and modify their teaching approach, personal trainers can ensure that individuals receive safe, effective, and personalized training.

Wacherhage (2021), Trent (2021), NSCA (2022) and ACE (2014) highlights the importance of adaptability for personal trainers, stating that it is crucial for responding to changing client needs and goals. Personal trainers must be able to adapt their training programs as needed, in response to client feedback, progress, and changing circumstances. They must also be able to adapt their teaching style to suit the learning style and preferences of each client.

4.4. Motivation and encouragement

Motivation and encouragement are essential pedagogical skills for personal trainers as they help individuals stay committed to their fitness goals and progress in their training. Personal trainers play a crucial role in fostering a supportive and motivating environment for individuals by using effective motivational techniques and providing encouragement throughout the training process. One important aspect of motivation is goal setting. Personal trainers should work with individuals to set realistic and achievable goals, and then help them track their progress towards those goals (Sallis & Hovell, 2015). This can include creating a plan for the client to follow, providing regular feedback and assessment, and encouraging the client to reflect on their progress (Lloyd & Bompa, 2013). Another key aspect of motivation is providing positive reinforcement and recognition. Personal trainers should celebrate the successes and accomplishments of their individuals, no matter how small, and provide regular praise and recognition to keep individuals motivated (Lloyd & Bompa, 2013). Encouragement and support are also important components of motivation. Personal trainers should provide regular encouragement and support, such as offering words of encouragement, demonstrating empathy, and being a positive role model (Sallis & Hovell, 2015).

Wacherhage (2021), Trent (2021), NSCA (2022) and ACE (2014) stresses the importance of motivation and encouragement for personal trainers, stating that these skills are critical for keeping individuals engaged and committed to their exercise programs. Personal trainers must be able to provide positive reinforcement, set achievable goals, and offer constructive feedback to individuals to help them stay motivated and on track.

Motivation and encouragement are essential pedagogical skills for personal trainers. By using effective goal setting strategies, providing positive reinforcement and recognition, and offering encouragement and support, personal trainers can help individuals stay committed to their fitness goals and achieve their desired outcomes.

4.5. Assessment and evaluation

Assessment and evaluation are important pedagogical skills for personal trainers as they provide valuable information about individuals' progress and help personal trainers make informed decisions about their training programs.

Assessment is the process of gathering information about individuals' fitness levels, capabilities, and goals, and using this information to design effective training programs (Lloyd & Bompa, 2013). Personal trainers should conduct regular assessments to track their individuals' progress and make any necessary modifications to the training programs. Evaluation is the process of using assessment data to determine the effectiveness of the training programs and make informed decisions about future training. Personal trainers should regularly evaluate their individuals' progress, using methods such as regular testing, tracking changes in body composition, and observing changes in physical performance (Burke, 2018). Effective assessment and evaluation require personal trainers to have a good understanding of anatomy and physiology, as well as the principles of exercise science. Personal trainers should also be familiar with various assessment tools and techniques, such as strength and endurance tests, body composition analysis, and performance assessments (Lloyd & Bompa, 2013).

Wacherhage (2021), Trent (2021), NSCA (2022) and ACE (2014) emphasizes the importance of assessment and evaluation for personal trainers, stating that it is critical for monitoring client progress and making adjustments to training programs as needed. Personal trainers must be able to assess client fitness levels and make informed decisions about the exercises and training intensities that are most appropriate for each client. So, assessment and evaluation are critical pedagogical skills for personal trainers. By conducting regular assessments and evaluations, personal trainers can track their individuals' progress, make informed decisions about their training programs, and ensure that individuals receive safe and effective training.

5. CONCLUSIONS

The aim of this article was to give an overview of the data related to fitness professionals, their responsibilities in promoting physical activity for health, and the pedagogical skils. The analysis showed that society has high expectations for these professionals to play a major role in reducing inactivity and improving public health. However, the evidence reveals that there are challenges. This examination shows that while fitness professionals take on the task of implementing physical activity and exercise programs, there are concerns about their ability to serve the diverse population groups. Importantly, these findings show a discrepancy between the expectations of fitness professionals in their practice and the training and professional education they receive.

Pedagogical skills are essential for personal trainers to provide safe, effective, and personalized training to their individuals. A variety of pedagogical skills have been identified as being crucial for personal trainers, including effective communication, lesson planning, motivation and encouragement, adaptability, assessment and evaluation, and many others.

Research has consistently shown that personal trainers who possess strong pedagogical skills are better able to design effective training programs, communicate effectively with individuals, and motivate individuals to achieve their goals (Burke, 2018). Moreover, personal trainers who have strong pedagogical skills are more likely to have satisfied individuals who see positive results from their training programs (Lloyd & Bompa, 2013). The findings suggest that personal trainers should focus on developing and refining their pedagogical skills to provide the best possible training experience for their individuals. This may involve taking courses, attending workshops, and seeking feedback from individuals to continually improve their skills and knowledge.

The findings on pedagogical skills for personal trainers emphasize the importance of these skills in providing safe, effective, and personalized training. Personal trainers who possess strong pedagogical skills are better equipped to meet the needs and goals of their individuals and are more likely to have satisfied individuals who see positive results from their training programs.

Kinesiology researchers, particularly those in the field of pedagogy, have a valid reason and chance to gain a deeper understanding of the educational and professional needs of fitness professionals as a group involved in health. For instance, one of the strengths of pedagogical research is its ability to transcend conventional disciplinary and sub-disciplinary boundaries, such as those in the natural and social sciences, in order to tackle significant societal problems such as physical inactivity (Armour & Chambers, 2014). Hence, following Lawson (2005), all parties involved would benefit from the establishment of closer relationships between fitness professionals and other physical activity education professionals in schools, sports clubs, and public health settings. The objective should be to find new ways for these different groups to collaborate across traditional professional divides (Armour & Chambers, 2014). Although it is evident that fitness professionals do not possess the same professional credibility as other groups involved in physical activity and health work, they are still increasingly accessible to some sections of the population. In the future, it is essential that the knowledge, training, education, and practice of fitness professionals be subjected to more thorough analysis and increased independent scrutiny. There is already an agreement that significant changes are necessary in the fitness industry if its workforce is to fulfil the wide range of practice expectations highlighted in this review article.

Considering these findings, personal trainers should focus on developing and refining their teaching skills to provide the best possible training experience for their individuals. This may involve taking courses, attending workshops, and seeking feedback from individuals to continually improve their skills and knowledge. Overall, the importance of pedagogical skills for personal trainers cannot be overstated. These skills allow personal trainers to meet the needs and goals of their individuals, and to ensure that individuals receive safe, effective, and personalized training.

In conclusion, pedagogical skills are essential for personal trainers to provide safe, effective, and personalized training to their individuals. A variety of pedagogical skills have been identified as being crucial for personal trainers, as effective communication, lesson planning, motivation and encouragement, adaptability, assessment and evaluation, and many others.

Engaging in physical activity can provide numerous health benefits if done in the appropriate amount and frequency. However, various factors can positively or negatively influence physical activity, with fitness instructors being a relevant social determinant that can significantly impact the motivation of their clients. Therefore, it is crucial to provide fitness instructors with training in psychology and motivation theories as it has been demonstrated to have a considerable impact on the enjoyment, amount, and longevity of physical activity. SDT and the satisfaction of BPN are practical frameworks to enhance the experiences and relationships between instructors and clients. Various studies have shown that the implementation of a training program for fitness instructors based on SDT and BPN can promote changes in the interaction between instructors and clients, ultimately leading to a better attitude of clients towards fitness instructors and more time spent on physical activity. Nevertheless, further research is needed to better comprehend the effects and needs of training and education for fitness instructors to maximize the benefits of their work and contribute to a more active and healthier population.

6. REFERENCES

American Council on Exercise (2014). *ACE personal trainer manual* (5th ed.). American Council on Exercise.

Armour, K. M., & Chambers, F. C. (2014). Sport & exercise pedagogy: The case for a new integrative sub-discipline in the field of sport & exercise sciences/kinesiology/human movement sciences. *Sport, Education & Society*, 19, 855–868. https://doi.org/10.1080/13573322.2013.859132

Batrakoulis, A. (2020). European survey of fitness trends for 2020. *ACSM's Health & Fitness Journal, 23*(6), 28-35. https://doi.org/10.1249/FIT.0000000000000523

Blair, S. N. (2009). Physical inactivity: The biggest public health problem of the 21st century. *British Journal of Sports Medicine, 43*(1), 1–2.

Bull, F. C., Al-Ansari, S. S., Biddle, S., Borodulin, K., Buman, M. P., Cardon, G., Carty, C., Chaput, J. P., Chastin, S., Chou, R., Dempsey, P. C., DiPietro, L., Ekelund, U., Firth, J., Friedenreich, C. M., Garcia, L., Gichu, M., Jago, R., Katzmarzyk, P. T., Lambert, E., Leitzmann, M., Milton, K., Ortega, F. B., Ranasinghe, C., Stamatakis, E., Tiedermann, A., Troiano, R. P., van der Ploeg, H. P., Wari, V., & Willumsen, J. F. (2020). World Health Organization 2020 guidelines on physical activity and sedentary behaviour. *British journal of sports medicine, 54*(24), 1451–1462. https://doi.org/10.1136/bjsports-2020-102955

Burke, L. (2018). *Integrated Training for the New Millennium*. Human Kinetics.

Burke, S., Carrón, A., Eys, M., Ntoumanis, C., & Estabrooks, P. (2006). Group versus Individual Approach? A Meta-Analysis of the effectiveness of Interventions to promote physical activity. *Sport and Exercise Phsychology Review*, 1-38.

Central YMCA Qualifications. (2014). *Tomorrow's exercise professionals: What does the future hold?.* YMCA.

Clark, M. A., Lucett, S. C., & Sutton, B. G. (Eds.). (2010). *NASM essentials of personal fitness training*. Wolters Kluwer Health/Lippincott Williams & Wilkins.

Cushion, C. J., Armour, K. M., & Jones, R. L. (2003). Coach education and continuing professional development: Experience and learning to coach. *Quest*, 55, 215–230. https://doi.org/10.1080/00336297.2003.10491800

Ermelling, B. A. (2012). Improving teaching through continuous learning: The inquiry process John Wooden used to become coach of the century. *Quest*, 64, 197–208. https://doi.org/10.1080/00336297.2012.693754

European Health & Fitness Association (EHFA). (2011). *Becoming the hub: The health and fitness sector and the future of health enhancing physical activity: Final report. Commissioned by the European Commission*. EHFA.

Gabbett, T. J. (2016). *The science of rugby league coaching*. Routledge.

Gammage, K., & Lamarche, L. (2014). *Social Factors in exercise settings.* En: M. Salgado, M. Aguilar, R. Cruz and R. Célis (Coord) *Positive Human Functioning* (págs. 121-146). Nova Science Publishers.

Gilbert, W. D., & Trudel, P. (2004). Analysis of coaching science research published from 1970–2001. *Research Quarterly for Exercise & Sport*, 75, 388–399. https://doi.org/10.1080/02701367.2004.10609172
Green, D. E. (2014). *The essentials of instruction*. John Wiley & Sons.
Hafner, M., Yerushalmi, E., Stepanek, M., Phillips, W., Pollard, J., Deshpande, A., Whitmore, M., Millard, F., Subel, S., & van Stolk, C. (2020). Estimating the global economic benefits of physically active populations over 30 years (2020-2050). *British journal of sports medicine*, *54*(24), 1482–1487. https://doi.org/10.1136/bjsports-2020-102590
Hendrick, P., & Avelar, A. (2013). The role of the personal trainer in promoting physical activity. *Journal of Physical Education, Recreation & Dance*, *84*(5), 19-25. https://doi.org/10.3390/jfmk4020040
Howley, E. T., & Thompson, D. L. (2016). *Fitness professional's handbook* (7th ed.). Human Kinetics
Joseph Polyte, P., Belando, N., Huéscar, E., & Moreno-Murcia, J. (2015). Efecto del estilo docente en la motivación de mujeres practicantes de ejercicio físico. *Acción Psicológica*, *12*(1), 57-63. https://dx.doi.org/10.5944/ap.12.1.13977
Joy, E. L., Blair, S. N., McBride, P., & Sallis, R. (2013). Physical activity counselling in sports medicine: a call to action. *British journal of sports medicine*, *47*(1), 49–53. https://doi.org/10.1136/bjsports-2012-091620
Kohl, H. W., 3rd, Craig, C. L., Lambert, E. V., Inoue, S., Alkandari, J. R., Leetongin, G., Kahlmeier, S., & Lancet Physical Activity Series Working Group (2012). The pandemic of physical inactivity: global action for public health. *Lancet (London, England)*, *380*(9838), 294–305. https://doi.org/10.1016/S0140-6736(12)60898-8
Kotler, P., & Andreasen, A. (1997). *Strategic marketing for non-profit organizations* (7th ed.). Prentice Hall.
Lloyd, R., & Bompa, T. (2013). *Periodization training for sports*. Human Kinetics.
Lyle, J., & Cushion, C. J. (2010). *Sports coaching: Professionalisation and practice*. Churchill Livingstone.
Maher, J. P., Gottschall, J. S., & Conroy, D. E. (2015). Perceptions of the activity, the social climate, and the self during group exercise classes regulate intrinsic satisfaction. *Frontiers in psychology*, 6, 1-10. https://doi.org/10.3389/fpsyg.2015.01236
McKenzie, T. L., & Lounsbery, M. A. F. (2009). School physical education: The pill not taken. *American Journal of Lifestyle Medicine*, 3, 219–225. https://doi.org/10.1177/1559827609331562
Moreno-Murcia, J. C. (2016). El disfrute como mediador de la salud en el ejercicio físico. *Universtas Psychologica 15*(1), 153-164. https://doi.org/10.11144/Javeriana.upsy15-1.dmse
NASM (2015). *NASM-CPT certification study guide*. Wolters Kluwer Health/Lippincott Williams & Wilkins.
NSCA, Schoenfeld, B., Snarr, R. L. (2022). *Essentials of Personal Training*, 3^{ed}. Human Kinetics.
Oprescu, F., McKean, M., & Burkett, B. (2012). Exercise Professionals - could they be the forgotten public health resource in the war against obesity? *Journal of Sports Medicine & Doping Studies*, *2*(5), e122. https://doi.org/10.4172/2161-0673.1000e122
Paluska, S.A., Schwenk, T.L. Physical Activity and Mental Health. *Sports Med* 29, 167–180 (2000). https://doi.org/10.2165/00007256-200029030-00003
Pate, R. R., O'Neill, J. R., & McIver, K. L. (2011). Physical activity and health: Does physical education matter? *Quest*, *63*(1), 19–35. https://doi.org/10.1080/00336297.2011.10483660

Potrac, P., Gilbert, W., & Denison, J. (2013). *Routledge handbook of sports coaching*. Routledge.

Rossi, T., Pavey, A., Macdonald, D., & McCuaig, L. (2015). Teachers as health workers: Patterns and imperatives of Australian teachers' work. *British Educational Research Journal*, 42, 258–276. https://doi.org/10.1002/berj.3197

Ryan, R. M., & Deci, E. L. (2000). Self-determination theory and the facilitation of intrinsic motivation, social development, and well-being. *The American psychologist, 55*(1), 68–78. https://doi.org/10.1037//0003-066x.55.1.68

Ryan, R. M., & Deci, E. L. (2019). Supporting autonomy, competence, and relatedness: The coaching process from a self-determination theory perspective. In S. English, J. M. Sabatine, & P. Brownell (Eds.), *Professional coaching: Principles and practice* (pp. 231–245). Springer Publishing Company.

Salgado-Núñez, M., Aguilar-Arroyo, M., & Cruz-Castruita, R. (2021). Correlation between attitude and physical activity levels in gym users at a private university. En A. R. Montes de Oca, A. Pérez Jaimes, & J. Velázquez (coords.)*"CIERMMI Women in Science Social Sciences* (págs. 120-132). ECORFAN.

Sallis, J. F., & Hovell, M. F. (2015). *Ecological models of health behavior*. Sage publications.

Sallis, R. E. (2009). Exercise is medicine and physicians need to prescribe it! *British Journal of Sports Medicine, 43*(1), 3–4. http://dx.doi.org/10.1136/bjsm.2008.054825

Siff, M. C., & Verkhoshansky, Y. V. (2009). *Supertraining*. Supertraining Institute.

Sparling, P. A. (2005). Are wellness/fitness programs benefitting participants' movement and mobility in daily life? *Quest, 57*(1), 162–170. https://doi.org/10.1080/00336297.2005.10491850

Stamatakis, E., & Bull, F.C. (2020). Putting physical activity in the 'must-do' list of the global agenda. *British Journal of Sports Medicine*, 54, 1445-1446. http://dx.doi.org/10.1136/bjsports-2020-103509

Trent, H., & American College of Sports Medicine (ACSM). (2021). *ACSM's Resources for the Personal Trainer*. Wolters Kluwer.

Troiano, R. P., Stamatakis, E., & Bull, F.C. (2020). How can global physical activity surveillance adapt to evolving physical activity guidelines? Needs, challenges and future directions. *British Journal of Sports Medicine*; 54, 1468-1473. http://dx.doi.org/10.1136/bjsports-2020-102621

Trost, S. G., Blair, S. N., & Khan, K. M. (2014). Physical inactivity remains the greatest public health problem of the 21st century: evidence, improved methods and solutions using the '7 investments that work' as a framework. *British journal of sports medicine, 48*(3), 169–170. https://doi.org/10.1136/bjsports-2013-093372

Vernon, H., & Barr, E. L. (2014). *Foundations of sport and exercise psychology* (5th ed.). Human Kinetics.

Wackerhage, H., & Schoenfeld, B. J. (2021). Personalized, Evidence-Informed Training Plans and Exercise Prescriptions for Performance, Fitness and Health. *Sports medicine (Auckland, N.Z.), 51*(9), 1805–1813. https://doi.org/10.1007/s40279-021-01495-w

USING THE SCHOOL'S NATURAL ENVIRONMENT AS CONTENT FOR LEARNING SCIENCE ILLUSTRATION IN HIGHER EDUCATION

Leonardo Charréu[1]

This text results from a research project called ARBOCOVI (Botanical Art and Visual Cognition) funded by the IDI&CA (Research, Development, Innovation and Artistic Creation) program of the Polytechnic Institute of Lisbon in partnership with CIEBA (Centre for Research and Studies in Fine Arts of the University of Lisbon.)

1. INTRODUCTION

The botanical tree and shrub specimens on the Benfica campus of the Polytechnic Institute of Lisbon, located in northern Lisbon, have been created by students specializing in scientific illustration over the past three years as part of their Scientific Drawing course. The project aimed to enhance the students' scientific literacy by assessing their knowledge of tree species (native, exotic, invasive, and/or introduced) using appropriate data collection instruments. This knowledge is considered essential for fostering ecological awareness and promoting sustainable citizenship.

This text is derived from an initial evaluation of the ARBOCOVI project (Portuguese acronym for Botanical Art and Visual Cognition), which is supported by the IDI&CA program (Research, Development, Innovation, and Artistic Creation). The program was established in 2016 by the Polytechnic Institute of Lisbon (IPL) to foster research practices. The IPL is a Portuguese polytechnic higher education institution with approximately 14,000 students enrolled across eight schools, covering a wide range of disciplines from arts to technologies, including social sciences.

The IDI&CA program was developed to promote scientific research and artistic creation, supporting project proposals from teachers and their teams across various schools within the IPL. A key objective of this competitive program, which receives around fifty annual applications, was to encourage multidisciplinary and inter-institutional collaboration. Funding for the program is allocated from the Institute's own resources, and its main goals focus on consolidating research lines and groups, as well as increasing the creation of knowledge and culture, with the expectation of generating more indexed publications, works, and patents by the teachers at the Polytechnic Institute of Lisbon.

---

1. Polytechnic Institute of Lisbon (Portugal)

The ARBOCOVI project is a continuation of another initiative called Plant@eselx, which was carried out by colleagues in the Natural Sciences department. The main focus of Plant@eselx was to reforest the limited spaces within the university campus, which were predominantly occupied by parking lots. As part of this project, species identification was done using small boards with e-codes that could be scanned by smartphones to access additional information about each species.

Another significant aspect of this project is the recognition that the physical school environment, both indoors and outdoors, offers ample opportunities for experimenting with graphic and artistic techniques related to scientific illustration, eliminating the need to venture beyond the school grounds. This perspective highlights the importance of teaching that remains attentive to the surrounding world, fostering an awareness of the interconnectedness between the school and its environment.

2. OBJECTIVES

The basic idea, of the project ARBOCOVI was the systematic register, in scientific illustration, all the tree species and shrubs located in the Benfica campus, involving the participating students in an interdisciplinary exploration between specific disciplines of visual arts and natural/biological sciences that integrate the curricular plan of, at least, two school departments. The graphic and artistic experience of these students has also contributed to a cognitive acquisition and environmental awareness regarding the importance of plant heritage and green areas in urban environments (assessed by questionnaire).

The ARBOCOVI project has as main objectives to visually document, with scientific criteria, part of the natural heritage of the campus, as far as tree and shrub species are concerned. Ilustrate the information provided by the previous Plant@eselx project.

Its secondary objectives are:

- Promote scientific literacy among students (and the rest of the academic community) by diagnosing the level of knowledge in the botanical area and subsequently making known the common and scientific names of the campus' plant heritage.
- Promote institutional interdisciplinarity practices, between departments and scientific domains of ESELx, involving specific disciplines of Visual Arts (Scientific Drawing I and II) and of Natural Sciences (Living World), as well as to approach participating students to interdisciplinary scientific research practices.
- Design a didactic/playful mini-manual of the scientific illustration of the campus trees and respective botanical characteristics, (e-book model, with outline illustrations, to color, free download, thought for an age group of 6/8-12 years).
- Socialize/exhibit in IPL's public spaces (or others to be protocoled) the most relevant scientific illustration works made by the students who have participated in the project.
- Organize at least two annual events (seminars/master classes) with invited scientific illustrators to discuss the importance of visuality and visual cognition in science communication.
- Publish and publicize the results of the project in scientific channels and seek dissemination in the local, national, and international specialized press through

oral communications and scientific articles made from the (visual) data and the final research report.

3. THEORETICAL FRAMEWORK

Drawing and scientific illustration exist at the intersection of visual arts, their figurative variations, and various scientific disciplines that utilize images to convey scientific content and concepts. Therefore, scientific drawing and scientific illustration aim to encompass the representation, analysis, understanding, interpretation, projection, and transmission of scientific information. They employ a range of presentation and visual representation processes (as advocated by Jastrzebski, 1985; Wood, 1994; and Hodges, 2003) to depict selected aspects of reality such as systems of views (front, profile, sections, axonometric, and exploded perspectives, etc.) whenever applicable. These processes may involve techniques such as drawing, sculpture, and other mediums, including point saturation with China ink, textured drawing, watercolour, gouache, acrylic, mixed techniques, etc. Furthermore, contemporary advancements have introduced the use of diverse computer programs for graphic conception and animation.

Despite the advent of photographic cameras as a means of visual documentation, drawing and scientific illustration have maintained their significance in visualizing scientific content across a broad spectrum of disciplines. Their prominence emerged during the rapid development of the 18th and 19th centuries, which coincided with Europe's exploration of America and Africa. These disciplines continue to play a vital role in visualizing scientific concepts in various fields, including natural sciences (such as botany, zoology, ornithology), as well as archaeology, medicine, anthropology, ethnology, and many others.

Scientific drawing and science illustration have received significant attention from academic institutions worldwide, leading to the establishment of graduate and post-graduate programs.

Numerous studies emphasize the crucial role of visual documentation and information in communicating scientific concepts. Visual aids not only enhance the cognitive acquisition of knowledge beyond scientific texts but also contribute to better idea retention (Cook, 2008; Ametller & Pinto, 2002; Mayer *et al.*, 1996; Newton, 1984).

Empirical data obtained from research conducted with a master's student (Charréu & Barreto, 2007) several years ago demonstrated that incorporating scientific illustration criteria into summative evaluation tests for elementary school students led to improved performance.

According to some authors, such as Lemke (1998), our visual discrimination and perception are more adept at processing complex proportions and continuous spatial, linear, shape, and color variations compared to our linguistic system. In the realm of science, visual images are preferred for illustrating the intricate relationships among various components and conveying processes that are challenging to describe otherwise. By studying the details of scientific images, students can overcome cognitive obstacles, resulting in a deeper understanding of the content (Cook, 2008).

These visual summaries highlight significant relationships and reorganize the information presented in the printed text, thereby enhancing clarity and effectively segregating and grouping important information related to complex concepts.

Additional research (Duchastel, 1978; Mayer, 1993) has also indicated that the "type" of illustration plays a crucial role in its effectiveness as a learning aid. Mayer (1993), based on a classification system proposed by Levin, identified four types of illustrations. It was concluded that explanatory illustrations, which provide a verbal explanation of how scientific systems or processes operate, engage higher levels of cognitive processing. On the other hand, purely decorative illustrations may have minimal impact on cognitive processing. Most studies emphasize the importance of combining visual and verbal methods (Levie & Lentz, 1982). Visual-verbal learning enables students to integrate both modes and carefully compare the information presented in the visuals with the explanations in the text (Reid *et al.*, 1983). In this context, the ARBOCOVI project represents a truly transdisciplinary initiative.

4. METHODOLOGY

The research is based on a qualitative research platform, articulating ethnographic (participant) observation and an artistic action-research based on scientific illustration performed with previously standardized criteria (size/scale of paper support, number of views and elements/details to illustrate leaf, flower, stem...typical silhouette). Thus, the students, considered researcher-participants of the team, at appropriate moments develop a set of activities of graphic-creative nature to register the largest possible number of botanical species existing in the Benfica campus of the IPL from the basic principles of scientific illustration (clarity, rigor, objectivity). Figures 1 to 7 below show some examples of the work done by the students.

The project coordinator and the illustration activity's facilitator/monitor (also a teacher of the two Scientific Drawing disciplines) together with other elements of the research team articulates, evaluates these activities in the time-spaces defined in the project's chronogram.

He observes and improve experimental activities (scientific illustration performed by young people) recording the most significant moments based on a set of items deemed relevant (Did the illustrating student cognitively acquire the concept to be drawn/ illustrated? What in the image can be considered as facilitating learning?).

After analysing the first visual results (illustrations), and taking now the principles of action research, the researchers will verify the efficiency of the processes, techniques, and illustrative strategies that have more impact on the students, to improve, in the next round of illustrations, the didactic-pedagogical efficiency of the illustrated contents.

In a final moment of the research, all the illustrated material will also constitute the "data" of the research that, together with the information taken from the application of the questionnaire and the theoretical literature of the project, will constitute the main "materials" that can be discussed and articulated in the scientific narrative that will lead to the design of the communications and scientific articles of the project.

5. RESULTS

The illustrations presented in the following pages represent a small collection of artistic work created by students during the academic years of 2022 and 2023 in the elective courses of Scientific Drawing I and Scientific Drawing II, which are part of the Visual Arts and Technologies degree program. These illustrations showcase a variety of trees, flowers, and shrubs found around the School of Education on the Benfica campus of the

Polytechnic Institute of Lisbon, totalling over 40 different species. The selection process for these illustrations was based not only on their artistic and graphic quality but also on the diversity of graphic techniques employed and their botanical relevance.

Among the notable illustrations are trees such as Arbutus unedo, Elaeagnus angustifolia, and Myoporum laetum (Figures 1, 4, and 5), as well as flowers and shrubs including Hydrangea macrophylla, Strelitzia reginae, Lantana Camara, and Rosmarinus officinalis (Figures 2, 3, 6, and 7).

Regarding the techniques employed, particular attention should be given to the analog graphic processes, specifically freehand drawing using graphite pencils of various hardness levels, utilized in the illustrations of Figures 3, 4, and 6. The traditional steel nibs have been replaced by indelible ink markers, although some professional illustrators still employ the former. The illustration of Myoporum laetum (Figure 5) was created using this technique.

Lastly, a combination of mixed media and entirely digital techniques utilizing commercial software such as Photoshop, as well as open-source software like Gimp, were employed in the illustrations of Arbutus unedo (Figure 1), Hydrangea macrophylla (Figure 2), and Rosmarinus officinalis (Figure 7).

It is important to note that these illustrations were created by students and not professionals and should be regarded as educational work. Some illustrations may contain minor details or elements that require further refinement. Nevertheless, nearly all of them exhibit great potential for future careers in scientific illustration.

Figure 1. Scientific name: Arbutus unedo. Common name: Strawberry tree. Mixed technique between manual analogue processes and infographic finishing. Author: Nadia Santos, 2023. Source: Digitalised illustration with reproduction and publication authorised by the author.

Figure 2. Scientific name: Hydrangea macrophylla. Common name: Hortensis Fully realised by computer software. Author: Marco Silva, 2023. Source: Digitalised illustration with reproduction and publication authorised by the author.

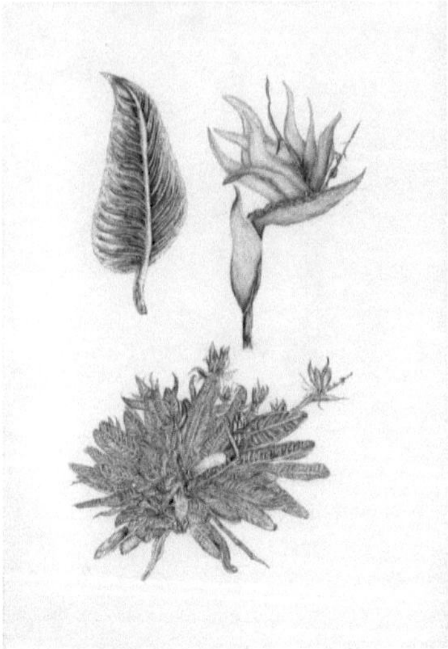

Figure 3. Scientific name: Strelitzia reginae. Common name: Stellia. Pencil (6B) drawing on soft paper. Author: Marco Silva, 2022. Source: Digitalised illustration with reproduction and publication authorised by the author.

Figure 4. Scientific name: Elaeagnus angustifolia. Common name: Russian olive, Oleaster. Pencil (2B) drawing on soft paper. Author: Maria Rodrigues, 2022. Source: Digitalised illustration with reproduction and publication authorised by the author.

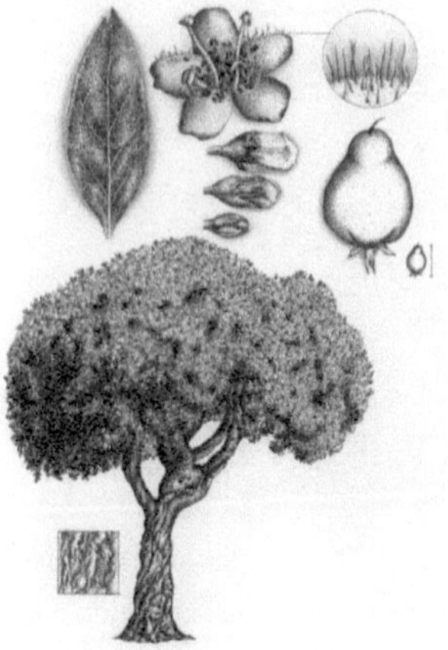

Figure 5. Scientific name: Myoporum laetum. Common name: Ngaio or mousehole tree. Black marker (0.15, 0.20 and 0.40) drawing on paper. Author: Margarida Borges, 2022. Source: Digitalised illustration with reproduction and publication authorised by the author.

Figure 6. Scientific name: Lantana camara: Common name: Bigleaf lantana. Pencil drawing (2B) on paper. Author: Sara Diz, 2022. Source: Digitalised illustration with reproduction and publication authorised by the author.

Figure 7. Scientific name: Rosmarinus officinalis: Common name: Rosemary Mixed technique between manual analogue processes and infographic finishing. Author: Diana Domingos, 2023. Source: Digitalised illustration with reproduction and publication authorised by the author.

6. DISCUSSION

Supported by a long tradition of representing reality, dating back to ancient times (Ford, 1992; Wood, 1994), scientific illustration is an area that bridges the gap between science and visual arts.

While scientific illustration has attained a status of advanced specialized studies in higher education institutions in countries such as Australia, the United Kingdom, the United States of America, and the Netherlands, in other countries, it has been carried out sporadically. This is often done by visual artists with an interest in various scientific fields or by scientists, particularly biologists, with artistic talents in visual arts, especially in observational drawing. In countries like Portugal, scientific illustration has had a more hesitant and winding path within academia, attempting to establish itself in recent years as a postgraduate or master's degree program at the Universities of Lisbon, Porto, and Aveiro.

In other higher education institutions, such as the School of Education at the Polytechnic Institute of Lisbon, scientific illustration timidly presents itself as a mere elective discipline in the curriculum of the Visual Arts and Technologies undergraduate program, with a very limited number of contact hours between professors and students. However, this constraint has not prevented the achievement of good results, especially when students are willing to invest non-teaching time in their projects, as was the case.

Drawing and scientific illustration applied to the ARBOCOVI Project demonstrated that they can be interesting and valuable tools, assisting students by visually representing abstract or complex concepts, in this case, in the natural sciences, making them more understandable. For example, when studying botany, detailed illustrations of various types of trees or shrubs can help students better understand the typical plant structure of a given specimen, clarifying its details. In some cases, important details may be challenging to capture through photographs, videos, or any other artificial image capture technology. Scientific illustration can highlight these specific details, such as microscopic structures, through techniques of amplification and enhancement, providing a clearer and more detailed view, as seen in the pilosity of the flower petals of Myoporum laetum, magnified in a small circle in the upper right corner of the Figure (Figure 5). An enlargement of Rosmarinus officinalis (Figure 7) also allows for a detailed view of the very small petals of this shrub.

The stimulation of curiosity and interest in various areas of science is another aspect that high-quality scientific illustration allows for. When elaborated with patience, talent, and precise aesthetic criteria, illustrations can be visually appealing and arouse students' interest in areas of knowledge they would have never imagined liking. By presenting information in a visually pleasing and aesthetically appealing way, scientific illustration can motivate students to explore other characteristics of species and delve into other dimensions of their studies. In the case of the ARBOCOVI Project, by learning about some characteristics of native botanical species such as Arbutus unedo (Figure 1), students, through in-depth studies on the species and its geographical distribution throughout the country, not only learned about the characteristics of the territory but also about the economic value of the species. From its beautiful spheroidal fruit, the strawberry tree (medronho), a cherished alcoholic beverage is distilled after a laborious process, which revitalizes the fragile rural economies of southern Portugal.

However, scientific illustration acquires even more value if it goes beyond its details and attractive visual aspect. Regardless of its aesthetic merits and contexts of use, the ability to connect with other areas and stimulate further studies (a willingness to learn more and better) constitutes an added value in any educational environment, as some empirical studies have already proven (Charréu & Barreto, 2007).

Finally, from a strictly didactic-pedagogical perspective, it is important to highlight the richness of the experience of drawing and illustrating the surrounding reality of school spaces, which often escapes the perception of school users (teachers and students) who are more concerned with the metanarratives of disciplinary knowledge, ignoring the fact that in order to reach them, we first need to look and fall in love with the micronarratives of everyday life, its objects, and what nature itself freely offers us.

7. CONCLUSIONS

The school's natural environment serves as an invaluable resource for learning science illustration at the higher education level. By utilizing the surroundings of the educational institution, students are provided with a practical and engaging setting to develop their skills in scientific illustration. The diverse flora, fauna, and ecological elements found within the school's natural environment offer abundant subject matter for observation and artistic representation. Through hands-on experience and exploration of the natural world within the school premises, students can deepen their understanding of scientific concepts while honing their artistic abilities. This approach fosters a holistic and interdisciplinary approach to education, where students can integrate scientific knowledge with artistic expression, creating a meaningful and enriching learning experience.

The drawn/illustrated species may also be part of other future strategies of information/ dissemination of the plant heritage of the institution, as complementary digital visual documentation to be made available on a page connected to the school's website and/or in an electronic publication.

Other possibilities of knowledge transfer are critically analysed, assessing the conception of didactic materials of introduction to botany and botanical art, especially addressed to late childhood and early adolescence.

Finally, an e-book is in the process of being designed with a double objective: to be a kind of introduction to botany, highlighting its details (leaves, flowers, fruits, seeds in what concerns trees and shrubs) and, on the other hand, to present a set of simple techniques to introduce students to botanical drawing.

8. REFERENCES

Ametller, J., & Pinto, R. (2002). Students' reading of innovative images of energy at secondary school level. *International Journal of Science Education, 24*(3), 285–312.

Charréu, L., & Barreto, M. (2007). Imagen, arte y ciencia: En como la ilustración incrementa la adquisición cognitiva en los alumnos de la enseñanza básica y secundaria, *Actas del IIº Congrés de L`Educació de les Arts Visuals,* (Eds) COLBACAT Col·legi de Doctors i Llicenciats en Belles Arts i Professors de Dibuix de Catalunya. (pp. 195–206). PPU Promocions i Publicacions Universitàries S.A.

Cook, M. (2008). Students' comprehension of science concepts depicted in textbook illustrations. *Electronic Journal of Science Education, 12*(1), 1–14.

Duchastel, P. C. (1978). Pictorial illustrations in instructional technology. *Educational Technology, 19*, 20–25.

Ford, B. J. (1992). *Images of Science: A history of Science Illustration*. The British Library.

Hodges, E. R. S. (2003). *The guild handbook of scientific illustration*. Willey & Sons.

Jastrzebski, Z. T. (1985). *Scientific illustration: a guide for the beginning artist*. Prentice-Hall International.

Lemke, J. (1998). Multiplying meaning: Visual and verbal semiotics in scientific text. In J. R. Martin & R. Veel (Eds.), *Reading science: Critical and functional perspectives on discourses of science* (pp. 87–113). Routledge.
Levie, W. H., & Lentz, R. (1982). Effects of text illustrations. *Educational Communication and Technology, 30,* 195–232.
Mayer, R. E., Bove, W., Bryman, A., Mars, R., & Tapangco, L. (1996). Why less is more: Meaningful learning from visual and verbal summaries of science textbook lessons. *Journal of Educational Psychology, 88*(1), 64–73.
Newton, D. P. (1984). A way of classifying and measuring some aspects of the illustration style of textbooks. *Programmed Learning and Educational Technology, 21*(1), 21–27.
Reid, D. J., Briggs, N., & Beveridge, M. (1983). The effect of picture upon the readability of a school science topic. *British Journal of Educational Psychology, 53,* 327–335.
Wood, P. (1994), *Scientific illustration*. Van Nostrand Reinhold.

INTERNACIONALIZACIÓN Y COMPETENCIAS INTERCULTURALES EN LA EDUCACIÓN SUPERIOR

Elena de Prada Creo[1]

El presente texto nace en el marco del Proyecto europeo "Global citizenship and diversity management skills in Higher Education" (GLOBDIVES). 2021-1-LT01-KA220-HED-000023530

1. INTRODUCCIÓN

Desde hace varias décadas las universidades españolas, al igual que las universidades del todo el mundo, han ido transformando sus estructuras para dotarlas de proyección internacional al considerar que contribuye a incrementar su calidad y prestigio. Esta apreciación viene refrendada por las relaciones detectadas entre la apuesta por la internacionalización y el mejor posicionamiento en los índices de impacto de mayor relevancia.

De igual manera, los diferentes gobiernos en las últimas décadas han promovido la internacionalización de la universidad pública a través de diferentes acciones y reformas políticas, que han repercutido favorablemente para ser más competitivos en la economía del conocimiento (Carrasco-González, 2022).

Recientemente, la nueva Ley Orgánica del Sistema Universitario (LOSU) enfatiza la importancia de la internacionalización dentro de sus líneas maestras. Ya en el preámbulo se destaca el impacto de la globalización y la interdependencia que genera. De la misma forma, subraya la importancia de la movilidad internacional, que produce una interrelación cultural que pone en valor la diversidad.

De forma específica, incluye un capítulo, el VII, dedicado íntegramente a la internacionalización, otorgándole un carácter estratégico que las universidades públicas españolas deberán contemplar e integrar en su planificación. Describe a través de ocho artículos los ejes fundamentales que regirán el fomento de la internacionalización en lo que respecta a la docencia, la investigación, la transferencia y el intercambio de conocimiento, detallando la importancia de las estrategias a desarrollar en cooperación con las universidades y las comunidades autónomas. Entre sus objetivos se pretende crear alianzas interuniversitarias, participar en proyectos internacionales, organizar programas conjuntos, atraer alumnado internacional, tanto europeo como extracomunitario, priorizar

1. Universidad de Vigo (España).

la movilidad del alumnado, del PDI y del PAS, garantizando la igualdad de oportunidades y la no discriminación. Se pretende además fomentar la atracción de talento internacional al sistema universitario, tanto de estudiantes como personal docente, investigador, técnico y de administración y servicios. Finalmente, se busca la cooperación internacional universitaria para la solidaridad y el desarrollo.

Una cuestión clave que cabe plantearse en este punto es si la relación que se establece entre internacionalidad, calidad y prestigio tiene una correspondencia observable en el sistema universitario español. Valiéndonos de los datos aportados por las principales bases de datos y rankings internacionales podemos constatar que la mayor parte de las universidades españoles que realizan una apuesta sólida y diversificada en internacionalización son también las que mejores posiciones ocupan en los rankings internacionales. Como se puede observar en la Tabla 1, las universidades españolas que lideran en orientación internacional en cuestiones como titulaciones de grado impartidas en un idioma extranjero (1), titulaciones de máster impartidas en un idioma extranjero (2), movilidad de estudiantes (3), prácticas en el extranjero (4), profesorado extranjero (5), Tesis doctorales de estudiantes extranjeros (6) y publicaciones internacionales (7) (Fundación CYD, 2023) son también aquellas mejor posicionadas en los principales rankings que miden cuestiones relacionadas con la investigación y la atracción de talento internacional.

Las primeras siete columnas reflejan, según el ranking de la Fundación CYD, la orientación internacional de las universidades. El 1 indica un alto rendimiento, el 2 un rendimiento intermedio y el 3 un rendimiento reducido. El 0 indica ausencia de datos en ese indicador. Son muy pocas las universidades que obtienen un perfil mayoritario de los máximos valores, que son las incluidas en la tabla.

Universidad	1	2	3	4	5	6	7	QS	ARWU	Times	BGU	MEDIA	POSICIÓN
Universitat de Barcelona	2	1	2	1	1	1	1	2	1	1	1	1.25	1
Autònoma de Barcelona	1	1	1	2	1	1	1	1	2	2	2	1.75	2
Pompeu Fabra	2	1	1	2	1	1	1	5	7	3	3	4.5	3
Complutense de Madrid	2	2	2	0	2	2	2	3	3	5	7	4.5	4
Autónoma de Madrid	1	1	1	2	2	1	2	4	6	4	5	4.75	5
València-Estudi General	1	2	1	2	2	1	1	10	5	6	4	6.25	6
Granada	3	2	1	1	2	1	1	8	4	8	6	6.5	7
País Vasco	1	1	2	2	3	1	2	15	8	13	9	11.25	8
Politècnica de València	1	1	1	2	3	1	1	9	9	21	14	13.25	9
Politècnica de Catalunya	2	1	1	2	1	1	1	7	22	20	8	14.25	10
Rovira i Virgili	2	1	2	1	1	1	1	16	21	9	16	15.5	11
Carlos III de Madrid	1	1	1	2	1	1	1	6	35	26	23	22.5	12

Tabla 1: Universidades, internacionalización y calidad. Fuente: Elaboración propia (a partir de los datos obtenidos de la Fundación CYD y los principales rankings: Qs World University Rankings; ARWU; Times y U.S. News' Best Global Universities.

De esta forma, se pone de manifiesto la relación existente entre el perfil de internalización y los indicios de calidad indicados, destacándose el equilibrio existente en determinadas universidades, que logran las mejores puntuaciones y posiciones en casi todos los ítems. Por ello, la apuesta por la internacionalización debería formar parte de un plan estratégico global que incardine todos los elementos claves para ofrecer la máxima calidad docente, investigadora y de transferencia del conocimiento.

Ante este nuevo impulso estratégico, la cuestión fundamental que se plantea es determinar si las universidades y la sociedad están preparados para asumir este reto que, sin duda, puede constituir un importante factor de transformación en la universidad española. En relación con este tema, la nueva LOSU también incide en la importancia de transmitir y promover una perspectiva intercultural, fundamental para la internacionalización. Por ello, tener en cuenta los principales rasgos e impacto de la interculturalidad va a ser determinante para hacer posible que la internacionalización de las instituciones se realice de forma coherente, inclusiva, igualitaria y enriquecedora, evitando el carácter de desigualdad que puede exacerbar la movilidad internacional (De Wit y Jones, 2022).

2. OBJETIVOS

Ante este panorama, este trabajo tiene como el doble objetivo de detallar las características globales de la movilidad, centrándonos en el caso de España como eje de movimientos interculturales, especialmente en lo que se refiere a la movilidad estudiantil. Se prestará especial atención a los cambios más significativos, que se han ido modulando desde la tradicional movilidad, hasta el creciente interés en torno al fenómeno de internacionalización en casa. El segundo objetivo es determinar cómo se incardinan la globalización, la multiculturalidad y la interculturalidad en este contexto.

3. METODOLOGÍA

La metodología se basa en un análisis bibliográfico que integrará las principales aportaciones recientes sobre el tema y las aplicaciones de las teorías sobre la interculturalidad de Hofstede (2001, 2009 y Lewis. (2018) Igualmente, se utilizan diferentes datos procedentes de los principales rankings existentes para determinar la calidad de las universidades a nivel internacional y nacional.

4. DESARROLLO DE LA INVESTIGACIÓN

La principal cuestión que conviene destacar está relacionada con los principales rasgos de la globalización, la multiculturalidad, la importancia que está cobrando a todos los niveles, y, paralelamente, a la falta de toma de conciencia y, en consecuencia, a la ausencia de implicación e impacto a nivel social y educativo.

4.1. La movilidad a nivel global

Si bien la percepción de un mundo multicultural ha estado siempre presente, es en el contexto actual cuando cobra verdadero sentido. Las migraciones internacionales muestran en lo que llevamos de siglo una fisonomía muy diferente a las tendencias observadas con anterioridad, llegando a afirmarse que estamos inmersos en una nueva era en la historia de la movilidad humana (Mountz y Mohan, 2022). Este cambio de tendencia se traduce en grandes modificaciones en la composición y dirección de los flujos migratorios y se observa de forma muy aguda en el caso de España, que obtuvo un impactante crecimiento desde el inicio del siglo y es objeto en la actualidad de muy significativas variaciones debido en gran parte a los cambios en los ciclos económicos, las políticas/cuestiones sociales y la capacidad de integración (Escribano *et al.*, 2014).

Esta variabilidad no es la misma en todas las áreas geográficas, y, como observamos también en el caso de España, diferentes regiones atraen a grupos específicos (Parreño-Castellano *et al.*, 2021). España, al igual que muchas otras naciones del mundo, ha estado desde tiempos inmemorables vinculada, por circunstancias de diversa índole, al contacto con diferentes culturas, bien a través de la convivencia dentro de nuestro territorio, como por los afanes exploratorios. En el pasado, estas confluencias de culturas se saldaron, en la mayor parte de las ocasiones, con expulsiones, rupturas y represiones, haciendo gala de muy poca, por no decir nula, sensibilidad intercultural.

Si bien los movimientos entre países han sido una constante en la historia de la civilización, en las últimas décadas los flujos se han incrementado de forma espectacular, debido tanto a los movimientos migratorios como a los viajes profesionales, estudios u ocio. Son numerosas las causas que favorecen esta permanente, y ya cotidiana, movilidad, como también son numerosas las facilidades, en algunos casos y las trabas, en otros, de favorecer o frenar esos movimientos.

Por un lado, los flujos con fines de ocio, comerciales y de estudio son aplaudidos y fomentados. Por otro, los movimientos migratorios basados en la búsqueda por parte de los migrantes de una vida mejor y más segura se encuentran, en numerosos casos, con grandes obstáculos y restricciones (Zlotnik, 2006). Estos posicionamientos, frecuentemente encontrados, han provocado y provocan graves conflictos internos en numerosos países que han llevado a tomar drásticas decisiones políticas de incierto futuro. Todo ello en un contexto en el que, salvo que las nuevas restricciones energéticas o sanitarias nos deparen un nuevo panorama, las distancias entre los países son cada vez más fáciles de soslayar.

En el caso específico de España, hemos pasado de ser un país de emigrantes, especialmente en algunas regiones, a ser receptores de impactantes flujos de población, que han contribuido al crecimiento de la población de España gracias el saldo migratorio positivo generado (Tabla 2). Así, en la primera década del siglo XXI, España fue el país que experimentó el mayor crecimiento de población extranjera de toda la OECD (Organization for Economic Cooperation and Development). Estos cambios se producen no solo a nivel de balance de flujos sino también en lo que respecta a los países implicados.

Movimientos migratorios exteriores respecto a la población de España (2022)			
	Inmigración	Emigración	Saldo migratorio
Total	530.401	381.724	148.677

Tabla 2: Movimientos migratorios. Fuente: Elaboración propia (basado en INE, 2022a).

4.2. Movimientos entre países

Como comentábamos con anterioridad, estos cambios se producen no solo en el balance de los flujos sino también en los países implicados y así vemos cómo la evolución de la población de algunos países aumenta, o disminuye, sucediendo lo mismo en el caso de los españoles en el extranjero (Tablas 3 y 4).

Nacionalidad	Población residente	Población residente	Crecimiento anual	Crecimiento anual
	1-ene-21	1-ene-22	Absoluto	Relativo (%)
Marruecos	775.294	776.223	929	0,1
Rumanía	658.005	623.859	-25.146	-3,8
Reino Unido	313.975	316.529	2.554	0,8
Colombia	297.682	315.885	18.203	6,1
Italia	279.724	298.817	19.093	6,8

Tabla 3: Población extranjera residente en España. Fuente: Elaboración propia (basada en INE (2022).

En el caso de la población extranjera residente en España y que, por tanto, se incorporará al sistema educativo español, vemos que habitantes de Marruecos, Rumanía, Reino Unido, Colombia e Italia, procedentes de tres continentes distintos y con muy diferentes perspectivas culturales, como veremos, encabezan la lista (Tabla 3).

Nacionalidad	Población residente	Población residente	Crecimiento anual	Crecimiento anual
	1-ene-21	1-ene-22	Absoluto	Relativo %
Argentina	480.159	475.938	4.221	0,9
Francia	290.033	279.988	10.045	3,6
USA	183.003	173.136	9.867	5,7
Alemania	178.488	172.107	6.381	3,7
Reino Unido	176.054	160.641	15.413	9,6

Tabla 4: Españoles en el extranjero. Fuente: Elaboración propia (basada en INE, 2022b).

En el caso de españoles en el extranjero, observamos que la distribución es igualmente variada, dos continentes en este caso, con países con dimensiones culturales igualmente diversas (Tabla 4).

4.3. La movilidad de estudiantes: experiencias interculturales

Trasladándonos al ámbito académico, observamos igualmente, el papel predominante de España en lo que se refiere a la recepción y emisión de estudiantes siendo líder en emisión y recepción de movilidad europea. Es de destacar también que se observa un desequilibrio en los flujos: Francia, Italia y Alemania cuentan considerablemente con más estudiantes que realizan movilidades internacionales que las que reciben. En el polo contrario se sitúa el Reino Unido, que, como España, atrae a más alumnado del que envía.

Las investigaciones han destacado que estas elecciones están basadas en factores socio-económicos, educativos, geográficas, socio-culturales, así como ocio y vida social tales como el coste de la vida, las infraestructuras de transporte, la homogénea calidad de las universidades públicas, el ambiente universitario y vida social y, finalmente, el idioma (Álvarez *et al.*, 2023).

Respecto a la movilidad de estudiantes, se observa una tendencia en continuo aumento (OECD, 2021), tanto para obtener un título universitario como por transferencia de créditos. Se está produciendo, por tanto, un creciente interés del alumnado por realizar estancias en otros países con fines académicos, que se ve refrendado por el impulso otorgado por las universidades, al considerar, como vimos, que es un indicador de calidad y prestigio. En este contexto, es importante destacar, como cambio de tendencia, la disminución de la hegemonía de los países de habla inglesa.

4.4 Internacionalización de la educación superior

En los últimos años, el concepto de internacionalización de la educación superior ha experimentado cambios significativos, que se han ido modulando desde la mencionada aproximación al proceso de internacionalización a través de la movilidad de estudiantes a diferentes países con convenios, hasta el creciente interés en todo lo que acontece en torno al fenómeno de internacionalización en casa, es decir, aquellos estudiantes de otros países que se integran de forma temporal o total para cursar el grado completo en otro sistema. Esta visión de la internacionalización, por tanto, va más allá de la mera movilidad, e intenta fomentar una visión más equitativa de la internacionalización a través de acciones inclusivas que beneficien a todo el alumnado (Almeida *et al.*, 2019). Así, la interacción generada enriquecería, a diferentes niveles tanto al colectivo visitante como al anfitrión. Para este último grupo, poder verse inmersos en un contexto intercultural plenamente significativo e integrador, sin necesidad de desplazarse al exterior, puede constituir un elemento de igualdad de oportunidades en lo que respecta a la adquisición de competencias interculturales y los beneficios que conllevan. Esta configuración es especialmente relevante para aquellos colectivos que tengan dificultades, reticencias o temores para salir al extranjero, por lo que esta primera aproximación a convivir en entornos interculturales sin salir de su entorno (Almeida *et al.*, 2019; Beelen y Jones, 2015; De Wit y Leask, 2015) puede proporcionar valiosos conocimientos, herramientas y recursos para obtener el máximo beneficio, minimizando riesgos percibidos (Joris *et al.*, 2000).

Sin embargo, junto a un contexto plenamente favorable y con muy buenas intenciones sobre el papel, nos encontramos que a la hora de la verdad no existen acciones específicas que favorezcan la convivencia y la comprensión de la diversidad. Existe un gran desconocimiento sobre las diferentes culturas con las que se va a producir la interacción y se observa una limitada formación en competencias que favorezcan la interculturalidad.

La mencionada noción de competencia intercultural ha sido definitida como la capacidad de interactuar de forma eficaz y adecuada en situaciones interculturales sustendándose en actitudes y rasgos afectivos específicos, conocimientos (inter)culturales, habilidades y reflexión (Stiftung y Cariplo, 2008).

4.5. Beneficios de la interculturalidad

Además de la adquisición de las capacidades descritas en la definición, se han destacado numerosos beneficios adicionales que comportan las competencias interculturales, entre los que podemos destacar: el desarrollar las habilidades comunicativas tanto en inglés como como en el idioma local (Lindsey Parsons, 2010; Soria y Troisi, 2014), replantearse las propias creencias y valores (Luo y Jamieson-Drake, 2013), fomentar las destrezas de trabajo en equipo, mejorar en las destrezas de liderazgo, potenciar la creatividad y resolución de problemas (De Prada *et al.* 2020), establecer o incrementar las redes de colaboración académica y profesional a nivel internacional y producir mayor motivación por el aprendizaje (Gosling y Yang, 2022).

Esta interculturalidad es la que va a permitir cambios sustanciales en nuestras vidas haciendo que se activen y potencien destrezas y competencias latentes, pasando de ser meros espectadores a actores protagonistas de las experiencias interactivas con otras culturas. Para ello, es necesario tomar conciencia de la situación y enriquecerla con conocimientos y experiencias. Por tanto, para adquirir estas competencias es necesario acceder a conocimientos y participar en actividades, tanto formativas como experienciales, que ayuden a desarrollar todo el potencial.

4.6. Hacia la interculturalidad por el conocimiento

En lo que se refiere al ámbito del conocimiento, no es posible adentrarnos en el mundo de la interculturalidad sin tener presentes los trabajos de Lewis (2018) y Hofstede (2001, 2009), que con sus modelos han marcado un antes y un después en el estudio de las diferencias culturales. Aunque son modelos muy complejos, intentaremos dar unas breves pinceladas sobre sus fundamentos y aplicarlos a los países, anteriormente mencionados, con los que mantenemos más interacciones, con el fin de observar las diferencias más relevantes en los ámbitos estudiados. Como veremos, podemos estar muy cerca en unos aspectos y muy lejos en otros.

4.6.1. Modelo de Lewis

El modelo de Lewis (2018) es considerado como un valioso mapa orientativo sobre diferentes modelos culturales que representa en un triángulo policromado para indicar los rasgos distintivos en base a tres categorías que son eminentemente estables en el tiempo y presentan unos rasgos generales que permiten, a juicio de su autor, predecir y calcular las interacciones sociales y profesionales. Posee los siguientes rasgos distintivos en base tres categorías:

1. Activos lineales: aquellos que planifican, programan, organizan, persiguen cadenas de acción, hacen las cosas una por una. Alemanes, ingleses y norte americanos se encuentran en este grupo.
2. Multi-activos: personas emotivas, impulsivas, habladoras, que realizan muchas tareas al mismo tiempo. España, Latinoamérica y Marruecos son miembros de este grupo.
3. Reactivos: aquellas culturas que priorizan la cortesía y el respeto, escuchando tranquila y calmadamente a sus interlocutores y reaccionando cautelosamente a las propuestas de la otra parte. En este grupo están chinos, japoneses y vietnamitas.

4.6.2. Modelo de Hofstede

El modelo de Hofstede (2001, 2009) se ha ido desarrollando y adaptando a diferentes contextos desde la década de los 80 y en la actualidad presenta 6 dimensiones que son utilizadas en numerosos ámbitos, más recientemente también en el ámbito corporativo y de los negocios. Se ha aplicado también para estudiar las reacciones de los diferentes países frente a la pandemia. Conocer los rasgos de los países implicados en cualquier proyecto a corto o largo plazo, sus semejanzas y diferencias, puede contribuir no solo a un mayor enriquecimiento personal sino a un mayor entendimiento y éxito. Cada dimensión se ha obtenido comparando muchos países del mundo y los resultados pueden resumirse en seis mapas mundiales de la distribución de esa dimensión. Es importante tener presente que puede haber bastantes variaciones dentro de los países, por lo que estos mapas deben considerarse como "mapas climáticos" aproximados de la cultura. La investigación se lleva a cabo utilizando un cuestionario llamado Módulo de Encuesta de Valores (Values Survey Model). A partir de los resultados, se elaboraron unos índices que reflejan las características o dimensiones culturales nacionales de un país. Brevemente, las dimensiones culturales se resumen de la siguiente manera:

1. Distancia jerárquica

Expresa el grado en que los miembros con menos poder de una sociedad aceptan y esperan que dicho poder se distribuya de forma desigual. La cuestión fundamental aquí es cómo una sociedad maneja las desigualdades entre las personas. Las sociedades que puntúan alto en la dimensión de distancia de poder aceptan un orden jerárquico en el que todos tienen un lugar y que no necesita más justificación. En las sociedades con baja distancia de poder, las personas se esfuerzan por igualar la distribución del poder y exigen que se justifiquen las desigualdades de poder. España: 57/100. Se tiende a aceptar un orden jerárquico en el que los subordinados esperan ser controlados por un jefe autócrata benevolente.

2. Individualismo versus colectivismo

El individualismo refleja una preferencia por un marco social poco unido en el que se espera que los individuos se ocupen sólo de sí mismos y de sus familiares directos. Su opuesto, el colectivismo, representa una preferencia por un marco social muy unido en el que los individuos pueden esperar que sus parientes o los miembros de un determinado grupo interno cuiden de ellos a cambio de una lealtad incuestionable. La posición de una sociedad en esta dimensión se refleja en si la autoimagen de las personas se define en términos de "yo" o "nosotros". España: 51/100. Puntuación media que favorece la relación con otras culturas (especialmente no europeas), que consideran otros países occidentales agresivos y demasiado directos.

3. Masculinidad versus feminidad

La dimensión de masculinidad representa una preferencia en la sociedad por el logro, el heroísmo, la asertividad y las recompensas materiales por el éxito. La sociedad en general es más competitiva. Su opuesto, la feminidad, representa la preferencia por la cooperación, la modestia, el cuidado de los débiles y la calidad de vida. La sociedad en general está más orientada al consenso. España: 42/100: en España la palabra clave es consenso. La polarización no está bien considerada ni se aprecia la excesiva competitividad. Se busca la armonía, negándose a tomar partido o a destacar. Existe una preocupación por las personas débiles o necesitadas que genera una corriente natural de simpatía.

4. Control de la incertidumbre

Expresa el grado en que los miembros de una sociedad se sienten incómodos con la incertidumbre y la ambigüedad. La cuestión fundamental es cómo se enfrenta una sociedad al hecho de que el futuro nunca se puede conocer: ¿debemos intentar controlar el futuro o simplemente dejar que ocurra? Los países que muestran una fuerte intolerancia a la incertidumbre mantienen códigos rígidos de creencias y comportamiento y son menos tolerantes con los comportamientos e ideas poco ortodoxos. Las sociedades con una intolerancia a la incertidumbre débil mantienen una actitud más relajada en la que la práctica cuenta más que los principios. España: 86/100. Se desea controlar la incertidumbre a toda costa (normas para todo, se evitan las confrontaciones, las situaciones cambiantes preocupan, empleos seguros/funcionariado).

5. Orientación a largo plazo

Se refiere a cómo se ordenan las prioridades teniendo en cuenta los vínculos con el pasado y los retos presentes y futuros. En una cultura orientada a largo plazo, la noción básica sobre el mundo es que está en flujo, y siempre es necesario prepararse para el futuro. En una cultura orientada al corto plazo, el mundo es esencialmente como fue creado, de modo que el pasado proporciona una brújula moral, y adherirse a él es moralmente bueno. España 48/100. Puntuación media. Esencialmente normativa, en la que prima vivir el momento, sin excesiva preocupación por el futuro. Ha exportado el concepto de "fiesta" al mundo. Búsqueda de resultados rápidos.

6. Indulgencia versus restricción

La indulgencia representa una sociedad que permite la gratificación relativamente libre de los impulsos humanos básicos y naturales relacionados con el disfrute de la vida y la diversión. La restricción representa una sociedad que suprime la satisfacción de las necesidades y la regula mediante normas sociales estrictas. España: 44/100. Se percibe que las acciones están restringidas por normas sociales. Tendencia al pesimismo.

4.6.3. Comparativa de países

La propia página web iniciada por Hosftede (2009), permite realizar una comparativa entre los diferentes países en bloques de 4. A continuación incluimos los gráficos correspondientes a los países con más flujos y aquellos con los que mantenemos una relación más intensa. Como se puede observar, existen muy notables diferencias entre ellos en distintas dimensiones, lo que puede generar incomprensión y potencial conflicto si no se intenta profundizar en el trasfondo cultural de esos países.

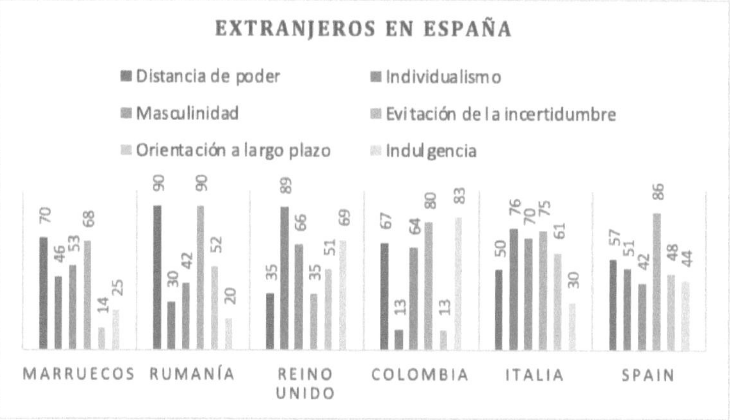

Figura 1: Extranjeros en España. Fuente: Elaboración propia (basada en Hofstede, 2009).

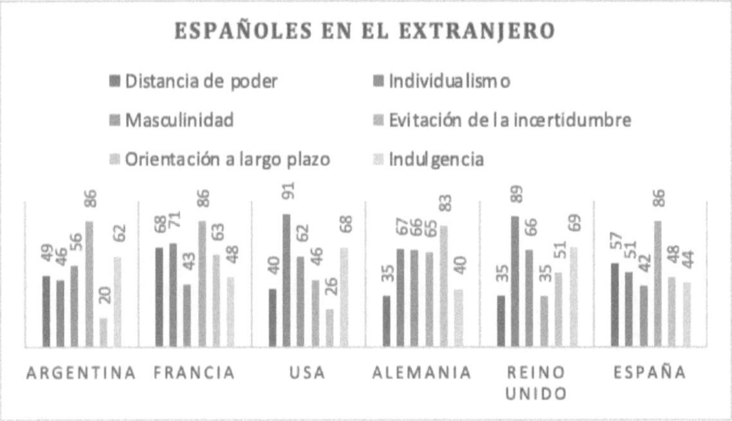

Figura 2: Españoles en el extranjero. Fuente: Elaboración propia (basada en Hofstede, 2009).

4.7. De la multiculturalidad a la interculturalidad: de espectadores a actores

Como se indicaba con anterioridad, la transición de espectadores a actores no solo se rige por los conocimientos sino por las experiencias, algo esencial en el contexto educativo en el que nos hallamos. Parece no solo oportuno sino recomendable priorizar las oportunidades de que los estudiantes puedan desarrollar sus competencias interculturales. Es por ello que las universidades debemos ser plenamente conscientes de la necesidad de realizar acciones formativas con el fin de preparar adecuadamente al alumnado tanto para facilitar su integración cuando se desplaza a otros destinos, como en ser perfectos anfitriones cuando recibimos alumnado de intercambio. Esta planificación es necesaria, ya que, como indican las investigaciones, la mera presencia de estudiantes internacionales en las aulas no determina que se produzca la deseada interacción e integración. Con frecuencia somos testigos de la creación de grupos de estudiantes extranjeros que únicamente socializan entre ellos, formando en el caso europeo, comunidades Erasmus, situación favorecida por la proliferación de actividades sociales, viajes, etc. únicamente dirigidas a ellos. Estas burbujas pueden generar que sus integrantes sean poco permeables a la integración con los locales y viceversa (Leask, 2009).

Por ello, paralelamente a estas actividades aglutinadores lúdicas, muy valiosas para el bienestar del estudiante, deberían complementarse acciones de integración con los estudiantes locales basadas en intereses compartidos y trabajo colaborativo a través de grupos interculturales (Levin *et al.*, 2003 y Rienties *et al.*, 2015), lo que hará que no solo mejore sus destrezas interculturales sino también su creatividad (De Prada *et al.* 2020), competencia esencial para su formación y que se destaca también en la LOSU.

Igualmente deberían entrar en nuestras líneas estratégicas el hacer accesible los intercambios a todos los estudiantes, ampliar las modalidades, y optimizar el sistema de reparto de fondos. Igualmente, debe ser prioritario ofrecer información y formación sobre todas las destrezas que necesitará el alumno, tanto comunicativas como interculturales, para sacar el máximo partido a su estancia. Finalmente, y no menos importante, implicarse en la internacionalización en casa, fomentando la integración e interacción intercultural con el objetivo de que a través de la interculturalidad se mejore el desarrollo y bienestar personal, la formación académica, la proyección internacional del alumnado y con ello, el éxito profesional.

5. CONCLUSIONES

Es importante destacar que todo fenómeno de internacionalización no podrá desplegar todas sus inherentes capacidades si no se cuenta con competencias interculturales que permitan interactuar de forma eficaz y adecuada. Esta interculturalidad es la que va a permitir que se activen y potencien destrezas y competencias latentes, que nos hagan pasar de ser meros espectadores a actores protagonistas de las experiencias interactivas con otras culturas. Para adquirir estas competencias es necesario acceder a conocimientos y participar en actividades, tanto formativas como experienciales, que ayuden a desarrollar todo el potencial. Por ello, parece no solo oportuno sino recomendable priorizar las oportunidades de que los estudiantes puedan desarrollar sus competencias interculturales. Así, las universidades debemos ser plenamente conscientes de la necesidad de incluir estas competencias en la programación docente y realizar acciones formativas con el fin de preparar adecuadamente al alumnado tanto para facilitar su integración cuando se desplaza a otros destinos, como en ser perfectos anfitriones cuando recibimos alumnado de intercambio, contribuyendo a que el reto estratégico que promueve la LOSU sea una realidad.

6. REFERENCIAS

Almeida, J., Robson, S., Morosini, M., & Baranzeli, C. (2019). Understanding internationalization at home: Perspectives from the global North and South. *European Educational Research Journal, 18*(2), 200-217.

Álvarez, M., de Prada, E. y Mareque, M. (2023). Análisis de los flujos y de los determinantes de la movilidad internacional de estudiantes Erasmus+: Implicaciones para el contexto español. *Journal of International Students*. Special Issue. En prensa.

Academic Rankings of World Universities (ARWU) (s.f). 2022 Academic Rankings or World Universities. Recuperado el 8 de julio de 2022 de http://www.shanghairanking.com/rankings/arwu/2022

Beelen, J., & Jones, E. (2015). Redefining internationalization at home. *The European higher education area: Between critical reflections and future policies*, 59-72.

Carrasco-González, A. (2022). Impacto de las políticas de privatización e internacionalización en la universidad pública española. *Revista iberoamericana de educación superior, 13*(38), 140-163. https://doi.org/10.1007/978-3-319-20877-0

De Prada, E., Mareque, M. y Pino-Juste, M. (2020). Creativity and intercultural experiences: The impact of university international exchanges. *Creativity. Theories–Research-Applications, 7*(2), 321-345. http://dx.doi.org/10.2478/ctra-2020-0017

De Wit, H. y Leask, B. (2015). Internationalization, the curriculum and the disciplines. *International Higher Education*, (83), 10-12. http://dx.doi.org/10.6017/ihe.2015.83.9079

De Wit, H. y Jones, E. (2022). A new view of internationalization: From a western, competitive paradigm to a global cooperative strategy. *Journal of Higher Education Policy and Leadership Studies, 3*(1), 142-152. http://dx.doi.org/10.52547/johepal.3.1.142

Joris, M., Otten, M., Nilsson, B., Teekens, H. y Wächter, B. (2000). *Internationalisation at home: A position paper*. P. Crowther (Ed.). European Association for International Education.

Escribano, A. I. y Martínez-Buján, R. (2014). From favourites to 'with no return': permanence and mobility of Latin American immigration in Spain during the 21st century. *Canadian Ethnic Studies, 46*(3), 103-130. http://dx.doi.org/10.1353/ces.2014.0038

Farías Nazel, P. (2007). Cambios en las distancias culturales entre países: Un análisis a las dimensiones culturales de Hofstede. *Opción, 23*(52), 85-103. https://is.gd/SLYmVM

Gosling, M. y Yang, W. (2022). Introducing Internationalisation at Home: Learning satisfaction under the Content and Language Integrated Learning approach. *Learning and Teaching, 15*(1), 46-66. http://dx.doi.org/10.3167/latiss.2022.150104

Hofstede, G. (2001). *Culture's consequences: Comparing values, behaviors, institutions and organizations across nations.* Sage.

Hofstede, G. (2009). Geert Hofstede cultural dimensions. https://www.hofstede-insights.com.

Instituto Nacional de Estadística (2022a). Cifras de Población (CP). Estadística de migraciones (EM). https://www.ine.es/prensa/cp_e2022_p.pdf

Instituto Nacional de Estadística (2022b). Estadística del Padrón de Españoles Residentes en el Extranjero (PERE). https://www.ine.es/prensa/pere_2022.pdf

Jackson, J. (2018). *Interculturality in International Education.* Routledge.

Leask, B. (2009). Using formal and informal curricula to improve interactions between home and international students. *Journal of Studies in International Education, 13*(2), 205-221. http://dx.doi.org/10.1177/1028315308329786

Levin, S., Van Laar, C. y Sidanius, J. (2003). The effects of ingroup and outgroup friendships on ethnic attitudes in college: A longitudinal study. *Group Processes & Intergroup Relations, 6*(1), 76-92. http://dx.doi.org/10.1177/1368430203006001013

Ley Orgánica 2/2023, de 22 de marzo, del sistema universitario (LOSU) (2023). https://www.boe.es/buscar/pdf/2023/BOE-A-2023-7500-consolidado.pdf

Lewis, R. D. (2018). *When Cultures Collide: Leading Across Cultures 4th Edition.* Nicholas Brealey.

Lindsey Parsons, R. (2010). The effects of an internationalized university experience on domestic students in the United States and Australia. *Journal of Studies in International Education, 14*(4), 313-334. http://dx.doi.org/10.1177/1028315309331390

Luo, J. y Jamieson-Drake, D. (2013). Examining the educational benefits of interacting with international students. *Journal of International Students, 3*(2), 85-101. http://dx.doi.org/10.32674/jis.v3i2.503

Mountz, A. y Mohan, S. S. (2022). Human migration in a new era of mobility: intersectional and transnational approaches. *Global Social Challenges Journal, 1*(1), 59-75. https://doi.org/10.1332/RFXW5601

OECD (2021). Education at a Glance 2021: OECD Indicators. OECD Publishing,

Parreño-Castellano, J. M., Moreno-Medina, C., Domínguez-Mujica, J. y Santana Rivero, C. (2021). Mapping foreign immigration in Spain (1998–2018). Trends and spatial patterns. *Journal of Maps, 17*(1), 79-84. https://doi.org/10.1080/17445647.2020.1866700

QS Top Universities (s.f.). QS World University Rankings. https://is.gd/pyEbuL

Rienties, B., Johan, N. y Jindal-Snape, D. (2015). Bridge building potential in cross-cultural learning: A mixed method study. *Asia Pacific Education Review, 16*(1), 37-48. http://dx.doi.org/10.1007/s12564-014-9352-7

Stiftung, B. y Cariplo, F. (2008). Intercultural competence–The key competence in the 21st century. *Theses by the Bertelsmann Stiftung based on the models of intercultural competence by Dr. Darla K. Deardorff.* Bertelsman Stittung y Fundazione Cariplo.

Soria, K. M. y Troisi, J. (2014). Internationalization at home alternatives to study abroad: Implications for students' development of global, international, and intercultural competencies. *Journal of Studies in International Education, 18*(3), 261-280. http://dx.doi.org/10.1177/1028315313496572

Times Higher Education (THE) (s.f.). World University Rankings. Recuperado el 8 de julio de 2023 de https://www.timeshighereducation.com/world-university-rankings

U.S. News (s.f.). Best Global Universities. Recuperado el 8 de julio de 2023 de https://is.gd/JDO06U

Zlotnik, H. (2006). Tendencias de la migración internacional desde 1980. *Migraciones. Nuevas movilidades en un mundo en movimiento*, 35-56.

SEQUÊNCIA DIDÁTICA PARA O ENSINO DE BIOLOGIA CELULAR PELA ABORDAGEM ENSINO POR INVESTIGAÇÃO

Natália dos Santos Caetano, Inês Mendes Pinto, Monica Cassel[1]

1. INTRODUÇÃO

Compreender como a vida teve origem e como se deu a diversidade de organismos são temas que fazem parte da área da Biologia Celular, já que estão relacionados com a diversidade de células existentes e suas diferentes funções. Dessa forma, a Biologia Celular é uma área que fundamenta as demais temáticas da Biologia, tornando o seu estudo importante e fundamental. No entanto, pela sua complexidade, é, muitas vezes, considerada como "difícil de entender", quando, na verdade, a forma como ela é ensinada e as metodologias utilizadas podem auxiliar para que essa aprendizagem seja efetiva.

Por se tratar de um mundo microscópico é importante o uso de modelos, facilitando a observação concreta e despertando o interesse no aluno. O uso de modelos como ferramenta didática pode facilitar a compreensão dos conhecimentos científicos, mas, quando utilizados de maneira apenas ilustrativa, podem, por sua vez, constituir entraves. Desse modo, no intuito de propor novas metodologias para o ensino de Biologia Celular na educação básica, é apresentada uma sequência didática, orientada pela abordagem teórico-metodológica Ensino por Investigação. O Ensino por Investigação busca envolver ativamente os alunos em sua aprendizagem, por meio de pesquisa, análise e interpretação de dados, formulação e comunicação de conclusões baseadas em evidências e reflexão sobre o processo. Ressalta-se que, no presente trabalho, busca-se integrar ao Ensino por Investigação o uso das maquetes, que não têm objetivo apenas de ilustrar, mas de auxiliar na pesquisa do aluno, sendo o material de análise.

2. OBJETIVOS

Este capítulo tem como objetivo a apresentação de uma sequência didática para o ensino de Biologia Celular com base na abordagem teórico-metodológica Ensino por Investigação. Mais do que isso, esse trabalho traz uma inovação para as aulas, uma vez que propõem a construção de maquetes pelos alunos, extrapolando a ideia desses modelos para representações integradas ao Ensino por Investigação.

---

1. Universidade Federal do Triângulo Mineiro (UFTM) (Brasil)

3. REFERENCIAL TEÓRICO

3.1 O Ensino por Investigação e suas possibilidades no ensino de Ciências

A proposta do Ensino por Investigação, embora pareça uma ideia contemporânea, tem suas raízes no século XIX, principalmente com as ideias de John Dewey. Para o filósofo, o conhecimento decorre de um processo de investigação (*inquiry*) e não de alguma atividade mental interna pronta. O conhecimento não é um sistema de verdades fixas, mas provisórias. De acordo com Dewey, experiência e aprendizagem não podem ser separadas, as ações ampliam-se quando as experiências se reconstroem por meio de reflexões. A epistemológica está relacionada com as circunstâncias históricas e sociais e com situações experienciais (Dewey, 1978).

Em estudos sobre a formação do espírito científico e sobre a construção de conhecimento, Bachelard (1996) afirma que "todo conhecimento é resposta a uma questão". Uma das contribuições fundamentais da epistemologia histórica de Bachelard é a importância da reflexão dada ao erro, à retificação, ao invés da verdade, na construção do conhecimento científico. Ao contrário da interpretação do erro como um acidente lamentável, Bachelard defende que os erros participam do desenvolvimento científico e o conhecimento científico só se constrói pela retificação desses erros. Se o erro possui uma função positiva na gênese do conhecimento, ele também é necessário em processos de aprendizagem de estudantes, constituindo processo de construção do conhecimento.

Em meados dos anos 70, até hoje, as ideias construtivistas sugerem mudanças nas posturas do professor e dos alunos. O construtivismo defende a valorização das concepções prévias dos estudantes, das interações entre indivíduo e objeto de conhecimento e a necessidade das interações sociais na construção do conhecimento. Para Piaget, a construção do conhecimento se desenvolve pelo processo de "equilibração": quando uma nova situação não encontra referências nas estruturas já existentes, o indivíduo passa por um processo de "desequilibração", o que leva à uma nova equilibração e uma nova compreensão, mais ampla e complexa, de um conceito ou situação (Piaget, 1976).

O professor tem papel importante na construção do conhecimento pelos alunos, como um elaborador de questões problematizadoras e orientadoras do processo de aprendizagem dos alunos. Os problemas a serem considerados devem ser próprios do processo de humanização e o desenvolvimento do indivíduo é resultado da relação com o outro e com o mundo que o cerca (Vigotsky, 1989).

Em fins do século XIX, um movimento de educadores europeus e norte-americanos - Escola Nova - propunha uma nova compreensão das necessidades da infância e questiona a passividade da criança imposta pela escola tradicional. Essa tendência questionava os princípios pedagógicos puramente lógicos e apresentava a importância da psicologia e da participação ativa do estudante no processo de aprendizagem. As atividades práticas ganharam importância na compreensão de conceitos e o ensino informativo é substituído pelo ensino formativo.

A Ciência é apresentada como uma elaboração humana para uma compreensão do mundo e tão importante quanto aprender conceitos é compreender como eles foram construídos. Pesquisas sobre História da Ciência contribuíram para entender a Natureza da Ciência e como a ciência se desenvolveu ao longo da história (Matthews, 1995). As propostas para a renovação do ensino, na década de 80, orientaram-se pelo avanço do conhecimento científico na sociedade. Os estudos de Ciência, Tecnologia e Sociedade (CTS) e posteriormente Ciência, Tecnologia, Sociedade e Ambiente (CTSA) influenciaram os currículos de Ciências da Natureza. A alfabetização científica e o letramento científico compreendem estudos sobre o desenvolvimento da compreensão sobre ciência, sociedade, tecnologia e meio ambiente e a percepção do indivíduo social.

Assim, o Ensino por Investigação é uma proposta curricular presente em orientações oficiais nos últimos anos para o ensino de Ciências da Natureza na educação básica brasileira (Ministério da Educação do Brasil, 1998, 2018). Segundo Sá *et al.* (2007), a abordagem Ensino de Ciências por Investigação ainda não está bem estabelecida no Brasil. Isto se deve ao fato de que o Ensino por Investigação começou a ser debatido amplamente apenas após a implementação dos Parâmetros Curriculares Nacionais (PCN) em 1998 (Ministério da Educação do Brasil, 1998) e, posteriormente, na Base Nacional Comum Curricular (Ministério da Educação do Brasil, 2018).

Muitas críticas foram feitas ao ensino por descoberta e à ideia da criança como um pequeno cientista, concepção predominante durante a décadas de 70. A atividade do cientista não pode ser confundida com as atividades escolares em Ciências, pois elas diferem em natureza e objetivos. Driver (1986) critica a formação de cientistas mirins baseando-se em Piaget. Os alunos (crianças e adolescentes) ainda não têm estruturas mentais desenvolvidas para estudos teóricos aprofundados, para estabelecer variáveis, criar modelos quantitativos de observações, que são requisitos da experimentação.

O ensino por investigação é uma abordagem teórico-metodológica, em que os estudantes têm um papel central e ativo no processo de aprendizagem, pela utilização de estratégias que possibilitam a realização de uma investigação com a mediação do professor (Sasseron, 2015). Assim, essa abordagem pode contribuir no desenvolvimento de habilidades cognitivas pela elaboração de hipóteses, coleta e análise de dados, registros e pelo exercício da argumentação. As atividades de investigação promovem a aprendizagem dos conteúdos conceituais e também dos conteúdos procedimentais que envolvem a construção do conhecimento científico. As atividades investigativas não precisam ser exclusivamente práticas, elas podem ser também proposições teóricas, mas são significativamente diferentes de demonstrações e aulas práticas ilustrativas, por fazerem com que os alunos tenham uma participação intelectual ativa (Carvalho, 2018).

Já que o Ensino por Investigação busca propor atividades investigativas, de modo que o aluno, por meio dos seus conhecimentos prévios, busque respostas para compreender um determinado tema, a construção de modelos pode ser uma ferramenta colaborativa no processo de "desabstração" de conteúdos (Orlando *et al.*, 2009; Bettio *et al.*, 2020). Utilizar modelos didáticos para auxiliar na compreensão de alguns conteúdos não substitui a importância de compreender como de fato são as estruturas e processos estudados. Neste sentido, associar o uso de modelos com o método de Ensino por Investigação possibilita preencher essas lacunas (Almeida & Kiill, 2019).

No ensino de biologia, existem muitos conteúdos abordados que tratam de estruturas que estão em escalas macro ou micro, e por isso, não são possíveis de mostrá-las ao aluno. Assim, apenas a teoria não é suficiente para que a aprendizagem seja efetiva, podendo, ainda, tornar o conteúdo abstrato e dificultar a compreensão. Neste sentido, os modelos são facilitadores, tanto para o professor explicar o conteúdo quanto para o aluno entender de fato o que está sendo estudado (Pauletti *et al.*, 2021).

Assim, os modelos didáticos são ferramentas que auxiliam na visualização de estruturas semelhantes à real. Esses modelos podem ser feitos de diversas formas e materiais, podendo ser jogos, modelos plásticos, de papel, ou maquetes. O objetivo do uso dessas ferramentas é representar uma estrutura, macro ou micro, em um tamanho possível de analisá-las (Pauletti *et al.*, 2021), colaborando, assim, para a aprendizagem de um determinado tema (De Morais & Marques, 2017). Vale ressaltar, ainda, que, diferente dos modelos já prontos, as maquetes possibilitam que o material seja moldado desde o início até a finalização da estrutura. Neste sentido, para a sua montagem é necessário que o aluno compreenda a estrutura que está sendo estudada para modelar de acordo com sua função e forma, uma vez que é necessário que o modelo seja em 3D (Simões, 2021).

3.2 A Biologia Celular e suas abordagens em Sala de Aula

A área da ciência responsável por estudar células, desde sua composição, diferenciações e funções, é chamada de Biologia Celular. Células são as unidades fundamentais da vida, seja em seres unicelulares até os pluricelulares. Elas são unidades microscópicas e que começaram a ser estudadas depois da invenção do microscópio, que possibilitou sua visualização de estruturas microscópicas com mais detalhe (Alberts *et al.*, 2017).

A história do microscópio teve início em uma loja de óculos de grau, cujo objetivo era usar lentes de aumento para melhorar a visão. Com o passar do tempo, essa combinação de lentes foi sendo aprimorada e associada à luz, diferentes tipos de lente, o prisma, entre outros, até chegar nos microscópios que conhecemos hoje (Balzuweit, 2016; Teles & Fonseca, 2019). Vale ressaltar que os microscópios atuais podem contar com diversos outros aparatos que possibilitam visualizar estruturas em diferentes dimensões ou cores, como no microscópio eletrônico, fluorescente, entre outros (Balzuweit, 2016).

Um dos primeiros registros de visualização de célula em um microscópio foi o de Robert Hooke, que nomeou de "células" as estruturas visualizadas a partir de uma amostra de cortiça, pois tinham formato quadrado, parecido com celas (Ganeo *et al.*, 2019). Com o passar dos anos mais estruturas foram visualizadas, principalmente com o aprimoramento dos microscópios e a curiosidade que levou ao estudo e descoberta de novos tipos celulares (Balzuweit, 2016; Ganeo *et al.*, 2019). Assim, foi possível observar organismos unicelulares, como bactérias, identificando-as, ainda, como procariontes. Além deles, foi possível diferenciar as células animais de vegetais, e suas especificidades de acordo com o tecido que estão localizadas, com suas organelas e funções (Alberts *et al.*, 2017). Dessa forma, entende-se hoje que animais, plantas e microrganismos são diferentes em sua composição e organização celular, sendo formados de tipos celulares diferentes (Bettio *et al.*, 2020). Há três tipos de células conhecidas, que são: procarionte e eucarionte, sendo este último subdividido em eucarionte vegetal e eucarionte animal. O nome procarionte deriva do grego que significa [pro = antes e cario = núcleo], ou seja, células que surgiram antes do processo de formação de um núcleo definido (Andrade *et al.*, 2021). Já eucarionte significa [eu = verdadeiro e cario = núcleo], ou seja, células formadas após o desenvolvimento da carioteca (com núcleo definido) (Andrade *et al.*, 2021).

Essas células não se diferenciam só pelo nome, mas pela quantidade e tipo de organelas. Todas as células possuem material genético (DNA/RNA), mas somente as células eucariontes têm uma membrana lipídica que envolve esse material, delimitando dentro da célula. Em células procariontes, esse material genético não é disperso, mas não está envolto por membrana. Além disso, as células, em geral, são delimitadas por uma membrana plasmática, composta por fosfolipídios que separa o meio intracelular do extracelular, o que está dentro da célula com o que está fora dela, permitindo um controle do que entra e do que sai da célula (Alberts *et al.*, 2017; Andrade *et al.*, 2021).

No meio intracelular são encontradas as organelas, que são pequenas estruturas que ficam dispersas em um meio aquoso nomeado citosol. As organelas são uma das principais diferenças entre as células, pois elas determinam a função da célula. A célula procarionte, é simples quanto a sua estrutura, possuindo além do material genético e citoplasma, ribossomos dispersos no citosol, parede celular e uma cápsula protetora. Pode conter, ainda, flagelos ou cílios, que são estruturas que garantem movimento para o organismo. Já as células eucariontes, mesmo se diferenciando em dois tipos, possuem organelas semelhantes, como: retículo endoplasmático liso e rugoso, complexo de Golgi, mitocôndria, entre outras. Vale ressaltar que, em células vegetais, é possível observar a presença de parede celular, vacúolo e plastídeos, além das organelas citadas anteriormente. São constatadas estruturas específicas de células animais também, como centríolos, peroxissomos e lisossomos (Orlando *et al.*, 2009; Bettio *et al.*, 2020).

Apesar da diferença de componentes entre as células, sendo a procarionte mais simples quando comparada com à eucarionte, todas são de suma importância, pois constituem organismos diferentes. As células procariontes estão presentes nas bactérias, que são organismos unicelulares e muito bem adaptados aos ambientes que ocupam. Já as células eucariontes têm capacidade de especialização funcional e agrupamento, propiciando a formação de tecidos e órgãos (Ganeo *et al.*, 2019). Assim, o processo de diferenciação celular das células eucariontes é bastante expressivo, pois à medida que as células se diferenciam para formar tecidos, elas se tornam especializadas para exercer uma determinada função (Alberts *et al.*, 2017). Logo, as células presentes em um órgão são diferentes do outro. Além dessa capacidade, existem pequenos organismos formados de algumas células como protozoários e fungos que são constituídos por apenas uma célula (eucarionte) (Alves, 2010). Em razão dessa diferenciação celular, tem-se a diversidade de organismos presentes hoje. Assim, verifica-se que a área de Biologia Celular se torna muito ampla, já que acaba por fundamentar as demais temáticas da biologia e dar base para outras áreas de estudo que buscam compreender outros organismos. Neste sentido, é importante buscar diferentes formas de auxiliar o seu ensino, para que não seja uma área conteudista e para que haja aprendizagem efetiva de todos esses conteúdos (Santos & Cortelazzo, 2013).

A ilustração de todos os componentes, que são explicados na teoria, pode tornar o ensino abstrato (Bettio *et al.*, 2020). Por essa razão, a utilização de modelos se faz importante, pois auxilia o aluno a compreender e visualizar, de forma esquematizada, como é o meio intracelular das células e como o núcleo e as organelas estão dispostos no citosol. Assim, ao modelar as estruturas celulares e as organelas, é necessário compreender não só como elas estão dispostas na célula, mas como elas são num espaço em 3 dimensões (Orlando *et al.*, 2009; Bettio *et al.*, 2020; Silva *et al.*, 2021).

4. METODOLOGIA

A sequência didática foi elaborada e direcionada ao ensino médio, baseando-se no documento da Base Nacional Comum Curricular (BNCC). A BNCC é um documento de caráter normativo que define o conjunto de aprendizagens essenciais que todos os alunos devem desenvolver ao longo da Educação Básica Brasileira (Brasil, 2018).

Uma vez estabelecidos os temas e a sequência que a serem abordados, foi utilizado o trabalho de Bettio et al. (2020) como base para a proposta de construção das maquetes ao longo da execução dos roteiros de aula. Além disso, a construção de cada roteiro foi feita utilizando materiais já publicados na internet, livros didáticos, entre outros. Esses materiais podem ser consultados na seção de "Referências" de cada roteiro.

5. RESULTADOS

A sequência didática elaborada tem uma abordagem investigativa com a associação entre teoria e prática buscando facilitar a compreensão de conteúdos científicos. Ela é composta por cinco roteiros de aula desenvolvidos para os alunos, podendo ser aplicado diretamente na sala de aula juntos com os discentes. Nos roteiros são consideradas aulas de 50 minutos direcionadas para o primeiro ano do Ensino Médio. O tema de cada roteiro permite uma sequência de assuntos com um progressivo aumento de complexidade. Os roteiros são apresentados na forma de imagem (figuras 1 a 5) e contam, ainda, com referência própria e disponibilização dos materiais e ilustrações a serem utilizados pelos alunos e pelo professor.

No início de todas as aulas teórico-práticas, que constituem a sequência didática, o professor deve construir um ambiente de problematização para que os alunos possam questionar e pensar sobre o que sabem e o que não sabem sobre o tema a ser estudado. A problematização contribui para a motivação dos alunos, sendo muito importante para a elaboração de um diagnóstico sobre os conhecimentos prévios dos alunos e contribuindo para a identificação das possibilidades de aprofundamento do assunto. Além disso, essas questões podem ser retomadas na discussão e conclusão da aula a fim de consolidar o conhecimento construído.

A sequência didática se inicia com uma aula que visa abordar a história da microscopia, apresentando aos alunos como o microscópio foi inventado até as inovações que podemos verificar na área atualmente, inclusive com um momento de demonstração do equipamento (microscópio de luz). Vale ressaltar que a História da Ciência no ensino escolar possibilita a compreensão das realizações históricas e epistemológicas da ciência na humanidade e a discussão sobre formas de pensamento e argumentação utilizadas pela ciência e sua transposição para diferentes contextos na sociedade.

Os roteiros seguem apresentando os tipos celulares e abordando as diferenças entre eles. Inclusive, será possível observar os diferentes tipos celulares, constatando o que é abordado na teoria. Assim, as observações ao microscópio e elaboração dos desenhos das células, nas próximas aulas, possibilita que os alunos compreendam o que é uma célula e o que é a representação de uma célula. Nas últimas aulas, para construção dos modelos, é importante que todos os conteúdos estejam bem compreendidos pelos alunos e os modelos também sejam compreendidos como representações de estruturas observadas ao microscópio.

A culminância da sequência didática se dá no último roteiro com a apresentação dos modelos construídos, constatando a facilitação no processo de aprendizagem dos temas de Biologia Celular. Além disso, sugerimos, também, uma apresentação dos modelos de células em uma feira ou mostra de Ciências, o que deve acontecer apenas após a compreensão completa do tema Biologia Celular. Para isso os modelos devem ser feitos de material de boa qualidade e duráveis para uma exposição externa e, posteriormente, como modelos para as aulas práticas de Biologia celular.

6. DISCUSSÃO

O ensino da Biologia Celular é de extrema importância no ensino médio, em razão de ser o fundamento de todos os demais conteúdos da Biologia (Santos & Cortelazzo, 2013). Dessa forma, esta temática precisa ser ensinada com êxito, de modo que os alunos compreendam.

Existem muitas modalidades didáticas que podem e devem ser utilizadas para auxiliar o professor e o aluno no processo de ensino e aprendizagem (Nicola & Paniz, 2016). Neste capítulo é apresentada uma sequência didática baseada no Ensino por Investigação, tendo sua base na problemática e formação de hipóteses. Esse tipo de metodologia contribui para a formação do pensamento crítico e científico do aluno, de modo que ele se torne mais confiante em sua aprendizagem (Bachelard, 1996). Assim, a sequência didática elaborada no presente trabalho objetiva efetivar esse ensino, contribuindo com diferentes referenciais teóricos, para construção do conhecimento do aluno e aplicação do conhecimento na confecção de maquetes / modelos didáticos.

Na sequência didática, as aulas sempre serão iniciadas com problemáticas, elas serão o ponto de partida para discussão do tema estudado, que levará o aluno a pensar, despertando a curiosidade de perguntar, aprender e saber. Essa abordagem possibilita ao professor introduzir o tema com leveza e didática, facilitando a aprendizagem do conteúdo estudado (Micheletto, 2020), mesmo que seja complexo, como a Biologia Celular. Após todo o estudo feito, pela investigação dos temas e hipóteses criadas, as maquetes construídas têm por objetivo ser o material da análise do conhecimento estruturado no decorrer das aulas (Bettio *et al.*, 2020). Os modelos serão elaborados com o conhecimento que os alunos produziram, sendo assim o resultado de toda investigação realizada e não um simples material para ilustração. Ao final da confecção, o objetivo é que os alunos tenham propriedade sobre as estruturas e organelas celulares estudados em imagens planas (2D), extrapolando-as para as dimensões da maquete (3D). Dessa forma, a maquete terá sido parte do aprendizado e não apenas um material ilustrativo (Bettio *et al.*, 2020), sendo usada integrada ao Ensino por Investigação.

ROTEIRO - AULA 1

AULA TEÓRICO-PRÁTICA

TEMA: A história do microscópio.

PROBLEMATIZAÇÃO: Você conhece um microscópio? Sabe como funciona? Para que ele é utilizado?

INTRODUÇÃO:
Há hoje diferentes tipos de microscópios bem desenvolvidos, mas eles não foram sempre assim. A história do microscópio ainda está sendo estudada. Sabe-se que as lentes foram utilizadas por volta dos anos 1280, na Itália, quando os óculos foram inventados. Os microscópios compostos com mais de uma lente foram inventados em torno de 1550/1600 e depois aperfeiçoados por pessoas interessadas e cientistas, que desenvolveram técnicas de observação de seres microscópicos. A partir do século 18, os microscópios foram amplamente desenvolvidos e no século 19 se aperfeiçoaram na combinação de lentes. Atualmente os microscópios avançaram muito, os modelos luminosos permitem regulagens extremamente precisas do foco e capacidade de ampliação.

OBJETIVOS:
- Conhecer a história da microscopia;
- Identificar o microscópio de luz, seus componentes e funções.

MATERIAIS: Quadro branco, marcador para quadro branco, microscópio de luz.

PROCEDIMENTOS:
Construção de uma linha do tempo com os principais fatos históricos relacionados com o desenvolvimento da microscopia [1].
Observar e identificar as partes do microscópio e suas funções, comparando o microscópio do laboratório com o da imagem fornecida no roteiro [2].

DISCUSSÃO E CONCLUSÃO:
- Quais foram os principais avanços ocorridos no desenvolvimento da microscopia?
- Quais são as partes de um microscópio? Quais são os cuidados que precisam ser tomados para manipular o equipamento?

REFERÊNCIAS:
[1] https://br.pinterest.com/pin/582019951866573739/
[2] https://experimentoteca.com.br/partes-microscopio-optico/

Figura 1. Roteiro 1 - A história do microscópio. Fonte: Elaboração própria.

ROTEIRO - AULA 2

AULA TEÓRICO-PRÁTICA

TEMA: Tipos celulares

PROBLEMATIZAÇÃO: O que é uma célula? Onde podemos encontrar as células? São todas iguais? Qual é a diferença? Como elas são?

INTRODUÇÃO:

Células são unidades fundamentais da vida, através delas é possível a formação de tecidos e, ainda, organismos completos. Elas são encontradas em todo ser vivo, porém não são iguais em todos os grupos. A célula procarionte, que é encontrada em microrganismos, como bactérias, têm uma estrutura simples quando comparada à outros tipos celulares. A célula eucarionte está presente em plantas e animais, e por isso possui dois tipos. A eucarionte vegetal, como o nome diz, está presente nas plantas, são células que possuem parede celular, um grande vacúolo que armazena água e cloroplastos, que são organelas capazes de sintetizar a luz solar e transformar em energia para a célula. Essas organelas diferenciam a célula vegetal da animal, as quais possuem apenas membrana plasmática e mitocôndria como fonte de energia.

OBJETIVOS:

- Apresentar os tipos celulares;
- Observar as células em microscópio de luz.

MATERIAIS: Quadro branco, Marcador de quadro branco, Roteiro de prática e materiais listados no roteiro, Microscópio de luz

PROCEDIMENTOS:

Desenhar os tipos celulares no quadro com o auxílio dos estudantes (imagens de referência [1, 2]).
Realizar os roteiros de prática, conforme material disponível ao professor (apostila de referência [3]), observando e identificando os tipos celulares, juntamente com os alunos.

DISCUSSÃO E CONCLUSÃO:

- As células são todas iguais? Quais são as suas semelhanças e suas diferenças?
- Com base nas questões do roteiro de prática, o que foi possível observar durante a aula? Como as observações podem ser associadas com o que foi discutido durante a aula?

REFERÊNCIAS:

[1] https://www.pinterest.com/pin/585327282835955705/
[2] https://www.pinterest.com/pin/1137370080868533932/
[3] https://repositorio.ufgd.edu.br/jspui/bitstream/prefix/3103/1/praticas-de-biologia-celular.pdf

Figura 2. Roteiro 2 - Tipos celulares. Fonte: Elaboração própria.

ROTEIRO - AULA 3

AULA TEÓRICO-PRÁTICA

TEMA: Célula procarionte e principais diferenças entre células eucariontes

PROBLEMATIZAÇÃO: Todas as células possuem a mesma organização do núcleo? Possuem a estrutura da membrana plasmática igual?

INTRODUÇÃO:

Sabe-se que os tipos celulares são diferentes entre si, a célula procarionte não possui núcleo delimitado por membrana, diferente da célula eucarionte que possui membrana ao redor do núcleo, delimitando-o. Além dessas diferenças quanto à organização do núcleo, elas possuem diferentes organelas, o que determina, também, a função da célula.

As células procariontes não possuem organelas. Elas são simples quanto a sua estrutura, sendo compostas no meio intercelular apenas de material genético, citoplasma e ribossomos dispostos no citosol. É envolta de membrana plasmática, parede celular e, ainda, uma cápsula. No meio extracelular pode conter flagelos e cílios que garantem movimento.

As células eucariontes são mais complexas e possuem organelas, porém se diferenciam quanto a elas, e são divididas em dois tipos, eucarionte animal e eucarionte vegetal.

OBJETIVOS:

- Aprender sobre a diferença da organização do núcleo e da membrana plasmática de células procariontes e eucariontes;
- Iniciar a confecção dos modelos das células.

MATERIAIS: Quadro branco, Marcador de quadro branco.

Para confecção dos modelos serão usados materiais de papelaria, podendo ser massa de EVA para modelar, isopor para a base da maquete, papel, cola, tesoura, entre outros materiais acessíveis e de grande durabilidade para que a maquete possa ser aproveitada.

PROCEDIMENTOS:

Desenhar a célula procarionte no quadro com o auxilio dos estudantes, conforme a imagem mostrada na aula anterior, explicando a função das estruturas.

Os alunos serão divididos em três grupos, cada um ficará responsável pela confecção de um modelo de um dos tipos celulares. Eles irão confeccionar as estruturas da célula de acordo com o que será mostrado na aula.

DISCUSSÃO E CONCLUSÃO:

- Todas as células possuem a mesma organização, principalmente com relação à delimitação do núcleo?
- Além dessa, qual outra diferença pode ser apontada quando consideramos células procariontes e eucariontes?

Figura 3. Roteiro 3 - Célula procarionte e principais diferenças entre células eucariontes. Fonte: Elaboração própria.

ROTEIRO - AULA 4

AULA TEÓRICO-PRÁTICA

TEMA: Célula eucarionte

PROBLEMATIZAÇÃO: Quais são as organelas de uma célula? São todas iguais? Quais são as suas funções?

INTRODUÇÃO:

As células eucariontes possuem organelas dispostas no citoplasma, as quais possuem funções específicas e conferem características diferentes às células.

Apesar das células eucariontes possuírem algumas organelas diferentes entre si, a maioria delas são iguais e desempenham a mesma função, sendo elas: mitocôndrias, que garantem a respiração celular; complexo de Golgi, que faz os processos de biotransformação dentro da célula; peroxissomos, que fazem a catálise de substâncias tóxicas à célula; retículo endoplasmático liso, que produz substâncias lipídicas; e o retículo endoplasmático rugoso, que faz a síntese de proteínas.

A eucarionte vegetal possui cloroplastos e vacúolo, que estão ausentes da célula animal. Além disso, as células vegetais são envoltas não só de membrana plasmática, mas de parede celular. Já as células animais, são as únicas que apresentam lisossomos, cuja função é digerir moléculas dentro da célula.

OBJETIVOS:

- Aprender sobre as organelas e suas funções em células eucariontes, distinguindo os dois tipos;
- Terminar a confecção dos modelos das células.

MATERIAIS: Datashow, computador e seus acessórios.

Para confecção dos modelos serão usados materiais de papelaria, podendo ser massa de EVA para modelar, isopor para a base da maquete, papel, cola, tesoura, entre outros materiais acessíveis e de grande durabilidade para que a maquete possa ser aproveitada.

PROCEDIMENTOS:

As organelas das células eucariontes são apresentadas à turma por meio da projeção de um mapa mental, que destaca além dos tipos celulares, as organelas e suas principais funções [1].

Após a apresentação das organelas, os alunos vão seguir para a finalização dos modelos.

DISCUSSÃO E CONCLUSÃO:

- Foi possível compreender as organelas celulares e suas funções?
- Como essas organelas puderam ser representadas nos modelos? Todos os modelos terão todas as organelas?

REFERÊNCIAS:

[1] https://www.youtube.com/watch?v=rjH2xzCwNx0

Figura 4. Roteiro 4 - Célula eucarionte. Fonte: Elaboração própria.

ROTEIRO - AULA 5

AULA TEÓRICO-PRÁTICA

TEMA: Modelos dos tipos celulares

PROBLEMATIZAÇÃO: Foi possível, através das maquetes, entender a biologia celular? Ficou mais fácil diferenciar os tipos celulares?

INTRODUÇÃO:
A biologia celular tem uma área de estudo muito ampla, mas também é base para o estudo dos demais seres vivos, uma vez que são formados por células. Dessa forma é importante que a compreensão das células e sua organização intracelular seja clara e a aprendizagem efetiva. Por serem unidades microscópicas, a visualização de uma célula por completo se torna mais difícil, algo abstrato, e por isso é importante utilizar métodos que possibilitem ilustrar as estruturas por completo.

OBJETIVOS:
- Apresentar os modelos celulares, descrevendo toda sua estrutura, organelas e função;
- Verificar se o ensino de biologia celular foi facilitado com a confecção dos modelos.

MATERIAIS: Maquetes dos tipos celulares finalizadas.

PROCEDIMENTOS:
Cada grupo levará o modelo para frente da sala e apresentará a célula que confeccionou, apresentando as organelas, estruturas celulares, funções e exemplificando em qual ser vivo a célula pode ser encontrada.

DISCUSSÃO E CONCLUSÃO:
O uso de maquetes para explicar a biologia celular é uma ferramenta importante para auxiliar no estudo e cooperar para a aprendizagem do aluno. Assim, a partir da construção dos modelos, a compreensão do funcionamento e organização das células ficou mais fácil? Foi possível compreender os temas e as diferenças entre os tipos celulares?

Figura 5. Roteiro 5 - Modelos dos tipos celulares. Fonte: Elaboração própria.

7. CONCLUSÕES

Uma vez apresentada a sequência didática para o ensino de Biologia Celular, observa-se que as aulas são estruturadas a fim de envolver o aluno e construir o conhecimento com ele, como preconiza a abordagem teórico-metodológica Ensino por Investigação. Além disso, ao se inserir a construção de maquetes pelos alunos, buscou-se uma aproximação deles com o conteúdo e com as estruturas da Biologia Celular, muitas vezes abstratas.

Assim, o capítulo traz contribuições vantajosas à área, já que possibilita cativar os alunos para os temas microscópicos, incluindo as vivências e conhecimentos já existentes em cada ator da sala de aula, destacando o aluno como protagonista do seu conhecimento.

8. REFERÊNCIAS

Alberts, B., Bray, D., Hopkin, K., Johnson, A., Lewis, J., Raff, M., Roberts, K., & Walter, P. (2017). *Fundamentos da Biologia Celular*, 4ª edição. Artmed.

Almeida, J.F., & Kiill, K.B. (2019). Modelagem tridimensional: reflexões de futuros professores de química para o ensino e aprendizagem da interação enzima-substrato. *Investigações em Ensino de Ciências, 24*(3), 282-304.

Alves, A.M. (2010). *Protistas, Fungos e Vegetais Inferiores*. CESAD.

Andrade, J., Costa, P.G., & Mateus, G.A.P. (2021). Materiais didáticos tridimensionais elaborados para aulas de ciências e biologia. In: *Encontro Internacional de Produção Científica da Unicesumar*, 12, online, Anais. UNICESUMAR.

Bachelard, G. (1996). *A formação do espírito científico*. Contraponto.

Balzuweit, K. (2016). Microscopia: muito mais que uma grande lupa. In: *Reunião Anual da SBPC*, 68, BA, Anais. SBPC.

Bettio, L.S., Mendes, M.L., Gonçalves, R.G., De Jesus, W.A., & Machado, M.F. (2020). Utilização de maquetes 3D como recurso didático ao ensino de Biologia. *Scientia Prima, 6*(1), 160-171.

Carvalho, A.M.P. (2018). Fundamentos Teóricos e Metodológicos do Ensino por Investigação. *Revista Brasileira de Pesquisa em Educação em Ciências, 18*(3), 765-794.

De Morais, G.H., & Marques, R.C.P. (2017). A importância do uso de modelos didáticos no ensino de citologia. In: *Congresso Nacional de Educação*, 4, João Pessoa, PB, Anais. CONEDU.

Dewey, J. (1978). *Vida e Educação*. 10.ed. Fundação Nacional de Material Escolar.

Driver, R. (1986) Psicología cognoscitiva y esquemas conceptuales de los alumnos. *Enseñanza de las Ciências, 4*(1), 15.

Ganeo, A.L., Cândido, L., Dos Santos, J.A., Dos Santos, L.A.F.R., Schimit, L.M., Carrenho, M.C.P., Oliveira, V.L., & Rocha-Lima, A.B.C. (2019). Célula: uma breve revisão sobre a diversidade, características, organização, estruturas e funções celulares. *UNISANTA Bioscience, 8*(4), 457-465.

Matthews, M.R. (1995). História, filosofia e ensino das ciências: a tendência atual de reaproximação. *Caderno Brasileiro de Ensino de Física, 12*(3), 164-214.

Micheletto, R.F. (2020). A mediação docente e o protagonismo estudantil. In B. Debald (Org.), *Metodologias Ativas no Ensino Superior: o protagonismo do aluno* (Cap. 6). Penso Editora.

Ministério da Educação do Brasil (1998). *Parâmetros curriculares nacionais. Ciências Naturais - terceiro e quarto ciclos do ensino fundamental*. Ministério da Educação. http://portal.mec.gov.br/seb/arquivos/pdf/ciencias.pdf

Ministério da Educação do Brasil (2018). *Base Nacional Comum Curricular*. Ministério da Educação. http://basenacionalcomum.mec.gov.br/abase/

Nicola, J.A., & Paniz, C.M. (2016). A importância da utilização de diferentes recursos didáticos no ensino de biologia. *InFor – Inovação e Formação, 2*(1), 355-381.

Orlando, T.C., Lima, A.R., Silva, A.M., Fuzissaki, C.N., Ramosa, C.L., Machado, D., Fernandes, F.F., Lorenzi, J.C.C., Lima, M.A., Gardim, S., Barbosa, V.C., & Tréz, T.A. (2009). Planejamento, montagem e aplicação de modelos didáticos para abordagem de biologia celular e molecular no ensino médio por graduandos de ciências biológicas. *Revista Brasileira de Ensino de Bioquímica e Biologia Molecular*, 1, 1-17.

Pauletti, E.S., Batista, T.P., & Dos Santos, E.G. (2021). Modelos didáticos no ensino de Biologia Celular. In: *Encontro sobre Investigação na Escola*, 17, Cerro Largo, RS, Anais. UFFS.

Piaget, J. (1976). *A equilibração das estruturas cognitivas: problema central do desenvolvimento*. Zahar.

Sá. E.F., Paula, H.F., Lima, M.E.C., & Aguiar, O.G. (2007). As características das atividades investigativas segundo tutores e coordenadores de um curso de especialização em ensino de ciências. In: *Encontro Nacional de Pesquisa em Ensino de Ciências*, 6, Florianópolis, SC, Atas. SBF.

Santos, J.S., & Cortelazzo, A.L. (2013). Os conteúdos de biologia celular no Exame Nacional do Ensino Médio – ENEM. *Avaliação, 18*(3), 591-612.

Sasseron, L.H. (2015). Alfabetização científica, ensino por investigação e argumentação: relações entre ciências da natureza e escola. *Ensaio*, 17, 49-67.

Simões, M.H. (2021). Maquete como modelo didático no ensino de biologia do desenvolvimento. *Anais do Fórum de Inovação Docente em Ensino Superior*, 4, 1-5.

Teles, N., & Fonseca, M.J. (2019). A Importância do Microscópio Ótico na Revolução Científica - das práticas educacionais à representação museológica. *História da Ciência e Ensino*, 20, 126-140.

Vygotsky, L.S. (1989). *Pensamento e Linguagem*. Martins Fontes.

LA TOMA DE DECISIONES EN LOS GRUPOS DE TRABAJO UNIVERSITARIOS: UN EJEMPLO PRÁCTICO

Silvia Escobar-Fuentes[1]*, Laura Domínguez de la Rosa*[1]*, Mario Millán-Franco*[1]

El presente texto nace en el marco de las actividades propias del Grupo de Innovación Educativa (GIE-22/193) denominado "Acercamiento de la metodología cualitativa al alumnado universitario: trabajo etnográfico y análisis del discurso". Dicho grupo ha sido financiado por la Universidad de Málaga. - Ayuda. I Plan Propio Integral de Docencia. Universidad de Málaga.

1. INTRODUCCIÓN

En los últimos años se ha consolidado la concepción de que el aprendizaje está más determinado por lo que hace el alumnado que por lo que hace el profesorado, lo que ha conllevado la aparición de nuevas metodologías y actividades de enseñanza que durante las sesiones presenciales en el aula dan el protagonismo a los discentes (Marqués, 2016). En esta línea, uno de los objetivos prioritarios, y también emergente, de los nuevos planes de estudios ha sido determinar aquellas competencias generales y específicas que permiten al estudiante disfrutar de una formación adecuada para su posterior desempeño profesional (Millán y Domínguez, 2019). Como señalan Vizcarro y Juárez (2008) ha sido fundamental adecuar los métodos de enseñanza y aprendizaje a las necesidades que presenta la sociedad. Por ello, se propone un aprendizaje que posibilite el desarrollo de una serie de conocimientos y valores, así como de actitudes y habilidades complejas para que el estudiantado pueda adquirir una formación tanto personal y ciudadana como profesional bien fundamentada (Caira *et al.*, 2014). Igualmente, estos procesos de enseñanza-aprendizaje deberían situarse en el centro de cualquier innovación educativa, ya que lo que los docentes programan en sus asignaturas es lo que marcará la diferencia en los resultados de aprendizaje del alumnado (Maquillón y Alonso, 2014).

Ruiz-Corbella (2013) manifiesta que el liderazgo es un elemento esencial para propiciar una educación de calidad y, actualmente, es un ámbito de investigación en claro auge. El concepto de liderazgo es un concepto cambiante y, como expresan Avolio *et al.* (2009), debe de sobrepasar la dimensión clásica individual, de enumeración de características, y encaminarse a una concepción social resaltando el carácter dinámico, compartido y global. El liderazgo se ha investigado, sobre todo, en el ámbito empresarial y ha tenido

1. Universidad de Málaga (España)

su trasvase al ámbito educativo. El indagar sobre el liderazgo en el sistema educativo ha hecho que se profundice sobre la relación entre este concepto y el de eficacia en el aprendizaje, además de buscar e implementar mejoras (Bolívar, 2010). De acuerdo con MacBeath y Dempster (2009), el liderazgo implica centrarse en el aprendizaje como actividad y crear condiciones favorables para el mismo.

2. OBJETIVOS

Este trabajo de investigación integra dos objetivos generales y cinco específicos, concretamente:

1. Identificar la diferencia existente entre tomar una decisión de forma individual frente a una forma colectiva.
   - 1.1. Analizar las repercusiones de los modos de trabajo en la calidad de la decisión adoptada.
   - 1.2. Favorecer el diálogo y el intercambio de opiniones entre el alumnado.
   - 1.3. Desarrollar el pensamiento crítico y la reflexión.
2. Conocer los distintos tipos de liderazgo.
   - 2.1. Reflexionar sobre los distintos tipos de liderazgo y saber identificarlos.
   - 2.2. Examinar las ventajas e inconvenientes de las diferentes formas de liderazgo.

3. METODOLOGÍA

Para cumplir estos objetivos, anteriormente descritos, se empleará una metodología activa. Es importante priorizar y organizar la enseñanza empleando métodos, centrados en diferentes estrategias didácticas, que promuevan la actividad del estudiante tanto individual como grupal y que le permita lograr las competencias que se les proponen como metas de aprendizaje (Imbernón y Medina, 2008; Rubio y Escofet, 2017). En consecuencia, se pone en práctica diferentes métodos de enseñanza innovadores sustentados en una metodología activa.

Las metodologías activas se centran en otros aspectos, más allá del conocimiento teórico, como la resolución de desafíos, la superación de dificultades y la construcción del proceso de aprendizaje (Batistello y Pereira, 2019). De este modo, el aprendizaje es concebido como un proceso de construcción social producto de la intersubjetividad, la confrontación y la reflexión colaborativa sobre la práctica (Domínguez *et al.*, 2017). Además, esta metodología permite que el estudiante pase a tener un papel más activo en el proceso de enseñanza-aprendizaje y que no le limite a ser un simple receptor de conocimiento. En este sentido, este tipo de metodologías le dan protagonismo al alumnado y convierte el proceso de aprendizaje en participativo y crítico. Así, el profesorado tiene un rol de orientador y facilitador, dejando a un lado la simple transmisión de conocimientos. Por tanto, el alumnado adquiere un papel decisivo en la adquisición de información. Igualmente, cuando el alumnado se hace cargo de su propio proceso de aprendizaje o tiene una participación directa en el proceso educativo, éste se impulsa (Bergmann y Sams, 2014).

Entre los diferentes métodos de enseñanza basados en las metodologías activas destacan el aprendizaje basado en problemas, el aprendizaje cooperativo, el estudio de caso, el aula invertida, la gamificación y la realización de proyectos. Concretamente, en este capítulo, se empleará el segundo de ellos, es decir, el aprendizaje cooperativo.

3.1. Aprendizaje cooperativo

El aprendizaje cooperativo podría definirse como una metodología activa en la que el alumnado se reúne en pequeños grupos para trabajar juntos y llevar a cabo una tarea, potenciándose su proceso de aprendizaje (Johnson *et al.* 2014). En el ámbito educativo ha ganado importancia y ha aumentado su interés desde finales del siglo XX. En este tipo de aprendizaje es muy importante que el alumnado interaccione entre ellos y cooperen. Por ello, el profesorado debe de agregar tareas que propicien y garanticen la participación, la conversación y la deliberación a nivel individual y grupal (Juárez-Pulido *et al.*, 2019). Johnson *et al.* (1998) y Johnson y Johnson (2004) manifiestan que el trabajo en equipo es indispensable en el aprendizaje basado en la cooperación y que cada participante, a nivel individual, tiene un papel relevante en el grupo, ya que dependiendo de la actitud y la forma de comportarse puede tanto promover el éxito de los demás y, por tanto, de la finalidad de la tarea, como conducir la tarea al fracaso.

Este tipo de aprendizaje tiene numerosos beneficios para el alumnado no solo vinculados con los logros académicos, sino, también, con aspectos cognitivos, psicológicos, socioeducativos y actitudinales. Donaire Castillo *et al.* (2006) expresan que el alumnado no solo aprende cuando el profesorado imparte la materia, sino que la interacción entre los y las compañeras también es fuente de aprendizaje y que les enseña otros conocimientos y habilidades distintos a los puramente académicos.

Se puede resumir que el aprendizaje cooperativo impulsa el trabajo en equipo del alumnado, potencia que se cree conocimiento en pequeños grupos, fomenta la construcción del conocimiento e incrementa el nivel de reflexión y diálogo en la toma de decisiones. Tal y como señalan Estrada *et al.* (2016) el trabajo cooperativo potencia un tipo de liderazgo compartido, teniendo en cuenta todas las opiniones e ideas del equipo, promoviendo la discusión y la toma de decisiones conjunta.

De acuerdo con Juárez-Pulido *et al.* (2019) la metodología cooperativa aplicada en pequeños grupos permite al alumnado la adquisición de competencias, actualmente, demandadas en el mundo laboral. Entre las que destacan: el liderazgo, la capacidad crítica, la comunicación, el trabajo en equipo, la división de tareas, la toma de decisiones y la resolución de conflictos.

3.2. Dinámicas de grupo

Para trabajar de forma cooperativa con nuestro alumnado hemos empleado diversas dinámicas de grupo. El término Dinámica de Grupo (a partir de ahora DG) fue usado por primera vez por el psicólogo alemán Kurt Lewin que emigró a los Estados Unidos y fue considerado uno de los fundadores de la psicología social. Lewin entendía la dinámica de grupos como aquellas fuerzas o fenómenos desarrollados dentro y fuera del grupo. Introdujo el concepto de dinámica de grupo en los años 30 del siglo XX, a consecuencia de su trabajo con pequeños grupos.

No hay una única forma de entender la DG, no se puede establecer un concepto único sobre la misma. De todas formas, apuntamos algunas que nos permiten comprender el significado de la dinámica grupal en la actualidad. Las siguientes definiciones se encuentran en el libro de Luis López (1997) «Dinámica de grupo. 50 años después»:

a) Teorías sobre regularidades y reglas de desarrollo y cambio o transformación en los grupos. Esta definición pone el acento en que la DG sirve para encontrar explicaciones de las estructuras y procesos grupales.
b) Modelo de intervención en grupo que tiene como objetivo la conversión de los procesos grupales en situaciones de aprendizaje.
c) Es una forma de explicar los cambios internos que se producen en un grupo como resultado de las fuerzas y condiciones que influyen en el grupo como un todo y de cómo reaccionan los integrantes de este.
d) Conjunto de conocimientos teóricos que pueden definir y delimitar de manera científica los fenómenos grupales. La definición más completa sería aquella que no hace solo mención a la teoría para conocer y explicar la estructura, clases, fenómenos, etc. de un grupo, sino que debería mencionar, también, la metodología de la intervención. Así podemos concluir que la DG se ocupa del:
    a. Estudio de los procesos grupales.
    b. De la formación de leyes o principios que rigen la vida de los grupos (conducta de los grupos, variaciones de la conducta individual de los miembros, relaciones entre los grupos, etc.).
    c. De la generación y análisis de las técnicas que aumenten la eficacia de los grupos.

Tras la descripción de las DG, consideramos esencial detallar, y profundizar, algunos aspectos clave que se identifican en los grupos, ya que las DG se suelen llevar a cabo en grupos. Todo grupo tiene dos elementos fundamentales que son la estructura y la toma de decisiones. A continuación, vamos a describir estos factores.

El primero de ellos hace mención a la estructura. Todo grupo en la medida que tiene una trayectoria y se enfrenta a tareas complejas, establece dentro de sí una división de funciones, surgiendo así las posiciones y «estatus» de cada uno de sus miembros. En este punto podríamos determinar tres conceptos centrales: posición grupal, el estatus y los roles.

En primer lugar, la posición grupal es el lugar que los individuos ocupan en un grupo. En segundo término, el estatus sería el puesto jerárquico por prestigio que tiene un individuo en el grupo. Las personas que en los grupos ostentan un estatus superior, son las más influyentes, bien ubicadas en las redes de comunicación y a las que se les permite una cierta desviación respecto a las redes sociales, siempre que muestren su preocupación por el grupo y sus objetivos. El conjunto de posiciones y estatus que un grupo establece crea su estructura formal o visible. Y, por último, los roles. Definimos el rol como el conjunto de conductas requerido a las personas que ocupan una posición determinada en el grupo. Se han delimitado dos tipos de roles: formales (son establecidos directamente por el grupo) e informales (surgen en el grupo como resultado de las interacciones sociales entre sus miembros).

Llegados a este punto se trata el concepto de liderazgo como parte esencial de la estructura grupal, deteniéndonos en los distintos tipos de líderes: autoritario, democrático y laissez faire, a través de ejemplificaciones de personajes relevantes.

En lo que respecta al proceso de toma de decisiones en grupo, éste tiene una serie de ventajas, pero, también, inconvenientes. Entre las ventajas, podemos destacar: una gama variada de enfoques, una mayor suma de información disponible, mejor comprensión de las decisiones, mayor aceptación de la decisión final, etc. Y, entre los inconvenientes se resaltan: lentitud a la hora de tomar la decisión, se puede propiciar el conformismo al existir una fuerte presión social, polarización (los miembros del grupo se pueden polarizar sin haber reflexionado con detenimiento las distintas opciones), excesivo protagonismo del líder del grupo y desinterés en la toma de decisiones, por abandono de responsabilidad. En términos generales, son tres las formas de tomar decisiones en un grupo:

- Por decisión autoritaria. Es muy frecuente que en los grupos haya individuos que tomen decisiones en nombre del grupo sin el consentimiento de este.
- Por acuerdo mayoritario. Una forma muy habitual de llegar a un acuerdo es votando, eligiendo la opción más votada. Implica la existencia de una mayoría y una minoría que no se ve representada en la decisión. Como principal ventaja permite adoptar una decisión incluso cuando el tema sea polémico o dificultoso.
- Consenso. Se trata de llegar a un acuerdo mediante un debate intenso y profundo, procurando que las mayorías y minorías se pongan de acuerdo. No busca un acatamiento por presión de la mayoría, sino que las decisiones sean asumidas por todos los miembros del grupo. Es la mejor manera de llegar a un acuerdo, pero implica una mayor inversión de tiempo y un alto grado de madurez, además de que debe existir una conciencia de que todos han de ceder parte de sus posturas.

3.3. Técnica de grupo

Las técnicas de grupo constituyen un conjunto de medios y procedimientos que, utilizados en situaciones de grupo, sirven para facilitar y estimular la acción y funcionamiento de este, en vista a alcanzar los propios objetivos (Trigueros, 1991). Fernández García y López Peláez (2006) definen las técnicas como procedimientos sistematizados de organización y desarrollo de la actividad grupal. Cartwright y Zander (1971) nos recuerdan que todos los teóricos y practicantes de este ámbito han partido de cuatro supuestos básicos:

1. Los grupos son inevitables.
2. Los grupos movilizan fuerzas poderosas que producen efectos de suma importancia para individuos.
3. Los grupos pueden provocar tanto consecuencias positivas como negativas.
4. Es fundamental tener una correcta comprensión de las interacciones que se producen dentro del grupo, es decir, de sus dinámicas de funcionamiento para poder lograr las tareas u objetivos que se desean lograr.

Por lo tanto, se considera que las técnicas de grupo son maneras de organizar la actividad del grupo sobre la base de los conocimientos suministrados por la teoría de la dinámica de grupos.

De acuerdo con Fernández García y López Peláez (2006) una técnica apropiada tiene el poder de activar los impulsos y motivaciones individuales y de estimular tanto la dinámica interna como la externa, para que el conjunto de fuerzas puedan estar mejor integradas y dirigidas hacia las metas del grupo. Por ello, se entiende que son procedimientos sistematizados de organización y desarrollo de la actividad grupal. En general, las técnicas comparten una serie de características que se expresan a continuación:

- No son un fin en sí misma, sino un medio.
- Responden a un objetivo profesional previamente establecido.
- Se deben adaptar las técnicas a las circunstancias.
- Hay que saber combinarlas para que sean eficaces.

- No son menos ni más, depende de la capacidad de quién las maneje.

Francia y Mata (1992) señalan que las técnicas de grupo comparten una serie de valores, entre los que destacan:

a) Son una valiosa ayuda en la socialización e individualización de los miembros del grupo.
b) Mejorar la aceptación del otro.
c) Fomentan una actitud de responsabilidad.
d) Los individuos aprenden modos más efectivos para trabajar juntos.
e) Se abren a nuevas experiencias.
f) Mejoran su comunicación.
g) Desarrollan la confianza mutua.
h) Fomentan el diálogo interpersonal.

4. DESARROLLO DE LA INVESTIGACIÓN

Para trabajar los tipos de liderazgo en el aula y la toma de decisiones se emplearon dos dinámicas: La NASA y la Jungla.

4.1. La NASA

Es una dinámica utilizada para trabajar y ejercitarse de manera práctica en el proceso de toma de decisiones grupales. Los miembros del grupo no han de tener necesariamente un alto nivel de conocimiento del tema a tratar, sobre el que tienen que jerarquizar una serie de ideas a partir de la elección de objetivos y en el que la propia decisión de un participante fácilmente puede ser rebatida por otra participante o por el grupo.

Los objetivos de la dinámica son:

- Comparar la diferencia existente entre tomar una decisión de forma individual frente a una forma colectiva por consenso.
- Analizar las repercusiones de los modos de trabajo en la calidad de la decisión adoptada.
- Vivenciar la confrontación de conclusiones y soluciones al problema por parte de personas individuales y del grupo cuando domina la incertidumbre.

A continuación, se describirá el proceso técnico de la dinámica. La primera fase se hará de forma individual, se entrega a cada participante una hoja de instrucciones (Anexo I), unas recomendaciones generales (Anexo II) y una hoja de evaluación (Anexo III), indicándoles que durante 10 minutos deben realizar el ejercicio. En la segunda fase, se subdivide al grupo en subgrupos de 5 o 6 participantes y se les pide que, durante 20 o 25 minutos, tomen una decisión por consenso sobre la misma tarea realizada en la fase 1. Y, por último, finalmente, todo el grupo, de manera consensuada, ha de tomar una decisión en un tiempo máximo de 30 minutos. Una vez llevadas a cabo las distintas decisiones (individual, subgrupal y grupal), se les indica el «orden lógico» propuesto (Anexo IV) y se compara con las tomas de decisiones individuales. Se escogen algunos casos como ejemplos, y se procede al análisis de las diferencias entre los ordenamientos individuales, subgrupales y grupales.

Una vez finalizada la actividad, y por tanto le hayamos facilitado las soluciones a los/as estudiantes, se pasa a deliberar sobre las siguientes cuestiones:

- ¿Cómo se ha tomado la decisión grupal?
- ¿Alguien imponía su criterio personal?
- ¿Había conformismo para evitar conflictos? ¿Se evitaba la discusión?
- ¿Ha habido decisiones por mayoría o por consenso?
- ¿Ha habido negociación y pacto? ¿Cómo se ha hecho?
- ¿Ha habido alguna idea discrepante de la mayoría que después haya resultado realmente más acertada?
- ¿Qué ha ocurrido con las posiciones minoritarias?
- ¿Ha habido líderes de opinión?
- ¿Qué conclusiones podemos sacar de esta actividad para nuestro funcionamiento como grupo?

Y, por último, se deben detallar algunas observaciones sobre el desarrollo y la implantación de esta dinámica. La NASA tiene una duración total aproximada de 90 minutos y se recomienda para grupos comprendidos entre 12 y 15 participantes. Para su desarrollo es necesario tanto la fotocopia con las instrucciones como las hojas de evaluación. Además, se aconseja emplear esta técnica para grupos de reciente creación, para formarlos en toma de decisiones.

4.2. La Jungla

Esta actividad consiste en analizar los distintos tipos de roles o comportamientos que se pueden dar en un grupo y establecer las pautas a seguir con cada una de ellos. Para ello, se les facilita a los/as estudiantes el documento «guía breve» (ANEXO V), para tratar a cada participante en el grupo.

Ésta forma parte de la técnica grupal para el reconocimiento de roles (técnicas centradas en el conocimiento). De esta manera, en la guía breve se detallan diferentes roles individuales/ personalidades que nos podemos encontrar en la formación de los grupos. Se intenta que el alumnado reflexione, de manera individual y en subgrupos, sobre cómo actuarían si en los grupos de trabajo se hallaran participantes con tales características. Así, el alumnado debe reconocer y ser consciente de tales personalidades y proponer recomendaciones de actuación. El tiempo estimado para la reflexión individual y subgrupal es de 30 minutos. A posteriori, junto con la docente, se tratará a nivel de grupo grande tales recomendaciones. Esta actividad permite trabajar de manera práctica los distintos roles a los que se pueden enfrentar profesionalmente. Una vez finalizada la actividad se elabora un documento de manera conjunta que les servirá de guía para atender a cada participante en el grupo. El documento se le entrega en la próxima sesión a cada uno/a de los/as estudiantes con las estrategias y recomendaciones de actuación.

Objetivos de la técnica:

- Favorecer el diálogo y el intercambio de opiniones.
- Aumentar el conocimiento mutuo entre los/as participantes.
- Iniciar al grupo en el establecimiento de reglas de comportamiento grupal.

Hay algunos aspectos a tener en cuenta:

- No es necesario llegar a un consenso del grupo grande.
- Se debe facilitar la máxima participación de todos/as.
- Hay que dejar claro que la guía entregada con las pautas a seguir en cada comportamiento es una propuesta, no una guía que necesariamente hay que secundar.
- La técnica se puede complementar con la entrega de la fotocopia «Reunión de animales» y posterior debate sobre la misma.

5. CONCLUSIONES

Este proyecto educativo tiene como principal objetivo trabajar la toma de decisiones en el grupo e identificar los diferentes tipos de liderazgo. El conocimiento sobre el liderazgo, teórico y experiencial, se desarrolla a través de las metodologías activas que los/as profesores/as emplean en sus aulas (Pachay López *et al.*, 2020).

Por ello, se ha empleado una metodología activa, basada en el aprendizaje cooperativo. Esta propuesta coincide con la sugerencia que hacen otros autores como López *et al.* (2018) cuando expresan que, actualmente, se pretende implantar programas educativos elaborados en base a perfiles profesionales, impulsar la formación práctica, promover nuevos roles docentes centrados en la orientación y el seguimiento del aprendizaje e introducir metodologías activas que favorezcan el papel dinámico del alumnado.

En esta línea, consideramos que es necesario reflexionar sobre la mejor forma de aprendizaje para que los/as estudiantes adquieran cualificaciones no solo procedimentales (dinámica de grupos y técnicas grupales) sino, también, interaccionales (cualidades humanas, habilidades sociales como la empatía, asertividad, resiliencia, negociación social, etc.), para poder ejercer la práctica profesional de manera eficaz.

6. REFERENCIAS

Avolio, B., Walumbwa, F. y Weber, T. (2009). Leadership: current theories, research and future directions. *Annual Review of Psychology, 60*, 421-449.

Batistello, P. y Pereira, A. T. C. (2019). El aprendizaje basado en competencias y metodologías activas: aplicando la gamificación. *Arquitectura y Urbanismo, XV*(2), 31-42.

Bergmann, J. y Sams, A. (2014). *Dale la vuelta a tu clase. Lleva tu clase a cada estudiante, en cualquier momento y cualquier lugar*. SM.

Bolívar, A. (2010). El liderazgo educativo y su papel en la mejora: Una revisión actual de sus posibilidades y limitaciones. *Psicoperspectivas, 9*(2), 9-33.

Caira, J., Urdaneta, E. M. y Mata, L. B. (2014). Estrategias para el aprendizaje significativo de procesos de fabricación mediante orientación constructivista. *Revista Opción, 30*(75), 92-103.

Cartwright, D. y Zander, A. F. (1971). *Dinámica de Grupos. Investigación y Teoría.* Trillas.

Domínguez de la Rosa, L., Millán-Franco, M. y Martínez Martínez, S. L. (2017). Actividades de metodología activa en Trabajo Social. En S. Alonso García, J. M. Romero Rodríguez, C. Rodríguez-Jiménez y J. M. Sola Reche (Eds.), *Investigación, Innovación docente y TIC. Nuevos horizontes educativos* (pp. 156-167). Dykinson, S. L.

Donaire Castillo, I. Mª., Gallardo Arrebola, J. y Macías Aguado, S. P. (2006). Nuevas metodologías en el aula: aprendizaje cooperativo. *Revista digital práctica docente, 3*, 1-10.

Estrada, M., Monferrer, D. y Moliner, M. A. (2016). El aprendizaje cooperativo y las habilidades socio-emocionales: una experiencia docente en la asignatura técnica de ventas. *Formación Universitaria, 9*(6), 43-62. http://doi.org/10.4067/S0718-50062016000600005
Fernández García, T. y López Peláez, A. (2006). *Trabajo Social con Grupos.* Alianza Editorial.
Francia, A. y Mata, J. (1992). *Dinámica y técnicas de grupos.* Educación Social.
Imbernón, F. y Medina, J. L. (2008). *Metodología participativa en el aula universitaria. La participación del alumnado.* Octaedro.
Johnson, D. W., Johnson, R. T. y Smith, K. A. (1998). Cooperative Learning Returns To College What Evidence Is There That It Works? *Change: The Magazine of Higher Learning, 30*(4), 26-35. https://10.1080/00091389809602629
Johnson, D. W. y Johnson, R. T. (2004). *Assesing students in groups: Promoting group responsibility and individual accountability.* Corwin Press.
Johnson, D. W., Johnson, R. T. y Holubec, E. J. (2014). *Los nuevos círculos de aprendizaje: la cooperación en el aula y la escuela.* Aique, S.A.
Juárez-Pulido, M., Rasskin-Gutman y Mendo-Lázaro, S. (2019). El aprendizaje cooperativo, una metodología activa para la educación del siglo XXI: una revisión bibliográfica. *Revista Prisma Social, 26,* 200-210.
López, L. (1997). *Dinámica de grupo. 50 años después.* Desclee de Brouwer.
López, M. C., León, M. J. y Pérez-García, P. (2018). El enfoque por competencias en el contexto universitario español. La visión del profesorado. *Revista de Investigación Educativa, 36*(2), 529-545. https://doi.org/10.6018/rie.36.2.314351
MacBeath, J. y Dempster, N. (2009). *Connecting Leadership and Learning.* Routledge.
Maquillón, J. J. y Alonso, J. I. (2014). *Experiencias de innovación y formación en educación.* Edit.um.
Marqués, M. (2016). Qué hay detrás de la clase al revés (*flipped classroom*). *Actas de las XXII Jornadas sobre la Enseñanza Universitaria de la Informática (Jenui).* Almería, 6-8 de julio 2016. (pp. 77-84).
Millán, M. y Domínguez, L. (2019). El aprendizaje colaborativo y las TICS en el Grado de Trabajo Social. En REDINE (ed.), *Estrategias y metodologías didácticas: Perspectivas actuales* (pp. 59-69). Adaya Press.
Pachay López, M. J., Rodríguez Gámez, M. y Vera Pachay, L. M. (2020). Aprendizaje cooperativo una metodología activa innovadora. *Revista Atlante Cuadernos de Educación y Desarrollo,* Agosto, 1-14. https://www.eumed.net/rev/atlante/2020/08/aprendizaje-cooperativo.html
Rubio, L. y Escofet, A. (2017). *Aprendizaje-Servicio (ApS): claves para su desarrollo en la Universidad.* Octaedro.
Ruiz-Corbella, M. (2013). Liderazgo y responsabilidad educativa: el necesario liderazgo de directores y profesores en la educación. *Revista Fuentes, 14,* 85-104.
Trigueros I. (1991). *Manual de prácticas de Trabajo Social Comunitario en el movimiento ciudadano.* Siglo XXI.
Vizcarro, C. y Juárez, E. (2008). ¿Qué es y cómo funciona el aprendizaje basado en problemas? En J. García (coord.). *El aprendizaje basado en problemas en la enseñanza universitaria* (pp. 17-36). Universidad de Murcia.

7. ANEXOS

7.1. Anexo I. Hoja instrucciones

Ustedes pertenecen a un grupo de cosmonautas (cinco personas). En un viaje individual tenían el encargo de encontrarse con la nave nodriza en la superficie iluminada de la luna. A causas de dificultades técnicas, su nave espacial tuvo que alunizar a 300 km de la nave nodriza. Durante el alunizaje se ha destruido gran parte del equipo de a bordo. Su supervivencia depende de que usted consiga llegar a pie a la nave nodriza. Solo puede llevarse consigo lo más imprescindible para poder superar esa distancia. Más abajo se especifica una relación de 15 elementos que se han salvado de la destrucción. Su labor consiste en hacer una clasificación de los objetivos enumerados que sean más o menos importantes para que la tripulación se los lleve consigo. Den el número 1 a la posición más importante, el número 2 a la que le sigue en importancia, etc., hasta que estén clasificadas las 15 posiciones por orden de importancia. Relación de elementos:

- 1 caja de cerillas.
- 20 metros de cuerda de nailon.
- 1 hornillo portátil.
- 1 lata de leche en polvo.
- 1 brújula magnética.
- Cartuchos de señales.
- 1 receptor y emisor de FM0l.
- 1 bote neumático con botellas de CO_2.
- 1 lata de alimento concentrado.
- 30 metros de seda de paracaídas.
- 2 pistolas de 7,65 milímetros.
- 1 bombona de oxígeno de 50 litros.
- 20 litros de agua.
- 1 maletín de primeros auxilios.
- 1 mapa estelar (constelación lunar).

7.2. Anexo II. Recomendaciones generales

- Evite imponer su decisión personal a los/as otros/as. Argumentos con lógica.
- Evite transigir, simplemente para lograr unanimidad o eludir conflictos. Apoye otras opiniones solo cuando coincidan con las suyas, al menos en parte.
- Evite las técnicas de solución de conflictos, como elección por mayoría, cálculo de promedio o pactos.
- Considere las opiniones discrepantes más bien como una contribución provechosa en lugar de sentirlas como perturbadoras.

7.3. Anexo III. Hoja de evaluación

	Individual	Subgrupo	Grupo	Resultados
Cerillas				
Alimento concentrado				
Cuerda de Nailon				
Seda paracaídas				
Hornillo				
Pistolas				
Bombona de oxígeno				
Mapa estelar				
Bote neumático				
Brújula magnética				
20L de agua				
Cartucho de señales				
Maletín primeros auxilios				
Recetor-emisor de FM				
Leche				

7.4. Anexo IV. Orden lógico

Orden lógico para el ejercicio de la NASA:

1. Oxígeno. Necesario para respirar.
2. Agua. Necesaria para las pérdidas de líquido del cuerpo y su mantenimiento.
3. Mapa estelar. Medio fundamental de orientación.
4. Concentrado alimenticio. Necesario para la subsistencia.
5. Radio. Sirve para hacer llamadas de socorro a la nave nodriza.
6. Cuerda de nailon. Para vendar o trepar.
7. Maletín de primeros auxilios. Para posibles heridas.
8. Seda de paracaídas. Protege contra los rayos solares.
9. Bote neumático. Contiene botellas de CO_2 con las que se pueden propulsar sobre precipicios.
10. Cartucho de señales. Posible llamada de socorro cuando se esté cerca de la nave nodriza.
11. Dos pistolas. Podrían servir como autopropulsión.
12. Leche en polvo. Gastaría mucha cantidad de agua, teniendo por otro lado el alimento concentrado.
13. Hornillo. Poco útil. Solo para iluminarse en el lado oscuro de la luna.
14. Brújula magnética. En la luna no hay polo magnético.
15. Caja de cerillas. Es muy evidente.

7.5. Anexo V

Roles para dramatizar:

- 1.Tipo discutidor
- 2.Tipo positivo
- 3. Tipo "que todo lo sabe"
- 4. Tipo locuaz
- 5. Tipo tímido
- 6. Tipo ausente
- 7. Tipo concentrado
- 8. Tipo pedante
- 9. Tipo astuto

DEAMBULAR COMO HERRAMIENTA DE APRENDIZAJE EMULANDO A LA ESCUELA PERIPATÉTICA: WALKING MINDS

Raquel Faubel[1]

1. INTRODUCCIÓN

La actividad física (AF) es un factor modificable para enfermedades no transmisibles y mentales con un gran impacto económico sobre los sistemas sanitarios. Un estudio reciente (Santos *et al.*, 2023) predice que la inactividad física causará casi 500 millones de nuevos casos de enfermedades no transmisibles en 2030 implicando costes directos sanitarios por valor de 520 billones de dólares. Por otro lado, la promoción de la actividad física es un aspecto prioritario de la promoción de la salud: no solo por esta importancia epidemiológica (Althoff *et al.*, 2017; Ding *et al.*, 2016) sino por el gradiente social de este comportamiento en la población (Ball *et al.*, 2015; Kazemi *et al.*, 2019; Moreno, 2022) ya que aquellos más privilegiados tienen más probabilidades de ser físicamente activos y menos actividades sedentarias que sus semejantes menos privilegiados.

Una de las estrategias para la promoción de la actividad física es su incorporación a la vida diaria como es el caso del transporte activo. Es bien conocido que caminar regularmente mejora nuestra salud. La Organización Mundial de la Salud recomienda andar para reducir el riesgo de padecer enfermedades cardiovasculares, diabetes, cáncer, mantener bajo control el peso corporal, y sobre todo para mantener una adecuada salud mental. Este beneficio es importante para cualquier edad, pero adquiere especial relevancia en los jóvenes y niños, y marca gran diferencia en los adultos. Las comunidades universitarias engloban todos estos grupos de edad, bien en estudiantes, PAS, PDI -y aquellos que participan en programas específicos dirigidos a adultos mayores o público infantil.

Se recomienda caminar un promedio de 150 minutos por semana y para ello se puede fijar el objetivo de hacerlo unos 30 minutos al día (*WHO Guidelines on Physical Activity and Sedentary Behaviour*, 2020). Si la persona es sedentaria, se podría iniciar un programa de adaptación, empezando por caminar 15 minutos al día, durante dos semanas e ir incrementando progresivamente 5 minutos hasta llegar a realizar una caminata de media hora o incluso una hora. Este hábito lo podemos incluir en nuestra forma de desplazarnos a la universidad (trabajo, estudio, ocio), optimizando el tiempo y ganando bienestar. Un aspecto relevante es caminar con ropa cómoda, y zapatos adecuados y siguiendo las medidas de seguridad llevando elementos reflectantes si es de noche y eligiendo una ruta segura. Es importante también mantener una buena postura caminando con la barbilla

1. Universitat de València (España)

en alto y los hombros un poco hacia atrás, iniciando el apoyo con el talón del pie, con los dedos de los pies apuntando hacia adelante y moviendo los brazos naturalmente (NIDDK, 2018). Existen numerosas iniciativas para promover el caminar en diversos países como por ejemplo *Walking for Health* en Reino Unido (https://www.nhs.uk/live-well/exercise/running-and-aerobic-exercises/walking-for-health/) o el Passeig Saludable en la UV (https://www.uv.es/nau-gran/es/passeig-saludable/passeig-saludable.html).

Pero, ¿a qué velocidad o intensidad debemos hacerlo? Estudios recientes (Tudor-Locke *et al.*, 2019) han determinado que la cadencia de una caminata con intensidad moderada es de 100 pasos por minuto y, si queremos alcanzar una intensidad elevada –aquella que no nos permite mantener una conversación- debemos realizar 130 pasos por minuto. Por ejemplo, en la Universitat de València, saliendo del campus de Blasco Ibáñez hasta la Nau (en el centro de la ciudad) se recorren 1,5 km. aprox. Con una longitud media de paso de 50 cm y de intensidad moderada (100 pasos/min) se recorrerán 50 metros al minuto completando esta distancia en menos de 30 minutos y habiendo cumplido el objetivo diario (Red Valenciana de Universidades Públicas Saludables, 2019).

Los beneficios de caminar van más allá de su efecto en las variables clínicas ya que genera también un impacto social a nivel individual y también comunitario mejorando el comercio local y reduciendo la criminalidad. También favorece la comunicación interpersonal -sobre todo al hacerlo en grupo de amigos o familia mejorando la actitud y la comunicación entre ellos- y te conecta con el entorno y con tus vecinos. Mejora también el rendimiento académico y laboral como ya proponían los filósofos peripatéticos y hecho en el que se basa el proyecto de innovación docente *Walking Minds*. E incluso ahondando en el término flâneur -sobre el que ya reflexionó Henry Thureau en el s. XIX (Thureau, 1862), Robert Walser en el s. XX ((Walser, 1917) y en el que se escuda el escritor Iain Sinclair en el s. XXI (Sinclair, 2015)- caminar se considera un instrumento de interpretación simbólica del territorio, una herramienta crítica e incluso un acto de resistencia frente a la gentrificación.

La vinculación entre el caminar y el aprendizaje queda patente ya desde la antigüedad clásica con la Escuela Peripatética de Aristóteles. El término peripatéticos es una trasliteración del término del griego antiguo *περιπατητικός*. Etimológicamente significa los paseantes, y con este apelativo son conocidos los alumnos y seguidores de Aristóteles (384–322 a. C.), debido a que en su escuela, el Liceo, había un perípatos (paseo cubierto) en el que, según se cuenta, Aristóteles impartía sus clases mientras paseaba (Auckland University, 2016; Mueller, 2019; Peripatéticos, n.d.). Cabe destacar en este sentido el concepto de movimiento establecido por Aristóteles que entiende el movimiento como actualidad de lo potencial y que es de especial de interés en su aplicación al aprendizaje. Es decir, usando como ejemplo lo construible, la actualidad de lo construible (y por tanto el movimiento) es el propio proceso de construcción, como podría ser la construcción de una casa. Este concepto es aplicable al aprendizaje entendido éste como proceso de formación ya que el movimiento es la actualidad del propio proceso de aprendizaje. Por ello, queda patente desde la perspectiva de Aristóteles la vinculación entre el acto de caminar y el proceso de aprendizaje como movimiento (Aristóteles, 1995). Asimismo, se vincula también el movimiento, (especialmente deambular pero también otros movimientos como, por ejemplo, la danza) con el proceso de búsqueda y así -entendiendo el aprendizaje como una búsqueda- el propio movimiento de la deambulación nos dirige y guía en dicho proceso de búsqueda/aprendizaje.

2. OBJETIVOS

El objetivo de este trabajo es implementar y evaluar una intervención (*Walking Minds*) basada en el deambular como herramienta de aprendizaje y de percepción crítica del entorno dirigida a estudiantes universitarios para promover la actividad física. Los objetivos específicos incluyen evaluar el aumento del nivel de AF, la mejora en la percepción de la importancia y de la motivación para realizar AF e identificar barreras para la utilización de transporte activo. Por otro lado, otros objetivos específicos relacionados con su utilización como metodología docente son la mejora de la motivación de la asignatura, de la satisfacción con la intervención y la mejora de la asistencia y participación en clase.

3. METODOLOGÍA

El diseño y la evaluación de la intervención *Walking Minds* se realizó aplicando el modelo RE-AIM (Representatividad y Alcance, Efectividad, Adopción, Implementación, Mantenimiento) y la aproximación *Intervention Mapping* para el mapeo de la intervención.

El marco RE-AIM (http://re-aim.org/) es una herramienta que permite evaluar la validez interna y externa de intervenciones de promoción de la actividad física. Proporciona una evaluación exhaustiva de la cobertura, eficacia/efectividad, adopción, implementación y mantenimiento de programas sobre actividad física.

La aproximación *Intervention Mapping* (Kok *et al.*, 2013) permite basar en la teoría el diseño, la implementación y la evaluación de una intervención de promoción de la salud implicando al individuo y a la comunidad en todas las fases (Israel, 2013). Esto permite diseñar la intervención basándose en los constructos psicológicos necesarios para el cambio de comportamiento, para identificar métodos que favorezcan el cambio y por último evaluar los motivos que han llevado al cambio. Es una aproximación iterativa que incluye seis pasos (identificar necesidades, identificar los resultados y objetivos del cambio, planificar el programa, crear el programa, diseñar un plan de implementación y un plan de evaluación).

4. DESARROLLO DE LA INVESTIGACIÓN

La intervención *Walking Minds* se ha diseñado para implementarse en dos sesiones. La primera sesión será una clase práctica de al menos de dos horas de duración que se dividirá en tres partes que incluyen: a) presentación de la metodología y planteamiento de objetivos de la clase práctica en el aula, b) realización de la intervención de aprendizaje en deambulación, y c) de nuevo en el aula, presentación de conclusiones por parte del alumnado y evaluación de la intervención. En la segunda sesión, en una clase teórica o práctica una semana después de la primera sesión, se realizará un análisis cuantitativo de las rutinas de actividad física del alumnado y una reflexión cualitativa para identificar posibles activos para aumentar el nivel de actividad física.

La duración prevista de la primera sesión es de dos horas, que se ha distribuido entre las fases: 15-20 minutos para la presentación en el aula, un mínimo de 70 minutos de deambulación y 15-30 minutos para la tercera fase de conclusiones y evaluación de la intervención en el aula. La segunda sesión tendrá una duración de 15-30 minutos.

4.1. Diseño de la intervención *Walking Minds*

Walking Minds se diseñó e implementó aplicando la aproximación *Intervention Mapping* y el modelo RE-AIM.

En el paso 1 de *Intervention Mapping* se estableció un modelo lógico (teórico) del problema. Para ello, se creó un grupo de planificación que permitió también describir el contexto de la intervención incluyendo la población, el entorno y la comunidad. Específicamente, se decidió realizar la intervención en un entorno natural espontáneo -excluyendo pistas deportivas y campos de entrenamiento- accesible y seguro desde el centro educativo. Como comunidad se consideró el alumnado ya que comparten unos valores, comparten un espacio y disponen de una estructura social ya que las relaciones entre ellos están establecidas desde el inicio de curso. Por último, se identificaron las necesidades considerando que los estudiantes universitarios de primeros años se enfrentan a un cambio de vida (alejarse de familias, vivir solos, exigencia de estudio universitario...) y suelen tener poco tiempo para actividad física en tiempo libre, aunque algunos de ellos realizan ejercicio y deporte reglado. El inicio de la universidad, entendido como paso a la vida adulta, coincide con una reducción de la actividad física (Keating *et al.*, 2005) aunque dicho inicio de vida como individuos independientes es un buen momento para realizar intervenciones que favorezcan establecer estilos de vida saludable. En cuanto a los agentes ambientales se incluyen agentes interpersonales (familias, compañeros, profesores que pueden apoyar la realización de AF en el ambiente universitario) y especialmente agentes ambientales relacionados con el entorno para que favorezca entornos más saludables (en este caso, entornos paseables) tanto organizacionales, comunitarios, sociales y técnicos.

En el paso 2 de *Intervention mapping* se definió el modelo lógico del cambio incluyendo la definición de los objetivos y de los resultados esperados respecto al comportamiento y el entorno. Se identificaron los determinantes respecto al comportamiento y al entorno creando un modelo lógico del cambio (Figura 1). Asimismo, se identificaron los objetivos de acción y los objetivos de cambios (Tabla 1) y se definió una matriz de cambio para la intervención *Walking Minds* (Anexo 1).

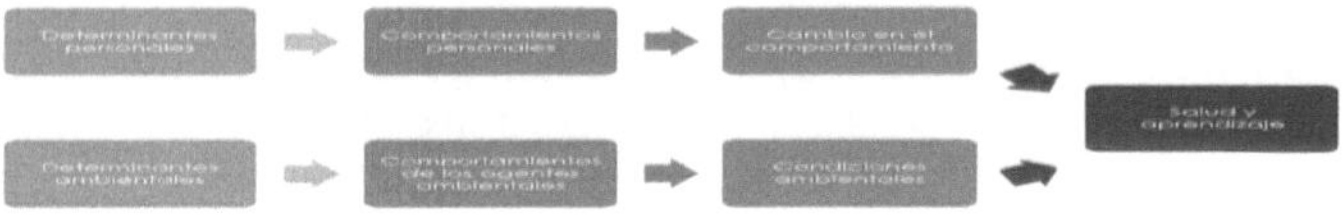

Figura 1. Modelo lógico del cambio. Fuente: Elaboración propia.

Necesidad	Objetivos de acción	Objetivos del cambio	Determinantes	Resultados
1. Estudiantes inician vida independiente con estilos de vida poco saludables, especialmente AF	El estudiante decide realizar AF	El estudiante muestra motivación hacia la realización de AF	Conocimiento Riesgo percibido Actitudes	Aumento de la motivación para la realización de AF
	El estudiante organiza su rutina para realizar más AF	El estudiante describe cuándo realizará AF (p.e. movilidad andando o bicicleta en el o al campus)	Autoeficacia Normas sociales percibidas	Aumento de la realización de AF
	El estudiante conoce los recursos disponibles para realizar AF	El estudiante describe dónde realizará AF (y qué tipo)	Conocimiento	Aumento de la realización de AF
2. La universidad incentiva la realización de AF y favorece un campus más paseable	La universidad proporciona recomendaciones sobre beneficios de estilos de vida saludables	La universidad describe cómo y quién redactará las recomendaciones	Conocimiento Riesgo percibido Actitudes	Redacción de recomendaciones sobre estilos de vida saludables
	La universidad organiza eventos de promoción de estilos de vida saludables	La universidad establece cuándo realizará estos eventos	Autoeficacia	Realización de dos eventos anuales de la universidad dirigidos a la promoción de la salud.
	La universidad decide mejorar sus instalaciones o presiona políticas locales para mejorarlas para crear un campus más paseable	La universidad establece propuestas que favorezcan moverse andando en el campus	Autoeficacia	Propuestas para favorecer la AF

3. Estudiantes no tienen suficiente motivación para la asignatura	El estudiante decide participar en las clases de la asignatura	El estudiante participa en las clases de la asignatura	Conocimiento Actitudes Autoeficacia Normas sociales percibidas	Aumento de la motivación por la asignatura (percibida por el profesorado y autopercibida)
	El estudiante dedica tiempo de estudio a la asignatura	El estudiante describe cuándo y cuánto tiempo dedicará al estudio de la asignatura	Conocimiento Riesgo percibido Actitudes Autoeficacia Normas sociales percibidas	Mejora de las calificaciones en la asignatura respecto al curso anterior
	El estudiante decide asistir a las clases de la asignatura	El estudiante asiste a las clases de la asignatura	Conocimiento Riesgo percibido Actitudes Autoeficacia Normas sociales percibidas	Mejora de la asistencia a las clases de la asignatura respecto al año anterior

Tabla 1. Identificación de objetivos de acción y objetivos del cambio de la intervención Walking Minds. Fuente: Elaboración propia.

Los pasos 3, 4 y 5 de *Intervention Mapping* (planificación y creación del programa junto con el plan de implementación) se realizaron de forma híbrida aplicando también el modelo RE-AIM.

En cuanto al modelo RE-AIM, respecto a la representatividad y alcance: se definió el número y porcentaje de la población diana que participaron y su representatividad. Se usó como denominador el número de alumnos de la asignatura como potenciales participantes y en el numerador, el número real de estudiantes que participan. Para la representatividad se compararon las variables sociodemográficas de los que participaron frente al total de potenciales participantes. Para asegurar la posible participación de estudiantes con diversidad funcional, se analizó la adaptación necesaria para diferentes personas con diversidad funcional para poder realizar la intervención.

Respecto a la efectividad, se establecieron variables resultado y el instrumento de medida para cada una de estas variables. Asimismo, se estableció el tiempo (o tiempos) de recogida para cada una de las variables. Se establecieron cuatro tiempos de recogida de información (T0, T1, T2, T3). Se describirá con más detalle en la evaluación de la efectividad. Respecto a la adopción, se incluye el número y representatividad de los centros que participan.

Respecto a la implementación, los dos componentes del programa son la deambulación y el análisis y mejora de las rutinas de actividad física de los participantes. En este caso se realizó de forma puntual en el marco de la primera sesión práctica de la asignatura, aunque también podría realizarse de forma semanal en varias o todas las sesiones prácticas de una determinada asignatura, siempre que los objetivos de la sesión permitan la implementación de la deambulación. El uso de recursos relacionados con la intervención incluye por un lado el tiempo de preparación de la sesión de deambulación por parte del profesorado tanto respecto a la adaptación de contenidos a la intervención como en elección del espacio para deambular y, por otro lado, el tiempo del profesorado o personal investigador para analizar las rutinas de actividad física e identificar activos para la mejora.

Respecto al mantenimiento, se incluye el mantenimiento de resultados a nivel de individuo (valorando la efectividad en las variables resultados a lo largo del tiempo) y a nivel de centros.

4.1. Evaluación de la intervención *Walking Minds*

La evaluación se realizó mediante un estudio cuasiexperimental antes-después estableciendo cuatro tiempos de recogida de información: T0 antes de la implementación de la intervención, T1 una semana después, T2 (durante la asignatura, solamente por parte del profesorado) y T3 en el curso académico siguiente.

La variable resultado principal es la realización de AF a través de la versión corta del cuestionario IPAQ (Craig *et al.*, 2003). Asimismo, también se recogen otras variables relacionadas con la AF, con la actitud hacia la asignatura, estado de salud y otras variables (edad, sexo, nivel de estudios de los progenitores, distancia aproximada de casa a la facultad, horas semanales dedicadas a deporte reglado, a ocupación laboral remunerada o actividades de cuidado, a otras actividades de formación o voluntariado y consumo de tabaco y consumo de alcohol).

	T0	T1	T2	T3	Instrumento
Nivel de actividad física	x	x		x	IPAQ
Percepción de importancia de la AF	x	x		x	Escala Likert
Motivación para realizar AF	x	x		x	Escala Likert
Distancia desde domicilio a facultad	x	x			Cuestionario ad-hoc
Forma de transporte habituales y frecuencia de uso de cada una	x	x		x	Cuestionario ad-hoc
Barreras de la utilización de estos medios de transporte.		x		x	Estudio cualitativo
Identificar en qué momento podría hacer más AF		x			Estudio cualitativo
Motivación hacia la asignatura	x			x	Escala Likert
Satisfacción y utilidad de la metodología		x			Escala Likert
Asistencia y participación en clase	x		x	x	Cuestionario ad-hoc
Estado de salud	x			x	Escala Likert
Otras variables	x				Cuestionario ad-hoc

Tabla 2. Evaluación de la intervención Walking Minds. Fuente: Elaboración propia.

5. CONCLUSIONES

Las conclusiones de este trabajo muestran que la intervención *Walking Minds* puede ser una herramienta de aprendizaje factible que incluye tres perspectivas: como metodología docente, conocimiento crítico del entorno del campus y de la ciudad y promoción de la actividad física. Ello podría favorecer la adquisición de las competencias y los resultados de la asignatura y mejorar la satisfacción del alumnado así como promover la actividad física y el transporte activo.

6. REFERENCIAS

Althoff, T., Sosič, R., Hicks, J. L., King, A. C., Delp, S. L., y Leskovec, J. (2017). Large-scale physical activity data reveal worldwide activity inequality. *Nature, 547*(7663), 336–339. https://doi.org/10.1038/nature23018

Aristóteles. (1995). *Física.* Gredos.

Auckland University. (2016). *Peripatetic Encounter.* Auckland University https://peripateticencounter.weebly.com/walk-ii.html

Ball, K., Carver, A., Downing, K., Jackson, M., y O'Rourke, K. (2015). Addressing the social determinants of inequities in physical activity and sedentary behaviours. *Health Promotion International, 30*(suppl 2), ii8–ii19. https://doi.org/10.1093/heapro/dav022

Craig, C. L., Marshall, A. L., Sjöström, M., Bauman, A. E., Booth, M. L., Ainsworth, B. E., Pratt, M., Ekelund, U., Yngve, A., Sallis, J. F., y Oja, P. (2003). International physical activity questionnaire: 12-country reliability and validity. *Medicine and Science in Sports and Exercise, 35*(8), 1381–1395. https://doi.org/10.1249/01.MSS.0000078924.61453.FB

Ding, D., Lawson, K. D., Kolbe-Alexander, T. L., Finkelstein, E. A., Katzmarzyk, P. T., Van Mechelen, W., y Pratt, M. (2016). The economic burden of physical inactivity: A global analysis of major non-communicable diseases. *The Lancet, 388*(10051), 1311–1324. https://doi.org/10.1016/S0140-6736(16)30383-X

Israel, B. A. (Ed.). (2013). *Methods for community-based participatory research for health* (2nd ed). Jossey-Bass.

Kazemi Karyani, A., Karmi Matin, B., Soltani, S., Rezaei, S., Soofi, M., Salimi, Y., Moradinazar, M., Hajizadeh, M., Pasdar, Y., Hamzeh, B., Barzegar, L., Haghdoost, A. A., Malekzadeh, R., Poustchi, H., Mohammadi, Z., Faramarzi, E., Safarpour, A. R., Pourfarzi, F., Moosazadeh, M., ... Najafi, F. (2019). Socioeconomic gradient in physical activity: Findings from the PERSIAN cohort study. *BMC Public Health, 19*(1), 1312. https://doi.org/10.1186/s12889-019-7715-z

Keating, X. D., Guan, J., Piñero, J. C., y Bridges, D. M. (2005). A Meta-Analysis of College Students' Physical Activity Behaviors. *Journal of American College Health, 54*(2), 116–126. https://doi.org/10.3200/JACH.54.2.116-126

Kok, G., Gottlieb, N. H., Bartholomew, L. K., y Parcel, G. S. (2013). *Planning health promotion programs: An intervention mapping approach.* Jossey-Bass.

Moreno Llamas, A. (2022). *Determinantes sociales de la actividad física y el sedentarismo en la población adulta europea.* Universidad de Murcia http://hdl.handle.net/10201/118309

Mueller, E. (2019). *Walking as artistic practice.* https://teaching.ellenmueller.com/walking/2022/05/01/aristotle-the-peripatetic-school-335-bce/

NIDDK. (2018). *Walking: A step to the right direction.* National Institute of Diabetes and Digestive and Kidney Diseases. http://abnetworking.org/wp-content/uploads/2018/01/WIN_Walking-1.pdf

Peripatéticos (n.d.). En *Enciclopedia Herder.* https://encyclopaedia.herdereditorial.com/wiki/Peripat%C3%A9ticos

Red Valenciana de Universidades Públicas Saludables. (2019). *Guía para la movilidad/actividad física saludable y sostenible en el entorno universitario.* Universitat de València. https://www.uv.es/uvsostenible/UV_Guia_Movimiento_Saludable.pdf

Santos, A. C., Willumsen, J., Meheus, F., Ilbawi, A., y Bull, F. C. (2023). The cost of inaction on physical inactivity to public health-care systems: A population-attributable fraction analysis. *The Lancet Global Health, 11*(1), e32–e39. https://doi.org/10.1016/S2214-109X(22)00464-8

Sinclair, I. (2015). *La ciudad de las desapariciones.* Alpha Decay.

Thureau, H. D. (1862). *Caminar*. Ardora.

Tudor-Locke, C., Aguiar, E. J., Han, H., Ducharme, S. W., Schuna, J. M., Barreira, T. V., Moore, C. C., Busa, M. A., Lim, J., Sirard, J. R., Chipkin, S. R., y Staudenmayer, J. (2019). Walking cadence (steps/min) and intensity in 21–40 year olds: CADENCE-adults. *International Journal of Behavioral Nutrition and Physical Activity, 16*(1), 8. https://doi.org/10.1186/s12966-019-0769-6

Walser, R. (1917). *El paseo*. Siruela.

WHO (2020). Guidelines on physical activity and sedentary behaviour. World Health Organization. https://www.who.int/publications/i/item/9789240015128

REVISIÓN BIBLIOMÉTRICA SOBRE LA INFLUENCIA DE LOS VIDEOJUEGOS EN EDUCACIÓN

Alejandro Fernández-Pacheco García[1]

1. INTRODUCCIÓN

La educación tal y como la conocemos está en proceso de cambio, pero no es una cuestión reciente ni será una cuestión pasajera a la que demos respuesta ahora y ya esté resuelta.

La educación estuvo, está y estará en continuo cambio, tal y como sugiere Bauman (2008), "...en el torbellino de cambios, el conocimiento se ajusta al uso instantáneo y se concibe para que se utilice una sola vez" (p.29)

Partimos de la base de que venimos de una enseñanza tradicional que poco a poco intenta adaptarse a todos estos cambios que la sociedad actual demanda y por supuesto, que la escuela actual demanda. Tiempos líquidos provocados por la inclusión de las nuevas tecnologías, las redes sociales y las telecomunicaciones.

Las nuevas generaciones se mueven en estos territorios ubicuos adquiriendo y desarrollando así unas competencias que permanecen ocultas para nuestro sistema educativo que sigue priorizando una educación formal, estandarizada, uniforme y paramétrica sin darse cuenta de que lo esencial en el aprendizaje sigue siendo invisible a la educación formal (Moravec y Cobo, 2011).

Es un tiempo convulso en el cual debemos adaptarnos o morir en el intento. Podemos optar por seguir anclados en una enseñanza tradicional y obsoleta o subirnos al barco que navega en aguas de cambio en el que actualmente estamos inmersos.

Además, es muy importante que tengamos en cuenta al alumnado de hoy en día, estos nativos digitales cuyas redes neuronales son dispersas y ubicuas, lo que hace que dificulte esa capacidad de atención que requiere la metodología tradicional. En este sentido, si queremos captar su atención, motivarlos y atraerlos hacia el conocimiento debemos buscar herramientas adecuadas para potenciar esta cuestión.

La sociedad va cambiando y evolucionando, por lo que es necesario innovar en la educación. Las innovaciones que se lleven a cabo deben estar encaminadas a implementar metodologías motivadoras para el discente (Naranjo, 2009), ya que para que el alumno se involucre y participe de manera activa y significativa en el proceso de aprendizaje, la motivación es un punto fundamental a tener en cuenta en dicho proceso.

---

1. Alejandro Fernández-Pacheco García. Profesor contratado en la Universidad de Nebrija.

Es trascendental detenernos y preguntarnos por qué unas metodologías tienen mejores resultados que otras. Para responder a esta pregunta es fundamental pararnos a observar a los estudiantes en su día a día. Cuando lo hacemos, nos percatamos de que se pasan gran parte de su vida jugando y utilizando las nuevas tecnologías. Por esto, la innovación metodológica que va ganando mucho terreno en la actualidad es la incorporación de los videojuegos en el aula.

Según Núñez Barriopedro *et al.* (2020), en la actualidad, el estudio de los videojuegos es una temática en auge que cada vez cobra mayor importancia no sólo en el ámbito de las personas consumidoras o de las empresas productoras, sino también en el ámbito educativo, siendo éstos una herramienta de gran influencia en los valores culturales que adquieren los niños y adolescentes. Por tanto, cada vez son más los estudios que se están llevando a cabo sobre las implicaciones cognitivas que supone la implantación de videojuegos en el aula y cómo influyen en la educación.

Para Gros (2008), los ordenadores, videoconsolas, videojuegos, smartphones, tabletas, y el conjunto de instrumentos electrónicos que se integran en la sociedad del siglo XXI "son una realidad que no puede obviarse y merece la pena ser estudiada e investigada para facilitar la integración natural de esos medios en el sistema educativo formal" (p.28). No obstante, existe controversia entre individuos que apoyan el uso de los videojuegos y las tecnologías como una herramienta al servicio de la educación y quienes únicamente ven peligros y amenazas para los estudiantes en el uso de esta herramienta en las aulas.

Ahora bien, en la última década están apareciendo videojuegos de carácter formativo donde, a pesar de utilizar el diseño típico de los videojuegos, su finalidad es exclusivamente ser utilizados en el ámbito educativo y sobre todo en la educación formal. Estos videojuegos son los llamados "Juegos Serios", que para Freitas (2008), son aquellos juegos tecnológicos utilizados para propósitos ajenos al entretenimiento. Pueden tener objetivos educativos, pueden servir para entrenar, para generar sensibilización sobre un tema en concreto, etc.

En esta misma línea, Etxeberria (2008) realiza una clasificación de los videojuegos, como instrumento de aprendizaje, en cinco categorías:

Clasificación de los videojuegos	
Juegos	Características
Videojuegos convencionales	Juegos creados por la industria del entretenimiento con finalidad lúdica.
Juegos educativos	Aplicaciones con características de videojuegos utilizados para crear experiencias de aprendizaje.
Juegos serios	Juegos utilizados exclusivamente como experiencia formadora.
Juegos en línea	Juegos basados en texto simple, gráficos complejos, conexión a internet y mundos virtuales utilizados por un amplio número de participantes.
Simuladores	Juegos de modelación del mundo real que permiten predecir comportamientos del sistema.

Tabla 1. Clasificación de los videojuegos. Fuente: Etxeberria (2008)

Una vez desarrollado una breve descripción sobre las características principales de los videojuegos y su influencia en el ámbito educativo, es importante finalizar este apartado exponiendo el objetivo principal de este estudio: examinar la influencia de los videojuegos en todos los aspectos y etapas de la educación.

Para lograr el objetivo principal de la investigación, es indispensable formular una serie de preguntas de investigación que la guíen:

- ¿A partir de qué año se observa un aumento en el número de publicaciones relacionadas con la implantación de los videojuegos en educación?
- ¿Dentro de qué nivel educativo el número de investigaciones sobre los videojuegos en el ámbito académico es más elevado?
- ¿Cuáles son las principales conclusiones extraídas de los trabajos que estudian la implementación de los videojuegos en los centros educativos?

2. MATERIALES

Para llevar a cabo el análisis de los diferentes documentos elegidos como muestra de estudio se elaboró una tabla con el programa Microsoft Excel en la que se recopilaron los datos más relevantes para el estudio en cada una de las investigaciones encontradas. Todos estos datos obtenidos de las investigaciones analizadas fueron recopilados de forma manual y mecánica, revisando los documentos en cada una de las bases de datos utilizadas (WOS y Scopus) y volcando la información más significativa en la tabla de Excel. Para organizar los datos encontrados se construyó una tabla modelo que presentaba las siguientes variables: a) Título de la investigación; b) Autores; c) Etapa educativa; d) Objetivos; e) Conclusiones (Tabla 2).

Con respecto al proceso usado para la búsqueda y selección de bibliografía relevante para esta investigación se llevaron a cabo las siguientes etapas:

Etapa 1ª. Se desarrollo una búsqueda inicial cuyo objetivo principal era la localización de los ensayos que tuviesen los siguientes parámetros: "Videogames" AND "education". Esta primera búsqueda dio como resultado un total de 51 publicaciones en la base de datos WOS, mientras que en Scopus se obtuvieron 27 publicaciones. Además, otro requisito que debían tener estos documentos es que debían ser *Open Access*, obteniendo así un total de 48 publicaciones en WOS y 25 en Scopus.

Etapa 2ª. En esta segunda etapa se afinó la búsqueda escogiendo aquellos artículos que, además de tener las características indicadas en la etapa anterior, estuvieran incluidos en el ámbito de Education (44 artículos, 23 en WOS y 21 en Scopus) dentro de la pestaña "áreas de estudio" que incluyen ambas bases de datos.

Etapa 3ª. En esta última fase se realizó una lectura de los 44 artículos encontrados en la etapa anterior, seleccionando aquellos que, además de incluir los parámetros citados anteriormente, contaran con las siguientes propiedades: discentes o docentes de educación infantil, primaria, secundaria o superior eran partícipes del estudio y los videojuegos se utilizaban como refuerzo del proceso enseñanza-aprendizaje o la motivación. El producto final obtenido tras la búsqueda, selección y clasificación de toda la bibliografía encontrada fueron 11 artículos en la base de datos WOS y 10 en Scopus, de los cuales eran coincidentes 3, por lo tanto, el estudio quedó con una muestra de 18 publicaciones a analizar.

Título de la investigación	Autores	Etapa educativa	Objetivos	Conclusiones
Videojuegos educativos y pensamiento científico: análisis a partir de los componentes cognitivos, metacognitivos y motivacionales	Montes González *et al.* (2018)	No especifica	Identificar las diferentes posturas en investigación sobre el uso de los videojuegos en contextos educativos.	Cobra mucha importancia tener en cuenta bajo qué representación, condiciones y características se hace uso de un videojuego en contextos educativos.
Videojuego Minecraft como recurso para la alfabetización académica en la educación superior	Ponce y Alarcón (2018)	Educación Superior	Conocer si el uso de entornos virtuales mediante videojuegos comerciales es útil para desarrollar la lectura y escritura.	El uso de entornos virtuales mediante videojuegos mejora significativamente la escritura académica.
Gamethinking: a roadmap to a Design Thinking-based model for Game Development education	Fernandes *et al.* (2018)	Educación Superior	Utilizar el enfoque de Design Thinking para combinar y traducir los beneficios para la creación de nuevos modelos para los módulos educativos existentes.	No hay un modelo o metodología representativa que aborde específicamente los procesos de desarrollo de juegos.
Gaming como instrumento educativo para una educación en competencias digitales desde los Academic Skills Centres	Marzal y Cruz (2018)	Educación Superior	Manifestar cómo la web debe incorporarse a la Educación como un espacio educativo más.	Los niños y jóvenes obtienen de los videojuegos un enorme conjunto de información.
Engaging Primary School Children in Computational Thinking: Designing and Developing Videogames	Chiazzese *et al.* (2018)	Educación Primaria	Promover habilidades de pensamiento computacional en alumnos de Ed. Primaria.	El diseño e implementación de juegos tiene una influencia positiva en la percepción de la programación de computadoras.
Videojuego para la enseñanza del cuidado del agua	Moreno *et al.* (2019)	Educación Primaria	Diseñar un videojuego para la enseñanza del cuidado del agua.	Actitudes positivas hacía la estrategia y hacia la temática abordada.

Gamificación como estrategia pedagógica para los estudiantes de Medicina nativos digitales	Dorado y Chamosa (2019)	Educación Superior	Evaluar la viabilidad de implementar estrategias de gamificación que favorezcan el aprendizaje de nativos digitales.	La gamificación aprovecha el poder adictivo del juego, invita a ver la intersección entre los juegos y el aprendizaje como una zona que ofrece un aprendizaje agregado.
Los videojuegos en el desarrollo multidisciplinar del currículo de Educación Primaria: El caso Minecraft	Galindo (2019)	Educación Primaria	Realizar una recopilación multidisciplinar de diferentes propuestas de trabajo de Minecraft según el currículo actual de Educación Primaria.	Minecraft es una herramienta apta para trabajar contenidos del currículo de Educación Primaria de manera interdisciplinar.
Los videojuegos en la educación: Beneficios y perjuicios	Núñez Barriopedro *et al.* (2020)	No especifica	Analizar si existen diferencias significativas entre las personas consumidoras de videojuegos sobre los beneficios o perjuicios que estos aportan especialmente en educación.	Los videojuegos pueden influir en el desarrollo personal, abriendo las puertas a un uso en la educación y en otros sectores.
Exergames como una alternativa pedagógica motivadora en las clases de Educación Física: Una revisión integrativa	Corte *et al.* (2021)	Educación Secundaria	Analizar los videojuegos como una posibilidad de recurso pedagógico motivador para incrementar la práctica de ejercicios físicos y el gasto energético en las clases de Educación Física.	El uso de juegos de ejercicios puede ser una alternativa pedagógica motivadora y una herramienta para incrementar el gasto energético en las clases de Educación Física.
El uso de los videojuegos para la enseñanza de la Historia Antigua en Educación Secundaria: una investigación educativa	Jaldón (2021)	Educación Secundaria	Valorar la idoneidad del videojuego Dominations como herramienta para crear un aprendizaje significativo en el alumnado de 1.º de ESO.	Los videojuegos mejoran la motivación en el aula, mejoran la percepción de los contenidos, así como una mejora en la comprensión del tiempo histórico.

Propuesta de didáctica de la Programación en Educación Primaria basada en la gamificación usando videojuegos educativos	Cruz García *et al.* (2021)	Educación Primaria	Implantar una propuesta de didáctica de programación en Educación Primaria basada en la gamificación con un videojuego educativo.	El uso de videojuegos en educación supone mejoras significativas en el aprendizaje de los conceptos básicos y la motivación.
Contribuciones y efectos de los videojuegos en la atención a la diversidad	López Gómez *et al.* (2022)	No especifica	Verificar si los videojuegos contribuyen positivamente al desarrollo de una escuela inclusiva que considere la diversidad como motor de cambio para la sociedad y el aprendizaje.	Necesidad de profundizar en la creación de videojuegos que favorezcan la educación inclusiva.
Videojuegos y educación: análisis de tendencias en investigación	Marín Suelves *et al.* (2022)	No especifica	Conocer las posibilidades y controversias del uso de los videojuegos en educación.	Los videojuegos tienen efectos positivos en el aprendizaje, la motivación y la dinámica de la clase.
Tendencias y desafíos de los videojuegos como herramienta educativa	Ortiz y Cardona (2022)	No especifica	Realizar una revisión bibliométrica de los artículos científicos asociados a la temática videojuegos/educación.	Se presenta un creciente interés en el uso de las TIC y los videojuegos en el marco de la pandemia ocasionada por el covid-19.
Investigación con videojuegos en educación. Una revisión sistemática de la literatura de 2015 a 2020	Guerra y Revuelta (2022)	No especifica	Plasmar mediante, una revisión sistemática de literatura, el estado actual de los estudios con videojuegos en contextos educativos formales.	En investigaciones sobre videojuegos en el aula, la metodología cuantitativa es la más utilizada y los estudios con diseños descriptivos.
Los videojuegos como medio de transmisión de aprendizajes en la educación formal. Una revisión bibliográfica en el contexto luso-español	Sotomayor *et al.* (2022)	No especifica	Analizar el efecto que genera en los estudiantes el uso de los videojuegos como recurso educativo para su aprendizaje.	Existen múltiples factores en los que los videojuegos favorecen el desarrollo del aprendizaje del estudiante.

Análisis de intervenciones educativas con videojuegos en educación secundaria: una revisión sistemática	Rojas García *et al.* (2022)	Educación Secundaria	Sistematizar información empírica sobre las intervenciones de videojuegos educativos en el nivel de Educación Secundaria.	Los videojuegos son efectivos tanto para el desarrollo cognitivo como para las habilidades socioemocionales.

Tabla 2. Variables analizadas. Fuente: Elaboración propia.

3. MÉTODOS

Dávila *et al.* (2009) definen la bibliometría como "la aplicación de las matemáticas y el método estadístico a la publicación de los resultados de la investigación científica" (p. 320). Es decir, podemos afirmar que una investigación bibliométrica tiene la finalidad de aplicar datos cuantitativos a las producciones escritas fruto de la investigación. Los estudios bibliométricos parten de la obligación de cuantificar ciertos aspectos de la ciencia para poder comparar y medir. Los instrumentos empleados para medir cualquier característica de la literatura científica son los llamados indicadores bibliométricos, los cuales se pueden definir como todas aquellas medidas que dotan de información acerca de los resultados obtenidos en cualquier forma de actividad científica.

Es importante indicar que la bibliométrica trabaja desde cuatro grandes ámbitos:

- Los emisores de las producciones científicas (autores de textos en revistas, libros...).
- Los canales a través de los cuales se distribuyen las publicaciones (bases de datos, editoriales...).
- El consumidor o receptor de dichas producciones, es decir, aquellos investigadores que lo estudian.
- Y finalmente, la repercusión que tienen dichos artículos en la comunidad científica.

Por consiguiente, podemos afirman que los análisis bibliométricos posibilitan el conocimiento de los diferentes entornos y temáticas de las diversas disciplinas científicas, averiguar las preferencias de las investigaciones, reconocer a los investigadores que están trabajando, contrastar las relaciones entre investigaciones, etc. Es decir, nos permite conocer un conjunto de parámetros, gracias a los cuales, seremos capaces de establecer un paisaje general de las investigaciones pertenecientes a un campo de estudio específico.

Centrándonos en esta investigación, para la elaboración de la misma, se tuvieron presente diversas metodologías relacionadas con la revisión de la literatura científica, decantándonos finalmente por la elaboración de una revisión bibliométrica centrada en un enfoque descriptivo-retrospectivo (Veiga de Cabo et al., 2008), es decir, un análisis cuyo objetivo es definir, clasificar, catalogar y analizar acontecimientos producidos en el pasado.

Tras la elección de la metodología que se iba a llevar a cabo en este estudio, se siguieron los pasos que se exponen a continuación:

- Paso 1º: exploración y recopilación de los datos.

- Paso 2º: categorización de los artículos en virtud del área de estudio.
- Paso 3º: evaluación y reflexión de la información.

Según Ardanuy (2012), la utilización del análisis bibliométrico desde un enfoque descriptivo-retrospectivo posibilita la selección, agrupación y distribución de la literatura científica de un ámbito de estudio concreto, en este caso, los videojuegos en educación.

Antes de comenzar a definir la muestra que forma parte de esta investigación, es necesario diferenciar entre los componentes más característicos en el procedimiento de muestreo: población y muestra.

En primer lugar, definimos el muestreo como el proceso usado para extraer una muestra a partir de la población, es decir, el proceso de muestreo se basa en reconocer la población que estará representada en el estudio.

En segundo lugar, haciendo alusión a la población, el diccionario de la RAE la define, en su significado sociológico, como "conjunto de elementos sometidos a una evaluación estadística mediante muestreo" (Real Academia Española, 2020, población).

Es importante destacar que, de forma habitual, el investigador no trabaja con la totalidad de la población que estudia, sino sólo con una parte de ella; ya que a veces, ésta es muy amplia y no es fácil englobarla en su conjunto. Por ello, se selecciona una muestra representativa. Dicha muestra podemos definirla como un subconjunto o parte de la población que formará parte de la investigación.

Volviendo a nuestro estudio, en lo que respecta a la selección de la muestra, se utilizó un muestreo no probabilístico intencional, ya que se eligieron directamente los sujetos/elementos que se pretendía que formasen parte de este estudio.

Desde enero de 2023 hasta mayo de este mismo año, se buscaron, seleccionaron, clasificaron y examinaron los artículos que iban a formar parte de este estudio. Todos ellos tenían una serie de características comunes: el idioma en el que estaban elaborado los documentos debía ser español y/o inglés; Además, estos artículos debían estar publicados en las bases de datos Web Of Science (WOS) y/o Scopus,), se usaron estas dos bases de datos ya que ambas son dos de las más importantes fuentes de artículos de divulgación científica, asegurando así una mayor influencia y accesibilidad a los documentos; otra característica imprescindible para analizar los artículos, es el año de publicación: las investigaciones analizadas debían localizarse dentro de los últimos cinco años (2018-2022); y finalmente, uno de los atributos más relevantes, coincidente con el objeto de estudio de este trabajo, es la obligación de que todos los artículos tratasen la implementación de los videojuegos en la enseñanza.

Tras el filtrado final, 18 trabajos publicados en las bases de datos WOS (11 artículos) y Scopus (7 artículos) entre los años 2018 y 2022, fueron los elegidos como muestra del estudio.

4. RESULTADOS

Como se ha mencionado anteriormente, el examen realizado teniendo en cuenta los parámetros aplicados dio pie a la obtención de 18 trabajos, todos ellos publicados entre los años 2018 y 2022. Ahora bien, es importante destacar que no se analizaron artículos del año actual (2023) debido a que aún no se ha publicado ninguna investigación relacionada con las PEA y la Educación Superior. Hay que recalcar que las investigaciones más antiguas fueron las publicadas por Montes et *al.* (2018); Ponce y Alarcón (2018); Fernándes et *at.* (2018); y Marzal y Cruz (2018), un total de 4 publicaciones. Por el contrario, las publicaciones más recientes se ubican en el año 2022 y son las de Marín et *al.* (2022), Ortiz y Cardona (2022); Guerra y Revuelta (2022); Sotomayor et *al.* (2022); y Rojas (2022). En la tabla 3 podemos observar como el número de publicaciones relacionadas con los videojuegos y la educación, a lo largo de estos últimos 5 años, no ha sufrido grandes modificaciones y se ha mantenido, habiendo un ligero descenso de publicaciones en el año 2020.

Año	N.º de publicaciones	%
2018	5	27,8%
2019	3	16,7%
2020	1	5,6%
2021	3	16,7%
2022	6	33,3%
Total	n=18	100%

Tabla 3. Número de publicaciones por año. Fuente: Elaboración propia.

Con respecto al nivel educativo de los participantes de las diferentes investigaciones, se debe resaltar que las etapas de Educación Primaria y Educación Superior cuentan con el mayor número de investigaciones sobre la implantación de videojuegos en algunas de sus materias. Por otro lado, hay que apuntar que existen 7 investigaciones que no especifican el nivel educativo porque el objeto de estudio no se relaciona exclusivamente con una única etapa educativa, ya que se tratan de revisiones bibliográficas de años anteriores. Finalmente, un dato destacable, negativamente hablando, es el limitado número de artículos e investigaciones que se encuentran dentro de la educación obligatoria (Ed. Infantil, Ed. Primaria y Ed. Secundaria) y Bachillerato sumando un total de 7 estudios (menos de la mitad de los artículos analizados, 38.9%) sobre esta temática.

Nivel educativo	N.º de publicaciones	%
Ed. Infantil	0	0
Ed. Primaria	4	22,2
Ed. Secundaria	3	16,7
Bachillerato	0	0
Ed. Superior	4	22,2
No especifica	7	38,9
Total	n=18	100

Tabla 4. Número de publicaciones por nivel educativo. Fuente: Elaboración propia.

En último lugar, en lo relativo a los resultados y conclusiones sacadas de los estudios analizados que examinan la implantación de los videojuegos en los centros educativos, todos ellos presentan una serie de conclusiones comunes y destacables:

- El 56% de los artículos estudiados analizaban la relación que tienen los videojuegos con la mejora de la motivación en el alumnado. Todos ellos llegan a la conclusión de que los videojuegos son un instrumento novedoso que facilita de forma significativa la adquisición de contenidos en los estudiantes complementando así el proceso de enseñanza-aprendizaje.
- Casi el 70 % (12 publicaciones) de las investigaciones centraban su atención en la motivación que propicia este recurso en los discentes. Al igual que ocurría anteriormente, los resultados manifiestan que los videojuegos educativos favorecen la motivación.
- Por otro lado, son 6 los artículos (33,3%) que indican entre sus resultados la importancia de llevar a cabo un cambio de metodología a la hora de implantar este recurso entre los alumnos.
- Por último, sólo un 28% de las investigaciones analizadas realizan un estudio relacionado con el análisis del entorno del centro y las características de los alumnos para incorporar los videojuegos en el aula, siendo una de las conclusiones más repetidas la necesidad de analizar exhaustivamente el entorno del centro y tener en cuenta las características del alumnado a la hora de incorporar los videojuegos en los centros educativos.

Ahora bien, en el resto de investigaciones bibliográficas analizadas, los resultados y conclusiones son muy diferentes de las anteriormente expuestas, destacando dentro de las mismas: a) la necesidad de favorecer la adquisición de competencias digitales y la prioridad de profundizar en la creación de videojuegos que favorezcan la educación inclusiva (López et *al.*, 2022); b) a partir de la pandemia ocasionada por el covid-19 se presenta un creciente interés en el uso de las TIC y los videojuegos (Ortiz y Cardona, 2022); y c) la opinión de las personas consumidoras de videojuegos opinan que esto pueden influir de forma positiva en el desarrollo personal, abriendo las puertas a su uso en la educación (Nuñez, et *al.*, 2020).

Conclusiones	N.º de publicaciones	%	Total
Mejora la motivación.	10	55,6%	n=18 (100%)
Mejora la adquisición de contenidos.	12	66,7%	n=18 (100%)
Su implantación conlleva un cambio de metodología.	6	33,3%	n=18 (100%)
Es importante tener en cuenta el entorno y las características del alumnado.	5	27,8%	n=18 (100%)

Tabla 5. Número de publicaciones según las conclusiones. Fuente: Elaboración propia.

5. DISCUSIÓN/CONCLUSIONES

El estudio de los videojuegos en educación es una temática muy novedosa de la que se ha empezado a investigar desde un periodo de tiempo muy reciente. Ahora bien, hay que tener en cuenta que desde su aparición es evidente que se observa un incremento notable, presentándose en el año 2022 como un recurso más analizado que en años anteriores.

Los resultados y conclusiones de la literatura científica analizada que se han mostrado a lo largo de esta investigación no son verdades absolutas, tampoco era el objetivo prioritario de este trabajo, pero sí ofrecen un amplio abanico sobre las tendencias investigativas dentro del panorama educativo en relación con los videojuegos y la educación.

Dicho esto, centrándonos en las preguntas de investigación confeccionadas al principio de este documento, podemos concluir afirmando que:

- ¿A partir de qué año se observa un aumento en el número de publicaciones relacionadas con la implantación de los videojuegos en educación?

Los resultados obtenidos en esta investigación bibliométrica muestran que aún no hay una gran producción de artículos disponibles en las bases de datos escrutadas. Hay que resaltar que los videojuegos en el ámbito educativo es un área reciente y por lo tanto se ha empezado a investigar desde un periodo de tiempo temprano, por eso no existen un gran número de investigaciones en estos últimos cinco años.

En conclusión, al no encontrar demasiados estudios con más de cuatro años de antigüedad, se infiere que los videojuegos son un instrumento actual que ha comenzado a utilizarse recientemente en educación.

- ¿Dentro de qué nivel educativo el número de investigaciones sobre los videojuegos en el ámbito académico es más elevado?

Después de analizar las diferentes investigaciones, se contempla que no todos los niveles educativos cuentan con el mismo número de publicaciones científicas escritas, siendo resultados muy relevantes el gran uso de este recurso dentro de las aulas universitarias y en educación primaria. Sin embargo, su uso en la etapa de Educación Infantil y en Bachillerato es muy limitado y no existen publicaciones en estos niveles. Una idea aún sin contrastar que podría explicar este fenómeno, está relacionada con el currículo tan cerrado y tiempo tan limitado con los que cuentan los docentes en estos niveles.

- ¿Cuáles son las principales conclusiones extraídas de los trabajos que estudian la implementación de los videojuegos en los centros educativos?

Por último, en respuesta al objetivo principal de este estudio, centrándonos en el impacto de la inclusión de los videojuegos en educación, queda demostrado que la motivación y el interés del alumnado, además de los aprendizajes significativos y el pensamiento crítico, se ven influenciados por la utilización de este recurso en el aula, llegando incluso a mejorar el trabajo en equipo y las relaciones personales de los discentes.

6. REFERENCIAS

Ardanuy, J. (2012). Breve introducción a la bibliometría. *Universitat de Barcelona*, 1-25.

Bauman, Z. (2008). *Los retos de la Educación en la modernidad líquida.* Gedisa Editorial.

Chiazzese, G., Fulantelli, G., Pipitone, V. y Taibi, D. (2018). Engaging Primary School Children in Computational Thinking: Designing and Developing Videogames. *Education in the Knowledge Society, 19*(2), 63-81. https://doi.org/10.14201/eks20181926381

Cruz-García, I., Martín-García, J. A., Pérez-Marin, D. y Pizarro, C. (2021). Propuesta de didáctica de la Programación en Educación Primaria basada en la gamificación usando videojuegos educativos. *Education in the Knowledge Society, 22*, e26130. https://doi.org/10.14201/eks.26130

Dávila Rodríguez, M., Guzmán Sáenz, R., Macareno Arroyo, H., Piñeres Herera, D., de la Rosa Barranco, D. y Caballero-Uribe, C. V. (2009). Bibliometrics: concepts and utility to study and medical training. *Salud Uninorte 25*(2), 319-330.

Della Corte, J., Telles, S. de C. C., Della Corte, A. P. M. S., Souza, P. A. de, Castro, J. B. P. de, Lima, V. P., Nunes, R. de A. M. y Costa, M. A. F. da. (2022). Exergames como alternativa pedagógica motivadora nas aulas de Educação Física: Uma revisão integrativa. *Revista Portuguesa De Educação, 34*(2), 125–143. https://doi.org/10.21814/rpe.18074

Dorado Martínez, C. y Chamosa Sandoval, M. E. (2019). Gamificación como estrategia pedagógica para los estudiantes de Medicina nativos digitales. *Investigación en Educación Médica, 8*(32), 61-68. https://doi.org/10.22201/facmed.20075057e.2019.32.18147

Etxeberria, F. (2008). Videojuegos, consumo y educación. *Teoría de la Educación. Educación y Cultura en la Sociedad de la Información, 9*(3), 11-28.

Fernandes, F., Mateus, A., Leonor, S., Sequeira, M. y Gaio, R. (2018). Gamethinking: a roadmap to a Design Thinking-based model for Game Development education. *Revista Lusófona de Educação, 40*(40), 167-176. https://doi.org/10.24140/issn.1645-7250.rle40.11

Freitas, S. (2008). *Emerging trends in serious games and virtual words.* Becta.

Galindo Domínguez, H. (2019). Los videojuegos en el desarrollo multidisciplinar del currículo de Educación Primaria: el caso Minecraft. *Píxel-BIT Revista de Medios y Educación, 2019*(55), 57-73. https://doi.org/10.12795/pixelbit.2019.i55.04

García-Quismondo M. Ángel M. y Cruz-Palacios E. (2018). Gaming como Instrumento Educativo para una Educación en Competencias Digitales desde los Academic Skills Centres. *Revista General de Información y Documentación, 28*(2), 489-506. https://doi.org/10.5209/RGID.62836

Gros Salvat, B. (2008). *Videojuegos y aprendizaje.* Editorial Graó.

Guerra-Antequera, J. y Revuelta-Domínguez, F. I. (2022). Investigación con videojuegos en educación. Una revisión sistemática de la literatura de 2015 a 2020. *Revista Colombiana de Educación,* (85), 27-54. https://doi.org/10.17227/rce.num85-12579

Jaldón-Méndez Sánchez, M. J. (2021). El uso de los videojuegos para la enseñanza de la Historia Antigua en Educación Secundaria: una investigación educativa. *Panta Rei. Revista digital de Historia y Didáctica de la Historia, 15,* 31–50. https://doi.org/10.6018/pantarei.470871

López-Gómez, S., Rodríguez-Rodríguez, J., Vidal-Esteve, M. I. y Castro-Rodríguez, M. M. Contribuciones y efectos de los videojuegos en la atención a la diversidad. *Revista Colombiana do Educación, 7*(84), 1-25. https://doi.org/10.17227/rce.num84-12742

Marín-Suelves, D., Esnaola-Horacek, G. y Donato, D. Videojuegos y educación: análisis de tendencias en investigación. *Revista Colombiana do Educación, 7*(84), 1-17. https://doi.org/10.17227/rce.num84-12125

Montes Gonzáles, J. A., Ochoa Angrino, S., Baldeón Padilla, D. S. y Bonilla Sáenz, M. (2019). Videojuegos educativos y pensamiento científico: análisis a partir de los componentes cognitivos, metacognitivos y motivacionales. *Educación Y Educadores, 21*(3), 388–408. https://doi.org/10.5294/edu.2018.21.3.2

Moravec, J. y Cobo, C. (2011). *Aprendizaje Invisible: hacia una nueva ecología de la educación.* Publicacions i Edicions de la Universitat de Barcelona.

Moreno-Cadavid, J., Vahos-Mesa, S. V. y Mazo-Muñoz, C. D. (2019). Videojuego para la enseñanza del cuidado del agua. *TecnoLógicas, 22* (45), 59-72. https://doi.org/10.22430/22565337.109

Naranjo Pereira, M. L. (2009). Motivación: perspectivas teóricas y algunas consideraciones de su importancia en el ámbito educativo. *Revista Educación, 33*(2), 153-170. https://doi.org/10.15517/revedu.v33i2.510

Núñez Barriopedro, E., Sanz Gómez, Y. y Ravina Ripol., R. (2020). Los videojuegos en la educación: Beneficios y perjuicios. *Revista Electrónica Educare, 24*(2), 240-257. https://dx.doi.org/10.15359/ree.24-2.12

Ortiz-Clavijo, L. F. y Cardona-Valencia, D. Tendencias y desafíos de los videojuegos como herramienta educativa. *Revista Colombiana de Educación, 1*(84), 1-17. https://doi.org/10.17227/rce.num84-12761

Ponce Carrillo, R. y Alarcón Pérez, L. M. (2018). Videojuego Minecraft como recurso para la alfabetización académica en la educación superior. *Actualidades Investigativas En Educación, 18*(3). https://doi.org/10.15517/aie.v18i3.34382

Rojas García, P., Sáez Delgado, F., Badilla Quintana, M. G. y Jiménez Pérez, L. (2022). Análisis de intervenciones educativas con videojuegos en educación secundaria: una revisión sistemática. *Texto libre, 15* (e37810), 1-20.

Sotomayor-González, A., Gértrudix-Barrio, F. y Rivas-Rebaque, B. (2022). Los videojuegos como medio de transmisión de aprendizajes en la educación formal. Una revisión bibliográfica en el contexto luso-español. *Revista Colombiana de Educación,* (85), 123-146. https://doi.org/10.17227/rce. num85-12744

AVALIAÇÃO DAS E PARA AS APRENDIZAGENS: PERCEPÇÕES DE PROFESSORES DO 6.º ANO DE ESCOLARIDADE

Carlos Alberto Ferreira[1]

1. INTRODUÇÃO

As perspetivas de avaliação das aprendizagens foram-se alterando ao longo dos tempos, fruto da evolução científica e das conceções ideológicas que se foram registando até à atualidade. Por este motivo, o conceito e as práticas de avaliação das aprendizagens diversificaram-se e complexificaram-se, originando diferentes entendimentos, em função do momento histórico e da orientação ideológica de quem os perspectiva (Bonniol & Vial, 1997; Ferreira, 2007).

Até à década de 60 do século XX, a avaliação das aprendizagens era entendida, fundamentalmente, como um processo que se centrava nos resultados de aprendizagem dos alunos, verificados, predominantemente, por testes e exames, através dos quais se mediam esses resultados e eram hierarquizados numa escala de classificação oficialmente determinada (Ferreira, 2020). A avaliação restringia-se à medição de resultados de aprendizagem e à respetiva classificação e certficação, ou não, das aprendizagens feitas. Predominava um conceito de avaliação sumativa das aprendizagens dos alunos, isto é, de avaliação das aprendizagens (Santos, 2016). Como referem Bolzan, *et al.* (2019, p. 380), a avaliação das aprendizagens é um termo que é "utilizado como sinónimo de 'avaliação somativa', sublinhando assim que se avalia algo que, supostamente, já foi aprendido".

O aparecimento do conceito de avaliação formativa, proposto por Scriven em 1967, veio alterar e diversificar as perspetivas e funções pedagógicas da avaliação das aprendizagens (Bolzan *et al.*, 2019; Ferreira, 2007). Para além da medição e da classificação dos resultados de aprendizagem, a avaliação passa a ter por objeto os processos de aprendizagem e a sua regulação para que os alunos melhorem as aprendizagens e consigam o sucesso escolar (Black & William, 1998; Cid & Fialho, 2013). A avaliação formativa está integrada no processo de ensino e de aprendizagem e é realizada continuamente e de forma participada pelo aluno para o diagnóstico das aprendizagens das dificuldades ou erros. Pretende-se, com esse diagnóstico, a intervenção pedagógica que possibilite a melhoria das aprendizagens dos alunos (Ferreira, 2007; 2020). Nesta lógica, é de uma avaliação para as aprendizagens que se trata (Stiggins, 2005).

1. Universidade de Tras-os-Montes e Alto Douro (Portugal)

Neste contexto, cabe a distinção da avaliação para as aprendizagens, associada a uma lógica formativa, da avaliação das aprendizagens, realizada numa perspectiva de avaliação sumativa (Bolzan *et al.*, 2019).

A avaliação das aprendizagens é a que mais tradição tem nas práticas avaliativas dos professores, sendo aquela realizada no final do processo de ensino e de aprendizagem, através de testes e de exames, para a verificação, medição e classificação dos resultados de aprendizagem dos alunos. É através dela que a escola certifica as aprendizagens realizadas pelos alunos e que evidencia ao poder político e à sociedade que os alunos são detentores das "normas de excelencia" exigidas socialmente (Perrenoud, 1998). Trata-se, por isso, de uma prática de avaliação final que ocorre depois da implementação das medidas de regulação e, por isso, após a realização das aprendizagens pelos alunos (Ferreira, 2020).

A avaliação para as aprendizagens está associada à conceção atual de avaliação formativa e que resultou da evolução do próprio conceito, nomeadamente com a influência das teorias cognitivistas, construtivistas e socioconstrutivistas da aprendizagem e ainda das teorías socio-críticas e pós-modernas.

É uma avaliação que se carateriza pelos seguintes principios, segundo Cid e Fialho (2013, p. 3): "1) é integrada na planificação; 2) preocupa-se com a forma como os alunos aprendem; 3) é uma prática central em sala de aula; 4) é uma competência profissional esencial ao professor; 5) é sensível e construtiva; 6) é motivadora; 7) facilita a compreensão de objetivos e de critérios; 8) ajuda os alunos a saber como melhorar; 9) desenvolve a capacidade de autoavaliação; 10) reconhece todas as aprendizagens." Constitui, por isso, uma avaliação que, estando integrada nos processos de ensino e de aprendizagem e que envolve os alunos, visa apoiá-los na realização das suas aprendizagens. É uma avaliação que tem por finalidade clarificar "o ponto em que os alunos estão na sua aprendizagem, onde se pretende que cheguem e quais os passos necessários para chegar lá" (William, 2009, p. 11).

A prática da avaliação para as aprendizagens pressupõe que o processo de ensino e de aprendizagem esteja estruturado por tarefas a serem realizadas pelos alunos, já que estas constituem o elemento central e estruturante do processo de ensino e de aprendizagem (López, 2015). Para cada tarefa têm de ser definidos os critérios de avaliação (Fernandes, 2022; Pinto, 2019). Enquanto "proposições descritivas que dão informações sobre qualidades, características de uma tarefa específica" (Pinto, 2019, p. 31), os referidos critérios têm de ser conhecidos e compreendidos pelos alunos.

É com esses critérios que os alunos planificam a realização da tarefa em que se vão envolver e que se torna possível autoavaliarem o processo da sua realização bem como os resultados da mesma (Fernandes, 2022; Ferreira, 2020). Também é com os critérios de avaliação das tarefas que os professores avaliam a resolução da tarefa pelos alunos, identicando as aprendizagens que estão a fazer, as dificuldades e erros que estão a sentir. Estas dificuldades e erros resultam, segundo Sanmartí (2007, p. 9), "fundamentalmente de como [os alunos] percebem o que é importante aprender, das suas formas de raciocinar, falar, escrever e, em geral, comunicar, de organizar o conhecimento [...] e dos seus valores."

Feita esta avaliação pelo professor, pode dar *feedback* aos alunos, isto é, dar-lhes informações atempadas sobre as aprendizagens feitas, as dificuldades e/ou erros e sobre como os poderão ultrapasar (Fernandes, 2022; Machado, 2021). Através deste *feedback*, o aluno pode autorregular a sua aprendizagem, realizando os procedimentos ou as atividades indicadas no próprio *feedback* proporcionado pelo professor.

Para que esta prática de *feedback* ocorra é necessário atender às suas diferentes componentes (Machado, 2021): o *feed-up*, que consiste na clarificação dos objetivos de aprendizagem e dos critérios de avaliação da tarefa que os alunos vão realizar. Este procedimento permite a monitorização pelo professor do processo de resolução da tarefa e aos alunos a planificação e a autoavaliação do mesmo. O *feedback* ocorre durante a realização da tarefa e consiste nas informações atempadas que o professor dá aos alunos sobre o que estão a fazer bem e sobre o que têm que corrigir ou melhorar. O *feed-forward* nem sempre ocorre, mas consiste em utilizar a informação dada por meio do feedback para a planificação as atividades seguintes para que os alunos aprendam mais e melhor.

Com estes procedimentos avaliativos, o professor e os alunos participam ativamente na avaliação e na regulação do ensino e das aprendizagens dos alunos, com a finalidade de estes últimos realizarem as aprendizagens de que necessitam para o sucesso escolar e para a vida em sociedade.

Foi neste contexto teórico que procurámos compreender as perceções de professores sobre os conceitos e as práticas da avaliação das e para as aprendizagens dos alunos. Daí que a questão/problema que procuramos responder foi a seguinte: quais as perceções de professores do 6.º ano de escolaridade de uma escola do norte de Portugal sobre os conceitos e as práticas da avaliação das aprendizagens e da avaliação para as aprendizagens?

2. OBJETIVOS

Considerando o problema de investigação delimitado, definimos os seguintes objetivos a cumprir com o estudo :

- Verificar as perceções de professores do 6.º ano de escolaridade sobre os conceitos de avaliação das e para as aprendizagens ;
- Compreender as perceções dos referidos professores sobre as práticas da avaliação das e para as aprendizagens ;
- Verificar as distinções que os professores do 6.º ano de escolaridade percecionam sobre a avaliação das e para as aprendizagens, nos seus conceitos, nas suas finalidades e nas suas práticas.

3. METODOLOGIA

Uma vez que são o problema e os objetivos da investigação que determinam as opções metodológicas a fazer (Vilelas, 2020), optámos por uma metodologia de investigação qualitativa concretizada pela realização de entrevistas semi-estruturadas (Amado, 2017) a professores do 6.º ano de escolaridade. Consideramos que as entrevistas semi-estruturadas nos possibilitavam conhecer e compreender as perceções desses professores sobre a avaliação das e para as aprendizagens dos alunos.

Participaram no estudo 12 professores do 6.º ano de escolaridade de uma escola do norte de Portugal, professores estes dos vários grupos disciplinares que lecionam naquele ano de escolaridade e que, informados dos objetivos da investigação e da entrevista em particular, aceitaram participar na investigação.

As entrevistas foram realizadas entre janeiro e abril de 2022, em datas previamente combinadas com os respetivos professores e em locais em que os professores se sentissem à vontade, mas sem que houvesse a possibilidade de interrupção das entrevistas. Foi solicitada, a cada entrevistado, a autorização para a gravação áudio das entrevistas. Depois de realizadas, os discursos proferidos foram transcritos fielmente e os protocolos resultantes foram submetidos à análise de conteúdo (Esteves, 2006). As categorias e subcategorias estabelecidas emergiram da leitura dos discursos dos professores, procedimento este que se denomina de categorização emergente (Esteves, 2006). Assim, da análise de conteúdo feita surgiram as seguintes categorias e subcategorias : 1. conceito de avaliação das aprendizagens ; 2. conceito de avaliação para as aprendizagens ; 3. diferenças da avaliação das e para as aprendizagens, com as subcategorias : quantitativo e qualitativo ; processo contínuo ; 4. instrumentos de avaliação das aprendizagens, com as subcategorias : testes de avaliação ; fichas formativas ; jogos didáticos ; 5. instrumentos de avaliação, com as subcategorias : intuição ; jogos didáticos ; questões-aula ; projetos ; 6. conceção de *feedback* aos alunos.

4. DESENVOLVIMENTO DA INVESTIGAÇÃO

Os resultados obtidos das entrevistas semi-estruturadas aos professores do 6.º ano de escolaridade possibilitaram compreender as perceções sobre os conceitos e aspetos da prática da avaliação das e para as aprendizagens. Estes resultados são, a seguir, apresentados pelas categorias estabelecidas com a análise de conteúdo efetuada.

4.1. Conceito de avaliação das aprendizagens

Questionados os professores sobre o conceito de avaliação das aprendizagens, afirmaram que se trata da avaliação das aprendizagens depois de realizadas, sejam elas de conteúdos, de atitudes e de valores, como se pode ver nos seguintes discursos:

"Ora, avaliação das aprendizagens, eu penso que será avaliar aquilo que os alunos aprenderam." (Prof. 3)

"No fundo, a avaliação de aprendizagem é avaliar tudo o que é transmitido aos alunos. No fundo, até nos conteúdos das disciplinas. Mas não só. Portanto, aprendizagens também implica valores, atitudes." (Prof. 8)

Estes discursos evidenciam perceções de uma avaliação que ocorre no final do processo de ensino e de aprendizagem em cada disciplina e que visa verificar os resultados conseguidos pelos alunos. Trata-se de uma avaliação que, estando associada à função sumativa, permite a medição e a classificação das aprendizagens feitas, com consequências na certificação, ou não, das mesmas para a escola e para a sociedade (Ferreira, 2020; Perrenoud, 1998).

4.2. Conceito de avaliação para as aprendizagens

Já sobre o conceito de avaliação para as aprendizagens, os professores associaram-na à avaliação formativa, ou seja, à avaliação contínua que tem por finalidade a regulação do processo de ensino e de aprendizagem e a melhoria das aprendizagens dos alunos:

"A avaliação para as aprendizagens, lá está, é a tal avaliação formativa que nós temos que fazer diariamente para o aluno ir percebendo onde é que estão as falhas, o que é que tem que melhorar, o que é que tem que observar." (Prof. 5)

"Portanto, acho que é uma avaliação das mais importantes, na minha perspetiva, até talvez mais importante, porque me vai permitir no processo contínuo do ano, por exemplo, no caso do nosso ensino regular, ir modelando e adaptando estratégias para melhor chegar aos alunos." (Prof. 2)

Sendo contínua, a avaliação para as aprendizagens, segundo os entrevistados, é realizada durante o processo de ensino e de aprendizagem, para o diagnóstico das aprendizagens que os alunos vão fazendo e das suas dificuldades ou erros (Ferreira, 2007; Santos, 2016). Este diagnóstico contínuo é realizado para que os professores possam redirecionar o processo de ensino, com alteração de estratégias e de atividades, de modo a que os alunos possam ultrapssar as dificuldades e corrigir os erros, melhorando a sua aprendizagem (Bolzan *et al.*, 2019; Ferreira, 2020; Santos, 2016). Estando integrada no processo de ensino e de aprendizagem, a avaliação para a aprendizagem possibilita a regulação da aprendizagem e do próprio ensino, tratando-se, neste sentido, de uma avaliação pedagógica (Fernandes, 2022).

4.3. Diferenças da avaliação das e para as aprendizagens

Sobre as diferenças entre a avaliação das e para as aprendizagens, os professores associaram a primeira a uma avaliação sumativa e a segunda à avaliação formativa, como se pode ver nos seguintes discursos :

"A distinção que eu faço disso é só ter que dar uma nota, um número ou uma coisa (sumativo) tudo o resto formativo." (Professor 2)

"Das aprendizagens, digamos que é um tal despejar matéria e ir avaliar, aferir realmente aquilo que vem num programa. E para as aprendizagens, será mais o que eles sentem necessidade de saber, de compreender." (Professor 3)

Verificamos, por estas falas dos professores, perceções sobre a prática da avaliação das aprendizagens que ocorre no final do processo de ensino e de aprendizagem para aferir os resultados conseguidos pelos alunos, a sua medição e classificação (Ferreira, 2020; Santos, 2016). Tratam-se, por isso, de perceções que se integram na natureza da avaliação sumativa. Já a avaliação para as aprendizagens consiste na avaliação formativa, realizada durante o processo de ensino e de aprendizagem que tem por finalidade a regulação desse processo para que os alunos aprendam mais e melhor (Bolzan *et al.*, 2019; Cid & Fialho, 2013; Stiggins, 2005).

Deste modo, os professores relacionaram a avaliação das aprendizagens a uma avaliação que tem por finalidade a classificação, exprimindo-se quantitativamente, enquanto a avaliação para as aprendizagens é descritiva/ qualitativa :

"a avaliação para as aprendizagens de uma forma mais contínua. E avaliação das aprendizagens mais em termos de um fim de um ciclo de aprendizagens." (Professor 10)

Daí que os professores tenham indicado a avaliação para as aprendizagens como aquela que é realizada diariamente nas aulas, isto é, durante as atividades que nela se realizam :

"Para as aprendizagens eu acho que é um processo mais contínuo. Das aprendizagens, o que eu entendo é... Ou seja, proporcionar-lhes esses recursos para aprender - das aprendizagens." (Professor 9)

4.4. Instrumentos de avaliação das aprendizagens

Uma vez que os professores relacionaram a avaliação das aprendizagens à avaliação no final do processo de ensino e de aprendizagem para a verificação de resultados dos alunos, percecionaram instrumentos relacionados com a medição das aprendizagens, como podemos ver nos seguintes discursos :

"Além de ter os tais testes, testes, questões-aula, apresentações orais, a participação..." (Professor 7)

"É assim: nós estando num ano letivo dividido em três períodos neste momento - até já como aluno era por norma dois testes sumativos, ou fichas formativas no primeiro e segundo período. Depois no terceiro período, por vezes um teste sumativo." (Professor 12)

Os testes escritos são, de facto, o instrumento mais mencionado pelos professores para a realização da avaliação das aprendizagens no final de um determinado período de ensino e de aprendizagem, isto é, dois testes ou fichas por período letivo, constituindo uma prática tradicional das escolas portuguesas (Neves & Ferreira, 2015). Todavia, também mencionaram as apresentações orais de trabalhos e as questões colocadas em aulas como forma de verificação do que os alunos aprenderam com tarefas realizadas. Ainda percecionaram como instrumentos dessa prática os jogos didáticos, particularmente os quizzes, como instrumento digital para essa verificação :

"Esses jogos, os miúdos estão sempre a pedir: "Ó professor quando é que vais fazer um novo teste?" Para eles, é uma diversão. No fundo, a brincar também se aprende." (Professor 6)

Nota-se, assim, que os professores referiram a utilização de recursos digitais para a aferição de resultados de aprendizagem dos alunos, tornando esta prática mais aliciante e interativa para os alunos (Silva, 2016).

4.5. Instrumentos de avaliação para as aprendizagens

Para a prática contínua e integrada no processo de ensino e de aprendizagem, isto é, para a prática da avaliação para as aprendizagens, alguns professores entrevistados mencionaram a não utilização de nenhum instrumento, confinado na observação não instrumentada e na intuição para a realizarem, como se pode ver nos discursos seguintes :

"É assim: eu não uso instrumentos. Muito sinceramente acho que é uma avaliação intuitiva. Também nunca pensei muito nisso." (Professor 1)

"Para a avaliação formativa, não. Poderia usar. Já usei em início de carreira. Usei os mesmos: grelhas de registo com critérios de êxito, que são os descritores de desempenho. Já usei em início de carreira." (Professor 4)

Estes discursos levam-nos a perceber que para os referidos professores a avaliação para as aprendizagens é pouco estruturada, fazendo-a em função do que vão observando dos alunos no decorrer das aulas e da resolução das tarefas nelas realizadas pelos alunos (Ferreira, 2007).

Contudo, outros professores já mencionaram alguns instrumentos na prática da avaliação para as aprendizagens, como os jogos didáticos digitais, as questões colocadas nas aulas e os projetos :

"Enquanto que avaliar para a aprendizagem, se calhar de uma forma mais contínua, no final de uma aula, por exemplo, com uma questão-aula." (Professor 5)

"Jogos. Uso muito o ar livre também, quando é oportuno. E, pronto, vou variando também, que é para eles ficarem motivados." (Professor 12)

"Olhe, eu uso muito, além dos formulários, os projetos trabalhos de grupo." (Professor 3)

Os instrumentos de avaliação para as aprendizagens indicados pelos professores possibilitam que a avaliação ocorra durante ou logo após o ensino e a aprendizagem, permitindo-lhes perceber as aprendizagens, as dificuldades e erros que os alunos estão a cometer para a regulação do ensino e da aprendizagem e consequente melhoria das aprendizagens (Cid & Fialho, 2013 ; Ferreira, 2020). Apesar disso, não clarificam se os alunos participam na avaliação, consciencializando-se do que precisam melhorar e de autorregular a sua aprendizagem, como seria expectável numa avaliação para as aprendizagens (Fernandes, 2022).

4.6. Conceções de feedback aos alunos

O *feedback* dado pelo professor aos alunos em função do diagnóstico elaborado no contexto da avaliação, constitui um procedimento com relevância para os alunos melhorarem as suas aprendizagens. Tendo sido questionados os professores participantes no estudo, percecionaram-no da seguinte forma :

"Então, é comunicar os alunos, o que é que esteve bem, onde esteve mesmo bem, o que é que errou, o que é que deve melhorar, a forma como deve melhorar." (Professor 3)

"O *feedback* é dar a entender ao aluno o que é que ele já fez e que está bem, aquilo que ele pode melhorar e ir crescendo nesse sentido, para ele consolidar as suas aprendizagens e ir crescendo." (Professor 6)

Estes discursos dos professores evidenciam o feedback como a informação dada pelo professor ao aluno em tempo útil sobre as aprendizagens que estão a fazer, sobre as dificuldades e erros e sobre como as melhorar, o que vai ao encontro do conceito proposto por Machado (2021). De facto, decorrendo da avaliação que os professores fazem durante a realização de tarefas de aprendizagem, pela comparação com os critérios de avaliação estabelecidos para essas tarefas (Pinto, 2019), os professores dão aquela informação que é útil para a autorregulação da aprendizagem de cada aluno (Fernandes, 2022). Tendo consciência do seu processo de aprendizagem e tendo-lhe sido indicados procedimentos ou novas tarefas para ultrapassarem as dificuldades e corrigirem os erros, os alunos melhoram as suas aprendizagens.

Deste modo, a avaliação integrada no processo de ensino e de aprendizagem e que ocorre durante as tarefas de aprendizagem para que o professor possa dar feedback aos alunos, constitui uma avaliação participada pelo aluno e que tem por finalidade ajudar os alunos na realização de mais e melhores aprendizagens (Cid & Fialho, 2013; Fernandes, 2022; Ferreira, 2020).

5. CONCLUSÕES

Com o presente estudo procurámos compreender as perceções de professores do 6.º ano de escolaridade sobre a avaliação das e para asaprendizagens, em termos de conceitos e de alguns aspetos da sua prática. Foi possível perceber que a avaliação das aprendizagens foi associada à avaliação sumativa, com a finalidade de verificar, medir e classificar resultados de aprendizagem. Por sua vez, percecionaram o conceito de avaliação para as aprendizagens a uma valiação de natureza formativa, realizada continuamente durante o processo de ensino e de aprendizagem para o diagnóstico de aprendizagens que os alunos estavam a fazer, das suas dificuldades e erros com vista à intervenção pedagógica que permita a melhoria das aprendizagens.

Quanto às perceções sobre a prática das duas modalidades de avaliação, os professores foram unânimes em relação à sua realização no final de um período de ensino e de aprendizagem, com instrumentos que possibilitem a classificação, como as fichas e testes e as questões-aula. Já em relação à avaliação para as aprendizagens, que ocorre durante a realização de atividades ou tarefas nas aulas, alguns professores mencionaram a a utilização de alguns instrumentos como a observação instrumentada, os projetos, as fichas formativas. Outros professores referiram que essa avaliação era feita de forma intuitiva, para a qual a sua experiência docente e a observação não planeada eram suficientes para a referida prática avaliativa. Tal evidencia uma prática de avaliação para as aprendizagens pouco estruturada, pouco sistemática e pouco rigorosa, na medida em que não havia uma intencionalidade de realização de uma prática sustentada que permitisse a melhoria das aprendizagens dos alunos.

No entanto, os professores entrevistados afirmaram a importância do feedback aos alunos, embora com a informação atempada sobre as aprendizagens que estavam a fazer, sobre as suas dificuldades e erros e sobre como superá-los, possibilitando, assim, a autorregulação das aprendizagens pelos alunos.

Deste modo, os resultados obtidos permitiram-nos fazer uma abordagem sobre as perceções dos professores participantes sobre as duas modalidades de avaliação, o que possibilita o aprofundamento da investigação com a observação de aulas dos referidos professores para uma melhor compreensão das perceções e das práticas avaliativas.

6. REFERÊNCIAS

Amado, J. (2017). Fundamentos da Investigação Qualitativa em Educação. In J. Amado (coord.). *Manual de Investigação Qualitativa em Educação* (pp. 21-73). Imprensa da Universidade de Coimbra.

Black, P., & William, D. (1998). Assessment and Classroom Learning. *Assessment Education: Principles, Policy & Practice, 5*(1), 7-74. https://dx.doi.org/10.1080/0969595980050102

Bolzan, I. M., Fernandes, D., & Antunes, E. (2019). Concepções avaliativas no ensino superior de administração. *Meta: Avaliação, 11*(32), 376-405. https://revistas.cesgranrio.org.br/index.php/metaavaliacao/article/view/1998

Bonniol, J., & Vial, M. (1998). *Les modèles de l'évaluation. Textes fondateurs avec commentaires.* De Boeck Université.

Cid, M., & Fialho, I. (2013). Avaliar para aprender na escola: um camino em aberto. In I. Fialho, J. Verdasca (Orgs.). *TurmaMais e sucesso escolar. Contributos teóricos e práticos* (pp. 109-124). Centro de Investigação em Educação e Psicología- Universidade de Évora.

Esteves, M. (2006). Análise de conteúdo. In J. A. Lima & J. A. Pacheco (Orgs.). *Fazer Investigação. Contributos para a elaboração de dissertações e teses* (pp. 105-126). Porto Editora.

Fernandes, D. (2022). *Avaliar e aprender numa cultura de inovação pedagógica.* Leya Educação.

Ferreira, C. A. (2007). *A avaliação no quotidiano da sala de aula.* Porto Editora.

Ferreira, C. A. (2020). A avaliação para e das aprendizagens de futuros educadores e professores: um olhar a partir dos programas das disciplinas. *Meta: Avaliação, 12*(35), 336-363. http://dx.doi.org/10.22347/2175-2753v12i35.2550

López, L. M. (2015). *Évaluations formative et certficative des apprentissages: enjeux pour l'enseignement.* De Boeck Université.

Machado, E. A. (2021). Feedback- Folha de Apoio à Formação. In Ministério da Educação- Direção Geral de Educação. *Projeto de Monitorização, Acompanhamento e Investigação em Avaliação Pedagógica (MAIA).* Ministério da Educação- Direção Geral de Educação.

Neves, A. C., & Ferreira, A. L. (2015). *Avaliar é Preciso? Guia Prático de Avaliação para Professores e Formadores*. Guerra & Paz.

Perrenoud, P. (1998). *L'évaluation des élèves: de la fabrication de l'excellence à la régulation des apprentissages: entre deux logiques*. De Boeck Université.

Pinto, J. (2019). Os critérios de avaliação: importancia e utilizações. *Diversidades*, 59, 28-29.

Sanmartí, N. (2007). *Evaluar para aprender*. Editorial Graó.

Santos, L. (2016). A articulação entre a avaliação somativa e a formativa, na prática pedagógica: uma impossibilidade ou um desafio? *Ensaio: Avaliação e Políticas Públicas em Educação, 24*(92), 637-669. https://doi.org/10.1590/S0104-40362016000300006

Silva, M. (2016). Fundamentos da avaliação da aprendizagem: da sala de aula presencial à Plataforma de E-Learning. In. L. Amante & I. Oliveira (Coords.). *Avaliação das Aprendizagens: Perspetivas, Contextos e Práticas* (pp. 54-74). Universidade Aberta.

Stiggins, R. J. (2005). From formative assessment to assessment for learning: a path to success in standards-based schools. *Phi Delta Kapan, 87*(4), 324-328. https://acortar.link/6F4Ssz

Vilelas, J. (2020). *Investigação- O Processo de Construção do Conhecimento*. 3ª ed. Edições Sílabo.

William, D. (2009). *Assessment for learning: why, what and how?* University of London-Institute of Education.

ANÁLISIS DAFO DE LAS PRÁCTICAS EN ALTERNANCIA EN LOS GRADOS DE EDUCACIÓN DE LA UIC

M. Teresa Fuertes Camacho[1]

El presente texto nace en el marco del proyecto ARMIF 2017 ref. 0001 de la Universitat Internacional de Catalunya: "Formación en alternancia: espacio para la investigación y la construcción de saberes profesionales", concedido por AGAUR en el marco del Programa MIF de Mejora e Innovación de la formación inicial de maestros.

1. INTRODUCCIÓN

Las prácticas se consideran el eje vertebrador del grado de Educación y afectan de forma transversal a las diferentes asignaturas de los estudios (Dolz-Mestre, 2015). Según el catedrático de la Universidad de Ginebra, el modelo de formación inicial de los maestros debería basarse en las prácticas y la investigación sobre la acción. El proyecto de investigación que se presenta da importancia al sentido epistemológico que tiene el Prácticum para la creación de nuevo conocimiento teórico (Cochran-Smith *et al.*, 2009; Latorre *et al.*, 2011).

La Agencia de Calidad del sistema universitario en Cataluña se refiere al Prácticum como "el espacio y el proceso en el que se despliegan muchas de las competencias características de los futuros profesionales, basándose en el aprendizaje reflexivo y el compromiso con la propia formación ..." (AQU, 2009: 18). En una formación en alternancia, también llamada dual, las semanas de prácticas se combinan con las de trabajo reflexivo en la facultad y en ambos lugares se intercalan teoría y práctica (Fuertes, 2014). La formación académica y la formación práctica, los saberes académicos y los que son fruto de la acción deben ser complementarios, ya que uno no existe sin el otro (Álvarez, 2013).

Esto solo es posible cuando la práctica se enfoca desde una vertiente de reflexión continua (individual y colectiva) en base a los saberes que son fruto de la investigación, los profesionales y los de acción que permiten demostrar las competencias en situación (Korthagen, 2001; 2010; Schön, 1998). En este contexto la observación y el análisis de la construcción del discurso se sitúan como instrumentos básicos donde el papel del acompañamiento de los tutores de la universidad y los mentores de los centros es clave para hacer emerger y verbalizar las competencias necesarias para el ejercicio de la profesión docente (Bourdoncle, 2020; Balslev, 2015; 2016).

---

1. Universitat Internacional de Catalunya (España).

La naturaleza del Prácticum precisa del acompañamiento tanto desde la universidad como desde el centro escolar que requiere el tiempo para la reflexión que aporta una formación para alternancia. El potencial formador de la experiencia escolar en la formación inicial está relacionado con la preparación de los docentes que asumen la tutoría (Correa, 2011).

1.1. Prácticas y formación en alternancia en la UIC. Antecedentes

De acuerdo con la normativa actual de los grados en Educación Infantil y Educación Primaria (Orden ECI/3854 y 3857/2007) en la Facultad de Educación de la UIC las prácticas tienen un carácter transversal en ambas titulaciones y una carga lectiva de 43 ECTS sobre los 240 totales de la titulación. Incluye las asignaturas obligatorias de Prácticas Escolares I (5 ECTS), II (14 ECTS) y III (24 ECTS). Las tres asignaturas de prácticas se vinculan con asignaturas correspondientes a los módulos de formación básica (2º curso), el módulo didáctico y disciplinar (3r curso) y el módulo de optatividad vinculado a las menciones (4º curso). En la figura 1 se establece la relación entre los módulos de los planes de estudio en la facultad de Educación de la Universidad internacional de Cataluña (UIC) y las prácticas.

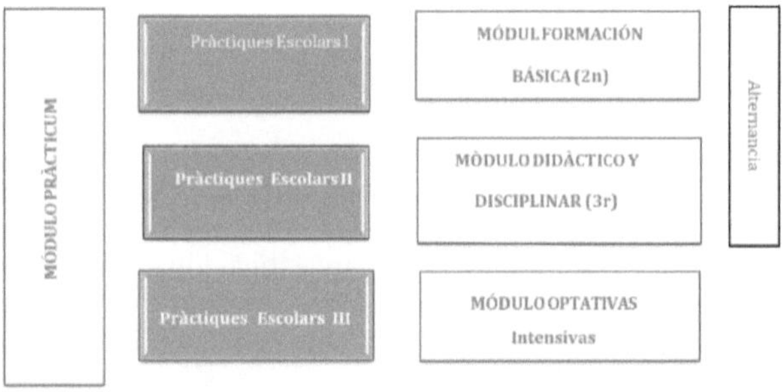

Figura 1. Relación entre módulos y asignaturas de prácticas de alternancia.
Fuente: Elaboración propia.

Las Facultades de Psicología y Ciencias de la Educación de la UNIGE y de la UdL contemplan la formación en alternancia y la modalidad dual respectivamente en la formación de maestros en educación primaria (FEP). Las estancias de prácticas de los estudiantes en la UNIGE se convierten en un elemento formativo y de investigación clave para la mejora de la formación inicial y continuada del profesorado desde el año 1994 y actualmente representan un 35% del total de créditos. La modalidad dual de formación de Grado en Educación Primaria en la UdL combina, desde el curso 2013-2014, dos escenarios formativos: la escuela y la facultad. La propuesta que se presenta aporta como valor añadido, la inclusión de la alternancia también para los Grados en Educación Infantil y la integración activa de las asignaturas en el proceso de aprendizaje. La alternancia no debe suponer sólo un cambio de puesto en la formación, sino que debe implicar una verdadera articulación e integración de los saberes que posibiliten la investigación y la construcción de la identidad docente (Balslev, & Buysse, 2016; Vanhulle, *et al*, 2016). La toma de conciencia del conocimiento que se adquiere a través de la experiencia implica una reflexión individual y compartida que ayude a comprender la conexión que existe entre los principios teóricos y la práctica educativa (Esteve y Carandell, 2009).

Los antecedentes internos se vinculan con la trayectoria profesional y de investigación en relación al Prácticum realizada por la investigadora principal del proyecto que ya había incorporado diferentes acciones encaminadas a reivindicar el sentido epistemológico del Prácticum. En este sentido, en la UIC en 2004 se integraron las asignaturas en el Prácticum de diplomatura, en 2016 se creó la Comisión de prácticas en la Facultad de Educación de la UIC y el vicedecanato de Prácticum, de 2006 al 2009 se promueve una experiencia piloto de alternancia, en 2012 la candidata a IP del proyecto defiende una tesis doctoral sobre el Prácticum y en 2013 pasa a integrar el grupo MIF del Prácticum obteniendo en el año 2015 una beca MOBMIF que le permitió realizar una estancia en la UNIGE con el grupo de investigación TALES para profundizar en el conocimiento de la formación de maestros en alternancia.

1.2. Aprendizaje inductivo y procesos de reflexión en el contexto de prácticas

La investigación-acción educativa se presenta como escenario y método potenciador del saber pedagógico. La vida escolar facilita el perfeccionamiento de capacidades investigadoras para identificar problemas, observar, registrar, interpretar información, experimentar, planear, evaluar y escribir. El docente que se inicia en el ejercicio profesional pedagógico logra una crítica argumentada en la práctica profesional que se conoce como primera fase o fase de construcción. En esta fase se vive un proceso de "deconstrucción" que termina con el descubrimiento de un saber pedagógico que justifica la práctica (Restrepo, 2004). En una segunda fase de la investigación-acción educativa la práctica profesional es reconstruida de modo que exista un diálogo entre teoría y práctica y finalmente se llega a la tercera etapa donde tiene lugar la validación o modificación de lo que hasta ahora ha sido ejecutado.

Según Hyde (2000), existen dos enfoques generales a un razonamiento que puede resultar en la adquisición de nuevos conocimientos: El inductivo que comienza con la observación de casos específicos, y que tiene como objetivo establecer principalmente generalizaciones, tratando de ver si éstas se aplican a casos específicos; y el razonamiento deductivo que permite generalizar a partir de casos particulares. Siguiendo al autor y, de acuerdo con el contexto de estudio, ambos métodos deberían ser utilizados como vías alternas para organizar nuevos conceptos que permitirán acercar a los futuros docentes a la realidad de los hechos o fenómenos en estudio, de tal manera que despierte el interés en la construcción de conocimientos emergentes en el marco de la investigación científica con la finalidad de mejorar el sistema educativo. La recogida de información a través de la observación, el registro, el análisis y la clasificación que permite fortalecer las nuevas teorías, creando alternativas para fomentar la innovación y la creación de un nuevo conocimiento científico (Palmett, 2020).

La experiencia de prácticas debe hacer posible a los estudiantes observar, preguntar, descubrir, analizar, reformular, interpretar, integrar, aplicar, intervenir, comunicar y, en definitiva, investigar, imaginar y crear. La investigación que se presenta se basa en un método de investigación y acción participativa de aprendizaje experiencial que se orienta a estimular la mejora de la formación inicial y continuada de los maestros. El método de la investigación-acción participación (IAP) como camino hacia el desarrollo profesional combina dos procesos, el de conocer y el de actuar y en ambos se combinan la observación y la reflexión sistemática, la acción como fuente de conocimiento y la participación de todos los agentes implicados en el Prácticum. Es un proceso que combina la teoría y la praxis, y que posibilita el aprendizaje y toma de conciencia crítica sobre la realidad.

En la formación en alternancia se incorpora la observación sistemática y el análisis del discurso como estrategias para poder aplicar un proceso sobre la práctica siguiendo un modelo reflexivo empírico (Fuertes, 2011;2014) que se recoge en la figura 2.

Figura 2. Modelo reflexivo empírico. Fuente: Elaboración propia.

Este proceso, de acuerdo con Schön (1998) supone un proceso cíclico y una indagación en y sobre la acción y con los demás realizada por los estudiantes y el profesorado de forma colaborativa con el fin de mejorar el proceso formativo. Tal y como se menciona en el paso 2, los procesos de indagación y reflexión se fomentan a través de dos vías complementarias:

- Desde las tutorías. El objetivo es potenciar la reflexión crítica sobre el sentido y la profundidad de la docencia, favoreciendo la verbalización de las actitudes que influyen en la adquisición de las competencias profesionales y la autorregulación necesaria (Butler *et al*,2004).
- Desde las asignaturas. Se pretende generar competencias profesionalizadoras para mejorar la práctica docente en las aulas, impulsando la necesidad de innovación didáctica y la creación de criterios de investigación-acción por parte del profesorado universitario.

El instrumento de indagación de análisis compartido por los tutores y profesorado es un registro anecdótico (tabla 1), basado en un sistema de observación de tipo narrativo-descriptivo de carácter abierto, que tiene como objetivo obtener descripciones detalladas que permitan identificar principios generales a partir de casos concretos (Fuertes,2011).

ANÁLISIS DESCRIPTIVA			ANÁLISIS INTERPRETATIVA	
CURSO Y FECHA (¿cuándo?)	LUGAR (¿donde?)	ANÉCDOTA (¿qué, quién, cómo?)	REFLEXIÓN (¿Por qué la he recogido, ¿Qué no me queda claro? ¿Qué propongo y con qué lo relaciono (T-P)?	ALTERNATIVA (Qué propongo?)

Tabla 1. Modelo de registro anecdótico utilizado para la reflexión.
Fuente: Elaboración propia.

Para el análisis era preciso enmarcar las anécdotas de manera didáctica teniendo en cuenta la eficacia, la teoría que fundamenta la reflexión y la argumentación en cada caso. Para ello se elaboró una rúbrica consensuada que permitía tener en cuenta los aspectos didácticos, los contextuales y los que son fruto de la interacción (tabla 2).

<table>
<tr><td colspan="3">MODELO EDUCATIVO DE REFERENCIA
Construcción de saberes profesionales
(Órdenes ministeriales, Memoria de grados y Decretos curriculares</td></tr>
<tr><td rowspan="2">FOCOS DE
OBSERVACIÓN
POSIBLES PREGUNTAS QUE GUIEN LA REFLEXIÓN
INDAGACIÓN
Adaptadas a las asignaturas y a los sistemas de registro de la observación</td><td colspan="2">¿Dónde queremos llegar?
OCULTO PARA EL ESTUDIANTADO
El porqué de las preguntas</td></tr>
<tr><td>MÓDULO DE FORMACIÓN BÁSICA
Elementos comunes</td><td>MÓDULO DE DIDÁCTICAS ESPECÍFICAS
Contenido específico</td></tr>
<tr><td colspan="3">DIMENSIONES DE ANÁLISIS</td></tr>
<tr><td colspan="3">Aspectos didácticos</td></tr>
<tr><td colspan="3">¿Existe coherencia entre los diferentes elementos curriculares?
¿Se concreta el objetivo de la actividad? ¿Qué tipo de agrupamientos se llevan a cabo?
¿Qué tipo de metodología: proyectos, TIC/TAC? ¿Qué valor educativo tienen?
¿Se trabaja a partir de problemas reales? ¿Cómo se gestiona la evaluación?</td></tr>
<tr><td>Elementos comunes:
Estructura curricular</td><td colspan="2">Contenido específico:
Elementos
Objetivos, Contenidos, Metodología Evaluación</td></tr>
<tr><td colspan="3">Aspectos interactivos</td></tr>
<tr><td colspan="3">¿Está integrada la acción tutorial a la actividad ordinaria? (motivación, gestión de conflictos, de problemas personales, de les emociones...) ¿Hay medidas específicas de acción tutorial? ¿Existen medidas ordinarias y/o extraordinarias de atención a la diversidad? ¿Cuál es el modelo de interacción/participación? ¿Cómo se gestiona el lenguaje en el aula (rigor...)?</td></tr>
</table>

Elementos comunes: Acción del/ de la maestro/a Atención a la diversidad Gestión de la interacción	Contenido específico: Acción tutorial integrada en las materias especificas
Aspectos contextuales	
¿Espacios? ¿Recursos materiales, humanos? ¿Tipo de escuela? ¿Vinculación con el entorno?	
Elementos comunes Contextualización	Contenido específico Utilización del entorno para generar conocimiento curricular

Tabla 2. Modelo consensuado de análisis por dimensiones. Fuente: Elaboración propia.

Se debe tener en cuenta que se debe partir de una visión sistémica y holística de los procesos de enseñanza y aprendizaje y, por ello, todas las preguntas pueden ser analizadas y discutidas de manera vinculada.

2. OBJETIVOS

El objetivo general de la investigación es realizar un análisis DAFO (inicialess de Debilidades, Amenazas, Fortalezas y Oportunidades) de las prácticas de alternancia en los grados en Educación de la Universitat Internacional de Catalunya (UIC), teniendo en cuenta las respuestas de los tutores y profesorado de prácticas encargado de realizar el seguimiento del estudiantado. Los objetivos específicos derivados de esta finalidad fueron los siguientes:

- Objetivo específico 1. Analizar, a nivel interno las debilidades y las fortalezas de las prácticas de alternancia según codificación establecida.
- Objetivo 2. Analizar, a nivel externo, las amenazas y las oportunidades de las prácticas de alternancia según codificación establecida.
- Objetivo 3. Describir el nivel de valoración de los elementos que configuran los análisis interno y externo.

¿Cómo perciben los tutores de prácticas la innovación de la formación en alternancia incorporada en los Grados de Educación de la UIC en base al análisis DAFO?

3. METODOLOGÍA

Para los datos cualitativos, recogidos a través del estudio de encuesta basado en el DAFO, se ha utilizado el programa de software Atlas ti 9 y se han codificado las respuestas a través de un doble análisis: inductivo (frases-palabras emergentes) y deductivo (palabras emergentes). Las herramientas de co-ocurrencia han permitido buscar códigos que se hayan aplicado en distintas ocasiones. Para el estudio de la situación se ha utilizado un cuestionario DAFO como herramienta que ha permitido un análisis interno y externo para identificar debilidades, amenazas, fortalezas y oportunidades de los cambios que ha supuesto la implantación de este modelo inductivo de formación, a nivel organizativo y pedagógico.

El análisis DAFO es un instrumento que sirve de marco de análisis que se aplica habitualmente en el ámbito empresarial para valorar el impacto de la incorporación de innovaciones y poder tomar decisiones de futuro. El análisis DAFO en el ámbito educativo permite obtener una evaluación y reflexión sobre aspectos mejorables, así como sobre los puntos fuertes que deben potenciar (Aliaga *et al.*, 2018; Mosquera, 2018).

3.1. Muestra

La muestra (n=52) es no probabilística y deliberada en la que se han seleccionado las personas con base en el conocimiento y el propósito del estudio entre las personas tutoras de prácticas y de asignaturas que participan en los procesos de reflexión que se han comentado en anteriores apartados.

3.2. Procedimientos

Se diseñó un cuestionario DAFO que incluía la siguiente información:

- El análisis interno recogió los aspectos positivos o fortalezas y los negativos o debilidades. Las fortalezas ponían de relieve las características (organizativas o pedagógicas) de la formación en alternancia que ofrecen una ventaja y una diferencia para mejorar la formación inicial y los procesos de observación, reflexión y relación teoría- práctica. Las debilidades se definían como las características que, por el contrario, suponían un obstáculo para el logro de esta mejora.
- El análisis externo recogió los aspectos positivos u oportunidades y los negativos o amenazas. Las oportunidades se definían como los factores positivos que se generan en los centros y que pueden ser útiles para la mejora de la formación y los procesos de observación, reflexión y relación teoría-práctica que se pretenden fomentar con la alternancia. Por su parte, las amenazas serían los factores negativos que afectaban el desarrollo de la estrategia y que, por lo tanto, representarían un inconveniente para el proceso formativo.

Se valoraron con escala numérica del 0 al 10 (de menor a mayor) el nivel de los aspectos positivos y negativos en cada uno de los casos y el cuestionario se distribuyó online. Para el análisis inductivo se establecieron unos códigos a nivel organizativo y pedagógico (tabla 3).

Códigos de análisis inductivo de la formación en alternancia	
A nivel organizativo (O)	A nivel pedagógico (P)
[O] Distribuir el tiempo en periodos de alternancia (universidad y escuela) [O] Organizar las clases teniendo en cuenta los diferentes periodos [O] Reprogramar el contenido de las asignaturas dado que se trata de un método inductivo. [O] Integrar el conocimiento de la práctica [O] Incorporar innovaciones didácticas (puede ser pedagógico, pero siempre supone cambios de organización).	[P] Mejorar los procesos de observación [P] Reforzar los procesos de reflexión [P] Evaluar por competencias [P]Investigar y evaluar de manera colaborativa entre instituciones (universidad y centros). [P] Integrar teoría y práctica (saberes académicos y saberes profesionales). [P] Propiciar la investigación-acción [P] Implicar las asignaturas de la universidad [P] Establecer diálogos profesionalizadores

Tabla 3. Códigos establecidos para el análisis inductivo. Fuente: Elaboración propia.

4. RESULTADOS

Se organizan y exponen a continuación los resultados de acuerdo con los objetivos específicos mencionados.

4.1. Objetivo específico 1

Analizar, a nivel interno y externo las palabras emergentes según código organizativo o pedagógico, según codificación establecida.

Teniendo en cuenta los códigos reflejados en la tabla 3, se procedió a realizar un análisis inductivo de la información en base a los niveles organizativos (gráfico 1) y pedagógicos (gráfico 2).

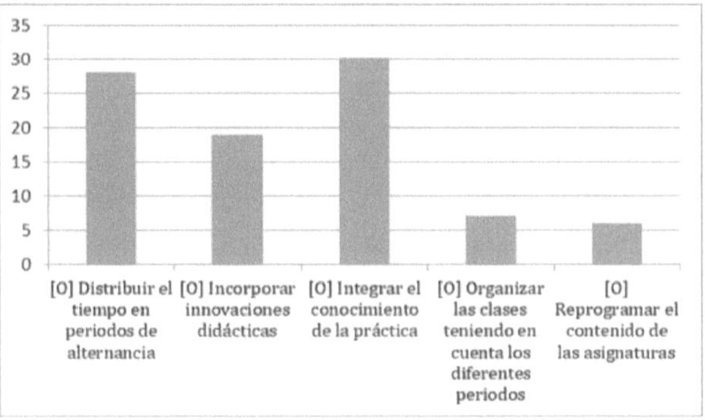

Figura 3. Análisis DAFO inductivo. Nivel organizativo, palabras emergentes.
Fuente: Elaboración propia.

A nivel organizativo (figura 3) se destacan claramente tres aspectos: la necesidad de integrar el conocimiento de la práctica, la necesidad de (re)organizar el tiempo en base a los períodos de alternancia y, la incorporación de innovaciones didácticas derivadas del conocimiento procedente de la práctica.

A nivel pedagógico (figura 4) se destacan: una mejora de los procesos de observación sistemática, de la reflexión, de los diálogos profesionales y de la integración teoría y práctica, seguidos de la importancia de integrar las asignaturas de la universidad en el proceso y de fomentar la investigación-acción de manera colaborativa.

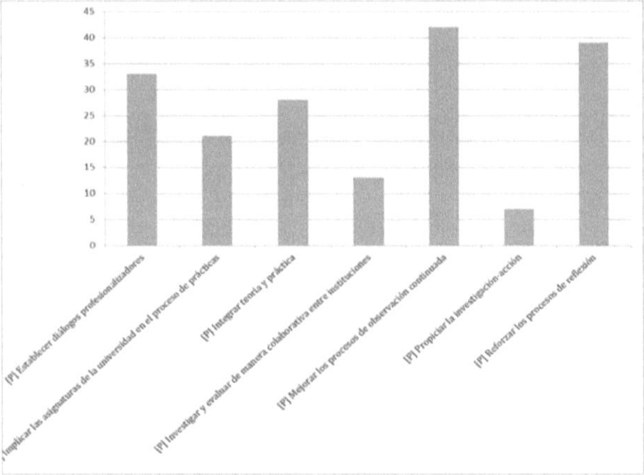

Figura 4. Análisis DAFO inductivo. Nivel pedagógico, palabras emergentes.
Fuente: Elaboración propia.

De acuerdo con Balslev, 2015; 2016), en una formación en alternancia la observación y el análisis del discurso se sitúan como instrumentos básicos donde el papel del acompañamiento de los tutores es clave para hacer emerger y verbalizar las competencias necesarias para el ejercicio de la profesión docente.

4.2. Objetivo específico 2

Analizar, a nivel interno las debilidades y las fortalezas; y externo, las amenazas y las oportunidades de las prácticas de alternancia según codificación establecida.

Análisis interno. Con relación a las debilidades (figura 5) la falta de continuidad para los proyectos desarrollados en los centros se sitúa como la principal, seguida del tiempo (falta de tiempo) y de la insuficiente comunicación entre las instituciones. La carencia de experiencia y de formación son también puntos que deberían mejorarse.

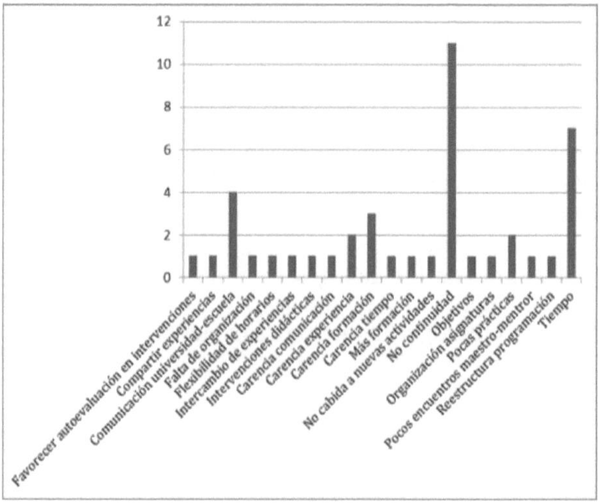

Figura 5. Análisis DAFO deductivo. Debilidades, palabras emergentes.

Fuente: Elaboración propia.

Con respecto a las fortalezas (figura 6), destacan por encima de todo, coincidiendo con los códigos pedagógicos de la figura 4, la reflexión, la relación teoría-práctica, el intercambio de experiencias universidad- centros formadores de prácticas-profesorado-alumnado, y el aprendizaje adquirido a través de la experiencia y la observación.

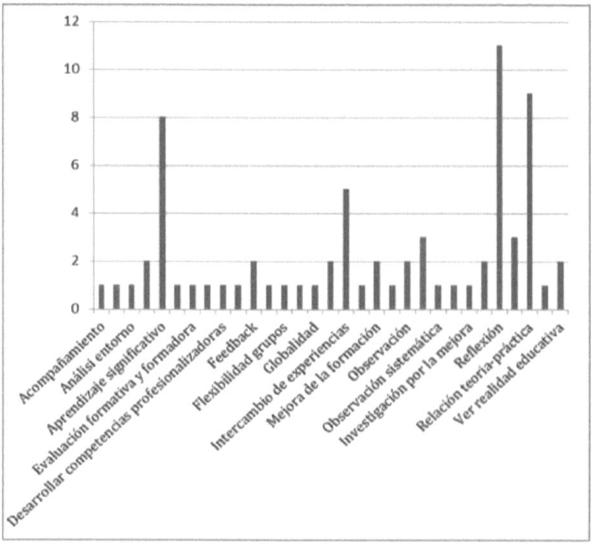

Figura 6. Análisis DAFO deductivo. Fortalezas, palabras emergentes.
Fuente: Elaboración propia.

Análisis externo. Con relación a las principales amenazas se observan coincidencias con las debilidades que han sido destacadas en el análisis interno (figura 5). En este sentido, destaca por encima de todo el factor tiempo, la falta de continuidad, la comunicación o *feedback* y el nivel de reflexión asociado. La organización y el contexto también son factores determinantes para el éxito de este tipo de formación.

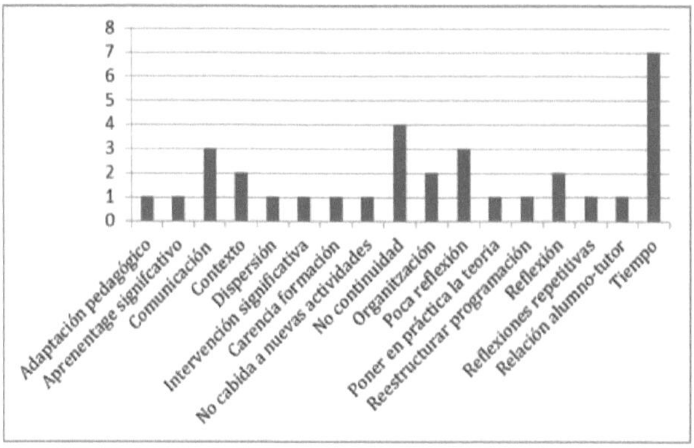

Figura 7. Análisis DAFO deductivo. Amenazas, palabras emergentes.
Fuente: Elaboración propia.

Por último y respecto a las oportunidades, destacan por orden: el hecho de favorecer la consciencia de lo que representa la realidad educativa, el aumento de conocimiento, la relación teoría y práctica y el aprendizaje bidireccional entre universidad y centros de prácticas, la reflexión y la intervención en el aula.

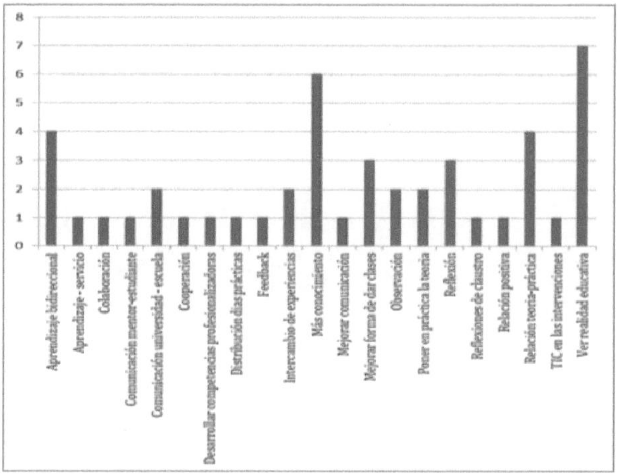

Figura 8. Análisis DAFO deductivo. Oportunidades, palabras emergentes.
Fuente: Elaboración propia.

4.3. Objetivo específico 3

Describir el nivel de valoración de los elementos que configuran los análisis interno y externo.

Los distintos elementos que configuran el análisis DAFO a nivel interno y externo fueron también valorados por las personas encuestadas. Se les proponía valorar el nivel de importancia que consideraban que tenía cada uno de los elementos con una escala de apreciación numérica del 0 (menor) al 10 (mayor).

Con relación a la influencia de las debilidades en la formación en alternancia los resultados son dispersos: un 29,4% valora que influyen en un nivel alto (8), aunque se hallan valoraciones en todos los puntajes excepto en el 10 y el 2. Las amenazas también recibieron puntuaciones diversas siendo el más alto el 7 (25,5%), si bien están muy repartidos entre valores altos y bajos quedando sin valor el 10.

Las oportunidades de este tipo de formación se valoran muy altas, entre 7 (17,6%), 8 (23,5%), 9 (29,4%) y 10 (23,5%). Parecido ocurre con los resultados obtenidos en las fortalezas siendo los niveles más valorados el 8 (34,3%), el 9 (25,7%) y el 10 (20%).

5. CONCLUSIONES

Los resultados ponen de relieve las mejoras que la alternancia supone a nivel pedagógico para la formación docente y se destacan tanto en las fortalezas como en las oportunidades, si bien los cambios a nivel organizativo y, en algunos casos la falta de flexibilidad institucional y del profesorado puede representar una debilidad o amenaza para la incorporación de la innovación. Las conclusiones demuestran que la incorporación de cualquier innovación requiere de un diálogo entre las instituciones que colaboran y los docentes (tutores y mentores) que hacen el seguimiento del Prácticum para compartir significados y consensuar instrumentos puesto que es preciso reprogramar y organizar teniendo en cuenta los saberes profesionales.

Establecer diálogos profesionalizadores (desarrollo de la identidad docente observando y reflexionando en y sobre la práctica y con los demás (profesor, tutor y compañeros). Si bien la formación en alternancia requiere un proceso de consolidación de principios pedagógicos y el reconocimiento de cambios organizativos, los resultados ponen en evidencia que este proceso formativo nos permite construir conocimiento por parte del estudiante y del profesorado mediante la interacción con la experiencia de aprendizaje de la práctica y el conocimiento teórico adquirido a través de un proceso interno de construcción de significados y representaciones fundamentadas. El Prácticum ofrece la oportunidad de aprender y relacionar los conocimientos asimilados a partir de la implicación personal y la experiencia. Es lo que Marcelo (2009) define como «aprendizaje activo» a partir de construir diálogos profesionales. La propia experiencia de prácticas es objeto de análisis a través de la observación y este análisis debe permitirnos construir nuevo conocimiento a partir de la reflexión sobre la práctica de aprender y enseñar (Piqué, Comas y Lorenzo, 2010). El pensamiento crítico tiene como objetivo que la práctica educativa sea efectiva y eficiente a través de la comprensión y transformación de la acción docente que debe permitir la creación de un estilo propio de la docencia.

6. REFERENCIAS

Aliaga, F. M., Gutiérrez-Braojos, C. y Fernández-Cano, A. (2018). Las revistas de investigación en educación: Análisis DAFO. *Revista de Investigación Educativa, 36*(2), 563-579. https://revistas.um.es/rie/article/view/312461/231441.

Álvarez, C. y Hevia, I. (2013). Posibilidades y límites de la relación teoría-práctica en la formación inicial del profesorado. *Cultura y Educación, 25* (3), 337-346. https://doi.org/10.1174/113564013807749759.

AQU. (2009). Guía para la evaluación de competencias en el prácticum de los estudios de maestro/a. http://www.aqu.cat/doc/doc_84811405_1.pdf

Balslev, K. y Buysse, A. (Eds.) (2016). Quels discours pour quel développement professionnel? *Phronesis, 5*(3-4). https://doi.org/10.7202/1039081ar

Balslev, K., Filliettaz, L., Ciavaldini-Cartaut, S. y Vinatier, I. (2015). *Pratiques professionnelles en formation: la part du langage.* Paris: L'Harmattan (collection Action et Savoir).

Bourdoncle, R. (2000). Professionalisation: formes et dispositifs. *Recherche et formation pour les professions de l'éducation*, 35, 117-132.

Butler, D., Novak, H., Jarvis-Selinger, S. y Beckingham, B. (2004): Collaboration and Self-regulation in Teachers Professional Development. *Teaching and Teacher Education,* 20, 435-455. https://doi.org/10.1016/j.tate.2004.04.003.

Cochran-Smith, M. y Zeichner, K. M. (Eds.). (2009). *Studying teacher education: The report of the AERA panel on research and teacher education.* Teachers College Press.

Correa, E. (2011). La práctica docente: una oportunidad de desarrollo profesional. *Perspectiva educacional, 50*(2), 77-95.

Dolz-Mestre, J. (2015). Les pràctiques són l'eix vertebrador de la formació inicial de mestres. A: http://mif.cat/blog-14/

Esteve, O. y Carandell, Z. (2009): "La formació permanent del professorat des de la pràctica reflexiva" A: Articles de Didàctica de la Llengua i de la Literatura, 49, 47-62. https://redined.educacion.gob.es/xmlui/handle/11162/105663.

Fuertes, M. T. (2011). La observación de las prácticas educativas como elemento de evaluación y de mejora de la calidad en la formación inicial y continua del profesorado.

Revista de docencia universitaria, 9(3), 237–258. https://doi.org/10.4995/redu.2011.11228.
Fuertes, M. T. (2014). El Practicum en la formación inicial del profesorado. En M. Fuertes, *El ApS en el Practicum de la formación inicial del profesorado*, (pp. 160-197). Publicia.
Hyde, K. F. (2000). Recognising deductive processes in qualitative research. *Qualitative market research: An international journal, 3*(2), 82-90. https://doi.org/10.1108/13522750010322089.
Korthagen, F. (2010). La práctica, la teoría y la persona en la formación del profesorado, 68, (24, 2). *Revista Interuniversitaria de Formación del Profesorado, 68*(24,2), 83-102.
Korthagen, F. A. (2001): *Linking Practice and Theory. The Pedagogy of Realistic Teacher Education.* LEA.
Latorre, M. y Blanco, F. (2011). El prácticum como espacio de aprendizaje profesional para docentes en formación. *Revista de Docencia Universitaria, 9*(2), 35-54.
Marcelo, C. (2009). Desarrollo profesional docente: pasado y futuro. *Revista de Ciencias de la Educación*, 7, 7-22.
Mosquera, I. (20/12/2018). Análisis DAFO en Educación: un nuevo vaso comunicante con el mundo empresarial. https://n9.cl/avhat
Palmett, M. (2020). Métodos inductivo, deductivo y teoría de la pedagogía crítica. *Revista Crítica Transdisciplinar, 3*(1), 36-42.
Piqué, B., Comas, A. y Lorenzo, N. (2010). *Estratègies de pràctica reflexiva en la formació inicial de mestres.* Graó.
Restrepo, B. (2009). La investigación-acción educativa y la construcción de saber pedagógico. *Educación y Educadores*, 7.
Schön, D.A. (1998) *El profesional reflexivo.* Paidos.
Vanhulle, S., Perréard Vité, A., Balslev, K. y Dobrowolska, D. (2016). Transforming Practive through Reflective Writing: A Discursive Approach. In G. Ortoleva, M. Bétrancourt y S. Billet (Eds.), *Writing for Professional Development* (pp. 32-60). Brill. https://doi.org/10.1163/9789004264830_004.

RECURSOS ONLINE PARA ELABORACIÓN, TUTORIZACIÓN Y EVALUACIÓN DE TRABAJOS DE FIN DE GRADO/MÁSTER

Pablo García-Del-Río[1], Gil Garrote-Velasco[1], Pedro Ferreira-Santos[1]

Departamento de Ingeniería Química, Facultad de Ciencias, Universidad de Vigo (Campus Ourense), As Lagoas s/n 32004 Ourense, España.

1. INTRODUCCIÓN

Los últimos tiempos vienen marcados por diversos cambios, entre ellas la globalización económica y cultural, la velocidad con que se genera y transforma la información, la necesidad de un aprendizaje constante, la ruptura del pensamiento tradicional que tenemos de los conceptos de espacio y tiempo (Cabero-Almenara, 2017). Esto lleva la sociedad a apoyarse en modelos económicos centrados en la información, y en una amplia gama de herramientas tecnológicas virtuales - Tecnologías de la Información y la Comunicación (TIC) - que tenemos a nuestra disposición.

En el contexto académico, también se han notado una serie de cambios importantes, como el rápido avance de la tecnología, el aumento de la docencia online debido a la pandemia mundial de COVID-19, así como la necesidad de un cambio de las técnicas de aprendizaje en las nuevas generaciones, entre otros. Estos cambios originaron una continua transición, modificación y reinvención de los recursos didácticos. Además, estas circunstancias han afectado la relación profesor-estudiante de modo considerable, por lo que la adaptación a los tiempos actuales de los recursos didácticos y del sistema de comunicación es básico para una mejora significativa de la enseñanza, así como en la tutorización personalizada (Santos-Martínez, 2017).

Actualmente, las TIC desempeñan un papel fundamental en la enseñanza universitaria, ya que han transformado la forma en que se imparte y se accede al conocimiento. A continuación, se presentan algunas de las principales razones que destacan la importancia de las TIC en este contexto:

1. Acceso a la información: Las TIC permiten un acceso rápido y fácil a una gran cantidad de información. Los estudiantes pueden utilizar herramientas virtuales para investigar, consultar bibliotecas digitales, acceder a bases de datos académicas

1. Universidad de Vigo (España)

y obtener material de estudio actualizado. Esto amplía significativamente sus fuentes de información y enriquece sus conocimientos.

2. Interacción y colaboración: Las TIC facilitan la comunicación entre estudiantes y profesores, así como la colaboración entre compañeros. Las plataformas de aprendizaje en línea, los foros de discusión y las herramientas de colaboración en tiempo real permiten que los estudiantes compartan ideas, realicen proyectos conjuntos, participen en debates y reciban retroalimentación del profesorado y de sus compañeros, incluso en campo remoto (Guo y col., 2021).
3. Flexibilidad y aprendizaje a distancia: Las TIC han abierto las puertas al aprendizaje a distancia y en línea. Los estudiantes pueden acceder programas académicos desde cualquier parte del mundo, sin tener que desplazarse físicamente a una institución educativa. Esto les brinda mayor flexibilidad para administrar su tiempo, conciliar responsabilidades y adaptar el aprendizaje a sus necesidades individuales. Cabe destacar los Massive Open Online Courses (MOOC), que son una modalidad de aprendizaje en línea según el principio de educación abierta y masiva.
4. Recursos multimedia e interactivos: Las TIC permiten el uso de recursos multimedia, como videos, animaciones, simulaciones y presentaciones interactivas, que hacen que el proceso de aprendizaje sea más dinámico y atractivo. Estos recursos pueden ayudar a los estudiantes a comprender conceptos complejos de manera visual, practicar habilidades en entornos simulados y participar activamente en su propio proceso de aprendizaje.
5. Evaluación y retroalimentación: Las TIC ofrecen herramientas para evaluar el desempeño de los estudiantes y proporcionar retroalimentación de manera más rápida y efectiva. Además, los estudiantes pueden recibir comentarios detallados sobre su progreso y áreas de mejora, lo que les ayuda a reflexionar sobre su aprendizaje y a desarrollar habilidades autónomas.

Por otro lado, recientemente, las herramientas de inteligencia artificial (IA) están ganando cada vez más relevancia en la comunidad académica y tienen desempeñado un papel significativo (positivo y a la vez negativo) en trabajos académicos (Khosravi y col., 2022). Entre ello cabe destacar la mejora en la búsqueda y análisis de información relevante para los trabajos académicos. Los sistemas de IA pueden ayudar a los estudiantes a mejorar la calidad de su escritura en trabajos académicos. Estos sistemas utilizan algoritmos de procesamiento de lenguaje natural para identificar errores gramaticales, sugerir sinónimos, mejorar la coherencia y cohesión del texto, y proporcionar comentarios y sugerencias de mejora, detección de plagio usando sistemas de IA, así como recomendación de referencias y lecturas adicionales son otras funcionalidades de los sistemas de IA (Holmes y col., 2022).

Por otro lado, los sistemas de IA permiten la generación automática de contenido para los trabajos académicos, que puede ser negativo para el desarrollo y aprendizaje del estudiante. Por eso, y siendo la IA una herramienta valiosa, es esencial que los estudiantes comprendan y apliquen críticamente los resultados generados por los sistemas de IA, además de una supervisión y orientación reforzada del profesorado para garantizar la calidad y el rigor de la investigación académica.

En suma, las TIC han venido a revolucionar la enseñanza universitaria al facilitar el acceso a la información, fomentar la interacción y colaboración del profesorado-alumnado, brindar flexibilidad en el aprendizaje, proporcionar recursos multimedia e interactivos, y mejorar los procesos de evaluación y retroalimentación. Estas herramientas tecnológicas promueven un aprendizaje más participativo, enriquecedor y adaptado a las necesidades individuales de los estudiantes.

Los trabajos fin de grado (TFG) y de máster (TFM) se consideran un trabajo personal que cada estudiante realiza de manera autónoma bajo la supervisión de un tutor académico que les permite mostrar de forma íntegra la adquisición de los contenidos formativos y las competencias adquiridas por el estudiante a lo largo de su formación académica. El desarrollo y la elaboración de los TFG e TFM son normalmente etapas estresantes para el estudiante, y el seguimiento del profesorado es determinante para su buen resultado. Por consiguiente, esta nueva situación de mayor uso de las TIC lleva a la necesidad de un cambio de paradigma en lo que a tutorización se refiere llevando a una tutorización efectiva del estudiante empleando recursos online para reuniones, búsqueda de referencias, metodología, etc. (Santos Martínez, 2017).

El uso de las TIC, como se mencionó anteriormente, facilita la comunicación con profesores y sus compañeros, lo que resulta útil para obtener orientación, realizar consultas y recibir retroalimentación durante la elaboración de trabajos académicos. A través de correos electrónicos, plataformas virtuales puestas a disposición por las universidades (por ejemplo, campus remoto, Zoom, Microsoft Teams, etc.) o foros en línea, los estudiantes pueden resolver dudas, intercambiar ideas y recibir comentarios que enriquecen sus trabajos.

2. OBJETIVOS

El objetivo de este trabajo es la creación de una guía práctica para una tutorización de trabajos académicos, a distancia y en formato completamente online, que sea efectiva, sencilla, y satisfaga a ambos extremos de la relación profesor-estudiante. De manera específica, este trabajo se centra en analizar la idoneidad de los recursos virtuales/electrónicos disponibles en la Universidad de Vigo para realizar una tutorización efectiva que permita al estudiante llevar a cabo su trabajo de modo remoto.

3. METODOLOGÍA

La búsqueda se ha realizado por medio de revisión bibliográfica empleando diferentes fuentes de la Universidad de Vigo, así como catálogos de búsqueda bibliográfica (Scopus, Dialnet, Google Scholar...).

Por otro lado, el método en el que se focalizará esta tutorización será el llamado activo-activo, en el que ambos, estudiante y profesor, deben mantener una relación y actuación bidireccional activa, necesaria en los casos de tutorización virtual. Los pasos que seguir para la consecución del TFG/TFM se planificarán de manera clara y consensuada con el estudiante, combinando el trabajo individual con la tutorización.

4. DESARROLLO DE LA INVESTIGACIÓN

De manera general, los pasos a seguir desde el primer contacto de estudiante-profesor hasta la consecución y defensa del TFG/TFM puede verse en la figura 1.

4.1. Primer contacto estudiante-profesor y selección del tema del trabajo

La selección de un tutor para la realización de un TFG/TFM depende en gran medida de la motivación, e interés académico y profesional del estudiante con el tema a tratar, así como del órgano competente en el centro de estudios que realice dicha asignación. Es por ello por lo que la elección de una temática que guarde concordancia con las preferencias del estudiante es vital (Da Cunha, 2016; González-Ceballos, 2008).

Tras esto, se realizará una primera reunión con el estudiante para darle a conocer las temáticas que el tutor tiene en marcha, así como otras opciones que pueden resultarle atractivas según su preferencia. Cabe destacar la necesidad de fijar la hipótesis principal del trabajo, que será hilo conductor del trabajo durante las siguientes semanas o meses, así como la realización de un cronograma que ayude a delimitar los periodos en los que se realizarán las tareas del trabajo (García-Vidal y col., 2020).

Además, en el caso de la Facultad de Ciencias (así como en otros centros), la nota obtenida tras la defensa del TFG/TFM estará compuesta por la nota obtenida del tutor, nota del trabajo escrito y nota de la exposición oral. Para el primero de los casos, la Facultad de Ciencias pone a disposición una rúbrica que será guía para que el estudiante durante el desarrollo del trabajo (tabla 1).

Para el caso de estudiantes con necesidades especiales, será necesario mantener una continua comunicación con la "unidad de atención al alumnado con necesidades específicas de apoyo educativo" de cada centro/universidad para tener en consideración las actividades que se deben desarrollar, así como las adaptaciones acordadas para garantizar la atención a la diversidad y la igualdad de oportunidades de este estudiantado (Facultad de Ciencias, Universidad de Vigo 2021).

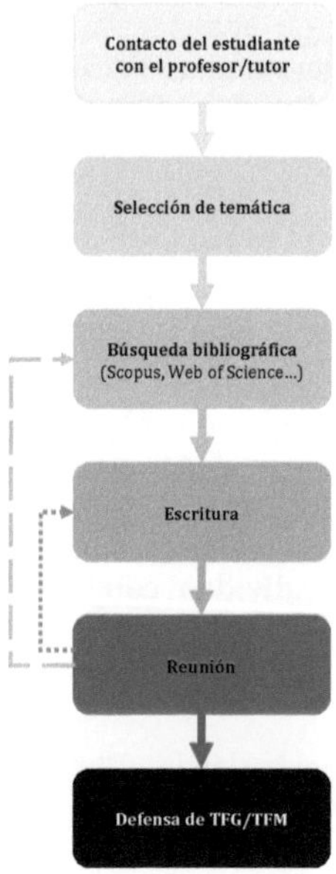

Figura 1. Esquema de los pasos a seguir para la realización y tutorización de Trabajos de Fin de Grado (TFG) y de Máster (TFM). Fuente: Elaboración propia.

INDICADORES	Mejorable: 0 - 4,9	Normal: 5 - 7	Bueno: 7,1 - 8,9	Excelente: 9 - 10
IT1 (15% nota informe): asistencia a las reuniones planificadas por el tutor	Falta a más de tres reuniones.	Falta entre dos a tres reuniones.	Falta a una reunión.	Asiste a todas las reuniones.
IT2 (25% nota informe): realización de las tareas parciales en la fecha y forma prevista	El trabajo no se ajusta en buena medida en tiempo y forma pero sin seguirlas en absoluto.	El trabajo no se ajusta del todo en tiempo y forma pero sin seguirlas totalmente.	El trabajo se ajusta en buena medida en tiempo y forma pero sin seguirlas totalmente.	Realiza las tareas encomendadas para cada reunión en tiempo y forma.
IT3 (25% nota informe): realización del TFG en el plazo previsto	No ha desarrollado el TFG en el plazo establecido, alejándose bastante de su finalización.	No ha desarrollado el TFG en el plazo establecido, aunque no con mucho margen.	No ha desarrollado el TFG en el plazo establecido, aunque por poco margen.	Ha desarrollado el TFG en plazo.
IT4 (35% nota informe): evolución de la autonomía durante la realización del trabajo	La autonomía del alumno no ha evolucionado.	La autonomía del alumno no ha evolucionado significativamente.	La autonomía del alumno ha evolucionado.	La autonomía del alumno ha evolucionado de forma destacable.

Tabla 1. Rúbrica de la Facultad de Ciencias (Universidad de Vigo) para dar lugar a la nota del tutor en trabajos de Fin de Grado (TFG) y de Máster (TFM).
Fuente: Facultad de Ciencias, Universidad de Vigo.

4.2. Fuentes para búsqueda bibliográfica

Tras la selección de la temática y la elaboración de la hipótesis, será necesaria una búsqueda pormenorizada de información empleando diferentes herramientas y fuentes bibliográficas para elaborar el marco teórico del trabajo. Para ello, la Universidad de Vigo cuenta con acceso a diferentes motores de búsqueda, así como de revistas científicas de las principales editoriales que pueden ayudar a llevar a cabo esta tarea. Entre ellos:

- Scopus. Es una base de datos bibliográficos de artículos, resúmenes y citas científicas propiedad de Elsevier.
- Web of Science (ISI Web of Knowledge). Es también una base de datos bibliográficos propiedad de Clarivate Analytics que abarca todos los campos del conocimiento académico.
- Perseo. Es el buscador de la biblioteca de la Universidad de Vigo. Permite realizar búsquedas de la colección de la biblioteca, tanto físicos como electrónicos, de libros, revistas, artículos, audiovisuales, tesis...
- Catálogo Rebiun. Se trata de un catálogo de la Red de bibliotecas Universitarias y Científicas, incluyendo registros bibliográficos de 76 bibliotecas universitarias y del CSIC.
- Repositorio institucional (Investigo). En él se recoge, difunde y preserva la producción científica de su personal investigador, desde artículos, libros o capítulos, a contribuciones en congresos o tesis doctorales.
- Aranzadi. Se trata de un software jurídico y empresarial que permite consultar una amplia base de datos, así como revistas electrónicas de ámbito jurídico.

- Editoriales científicas. Al emplear el proxy de la Universidad de Vigo (conexión local o remota), varias de las principales editoriales científicas como Elsevier, Springer o Taylor & Francis están parcial o totalmente disponibles para su uso.
- Otras fuentes de información pueden consultarse en la página web de "Localizador de recursos electrónicos" de la Universidad de Vigo.

Por otro lado, existen ciertas herramientas gratuitas que también pueden emplearse para realizar una búsqueda bibliográfica pormenorizada:

- Dialnet. Se trata de un portal de difusión de producción científica hispana, especialmente especializado en ciencias humanas y sociales.
- Google scholar (Google académico). Es un motor de búsqueda propiedad de Google que permite realizar búsquedas de contenido y bibliografía científico-académico.
- Revistas Open Access. Existen determinadas revistas y/o editoriales basadas en la publicación de acceso libre, sin barreras económicas, legales o técnicas que pueden llegar a ser útiles durante la búsqueda bibliográfica.
- Researchgate. Es una red social para investigadores de todas las disciplinas que se puede emplear como herramienta para solicitar, a los propios autores, artículos científicos a los que no se tiene acceso.

4.3. Elaboración y escritura

A la hora de comenzar con la escritura del trabajo, es necesario tener clara la estructura que tendrá, y que dependerá de si se trata de un trabajo de general (de investigación), ingenieril o de revisión bibliográfica. Es importante que el estudiante envíe, de manera regular, sus avances al tutor, para poder no solo corregir, sino guiar y aconsejar durante todo el proceso. Además, la realización de reuniones/tutorías (sección 4.4) será determinante en la correcta consecución del trabajo, ayudando a resolver dudas y dando orientación para secciones ya escritas o nuevas.

Una vez abordados todos los puntos a tratar, será necesario unir cada una de las partes, obteniendo el trabajo final redactado con precisión, coherencia y claridad. Es necesario que una vez que el trabajo esté completamente redactado, se lleve a cabo una revisión final por el alumno y el tutor. Para ello, la recomendación de varios autores (Garachana, 2014) es permitir que el manuscrito repose, dejando transcurrir un cierto tiempo entre la finalización de la redacción y la revisión, para poder acercarse al trabajo de un modo mucho más crítico. No solo se deberá fijar en la coherencia del texto, sino en el formato (márgenes, número de página, tipo y tamaño de letra...), maquetado de tablas, figuras y portada, comprobación de las referencias bibliográficas, etc. (Da Cunha, 2016).

4.4. Reunión/tutoría

Para la realización de un acompañamiento tutorial online, el uso de medios de comunicación virtuales es vital (Dafonte-Gómez, 2018 y 2020). Entre ellos, destacaremos diferentes herramientas ofrecidas por la Universidad de Vigo:

- Campus remoto. Se trata de una plataforma con aulas y despachos virtuales que se emplean para la impartición de docencia pero que también se pueden usar para realizar tutorías. Se puso en marcha durante la pandemia de COVID-19 y sigue empleándose en la actualidad. Cuenta con funcionalidades similares a las de Teams u otros programas de videoconferencia.

- Microsoft Teams. Desde el email de la Universidad de Vigo, se permite la realización de reuniones por videollamada empleando esta aplicación de Microsoft.

Por otro lado, existen herramientas de comunicación gratuitas que también pueden emplearse:

- Skype. Se trata de otro software de Microsoft que permite realizar videollamadas de manera gratuita.
- Google meet. Es el servicio de videoconferencia diseñado por Google.
- Zoom. Este software desarrollado por Zoom Video Communications ofrece una alternativa para la realización de videollamadas.

4.5. Defensa del TFG/TFM

Uno de los principales requisitos para obtener el título académico (de grado o máster) en una universidad española es la defensa oral del trabajo frente a un tribunal compuestos por profesores especialistas en la temática abordada. Es por ello por lo que, una vez el trabajo está completo, revisado por estudiante y tutor, y ambos estén de acuerdo en su presentación, será momento de preparar la defensa del trabajo. En este contexto, se suele recomendar que el discurso oral esté apoyado por una presentación con diapositivas que permita ilustrar lo que el estudiante quiere explicar (Da Cunha, 2016).

Se valorará positivamente que esta presentación se realice de memoria, o con la menor cantidad posible de consulta de apuntes. Es por esto por lo que es básico que la presentación sea autoexplicativa y permita una interpretación rápida en caso necesario. Se aconseja además que la presentación se realice, previamente, frente al tutor para que pueda ayudar a organizar y guiar al estudiante en caso necesario.

Por su parte, el tribunal evaluará el trabajo escrito (con una rúbrica como la presente en la tabla 2) así como la presentación y defensa (con una rúbrica como la presente en la tabla 3). Así mismo, cada uno de los miembros del tribunal, gozará de unos minutos tras la presentación para realizar preguntas relativas al trabajo, que suele contar en la nota final.

Indicador	Incompleto (0 - 5,5)	Bien (5,6 - 8,9)	Excelente (9 - 10)
TE1 (10% trabajo escrito): redacción Formal	Texto con numerosos errores ortográficos o gramaticales. Redacción poco cuidada y lenguaje coloquial. Aspectos formales (de edición) poco trabajados: paginación, índice, justificación, interlineado.	Texto con mínimos errores ortográficos o gramaticales. Redacción adecuada. Aspectos formales (de edición) con mínimos errores: paginación, índice, justificación, interlineado.	Redacción cuidada y lenguaje adecuado, sin errores ortográficos, gramaticales y de aspectos formales.
TE2 (30% trabajo escrito): antecedentes y Objetivos	Los antecedentes y estado actual del tema se presentan de forma deficiente. Los objetivos están poco claros.	Los antecedentes y estado actual del tema son adecuados y están mayoritariamente bien documentados. Los objetivos están bien propuestos, pero algunos, podrían ser demasiado generales.	Los antecedentes y estado actual del tema son adecuados y están muy bien documentados y explicados. Los objetivos están claramente definidos y son concisos.
TE3 (15% trabajo escrito): presentación de Datos	La presentación de los datos consta simplemente de una descripción de la información recogida de los documentos bibliográficos consultados. Es notoria la ausencia de tablas y figuras que traten de ilustrar las principales aportaciones del trabajo.	La presentación de los datos reúne una adecuada descripción de la información recogida, complementada con el empleo de algunas tablas y figuras para visualizar las principales aportaciones del trabajo.	La presentación de los datos reúne una buena descripción de la información recogida, se expone de forma ordenada y su seguimiento se facilita con numerosas y adecuadas tablas y figuras que facilitan la comprensión de los objetivos del trabajo.
TE4 (20% trabajo escrito): discusión	Utiliza la información bibliográfica seleccionada pero no hay relación con los objetivos planteados.	Utiliza la información bibliográfica seleccionada pero sólo alcanza la resolución de alguno de los objetivos planteados.	Utiliza la información bibliográfica seleccionada y alcanza la resolución de todos los objetivos planteados.
TE5 (10% trabajo escrito): conclusiones	Las conclusiones no se ajustan al trabajo realizado y en algunos casos son incoherentes con los aspectos tratados en el trabajo.	Las conclusiones se ajustan al trabajo realizado pero son mejorables.	Las conclusiones se ajustan al trabajo realizado y están bien argumentadas y trabajadas.
TE6 (15% trabajo escrito): bibliografía	El material bibliográfico es insuficiente e impreciso, de escasa relación con los objetivos propuestos y mayoritariamente utiliza fuentes de internet diferentes de artículos científicos, libros y/o informes técnicos de editoriales y entidades reconocidas.	El material bibliográfico es suficiente para alcanzar los objetivos propuestos pero mejorable y utiliza, principalmente como fuente de información, artículos científicos, libros y/o informes técnicos de editoriales y entidades reconocidas.	Utiliza únicamente fuentes relevantes, seleccionando de forma eficaz los recursos bibliográficos para alcanzar los objetivos planteados.

Tabla 2. Rúbrica de la Facultad de Ciencias (Universidad de Vigo) para dar lugar a la nota del trabajo escrito en trabajos de Fin de Grado (TFG) y de Máster (TFM).
Fuente: Facultad de Ciencias, Universidad de Vigo.

Indicador	Incompleto (0 - 5,5)	Bien (5,6 - 8,9)	Excelente (9 - 10)
PO1 (35% presentación oral): calidad de la Presentación Oral	La exposición del trabajo revela poca capacidad de síntesis. Las diapositivas con demasiado texto o datos, no se siguen.	La exposición del trabajo revela una buena capacidad de síntesis, pero a veces no apoya a la comprensión del trabajo, y las dispositivas no siempre están bien enlazadas.	La exposición del trabajo revela una excelente capacidad de síntesis, con dispositivas bien estructuradas.
PO2 (35% presentación oral): claridad Expositiva	Baja capacidad de expresión oral, lee demasiadas veces sus notas y no muestra interés por su trabajo. No se ajusta al tiempo establecido.	Correcta expresión oral, pero en algunos momentos baja el tono y no siempre mantiene el interés en la audiencia. Se ajusta con moderación al tiempo establecido.	Excelente expresión oral, clara y correcta, manteniendo el interés de la audiencia, ajustándose al tiempo.
PO3 (30% presentación oral): respuestas a los Evaluadores	Respuestas pobres y se aprecia que no sabe razonar sobre el trabajo realizado.	Respuestas más o menos adecuadas y razonadas sobre su trabajo.	Excelentes repuestas sobre el trabajo realizado y elevada capacidad de razonamiento.

Tabla 3. Rúbrica de la Facultad de Ciencias (Universidad de Vigo) para dar lugar a la nota de la presentación oral en trabajos de Fin de Grado (TFG) y de Máster (TFM). Fuente: Facultad de Ciencias, Universidad de Vigo.

5. RESULTADOS PREVISTOS

Con lo anteriormente expuesto se espera ofrecer al estudiante y al tutor una guía práctica para una eficiente elaboración de TFG y/o TFM, dando herramienta para mejorar tanto los procesos de búsqueda bibliográfica y escritura (más enfocada al trabajo personal del estudiante) como a mejorar la comunicación en el proceso de tutorización.

6. CONCLUSIONES

En conclusión, el uso de las TIC en los TFG y TFM aporta numerosos beneficios y oportunidades para los estudiantes, entre ellas destacamos el acceso a información actualizada, herramientas avanzadas de investigación, comunicación y colaboración efectivas, presentación y difusión de resultados más impactantes, y una gestión más eficiente del proceso de investigación. Además, el uso adecuado de las TIC puede contribuir a una comunicación efectiva con profesores y estudiantes, incrementando la calidad, eficiencia y efectividad en los trabajos académicos.

Como conclusiones, se corrobora que la realización de TFG y TFM de manera remota no solo es posible, sino que puede llegar a ser muy efectiva para casos en los que sea necesaria. En cuanto a la Universidad de Vigo cuenta con un campus remoto para realización de tutorías online, además de un amplio abanico de recursos electrónicos y webs (repositorio institucional, Scopus, catálogo Rebiun, Perseo, Web of Science, etc.) para facilitar el trabajo de profesor y alumno en el desarrollo de los TFG y TFM.

7. REFERENCIAS

Último acceso a las páginas web consultadas el día 1 de julio de 2023.

Cabero-Almenara, J. (2017) La formación en la era digital: ambientes enriquecidos por la tecnología. *Revista Gestión de la Innovación en Educación Superior, 2*(2), 41-64.

Da Cunha, I. (2016) El Trabajo de Fin de Grado y de Máster. Redacción, defensa y publicación. Ed. UOC.

Dafonte-Gómez, A. (2018) La comunicación en los procesos de enseñanza-aprendizaje: criterios para la elección de herramientas tecnológicas. En J. F. Durán Medina, F. J. Godoy Martín, y J. Rodríguez Terceño (Eds.). *Las TIC en las aulas de enseñanza superior* (pp. 101-107). Ed. Gedisa.

Dafonte-Gómez, A. (2020) Criterios para la elección de herramientas de comunicación en los procesos de enseñanza-aprendizaje. https://n9.cl/j2ft4

Facultade de Ciencias, Universidad de Vigo (2021) Plan de acción tutorial y atención ás necesidades específicas de apoio educativo da Facultade de Ciencias. Guía de elaboración. http://fcou.uvigo.es/images/docs/calidade/procedementos/DO-0203_P1_Anexo_1.pdf

Facultad de Ciencias, Universidad de Vigo (2023) Trabajo de Fin de Grado en la Facultad de Ciencias. http://fcou.uvigo.es/es/docencia/trabajo-fin-de-grado/

Garachana, M. (2014) La revisión. En E. Montolío (dir.). *Manual de escritura académica y profesional. Estrategias discursivas*, (pp. 391-389). Barcelona: Ariel.

García-Vidal, M., Pérez Viejo, J.M., Vírseda Sanz, E. (2020) El problema de investigación y el establecimiento de objetivos e hipótesis en un TFM. En M. C. Ortega Navas, F. J. García-Castilla, y A. De Juanas Oliva (dir.) *Guía para la elaboración de trabajos fin de máster de investigación educativa*. Ed. Octaedro.

González-Ceballos, R. (2008) Herramientas básicas para el acompañamiento tutorial. *Revista Mexicana de Orientación Educativa, 6*(14), 12-18.

Guo, L., Wang, D., Gu, F., Li, Y., Wang, Y. y Zhou, R. (2021) Evolution and trends in intelligent tutoring systems research: a multidisciplinary and scientometric view. *Asia Pacific Education Review*, 22, 441-461.

Holmes, W., Persson, J., Chounta, I. A., Wasson, B. y Dimitrova, V. (2022) *Artificial Intelligence and Education. A critical view through the lens of human rights, democracy, and the rule of law*. Council of Europe. ISBN 978-92-871- 9236-3

Khosravi, H., Shum, S. B., Chen, G., Conati, C., Tsai, Y. S., Kay, J., Knight, S., Martínez-Maldonado, R., Sadiq, S. y Gašević, D. (2022) *Explainable Artificial Intelligence in education*. Computers and Education: Artificial Intelligence 3, 100074.

Santos-Martínez, A. M. (2017) Dirección de TFG y TFM a través de las TIC: la planificación del análisis reflexivo y crítico. En A. M. Delgado García, e I. B. de Heredia Ruiz (Huygens). *Las TIC y las buenas prácticas en la docencia del derecho* (pp. 57-66).

Universidad de Vigo. Búsqueda de información y biblioteca. https://www.uvigo.gal/es/universidad/biblioteca/encontrar-informacion

FLIPPED CLASSROOM EN ESTUDIOS UNIVERSITARIOS

Ana María Gayol González[1]

1. INTRODUCCIÓN

El Sistema educativo se está desarrollando, principalmente, sobre la base del empleo de las tecnologías en el aula. La lección magistral cada vez es menos frecuente, y es ya imprescindible que el docente sea capaz de mantener el interés y el nivel de atención del alumnado, para lo cual han de ser empleadas diferentes técnicas. Una de las más innovadora e importantes es la llamada *Flipped Classroom*, que comenzó en 2007 en un instituto de Colorado, en el cual los entonces profesores de Química (Beregmann y Sams, 2007) decidieron realizar grabaciones en vídeo de las clases y subirlas a Youtube ; de este modo el alumnado que no había comprendido la clase magistral o se había quedado atrasado, veía en Internet el vídeo de la sesión. Se pudo comprobar que los resultados académicos eran mejores. A partir de entonces se desarrolló la clase invertida o *Flipped Classroom*. Actualmente se puede encontrar como enlace en el aula virtual el vídeo que ha de ser visto antes de la clase y, al día siguiente, en clase se debate y cuando el alumnado llegue al aula, el docente explica las dudas- esto hace que se produzca un debate entre alumnado y profesor. Mediante esta técnica se minimiza el tiempo de clase magistral y se incrementa la actividad del alumnado mediante realización de prácticas, simulaciones de prácticas, resolución de problemas, desarrollo de informes. Por tanto, si el alumnado visualiza el material que el docente le da acceso previamente a la sesión teórica, se puede aprovechar más la sesión magistral (Prieto *et al*, 2021; Salas-Rueda *et al.*, 2021a; 2021b).

Es importante destacar que en este trabajo se muestra el desarrollo y uso de las nuevas herramientas tecnológicas en el aula ya que de esta forma la clase se hace más entretenida e interesante porque la relacionan con la vida real (Araya-Castillo *et al.*, 2023). Así se incrementa la participación y, como resultado final, se obtiene mejor y mayor aprendizaje en menos tiempo, logrando una mayor implicación por parte del alumnado en las clases (Vargas Delgado, 2020; Faure-Carvallo *et al.*, 2022).

---

1. Universidad Francisco de Vitoria y Universidade de Vigo (España)

2. OBJETIVOS

El objetivo de la clase invertida es cambiar el papel del alumno, de modo que haya un trabajo colaborativo, incrementando el aprendizaje autónomo; de este modo el docente ejerce como tal y como alumno simultaneamente.

Esta metodología se aplicó a una asingatura del ultimo curso del Grado de Ingeniería en Química Industrial, en la cual se procedió a explicarles a los alumnos los diferentes temas de la asignatura, utilizando las nuevas tecnologías y herramientas digitales (Sanmartín Rodríguez, 2019), posteriormente a que el alumnado viera una serie de materiales como vídeos y a realizar cuestionarios en aplicaciones como Kahoot.

El uso de la clase invertida empezó en los años noventa. Se trataba de que el alumnado buscara información sobre algunas cuestiones y, de este modo, empezase a practicar en la búsqueda bibliográfica para desarrollar un trabajo previo al trabajo fin de grado.

3. METODOLOGÍA

Generalmente la metodologia utilizada en el aula es la clase magistral, sin embargo se ha desarrollado la clase invertida porque es necesario ahorrar tiempo y recursos. A su vez el alumnado aprende a desarrollar ciertas habilidades que hasta ahora no habían utilizado previamente, como son las habilidades autonomas y críticas (Domínguez y Bezanilla, 2019). A principios de este siglo se desarrolló la *Flipped Classroom* (Sanmartín Rodríguez, 2022), para que los docentes explicaran las dudas a los alunos que previamente habian visto en casa un video o el tema que se va a tratar en clase al dia siguiente. Esto hace que se desarrollen habilidaddes como en trabajo en grupo, resolucion de problemas, ejercicios, realización de trabajos, exposiciones en clase, de este modo el alumnado aprende ambos roles el de alumno y el de docente. Esto ocurre en España, desde la implantación del plan Bolonia con la incorporacion al Espacio Europeo de Estudios Superiores EEES, desde este momento se empiezan a utilizar videos, trabajos tanto indivuduales como en equipo que se empiezan a elaboar en casa y el docente propne la clase invertida con la finalidad de que se obtengan las competencias necesaerias (Mendoza, 2015).

Se debe considerar que la educación universitaria en España esta evaluada por la ANECA (Agencia Nacional de Educacion de Calidad) quien emite informes de situación periódicamente (ANECA, 2007). En los ultimos años tambien se han desaerrollado tanto las enseñanzas presenciales, semipresencial y a distancia, por lo tanto es indispensable el uso de nuevas tecnologias como vídeos, audios, en resumidas cuentas, necesitan el ordenador permanentemente.

4. DESARROLLO DE LA INVESTIGACIÓN

Este estudio se realiza en la universidad, en una asignatura del ultimo curso del Grado de Ingeniería en Química Industrial, en la cual se procedio a pasar de la clase magistral a usar herramientas de la *Flipped Classrom*, en la asignatura de Tecnicas y Gestión Medioambientales. Dicha materia tiene un peso de seis creditos, es de destacar la principal competencia de esta asingatura que es desarrollar la capacidad de resolver problemas con iniciativa, toma de decisiones, creatividad, razonamiento crítico y de comunicar y transmitir conocimientos, habilidades y destrezas en el campo de la Ingeniería Industrial en la mención de Química Industrial, ademas de analizar y calorar el impacto social y mediambiental y la sostenibilidad.

Mediante el uso de las nuevas tecnicas de clase, se oberva que el grupo aprende mas, mejor, incrementa su participación e interes y como resultado se obtienen unos resultados excelentes. Esto se debe, no solamente al aprendizaje de la materia como tal, sino tambien a las tecnicas de aprendizaje en las cuales se aplica el uso de las nuevas tecnologias, debido a que el alumnado tiene que aprender a buscar informacion para ir razonando, hasta llegar a la solución y se desarrollan habilidades que posteriormete tiene que utilizar, tanto en esta asignatura, como en el trabajo fin de grado, entre otras. Es de destacar que para superar la asignatura , es necesario, realizar un trabajo y exponerlo, en este proceso se muestran los conocimientos adquiridos, se aprende a estructurar el trabajo, a utilizar citas bibliograficas, siguiendo diferentes normativas entre ellas las normas APA, que son mencionadas por primera vez en todo el grado. Entre estas tecnicas previamente mencionadas se encuentra el uso de herramientas como Kahoot para comprobar el aprendizaje por parte del alumnado, y otras herramientas de gamificación. Tambien existen otras herramientas, no menos importantes, las cuales están especializadas en asignaturas concretas para diversos niveles como PhET Interactive Simulations y Educa plus, entre otras. De este modo se realizan simulaciones, sin necesidad de ir al laboratorio, y a partir del desarrollo y de los resultados de la simulación, el alumnado realizará un informe, que será expuesto como póster o como exposición oral

4.1. Resultados obtenidos

La materia consta de cuatro unidades didacticas, empezando por residuos, tratamiento de residuos ; sostenibilidad, minimizacion de residuos industriales y mejores tecnicas disponibles y por ultimo el ciclo de vida.

El grupo en el que se aplico esta tecnica docente, como previamente se menciona es del último curso del grado Grado de Ingeniería en Química Industrial, se imparte en el segundo cuatrimestre. El grupo esta constituido por catorce alumnos, siendo mayoritariamente mujeres, habiendo solamente cuatro varones en el aula que representan el 29% del alumnado y el restante 71% son mujeres. Estos resutados se muestran en las figuras 1 y 2, respectivamente.

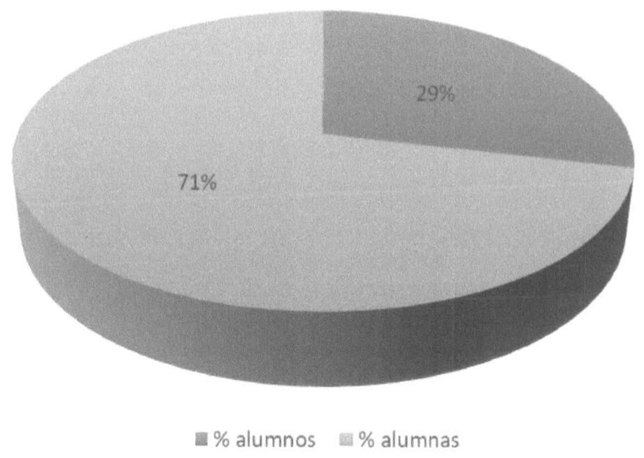

Figura 1. % Alumnado por género. Fuente: Elaboración propia.

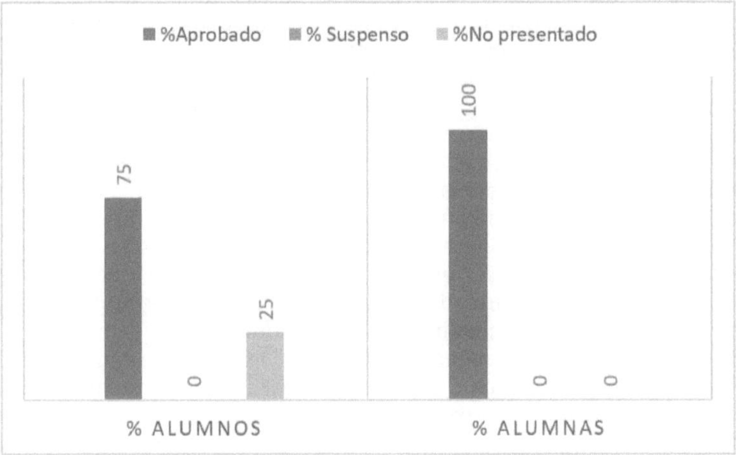

Figura 2. Calificaciones del alumnado en función del género (%). Fuente: Elaboración propia.

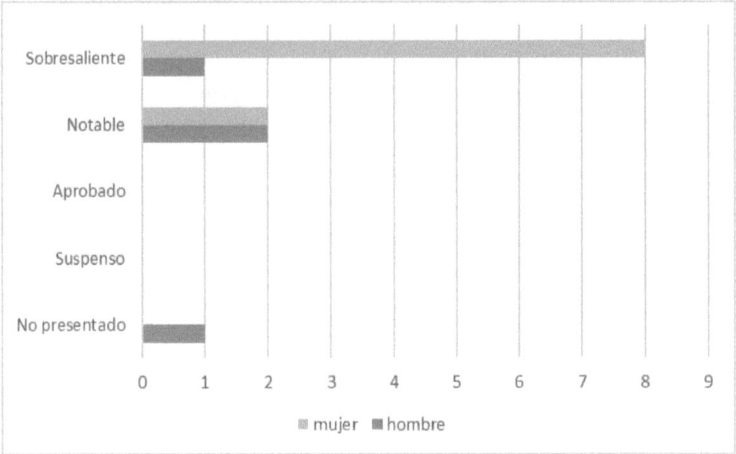

Figura 3. Calificaciones de alumnado en función del género en nota. Fuente: Elaboración propia.

En función de las calificaciones finales de la asignatura, se ve que el aprendizaje, el interés, las entregas de trabajo y los desarrollos de las tareas son mas elaborados en el caso de las mujeres, por lo cual, obtienen mejores calificaciones, como se muestra en la figura 3.

El uso de materiales de diferente naturaleza, el progreso de la metodologia da lugar a diferentes tecnicas tanto de docencia , como de aprendizaje. Con el objetivo de que la lección sea cada vez mas interactiva y entretenida para el alumnado. Con prespecto al docente, es de destacar que es necesario la inversion de muchas horas para dar una clase interactiva o la clase invertida y realizar las gamificaciones. Es mas sencilla a nivel docente la clase magistral, sin embargo grado del aprendizaje es menor. Cada sesión de clase que suelen ser de cincuenta o sesenta minutos dependiendo del nivel, es imprescindible muchas joras de preparacion para prepararla, buscar material visual, realizar juegos para comprobar la comprension de contenidos.

En asingaturas concretas se utilizan PhET Interactive Simulations, Educaplus, asi no es neceario ir al laboratorio para realizar una practica, se realiza mediante el metodo de simulacion. En el caso concreto que tratamos del alumnado del ultimi curos de grado es el paso previo a la preparacion del trabajo fin de grado.

5. CONCLUSIONES

Con el desarrollo de las nuevas tecnologias, aplicaciones, usando la tecnica de gamificación, no solo a nivel teorico como es el uso de Kahoot, Aula virtual, tambien a nivel practico usando programas de diferente naturaleza, dependiendo del tema, asignatura y/o Grado universitario

6. REFERENCIAS

ANECA (2007). *REFLEX. Informe ejecutivo. El profesional flexible en la Sociedad del Conocimiento.*

Araya-Castillo, L., Burgos, M., González, P., Rivera, Y., Barrientos-Báez, A., Yáñez-Jara, V., Ganga-Contreras, F.A., & Sáez, W. (2023). Procrastination in University Students: A Proposal of a Theoretical Model. *Behavioral Sciences,13*(2), 128

Bergmann, J. y Sams, A. (2012). *Flipped Your Classroom: Reach Every Student in Every Class Every Day*. International Society for Tehchnologiy in Education.

Domínguez, H. G. y Bezanilla, M. J. (2019). Una revisión sistemática de la metodología flipped classroom a nivel universitario en España. *Innoeduca: international journal of technology and educational innovation*, *5*(1), 81-90.

Faure-Carvallo, A., Calderón-Garrido, D., & Gustems-Carnicer, J. (2022). Gamificación Digital en la Educación Secundaria: una revisión sistemática. *Revista Latina De Comunicación Social*, 80, 137–154. https://doi.org/10.4185/RLCS-2022-1773

Mendoza, V. I. (2015). *Flipped Classroom* y la adquisición de competencias en la enseñanza universitaria *online*. *Opción: Revista de Ciencias Humanas y Sociales*, 5, *472-479*

Prieto, A., Barbarroja, J., Alvarez, S. y Corell, A. (2021). Eficacia del modelo de aula invertida (*flipped classroom*) en la enseñanza universitaria: una síntesis de las mejores evidencias. *Revista de Educación*, 391, 143-170. http://dx.doi.org/10.4438/1988-592X-RE-2021-391-476

Salas-Rueda, R. A., Eslava-Cervantes, A. L., & Prieto-Larios, E. (2021a). Análisis sobre el impacto del aula invertida y la tecnología en el proceso educativo sobre el diseño de la comunicación gráfica. *Vivat Academia, Revista de Comunicación*, 154, 25-39. https://doi.org/10.15178/va.2021.154.e1238

Salas-Rueda, R.-A., Jiménez-Bandala, C.-A., & Alvarado-Zamorano, C. (2021b). Schoology: plataforma web capaz de mejorar el proceso de enseñanza-aprendizaje en el nivel educativo superior. *Revista De Comunicación De La SEECI,* 54, 19–41. https://doi.org/10.15198/seeci.2021.54.e645

Sanmartín Rodríguez, J. J. (4 y 5 de octubre de 2019). Metodologías aplicadas a la Enseñanza de la Química. [Ponencia] I Congreso de Didáctica da Química. Santiago de Compostela, España. https://n9.cl/uwy96

Sanmartín Rodríguez, J. J. (2022). Metodologías digitales por materia. [Ponencia] II Congreso Iberoamericano GEG. Asunción, Paraguay. https://n9.cl/kk2t70

Vargas Delgado, J. J. (2020). Stress coaching 0.0. Experimental programa de coaching para reducir el estrés. *Revista de Ciencias de la Comunicación e Información, 25*(2), 71-90. http://doi.org/10.35742/rcci.2020.25(2).71-90

METACOGNICIÓN Y APRENDIZAJE CONSCIENTE EN LA ADQUISICIÓN DE COMPETENCIAS ORALES. UNA PROPUESTA DIDÁCTICA DE COMUNICACIÓN ORAL CENTRADA EN EL ESTUDIANTE

Edmon Girbal González, Emma Rodero Antón[1]

La investigación que aquí se presenta es el resultado de la obtención de la ayuda PlaCLIK para la promoción de la calidad y la transformación educativa (UPF).

1. INTRODUCCIÓN

El punto central de este artículo es presentar un estudio realizado en la asignatura *Técnicas de Oratoria* de la Universidad Pompeu Fabra con dos objetivos específicos. En primer lugar, exponer el plan docente elaborado y empleado en la materia con el fin de transitar de una docencia instruccional a otra centrada en el estudiante. En segundo lugar, justificar el papel clave que la modalidad discursiva y el grado de conocimiento entre los interlocutores desempeñan en el discurso oral y abogar por su inclusión en la evaluación de competencias orales presentando la rúbrica utilizada en la asignatura. Por tanto, debemos comenzar explicando los problemas del actual modelo docente y las rúbricas de evaluación.

1.1. Modelo docente

El presente estudio nace de la constatación de un conjunto de automatismos que siguen aquejando a la *clase* como modalidad comunicativa. Por parte de los estudiantes, la tendencia a la pasividad interactiva, la atención basal baja y la supeditación del rendimiento a la nota deseada. Por parte de los profesores, la práctica de una docencia demasiado instruccional y poco centrada en el estudiante. Ambos tipos de conductas tienden a retroalimentarse. La visión predominantemente instruccional de la enseñanza universitaria está tan ampliamente aceptada que el aprendizaje y la evaluación se basan en ella. El profesor/a es el experto/a que expone la información a los alumnos. Estos, a su vez, deben absorber la información y transmitirla con precisión en las evaluaciones. La comunicación en clase es, por tanto, marcadamente unidireccional y afianza a los estudiantes en el rol de emisor y en la pasividad que le es propia. Esta pasividad, sin un modelo pedagógico alternativo a mano, retroalimenta el componente instruccional de la docencia del profesor/a.

1. Universitat Pompeu Fabra.

Los rasgos conductuales mencionados, tanto los de los estudiantes como el del profesor/a, se dan en el aula como espacio primario de la enseñanza, pero su causa distal y última está fuera de las aulas y es herencia de un problema mayor: la concepción y la práctica de la universidad como una herramienta centrada, prioritariamente, en la evaluación del rendimiento de los estudiantes (Biggs, 1996, 2003; Biggs y Tang, 2011). Biggs atribuye esta concepción a tres grandes problemas que concurren en el sistema universitario actual.

En primer lugar, el uso de la curva de Bell para clasificar el rendimiento de los estudiantes, utilizado por la mayoría de universidades del mundo (*Bell Curve Evaluation Performance*, BCEP). El sistema BCEP no se emplea para asignar al estudiante su nota obtenida, sino para clasificarla y compararla con la del resto de sus compañeros de grupo. La naturaleza inherentemente grupal y comparativa del sistema BCEP sirve, por tanto, para derivar el *rendimiento* del estudiante, concepto complejo y en buena medida cualitativo, de su nota y la posición relativa que ocupa, elemento simple y netamente cuantitativo. La correlación entre rendimiento y nota y la subsecuente clasificación de los estudiantes sirve luego para asignar bonificaciones, como la matrícula de honor o el premio de final de grado, o para homologar sistemas de evaluación, típicamente de escalas numéricas de 10 puntos (predominante en Europa) a escalas numéricas y alfabéticas de cuatro puntos (estándar norteamericano). La homologación tiene, como mínimo, dos efectos negativos. En primer lugar, equipara la nota del estudiante con su posición relativa en el total de calificaciones del grupo o promoción. La equiparación entre nota individual y posición grupal genera, a su vez, homologaciones que devalúan o inflan la nota original del estudiante, generando situaciones en las que se puede tener, a la vez, un 9/10 y una C o un 7/10 y una A. El uso del BCEP, razona Biggs (2003; Biggs y Tang, 2011), da lugar a dos tipos de conductas predominantes entre los estudiantes: la supeditación del aprendizaje a la nota o un estado basal de desmotivación, en el caso de los alumnos que vayan acumulando asignaciones en escalas percentiles bajas (Moss, 1994). Ambos tipos de conducta repercuten negativamente en el proceso de aprendizaje, instrumentalizándolo o generando rechazo hacia él.

La fuerte cultura de la evaluación impuesta por el empleo del sistema BCEP genera un segundo problema importante (Biggs, 2003; Biggs y Tang, 2011): la disociación causal entre aprendizaje y evaluación, en la que el rendimiento en lo primero no necesariamente repercute en lo segundo, sobre todo en asignaturas que evalúan cuantitativamente conocimientos o competencias de naturaleza cualitativa (todas aquellas que no sean matemáticas, formales o computacionales).

El último problema señalado por Biggs (2003; Biggs y Tang, 2011) es la consideración de la nota final de la asignatura o del grado como principal indicador docente del aprendizaje adquirido y como principal indicador social de las capacidades del estudiante. Esta visión queda claramente recogida en la adjudicación de la matrícula de honor y del premio de final de grado, reservado para los estudiantes que copan las posiciones más altas del primer percentil. Con este tipo de procedimientos, además, los alumnos entienden rápidamente que lo importante es la nota, no cómo se compone, y que las ideas contenidas en cualquier ítem de una asignatura tienen el mismo valor que en cualquier otro. La estrategia de estudio derivada consiste entonces en centrarse en los ítems fáciles o triviales antes que en los difíciles (Frederiksen y Collins 1989; Moss 1992, 1994; Shepard 1993; Taylor 1994).

El modelo más seguido a la hora de desarrollar planes docentes centrados en el estudiante es el de John Biggs, denominado *Outcomes-Based Teaching and Learning* (OBTL) (Biggs, 1996, 2003; Biggs y Tang, 2011). El modelo de Biggs, enmendado, mejorado y ampliado a lo largo de tres décadas, es una de las principales contribuciones de la pedagogía contemporánea (Tam, 2014). Su alcance va mucho más allá de la academia. Sus principales postulados han sido el fundamento de políticas educativas como el Plan Boloña y son la hoja de ruta de la política educativa de numerosos estados y universidades alrededor del mundo.

El modelo propone una pauta para una docencia que acomode la enseñanza universitaria a las competencias necesarias en democracias avanzadas: resolución autónoma de problemas, pensamiento crítico, capacidad comunicativa, trabajo en equipo y capacidad de aprendizaje permanente. Para ello, es necesario el desarrollo de competencias instrumentales como la consciencia sobre el propio proceso de aprendizaje (*reflective learning*) y la metacognición. Biggs y Tang (2011) aluden a ambas en muchas ocasiones (pp. 60-61, 76, 115, 132, 176, 188, 208, 352-353). De acuerdo con ellos, la capacidad de reflexionar sobre el propio proceso de aprendizaje y la conciencia de las estrategias cognitivas empleadas en él contribuyen decisivamente a que los estudiantes ganen control sobre su propio proceso de aprendizaje.

En colaboración con docentes e investigadores, Biggs y Tang (2011) han aplicado el modelo OBTL en asignaturas de contabilidad, ingeniería, informática, márquetin, idiomas, gestión y administración de empresas y veterinaria. El modelo ha sido, a lo largo de los años, testado y ampliado en planes docentes de todo tipo. A modo de ejemplo: en medicina (Hardem, 2002, 2007), en matemáticas (Engelbrecht y Harding, 2008), en odontología (Khanna y Mehrotra, 2019) o en pedagogía (Kanashiro *et al.*, 2020).

1.2. Rúbrica de evaluación

Las rúbricas propuestas y validadas en la literatura académica, que son también las más utilizadas en los cursos universitarios de comunicación oral, abarcan solo una parte de los aspectos relevantes del discurso en público. Se han realizado numerosos estudios sobre cómo evaluar la comunicación oral en público (Allen, 2002; Blaszczynski y Green, 2010; Gschwend, 2000; Jones y Richarde, 2005; Kirby y Romine, 2009; Lucas, 2007; LaBanca, 2011; Morreale y Backlund, 2007; Quianthy, 1990; Quianthy y Hefferin, 1999; Schreiber *et al.*, 2012). De acuerdo con Schreiber *et al.* (2012), las rúbricas más utilizadas a día de hoy son las de Quianthy y Hefferin (1999), Thompson y Rucker (2002), Morreale y Backlund (2007) y Lucas (2007).

Todas estas rúbricas recogen directa o indirectamente los mismos diez aspectos: adecuación del tema, inicio con *captatio benevolentiae*, conclusión memorable, uso de conectores y marcadores discursivos, elección de palabras adecuadas al contexto, uso de materiales de soporte adecuados, uso efectivo de recursos paralingüísticos (énfasis, tono, velocidad del habla, proyección), uso efectivo de recursos no verbales, adaptación de la presentación a la audiencia y uso de fuentes y evidencias autorizadas y creíbles. Es decir, recogen tres ejes del discurso oral: su estructura, su contenido (eficaz y adaptado a la audiencia) y su ejecución, tanto del ámbito verbal como del no verbal. A nuestro juicio, estas rúbricas no incorporan dos aspectos igualmente importantes del discurso oral: la relación de la estructura, el contenido y la ejecución con la modalidad comunicativa del discurso (narrativa, descriptiva, argumentativa) y con sus variables pragmáticas (rasgos diafásicos, relación entre los interlocutores, grado de conocimiento compartido, etc.).

La modalidad narrativa influye directamente en la estructura, el contenido y la ejecución. Un discurso narrativo extrae herramientas de organización textual propias del *storytelling*, por ejemplo. Un discurso argumentativo, en cambio, debe ser capaz de depurar los detalles propios de la narración y estructurar su contenido de acuerdo con criterios lógico-semánticos como la coherencia o la transitividad de los argumentos. Las rúbricas vistas hasta ahora no pueden dar cuenta de este tipo de fenómenos. Igualmente, variables pragmáticas como la relación entre los interlocutores o el grado de conocimiento compartido condicionan, también decisivamente, la estructura, el contenido y la ejecución. Por ejemplo, si la relación entre el hablante y la audiencia no es jerárquica, la estructura será típicamente menos protocolaria, el registro, menos formal y la ejecución, con un grado mayor de proximidad o *immediacy* (Fiske *et al.*, 2007). De nuevo, las rúbricas vistas hasta ahora no pueden dar cuenta de estos aspectos, de su interacción y del alto número de variación discursiva que generan.

2. METODOLOGÍA

De Grez (2009, p.5) define la competencia en comunicación oral como "la combinación de conocimientos, habilidades y actitudes necesarias para hablar en público con el fin de informar, expresarse, relacionarse y persuadir" (traducción de los autores). La competencia en comunicación oral es resultado, por tanto, de la relación entre aspectos cognitivos, conductuales y afectivos del hablante (Bower *et al.*, 2011). El rendimiento de los estudiantes puede verse potenciado o inhibido por uno o todos estos aspectos. Por ejemplo, la mejora del conocimiento declarativo de los alumnos acerca del proceso comunicativo puede mejorar, a su vez, su capacidad para comunicarse (resultado conductual) (Bower *et al.*, 2011). Esta definición y sus implicaciones nos sitúan ante la realidad que sirve de punto de partida para la metodología que aquí presentamos: el estudiante, la competencia en comunicación oral como capacidad clave en una sociedad democrática y el reto de diseñar una metodología docente centrada en los estudiantes y en un aprendizaje *civil* de la comunicación oral.

Para ello, hemos seguido la adaptación que Ginkel *et al.* (2015) hicieron del modelo OBTL de Biggs (1996, 2003; Biggs y Tang, 2011) a la enseñanza y aprendizaje de la comunicación oral. En el primer apartado de este artículo se ha presentado el modelo negativa o contrastivamente, respecto a lo que no es o a lo que responde y pretende cambiar. En los próximos párrafos se resumen sus propuestas principales.

Una de las ideas clave es la concepción de la enseñanza, el aprendizaje y la evaluación como partes distintas de un mismo proceso. Para que enseñanza, aprendizaje y evaluación vayan realmente de la mano deben llevarse a cabo, como mínimo, dos pasos. En primer lugar, entender la relación de mutua dependencia de los cuatro factores principales del proceso lectivo: las características de los estudiantes (género, tipo de estudios en curso, estrato socioeconómico), el entorno de aprendizaje (presencial, telemático, duración de la clase o número de estudiantes), la metodología docente (más o menos instruccional, más o menos centrada en el estudiante) y el modo de evaluación (exclusivamente numérico o no, llevado a cabo solo por el docente o también por los compañeros, etc.). Estos cuatro factores interactúan entre ellos de modo inevitable. Si no se atienden a la vez, la enseñanza, el aprendizaje o la evaluación quedan desgajados, dando lugar a uno o varios de los efectos negativos reseñados en la primera sección.

El segundo paso consiste en intervenir activamente la relación entre los cuatro factores para hacer de la enseñanza, el aprendizaje y la evaluación un único proceso. Para ello, Biggs propone explicar la interacción de los factores a través de la relación de tres niveles o fases: *Nivel de Entrada*, *Nivel de Consolidación* y *Nivel de Resultados* (*Presage, Process* y *Product*). Cada nivel está compuesto por uno o más de los factores vistos. Las características de los estudiantes y las características del entorno de aprendizaje constituyen el Nivel de Entrada. La metodología docente determina el Nivel de Consolidación. La metodología docente y el modo de evaluación determinan el Nivel de Resultados. Esta correlación entre fases y factores permite, ahora sí, hacer de la enseñanza, el aprendizaje y la evaluación un único proceso interactivo. Las características del estudiante y del entorno de aprendizaje (nivel de entrada) y la metodología docente escogida (nivel de proceso) determinan los resultados del aprendizaje y la evaluación (nivel de consolidación). Ginkel *et al.*, (2015) adaptan el modelo de Biggs (1996, 2003; Biggs y Tang, 2011) al diseño de un curso universitario de comunicación oral en público. Resumimos la adaptación en el siguiente diagrama:

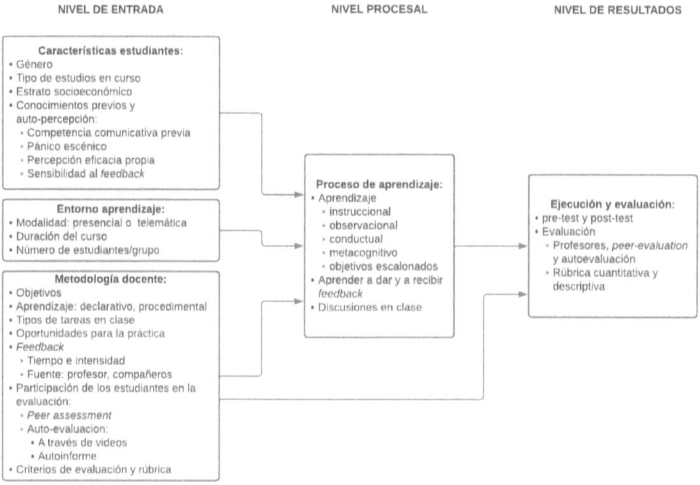

Figura 1: resumen de la propuesta didáctica de Ginkel et al., 2015. Fuente: elaboración propia.

3. DESARROLLO DE LA INVESTIGACIÓN

3.1. Método de enseñanza

La asignatura *Técnicas de Oratoria* se imparte presencialmente, tiene un número máximo de 25 estudiantes por grupo y sus 40 horas de carga lectiva se distribuyen en diez sesiones de cuatro horas cada una. En esta edición, el Grupo 1 ha tenido un 84% de estudiantes de género femenino y un 16% de género masculino y el Grupo 2, un 62% y un 38%, respectivamente.

Los docentes de la asignatura concretamos el modelo de Gibbs en la consecución de tres objetivos, los dos primeros necesarios para el cumplimiento del último: generar un aprendizaje autoconsciente y promover la reflexión sobre las estrategias cognitivas implicadas en la adquisición de competencias orales para lograr, en último término, un aprendizaje de la comunicación oral acorde con su condición de ciudadanos en sociedades democráticas. El plan docente de la asignatura se desarrolló para conseguir estos objetivos. La Tabla 1 lista los elementos más significativos del plan y la Tabla 2 los clasifica según los niveles interactivos de Biggs resumidos en la sección anterior (Fig. 1).

I.	Antes de empezar la asignatura, y tras su consentimiento, los estudiantes rellenaron un formulario en el que se les preguntaba por sus datos demográficos, sus expectativas respecto al curso, su grado de conocimiento previo en comunicación oral, su grado de autoeficacia percibida y su grado de miedo escénico, de haberlo
II.	Dado su consentimiento, los estudiantes dieron la misma presentación oral ante cámara al principio y al final de la asignatura
III.	Los estudiantes evaluaron los discursos inicial y final de un compañero/a, asignado/a arbitrariamente
IV.	Antes de la evaluación, los estudiantes debatieron y consensuaron, con la ayuda de los docentes, qué rúbrica iban a utilizar
V.	El comité de evaluación de los discursos estuvo conformado por exestudiantes de la asignatura, que co-evaluaron las presentaciones junto a los docentes
VI.	Se invitó a una experta en comunicación no verbal para que impartiera una de las sesiones de la asignatura
VII.	El guion escrito del discurso contó con tres rondas de revisión abierta con el/la profesor/a, en tres momentos distintos del curso, antes de ser entregado para su evaluación
VIII.	Los videos se dieron a los estudiantes tras la realización de ambos discursos y se comentaron conjuntamente en la última clase y privadamente en tutorías
IX.	Cada clase estuvo dividida en tres partes: explicación teórica por parte de los profesores, práctica en clase y sesión de *feedback* y reflexión grupal de los recursos vistos y puestos en práctica

Tabla 1: acciones concretas que se llevaron a cabo durante el curso para generar una docencia, aprendizaje y evaluación centrados en el estudiante. Fuente: elaboración propia.

Estas acciones, a su vez, se entendieron, ordenaron y llevaron a cabo de acuerdo con los niveles interactivos de Biggs:

Nivel de Entrada	Nivel de Proceso	Nivel de Consolidación
Características estudiantes: Formulario inicial (I) Metodología docente: Aprendizaje declarativo (VI, IX) y procedimental (II, IX) Rúbrica consensuada entre los estudiantes (VI) Oportunidad para la práctica (II, IX) y rondas habituales de *feedback* (IV, VII, VIII, IX) *Peer assessment* (III, IV, IX)	Aprendizaje: Instruccional (IV, VI, IX) Observacional (II, III, VIII, IX) Conductual (II, IX) Metacognitivo (IV, VIII, IX) Aprender a dar y recibir *feedback* (III, IX)	Pre-test y post-test (II, VIII) Evaluación entre compañeros (y exestudiantes) (III, V)

Tabla 2: ordenación de las acciones listadas en la Figura 1 en el continuum docencia-aprendizaje-evaluación (Biggs, 1996, 2003; Biggs y Tang, 2011). Fuente: elaboración propia.

Como puede inferirse de la Tabla 1, los elementos listados y ordenados según los niveles de Biggs contraen entre sí relaciones de dependencia mutua y retroalimentación. La interdependencia queda particularmente clara en la relación entre el punto IV (nivel de entrada y nivel de proceso) y los puntos II y III (nivel de proceso y nivel de consolidación). El hecho de que la rúbrica fuera consensuada entre los estudiantes evitó la percepción de la evaluación como algo potencialmente arbitrario y ajeno a su control y la situó como un elemento más dentro del proceso de aprendizaje. El hecho de incluir a los estudiantes en el diseño de parte de la evaluación, en otras palabras, les confirió un grado de agencia importante sobre su propio proceso de aprendizaje y evitó que los docentes decidieran unilateralmente qué y cómo se aprende en clase. El consenso grupal de la rúbrica (nivel de entrada), por tanto, determina cómo se aprende (proceso) y cómo se hace parte de la evaluación (consolidación). Esta correlación se da también en otros aspectos: decidir conjuntamente la rúbrica (entrada) con la que después se evaluará el discurso de un compañero/a (consolidación) añade a una asignatura primariamente procedimental la posibilidad de un aprendizaje también declarativo (proceso). Asimismo, el hecho de rellenar el formulario inicial (entrada), dedicar un tiempo en cada clase a dar y recibir *feedback* de los compañeros (proceso) y centrar la última clase en la revisión conjunta de los vídeos (consolidación) hace de las fases de enseñanza, aprendizaje y evaluación un proceso de construcción compartida entre estudiantes y profesores. Esto, a su vez, evita la disociación arbitraria entre aprendizaje y evaluación y emplaza cada fase en un continuum.

Por último, todos los elementos de la Tabla 1 contribuyeron, cada uno a su modo, al aprendizaje autoconsciente y a la reflexión sobre las estrategias cognitivas empleadas en él. El cuestionario inicial genera la primera toma de conciencia y establece el punto de partida inicial desde el cual valorar la mejora competencial, la autoeficacia percibida y, de ser el caso, la disminución del miedo escénico. La grabación del discurso por etapas y el desempeño del rol de evaluador/a pone a los estudiantes en posiciones cualitativa y procesalmente muy distintas, la primera y la tercera persona. Este desdoblamiento permite, de entrada, aprender a hablar en público procedimental y declarativamente. El hecho de evaluar a un compañero/a y de comentar los videos conjuntamente en la última sesión permite observar el desempeño ajeno y, con ello, ganar conciencia sobre el propio.

La elaboración consensuada de la rúbrica es, probablemente, el elemento que más contribuyó a la metacognición. El proceso, guiado por los profesores de la asignatura, consistió en tres pasos: la formulación de los criterios de inclusión y exclusión de aspectos a evaluar, la elaboración de una lista con dichos aspectos y su cribado final de acuerdo con los criterios previamente establecidos. El proceso unió decisivamente la reflexión sobre los rasgos comunicativos propios del discurso oral con uno de los elementos constitutivos de la metacognición (Brown, 1985; Cavanaugh y Perlmutter, 1982; Flavell, 1979): la capacidad de evaluar lo pensado. En este caso, cómo evaluar los aspectos finalmente seleccionados para la rúbrica y, por tanto, la reflexión activa respecto a qué función comunicativa hace cada aspecto y qué elementos desempeñan una función mayor o menor. Este componente evaluativo está igualmente presente, por descontado, en la evaluación al compañero/a, pero también en las tres rondas de revisión abierta del guion del propio discurso, en la fase de comentarios y observaciones tras los ejercicios prácticos de cada sesión y en el análisis conjunto de los vídeos en la sesión final. Los cuatro rasgos promueven la capacidad metacognitiva de evaluar los estados mentales propios y de fundar en ella una toma de decisión monitorizada (Brown, 1985), en este caso respecto a las estrategias cognitivas involucradas en la adquisición de competencias orales.

3.2. Rúbrica de evaluación

El habla, tanto en sus instancias menos protocolizadas (una charla entre amigos) como en sus modulaciones más planificadas (una presentación de trabajo, una intervención en un congreso académico) siempre tiene el contenido organizado de acuerdo con una estructura u otra, más o menos rastreable en función del grado de elaboración lingüística del intercambio. El modo de organizar el discurso depende del acto comunicativo predominante. Esto es, de actos como *narrar*, *describir* o *argumentar*. El acto predominante determina, a su vez, la modalidad discursiva del habla. Dejando por ahora de lado el diálogo, las modalidades discursivas más comunes son la *narración*, la *descripción* y la *argumentación*. Como se ha avanzado en la introducción y se explicará a continuación, la modalidad discursiva afecta a tres aspectos clave del discurso oral: la estructuración del contenido, la elección de los marcadores y conectores discursivos y la ejecución del discurso, tanto en su vertiente verbal como no verbal.

La narración estructura su contenido de acuerdo con la secuencia lógico-semántica del *inicio-nudo-desenlace* (Adam, 1987), abunda en el uso de conectores temporales, causales y consecutivos y exige una puesta en escena rica en gestos, movimiento y prosodia. La descripción (o definición) ordena su contenido en base a la estructura *explanandum-explanans* (lo que se quiere explicar y las explicaciones subsecuentes) (Adam, 1987), usa prioritariamente marcadores de tematización (*respecto a, a propósito de*), de ejemplificación y de confirmación (*en efecto, desde luego*) y suele requerir un tono asertivo, sin modulaciones excesivas y una cantidad de gestos moderada (de 4 a 15 gestos/30 segundos; Rodero *et al.*, 2022). La argumentación, por último, ordena su contenido sobre la base de una estructura silogística (premisas-conclusión) (Adam, 1987), se sirve de conectores causales, de consecuencia, de certeza (*de hecho, en realidad*), condicionales y opositivos y pide, en general, una comunicación verbal y no verbal orientada a aumentar la competencia percibida (Fiske *et al.*, 2007), basada en rasgos conductuales que muestren inteligencia, destreza, creatividad y eficacia.

Así como todo discurso expresa, inevitablemente, una u otra estructura organizativa como efecto del acto comunicativo prioritario que guía la intervención, todo discurso se profiere, también inevitablemente, en una situación comunicativa concreta. El hecho de proferir ya emplaza el discurso en unas coordenadas pragmáticas que, de nuevo, afectan a los aspectos que suelen evaluarse en las rúbricas de comunicación oral. Las variables pragmáticas del discurso son numerosas. Entre ellas: la relación entre los interlocutores, el grado de conocimiento compartido, la localización física, el marco socioespacial o la intención comunicativa. El rasgo que más condiciona la ejecución de un discurso oral es la relación entre los interlocutores, que suele representarse con la variable espectrual *[+/- jerarquía]*.

Una mayor o menor jerarquía entre los interlocutores determina tres aspectos importantes del discurso hablado: su grado de elaboración, su registro (adaptación diafásica) y el grado de proximidad (*immediacy*) de los recursos verbales y no verbales empleados. Los tres aspectos forman parte de lo que se denomina *competencia pragmática* (Gumperz y Hymes, 1972), la capacidad del hablante de adaptarse a las variables comunicativas del entorno.

La capacidad de adaptar el registro a la situación es esencial para el éxito del intercambio comunicativo. La elección de un registro adecuado demuestra, entre otras cosas, la habilidad de inferir el estado mental y emocional de la audiencia y de encontrar las palabras, frases y marcadores más adecuados para dichos estados. La adaptación diafásica es, entre otras, la expresión comunicativa de una de las facultades centrales de la cognición social, la *mentalización*. La capacidad de mentalizar consiste en saber inferir las intenciones y los estados mentales y emocionales de los otros a través de su comportamiento para poder reaccionar o adaptarse pertinentemente a cada situación social.

El grado de jerarquía determina, asimismo, el grado de elaboración del discurso propio. La elaboración discursiva (Gumperz y Hymes, 1972) depende de la variedad de estrategias lingüísticas (léxicas, sintácticas y de cohesión) disponibles para un hablante en cada situación comunicativa (hogar, escuela, trabajo, entre amigos, etc.). En una relación jerárquica, en la que intervienen elementos sociolingüísticos como la cortesía y la modalización, el discurso tiende a ser elaborado: palabras semánticamente intensivas, sintaxis incrustada y alta estructuración del contenido. Si la relación no es jerárquica, la elaboración es baja y sobre la marcha. En ambos casos, el grado de elaboración determina directamente aspectos tan importantes del discurso oral como la estructura, la cohesión del contenido y el lenguaje empleado.

La jerarquía afecta, por último, al grado de expresión de proximidad o *immediacy* (Fiske *et al.*, 2007). Cuanto mayor es la jerarquía y la transaccionalidad del intercambio comunicativo, más se realzan los rasgos conductuales relacionados con la competencia percibida (inteligencia, destreza, creatividad y eficacia). Si, en cambio, predominan la solidaridad social –la falta de jerarquía- y la función intersubjetiva, se potencian más los rasgos asociados con la calidez o la proximidad percibida (amabilidad, cooperación, sinceridad, fiabilidad y bondad). De nuevo, ambos ejes conductuales, competencia y/o proximidad, afectan al lenguaje empleado y a los aspectos para-verbales y no verbales del acto comunicativo. Así pues, por todo lo dicho, la rúbrica utilizada en la asignatura ha sido la siguiente:

<table>
<tr><th>ASPECTO</th><th colspan="3">CRITERIO</th></tr>
<tr><td rowspan="8">Contenido del Discurso</td><td colspan="3">1. Tema y objetivo</td></tr>
<tr><td colspan="3">2. Estructuración y cohesión del contenido</td></tr>
<tr><td>Narración</td><td>Descripción</td><td>Argumentación</td></tr>
<tr><td>a) Tiempo y espacio
b) Situación inicial
c) Disrupción
d) Crisis
e) Resolución
f) Resultado
g) Lecciones aprendidas</td><td>a) Apertura
b) Explanandum
c) Explanans o aspectualización
d) Ejemplificación o puesta en relación
e) Cierre</td><td>a) Apertura
b) Datos iniciales o premisas
c) Argumentos
d) Conclusión
e) Cierre</td></tr>
<tr><td colspan="3">3. Lenguaje empleado</td></tr>
<tr><td colspan="3">a) Relación entre los interlocutores (+/- jerarquía):
• estructura +/- protocolaria
• registro +/- formal
• +/- proximidad afectiva (immediacy)</td></tr>
<tr><td colspan="3">4. Uso de recursos retóricos y argumentales (fuentes, estudios, citas, datos, etc.)</td></tr>
<tr><td colspan="3">5. Control del tiempo</td></tr>
<tr><td rowspan="2">Material de Soporte</td><td colspan="3">6. Diapositivas</td></tr>
<tr><td colspan="3">7. Uso de materiales de apoyo (objetos y recusos textuales y audiovisuales)</td></tr>
<tr><td rowspan="5">Forma del Discurso</td><td colspan="3">8. Modulación / Ritmo del habla</td></tr>
<tr><td colspan="3">9. Dicción / Volumen</td></tr>
<tr><td colspan="3">10. Fluidez expresiva</td></tr>
<tr><td colspan="3">11. Gestos</td></tr>
<tr><td colspan="3">12. Postura y movimiento</td></tr>
</table>

Tabla 3: rúbrica utilizada en la asignatura con la incorporación de los aspectos de la modalidad discursiva y la relación entre los interlocutores o la audiencia. Fuente: elaboración propia.

La rúbrica presenta los aspectos tradicionalmente contemplados para la evaluación de discursos orales en color negro y los añadidos, en azul.

4. CONCLUSIONES

A pesar del enorme éxito de modelos pedagógicos como el *Outcomes-Based Teaching and Learning*, de John Biggs (1996, 2003; Biggs y Tang, 2011), el uso casi ubicuo del *Bell Curve Evaluation Performance* o de evaluaciones tipo test son testimonios de la importancia que sigue dándose a la universidad como herramienta para evaluar las capacidades de sus estudiantes y del predominio de la enseñanza como instrucción.

La mitad de este artículo ha glosado el intento de los autores para superar la docencia instruccional en la asignatura que imparten (*Técnicas de Oratoria*, UPF) y centrarla en el estudiante. Para ello ha sido crucial el marco teórico de Biggs (1996, 2003; Biggs y Tang, 2011) y la adaptación que de este han hecho Ginkel *et al.* (2015) a una asignatura universitaria de comunicación oral. La tabla 1 recoge las acciones que más contribuyeron a centrar la docencia, el aprendizaje y la evaluación en torno a la adquisición de competencias requeridas por estudiantes que son ya miembros plenos de sociedades democráticas. De las acciones listadas en la tabla 1, las que han reflejado con más claridad los principios de Biggs han sido el diseño grupal de la rúbrica, la co-evaluación entre los estudiantes y la videograbación de sus discursos al principio y al final de la asignatura.

El consenso supervisado de la rúbrica consiguió tres hechos importantes. Primero, evitó la percepción de la evaluación como algo arbitrario. Segundo, integró la evaluación dentro del proceso de aprendizaje, dando pie a la vivencia de la clase como un proceso interactivo hecho por igual de docencia, aprendizaje y evaluación. Por último, desplazó a los profesores del centro de la toma de decisiones y confirió a los estudiantes un grado de agencia importante sobre su propio proceso de aprendizaje.

El hecho de tener el vídeo de la primera y la última ejecución del mismo discurso, y la posibilidad por tanto de cotejar el desempeño competencial, es probablemente la herramienta que ha hecho una contribución más directa al aprendizaje autoconsciente. La revisión y la comparación continuada de los dos discursos desautomatiza el proceso de aprendizaje y permite tomar conciencia de la condición procesal, tentativa, práctica, intransferible y no lineal de la mejora en comunicación oral.

Dicho esto, deben tenerse en cuenta dos limitaciones importantes del presente estudio. En primer lugar, sus conclusiones son valiosas, fundamentalmente, para las futuras ediciones de la asignatura "Técnicas de Oratoria" y para asignaturas parecidas. El estudio es fácilmente replicable, pero de generalización limitada. En segundo lugar, la falta de tiempo ha forzado a la realización de *un* estudio de caso, no de varios. La principal limitación derivada de ello es la imposibilidad de cotejar el modelo de Biggs con otros modelos pedagógicos relevantes. El presente trabajo puede ser el inicio para un análisis comparativo de modelos dentro de un estudio de caso múltiple.

La segunda mitad de este artículo se ha centrado, en primer lugar, en razonar que la modalidad comunicativa y la relación entre los interlocutores son aspectos relevantes del discurso en público; en segundo lugar, en señalar que las rúbricas más extendidas y validadas para su uso en cursos universitarios de comunicación oral no recogen ninguno de los dos aspectos y, por último, en proponer una rúbrica que sí los incluya. El razonamiento se ha basado en demostrar, primero, que la modalidad comunicativa predominante de un discurso afecta directamente a aspectos tan importantes como la estructuración del contenido, la elección de los marcadores y conectores discursivos y los ámbitos verbal y no verbal de la ejecución. La segunda parte del razonamiento ha consistido en poner de manifiesto que la relación entre los interlocutores afecta también, directamente, al grado de elaboración discursiva (y, por tanto, a sus componentes léxicos, sintácticos y cohesivos), a la elección del registro y al grado de proximidad o competencia exhibidos en la ejecución de los elementos para-verbales y no verbales de la presentación.

Los autores creemos que una rúbrica como la que se ha propuesto es más precisa y tiene más alcance descriptivo. Esta creencia solo puede robustecerse si se valida la rúbrica. Para ello, en próximos cursos, se ampliará y profundizará la revisión de rúbricas hecha en el primer apartado y se escogerá el mejor método para testar su eficacia y su fiabilidad estadística.

5. REFERENCIAS

Adam, J. (1987). Types de séquences textuelles élémentaires. *Pratiques,* 56, 54-79.

Allen, T. (2002). Charting a communication pathway: Using assessment to guide curriculum development in a re-vitalized general education plan. *Communication Education, 51*(1), 26-39. https://doi.org/10.1080/03634520216502

Biggs, J. (1996). Enhancing teaching through constructive alignment. *Higher education, 32*(3), 347-364. https://doi.org/10.1007/BF00138871

Biggs, J. (2003). Aligning teaching for constructing learning. *Higher Education Academy, 1*(4), 1-4.

Biggs, J. y Tang, C. (2011). *Teaching for Quality Learning at University*. McGraw-Hill Education.

Blaszczynski, C. y Green, D. J. (2010). Speaking off the Cuff: Strategies and Activities for Developing Presentation Confidence. *Journal of Applied Research for Business Instruction, 8*(2), 1-5.

Bower, M., Cavanagh, M., Moloney, R. y Dao, M. (2011). Developing communication competence using an online video reflection system: Pre-service teachers' experiences. *Asia-Pacific Journal of Teacher Education, 39*(4), 311-326. https://doi.org/10.1080/1359866X.2011.614685

Brown, A. L. (1985). Metacognition: The development of selective attention strategies for learning from texts. En H. Singer, & R. B. Ruddell (Eds.), *Theoretical models and processes of reading* (3rd ed. 501-526). International Reading Association.

Cavanaugh, J. C. y Perlmutter, M. (1982). Metamemory: A critical examination. *Child development,* 5(1), 11-28. https://doi.org/10.2307/1129635

De Grez, L. (2009). *Optimizing the instructional environment to learn presentation skills* (Doctoral dissertation, Ghent University).

Engelbrecht, J. y Harding, A. (2008). The impact of the transition to outcomes-based teaching on university preparedness in mathematics in South Africa. *Mathematics Education Research Journal, 20*(2), 57-70. https://doi.org/10.1007/BF03217477

Fiske, S. T., Cuddy, A. J. y Glick, P. (2007). Universal dimensions of social cognition: Warmth and competence. *Trends in cognitive sciences, 11*(2), 77-83. https://doi.org/10.1016/j.tics.2006.11.005

Flavell, J. H. (1979). Metacognition and cognitive monitoring: A new area of cognitive–developmental inquiry. *American psychologist, 34*(10), 906. https://doi.org/10.1037/0003-066X.34.10.906

Frederiksen, J.R. y Collins, A. (1989). A systems approach to educational testing. *Educational Researcher, 18*(9), 27–32. https://doi.org/10.3102/0013189X018009027

Van Ginkel, S., Gulikers, J., Biemans, H. y Mulder, M. (2015). Towards a set of design principles for developing oral presentation competence: A synthesis of research in higher education. *Educational Research Review, 14*, 62-80. https://doi.org/10.1016/j.edurev.2015.02.002
Gschwend, L. (2000). Every student deserves an assessment tool that teaches. *Communication Teacher, 14*(3), 1-5.
Gumperz, J. y Hymes, D. (Eds.) (1972). *Directions in Sociolinguistics: The Ethnography of Communication*. Blackwell.
Harden, R. M. (2002). Developments in outcome-based education. *Medical teacher, 24*(2), 117-120. https://doi.org/10.1080/01421590220120669
Harden, R. M. (2007). Outcome-based education: the future is today. *Medical teacher, 29*(7), 625-629. https://doi.org/10.1080/01421590701729930
Jones, E. A. y RiCharde, S. (2005). *NPEC Sourcebook on Assessment: Definitions and Assessment Methods for Communication, Leadership, Information Literacy, Quantitative Reasoning, and Quantitative Skills*. NPEC 2005-0832. National Center for Education Statistics.
Kanashiro, P., Iizuka, E. S., Sousa, C. y Dias, S. E. F. (2020). Sustainability in management education: A Biggs' 3P model application. *International Journal of Sustainability in Higher Education, 21*(4), 671-684. https://doi.org/10.1108/IJSHE-05-2019-0176
Khanna, R., & Mehrotra, D. (2019). The roadmap for quality improvement from traditional through competency based (CBE) towards outcome based education (OBE) in dentistry. *Journal of oral biology and craniofacial research, 9*(2), 139. https://doi.org/10.1016/j.jobcr.2019.02.004
Kerby, D. y Romine, J. (2009). Develop oral presentation skills through accounting curriculum design and course-embedded assessment. *Journal of Education for business, 85*(3), 172-179. https://doi.org/10.1080/08832320903252389
LaBanca, F. (2011). The 21st-Century Oral Presentation Tool Bag. *The Science Teacher, 78*(7), 51-55.
Lucas, S. E. (2007). *Instructor's manual to accompany the art of public speaking* (9th ed.). McGraw-Hill.
Morreale, S. P. y Backlund, P. M. (2007). *Large-scale assessment in oral communication: K-12 & higher education*. National Communication Association.
Moss, P. A. (1992). Shifting conceptions of validity in educational measurement: Implications for performance assessment. *Review of educational research, 62*(3), 229-258. https://doi.org/10.3102/00346543062003229
Moss, P.A. (1994). Can there be validity without reliability? *Educational Researcher, 23*(2), 5–12. https://doi.org/10.3102/0013189X023002005
Quianthy, R. L. (1990). *Communication is life: Essential college sophomore speaking and listening competencies*. Speech Communication Association.
Quianthy, R. y Hefferin, D. (1999). Speak Up! A College Competency Assessment Tool. *Popular Measurement, 2*(1), 27-29.
Rodero, E., Larrea, O., Rodríguez-de-Dios, I. y Lucas, I. (2022). The expressive balance effect: perception and physiological responses of prosody and gestures. *Journal of language and social psychology, 41*(6), 659-684. https://doi.org/10.1177/0261927X221078317
Schreiber, L. M., Paul, G. D. y Shibley, L. R. (2012). The development and test of the public speaking competence rubric. *Communication Education, 61*(3), 205-233. https://doi.org/10.1080/03634523.2012.670709
Shepard, L. A. (1993). Evaluating test validity. *Review of research in education, 19*(1), 405-450. https://doi.org/10.3102/0091732X019001405

Tam, M. (2014). Outcomes-based approach to quality assessment and curriculum improvement in higher education. *Quality assurance in education, 22*(2), 158-168.

Taylor, C. (1994). Assessment for measurement or standards: The peril and promise of large-scale assessment reform. *American Educational Research Journal, 31*(2), 231-262. https://doi.org/10.3102/00028312031002231

PARTICIPACIÓN INFANTIL, UNA ESTRATEGIA DESDE LA PEDAGOGÍA SOCIAL PARA VISIBILIZAR INFANCIAS EN COMUNA UNO, SOACHA

Nubia Marcela Gómez[1]

1. INTRODUCCIÓN

El presente texto nace del proyecto de investigación Participación infantil, una estrategia desde la pedagogía social para la transformación comunitaria en Comuna Uno de Soacha Cundinamarca, Colombia, fases Uno y Dos, en coherencia, se presentan algunos de los resultados del proceso de investigación, que permitieron el reconocimiento de las realidades de las infancias, la comprensión de sus condiciones y posibilidades sociales, familiares y escolares. Esta investigación, parte de evidenciar en el contexto la carencia de una estrategia que desde la pedagogía social abordara la participación infantil y aportara en la transformación comunitaria en Comuna Uno de Soacha.

Dentro del apartado teórico, se postulan categorías de investigación, para iniciar se conceptualiza la *participación infantil* (Convención de los Derechos de los Niños, CDN, 1989), la cual connota la participación infantil como un derecho que posibilita la construcción social y democrática en los diversos contextos, que transforma las realidades con base en las experiencias, vivencias y necesidades de niños y niñas. Estos derechos están estipulados en tres artículos: Art. 12 Derecho a expresar su opinión y a que sea tenida en cuenta; Art. 13. Derecho a la libertad de expresión; Art. 14 Derecho a la libertad de pensamiento y Art. 17. Derecho a ser informado. Estos derechos les brindan la posibilidad a niños y niñas de expresar sus opiniones en cuanto a la forma de hacer y ver las cosas.

De igual manera, (Hart, 1993), presenta la participación infantil desde una dinámica de trabajo cooperativo, en la que prevalece la confianza y la iniciativa como elementos de reconocimiento. Estos planteamientos, sitúan a los niños y niñas como seres sociales con la capacidad de expresar sus opiniones, de tomar sus decisiones y por lo tanto participar en los asuntos que les competen directamente en la familia, la escuela y la sociedad en general, tal como se afirma a continuación, la participación es la capacidad para expresar decisiones que sean reconocidas por el entorno social y que afectan a la vida propia y/o a la vida de la comunidad en la que se vive, entonces, la participación infantil supone "colaborar, aportar y cooperar para el progreso común", así como generar en este ciclo de

1. Corporación Universitaria Minuto de Dios, Uniminuto (Colombia)

la vida, confianza en sí mismos y propender por un principio de iniciativa en aquello que les rodea (p. 57).

Para abordar la *infancia*, se cuenta con el aporte brindado desde el punto de vista de la sociología, para ello, (Gaitán, 2006) define que la infancia "Sería una condición social delimitada por una construcción cultural e histórica diferenciada y caracterizada por relaciones de poder... las niñas y los niños serían el grupo de personas o sujetos sociales que se desenvuelven en dicho espacio social" (P. 83). En tanto (Piedrahita, 2003, pág. 49. citando a Rousseau 2000) pone en manifiesto que "la infancia tiene sus formas de ver, de pensar y de sentir y que nada es más insensato que querer sustituirlas por las nuestras. Rousseau elabora en consecuencia, un programa educativo que abarca desde el nacimiento hasta el casamiento", desde estas perspectivas se recuperan posturas en tanto identificación de la infancia como sujetos sociales con posibilidades y responsabilidades que no deberían ser condicionados por los adultos, sin embargo, existen multiplicidad de casos en los que sucede.

En torno a *la transformación comunitaria* (La Fundación carta de la paz, 2016), menciona que la transformación comunitaria permite que las comunidades desarrollen conjuntamente, capacidades de participación para llevarlas a cabo en sus contextos, participando de manera comprometida, consciente y critica para transformar su entorno, con el propósito de respetar la opinión de los demás y que se fomente la construcción de espacios participativos para edificar la paz, en coherencia con lo anterior cabe mencionar a (Gómez, N., *et. al.* 2021), quien postula que para lograr procesos de transformación comunitaria es necesario pensar en el otro como ser de derechos, sentimientos, saberes, pensamientos, con emociones y sensaciones a quien se le debe escuchar y permitir ser.

Para acercarse a *la pedagogía social* y establecer una contribución a la sociedad, se retoma la mirada de (Freire, 1997), quien invita a pensar la educación con mayor fundamento en las teorías Crítico – Transformadoras; es necesario entender en contraste con este último cómo se da el proceso puesto que los niños repiten casi de memoria lo que un maestro les presenta en sus diversos escenarios de aula, o sus padres en el ejercicio de refuerzo escolar desde sus hogares. En tanto la mirada transformadora, invita al niño a ser partícipe directo de sus propios procesos de cambio, a través de su pensar, de su análisis frente a la realidad social que lo rodea, con la oportunidad de expresar sin mediación alguna, su punto de vista espontáneo frente a su vivir permanente en una sociedad de adultos, con normas y reglas que regulan el actuar humano.

La propuesta investigativa se realiza bajo el enfoque cualitativo, por medio del cual se genera una cercanía con la población participante que permite identificar la realidad de ellos, reconocer imaginarios y posturas, motivar al reconocimiento del otro como sujeto de derechos y deberes, el diseño de Investigación acción participativa se aúna a lo anteriormente mencionado en la medida que favorece espacios de socialización, reconocimiento y colaboración entre los diferentes sujetos vinculados en la investigación, acercándose a la realidad de ellos, a las experiencias, ideas, pensamientos de niños, docentes en formación y padres de familia que son sujeto de la investigación, en coherencia el paradigma de investigación interpretativo brinda la posibilidad de identificar la problemática de la población y acercarse a formular una propuesta por medio de la cual minimizarla.

Desde esta perspectiva, el proyecto se centró en un trabajo colaborativo en cinco instituciones educativas del municipio de Soacha dentro de las que se impacta alrededor de 350 estudiantes de los grados segundo a quinto de primaria, 85 padres de familia y 31 estudiantes de la licenciatura en Educación Infantil que hacen parte del semillero de

Investigación Primera Infancia en diferentes modalidades, practicantes en investigación, practicantes voluntarias y estudiantes en opción de grado, quienes aportan en el diseño y con la implementación de la propuesta socio-educativa por medio de la que se busca transformar imaginarios, posturas y perspectivas de niños, niñas, sus familias y docentes en formación participantes del proyecto.

2. OBJETIVOS

Dentro de los objetivos que se postulan para el proyecto de investigación se inicia con el propósito de identificar los niveles de participación en las infancias de tres barrios de la Comuna Uno del municipio de Soacha, ejercicio que se afianza desde (Paves y Sepúlveda, 2019), quienes hacen mención a la infancia como sujetos sociales e independientes, hechos que en el contexto de la investigación aún se debe fortalecer en la medida que en la comuna Uno de Soacha Cundinamarca en Colombia, aún los niños continúan siendo vistos como los sujetos a quienes se les debe orientar, dirigir, sujetos sin voz y por lo tanto sin voto.

En coherencia con los postulados de (Hart, 2012), en la escalera de la participación se encuentra que la infancia perteneciente a la comuna Uno continúa en una participación "simbólica" dentro de la que se puede reconocer que la población infantil hace parte de eventos, situaciones, acontecimientos de una forma aparente, bajo la orientación o entrenamiento realizado por los adultos del contexto, comunidad, escuela, familia, etc., desde esta perspectiva se ratifica la necesidad de la implementación de una estrategia socioeducativa que enriquezca el conocimiento de las comunidades sobre la importancia de la participación infantil, el reconocimiento de la voz, sentir y pensar de niños y niñas.

En coherencia con este ejercicio, se diseña una estrategia socioeducativa desde la pedagogía social en pro de fortalecer la participación infantil, desde aquí se estructuran cuatro talleres que, desde el reconocimiento del sentir, pensar y actuar de los niños aporte la transformación comunitaria; se postula la implementación de estos en ocho encuentros, los cuales se llevan a cabo en forma semanal en las tres instituciones colaboradoras, las prácticas son elaboradas en conjunto entre los docentes en formación vinculados al semillero de investigación Primera Infancia y los niños vinculados a las instituciones, participantes en el proyecto.

Para el proceso final del proyecto se plantea como tercer y último propósito específico medir el impacto que tiene la estrategia en los procesos de transformación comunitaria en los barrios impactados con la fase uno y dos del proyecto en la Comuna Uno del municipio de Soacha, dinámica para la cual se establece la implementación de una entrevista que pasa por un proceso de evaluación por pares expertos en investigación en torno a la infancia, esta recibe el aval para la implementación en la comunidad infantil, docentes en formación y padres de familia.

Con base en los propósitos mencionados, se determina el objetivo general de la propuesta: evaluar el alcance de la implementación de una estrategia socioeducativa, que desde la pedagogía social posibilita la participación infantil de niños, docentes en formación, padres y madres de familia de tres barrios de la Comuna Uno del municipio de Soacha para afianzar procesos de transformación comunitaria.

3. METODOLOGÍA

La metodología empleada contempla un enfoque cualitativo que (Hernández, 2010) posibilita cercanía entre el investigador y la población impactada, se implementa a una muestra de 466 personas, a quienes se les realizó una encuesta cerrada, basada en diez ítems, dentro de los cuales se indaga sobre las concepciones que niños, padres y docentes en formación tienen sobre la participación infantil, la comunidad y la infancia, tras la implementación de esta, se realiza un análisis tanto cualitativo como cuantitativo en 350 niños, en el que se evidencia en conjunto con la escalera de la participación propuesta (Hart, 2012), que la participación infantil con la que se cuenta en los cinco Barrios de la Comuna Uno que fueron abordados con la propuesta, tiene una participación "simbólica" en la que los sujetos ejecutan acciones, postulan pensamientos e ideas en forma orientada e indicada, resultado que se logra tras el análisis del nivel en el que cada uno de ellos se ubica y la comprensión que tienen en torno a las categorías postuladas.

Para la implementación de estas fases del proyecto se abordan escenarios de educación formal y no formal que se encuentran en cinco de los Barrios de Comuna Uno a mencionar, para la fase dos, se impacta: en Ciudad Latina con la fundación Artesanos de Sueños, en Ciudad de Quito con el Colegio Instituto Pedagógico de Soacha, en Parque Campestre se trabaja con la Institución Educativa Paz y Esperanza, en la Fase Uno: en el barrio Ducales se trabaja con la comunidad participante de la fundación Oruga Mariposa a través de la Junta de Acción Comunal (J.A.C.) y en el Barrio Santa Ana a través de la Junta de acción Comuna del Conjunto Residencial Villa Ana, dentro de los cuales se ha trabajado con niños, algunos padres de familia, docentes de las instituciones educativas y docentes en formación de la Licenciatura en Educación Infantil de UNIMINUTO del Centro Regional Soacha, quienes hacen parte del semillero de investigación mencionado en apartados anteriores.

En coherencia con la información presentada, cabe mencionar que, con este trabajo se logra el impacto en alrededor de 350 niños y niñas, 85 padres de familia, 31 docentes en formación y 10 docentes y directivos de J.A.C. de acuerdo con esto, se resalta la importancia de vincular comunidad en proyectos que enriquecen el diario vivir, las relaciones sociales, el trabajo colaborativo, el reconocimiento de cada sujeto como ser social, político y de derechos en quienes desde la adquisición de nuevos conocimientos se genera el interés por escuchar, reconocer las visiones del otro y aportar en la transformación de la comunidad.

En coherencia con el enfoque anteriormente mencionado se apuesta por una paradigma interpretativo el cual se tendrá en cuenta para el desarrollo del proyecto de investigación, por medio del cual se despliega en cada una de las fases de la propuesta, la idea de tener presente la problemática encontrada en el contexto y la construcción de elementos que aporten en la minimización de la misma, en tanto, la elaboración e implementación de técnicas, instrumentos y herramientas consecuentes con los momentos del proceso investigativo (Hernández, 2003), aspectos que se corroboran con base en los postulados (Barrantes, 2014), quien manifiesta que este paradigma "se centra en el estudio de los significados de las acciones humanas y de la vida social" (p. 82), desde esta perspectiva se aborda el paradigma en los diferentes momentos de la propuesta: reconocimiento, intervención y conclusión para los que se postula la combinación de encuestas con base en las cuales se busca identificar el reconocimiento de la población en torno a la participación infantil, además, entrevistas semiestructuradas por medio de las que se impacta a padres de familia y se amplían datos en torno al reconocimiento de ellos alrededor de la participación, también, diarios de campo con base en los cuales se toma el registro de las dinámicas propias llevadas a cabo con cada uno de los talleres, que se constituyen como propuesta socioeducativa de participación infantil.

Desde esta perspectiva se vincula el diseño Investigación Acción Participativa (Lewis, K., 1946) "parte de la observación de la realidad para generar una reflexión permanente sobre nuestra práctica, con el fin de transformarla a través de esta" (p.18), hecho por el que desde un primer momento se realiza el reconocimiento de la población seleccionada con el fin de determinar según la escalera de la participación de (Hart, 2012), las visiones que tienen los sujetos participantes en la investigación en torno a la participación de las infancias, hecho que toma mayor relevancia al abordar a (Camara, 2012) quien hace mención a los procesos que se fortalecen desde la participación infantil y aportan en la dimensión social de los niños, con base en dichos referentes, se pretende conseguir elementos para el diseño e implementación de la propuesta socioeducativa, con base en la participación infantil. A partir de esto se busca, brindar herramientas por medio de las cuales se logre fortalecer la autonomía, aportar en la formación de sujetos democráticos, responsables y propositivos ante las necesidades de ellos mismos, así como, afianzar su ser como sujetos críticos y reflexivos en el contexto escolar, en la familia y en la comunidad, con base en ello, resignificar la postura de la niñez, su formación social y educativa en la cotidianidad. En este espacio específico, los docentes en formación y la docente líder del semillero de Investigación Primera Infancia, se acercan a la población participante para la implementación de los talleres socioeducativos, las reflexiones en torno a estos y el reconocimiento de las posturas de cada uno de los vinculados en el proyecto.

4. DESARROLLO DE LA INVESTIGACIÓN

Tanto en la primera como en la segunda fase del proyecto se impacta la población infantil, padres y madres de familia, docentes en formación y docentes de las Instituciones educativas, algunos agentes sociales vinculados a Juntas de Acción Comunal, para esto, se diseña e implementa una estrategia socioeducativa con base en la pedagogía social que permitió afianzar el reconocimiento de la participación infantil, de los pensamientos, posturas, sentimientos y miradas de los participantes, niños, niñas y adultos vinculados en el proyecto, esta participación se da a través de encuestas, de los talleres postulados, de entrevistas semiestructuradas, de la recolección de evidencias, para la cual firman consentimientos informados tanto padres como directivas de las Instituciones.

Ahora bien, la propuesta socioeducativa se construye desde (Gómez, 2019), a partir de talleres para los cuales se tiene como base la encuesta, en la que se reconoce el desconocimiento de la población en torno al sentir, pensar, actuar de los niños, la importancia de la formación infantil en relación con la criticidad, la reflexión, desde estos parámetros son estructurados para ser implementados a lo largo de un periodo académico así:

En primera instancia, se realiza una cartografía social, propuesta por medio de la cual niños y niñas generan una ubicación en el contexto en el que se encuentran vinculados, desde esta, evidencian factores de exaltación y de riesgo, con base en las problemáticas reconocidas, se construyen subgrupos de acción, se abordan cada uno de los temas en mención, que son seleccionados por los niños bajo el criterio de impacto para la comunidad (Educación, salud, transporte, seguridad, recreación, son algunos de los temas postulados) posteriormente los participantes en cada grupo generan la búsqueda y planteamiento de posibles soluciones que son presentadas por ellos a los demás miembros del grupo.

Como segundo taller, se establece un trabajo en torno a las mini Juntas de Acción Comunal (J.A.C), se inicia presentando a la población infantil los miembros de una J.A.C. posteriormente y en coherencia con el tema trabajado en los encuentros anteriores, cada grupo asume uno de los temas postulados, desde allí los niños asumirán el cargo de cada uno de los miembros de una junta de acción comunal, los personifican, asumen roles dentro de los cuales se reconoce, sujetos como maestros, médicos, policías, conductores, vendedores, presidentes, secretarias, entre otros, organizan dramatizaciones desde el concepto y las problemáticas que evidencian e intentan dar posibles soluciones a dichas problemáticas.

Para el tercer ejercicio, se abordan deberes y derechos: con base en el tema, los niños reconocen los deberes que tienen en tanto sujetos sociales. Se abordan reflexiones en torno al actuar en casa, en la Institución Educativa en la que se encuentran vinculados y en la comunidad, así mismo se les presentarán los derechos que poseen y se encuentran contemplados en la Convención de los derechos de los niños (CDN. 1989), dentro de estos, la participación infantil; para ello se realiza una actividad por estaciones en las que el juego cumple un papel relevante y posibilita socialización, interacción, reconocimiento del otro, reflexión y postura reflexiva.

Dentro del cuarto y último elemento se aborda el Trabajo colaborativo para la participación infantil, en este, los niños asumen roles específicos con el ánimo de posibilitar espacios de reconocimiento y participación grupal pensando en el bienestar de los demás miembros de la comunidad, se realizan representaciones co-construidas con la población participante en el encuentro, por medio de las que se recupera información sobre las dinámicas propias de los niños en los diferentes contextos de los cuales hacen parte, los niños manifiestan interés por organizar los grupos de trabajo en forma autónoma, con la convicción de presentar el ejercicio en forma coherente y dinámica, se reconoce el esfuerzo, la organización, quienes se manifiestan como niños líderes en los grupos de trabajo, pero sobre todo, el compromiso con el grupo para que sus presentaciones salgan de la mejor manera.

En coherencia con los anteriores planteamientos, se da paso a la tercera fase del proyecto, por medio de la cual se recogerán los datos que inician con la realización de una encuesta cerrada, se continúa con el diseño de los talleres y la implementación de estos como estrategia socioeducativa en búsqueda de evaluar las relaciones de participación de las infancias, las posturas que establecen en coherencia con la realidad en la que se encuentran inmersos y la relación que mantienen con los adultos, para finalizar se realiza la entrevista semiestructurada para padres y docentes en formación con la se busca identificar la postura de la población adulta en torno a los imaginarios y participación de los niños para ello, con base en esta dinámica, se procede a realizar el análisis de la información recolectada.

Dando continuidad al apartado metodológico, se da paso a la cuarta fase del proyecto para el que se recupera información a través de los diarios de campo, instrumento que se utiliza para recolectar información precisa resultado de la observación participante llevada a cabo con el grupo de sujetos vinculados en el proyecto, además se construye una rejilla para contrastar información resultado de las entrevistas en relación con la información recuperada de los referentes abordados para conceptualizar las categorías de investigación, instrumentos que se convierten en la base del ejercicio en tanto elaboración de resultados, análisis y conclusión de la propuesta implementada en la comunidad.

Las técnicas con las que se trabajó fueron la entrevista semiestructurada, observación participante, talleres y encuesta de diagnóstico, estos fueron avalados previamente por maestros investigadores, se inicia un proceso de reflexión posterior a la implementación de la encuesta realizada a padres y niños, con base en la cual se da pauta para el diseño e implementación de los talleres socioeducativos, que permiten llevar a cabo la observación participante brindando la posibilidad de un ejercicio de interacción, socialización, reflexión y visión de la mirada de los niños vinculados en el proyecto, se finaliza con la implementación de la entrevista semiestructurada, la cual genera mayor cercanía y diálogo con la población.

En tanto, la población muestra del proyecto son 350 niños, niñas, 85 padres de familia, 31 docentes en formación y 10 docentes de instituciones educativas y directivos de J.A.C. de cinco barrios de la Comuna Uno del municipio de Soacha, como muestra se cuenta con niñas, niños entre los 7 y los 13 años de edad, alrededor de 85 padres o madres de familia habitantes en cinco barrios de la Comuna Uno del municipio de Soacha, dentro de la muestra probabilística se proyectó impactar mínimo el 70% de la población participante en el proyecto, sin embargo, se logra abordar el 90% de la población participante.

5. RESULTADOS Y DISCUSIÓN

Se evidencia que, la percepción que niños, padres y docentes tienen en torno a la participación infantil sufre una transformación, en tanto amplían el concepto, le identifican como derecho y una posibilidad para la formación en criticidad, reflexión, escucha y posibilidad de expresión.

El contexto familiar, social, y escolar influye en el abordaje de la participación infantil en los diferentes sujetos, no obstante, los docentes deben observar e identificar el entorno en donde se desarrollan las niñas y niños; con respecto a la participación infantil en el municipio de Soacha se cuenta con una variedad de culturas, religiones, condiciones sociales, escolares, entre otros., sin embargo, el trabajo en torno al reconocimiento de cultura ciudadana, buen uso de espacios seguros, sanos, cobertura en salud, entre otras carencias tomaron relevancia en el ejercicio de participación infantil llevado a cabo en la Comuna Uno del Municipio y exaltando posturas infantiles en pro de favorecer los contextos en los que se encuentran vinculados.

Como resultado a la recolección de información para la que se llevó a cabo actividades tipo talleres socioeducativos, encuestas, observación participante y entrevista a la comunidad con el propósito de observar e identificar la influencia del contexto en el reconocimiento de la participación infantil, de las problemáticas sociales en el entorno y contexto de las niñas y niños en la comuna Uno del municipio de Soacha, también dentro de la recolección de apreciaciones de los padres de familia, se identificó la inconformidad por la falta de espacios de recreación para el desarrollo cognitivo, físico y social para las infancias de la Comuna, así como el desconocimiento inicial con el que se vinculan al proyecto y la transformación de ideas al hacer parte del mismo y posibilitar el espacio para que los niños hagan parte de este.

Cabe mencionar que en la recolección de información para este proyecto se identificaron algunos factores que generaron dificultades al momento de desarrollar las actividades propuestas estas son: el desinterés por parte de algunos de los miembros de la comunidad y padres de familia en actividades para ejercer la participación infantil, los niveles de seguridad del contexto en donde residen los niños y niñas, en algunos de los barrios hacen falta espacios o lugares para llevar a cabo las actividades y en la fase uno del proyecto no favoreció la inasistencia de algunos niños y niñas.

En coherencia con la recolección de información, los niños y niñas quienes hicieron parte de estas actividades mencionaron que en el lugar donde residen observan actos de intolerancia y violencia por parte de la comunidad, en algunas ocasiones estos niños y niñas se ven inmersos en organizaciones ilícitas, en algunas ocasiones se les restringen la entrada a los parques o espacios de esparcimiento social esto hace que se vulneren sus derechos y no puedan comunicarse con otras niñas y niños de su edad, en consecuencia, de ello no logran un adecuado ejercicio de participación.

Pese a estas dificultades se ve el interés de las niñas y los niños por participar, aprender de qué manera lo pueden hacer, se debe reconocer que el entorno cumple un papel fundamental para llevar un ejercicio de participación infantil, lo anterior ya que en muchas ocasiones los adultos reprimen la comunicación de las niñas y los niños, en otros casos las herramientas que se brindan se encuentran limitadas en tanto ejercicios de reconocimiento del sentir, pensar, actuar de los infantes, asimismo, se cuenta con pocas estrategias para reconocer una participación significativa.

Los adultos participantes en el proyecto identifican que los niños tienen pensamientos propios, reconocen sus derechos e inician el proceso de asumir sus deberes y responsabilidades, así mismo, que desde las infancias se inicia una construcción de imaginarios que puede aportar en las dinámicas de transformación comunitaria y social que se encuentran en procura de favorecer el contexto en el que se encuentran vinculados.

Los niños, mencionan que la infancia es una de las etapas más importantes de la vida, que les agrada encontrarse en ella ya que ser grande es para problemas (Juan, 11años), identifican problemáticas del contexto y postulan ideas para poderlas resolver, reconocen la educación como un factor de crecimiento y fortaleza para cuando crezcan, identifiquen que en su contexto hablar de salud limita y esto les motiva a poder ser médicos, por ejemplo, postulan posibles ideas para dar solución a las problemáticas en torno a la seguridad y recreación de su entorno, planeando jornadas de vigilancia comunitaria, acercarse a la alcaldía y solicitar hacer parte de mesas de infancia, identifican la participación infantil contemplada en la convención de los derechos de los niños de 1989 como uno de los derechos fundamentales para ellos. Aspectos que dan pie a continuar trabajando en procura del contexto social, del reconocimiento infantil y elaborando proyectos como este, intentando convertirlos en procesos de investigación.

6. CONCLUSIONES

Se corrobora la importancia de implementar una estrategia que desde la pedagogía social aborde la participación infantil, la formación de niños en torno a la criticidad, la expresión de ideas, la autonomía y la responsabilidad con ellos, sus familias, entornos educativos y comunidad. Queda pendiente para futuras apuestas, la generación de herramientas que desde las narrativas orales reúna dichas ideas y enriquezca la cotidianidad de más personas del municipio.

El rol del docente en las dinámicas de reconocimiento de la participación infantil para la transformación comunitaria se postula como uno de los ejes de mayor importancia, ya que la función que se cumple es de cercanía, formación ciudadana, reconocimiento de derechos y deberes, la exaltación de la voz de los niños, la posibilidad de expresión, de postulación de ideas, sentimientos, pensamientos, en tanto, el docente debe continuar fortaleciendo este tipo de actividades para contribuir en el desarrollo social y político de las infancias y comunidades del municipio.

Con respecto, al rol del docente en formación de la Licenciatura en Educación Infantil se puede identificar que el apoyo, orientación y trabajo que realizan resulta de importancia para la deconstrucción de la mirada de la transformación comunitaria de los estudiantes, puesto que, ambientan las aulas para fomentar la participación infantil, las actividades realizadas en la estrategia por medio de los docentes en formación tienen el propósito de garantizarle a los estudiantes el conocimiento en torno a su ser como sujetos de derecho, que cuentan con una voz para expresarse en su entorno social, familiar y escolar.

En cuanto a la incursión de la comunidad, en los procesos de participación infantil se reconoce que el contexto familiar, social, y escolar influye en las dinámicas de la participación, en tanto motivan o limitan a los niños; en el caso de la escuela, los docentes observan e identifican el entorno en donde se desarrollan las actividades escolares propias de las infancias, adquisición de conocimiento, fortalecimiento de saberes, espacios de esparcimiento, interacción y socialización; en el contexto social del municipio de Soacha se cuenta con una variedad de culturas, religiones, intereses laborales, escolares, afectivos, entre otros, sin embargo, la carencia de espacios seguros y sanos, presentan relevancia que limita el ejercicio de la participación infantil. La familia, a su vez ejerce un papel fundamental en la medida en que algunos posibilitan y reconocen las voces de los niños y otros, las minimizan, limitando la posibilidad de dar a conocer intensiones, reflexiones y posturas infantiles.

Para dar continuidad, se resalta que los niños quienes participan en estas actividades dan a conocer que en el lugar donde residen observan actos de intolerancia y violencia por parte de la comunidad, en algunas ocasiones estos niños y niñas se ven inmersos en organizaciones ilícitas, en algunas ocasiones se les restringe la entrada a los parques o espacios de esparcimiento social esto hace que se vulneren aún más sus derechos y no puedan comunicarse con otros niños de su edad, en consecuencia, se minimiza el adecuado ejercicio de la participación.

Cabe mencionar que, la falta de información es uno de los paréntesis de la problemática en torno a la participación infantil, se evidencia que la situación se enfatiza por la baja existencia de espacios que la fomenten y que posibiliten la comprensión de las voces de los niños, lo anterior se ratifica ya que desde el inicio del trabajo en la comunidad se encontraron pocas estrategias que permitieran el desarrollo de habilidades sociales y empáticas, las que resultan ser herramientas para la formación de ciudadanos que aporten a la sociedad de manera crítica, reflexiva y suficiente para lograr la resolución de problemas que pueden aparecer en el contexto.

Al poner en marcha la metodología de Investigación, acción participativa y en esta ruta las actividades planteadas se logra hacer un llamado hacia el fomento de los espacios de participación, diálogo, y reflexión de los niños en su zona de residencia; con base en lo anterior, surgen algunas relaciones interpersonales con los demás, aspectos de los cuales se concluye que los niños siempre tienen algo que decir, algo que contar, con qué aportar, algo por expresar bien sea desde una mirada crítica, analítica, o desde la observación ingenua con la que algunos de ellos ven el mundo, por esta razón, se genera una revisión de los acontecimientos que impactan la cotidianidad de los niños, dentro de los cuales aparecen las peleas, discusiones, inseguridad dentro de la zona, para las cuales los niños, desde sus imaginarios ponen en manifiesto, algunas ideas y posibles soluciones, desde allí se considera propicia la participación que se inicia por medio del dialogo.

Se reconoce que las actividades planteadas e implementadas con la comunidad, brindan la posibilidad de generar un acercamiento hacia ella, ya que se interactuó no solo con los niños si no con los tutores y cuidadores, las técnicas e instrumentos utilizados en conjunto con la población, aportaron en la construcción de un espacio seguro favoreciendo el reconocimiento de los derechos fundamentales, entre estos, la libre expresión, la participación, el respeto, la educación, entre otros, dado que se propiciaron escenarios de aprendizaje, socialización y reconocimiento del otro como sujeto de derechos, deberes y político, en los que prevalece la importancia de comunicarse de manera asertiva frente a los sujetos.

Sin duda alguna, el fomento de la participación y su desenvolvimiento educativo se enfoca desde la base de los docentes y padres de familia como sujetos quienes aportan en la construcción de un proceso social, hecho por el cual se recupera a la pedagogía social, con el fin de dar corresponsabilidad a los agentes participantes en el proyecto y residentes de la Comuna Uno del municipio de Soacha, entendiendo que es de suma importancia y relevancia que los docentes dentro de su rol actúen para propiciar espacios de conocimiento, diversión, seguridad, flexibilidad, aspectos fundamentales para la construcción de la criticidad a través del diálogo en torno a la participación, de igual forma, trabajar en conjunto con los padres de familia para que en casa también se multiplique el interés y la participación activa de los niños.

Para finalizar, se reconoce que definitivamente, es posible crear estrategias y espacios para los niños por medio de los cuales a través de procesos sociales y pedagógicos se fortalezca la autonomía, se vincule la participación y se les reconozca como sujetos activos dentro de la sociedad quienes tienen derecho a opinar según su perspectiva y esta sea considerada y aceptada, así mismo resulta relevante que estrategias como esta, se continúen desarrollando para posibilitar y conducir a procesos de análisis en forma conjunta y con ello lograr la resolución de problemáticas con todos los sujetos quienes pueden ser permeados por las mismas.

7. REFERENCIAS

Cámara, N. y María, A. (2012). *La participación infantil: concepto dimensional en pro de la autonomía ciudadana*. Teoría de la Educación. *Educación y Cultura en la Sociedad de la Información, 13*(2). http://www.redalyc.org/articulo.oa?id=201024390019

Estrada, M. V., Madrid-Malo, E. y Gil, L. M. (2000). *La participación está en juego. Programa Nacional de Auto Evaluación, Fortalecimiento y Estándares de Instituciones de Protección la niñez*. UNICEF.

Flecha, R. (1997). *Compartiendo palabras: el aprendizaje de las personas adultas a través del diálogo*. Paidós.

Freire Paulo (1995c). *La Educación como práctica de libertad*. Siglo XXI editores.

Fundación La carta de la paz. (2016). *fundación Carta de la paz dirigida a la ONU*. Fundación La carta de la paz. https://bit.ly/3QneG9N

Gómez, N. M. (2019). *La Participación Infantil como Estrategia Social para la Transformación Comunitaria en el Municipio de Soacha*. Corporación Universitaria Minuto de Dios, Uniminuto.

Gómez, N. M., Nemocón, A. M., Galindo, W. A. P. y Bello, E. R. (2021). *La participación infantil, una estrategia para la formación del sujeto político en las infancias de Soacha*. Sinergias Educativas, 6(1), 103-129.

Gaitán, L. (2006). *Sociología de las Infancias, Nueva perspectiva*. Editorial Síntesis.

Hart, R. (2012). *Espacios para la construcción ciudadana "La ciudadanía no se impone, se construye" Investigación para una reforma educativa: proceso y producto*. Revista Latinoamericana de Estudios Educativos, XLIII(4), 135-141.

Hernández Sampieri, R., Fernández, C. y Baptista, P. (2010). *Metodología de la Investigación*. (Quinta Edición). McGraw-Hill.

Lewin, K. (1946) *La Investigación-acción participativa*. Editorial Popular

Pavez Soto, I. y Sepúlveda Kattan, N. (2019). *Concepto de agencia en los estudios de infancia. Una revisión teórica*. Sociedad e infancias, *3*, 193-210.

Piedrahita, M. V. A. (2003). *La Infancia: concepciones y perspectivas*, Editorial, Pereira: Papiro, 246 p.

Zubizarreta, A. C., & Arellano, P. R. (2019). *Los procesos de escucha y participación infantil como garantes de una escuela promotora de la democracia.* Temps d'Educació, 56, 273-288. https://doi-org.ezproxy.uniminuto.edu/10.1344/TE2019.56.16

DIRECTRICES BÁSICAS PARA EL DISEÑO UNIVERSAL DE APRENDIZAJE EN ESTUDIOS UNIVERSITARIOS

Coral Ivy Hunt-Gómez[1]

El presente texto nace en el marco del proyecto de innovación docente EDUSU+ del IV Plan Propio de Docencia de la Universidad de Sevilla.

1. INTRODUCCIÓN

La atención a la diversidad en las aulas se debe considerar una prioridad, también en las aulas universitarias, en las que se deben poner en marcha mecanismos para que todas las personas tengan acceso a una educación con igualdad de oportunidades (Díez Villoria y Sánchez Fuentes, 2015). De hecho, en los últimos años, la legislación española para la educación superior incluye normativa que trata específicamente la integración de todos los alumnos, sirva de ejemplo la Ley Orgánica de Universidades 4/2007 en la que se establece la igualdad de oportunidades a todas las personas o el Estatuto del Estudiante Universitario en el que se regula la atención a la diversidad en los centros de educación superior en España. De hecho, según la Guía de Atención a las Personas con Discapacidad en la Universidad 2020, el número de universitarios con discapacidad ascendía a 23.851 en el curso 2020-2021 (Fundación Universia, 2023).

A pesar de los avances que esto supone, existe todavía lo que se conoce como discapacidad oculta, que consiste en aquellas personas que no han informado a los organismos correspondientes de sus necesidades especiales y que van adaptándose a las metodologías que se les proponen con esfuerzo. En este punto es donde se puede incluir el concepto del Diseño Universal de Aprendizaje (DUA). El DUA consiste en la aplicación de estrategias pedagógicas y en el desarrollo de materiales educativos que sean accesibles y efectivos para la mayor cantidad de personas desde su concepción. Es decir, se fija el foco en el material y no en la persona.

Este concepto proviene del campo de la arquitectura, cuando en la década de los años 90 Mace y sus colaboradores introducen el Diseño Universal (DU) que resumía alguno de los principios de lo establecido en la *Americans with Disabilities Act* de 1990 para hacer los edificios más accesibles (Conell et al., 1997). De ahí surge el *Center for Universal Design* desde el que se establecen principios para crear espacios públicos y edificios accesibles. No obstante, la acepción de accesibilidad no estaba restringida exclusivamente a las personas

---

1. Universidad de Sevilla.

con discapacidad, si no que se extendía a "el diseño de productos y entornos utilizables por todas las personas, en la mayor amplitud posible, sin la necesidad de posteriores adaptaciones o diseños especializados" (Conell et al, 1997, 1).

En este sentido, desde aquí el posicionamiento de la autora coincide plenamente con el de Díez Villoria y Sánchez Fuentes (2015), que sostienen que el Diseño Universal pone el foco en la generación de productos y entornos que puedan usar todas las personas, incluidas aquellas con discapacidad. Así pues, el foco del DU está en los materiales y no en las personas o en sus discapacidades o diferentes estilos de aprendizaje.

Este concepto de DUA ha evolucionado desde su aplicación original en la creación de espacios sin barreras arquitectónicas hacia el ámbito de la educación, donde se conoce como Diseño Universal de Aprendizaje (DUA). El objetivo principal del DUA es proporcionar igualdad de oportunidades y de participación a los estudiantes favoreciendo la diversidad de capacidades, habilidades y características individuales. Es decir, fomentando una educación en la que se incluyan diversos estilos de aprendizaje, intereses, necesidades y evaluaciones. Así pues, el DUA pretende logar prácticas docentes integradoras y accesibles que incluyan al mayor número posible de alumnos dando cabida a distintos estilos de aprendizaje.

Según el CAST (2018) el DUA ayuda a tener en cuenta un mayor número de estudiantes, y el currículo debe diseñarse con diseños flexibles y personalizables con diferentes opciones. De esta forma, se plantea un diseño que parta de la diversidad de usuarios potenciales y que de una respuesta que ofrezca flexibilidad y diferentes tipos de uso (Alba Pastor, 2019). Esto requiere de planificación, además de evitar muchas adaptaciones, y mejora de los recursos para muchos usuarios, además de aquellos para los que se realizó el diseño actual.

Una de las bases del Diseño Universal consiste en que se debe pensar en todos desde el principio, es decir, que se plantee o diseñe cualquier material para que pueda ser utilizado por el mayor número de personas posibles, sin la necesidad de realizar adaptaciones posteriores. Así pues, se evitan currículos que son diseñados para responder a una media imaginaria que no tienen en cuenta la variabilidad de los estudiantes y que fracasan en intentar dar a todos los estudiantes oportunidades de aprendizaje equitativas, puesto que se excluye a estudiantes con diversas capacidades, motivaciones o conocimientos previos que no entrarían en el promedio para el que se diseña el currículo. Así pues, los docentes deben pensar en la diversidad y se debe generar un cambio que traslade la idea de igualdad de oportunidades más allá de la de la oferta del mismo tipo de actividades para el estudiante medio tratando de responder a diversas metas, considerando las diferencias del alumnado.

En DUA el foco pasa de un estudiante "discapacitado" o "con necesidades especiales" a un currículo "discapacitado" (CAST, 2018). Currículo "discapacitado" en relación a con quién pueden enseñar, puesto que no están concebidos ni diseñados para los estudiantes que son poseen altas capacidades, que presentan necesidades educativas especiales, que están aprendiendo el idioma de instrucción y que no entran dentro de el promedio imaginario para el que se elaboran los currículos. También está "discapacitado" en relación con lo que quieren enseñar, puesto que no se han diseñado teniendo en cuenta el desarrollo de habilidades de aprendizaje; sino que se han construido en torno a la transmisión o la evaluación de la información y los contenidos. Por último, se considera que el currículo está "discapacitado" en relación con cómo pueden enseñar, puesto que las opciones de enseñanza que ofrecen son limitadas y, en la mayoría de los casos, presentan la información mejor de lo que la enseñan.

Siguiendo la filosofía del DUA, el CAST (2018) se propone hacer más accesibles los currículos a través de adaptaciones que los hagan más accesibles para todos los estudiantes, lo que requiere que planifiquen desde el inicio de manera sistemáticas, sin modificarlos o adaptarlos

En el ámbito de la Educación Superior, cada vez más instituciones están adoptando los principios y prácticas del Diseño Universal de Aprendizaje (DUA), mediante enfoques pedagógicos centrados en el estudiante y proporcionando pautas claras a los profesores y personal sobre cómo fomentar el aprendizaje y mejorar el proceso de enseñanza. Así pues, como sostiene Alba Pastor (2019) el DUA combina un enfoque inclusivo de la educación con propuestas para ponerlas en práctica. Sin embargo, a menudo se encuentran con dificultades para aplicar estas pautas, ya que pueden ser abstractas o demasiado difíciles de implementar en la práctica. Así pues, al necesitar la educación inclusiva una guía clara para poder aplicar los principios de igualdad y accesibilidad es necesario que se establezcan directrices y guías que la vertebren (Espada Chavarría et al., 2019). En este punto surge el DUA como una alternativa que aplica los principios de diseño universal al currículo para que el aprendizaje llegue a todos los estudiantes. Este es el germen de este trabajo que tiene como fin la realización, a través de un análisis de varias fuentes, la creación de unas pautas básicas para la comunicación accesible de manera general y en aspectos o soportes concretos. Se pretende que las directrices elaboradas sirvan para orientar al profesorado universitario, y a los propios estudiantes, sobre modelos concretos y fáciles para crear materiales accesibles para el mayor número de personas con modificaciones mínimas.

2. OBJETIVOS

El objetivo de este trabajo consiste en la realización de una síntesis de normas claras y concisas que proporcionen a los docentes unas pautas básicas para la comunicación accesible dentro del enfoque DUA. Dentro de este objetivo general se establecen tres objetivos secundarios.

El primer objetivo consiste en realizar una síntesis de conceptos clave referidos al DUA en Educación Superior y de enumerar estrategias que sean fáciles de trasladar al aula desde un carácter general. El segundo objetivo consiste en establecer una serie de parámetros concretos que suponen alteraciones mínimas en la creación de materiales accesibles y que se destinan a los docentes universitarios en tres de los formatos que más se utilizan en las aulas de educación superior: el texto escrito, la imagen y el vídeo. Además se incluyen algunas pautas para la creación de infografías y las recomendaciones de uso de revistas y libros accesibles.

3. METODOLOGÍA

La metodología que se emplea en este trabajo es descriptiva y parte del análisis de varias fuentes, que incluyen diversas publicaciones científicas, normativas y recomendaciones de instituciones el DUA en educación superior. En primer lugar, se realizará una síntesis de los conceptos clave de la aplicación del DUA a la Educación Superior y de las principales estrategias que se pueden aplicar de manera sencilla en el aula. En segundo lugar, el análisis se enfocará en tres ámbitos, que son sencillos, pero que suponen un gran impacto en la docencia. El primero es el texto escrito, el segundo la imagen y, el tercero y último, el vídeo.

4. RESULTADOS

Tras el análisis, se puede comprobar que las instituciones de Educación Superior están incorporando principios y prácticas inclusivas basadas en metodologías centradas en los estudiantes. No obstante, surge la pregunta de cómo facilitar el aprendizaje de todos los estudiantes, especialmente los que tienen discapacidades, aunque sean discapacidades ocultas.

Los resultados se dividen en dos secciones; una dedicada a las indicaciones generales y otra con pautas claras y concisas para mejorar la accesibilidad de los textos, las imágenes y los vídeos con pequeños cambios que son de fácil aplicación.

4.1. Principios fundamentales y pautas para la aplicación del DUA

Meyer et al. (2016), a partir de su experiencia en un hospital infantil en el que debían realizar múltiples adaptaciones pedagógicas diseñadas para cada uno de los estudiantes-pacientes en los años 80 del siglo XX, en Estados Unidos, acunaron la idea de definir un enfoque que trasladara el problema del estudiante con sus características propias a las barreras o dificultades que el diseño de unos materiales únicos y rígidos suponía. Así se traslada el problema del alumnado al diseño de los materiales (Rose y Meyer, 2000).

Uno de los aspectos más interesantes del DUA es la consideración de que todos los estudiantes pueden convertirse en aprendices expertos que utilicen sus conocimientos previos y las herramientas y recursos de los que disponen para que los apliquen al nuevo aprendizaje y que sean capaces de activarlos para identificar organizar y asimilar nueva información. También deben ser estratégicos y fijarse objetivos; a la par que decididos y motivados (CAST,2018).

De hecho, el DUA es un modelo que tiene como objetivo reformular la educación proporcionando un marco conceptual -junto con herramientas- que faciliten el análisis y su evaluación de los diseños curriculares y las prácticas educativas, para identificar barreras al aprendizaje y promover propuestas de enseñanza inclusivas (Alba Pastor, 2019, p. 58). Así pues, el DUA concentra teorías de Vigostky (1978) o Gadner (2011) referidas al aprendizaje centrado en el estudiante.

También resulta fundamental el apoyo de las tecnologías puesto que permiten realizar materiales diversos que acojan la diversidad, flexibilidad, accesibilidad y dan acceso a muchos estudiantes con diversidad de capacidades. Otros autores (Rose & Meyer, 2002; Alba Pastor, 2019; Hall et al., 2012) apuntan a la neurociencia al señalar que la activación de diversas áreas del cerebro y la especialización de las redes neuronales se ven sujetas a las interactuaciones de los alumnos que ejercen una gran influencia sobre las redes afectivas, las redes de reconocimiento y las redes estratégicas. Según recoge Alba Pastor (2019) las redes afectivas se especializan en la evaluación de patrones y en la atribución de significados emocionales y se vinculan con la motivación y la implicación; las redes de reconocimiento sirven para agudizar la percepción de estímulos, para integrar la información y se relacionan con el contenido del aprendizaje; por último, las redes estratégicas son las que afectan a la planificación, las estrategias para hacer un plan o realizar una tarea, se relacionan con la acción y la expresión del aprendizaje. Con todo esto en cuenta, basándose en el modelo del *Centre for Assistive Special Technologies* (CAST), Alba Pastor (2019) recoge tres principios en los que se basa en DUA: Proporcionar múltiples formas de implicación, de representación y de acción y exposición.

En este mismo sentido se desarrollan los trabajos de varios autores que tratan la aplicación del DUA a la docencia como las de Cáceres y Cáceres (2015), Espada Chavarría et al., (2019), Manzo Donoso et al., (2016), y Zamora Musa et al., (2017). Según Tobón Gaviria (2020) los principios fundamentales del DUA se concentran en tres aspectos fundamentales, tal y como se puede apreciar en la Figura 1. El primero de ellos consiste en ofrecer diferentes formas de representación, es decir, que se deben proporcionar diferentes opciones para la percepción. Esto incluye varios canales de comunicación, diferentes lenguajes y opciones de comprensión, con diversas estrategias como un guiado a través del procedimiento de la información o la ilustración de múltiples medios.

En segundo lugar, se establece como principio la proporción de múltiples formas de acción y expresión, definir la manera de aprender. Dentro de este objetivo se proporcionan pautas que se deben seguir como la facilitación de opciones a los estudiantes como el fomento de oportunidades para facilitar la expresión y la comunicación.

El tercer principio que recogen es la proporción de múltiples formas de implicación, con opciones para captar interés, para mantener el esfuerzo y la persistencia y opciones para la autorregulación.

PRINCIPIO	PAUTAS	PUNTOS DE VERIFICACIÓN
I. Proporcionar múltiples medios de representación. (el qué del aprendizaje)	1. Proporcionar diferentes opciones para la percepción	-Ofrecer opciones que permiten la personalización en la presentación de la información. -Ofrecer alternativas para la información auditiva. -Ofrecer alternativas para la información visual.
	2. Proporcionar múltiples opciones para el lenguaje las operaciones matemáticas y los símbolos	-Clarificar el vocabulario y los símbolos. -Clarificar la sintaxis y la estructura. -Facilitar la decodificación de los textos, notaciones matemáticas y símbolos. -Promover la comprensión entre los diferentes idiomas. -Ilustrar a partir de múltiples medios.
	3. Proporcionar opciones para la comprensión	-Activar o sustituir los conocimientos previos. -Descartar patrones, características fundamentales, ideas principales y relaciones. - Guiar el procedimiento de la información. - Maximizar la transferencia y la generalización.
II. Proporcionar múltiples formas de acción y expresión (el cómo del aprendizaje)	4. Proporcionar opciones para la interacción física.	- Verificar los métodos para la respuesta y la navegación. - optimizar el acceso a herramientas y los productos y tecnologías de apoyo.
	5. Proporcionar opciones para la expresión y la comunicación.	- Usar múltiples medios de comunicación. -Usar múltiples herramientas para la construcción y la composición. -Definir competencias con niveles de apoyo adecuados para la práctica y la ejecución.
	6. Proporcionar opciones para las funciones ejecutivas	-Guiar el establecimiento adecuado de metas. -Apoyar la planificación y el desarrollo de estrategias. -Facilitar la gestión de la información y recursos. -Aumentar la capacidad para hacer seguimiento de los avances.
III. Proporcionar múltiples formas de implicación (el porqué del aprendizaje)	7. Proporcionar opciones para captar el interés	-Optimizar la elección individual y la autonomía. -Optimizar la relevancia, el valor y la autenticidad. -Minimizar la sensación de inseguridad y las distracciones.
	8. Proporcionar opciones para mantener el esfuerzo y la persistencia	-Resaltar la relevancia de metas y objetivos. -Variar la exigencia y los recursos para optimizar los desafíos. - Fomentar la colaboración y la comunidad. -Utilizar el feedback orientado hacia la maestría en una tarea.
	9. Proporcionar opciones para la auto – regulación	-Promover expectativas y creencias que optimicen la motivación. -Facilitar estrategias y habilidades personales para afrontar los problemas de la vida cotidiana. -Desarrollar la auto-evaluación y la reflexión.

Figura 1. Principios fundamentales del DUA. Fuente: Tobón Gaviria (2020) a partir del CAST (2018).

Este resumen se basa en las directrices del CAST en las que también se recogen los mismos principios: promover la motivación y proporcionar múltiples formas de implicación-vinculado con las redes afectivas y con el por qué del aprendizaje-; promover múltiples formas de representación – vinculado con las redes de reconocimiento y el contenido del aprendizaje-; y proporcionar múltiples formas para que los estudiantes puedan actuar y expresarse- que se relaciona con las redes estratégicas y los procedimientos de aprendizaje (Figura 2).

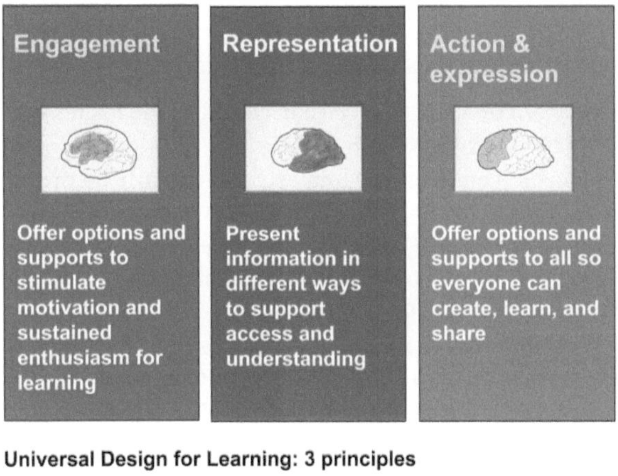

Figura 2. Principios fundamentales del DUA. Fuente: Ministerio de Educación, Nueva Zelanda (2019) a partir del CAST (2018).

Tras el análisis de las fuentes se llega a la conclusión de que prácticamente todos los autores analizados coinciden en una serie de pautas que el proceso de enseñanza aprendizaje se adapte a las metodologías DUA.

- Tratar a todos los estudiantes normalmente, pero proporcionando una atención individualizada. En estos casos es conveniente contar con un grupo reducido de alumnos.
- Pensar en las capacidades de los alumnos y no en las limitaciones. Se debe identificar a los alumnos con discapacidad o diversos estilos de aprendizaje y preguntarles cómo se puede contribuir a mejorar su proceso de enseñanza aprendizaje.
- Incluir apoyos tecnológicos en el aula. Estar al tanto de las mejoras y avances tecnológicas que se producen para incorporarlas a la docencia,
- Ser flexible y empático.

Para lograr seguir estos principios, se deben usar diferentes estrategias sencillas entre las que se incluyen la planificación, el diseño de sesiones flexibles y creativas basadas principalmente en estrategias activas y participativas. También se insta al uso de estrategias emocionales y afectivas y a la aplicación de cambios sencillos que mejoran los materiales en términos de accesibilidad.

Este último punto resulta de vital importancia, puesto que con algunas directrices se pueden crear materiales que reúnan las características desde el momento de su creación para crear materiales que sean adecuados para el mayor número de alumnos con cambios razonables.

4.2. Indicaciones sobre mejoras de la accesibilidad con pequeñas acciones

En las próximas secciones se recogen una serie de medidas para mejorar la accesibilidad de tres de los materiales que se utilizan más frecuentemente en la educación superior. Los textos escritos, las imágenes y los vídeos.

4.2.1. Indicaciones sobre mejoras de la accesibilidad el texto escrito

A continuación, se recogen unas directrices básicas para que los textos que se usen en las procesos educativos sean más accesibles.

La primera medida consiste en el uso de una estructura clara. Se propone dividir el texto usando epígrafes y subepígrafes, pero que no excedan los tres niveles.

La segunda medida hace referencia a la tipografía. Se recomienda el uso de las fuentes sin serifa, como por ejemplo Verdana o Arial, la diferencia entre la legibilidad de las fuentes con o sin serifa se puede apreciar en la Figura 3.

También referido a la tipografía, se recomienda no usar un tamaño de fuente inferior a 12 a 14 puntos y evitar tanto la cursiva como el subrayado. Igualmente, se recomienda evitar el uso de WordArt o de diseños elaborados y con diferentes colores.

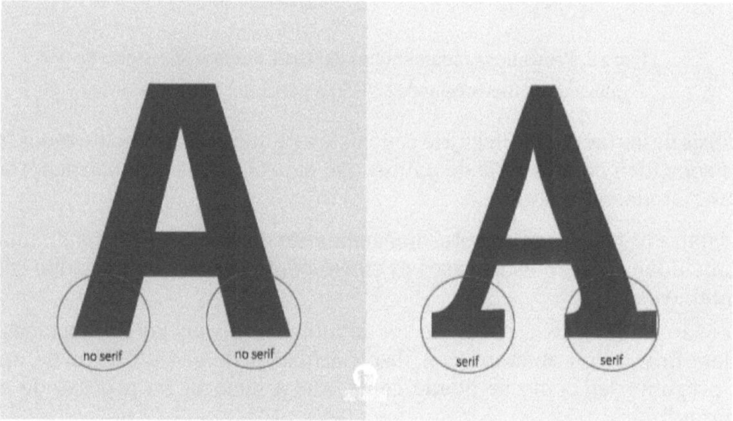

Figura 3. Diferencia entre las tipografías con o sin serifa.

En cuanto al espaciado entre las líneas, las recomendaciones incluyen una separación de entre 1,5 y 2. Esto facilita la lectura. También que se sugiere el alineado a la izquierda para evitar la aparición de ríos que dificultan la lectura.

Resulta fundamental que los textos se proporcionen al alumnado en un formato digital y que sea modificable. Esto les permitirá adaptar el documento a los programas necesarios para variar el canal de la información.

Otro aspecto importante es la selección de la lengua en la que esté escrito el texto. Esto resulta de mucha utilidad para aquellas personas que quieran usar el lector de pantalla.

El uso de listas se recomienda, puesto que la manera de transmitir la información es más sistemática y clara. Por el contrario, no se recomienda el uso de gráficas, tablas e imágenes a no ser que sea muy necesario y siempre insertando textos alternativos.

Si se insertan enlaces en los documentos, se insta a que se describa su contenido.

Se sugiere que se use el Comprobador de accesibilidad de Word antes de dar por finalizado el documento. La herramienta del programa Word para comprobar la accesibilidad del texto es muy interesante puesto que se trata de una aplicación incluida en el programa (Figura 4) que señala aquellos aspectos que se pueden mejorar y que tienen margen de mejora con soluciones sencillas. El Comprobador de accesibilidad revisa el archivo conforme a que, usa una serie de reglas que identifican posibles problemas para los usuarios con discapacidades. Según la gravedad del problema las clasifica en errores, advertencias o sugerencias. de acuerdo con los siguientes criterios (Microsoft, 2023):

- Error. Contenido que hace que el documento sea difícil o imposible de leer y entender para personas con discapacidades
- Advertencia. Contenido que en la mayoría (aunque no en todos) de los casos hace que el documento sea difícil de comprender para personas con discapacidades
- Sugerencia. Contenido que las personas con discapacidades pueden comprender, pero que podría presentarse de otra manera para mejorar la experiencia del usuario

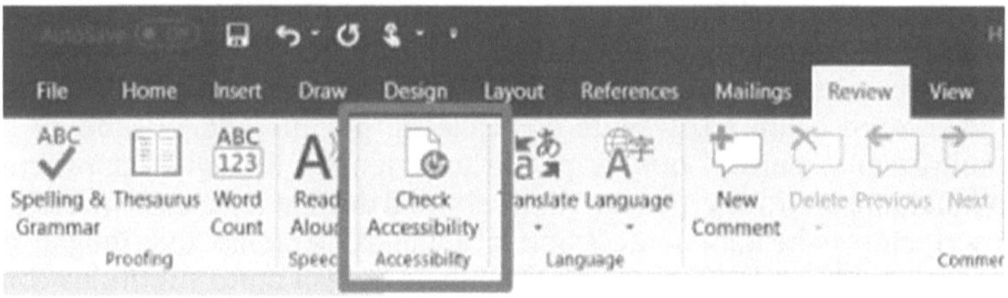

Figura 4. Herramienta de Word para comprobar la accesibilidad.

4.2.2. Indicaciones sobre mejoras de la accesibilidad en imágenes

Dentro de las mejoras que se pueden hacer de manera sencilla para hacer que los materiales que se entregan al alumnado lleguen al mayor número de discentes está el mejorar la accesibilidad de las imágenes.

Las imágenes decorativas deben evitarse y las imágenes que se utilicen deben ser informativas. Toda imagen debe ir acompañada de un breve texto informativo que describa el sentido que tiene.

Si se incluye una imagen de un perro con un símbolo de prohibido (Figura 5), se debe proporcionar una breve descripción de la imagen con el objetivo de que pueda ser leída por el lector de textos que proporciona Word.

Figura 5. Herramienta de Word para comprobar la accesibilidad.

4.2.3. Indicaciones sobre mejoras de la accesibilidad en vídeos

Los vídeos y elementos multimodales tienen un uso cada vez más extendido gracias a la democratización de internet y a las ventajas que suponen al combinar texto e imagen. Para hacerlos más accesibles dentro de las pautas que sugiere el DUA se debe tener en cuenta la comunicación a través de dos canales: por un lado, el canal de audio que se puede subtitular o para el que se puede usar lengua de signos para aquellos con diversidad funcional auditiva y, por otro lado, el canal de la imagen en el que se puede usar la audiodescripción para hacerlo accesible a aquellas personas que tengan diversidad funcional visual. Así pues, lo ideal es que los vídeos tengan tanto subtítulos como lengua de signos y que cuenten con audiodescripción (Figura 6).

Afortunadamente, en la actualidad existen múltiples plataformas que ya proporcionan subtítulos automáticos en múltiples idiomas de una calidad aceptable, como YouTube y vídeos en los que se utiliza la lengua de signos.

Figura 6. Vídeo subtitulado y con interpretación en lengua de signos.

Algunas herramientas como YouTube ofrecen la posibilidad de tener una transcripción automática, aunque en ocasiones contiene multitud de fallos. En la sección del Centro de Enseñanza Virtual de la Universidad de Burgos (2023) se dispone de información sobre cómo mejorar los subtítulos que el programa genera automáticamente. Aquí nos habla de las ventajas de la subtitulación para las personas sordas y también del plurilingüismo, puesto que la subtitulación ayuda a aquellos que no dominen la lengua del vídeo.

Existen instituciones como el Instituto Nacional de Tecnologías Educativas y de Formación del Profesorado (Ministerio de Educación y Formación Profesional, 2023) en el que se recogen con gran detalle los principios de creación de vídeos accesibles.

4.2.4. Indicaciones sobre mejoras de la accesibilidad en infografías

Otro tipo de material que puede hacerse accesible con pocos cambios son las infografías, que son representaciones visuales de información que pueden incluir imágenes, iconos, textos, gráficas y diagramas para comunicar mensajes de un vistazo. Aunque en un principio las infografías parecen simplificar un texto, en ocasiones, las personas con dificultades de comprensión no logran entenderlas (Plena Inclusión, 2018).

Desde Plena Inclusión (2018) se plantean una serie de normas que no siempre resultan de sencilla aplicación, entre ellas están hablar de forma directa y explicar de forma clara por qué ocurren las cosas que son importantes en tu infografía. Otro aspecto que hay que considerar es el orden en el que aparece la información, así se plantea el uso de bordes y fondos de colores claros y flechas para facilitar el orden de la lectura (Figura 7), y la importancia de separar imágenes y textos. Para facilitar la comprensión, esta misma institución sugiere no usar palabras difíciles de leer, o en el caso de que sean importantes, explicarlas muy bien. En el caso de los números se deben evitar los números muy grandes o con porcentajes, puesto que son difíciles de entender.

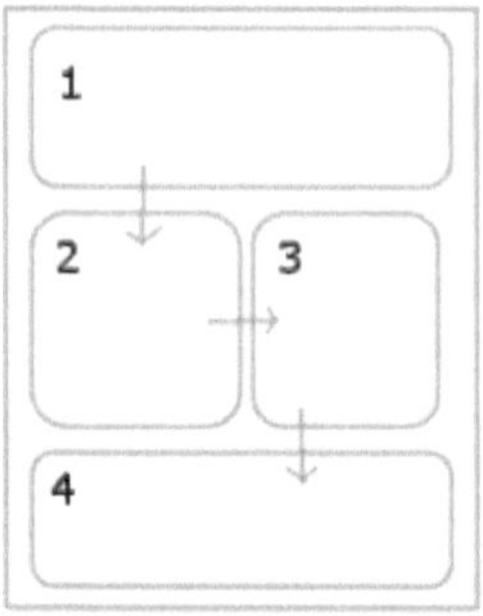

Figura 7. Ejemplo de orden de lectura fácil en infografía. Fuente: Plena Inclusión, 2018.

En el uso de las imágenes en las infografías se sugiere que se use la misma imagen para la misma idea y que todas las imágenes que se incluyan tengan un tamaño suficiente. Tampoco se recomienda usar imágenes infantiles, puesto que las infografías se destinan a adultos y se apuesta por el uso de imágenes realistas.

Al igual que en otros soportes, los logotipos y los códigos QR se deben explicar, qué son, y en el caso de los códigos QR cómo se usan y qué voy a ver si lo escaneo.

4.2.5. Recomendación de inclusión de revistas y libros digitales en la bibliografía recomendada

En los estudios superiores, el alumnado debe tener la capacidad de investigar y de hacer uso de revistas que tengan publicaciones de relevancia y actualidad. Para ello, en los programas de las asignaturas, se suele incluir un apartado dedicado a la recopilación de aquellos recursos documentales que pueden servir para que el alumnado profundice en sus conocimientos. En la mayoría de los casos, estos recursos incluyen libros, revistas y otros documentos.

En muchos casos, los formatos que se utilizan en las revistas digitales todavía no se adhieren a las Pautas de Accesibilidad de Contenido (WCAG, 2023). La accesibilidad web sigue los principios DUA e intenta generar materiales beneficien tanto a personas con diversidad funcional como al conjunto de la sociedad. Así, en el caso de los libros y revistas digitales se seguirán las directrices que se exponen en el epígrafe dedicado a los textos (4.2.1.), a las imágenes (4.2.2.) y al contenido audiovisual (4.2.3.).

Una de las responsabilidades de los docentes e investigadores del ámbito universitario es fomentar el uso de las revistas que sigan criterios de accesibilidad web. Así, se recomienda incluir diversos formatos para que los estudiantes puedan acceder a la información de la manera que les resulte más cómoda y dando preferencia a aquellas revistas y libros que se adaptan a las pautas de accesibilidad de contenido.

5. CONCLUSIONES

La principal conclusión a la que se llega con este estudio es que, si se pretende que se implante un modelo de creación de materiales que abracen los mandatos del DUA es preciso contar con indicaciones claras y factibles. Este campo ofrece un sinfín de posibilidades de investigación, desde el análisis de la accesibilidad de los materiales, hasta la recepción y la mejora del proceso de aprendizaje de los usuarios.

De acuerdo con los resultados, las pautas generales de la aplicación del DUA a la educación superior se basan en tres principios básicos: contar con múltiples formas que favorezcan la implicación, contar con múltiples formas de representación, y proporcionar múltiples formas para la acción y la representación.

Estas recomendaciones son de gran utilidad desde un plano teórico. Sin embargo, a la hora de insertar cambios en la docencia, contar con instrucciones claras y fáciles de integrar en la práctica de los profesores resulta de gran utilidad. Esto hace que se relacione una síntesis de medidas fáciles de aplicar y que requieren un esfuerzo mínimo en tres de los materiales que se utilizan más en la docencia en Educación Superior: el texto escrito, la imagen y el vídeo. Se espera que si se siguen estas pautas, cambiando el foco hacia la creación de materiales que sean accesibles desde su germen, se logre hacer que las aulas de educación superior sean más inclusivas.

Desde las instituciones de educación superior, las directrices que atañen a cuestiones tan sencillas como la tipografía, la organización de los textos, el uso de fondos, de imágenes entre otros aspectos que se encuentran insertos en la docencia cotidiana, se van estableciendo progresivamente. No obstante, para muchos docentes universitarios estas sencillas modificaciones son totalmente desconocidas y desde las instituciones deberían promocionarse.

6. REFERENCIAS

Alba Pastor, C. (2019). Diseño Universal para el Aprendizaje: un modelo teórico-práctico para una educación inclusiva de calidad. *Participación Educativa, 55.* https://n9.cl/mkku7

Cáceres, C., y Cáceres, R. (2015). Lecciones pedagógicas a partir de experiencias inclusivas basadas en diseño universal para el aprendizaje en Chile. *In V Congreso Internacional de Investigación de la Facultad de Psicología de la Universidad Nacional de* La Plata (La Plata, 2015).

CAST (2018). *Universal Design for Learning Guidelines version 2.2.* Retrieved from http://udlguidelines.cast.org

Centro de Enseñanza Virtual de la Universidad de Burgos (2023). *Subtitular vídeos en YouTube.* https://www3.ubu.es/ubucevblog/subtitular-videos-youtube/

Conell, B. R., Jones, M., Mace, R., Mueller, J., Mullick; A., Ostroff, E. (1997). The Principles of Universal Design. The National Institute on Disability and Rehabilitation Research. Department of Education. NC State University, *The Center for Universal Design.* http://www.design.ncsu.edu/cud/about_ud/udprinciplestext.htm

Díez Villoria, E. y Sánchez Fuentes, S. (2015). Diseño universal para el aprendizaje como metodología docente para atender a la diversidad en la universidad, *Aula Abierta,* 43. 87-93. https://doi.org/10.1016/j.aula.2014.12.002

Espada Chavarría, R. M., Gallego Condoy, M., y González-Montesino, R.H. (2019). Diseño Universal del Aprendizaje e inclusión en la Educación Básica. *Alteridad, 14*(2), 207-218. https://doi.org/10.17163/alt.v14n2.2019.05

Fundación Universia (2023) El número de estudiantes con discapacidad en las universidades españolas alcanza su máximo histórico https://n9.cl/ohgop

Gardner, H. (2011). *Frames of mind: The theory of multiple intelligences.* Basic Books.

Inclusive Education (2023). *UDL framework.* https://inclusive.tki.org.nz/guides/universal-design-for-learning/udl-framework/

Manzo Donoso, F.L., Ramírez Delgado, D. R., y Zärate Cordova, V. A. (2016). Apropiación de los principios del diseño universal de aprendizaje de los docentes en establecimientos rurales de educación básica durante el año 2016. Universidad Mayor. http://repositorio.umayor.cl/xmlui/handle/sibum/4872

Martínez, B. A. (2008). La formación de competencias docentes para incorporar estrategias adaptativas en el aula. *Revista complutense de educación, 19(*2), 253-274.

Ministerio de Educación, Nueva Zelanda (2019, 18 diciembre). *UDL Framework. Inclusive Education. https://n9.cl/l6xn6*

Meyer, A., Rose, D. H. y Gordon, D. (2016). *Universal design for learning: Theory and practice.* Wakefield, MA: CAST Professional Publishing.

Microsoft (2023) Reglas del Comprobador de accesibilidad. https://n9.cl/fsdgw

Ministerio de Educación y Formación Profesional (2023). Vídeos accesibles. https://conectatic.intef.es/mod/book/view.php?id=332

Rose, D. H. y Meyer, A. (2002). *Teaching every student in the digital age: Universal design for learning.* Alexandria, VA: Association for Supervision & Curriculum Development.

Tobón Gaviria, I. C. (2020). Diseño universal de aprendizaje y currículo. Sophia, 16(2), 166-182. https://doi.org/10.18634/sophiaj.16v.2i.957

Zamora Musa, R. Vélez, J. Paez_Logreira, H. Coba, J. Cano Cano, C., y Martínez Palmera, O. (2017). Implementación de un Recurso Educativo Abierto a Través del Modelo del Diseño Universal para Aprendizaje Teniendo en Cuenta la Evaluación De Competencias. Las Necesidades Individuales De Los Estudiantes. Revista Espacios, 38.

Vigotsky, L. S. (1978). *Mente y sociedad.* Universidad de Harvard.

WCAG. (2023). About - Web Content Accesibility Guideliness. https://wcag.com/about/

ESTRATEGIAS DIDÁCTICAS PARA ESTUDIANTES DE DERECHO. ENFOQUES PARA EL APRENDIZAJE DEL DERECHO PENAL

Alejandro Hurtado de la Fuente[1], *José Vicente Villalobos-Antúnez*[2]

El presente trabajo es producto de la investigación llevada a cabo por los autores en el contexto de la línea de investigación en formación "Didáctica para la enseñanza del derecho" de la Universidad del Alba, Chile.

1. INTRODUCCIÓN

Esta investigación versa sobre el aprendizaje del derecho penal a partir de la práctica docente de la asignatura Clínica Jurídica de Derecho Penal. Revisadas las diversas ofertas que en la actualidad se entregan en el contexto de la educación superior en Chile, resultó necesario realizar un estudio que permitiera saber cómo se llevan a cabo las estrategias de enseñanza en aquellas instituciones donde se imparte la carrera de Derecho, particularmente en el ámbito del derecho penal. En vista de ello, el presente artículo reporta la materialización de la inquietud de los investigadores, que apunta a la preocupación respecto del aprendizaje del derecho, pues actual e históricamente se ha caracterizado por ser predominantemente memorístico, y por ende poco práctico a la hora de ser impartido, pues lamentablemente se hace bajo la premisa de que el estudiante debe "aprenderse de memoria" los términos de la Ley que conforma el Ordenamiento Jurídico, obviando con ello teorías y técnicas modernas sobre la enseñanza y el aprendizaje; como consecuencia de ello, una concepción de esta naturaleza deja de lado la praxis del proceso de mediación del conocimiento en la que consiste la relación entre docente y estudiante. (Solano *et al*, 2012).

El trabajo realiza primeramente un acercamiento a los conceptos *formación*, *competencia* y *perfil de egreso*, en el marco de una revisión crítica de la enseñanza del derecho en Chile; a partir de allí se hacen algunas aproximaciones a otros contextos desde donde se aprecian prácticas similares en torno a la acción de enseñar; se observó que esta se ha afianzado cada vez más, a pesar de los serios cuestionamientos que se realizan a la praxis educativa centrada en el docente (Rodríguez y Fernández, 2016). Por ello, se revisa el concepto de formación en perspectiva teórica para luego contrastarlo con la cuestión de

1. Universidad del Alba (Chile)
2. Universidad del Alba (Chile) y Universidad del Zulia (Venezuela)

las competencias laborales y la praxis de lo que se denomina "aprendizaje del derecho", a la luz de los métodos que centran el acto educativo en el estudiante.

Seguidamente, se hace una retrospectiva al concepto de "competencia", dados los intereses que se muestran con el propósito que se llevó a cabo con la investigación: formar profesionalmente al estudiante de derecho para la resolución de problemas desde los grupos intervenidos, por lo que se revisa la teoría que fundamenta la evidencia empírica lograda durante la investigación. Un estudiante formado críticamente en valores sociales y laborales será un profesional competente para enfrentar los desafíos que la sociedad genera, en especial en la era tecnológica, en sí misma disruptiva del mundo de vida[3]. En vista de esto, la investigación se articula en su revisión en torno al concepto de "perfil de egreso", relacionando finalmente los tres conceptos analizados como parte de las respuestas que la Universidad debe dar a la sociedad.

El perfil de egreso es la coraza con la cual revisten las Universidades a sus estudiantes para entregarlos al ámbito laboral conforme con su proyecto educativo, considerando la formación recibida y las competencias adquiridas, tanto en lo teórico como de forma especial en lo práctico, orientadas las acciones a la mejora de las relaciones sociales, y por ende, a la optimización de las expectativas de paz y concordia en el marco de una sociedad que aspira a estar bien estructurada.

Finalmente, el presente estudio se avocó al levantamiento empírico de la información en el marco de los objetivos propuestos. Se trata de articular el conocimiento adquirido desde el mismo estudiante como forma de validar los procedimientos y planes de formación de las Universidades en el contexto de las competencias que adquieren dichos estudiantes mediante el proceso de enseñanza-aprendizaje.

Esta última parte de la investigación se llevó a cabo mediante metodología cualitativa, alternándola con un método cuantitativo, con el propósito de develar el aprendizaje obtenido junto con los aprendizajes esperados por los estudiantes. La perspectiva que se obtiene contrasta con las viejas prácticas de enseñanza que centran el acto educativo en el docente, cuestión que es destacada con la presente investigación. Por último, en esta sección del trabajo se realizan algunas propuestas para la mejora didáctica dirigida al aprendizaje competente del derecho penal en el contexto de la unidad curricular Clínica Jurídica, para finalmente arribar a las conclusiones de la investigación.

2. OBJETIVOS

La presente investigación tuvo como objetivo elaborar propuestas de mejora para la enseñanza-aprendizaje del derecho penal en el contexto de la unidad curricular Clínica Jurídica, en estudiantes cursantes del décimo semestre de carrera. La misma procuró enriquecer el aprendizaje de la disciplina bajo estándares de una formación concebida como dinámicas de resolución de problemas, para realizar aportes a las ciencias jurídicas desde la ciencia de la educación en ámbitos de la ciencia del derecho en general.

3. METODOLOGÍA

El presente estudio se llevó a cabo en primer término con metodología cualitativa bajo la modalidad de Investigación-Acción Participativa (IAP) y con técnicas de recolección

3. Para una revisión acerca del carácter disruptivo en la sociedad tecnológica, llamada "sociedad digital", ver en: Villalobos (2022).

de información mixtas. Se estableció una dinámica de investigación que permitió mejorar el aprendizaje de los participantes. De esta forma, se realizaron entrevistas a los participantes mediante diseño y aplicación de instrumento consistente en un cuestionario semiestructurado; luego de lo cual se diseñó y aplicó a la misma muestra un instrumento de escalas tipo Likert. Una vez obtenidas las categorías emergentes por las cuales se definieron los indicadores resultantes, se elaboró una descripción cuantitativa del fenómeno objeto de estudio. Finalmente, como estrategia metodológica, se llevó a cabo un focus group con cada uno de los cursos participantes de la muestra, de dos horas de duración, cuyas discusiones se registran en formato word.

Bajo este enfoque, los investigadores se plantearon describir las propuestas de mejora, surgidas de la muestra objeto de estudio, respecto de las estrategias actualmente en uso. Con ello se buscó generar un conjunto de ideas para dar cumplimiento a las competencias declaradas en el perfil de egreso de la carrera y de ese modo aportar en el avance y mejoramiento de las metodologías de aprendizaje empleadas en la disciplina del derecho penal.

Con respecto a las etapas metodológicas de la investigación, estas se realizaron mediante la conformación de dos grupos que se constituyeron en gabinete, como sigue: Gabinete 1: Selección del grupo a investigar: Estudiantes diurnos y vespertinos del último año de la carrera de derecho. Diseño de entrevista semiestructurada y *focus group*; Terreno 1: Validación del guion de entrevistas. Gabinete 2: Selección de informantes claves: docentes, directivos y alumnos (as) de jornada diurna y vespertina del último año de la carrera de derecho. Terreno 2: Aplicación de entrevista semiestructurada a docentes y directivos de la carrera de derecho, en las instalaciones de la Universidad para recoger propuestas de mejora de estrategias; Terreno 2: Aplicación de *focus group* a los alumnos y alumnas de jornada diurna y vespertina del último año de la carrera de derecho; Gabinete 3: Análisis de datos y Triangulación de metodologías y teorías; elaboración de propuesta inicial. Terreno 3: Consenso con los actores respecto a las propuestas construidas. Gabinete final: Elaboración final de las propuestas.

En lo que respecta al plan de datos y al método cualitativo, se dispuso en primer término la selección de cada uno de los datos obtenidos durante el periodo de observación del escenario de estudio, donde se consiguió información relevante para lograr entender los escenarios objeto de esta investigación. Luego de ello, se dispuso a articular la información, ofreciendo una propuesta de trabajo para materializar en la práctica el análisis de contenido, esto es, realizar reproducciones de los instrumentos con los que se trabajó (entrevistas); establecer los tipos de unidades de contenido; señalar indicadores que hicieran referencia a temas que formaron parte del material objeto de análisis; analizar dichos antecedentes, y diseñar mapas conceptuales y esquemas analíticos.

En lo que respecta al análisis cualitativo, este se realizó en base a la denominada codificación abierta, axial y selectiva.

En una primera instancia se elaboraron seis matrices de codificación abierta, matrices en las que se incorporaron las distintas textualidades y frecuencias, luego de lo cual, emergieron las matrices axiales, considerando cada uno de los intervinientes que se contemplaron en las matrices abiertas, para luego culminar con la elaboración de la matriz selectiva.

En cuanto al modelo cuantitativo, se buscó complementar el aspecto cualitativo considerando para ello los siguientes aspectos: Determinación del Universo: Estudiantes regulares de la carrera de Derecho; se utilizó el instrumento denominado Escala de Likert; seleccionando y describiendo muestras no probabilísticas por conveniencia, la cual correspondió a 6 alumnos de la jornada diurna y a 9 alumnos de la jornada vespertina de la carrera objeto de este estudio en su último año. Se aplicó de forma simultánea a los sujetos y se analizaron los datos mediante frecuencias y promedios. Es de considerar que el diseño en principio se elaboró para la participación de 15 estudiantes por jornada, pero la muestra de cada grupo se vio reducida por diversas razones.

En el caso de la tabulación de respuestas en ámbito cuantitativo se hizo uso de procedimientos de tendencia central de los datos, concepto que hace referencia al punto medio de una distribución, conocidas como medidas de posición.

En lo referente al análisis de datos para responder la pregunta de investigación cualitativa, es relevante establecer que, el análisis de los obtenidos mediante los instrumentos señalados consistió en realizar operaciones y procedimientos que permitieron a los investigadores someter la información recogida del trabajo de campo a una estricta articulación de significados contextuales y particulares, para así lograr el objetivo de la investigación. Este análisis profundo y exhaustivo permitió un diálogo propicio para poder llevar a cabo la propuesta de estrategias de enseñanza-aprendizaje planificadas.

En la perspectiva cuantitativa, se cumplió con las siguientes etapas y actividades metodológicas, que permitieron en base a los antecedentes recabados, perfeccionar y dar cuenta de los resultados, propuestas y conclusiones; de esta forma, se consiguió la finalidad de lograr un nivel aceptable de objetividad en el estudio, en el marco de estos resultados cuantitativos de la investigación.

El procedimiento señalado consistió en las siguientes fases: Determinar el universo de estudio: estudiantes regulares de la carrera de Derecho de 5 año de la Clínica Jurídica penal, correspondiente al último año de la carrera. Selección y descripción de la Muestra: Muestra no probabilística por conveniencia correspondiente a 6 alumnos de la jornada diurna y a 9 alumnos de la jornada vespertina de la carrera de derecho en su último año. Elaboración del instrumento de investigación de escala de Likert; se aplicó de forma simultánea a los y las estudiantes de ambas jornadas en forma simultánea; se analizaron los datos mediante frecuencias y promedios.

4. DESARROLLO DE LA INVESTIGACIÓN

4.1. Perspectivas teóricas de la investigación: aspectos formativos, de competencia y perfil de egreso

En cuanto a los aspectos formativos, se presenta a continuación una visión general desde el ámbito jurídico. En la actualidad, el derecho penal en Chile es parte fundamental en el desarrollo formativo de los y las estudiantes de derecho. Esto, más allá de una Facultad de Derecho en particular, puesto que en el área penal en específico, se aprecia que es una especialidad que ha sido en los últimos años la mayor opción tomada para el ejercicio profesional de un gran número de estudiantes. Estos, tal como se recoge de la opinión de los grupos entrevistados, una vez titulados, prefieren en el futuro, y de hecho así ocurre, desempeñarse en distintos roles del área, ya sea como jueces, fiscales, defensores penales públicos, defensores penales privados, querellantes, etc.

En atención al punto anterior, cabe destacar, que no es una cuestión de opinión de los investigadores pues lo planteado precedentemente se reafirma de los resultados alcanzados, en vista de las preferencias de ejercicio profesional de los participantes, pero también reforzado por las estadísticas que demuestran que, por ejemplo, en el año 2018, las tasas de empleabilidad en la carrera de derecho en el primer año a nivel nacional subieron respecto de años anteriores.

Ejemplo de ello lo encontramos en la Facultad de Derecho de la Pontificia Universidad Católica de Chile, en la cual la tasa de empleabilidad al primer año de ejercicio alcanzó 94,1%, ejemplo que también se aprecia en la Facultad de Derecho de la Universidad Católica de Valparaíso, en donde la tasa de empleabilidad es de 92.1%, situación que se presentó de igual manera en la Universidad Adolfo Ibáñez, en la cual la tasa de empleabilidad al primer año de titulación alcanzó 82.1%, o casos como la Universidad Central de Chile, donde la tasa de empleabilidad se ubicó en 80,1% y la Universidad Diego Portales, donde la tasa de empleabilidad al primer año fue 86,3% (www.mifuturo.cl).

Por lo anterior, los investigadores creen que resulta pertinente cada cierto tiempo verificar si el proceso formativo de estudiantes del último año de la carrera de derecho de las Universidades chilenas en el área penal (Clínica Jurídica), es el más apropiado. Ello, dado que el estándar en el área objeto de esta investigación es cada vez más alto en lo que dice relación particularmente a la aplicación práctica. Por ello, entonces, la propuesta de esta investigación se centró en indagar a través de la percepción de actores estudiantiles, si las estrategias de enseñanza utilizadas por los formadores del área son las adecuadas para dar cumplimiento a las competencias declaradas en el perfil de egreso, esto bajo el enfoque por competencias, y de esa manera recoger una propuesta que emergió de los y las estudiantes.

En cuanto a las estrategias de enseñanza, cabe señalar en primer lugar, que resulta preciso hacer referencia a lo que se debe entender por tal concepto, para lo cual, en lo sucesivo, hemos de quedarnos con la definición que aportan Rebeca Anijovich y Silvia Mora, quienes definen las estrategias de enseñanza como "un conjunto de decisiones que toma el docente para orientar la enseñanza con el fin de promover el aprendizaje de sus alumnos" (Anijovich y Mora, 2010, p. 4).

Sumado a lo anterior, debemos dar cuenta de lo que hoy se entiende por currículo, para lo cual se considera la propuesta que ofrece Zabalza, 2003, quien plantea que el currículo "es el proyecto formativo que se pretende llevar a cabo en una institución formativa, en este caso la Universidad" (Zabalza, 2003, p. 21).

Ahora bien, la pregunta que surge en este contexto es cuál sería la finalidad o el objetivo que cumple el "proyecto formativo. En tal sentido nuevamente Zabalza, (2003), nos orienta, señalando que "...al hablar del currículo lo estamos haciendo, obviamente, de un proyecto formativo en el sentido de que su finalidad última es obtener mejoras en la formación de las personas que participan en él". (Zabalza, 2003, pag. 23).

Por último, respecto del currículo, el mismo autor citado agrega que "...la expresión más genuina del currículo formativo universitario está constituida por los Planes de Estudio. En ellos se prefigura el sentido y los contenidos de la formación que la institución universitaria pretende ofrecer a los estudiantes". (Zabala, 2003, pag.25; ver también Villalobos, 2009 y 2013). Con relación a lo anterior, es preciso establecer que los planes de estudio van de la mano con la malla curricular, la cual entendemos como

> *...la representación gráfica de la distribución de los ciclos de formación y de los cursos contemplados en el plan de estudios; la malla curricular permite hacer visibles las relaciones de prioridad, secuencialización y articulación de los cursos entre ellos y con los ciclos. Por otro lado, como un ciclo de red el cual tiene en la cuenta los ciclos, campos, disciplinas y áreas, establece relaciones de grado, secuencias sistemáticas*

> *y correlatividades entre los diversos cursos del plan, en forma vertical y horizontal. (García, 2011, en Zabalza, 2003, p. 6).*

Así pues, se ve claramente que la formación del estudiante es un proceso complejo que articula el proyecto educativo institucional con las prioridades educativas que la sociedad espera sean cumplidas, a través de la integración de los planes de estudio, la malla curricular y el mismo proyecto formativo en una sola unidad, con miras a lograr las transformaciones necesarias a las necesidades y aspiraciones de los actores intervinientes. Veamos ahora, cómo se relacionan estas ideas con la adquisición de competencias para el óptimo desempeño de los egresados una vez formados en las áreas específicas.

4.2. Aspectos de competencia en el ámbito de la educación en derecho

Un segundo y relevante elemento son las competencias para el desempeño de los estudiantes en tanto profesionales egresados. Al respecto se aprecian innumerables miradas; sin perjuicio de ello, previo a la definición de esta categoría, se da cuenta de la construcción del concepto desde una breve perspectiva histórica.

En este sentido, es dable establecer que, desde una perspectiva histórica la construcción de las competencias se comenzó a realizar en la década de los sesenta del siglo XX. La base se sustentó en dos aportaciones: la lingüística de Chomsky y la psicología conductual de Skinner. Chomsky (1970) propuso el concepto de competencia lingüística como una estructura mental implícita y genéticamente determinada que se pone en acción mediante el desempeño comunicativo, es decir, mediante el uso efectivo de la capacidad lingüística en situaciones específicas. A partir de esto, el concepto de competencias comenzó a tener múltiples desarrollos, críticas y reelaboraciones, tanto en la lingüística como en la psicología (conductual y cognitiva), cuestión que se traslada a la educación.

Como contrapartida a la propuesta de Chomsky de considerar la competencia como una cuestión interna, en la línea conductual poco a poco se fue hablando de la competencia como un comportamiento efectivo, y hoy en día hay un sólido modelo conductual de las competencias, que, aunque ha trascendido el esquema de estímulo-respuesta, sigue basándose en el comportamiento observable, efectivo y verificable, confluyendo entonces así el desempeño dentro de la competencia disociados por Chomsky.

En esta mirada histórica nos encontramos también con la psicolingüística y la psicología cultural que enfatizan la competencia como concepto que está en la base de la interacción de la persona con el entorno. En este sentido, están los planteamientos de Hymes (1996), quien expone el concepto de competencia comunicativa como el empleo efectivo del lenguaje y de la lingüística en situaciones específicas de comunicación, teniendo en cuenta las demandas del entorno. Esta concepción tiene en cuenta las competencias comunicativas en el sentido expuesto por Habermas (1999), pero de ello trataremos en otro texto.

Desde una mirada diversa pero también sobre la base de un enfoque contextual, se citan los aportes de la psicología cultural que tienen como principal representante a Vigotsky (1979), quien en sus postulados estima tres categorías de mediadores: instrumentos materiales, psicológicos y los mismos seres humanos, con distintos grados de influencia entre ellos en proporción al lugar interactuante. (citado en Hernández *et al.*, 2006, p. 14). Estas acciones son situadas en el sentido de que tienen en cuenta el contexto en el cual se llevan a cabo; es decir, no se presentan de forma aislada. Ahora bien, dichas acciones se dan a partir de la mente humana; la mente se construye mediante relaciones sociales y es actualizada por la cultura, según Vigotsky (1979).

En general, la psicología cultural le ha aportado al concepto de competencias el principio de que la mente y el aprendizaje son una construcción social y requieren de la interacción con otras personas, estando la idoneidad influenciada por el mismo contexto (Tobón, 2006).

No podemos dejar de mencionar las contribuciones de Sternberg (1997) en torno a la inteligencia práctica orientada al éxito, la cual se refiere a la capacidad que han de tener las personas para desenvolverse con inteligencia en las situaciones de la vida y resolverlas de forma exitosa; ello implica llegar a la solución de los problemas sin necesidad de pensar y analizar mucho, con el fin de canalizar la atención y la memoria en otras actividades que propicien la solución de problemas para alcanzar éxitos en la vida.

Por su parte, en lo social, se tienen las crecientes presiones para que la educación forme para la vida y para el trabajo con calidad, y trascienda el énfasis en lo teórico y la mera transmisión de la información, pues con la paulatina emergencia de la sociedad del conocimiento, lo más importante no es tener conocimientos sino saberlos buscar, procesar, analizar y aplicar con idoneidad.

Con respecto a lo económico, ha crecido la demanda de las empresas a las instituciones educativas para que formen profesionales idóneos, de tal manera que esto les permita competir con otras empresas nacionales e internacionales para mantenerse y crecer.

En resumen, el auge de las competencias en la educación se corresponde con una mayor implicancia de la sociedad en la educación, la cultura de la calidad, la globalización y la competitividad empresarial.

Esta construcción histórica del concepto de competencias en torno a múltiples referentes disciplinares y demandas socioeconómicas, es lo que explica la diversidad de definiciones y metodologías para llevar a la práctica el enfoque por competencias; sin embargo, en esta característica, que se ha visto como una falencia sustancial de las competencias (Bustamante, 2003), es donde precisamente reside la mayor virtud del enfoque por competencias, en tanto su naturaleza tiene una visión multidisciplinar y esto hace que este enfoque pueda alimentarse de diferentes contribuciones.

Así mismo, esta naturaleza multidisciplinar de las competencias es lo que permite que sean asumidas como un lenguaje común para referirse al talento humano tanto en las organizaciones educativas, como en las organizaciones sociales y en las organizaciones empresariales, facilitando esto la articulación de la educación con lo social y lo económico. (Ramírez *et al*, 2018).

Bogoya, señala que las competencias son una

> *...actuación idónea que emerge en una tarea concreta en un contexto con sentido, donde hay un conocimiento asimilado con propiedad y el cual actúa para ser aplicado en una situación determinada, de manera suficientemente flexible como para proporcionar soluciones variadas y pertinentes. (en Tobón, 2015, p.68)*

Por su parte, Tardif (2008, p. 3) señala que una competencia es "un saber actuar complejo que se apoya sobre la movilización y la utilización eficaz de una variedad de recursos". Sin perjuicio de las definiciones anteriores, adoptamos una en particular, pues transcurridos los tiempos sigue siendo muy certera; la misma la proporciona Sergio Tobón, quien señala que una competencia es un

> *...proceso complejo con idoneidad en determinados contextos, integrando diferentes saberes (saber ser, saber hacer, saber conocer y saber convivir), para realizar actividades y resolver problemas con sentido de reto, motivación, flexibilidad,*

> *creatividad, comprensión y emprendimiento, dentro de una perspectiva de procesamiento metacognitivo, mejoramiento continuo y compromiso ético, con la meta de contribuir al desarrollo personal, la construcción y el afianzamiento del tejido social, la búsqueda continua del desarrollo económico-empresarial sostenible, y el cuidado y protección del ambiente y de las especies vivas. (citado en Chanta, 2017, p.48)*

Ahora bien, cuando hablamos de competencias, es necesario referirse al alcance en cuanto no se trata de un elemento o pilar unívoco, dado que como se puede apreciar de la amplia bibliografía al respecto, las competencias admiten clasificaciones de distinta índole. Es así por ejemplo que

> *...desde la psicología laboral se clasifican en competencias umbral y competencias clave. Las primeras permiten un desempeño normal o adecuado a una actividad; las segundas se refieren a características que posibilitan a las personas desempeñar de la manera más sobresaliente una actividad, aportándole ventajas competitivas a la organización en su conjunto. En esta misma línea se proponen las competencias clave o esenciales de una organización. Consisten en un conjunto de características que hacen que una empresa sea inimitable, lo cual se muestra en ventajas dentro del mercado. (Castaño Duque y Macías Ramírez, 2005, p.10).*

Por otro lado, establecer, como señala Tobón (citado en Castaño Duque y Macías Ramírez, 2005, pp.10-11), que las competencias también pueden clasificarse en laborales y profesionales, siendo las primeras las que corresponden a los denominados "obreros calificados", y las segundas aquellas que se atribuyen a personas que han realizado estudios profesionales en Universidades o cualquier otra institución de educación superior. Estas últimas, según el autor citado, son caracterizadas por la amplia flexibilidad que poseen para su desempeño, tanto como por la consideración del abordaje de situaciones imprevistas de forma adecuada y por la solución y aporte a los problemas que representan una alta complejidad. Con relación a las competencias, hay que destacar que las mismas se adquieren de forma particular por la experiencia lograda al pasar de los años, o bien, mediante capacitaciones de tipo técnico para un trabajo determinado; es decir, aplicables a situaciones laborales específicas.

Teniendo presente la perspectiva histórica señalada y lo que entienden los autores del presente trabajo por competencias, es preciso establecer en el contexto descrito lo que se entiende por "competencias docentes". Al respecto, Escudero señala que, las competencias docentes son

> *...el conjunto de valores, creencias y compromisos, conocimientos, capacidades y actitudes que los docentes tanto a título personal como colectivo (formando parte de grupos de trabajo e instituciones educativas) habrían de adquirir y en las que crecer para aportar su cuota de responsabilidad a garantizar una buena educación a todos. (Citado en Espinoza y Campuzano, 2019, p. 253)*[4].

Si bien la definición anterior es del todo adecuada para los intereses de los investigadores en el presente trabajo, parece necesario complementarla con aquella que nos entregan Bozu y Herrera, en la cual se señala que las competencias son

4. Para una perspectiva de los conflictos entre creencias, valores y deseos en la era tecnológica, vinculado con la formación, ver en: Manzanero *et al.* (2021).

> *...el conjunto de conocimientos, habilidades, actividades y valores necesarios para realizar una docencia de calidad. Esto es, lo que han de saber y saber hacer los profesores/as para abordar de forma satisfactoria los problemas que la enseñanza les plantea (...) su rol vendrá enmarcado en un modelo sistemático e interdisciplinar, donde la docencia, la investigación, su saber, saber ser y querer hacer conformarán su acción educativa. (citados en Espinoza y Campuzano, 2019, p.253). Ver también Villalobos (2013 b)*

Por último, es necesario señalar que los investigadores del presente trabajo concuerdan con lo señalado por Espinoza y Campuzano (2019), en términos de que el conceptualmente la competencia emerge de aquellas necesidades sociales tendientes a valorar los conocimientos que se apropian (saber) junto con las habilidades y destrezas (saber hacer) que son desarrolladas por un individuo, "...sino de apreciar su capacidad de emplearlos para responder a situaciones, resolver problemas y desenvolverse en el mundo..." (p. 253); ello necesariamente implica dar una mirada a aquellas condiciones que pertenecen al individuo junto con las disposiciones con las que realiza sus actuaciones; vale decir, lo que corresponde con lo actitudinal y valorativo (saber ser), cuestiones que inciden sobre lo que la persona calcula como resultados de la acción. (Pallarès y Villalobos, 2021).

Ahora bien, conforme con los criterios antes señalados, además es preciso señalar qué se entiende por enfoque por competencias en la presente investigación; para ello, siguiendo los postulados de Perrenoud (2000), se puede establecer que el enfoque por competencias en el contexto de la educación, consiste entonces en establecer un nuevo contrato didáctico, es decir, hacer aprender más que enseñar, añadiendo a las exigencias de la centralización en el estudiante la pedagogía diferenciada y los métodos activos que le permitan hacer uso del saber, para así quedar plenamente habilitados para seleccionar entre las competencias adquiridas la más adecuada que le permita hacer frente a los problemas complejos y resolver cada situación determinada por las circunstancias que retan el entendimiento de cada individuo.

4.3. Aspectos acerca del perfil de egreso de la carrera de Derecho

Ahora bien, en coherencia con los planteamientos realizados al principio de esta investigación, resulta relevante establecer lo que se entiende por perfil de egreso del estudiante de Derecho. En este sentido, los investigadores coinciden con Solari *et al* (2017), quienes señalan que el

> ...perfil de egreso del estudiante de Derecho ha de ser el de un jurista bien formado y, a la vez, un abogado básicamente competente en, si no todas, la mayor parte de las disciplinas dogmáticas, mas no el de alguien competente y especializado en una o en pocas áreas determinadas (pues la especialización es lo que se espera recién de un posgrado). (Solari *et al.*, 2017, p. 202).

Así pues, el perfil de egreso del estudiante de Derecho está relacionado no solo con el conocimiento general de todas las áreas que lo componen, sino que, al articularlo con el concepto de competencia, establecido más arriba, se ve claramente que el abogado se forma para realizar contribuciones competentes al esclarecimiento y solución de problemas sociales acordes con los estándares de protección de los valores de intercambio social (Villalobos, 2009).

Con relación a lo anterior y en un primer acercamiento a lo que se entiende por perfil de egreso se asume lo señalado por Moller y Gómez quienes, parafraseando a Hawes

(2010), señalan que este concibe el perfil de egreso como la declaración formal que hace la institución frente a la sociedad y frente a sí misma, comprometiendo la formación de una identidad profesional, ciertos compromisos formativos en ámbitos de realización de la profesión y sus competencias clave asociadas. (Moller y Gómez, 2014, p. 17). Los investigadores concuerdan perfectamente con esta perspectiva.

En el sentido indicado, Hawes señala que

> *...el perfil de egreso es una estructura descriptiva que representa la promesa y el compromiso institucional hacia la sociedad y los estudiantes, en términos de habilitar a estos en los principales dominios de la profesión. Como contenido del contrato social entre la universidad, el estudiante y la sociedad, representa aquello que la universidad respaldará y certificará en el acto de graduación. (citado en Betancur y Mancebo, 2018, pp. 26-27).*

Por ahora, en términos generales, el estudiante de la carrera de derecho de nuestro país, al término de los 10 semestres, debe estudiar, interpretar y aplicar el derecho, ejercer defensa de terceros, prestar asesoría jurídica, negociar, mediar y conciliar, lo que resulta en una primera mirada ambicioso, esto si consideramos lo que plantea Hawes (2010), en cuanto a que el estudiante al egresar, ha de tener un perfil básico que muestra a quien acaba de finalizar su etapa formativa.

Cabe destacar en el presente contexto, que existen diferencias sustanciales entre las universidades que conforman el Consejo de Rectores de Universidades de Chile (CRUCH), las cuales en su mayoría son públicas, y aquellas universidades privadas no tradicionales que lo integran, pues estudios relativamente recientes dan cuenta de que

> *...la incorporación de la negociación en los perfiles de egreso, como una de las competencias que las escuelas de Derecho en Chile se comprometen a entregar, aún es bastante incipiente. No obstante ello, es dable resaltar que todas las universidades que lo han hecho se han sometido a un proceso de acreditación. Lo cual, preliminarmente, nos puede inducir a pensar que los procesos de acreditación tienen algún grado de influencia en la incorporación de esta destreza en la actualización y perfeccionamiento de los perfiles de egreso con miras a la obtención de la acreditación. (Fiegelist 2019, p. 11).*

Con relación a lo anterior, es dable hacer mención a lo que el autor señala respecto de este punto, pues

> *...resulta llamativa la diferencia que existe en esta materia entre las universidades miembros del CRUCH y las universidades privadas no tradicionales adscritas a su sistema de admisión, que prácticamente duplican a las primeras en cuanto al porcentaje de incorporación de la negociación en sus perfiles de egreso. (Fiegelist 2019, p. 12).*

Vemos así, pues, que el perfil de egreso genera altas expectativas, puesto que en la medida que la sociedad demanda abogados altamente competentes en la resolución de conflictos, esta investigación dejó en claro que la propia formación difiere de esas expectativas, pues la práctica de la enseñanza se afianza solapando la práctica de los aprendizajes, como lo demuestran los resultados que a continuación se exponen. Veamos...

4.4. Discusión de resultados y propuesta de mejoras

Antes de discutir los resultados alcanzados, es preciso recordar el objetivo cualitativo en esta investigación, recordando que este tuvo por finalidad describir la propuesta de las y los estudiantes diurnos y vespertinos del último año de la carrera de derecho de una Universidad chilena, respecto a estrategias de enseñanza adecuadas para dar cumplimiento a las competencias declaradas en el perfil de egreso en el área penal, todo ello en consonancia con los objetivos específicos propuestos, esto es, establecer la comparación entre propuestas de los y las estudiantes de jornada diurna y vespertina del último año de la carrera de derecho de dicha Universidad, acerca del tipo de competencias y estrategias de enseñanza de los docentes requeridas para los aprendizajes que dan cumplimiento al perfil de egreso.

Es importante destacar en este punto, y como parte de la estrategia de investigación cualitativa, la perspectiva de los investigadores respecto de los participantes y la experiencia lograda durante la investigación, las cuales fueron complementadas con los años de experiencia docente en diversas áreas del Derecho. En este sentido, respecto de la experiencia estudiantil de la carrera de derecho, cursada la asignatura de Clínica Jurídica en el área penal en 5to. año, se percibió que las estrategias de enseñanza utilizadas por los docentes, según indicaron los/las estudiantes, no son las que estos quisieran para dar cumplimiento a las competencias declaradas en el perfil de egreso; es decir, las experiencias estuvieron por debajo de sus expectativas de aprendizaje; en consecuencia, se hizo necesario reforzar el trabajo práctico en esta área, con la finalidad de poder desarrollar de buena forma los objetivos propuestos de mejora de los aprendizajes y así lograr un mejor desempeño de los estudiantes, lo cual, por supuesto, redundaría en un mejor desempeño en el ámbito profesional en el futuro inmediato, lo que proyecta plantearse de otro modo la realidad compleja chilena, es decir, en condiciones adecuadas o a lo menos aceptables tanto por el profesional recién egresado como por la misma sociedad que aspira de él soluciones audaces ante los desafíos.

Por otra parte, los investigadores pudieron percibir de acuerdo a los antecedentes recabados, esto es, entrevistas y reuniones durante el estudio, que efectivamente las estrategias utilizadas salvo contadas excepciones no están siendo las más adecuadas para el aprendizaje de los estudiantes; es decir, dicho de otro modo, no van de la mano con las competencias declaradas en el perfil de egreso de la carrera, lo cual no favorece a la buena percepción, considerando que se trata de una área tan sensible y relevante, a la cual los y las estudiantes, en este proceso, le otorgan un alto grado de importancia; ello se pudo apreciar por los investigadores, sobre todo en el taller de consenso realizado en su oportunidad.

Lo anterior, se desprende de los cuestionamientos efectuados por cada uno de los participantes tanto en jornada diurna como vespertina, lo que da cuenta de un excesivo trabajo teórico, no dando espacio al practico como se esperaría en una asignatura eminentemente experiencial. Ello demuestra que los y las estudiantes, desde esta perspectiva centrada en el docente, no se están preparando adecuadamente para enfrentar la vida profesional. Este antecedente se pudo obtener del análisis de las entrevistas de cada uno de los sujetos intervinientes; en estas señalan de manera unánime que efectivamente hoy predomina en el aula un tratamiento de las asignaturas excesivamente teóricas en desmedro de la práctica, lo que ha traído como consecuencia inmediata un desarrollo insuficiente en lo que respecta a sus habilidades profesionales; lo mismo se puede decir de las destrezas argumentativas y discursivas, todas necesarias para el ejercicio profesional en esta área, cuestión que ratifican algunos docentes con los que los investigadores dialogaron en un segundo momento de esta investigación. Señalan que las competencias no se están logrando en forma adecuada.

En definitiva, la interrogante planteada por los investigadores posee una respuesta negativa, puesto que la población objeto del estudio opinó de forma unánime que los estudios del derecho penal se hacen excesivamente teóricos y de naturaleza memorística (Rodríguez y Fernández, 2016), introduciendo un elemento distractor en el proceso de aprendizaje, puesto que de esta forma se constata que el proceso se evidencia centrado en el docente antes que en el estudiante. Ello demanda trabajar en un proceso de mejoras en el área de clínica jurídica penal, área en la cual se centró el estudio, las cuales debiesen ser implementadas a la brevedad.

Antes de referirse los investigadores específicamente a la propuesta de mejoras elaborada en forma definitiva, es preciso señalar que esta se generó en el taller denominado *Taller de consenso*, por tratarse de una investigación acción participativa (IAP), etapa cúlmine de este estudio, en el cual se les presentó a los intervinientes, en este caso a los estudiantes de ambas jornadas, una batería de propuestas e ideas, construidas sobre la base de sus propias intervenciones y verificadas en los distintos instrumentos que se aplicaron durante el estudio, sumado a la visión de los investigadores, todo lo cual se materializó en un catálogo de propuestas, que se estructuró y definió luego de un debate con profundidad de miras, objetividad y seriedad en la participación estudiantil, permitiendo obtener conclusiones significativas en el presente estudio.

4.5. PROPUESTAS DE ESTRATEGIAS DIDÁCTICAS PARA EL APRENDIZAJE DEL DERECHO PENAL

Las propuestas a las que se arribó finalmente fueron las siguientes:

1. Generar un equilibrio entre el aporte de conocimiento teórico y práctico en el área penal y procesal penal, lo que implica trabajar desde los cursos de derecho penal en adelante en forma progresiva y en consonancia con el programa respectivo, la mirada práctica en paralelo a la mirada teórica, a través de análisis de casos, jurisprudencia, lecturas, etc., para de esa manera ir generando opinión crítica en el estudiantado;
2. Sumado a lo anterior, modificar la malla curricular, y agregar una asignatura de litigación oral previa a la clínica jurídica penal, donde se enseñen técnicas de litigación, conjugando aquello con los conocimientos del derecho penal y procesal penal, lo que permitirá entregarles una base sólida a los y las estudiantes de la carrera de derecho, en base a simulaciones de audiencias;
3. En concordancia con lo anterior, en lo que dice relación con la clínica jurídica penal, modificar sus contenidos, específicamente en el área práctica, vale decir, ya no simular, sino trabajar con casos reales, donde los y las estudiantes puedan durante un período de dos semestres abocarse a una o más causas, ya sea en forma individual o colectiva, siempre supervigilados por el docente a cargo de la cátedra, ejercicio que permitirá al momento que egresen, salir al mundo profesional con las competencias en lo que respecta a las habilidades blandas, competencias argumentativas y discursivas, herramientas necesarias para su desarrollo a lo largo de la vida laboral en esta área;
4. Fomentar actividades extraprogramáticas como torneos de litigación internos e interuniversitarios, donde los docentes de la clínica jurídica penal, como del

área en general, se comprometan realmente a participar, y esto no quede solo en manos de la organización de los y las estudiantes, como actualmente ocurre en muchas universidades, de manera tal que se integre como una actividad de relevancia en la carrera de derecho.

5. CONCLUSIONES

Los investigadores confirman una vez finalizado el estudio, la preocupación e inquietud respecto del problema planteado objeto de la presente investigación, ello por cuanto los y las estudiantes de ambas jornadas (diurna y vespertina), hacen presente la necesidad de generar un cambio en cuanto a cómo desarrollar la asignatura de derecho penal en Clínica Jurídica, apuntando a que esta debe ser esencialmente práctica, todo lo cual, señalan, incide en el cumplimiento de las competencias declaradas en el perfil de egreso actualmente vigente.

A lo anterior se arribó a través del denominado *Taller de consenso*, en el cual se pudo apreciar efectivamente que la mirada que tienen hoy los y las estudiantes de ambas jornadas de estudio, dice relación con que la práctica y la modalidad de Clínica Jurídica Penal no es la esperada. De otro modo, las estrategias de enseñanza no son las adecuadas para dar cumplimiento como se esboza precedentemente al perfil de egreso validado por la Facultad de Derecho objeto de este trabajo.

En este sentido, señalan que se requiere una preparación previa en una serie de particularidades, no solo respecto del contenido, sino en temas relativos a las denominadas habilidades blandas o competencias relacionales, y por cierto en lo argumentativo, todos aspectos que podrían trabajarse en una asignatura obligatoria orientada y/o construida para ese fin, obviamente antes de cursar la Clínica Jurídica propiamente tal, como lo es la litigación oral, lo cual, permitiría afianzar las herramientas antes mencionadas y poder hacer de Clínica Jurídica una asignatura netamente práctica y no teórica como sucede en la realidad.

También es pertinente concluir, que en el caso de los y las estudiantes de ambas jornadas de estudio los resultados son similares; vale decir, aspiran a que se implemente con prontitud y mayor fuerza el trabajo práctico, dado que es insuficiente en la actualidad, desde la profundidad del análisis realizado por ellos; particularmente las estudiantes del régimen vespertino fueron más agudas, precisas y detallistas al momento de dar a conocer sus puntos de vista; lo anterior, creen los investigadores, se debe probablemente a la madurez y a las experiencias de vida de los y las estudiantes de dicho régimen, versus el régimen diurno, que no deja de ser crítico en torno a la asignatura de clínica jurídica penal.

Finalmente, lo anterior no dista en lo absoluto de la opinión que se obtuvo por parte de algunos docentes, tan es así que los profesionales del área dan cuenta de que las estrategias utilizadas no son la adecuadas, ello considerando que se estructuran sobre la base de la entrega teórica de los contenidos, siendo Clínica Jurídica Penal, salvo excepciones, una cátedra más.

Los investigadores concuerdan plenamente con las propuestas de mejora respecto de las estrategias actualmente en uso, a saber, las siguientes:

1. Los docentes del área del derecho penal deben diseñar sus clases mediante el establecimiento de relaciones entre lo teórico y lo práctico.

2. Los docentes deben fomentar la participación del estudiante de clínica jurídica en el ámbito del derecho penal, éste como protagonista del proceso educativo.
3. El profesor debe diseñar contenidos que permitan trascender el conocimiento del ámbito memorístico de aprendizaje del derecho, al ámbito del aprendizaje significativo, lo que incluye modelos de evaluación acordes con esta propuesta, y
4. Llevar la estrategia a los demás ámbitos de la malla curricular de la carrera de Derecho y crear dinámicas para asegurar los aprendizajes jurídicos, mejoras que se espera generen un conjunto de transformaciones para dar cumplimiento a las competencias declaradas en el perfil de egreso de la carrera, con el objetivo de avanzar y propender al mejoramiento de las metodologías empleadas en el área del derecho penal, como asimismo, a otras áreas del derecho, centrando con ello el proceso de enseñanza-aprendizaje en el estudiante, y abandonando definitivamente el modelo educativo centrado en el docente a través de clases magistrales y evaluaciones basadas en la memorización.

6. REFERENCIAS

Anijovich, R y Mora, S. (2010*). Estrategias de enseñanza: otra mirada al quehacer en el aula*. Aique Editor.

Bustamante Z., G. (2003). *El concepto de competencia III. Un caso de re contextualización: Las "competencias" en la educación colombiana*. Sociedad Colombiana de Pedagogía.

Betancur, N. y Mancebo, M.E. (2018): La formación e inserción profesional de los graduados en Ciencias Políticas de la Universidad de la República: entre el legado histórico y los desafíos a futuro. *Revista Uruguaya de Ciencia Política, 26*(2), 27-53. http://rucp.cienciassociales.edu.uy/index.php/rucp/article/view/22/24

Castaño Duque, G. A., y Macías Ramírez, V. H. (2005). Una mirada a las competencias. *Revista Escuela de Administración de Negocios*, 54, 5–26. https://doi.org/10.21158/01208160.n54.2005.330

Chanta Martínez , R. A. (2017). La educación con enfoque por competencias ¿Una oportunidad para impulsar la investigación en la universidad? *Revista Dialogos*, 19, 39-49. https://acortar.link/XHTBxn

Chomsky, N. (1970). *Aspectos de la teoría de la sintaxis*. Editorial Aguilar.

Espinoza Freire, E. E. y Campuzano Vásquez, J. A. (2019). La formación por competencias de los docentes de educación básica y media. *Revista Conrado. Revista de Pedagogía de la Universidad de Cienfuegos, 15*(67), 250-258. https://acortar.link/A1g24w

Fiegelist Venturelli, B. A. (2019). Importancia de la negociación en la educación legal chilena. Un análisis comparado. *Revista de Derecho*, https://doi.org/10.14482/dere.51.342.01

Habermas, J. (1999). *Teoría de la acción comunicativa. Racionalidad de la acción y racionalización social (I)*. Santillana-Taurus.

Hymes, D. (1996). Acerca de la competencia. *Forma y Función*. 9.

Hawes, G. (2010). *Del perfil de egreso a la malla curricular. Propuesta general metodológica para el diseño de un plan de formación profesional universitaria*. Universidad de Chile.

Hernández, R., Fernández, C. y Baptista, P. (2006). *Metodología de la Investigación*. Mc Graw Hill.

Manzanero, D., Pallarès-Piquer, M., Hernández-Albarracín, J. D. y Villalobos-Antúnez, J. V. (2021). Conflictos de creencias y conflictos de deseos en la era tecnológica. Futuro histórico y desconsideraciones sociales a través del estudio Years and years, *Visual Review, 8*(1), 1-13. Https://doi.org/10.37467/gka-revvisual.v8.2672

Moller, I. y Gomes, H. (2014). Coherencia entre perfiles de egreso e instrumentos de educación en carreras de educación básica en Chile. *Calidad en la Educación*, 41, 17-49. http://dx.doi.org/10.4067/S0718-45652014000200002.

Pallarès-Piquer, M. y Villalobos-Antúnez, J. V. (2021). Educación de la memoria desde la literatura: pasado, (re)interpretación del presente y el recuerdo como praxis de formación. *Interdisciplinaria*, *38*(1), 69-84. http://doi.org/10.16888/interd.2021.38.1.5

Ramírez Molina, R. I., Villalobos Antúnez, J. V. y Herrera Tapias, B. A. (2018). Proceso de talento humano en la gestión estratégica. *Opción. Revista de Ciencias Humanas y Sociales*, *34*(Esp. 18), 2076-2101. https://acortar.link/ZjFeHw

Rodríguez Ferrández, S. y Fernández Castejón, E. B. (2016). El modelo de enseñanza-aprendizaje del Derecho Penal, *Revista de Educación y Derecho*, 13. https://doi.org/10.1344/re&d.v0i13.15503

Solano de J., N., Sepúlveda L., M. y García V., D. (2012). *Pedagogía del derecho en el Siglo XXI. Enfoques y alternativas hacia una nueva enseñanza del derecho*. Facultad de Derecho, Universidad Colegio Mayor de Cundinamarca.

Solari, E., Charney, J. y Mayer, L. (2017). Tópicos acerca de los planes jurídicos en Chile. *Academia. Revista sobre la enseñanza del Derecho*, *15*(30), 181-222. https://acortar.link/16YCq8

Sternberg, R. J. (1997). *Sucessful intelligence*. Plume

Tardif, J. (2008). Desarrollo de un programa por competencias: De la intención a su implementación. *Profesorado. Revista de Currículum y Formación de Profesorado*, *12*(3), 1-16.

Tobón, S. (2006). *Aspectos básicos de la Formación Basada en Competencias. Proyecto Mesesup*, Talca. https://acortar.link/Td2kMg

Tobón, S (2015). Formación basada en competencias; Pensamiento Complejo, diseño curricular y didáctica. Ecoe.

Vigotsky, L. S. (1979). *El desarrollo de los procesos psicológicos superiores*. Grijalbo.

Villalobos-Antúnez, J. V. (2009). Bioética y formación ciudadana para la vida en los estudios universitarios. *Frónesis. Revista de ciencias jurídicas, políticas y sociales*, *16*(3), 419-421. https://acortar.link/kciDth

Villalobos-Antúnez, J. V. (2013). Bioética, educación universitaria y derechos humanos de cuarta generación. *Ágora Trujillo*, *16*(31), 89-110. https://acortar.link/UsDAtK

Villalobos-Antúnez, J. V. (2013 b). El lugar del saber en la formación universitaria. Bioética, currículo y gestión del conocimiento para el desarrollo humano. *Opción. Revista de Ciencias Humanas y Sociales*, *29*(72), 9-19. https://acortar.link/YaDlAA

Villalobos-Antúnez, J. V. (2022). Crítica de la racionalidad digital. Nuevas fronteras para la ética y la filosofía. *Opción. Revista de Ciencias Humanas y Sociales*, *38*(Esp. 28), 7-13. https://doi.org/10.5281/zenodo.7487153

Zabalza, M. (2003). *Competencias docentes del profesorado universitario. Calidad y desarrollo profesional*. Narcea.

LA INTERACCIÓN EN EL AULA DE SEGUNDA LENGUA Y LENGUA EXTRANJERA DESDE UNA PERSPECTIVA COGNITIVO-INTERACCIONISTA

Natalie Kirchhoff, Raúl Dávila-Romero[1]

1. INTRODUCCIÓN

Esta revisión teórica examina la investigación desde una perspectiva cognitivo-interaccionista de la interacción en el aula de segunda lengua (L2) y lengua extranjera (LE). Las investigadoras y los investigadores que exploran la interacción desde una perspectiva cognitivo-interaccionista parten de que la interacción promueve la adquisición de la L2 y LE (Gass, 2018; Loewen, 2020a, 2020b). Los investigadores del campo de la adquisición de L2/LE en contextos educativos (*ISLA*, por sus siglas en inglés) se interesan por las interacciones en el aula de L2 y LE en las que hay una manipulación del contexto y/o del proceso de aprendizaje con el fin de promover la adquisición de la lengua meta (Loewen, 2020a, 2020b).

El enfoque cognitivo-interaccionista tiene sus orígenes en la hipótesis de la interacción de Long (1981, 1983, 1996). Long destaca el papel de la negociación del significado durante las interacciones en la lengua meta cuando hay algún problema de comunicación entre los hablantes. En su búsqueda de comprensibilidad los hablantes, entonces, se involucran en una negociación de significado y, de esta forma, producen y reciben *input* más comprensible y más beneficioso para la adquisición de la lengua meta.

Los investigadores desde una perspectiva cognitivo-interaccionista examinan la naturaleza y la efectividad de la interacción en el aula, y buscan formas de incrementar los beneficios de la interacción para la adquisición. La investigación cognitivo-interaccionista tiene como objetivo impactar las prácticas de enseñanza en el aula a través de los resultados de la investigación basada en la evidencia. Se persigue una relación productiva entre la investigación y la práctica docente para optimizar la eficacia de las estrategias y los métodos pedagógicos en el aula (Sato y Loewen, 2019b).

2. OBJETIVOS

Este estudio pretende recalcar la importancia del enfoque cognitivo-interaccionista para la adquisición y la enseñanza de L2 y LE. Se explorarán asimismo los orígenes de la hipótesis de la interacción (Long, 1981, 1983, 1996) y cómo ésta progresó con el tiempo hasta convertirse en uno de los enfoques principales dentro del campo de *ISLA*.

1 Universidad de Cádiz (España)

Se examinará además el papel de la interacción en el aula de L2 y LE, concretamente de la interacción entre pares, y se abordará la cuestión de cómo la interacción promueve los procesos cognitivos que llevan a la adquisición de la L2 y LE.

El enfoque cognitivo-interaccionista estudia una serie de componentes claves de la interacción, que son el *input*, el *output*, el *feedback* y la negociación del significado. En el presente estudio se prestará especial atención a estos componentes para entender cómo la interacción facilita la adquisición de la lengua meta. Como reflexión final, se plantea una serie de recomendaciones pedagógicas para el aula de L2 y LE. En resumen, los objetivos de esta revisión teórica son los siguientes:

O1: Enfatizar la importancia particular del enfoque cognitivo-interaccionista para la enseñanza de L2 y LE.

O2: Examinar los orígenes del enfoque cognitivo-interaccionista.

O3: Explorar el papel de la interacción entre pares en el aula de L2 y LE y abordar la cuestión de cómo la interacción facilita la adquisición de la L2 y LE.

O4: Examinar los componentes claves de la interacción para comprender cómo la interacción promueve la adquisición.

O5: Plantear una serie de recomendaciones pedagógicas para el aula de L2 y LE.

3. MATERIALES Y MÉTODOS

En el curso de la presente investigación estudiamos, por un lado, las investigaciones empíricas y teóricas más recientes sobre el enfoque cognitivo-interaccionista (Loewen, 2020a, 2020b; Loewen y Sato, 2017, 2018; Long, 2017). Por el otro lado y con el fin de garantizar una cobertura completa durante nuestra búsqueda, exploramos las bases de datos de SCOPUS, ERIC, WOS, OVID y JASTOR, que garantizan el acceso a un amplio espectro de estudios teóricos y empíricos relevantes sobre el enfoque cognitivo-interaccionista en la adquisición de L2 y LE en el aula. Con el propósito de hacer una búsqueda específica de estudios sobre el enfoque cognitivo-interaccionista, hemos elaborado los siguientes criterios de búsqueda: el enfoque cognitivo-interaccionista; la hipótesis de la interacción; la adquisición y el aprendizaje de L2; la adquisición y el aprendizaje de LE; y la interacción. Como consecuencia hemos dejado fuera del estudio otros enfoques, aspectos y fenómenos que juegan un papel importante en *ISLA* como por ejemplo el enfoque socio-cultural o el aprendizaje individual.

4. RESULTADOS

4.1. La interacción entre pares en el aula de L2 y LE

Desde una perspectiva cognitivo-interaccionista, la interacción tiene un valor especial en el aula de L2 y LE debido a su papel facilitador para la adquisición. La interacción brinda a los y las aprendientes la oportunidad de recibir *input* y de involucrarse en episodios de negociación del significado (Long, 1996). La interacción además da lugar a la producción de *output* y de *output* modificado como reacción al *feedback* que los aprendientes se proporcionan mutuamente durante la interacción (Gass, 2018; Mackey, 2012). Asimismo, da pie a que los aprendientes comprueben sus hipótesis lingüísticas sobre la L2 o LE (*hypothesis-testing*, Swain, 1995) y se den cuenta, en su propia producción lingüística, de las diferencias entre su interlengua y la L2/LE (*noticing the gap*, Schmidt y Frota, 1986).

Para la adquisición de L2 y LE en el aula, la interacción entre pares es una estrategia didáctica esencial, al menos en las aulas donde el profesor y la profesora no se basan en la enseñanza frontal sino en la comunicación en contextos significativos y auténticos. Por lo tanto, no sorprende que más recientemente haya un auge de la investigación sobre interacción entre pares en *ISLA* (Chen, 2020; Chen y Ye, 2022; Sato, 2021; Sato y Ballinger, 2016).

Los investigadores de la interacción entre pares se centran en estudiar la naturaleza de este tipo de interacción, su papel en la adquisición de la L2 y LE y cómo se podrían incrementar sus beneficios para la adquisición. Muchas investigaciones examinan cómo los aprendientes se proporcionan *input* (García-Mayo y Pica, 2000) y *feedback* sobre su producción (Mackey *et al.*, 2003). Otro enfoque de la investigación es la negociación del significado (Varonis y Gass, 1985) y las modificaciones de *output* (Mackey *et al.*, 2003) en interacciones entre pares.

4.2. El enfoque cognitivo-interaccionista

Hay fuerte evidencia empírica de que la interacción facilita la adquisición de L2 y LE. Los investigadores y las investigadoras a menudo estudian ciertas modificaciones interaccionales, como el *output* modificado, los *recasts*, la negociación del significado y los episodios relacionados con la lengua, cuya aportación en la promoción de la adquisición ha sido empíricamente probada (Loewen y Sato, 2018). En los estudios empíricos, estas modificaciones sirven para el estudio de la interacción y la medición del impacto de intervenciones pedagógicas en el aula de L2 y LE.

Los estudios que abordan las actividades del aula de L2 y LE han señalado que las variables de implementación de las actividades y el diseño de actividades afectan la frecuencia de las modificaciones interaccionales durante las interacciones entre pares (García-Mayo y Azkarai, 2016; Gass *et al.*, 2005). Hay por ejemplo evidencia de que la repetición de actividades en cuanto al contenido o a la forma afecta la interacción. Los investigadores han hallado que las interacciones entre pares en actividades en las que el contenido y el procedimiento son desconocidos para el alumnado hay más negociación del significado, mientras que en actividades familiares hay más modificaciones de *output* (Mackey *et al.*, 2007).

El enfoque cognitivo-interaccionista se basa en sus orígenes en Hatch (1978), quien subrayó el papel de la interacción para la adquisición. Cuando los aprendientes participan en una interacción, según Hatch, procesan *input* para la adquisición de la lengua meta. Siguiendo a Hatch, Long (1981, 1983) sugirió en su hipótesis de la interacción que la interacción tiene el potencial de hacer el *input* más comprensible. Long se inspiró en la hipótesis del *input* de Krashen (1980, 1985), que establece que el factor principal detrás de la adquisición de L2 y LE es la exposición a *input* comprensible. Long (1981, 1983) propone que la interacción genera *input* comprensible a través de modificaciones interaccionales que surgen durante episodios de negociación del significado.

A partir de estos estudios se formularon dos hipótesis: la hipótesis del *output* comprensible de Swain (1985) y la hipótesis del *noticing* de Schmidt (1990). Ambas hipótesis enriquecieron la hipótesis de la interacción. La investigación de Swain (1985) enfatiza la importancia de las oportunidades de *output* en las que los aprendientes modifican su *output* para hacerse más comprensibles, especialmente cuando surgen dificultades de comunicación. Según Swain (1995), la producción de *output* cumple varias funciones esenciales: permite a los aprendientes notar la diferencia (*noticing the gap*, Schmidt, 1990) entre la L2 o LE y su propia interlengua, los lleva a probar sus hipótesis sobre la lengua meta (*hypothesis-testing*) y también les permite internalizar conocimientos lingüísticos reflexionando sobre su propia producción lingüística. Schmidt (2012) señala que darse cuenta de las diferencias implica que los aprendientes deben hacer comparaciones conscientes entre su propio *output* y el *input* de la L2 o LE. De acuerdo con la hipótesis del *noticing* de Schmidt (1990), la percepción consciente de las características del *input* es necesaria para la adquisición de L2 y LE porque transforma el *input* en *intake*, que es la parte del *input* que el aprendiente procesa para la adquisición.

Siguiendo a Swain y Schmidt, Long (1996) amplió su hipótesis de la interacción. En la versión de 1996, el *output* que producen los aprendientes, el *feedback* que se proporcionan entre sí, así como la atención que prestan a la lengua meta asumen un papel esencial para la adquisición. Para evitar o resolver dificultades en la comunicación, los aprendientes se involucran en negociaciones de significado que pueden resultar en modificaciones interaccionales. La negociación permite a los aprendientes obtener *feedback* de sus interlocutores, darse cuenta de las diferencias entre su producción y la lengua meta y producir *output* modificado.

En los últimos cuarenta años se encontró mucha evidencia empírica que demostró el papel facilitador de la interacción en la adquisición de L2 y LE en entornos educativos (R. Ellis, 2015; Loewen, 2020a; Keck *et al.*, 2006; Mackey y Goo, 2007), y hoy la hipótesis de la interacción es considerada un enfoque dentro del campo de *ISLA* (Gass y Mackey, 2015).

En el campo de *ISLA*, los investigadores desde la perspectiva del enfoque cognitivo-interaccionista estudian la interacción teniendo en cuenta una serie de componentes que son esenciales para adquisición de L2 y LE: el *input*, el *output* y el *feedback* que los aprendientes producen, así como los episodios de negociación del significado en los que participan (Loewen y Sato, 2018). En los siguientes subapartados se prestará especial atención a estos componentes de la interacción para comprender cómo la interacción beneficia la adquisición.

4.3. *Input*

El acceso al *input* de la lengua meta es necesario para que se inicie el proceso de adquisición. De hecho, el *input* juega un papel crucial en todos los enfoques de *ISLA* porque proporciona evidencia esencial para que los aprendientes hagan hipótesis lingüísticas sobre la lengua meta (Gass y Mackey, 2015). El *input* es una fuente de evidencia positiva a la que los aprendientes tienen acceso al escuchar o leer. Con respecto a la naturaleza del *input* al que tienen acceso, en la investigación de *ISLA* se hizo una distinción importante entre el *input* no modificado o el *input* que ha sido modificado para facilitar la comprensión.

En la hipótesis del *input* de Krashen (1980, 1985), el concepto del *input* comprensible es de primordial importancia. Krashen sugiere que los aprendientes adquieran el idioma a través de información contextual y extralingüística mediante la comprensión de *input* que está un paso más allá de la etapa actual de su sistema de interlengua (i+1).

El *input* puede ser modificado de forma natural para que sea más comprensible, como en el habla para extranjeros (*foreigner talk*, Ferguson, 1971) y el habla del profesor o la profesora (*teacher talk*, Chaudron, 1988). Con respecto al *foreigner talk*, se encontraron evidencias de que los hablantes nativos o los hablantes no nativos más competentes a menudo tienden a modificar o ajustar su habla cuando se dirigen a hablantes no nativos menos competentes (Gass y Selinker, 2001). *Teacher talk* se refiere a los ajustes de *input* de los profesores cuando hablan con los aprendientes. Aunque existen diferencias entre el habla del profesor y el habla para extranjeros, muchos investigadores consideran que son dos tipos de un mismo registro simplificado (Chaudron, 1988). El *input* además puede ser premodificado por cuestiones pedagógicas, por ejemplo, por un profesor o una profesora. El *input* premodificado se encuentra a menudo en textos hablados o escritos. Ha sido premodificado, por ejemplo, a través de la simplificación o la elaboración para facilitar la comprensión. El *input* puede asimismo ser modificado durante una interacción entre hablantes de la L2 o LE.

Con respecto a la cuestión de cómo hacer que el *input* sea más comprensible y beneficioso para la adquisición de L2 y LE, varios estudios subrayaron la superioridad del *input* modificado durante una interacción en comparación con el *input* premodificado (Mackey, 1999). Dentro del enfoque cognitivo-interaccionista muchas investigaciones demostraron que el *input* modificado interaccionalmente facilita la comprensión de los aprendientes y la adquisición de la L2 y LE (Gass, 2018; Long, 1996; Pica, 1987) y puede ser más eficaz que el *input* premodificado. Cuando los aprendientes reciben *input* premodificado durante la interacción, rara vez surgen situaciones en las que tengan dificultades para entenderse y, en consecuencia, hay pocas oportunidades para negociar el significado (Mackey, 1999). El *input* modificado durante la interacción puede ser más beneficioso que el *input* premodificado, porque los aprendientes negocian el *input* que realmente necesitan para la comprensión, mientras que el *input* premodificado puede no cumplir las necesidades reales en un contexto particular (Mackey y Abbuhl, 2005).

4.4. *Output*

En cuanto al *output*, la investigación ha demostrado que el *output* contribuye a la adquisición de L2 y LE de varias maneras. La práctica de la lengua meta conduce a un uso más automático (Lyster y Sato, 2013), y a través de una práctica repetida los aprendientes pueden producir expresiones y palabras de manera rutinaria (N. Ellis, 2005). Además de facilitar la fluidez y la automaticidad, el *output* permite a los aprendientes probar sus hipótesis sobre la lengua meta (Swain, 1995). La prueba de hipótesis permite a los aprendientes controlar e internalizar conocimiento lingüístico al reflexionar sobre su propia producción lingüística (Swain, 1995).

Asimismo, el *output* brinda a los aprendientes la oportunidad de recibir *feedback* interaccional sobre su producción, notar las diferencias entre su interlengua y la lengua meta (Schmidt, 2012) y modificar su *output* en respuesta al *feedback* de sus interlocutores. El *output* modificado es la reformulación de un enunciado mal formado después del *feedback* de un interlocutor (Loewen, 2013). Es importante tener en cuenta que el *output* modificado afecta positivamente la adquisición independientemente de si los aprendientes logran o no logran producir la forma correcta, en otras palabras, el proceso de modificación es tan importante como el producto (Mackey, 2012).

Muchos estudios se han centrado en el vínculo entre el *output* modificado y la adquisición de L2 y LE (de la Fuente, 2002; McDonough y Mackey, 2006). Otros estudios empíricos encontraron evidencia de la relación entre la producción, la adquisición de L2 y LE y algunas funciones específicas del *output*, como la función de *hypothesis testing* (Swain, 1998) y la función de *noticing the gap* (Basterrechea *et al.*, 2014). Los estudios que investigaron las funciones específicas del *output* encontraron que la efectividad de producir *output* depende de una serie de variables, como el tipo de actividad de aula (García-Mayo, 2002;

Kim, 2009), la complejidad de la actividad y el nivel de competencia del aprendiente (Kim, 2009) así como la modalidad del *input* (oral, visual y/o escrito) (Kirchhoff, 2021).

4.5. *Feedback*

En la versión extendida de la hipótesis de la interacción, Long (1996) enfatizó la importancia del *feedback* para la adquisición de L2 y LE. El *feedback* proporciona o suscita información relevante sobre el idioma que están adquiriendo los aprendientes. Con frecuencia tiene un propósito correctivo. Existe un acuerdo general en que el *feedback* contribuye a la adquisición de L2 y LE (Li, 2010; Mackey y Goo, 2007).

Un tipo de *feedback* correctivo bastante frecuente en las interacciones en el aula de L2 y LE son los *recasts*. Un hablante produce un *recast* cuando reformula lo que ha dicho un aprendiente en una interacción corrigiendo su error o parte de su error. Los *recasts* han demostrado desempeñar un papel facilitador en la adquisición de L2 y LE (Li, 2010; Long, 2007). La frecuencia en la que aparecen los *recasts* en las interacciones entre pares dependen, por ejemplo, de la competencia lingüística de los aprendientes (Ammar y Spada, 2006), del tipo de elemento lingüístico de la lengua meta que corrige (Ortega y Long, 1997), del diseño de las actividades de aula (Révész *et al.*, 2011), del entorno de la interacción (cara a cara vs. videoconferencia) (Loewen y Wolff, 2016) y de la modalidad del *input* (Kirchhoff, 2021).

Otra característica interaccional frecuente en las interacciones en el aula de L2 y LE son los episodios relacionados con la lengua. Los episodios relacionados con la lengua son momentos en los que los aprendientes, durante la interacción, usan la lengua para reflexionar sobre el uso de la lengua meta (Swain, 1998). La reflexión durante una interacción sobre la pronunciación de una palabra o sobre la forma de un verbo representa un episodio relacionado con la lengua. Hay mucha evidencia de que estos episodios benefician el aprendizaje de la L2 y LE (Fernández-Dobao, 2016). Algunos estudios se centraron en la relación de distintas variables como la repetición de actividades de aula (Kim, 2013), la complejidad de las actividades (Kim, 2009), el diseño de las actividades (Gass *et al.*, 2005), la competencia lingüística de los aprendientes (Storch y Aldosari, 2013), el entorno de la interacción (Loewen y Wolff, 2016) y la modalidad del *input* (Kirchhoff, 2021) con la producción de episodios relacionados con la lengua.

4.6. Negociación del significado

La negociación del significado es otra modificación interaccional que ha recibido mucha atención. En su versión extendida de la hipótesis de la interacción, Long (1996) subraya el papel que desempeña la negociación del significado para la comprensibilidad del *input* en la lengua meta.

La negociación del significado es un episodio durante la interacción en el que un aprendiente o una aprendiente tiene un problema de comunicación y, según Pica (1994), pide una aclaración, una confirmación o una repetición de lo que haya o no haya entendido. Existe mucha evidencia de que la negociación del significado promueve la adquisición de L2 y LE (Keck *et al.*, 2006; Mackey y Goo, 2007). La negociación del significado tiene el potencial de hacer el *input* más comprensible, ayudar a los aprendientes a notar las diferencias entre la lengua meta y su interlengua y probar sus hipótesis sobre la lengua. Las variables específicas que impactan la producción de episodios de negociación del significado son, por ejemplo, el diseño de la actividad de aula (Gass *et al.*, 2005), la complejidad de la actividad (Nuevo, 2006), la repetición de la actividad (Mackey *et al.*, 2007), el entorno de la interacción (Loewen y Wolff, 2016) y la modalidad del *input* (Kirchhoff, 2021).

5. DISCUSIÓN Y CONCLUSIONES

El enfoque cognitivo-interaccionista dentro del campo de *ISLA* enfatiza la importancia de la interacción en el aula para la adquisición de L2 y LE. Más recientemente, la investigación desde el enfoque cognitivo-interaccionista se centra en la interacción entre pares. Durante las interacciones entre pares, los aprendientes tienen la oportunidad de recibir *input* comprensible de sus interlocutores, de producir *output* y de involucrarse en episodios de negociación del significado.

Es preciso recalcar la importancia de una relación productiva entre la investigación y la práctica docente en el aula de L2 y LE (Sato y Loewen, 2019a, 2019b). La investigación proporciona evidencia empírica sobre la adquisición, el aprendizaje y la enseñanza de L2 y LE en el aula. Al mantenerse informado sobre las investigaciones actuales, el profesorado puede tomar decisiones basadas en evidencias sobre los métodos de enseñanza y aprendizaje más óptimos y relevantes para su propio contexto particular (Spada, 2019).

Teniendo en cuenta que numerosas investigaciones desde el enfoque cognitivo-interaccionista encontraron evidencias sobre los beneficios de la interacción para la adquisición de L2 y LE, se pueden plantear varias recomendaciones pedagógicas que se enfocan en crear oportunidades para interacciones significativas y relevantes en el aula de L2 y LE. Las actividades de interacción donde se alienta a los aprendientes a participar en conversaciones y debates que promuevan la producción de *feedback*, negociación del significado y *output* modificado, facilitan la adquisición de la L2 y LE. Las actividades de intercambio de opiniones, de toma de decisiones y de colaboración entre los aprendientes pueden ser particularmente favorables para la producción de modificaciones interaccionales como el *feedback*, el *output* modificado y la negociación del significado (Fernández-Dobao, 2016; Kim, 2015). Además, las actividades que requieren que los aprendientes trabajen en parejas o en pequeños grupos en vez de estar centradas en el profesor o la profesora son especialmente beneficiosas en el aula de L2 y LE porque crean oportunidades para que todo el alumnado pueda participar e interactuar, y así aprovecharse de los beneficios de la interacción (Sato y Ballinger, 2016). Asimismo, con el fin de proporcionar interacciones en contextos significativos y auténticos en el aula de L2 y LE, los profesores y las profesoras pueden fomentar las interacciones que son relevantes para la vida de los aprendientes (Haidl-Dietlmeier, 2007).

6. REFERENCIAS

Ammar, A. y Spada, N. (2006). One size fits all? Recasts, prompts, and L2 learning. *Studies in Second Language Acquisition, 28*(4), 543-574. https://doi.org/10.1017/S0272263106060268

Basterrechea, M., García-Mayo, M. P. y Leeser, M. J. (2014). Pushed output and noticing in a dictogloss: Task implementation in the CLIL classroom. *Porta Linguarum,* 22, 7-22. https://doi.org/10.30827/Digibug.53643

Chen, M. H. y Ye, S. X. (2022). Extending repair in peer interaction: A conversation analytic study. *Frontiers in psychology*, 13, 1-13. https://doi.org/10.3389/fpsyg.2022.926842

Chen, W. (2020). Disagreement in peer interaction: Its effect on learner task performance. *System*, 88, 1-12. https://doi.org/10.1016/j.system.2019.102179

Chaudron, C. (1988). *Second language classrooms: Research on teaching and learning.* Cambridge University Press.

de la Fuente, M. J. (2002). Negotiation and oral acquisition of L2 vocabulary: The roles of input and output in the receptive and productive acquisition of words. *Studies in Second Language Acquisition, 24*(1), 81-112. http://dx.doi.org/10.1017/S0272263102001043

Ellis, N. C. (2005). At the Interface: Dynamic Interactions of Explicit and Implicit Language Knowledge. *Studies in Second Language Acquisition, 27*(2), 305-352. https://doi.org/10.1017/S027226310505014X

Ellis, R. (2015). *Understanding second language acquisition* (2ª ed.). Oxford University Press.

Ferguson, C. A. (1971). Absence of copula and the notion of simplicity. A study of normal speech, baby talk, foreigner talk and pidgins. En D. Hymes (Ed.), *Pidginization and creolization of languages* (pp. 141-150). Cambridge University Press.

Fernández-Dobao, A. (2016). Peer interaction and learning: A focus on the silent learner. En M. Sato, y S. Ballinger (Eds.), *Peer interaction and second language learning: Pedagogical potential and research agenda* (pp. 33-61). John Benjamins. https://doi.org/10.1075/lllt.45.02fer

García-Mayo, M. P. (2002). The effectiveness of two form-focused tasks in advanced EFL pedagogy. *International Journal of Applied Linguistics, 12*(2), 156-175. https://doi.org/10.1111/1473-4192.t01-1-00029

García-Mayo, M. P. y Azkarai, A. (2016). EFL task-based interaction: Does task modality impact on language-related episodes? En M. Sato y S. Ballinger (Eds.), *Peer interaction and second language learning: Pedagogical potential and research agenda* (pp. 241-266). John Benjamins. https://doi.org/10.1075/lllt.45.10gar

García-Mayo, M. P. y Pica, T. (2000). L2 learner interaction in a foreign language setting: Are learning needs addressed? *International Review of Applied Linguistics in Language Teaching, 38*(1), 35-58. http://dx.doi.org/10.1515/iral.2000.38.1.35

Gass, S. M. (2018). *Input, interaction, and the second language learner* (2ª ed.). Routledge.

Gass, S. M. y Mackey, A. (2015). Input, interaction, and output in second language acquisition. En B. VanPatten, y J. Williams (Eds.), *Theories in second language acquisition* (2ª ed., pp. 180-206). Routledge.

Gass, S. M., Mackey, A. y Ross-Feldman, L. (2005). Task-based interactions in classroom and laboratory settings. *Language Learning, 55*(4), 575-611. https://doi.org/10.1111/j.1467-9922.2011.00646.x

Gass, S. M. y Selinker, L. (2001). *Second language acquisition: An introductory course* (2ª ed.). Lawrence Erlbaum Associates.

Haidl-Dietlmeier, A. G. (2007, noviembre). Hablando se entiende la gente: La oralidad en la formación de idiomas [Ponencia en congreso]. *I Jornadas sobre la formación de idiomas on-line*, Cádiz, España.

Hatch, E. M. (1978). Discourse analysis and second language acquisition. En E. M. Hatch (Ed.), *Second language acquisition: A book of readings* (pp. 401-435). Newbury House.

Keck, C. M., Iberri-Shea, G., Tracy-Ventura, N. y Wa-Mbaleka, S. (2006). Investigating the empirical link between interaction and acquisition: A quantitative meta-analysis. En L. Ortega, y J. Norris (Eds.), *Synthesizing research on language learning and teaching* (pp. 91-131). John Benjamins. https://doi.org/10.1075/lllt.13.08kec

Kim, Y. (2009). The effects of task complexity on learner-learner interaction. *System, 37*(2), 254-268. https://doi.org/10.1016/j.system.2009.02.003

Kim, Y. (2013). Promoting attention to form through task repetition in a Korean EFL context. En K. McDonough, y A. Mackey (Eds.), *Second language interaction in diverse educational contexts* (pp. 3-24). John Benjamins. https://doi.org/10.1075/lllt.34.04ch1

Kim, Y. (2015). The role of tasks as vehicles for language learning in classroom interaction. En N. Markee (Ed.), *The handbook of classroom discourse and interaction* (pp. 163-181). Wiley-Blackwell. https://doi.org/10.1002/9781118531242.ch10

Kirchhoff, N. (2021). *Input modality in oral peer interactions: Instructional conditions in the German as a foreign language classroom.* [Tesis doctoral inédita]. Universidad de Cádiz.

Krashen, S. D. (1980). The input hypothesis. En J. E. Alatis (Ed.), *Current issues in bilingual education: Georgetown University round table on languages and linguistics* (pp. 168-180). Georgetown University Press.

Krashen, S. D. (1985). *The input hypothesis: Issues and implications.* Laredo Publishing Company.

Li, S. (2010). The effectiveness of corrective feedback in SLA: A meta-analysis. *Language Learning, 60*(2), 309-365. https://doi.org/10.1111/j.1467-9922.2010.00561.x

Loewen, S. (2013). Uptake. En P. Robinson (Ed.), *The Routledge encyclopedia of second language acquisition* (pp. 675-677). Routledge.

Loewen, S. (2020a). *Introduction to instructed second language acquisition* (2ª ed.). Routledge.

Loewen, S. (2020b). Was Krashen right? An instructed second language acquisition perspective. *Foreign Language Annals, 54*(2), 311-317. https://doi.org/10.1111/flan.12550

Loewen, S. y Sato, M. (Eds.). (2017). *The Routledge handbook of instructed second language acquisition.* Routledge.

Loewen, S. y Sato, M. (2018). Interaction and instructed second language acquisition. *Language Teaching, 51*(3), 285-329. https://doi.org/10.1017/S0261444818000125

Loewen, S. y Wolff, D. (2016). Peer interaction in F2F and CMC contexts. En M. Sato, y S. Ballinger (Eds.), *Peer interaction and second language learning: Pedagogical potential and research agenda* (pp. 163-184). John Benjamins. https://doi.org/10.1075/lllt.45.07loe

Long, M. H. (1981). Input, interaction, and second-language acquisition. *Annals of the New York Academy of Sciences, 379,* 259-278. https://n9.cl/lu6wx_

Long, M. H. (1983). Native speaker/non-native speaker conversation and the negotiation of comprehensible input. *Applied Linguistics, 4*(2), 126-141. https://doi.org/10.1093/applin/4.2.126

Long, M. H. (1996). The role of the linguistic environment in second language acquisition. En W. C. Ritchie, y T. K. Bhatia (Eds.), *Handbook of second language acquisition* (pp. 413-468). Academic Press. https://doi.org/10.1016/B978-012589042-7/50015-3

Long, M. H. (2007). *Problems in SLA.* Lawrence Erlbaum Associates.

Long, M. H. (2017). Instructed second language acquisition (ISLA): Geopolitics, methodological issues, and some major research questions. *Instructed Second Language Acquisition, 1*(1), 7-44. https://doi.org/10.1558/ISLA.33314

Lyster, R. y Sato, M. (2013). Skill acquisition theory and the role of practice in L2 development. En M. P. García-Mayo, J. Gutierrez-Mangado, y M. Martínez-Adrián (Eds.), *Contemporary approaches to second language acquisition* (pp. 71-92). John Benjamins. https://doi.org/10.1075/aals.9.07ch4

Mackey, A. (1999). Input, interaction and second language development: An empirical study of question formation in ESL. *Studies in Second Language Acquisition, 21*(4), 557-587.

Mackey, A. (2012). *Input, interaction and corrective feedback in L2 learning*. Oxford University Press.

Mackey, A. y Abbuhl, R. (2005). Input and interaction. En C. Sanz (Ed.), *Mind and context in adult second language acquisition: Methods, theory, and practice* (pp. 207-233). Georgetown University Press.

Mackey, A. y Goo, J. (2007). Interaction research in SLA: A meta-analysis and research synthesis. En A. Mackey (Ed.), *Conversational interaction in second language acquisition: A collection of empirical studies* (pp. 407-451). Oxford University Press.

Mackey, A., Kanganas, A. P. y Oliver, R. (2007). Task familiarity and interactional feedback in child ESL classrooms. *TESOL Quarterly, 41*(2), 285-312. https://doi.org/10.1002/j.1545-7249.2007.tb00060.x

Mackey, A., Oliver, R. y Leeman, J. (2003). Interactional input and the incorporation of feedback: An exploration of NS-NNS and NNS-NNS adult and child dyads. *Language Learning, 53*(1), 35-66. http://dx.doi.org/10.1111/1467-9922.00210

McDonough, K. y Mackey, A. (2006). Responses to recasts: Repetitions, primed production and linguistic development. *Language Learning, 56*(4), 693-720. https://doi.org/10.1111/j.1467-9922.2006.00393.x

Nuevo, A. (2006). *Task complexity and interaction: L2 learning opportunities and development* (Publicación No. 3247335) [Tesis doctoral, Georgetown University]. ProQuest Dissertations and Theses.

Ortega, L. y Long, M. H. (1997). The effects of models and recasts on the acquisition of object topicalization and adverb placement in L2 Spanish. *Spanish Applied Linguistics, 1*, 65-86.

Pica, T. (1987). Second language acquisition, social interaction, and the classroom. *Applied Linguistics*, 8, 3-21. https://doi.org/10.1093/applin/8.1.3

Pica, T. (1994). Questions from the language classroom: Research perspectives. *TESOL Quarterly, 28*(1), 49-79. https://doi.org/10.2307/3587198

Révész, A., Sachs, R. y Mackey, A. (2011). Task complexity, uptake of recasts, and second language development. En P. Robinson (Ed.), *Second language task complexity: Researching the cognition hypothesis of language learning and performance* (pp. 203-236). John Benjamins. https://doi.org/10.1075/tblt.2.14ch8

Sato, M. (2021). Peer interaction in the classroom. En H. Mohebbi, y C. Coombe (Eds.), *Research questions in language education and applied linguistics: A reference guide* (pp. 847-851). Springer. https://doi.org/10.1007/978-3-030-79143-8_146

Sato, M. y Ballinger, S. (Eds.). (2016). *Peer interaction and second language learning: Pedagogical potential and research agenda*. John Benjamins. https://doi.org/10.1075/lllt.45

Sato, M. y Loewen, S. (2019a). Do teachers care about research? The research–pedagogy dialogue. *English Language Teaching Journal, 73*(1), 1-10. https://doi.org/10.1093/elt/ccy048

Sato, M. y Loewen, S. (Eds.). (2019b). *Evidence-based second language pedagogy: A collection of instructed second language acquisition studies*. Routledge. https://doi.org/10.4324/9781351190558

Schmidt, R. (1990). The role of consciousness in second language learning. *Applied Linguistics, 11*, 129-158. https://doi.org/10.1093/applin/11.2.129

Schmidt, R. (2012). Attention, awareness, and individual differences in language learning. En W. M. Chan, K. N. Chin, S. K. Bhatt y I. Walker (Eds.), *Perspectives on individual characteristics and foreign language education* (pp. 27-50). Walter de Gruyter. https://doi.org/10.1515/9781614510932.27

Schmidt, R. y Frota, S. (1986). Developing basic conversational ability in a second language: A case study of an adult learner. En R. Day (Ed.), *Talking to learn: Conversation in second language acquisition* (pp. 237-322). Newbury House.

Spada, N. (2019). Discussion: Balancing methodological rigor and pedagogical relevance. En R. DeKeyser, y G. Prieto-Botana (Eds.), *Doing SLA research with implications for the classroom: Reconciling methodological demands and pedagogical applicability* (pp. 201-215). John Benjamins. https://doi.org/10.1075/lllt.52.10spa

Storch, N. y Aldosari, A. (2013). Pairing learners in pair work activity. *Language Teaching Research, 17*(1), 1-18. https://doi.org/10.1177/1362168812457530

Swain, M. (1985). Communicative competence: Some roles of comprehensible input and comprehensible output in its development. En S. M. Gass, y C. Madden (Eds.), *Input in second language acquisition* (pp. 235-253). Newbury House.

Swain, M. (1995). Three functions of output in second language learning. En G. Cook, y B. Seidlhofer (Eds.), *Principle and practice in applied linguistics: Studies in honour of H. G. Widdowson* (pp. 125-144). Oxford University Press.

Swain, M. (1998). Focus on form through conscious reflection. En C. Doughty, y J. Williams (Eds.), *Focus on form in classroom second language acquisition* (pp. 64-81). Cambridge University Press.

Varonis, E. y Gass, S. M. (1985). Non-native/non-native conversations: A model for negotiation of meaning. *Applied Linguistics, 6*(1), 71-90. https://doi.org/10.1093/APPLIN/6.1.71

ANÁLISIS COMPARATIVO DE LA DOCENCIA SOBRE LA DOCUMENTACIÓN FOTOGRÁFICA ENTRE LAS UNIVERSIDADES PÚBLICAS ESPAÑOLAS MEJOR POSICIONADAS EN EL RANKING ARWU

María-Begoña López-Ávila[1]

1. INTRODUCCIÓN

La fotografía es un documento de un gran valor patrimonial, concebido como un medio de comunicación y representación que constituye la memoria visual desde su creación en 1839 hasta hoy día. Cualquier fotografía adquiere un valor documental en cuanto que ilustra acerca de algún hecho, es decir, informa, transmite o sugiere conocimientos (Sánchez-Vigil y Salvador-Benítez, 2013). La fotografía es una preciada fuente de información, para todo aquel profesional que se dedica a la investigación histórica y social, ya que sus características realistas y objetivas, hacen de ella un importante aporte gráfico para documentar lo que sucede en cada época. Además de ello, la fotografía posee un carácter transversal, siendo posible su aplicación a una gran diversidad de disciplinas, convirtiéndose en sí misma una disciplina transversal.

Numerosos autores promueven la consolidación de la fotografía como una fuente clave para ser tratada, analizada y estudiada por diversas disciplinas, generando investigaciones de una gran diversidad temática que abarca aspectos económicos, sociales, culturales, etnográficos, psicológicos. Sánchez-Vigil, Marcos-Recio y Olivera-Zaldúa (2014) nos plantean que la fotografía como elemento de comunicación, artístico o científico está siendo utilizada en diversos campos, facultades e instituciones científicas como un documento social, informativo y científico.

En España la incorporación de la fotografía en la docencia universitaria se inició hacia el 1953 con el I Curso de Periodistas Gráficos por la Escuela Oficial de Periodismo (Sánchez-Vigil Sánchez-Vigil, Marcos-Recio y Olivera-Zaldúa, 2014). No obstante, a principios del siglo XX, la fotografía se incluyó en la enseñanza pública y privada, concretamente tras la reforma del programa de la Escuela Superior de Guerra Real Decreto de 31 de mayo de 1904 (*G.M.*, nº 154, de 2 de junio de 1904, p. 903). En el Reglamento para el régimen de la Escuela Nacional de Artes gráficas, se indica que se impartían enseñanzas sobre trabajos de reproducción por medio de la luz (fotografía, fotograbado, cromolitografía, fotolitografía, fototipia y heliograbado) en dicha escuela (*G.M.*, nº 227, de 14 de agosto de 1916, p. 354, Artº 2). En ese mismo año, el Ministerio de Instrucción Pública y Bellas Artes crea la primera Escuela Oficial de Fotografía de España, integrada en la Escuela de Artes

1. Universidad de Granada, España.

y Oficios de Granada (Sánchez-Vigil, Marcos-Recio y Olivera-Zaldúa, 2014; Sánchez-Vigil y Salvador-Benítez, 2013).

Durante esos años, la fotografía se asociaba a las escuelas de artes y oficios, enfocada en los aspectos técnicos, el conocimiento de las cámaras y los materiales empleados para la aplicación. Con las vanguardias se incrementó su docencia en las escuelas privadas, pero está aún ausente en la enseñanza reglada. Fue en la década de 1970 cuando se fomentó la incorporación de la fotografía en los estudios universitarios, potenciada por la creación de facultades dedicadas al estudio de la Información, Comunicación y, posteriormente, la Documentación (Sánchez-Vigil *et al.*, 2017).

La aplicación de su cualidad transversal ha aumentado en los últimos años, prácticamente desde la implantación de los nuevos Grados y Másteres del Espacio Europeo de Educación Superior (Real Decreto del Ministerio de Educación y Ciencia 1393/2007 de 29 de octubre) al incorporarse como asignatura obligatoria en diversas titulaciones universitarias (Olivera-Zaldúa *et al.*, 2016).

"Las experiencias docentes con la fotografía son relativamente escasas a pesar de los excelentes resultados de sus aplicaciones en la docencia" (Olivera Zaldúa *et al.*, 2015, p. 21). De hecho, la relevancia, el rol y el uso de la fotografía en el ámbito educativo han sido tratados en diversos congresos y jornadas, de entre los cuales destaca el *I Congreso Internacional sobre Fotografía: Nuevas propuestas en Investigación y Docencia de la Fotografía* celebrado en 2017, entre otras aportaciones (Albarrán-Diego y Fernández-López, 2017; Bobo Márquez, 2003; Castelo-Sardina, 2017; Moreiro González, 2014; Olivera Zaldúa, 2014; Olivera Zaldúa, *et al.*, 2022; Riego Amézaga, 1993; Rodríguez-Bravo, 2000; Salvador Benítez, *et al.*, 2015; Sánchez Vigil, Olivera Zaldúa y Marcos Recio, 2014; Vega de la Rosa, 2007, 2008; Vicente, 2017; Vega Pérez, 2014). Cabe destacar el reciente Máster Universitario en Documentación Fotográfica. Recuperación, Tratamiento y Difusión por la Universidad Complutense de Madrid.

2. OBJETIVOS

Con este estudio se propone identificar y analizar la docencia sobre documentación fotográfica en el ámbito universitario, específicamente en las universidades donde se imparte el grado de Información y Documentación. Este objetivo general se concreta en los siguientes objetivos específicos: 1) descubrir las áreas de conocimientos en las que se imparte docencia sobre fotografía para reflejar su carácter multidisciplinar y transversal; 2) analizar el temario impartido para observar la diversidad de enfoques; 3) identificar el carácter de la asignatura relacionada con la documentación fotográfica, ya sea básica, obligatoria u optativa; 4) analizar el nivel educativo en el que se imparte dicha asignatura en relación con el número de créditos asignados; y 5) identificar y comparar el departamento que se encarga de impartir dicha materia.

3. METODOLOGÍA

Este trabajo se basa en un enfoque metodológico exploratorio cualitativo, con el propósito de familiarizarnos con la cuestión central del estudio enfatizándolo como un verdadero problema (Gil, 2002). Este enfoque se basó en dos segmentos metodológicos, el primero en la revisión bibliográfica y el segundo en el estudio empírico. El estudio empírico consistió en la recolección y análisis del corpus del estudio (guías docentes de las asignaturas sobre fotografía).

En una primera fase, se identificaron las universidades públicas españolas donde se imparte el grado de Información y Documentación (Universidad de Salamanca, Barcelona, Valencia, Granada, Zaragoza, Complutense de Madrid, Murcia, Extremadura, León, La Coruña, Oberta de Cataluña), de las cuales se seleccionaron tres de las primeras universidades correspondientes en el Academic Ranking of World Universities (ARWU). Una vez seleccionadas la Universidad de Barcelona, Complutense de Madrid y de Granada, se realizó una búsqueda de las asignaturas relacionadas con documentación fotográfica en las diversas titulaciones que dichas universidades ofrecen.

Los criterios para la recolección de guías docentes se basaron en las diversas materias de la fotografía en las disciplinas universitarias, como son historia de la fotografía, documentación fotográfica, fotografía, fotogrametría y las aplicaciones y usos de la misma en las disciplinas impartidas. Para analizar los datos que resultaron de la recolección de las diversas guías docentes de cada una de las asignaturas sobre la fotografía, se utilizaron las técnicas de análisis de contenido y análisis comparativo, dada la relevancia que estas técnicas metodológicas asumen en la interpretación de los datos, en un contexto cualitativo.

4. DESARROLLO DE LA INVESTIGACIÓN

Analizadas las diversas titulaciones de las tres universidades españolas seleccionadas, se obtiene que solamente 22 titulaciones de diferentes grados universitarios imparten docencia sobre fotografía a pesar de su carácter multidisciplinar y transversal. En la Universidad de Barcelona se imparten en 15 grados universitarios y en la Universidad Complutense de Madrid, en un 10,67% de las titulaciones de grados como Arqueología, Bellas Artes, Cinematografía, Comunicación Audiovisual, Edificación, Información y documentación, o Publicidad y Relaciones públicas, entre otros. A pesar de que la Universidad de Granada ofrece cerca de 200 titulaciones, entre grados universitarios y másteres oficiales que cubren todas las ramas (Ciencias, Ciencias de la Salud, Ciencias Sociales y Jurídicas, Artes y Humanidades e Ingeniería y Arquitectura), la docencia sobre fotografía solamente está presente en un 4,16% del total de las titulaciones. Por lo tanto, el porcentaje de docencia universitaria en titulaciones es muy bajo para la aplicación y relevancia que tiene la fotografía en las diversas áreas del conocimiento.

La docencia universitaria sobre fotografía está presente en las diversas áreas de conocimiento, predominando en las titulaciones correspondientes a Artes y Humanidades, seguido de Ciencias Sociales y Jurídicas, e Ingeniería y Arquitectura, tal como se observa en la Figura 1.

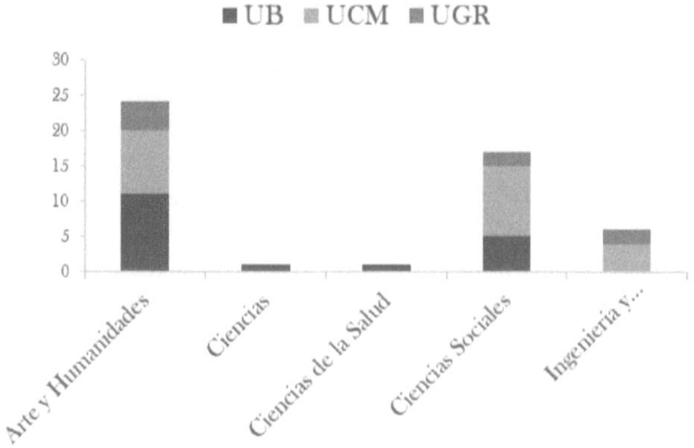

Figura 1. Asignaturas impartidas sobre fotografía clasificadas por áreas de conocimiento y universidades analizadas. Fuente: Elaboración propia, 2023.

En el análisis del temario impartido, se obtiene una diversidad de enfoques desde el teórico hasta el creativo, ofreciendo docencia relativa a la historia y teoría de la fotografía, fotografía aplicada a la investigación, fotografía creativa, fotografía publicitaria, fotoperiodismo, fotogrametría, entre otros.

La docencia sobre la fotografía se centra en asignaturas de carácter optativo correspondiendo con los últimos cursos formativos y con una carga lectiva de 6 créditos ECTS, tal como se indica en la Figura 2. Solamente un 12% de las asignaturas impartidas son obligatorias, principalmente porque en los grados de Bellas Artes, Conservación y restauración y Comunicación audiovisual se imparte como una asignatura obligatoria durante el primer y segundo curso. Debido a su consideración y reconocimiento como una de las artes, se desprende que sea lógico que en cualquier titulación relacionada con Bellas Artes se imparta como asignatura fundamental y obligatoria.

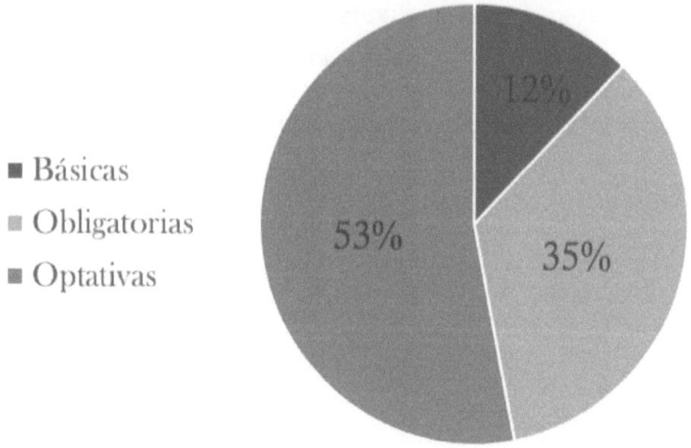

Figura 2. Tipologías de asignaturas impartidas de la fotografía por carácter docente. Fuente: Elaboración propia, 2023.

Respecto a la impartición de dicha materia por áreas de conocimiento, la mayoría de departamentos del área de Artes y Humanidades se encargan de ello, aunque se desarrolle en otras áreas, lo que trae consigo la homogeneidad del temario y perfil docente.

En relación a proyectos docentes, cabe resaltar que la Universidad de Granada desarrolló durante los cursos 2013-2018 un proyecto de innovación docente interdisciplinar sobre la aplicación de la fotografía estereoscópica en edificios y conjuntos histórico-artísticos de la ciudad de Granada y su difusión en abierto, en el que participaron diversas áreas como Arquitectura, Óptica y Optometría, Historia del Derecho e Historia del Arte. Dicho proyecto fue coordinado desde el departamento de Óptica (Castro Torres et al., 2018).

5. CONCLUSIONES

Las principales conclusiones extraídas de los resultados obtenidos son:

a) Predominio de la docencia sobre fotografía en el área de Artes y Humanidades, en la cual se imparte principalmente como asignatura básica y obligatoria, probablemente por ser considerada una de las artes.
b) Al impartirse docencia universitaria sobre fotografía en las diversas áreas del conocimiento, se refleja el carácter multidisciplinar y transversal de la misma, a pesar de tener un porcentaje bajo en las titulaciones universitarias. En relación con ello, el temario aborda múltiples enfoques: teórico, técnico (analógico y digital), aplicación fotográfica en su correspondiente disciplina, tratamiento y procesamiento técnico, gestores y software de imágenes entre otros.
c) Excepto en la UCM, en el grado de Información y Documentación no se oferta nada relacionado con la fotografía, algo ilógico ya que cualquier documentalista debería ser capaz de identificar y analizar la documentación fotográfica.

No se debe obviar que se encuentran limitaciones respecto al tema, en la medida en que se han seleccionado las tres mejores universidades públicas españolas según el ARWU, por lo que limita la riqueza de los resultados. Habida cuenta de esta limitación, los resultados se consideran probabilísticos y representativos de una posible tendencia a impartir docencia sobre la fotografía, teniendo solamente en cuenta el aspecto visual y estético de la misma. Por lo tanto, para confirmar esta idea, se sugieren otros estudios futuros.

6. REFERENCIAS

Academic Ranking of World Universities (2022). https://n9.cl/f85gc

Albarrán-Diego, J. y Fernández-López, O. (2017). Imágenes, libros, diálogos. Experiencias en la enseñanza de la Historia de la Fotografía en un Grado de Historia del Arte. En *I Congreso Internacional sobre Fotografía: Nuevas propuestas en Investigación y Docencia de la Fotografía* (pp. 662-669). Universitat Politècnica de València. http://dx.doi.org/10.4995/CIFo17.2017.7168

Bobo Márquez, M. (2003). Curso de experto universitario en archivos fotográficos una experiencia docente innovadora. En J. I. Aguaded Gómez (Coord.), *Luces en el laberinto audiovisual: Congreso Iberoamericano de Comunicación y Educación, Huelva, octubre de 2003* (pp. 394[1-12]). Grupo Comunicar de la Universidad. https://acortar.link/qHtH56

Castelo-Sardina, L. (2017). Panorama de las enseñanzas de fotografía en la facultad de Bellas Artes de Madrid. UCM. 1979-2017. En *I Congreso Internacional sobre Fotografía:*

Nuevas propuestas en Investigación y Docencia de la Fotografía (pp. 510-520). Universitat Politècnica de València. http://dx.doi.org/10.4995/CIFo17.2017.6693

Castro Torres, J. J., Arredondo Garrido, D., Prados García, C., García Gallardo, M. T., López Nevot, J. A., Rivas López, E. J., Barrios Rozúa, J. M. y García Luque, M. (2018). *Innovación docente interdisciplinar en la universidad: estudio de la Arquitectura, el Derecho y la Historia del Arte del patrimonio histórico-artístico de la ciudad de Granada a través de la fotografía estereoscópica.* Granada: Proyectos de Innovación Docente 13-38 y 15-39. http://hdl.handle.net/10481/53864

Gil, A. C. (2002). *Como elaborar projetos de pesquisa.* Atlas.

Moreiro González, J. A. (2014). Archivos institucionales y docencia sobre imágenes en la Universidad Carlos III de Madrid. En M. Olivera Zaldúa y A. Salvador Benítez (Eds.), *Del Artefacto Mágico al Píxel Estudios de Fotografía: XXIII Jornadas Fadoc. I Congreso Internacional de Documentación Fotográfica* (pp. 211-225). Facultad de Ciencias de la Documentación de la UCM. https://acortar.link/03mYtw

Olivera Zaldúa, M. (2014). La fotografía más allá de una disciplina: Pasado, presente y futuro. En M. Olivera Zaldúa y A. Salvador Benítez (Eds.), *Del Artefacto Mágico al Píxel Estudios de Fotografía: XXIII Jornadas Fadoc. I Congreso Internacional de Documentación Fotográfica* (pp. 193-201). Facultad de Ciencias de la Documentación de la UCM. https://acortar.link/03mYtw

Olivera Zaldúa, M., Salvador Benítez, A. y Sánchez Vigil, J. M. (Eds.). (2022). *Fotografí@. doc: Investigación, Docencia, Usos y Aplicaciones.* Fragua.

Olivera Zaldúa, M., Sánchez Vigil, J. M. y Marcos Recio, J. C. (2015). Fotohistoria: modelo de innovación docente a través de la fotografía. *Ibersid: revista de sistemas de información y documentación, 9*, 21-28. https://doi.org/10.54886/ibersid.v9i0.4225

Olivera-Zaldúa, M., Sánchez-Vigil, J. M. y Marcos-Recio, J. C. (2016). Análisis de las tesis doctorales sobre fotografía en la universidad española (enero de 2013–marzo de 2016). *Ibersid: revista de sistemas de información y documentación, 10*(2), 13-20. https://doi.org/10.54886/ibersid.v10i2.4328

Real Decreto del Ministerio de Educación y Ciencia 1393/2007, de 29 de octubre, por el que se establece la ordenación de las enseñanzas universitarias oficiales. *Boletín Oficial del Estado*, nº 260, de 30 de octubre de 2007, pp. 44037-44048. España. https://acortar.link/G2QIuQ

Real Decreto del Ministerio de Guerra, de 31 de mayo de 1904, por el que se reforma la Escuela Superior de Guerra. *Gaceta de Madrid*, nº 154, de 2 de junio de 1904, pp. 901-903. España. https://www.boe.es/datos/pdfs/BOE//1904/154/A00901-00903.pdf

Real Decreto del Ministerio de Instrucción Pública y Bellas Artes, de 8 de agosto de 1916, por el que se aprueba el Reglamento para el régimen de la Escuela Nacional de Artes gráficas. *Gaceta de Madrid*, nº 227, de 14 de agosto de 1916, pp. 354-356. España. https://www.boe.es/datos/pdfs/BOE//1916/227/A00354-00356.pdf

Riego Amézaga, B. (1993). La fotografía en la enseñanza universitaria: hacia un futuro sin apenas pasado. En *Jornadas de estudio Nueva Lente. Inicio y desarrollo de la fotografía de la creación en España* (pp. 203-214). Nueva Lente.

Rodríguez-Bravo, B. (2000). El tratamiento documental de la imagen fotográfica: su enseñanza en la Universidad de León. En *Imatge i recerca. 6es Jornades Antoni Varés* (pp. 205-211). Ajuntament de Girona. https://acortar.link/09IlFe

Salvador Benítez, A., Olivera Zaldúa, M. y Sánchez Vigil, J. M. (2015). Aprender mirando: la fotografía como método docente. *Revista Internacional de Cultura Visual, 2*(2), 101-110. https://doi.org/10.37467/gka-revvisual.v2.656

Sánchez Vigil, J. M. (Ed.) (2012). *Imaginando: uso y aplicación de la fotografía en los procesos de aprendizaje*. Universidad Complutense de Madrid.

Sánchez-Vigil, J. M., Marcos-Recio, J. C. y Olivera-Zaldúa, M. (2014). Tesis doctorales sobre fotografía en la universidad española. Análisis de la producción y dirección (1976-2012). *Revista Española de Documentación Científica, 37*(1), e034. https://acortar.link/4Qrpwg

Sánchez Vigil, J. M., Olivera Zaldúa, M. y Marcos Recio, J. C. (2014). Modelos para el uso de la fotografía en la docencia: El proyecto Imaginando. *Ibersid: revista de sistemas de información y documentación, 8*, 33-41. https://doi.org/10.54886/ibersid.v8i0.4143

Sánchez-Vigil, J. M., Olivera-Zaldúa, M. y Salvador-Benítez, A. (2017). La fotografía en la docencia del área de Biblioteconomía y Documentación en las universidades públicas madrileñas. Actividades del Grupo Fotodoc. En *I Congreso Internacional sobre Fotografía: Nuevas propuestas en Investigación y Docencia de la Fotografía* (pp. 542-551). Universitat Politècnica de València. https://acortar.link/E3eRxQ

Sánchez-Vigil, J. M. y Salvador-Benítez, A. (2013). *Documentación fotográfica*. Universitat Oberta de Catalunya.

Vega de la Rosa, C. (2007). La fotografía en la Universidad: Una historia con futuro. En *Actas del II Congreso de Historia de la Fotografía* (pp. 66-71). Photomuseum.

Vega de la Rosa, C. (2008). La fotografía en la Universidad, ¿una historia con futuro?. *Revista Latente: revista de historia y estética del audiovisual*, (6), 47-52.

Vega Pérez, C. (2014). Los estudios de fotografía en la Universidad. En M. Olivera Zaldúa y A. Salvador Benítez (Eds.), *Del Artefacto Mágico al Píxel Estudios de Fotografía: XXIII Jornadas Fadoc. I Congreso Internacional de Documentación Fotográfica* (pp. 227-239). Facultad de Ciencias de la Documentación de la UCM. https://n9.cl/na3ab

Vicente, P. (Ed.) (2017). *Actas I Congreso Internacional sobre Fotografía: Nuevas propuestas en Investigación y Docencia de la Fotografía – Cifo2017*. Universitat Politècnica de València. https://n9.cl/ck8l9

LA PLANIFICACIÓN DE PROGRAMAS EN EDUCACIÓN NO FORMAL DESDE EL APRENDIZAJE SERVICIO EN EL ÁMBITO UNIVERSITARIO

Manuel José López Ruiz [1]

1. INTRODUCCIÓN

La formación en las aulas universitarias está, cada vez, más centrada en el aprendizaje competencial (Martínez y Folguerias, 2015). La transformación metodológica que se ha dado dentro de las instituciones de educación superior ha provocado una reformulación del papel que ha de tomar el aprendiz. Vamos a presentar una experiencia desarrollada en la formación universitaria de estudiantes de Educación Social; en ella, se muestra que este tipo de métodos potencia que estos estudiantes y futuros educadores adopten un papel que va más allá de ser meros aprendices, convirtiéndose en verdaderos agentes de cambio social.

La práctica se enmarca dentro de lo que conocemos como aprendizaje-servicio (ApS). El aspecto central de esta metodología se relaciona con un perfil de aprendiz que accede al conocimiento desde la práctica, desde la reflexión, desde la interacción social en los contextos de referencia.

No es la primera experiencia de trabajo bajo esta metodología que se realiza desde las áreas que el autor imparte en el Grado de Educación Social. Desde hace más de una década y, conociendo la carencia de prácticas que se da en la titulación, se ha estimado conveniente acercar, promoción a promoción, los contenidos teóricos desde la práctica. Facilitar esa conexión nos ha aportado un acercamiento real del alumnado a los contextos de trabajo en los que desarrollará su acción profesional en el futuro, un aporte de prácticas externas muy demandado por el propio estudiantado, una adquisición más significativa de los contenidos y un desarrollo competencial más completo, además, de acercar a los futuros educadores a opciones metodológicas muy útiles y necesarias para su ejercicio profesional, tales como, el aprendizaje basado en proyecto y el aprendizaje servicio. A todo ello, se ha unido siempre la importancia de hacer ver que su formación no se queda en expedientes o títulos, sino que tiene una función social más allá de la propia universidad. Algunos proyectos desarrollados bajo este enfoque metodológico han sido: proyectos de Teatro Social con MENAs y alumnado universitario; proyectos de historias de vida convertidas en cuentos de frontera, con inmigrantes del Centro de Estacionamiento Temporal; proyectos lingüísticos en centros educativos no universitarios sobre la inmigración; proyectos medioambientales de reforestación intergeneracional, etc.; todos encaminados

1. Universidad de Granada (España)

a desarrollar competencias en planificación, gestión y evaluación de proyectos de Educación no Formal bajo el enfoque de gestión. En este tipo de diseños programativos los estudiantes han puesto en escena competencias diagnósticas-territoriales (de evaluación de necesidades), administrativas y gerenciales (de gestión económica) para la confección de los proyectos, de equipamiento y de gestión de personal, las propias de marketing, las de aplicación o pedagógicas, quizás las únicas desarrolladas en la titulación, así como las evaluativas o de control. Desde el trabajo real de diseño y puesta en práctica de este tipo de proyectos el alumnado ha podido comprobar cómo sus conocimientos se hacían más duraderos, su motivación llegaba a niveles altísimos y su contribución social era parte de su formación.

Siguiendo a Martínez y Folguerias (2015), en la base de este tipo de experiencias formativas se encuentra la pretensión de que el aprendizaje de las competencias necesarias en la titulación se generen en los contextos en los que se dan los procesos formativos. En realidad hay una convivencia en un mismo proyecto de un aprendizaje experiencial y un servicio comunitario con base académica y cívica (Sotelino, Santos y Lorenzo, 2016).

Desde este tipo de propuestas de trabajo en las aulas se espera que el alumnado:

- Se relacione con aquellas personas a las que ofrece el servicio, tomando parte activa de los problemas de los colectivos atendidos. Su formación se adquiere bajo una responsabilidad y compromiso social de atención a las necesidades comunitarias (López, 2010).
- Se convierta en protagonista de un programa o proyecto de servicio solidario, desde el que hace un servicio social; pero que, a la vez, se beneficia de un desarrollo competencial que optimiza su formación (Tapia, 2008).
- Desarrolla las competencias específicas de la titulación y otras competencias transversales o genéricas (Tapia, 2000; Furco, 2005).
- Se inicia en la investigación sobre los procesos de evaluación de programas.

2. OBJETIVOS

El finalidad fundamental que se persigue con este tipo de propuestas de trabajo es que la universidad se convierta en una institución viva, que no dé la espalda al contexto en el que se inscribe. Las universidades modernas, más allá de sus funciones de docencia e investigación ha de promover un servicio o contribución social. Este es un requisito fundamental en cualquier grado formativo, pero aún lo es más en el grado de Educación Social.

Para conseguir esta finalidad nos propusimos una serie de objetivos, tales como:

- Fomentar un desarrollo de las prácticas reales sobre los contenidos de las materias y de utilidad social.
- Acercar al alumnado a los contenidos propios de la materia desde un enfoque de trabajo en contexto de acción.
- Poner en contacto a los futuros educadores sociales con los campos de trabajo profesional propios de la titulación.
- Desarrollar aspectos de compromiso actitudinal tan necesarios en la educación social.

- Fortalecer la adquisición de competencias bajo en el enfoque de gestión de diseños de programas de educación no formal (de análisis de necesidades, de gestión económica y de personal, de marketing, pedagógicas y evaluativas) desde la práctica. En la titulación las competencias de gestión económica y de personal, de marketing no se desarrollan más allá de esta asignatura de primer curso. De ahí la importancia de que perciban la necesidad de dominio de éstas, enfrentándose a la realidad de un proyecto, donde tan necesarias y cruciales son.
- Mejorar la motivación y el rendimiento académico.

3. METODOLOGÍA

Durante el primer semestre del curso 2022/2023, desde el Departamento de Pedagogía de la Facultad de Educación, Economía y Tecnología de la Universidad de Granada en Ceuta nos planteamos poner en valor las posibilidades que la metodología de aprendizaje servicio nos ofrecía, comprobar si se daba un aumento en la adquisición de los contenidos propios de la materia en el alumnado, analizar la valoración de los estudiantes con relación a este tipo de enfoques de trabajo y dar visibilidad a la universidad en el entorno social cercano. Para ello, se implementó bajo esta metodología, un bloque de contenidos sobre planificación de la Educación no formal en una materia asignada a nuestro departamento que está incluida en la titulación del grado de Educación Social.

La experiencia se estructura en tres fases:

- La primera fase, formativa. Durante esta fase, desarrollada al comienzo de la asignatura, se presentaron los contenidos propios de la planificación de programas. Para ello, se recurrió, constantemente, a un proceso de ida y vuelta entre la teoría y las prácticas desarrolladas en proyectos de promociones anteriores. El objetivo era despertar el interés e ir introduciendo la prácticas obligatorias de la asignatura. Se le presentaron los campos donde realizar la práctica y se les "empuja", sutilmente, a implicarse en un proyecto que puede quedarse en el diseño (obligación) o pasar al desarrollo real (opción).
- La segunda fase, la de diseño. Esta fase se extiende durante dos meses y, para muchos, es el final de su propuesta práctica. Durante la misma, se diseña, paso a paso, el proyecto que surgue del análisis de necesidades realizado. Para todo el alumnado supone un reto muy importante, ya que es la primera vez que han de diseñar un proyecto, y en el caso, de ser alumnado de grados formativos, con experiencia en diseño de proyectos, no han puesto en juego más que competencias pedagógicas y evaluativas. Las competencias económicas, de personal y de marketing son para todos, sin excepción, una novedad y un trabajo motivacional muy importante.
- La tercera fase, la de aplicación y evaluación del impacto. Esta fase se desarrolla terminada la asignatura. El porqué de ello, radica en no condicionar a ningún estudiante a verse obligado a desarrollar un proyecto sin la actitud necesaria. Sería contraproducente intentar ayudar a colectivos necesitados sólo por una cuestión personal de calificación. Por ello, ya sin vinculación con la materia, terminado el semestre, aquellos grupos que están motivados por desarrollar el proyecto diseñado, pueden continuar con la aplicación del mismo.

4. DESARROLLO DE LA INVESTIGACIÓN

4.1. Diseño

Este trabajo responde a un paradigma de investigación cuantitativo, presenta un diseño no experimental transeccional y es de naturaleza descriptiva. En la recogida de información se ha utilizado un cuestionario diseñado específicamente para esta investigación, sobre las aportaciones y beneficios que la participación en este tipo de propuestas de trabajo para su futuro como educadores sociales, así como, de valoración del ApS.

4.2. Muestra

La muestra de estudio está formada por 43 estudiantes del grado de Educación Social que participa en este tipo de metodologías. En relación al género, son 38 mujeres y 5 hombres, con edades comprendidas entre los 18 y los 45 años. La selección de los participantes ha seguido el método de muestreo no probabilístico de conveniencia por accesibilidad, y el criterio de inclusión en la muestra ha sido ser estudiante del grado de Educación Social.

4.3. Instrumento de recogida de datos

El cuestionario elaborado para la investigación se estructura en cinco bloques:

- El primer bloque, compuesto por cuatro ítems, trata de recabar información personal (edad, género, cultura/religión, país de origen, estudios previos, situación laboral) e información sobre si ha participado en proyectos sociales con anterioridad.
- El segundo bloque, que se distribuye desde el ítem cinco al nueve, intenta valorar el servicio aportado por el proyecto tanto para la adquisición de contenidos curriculares de la materia, como para dar respuesta a una necesidad social real.
- El tercer bloque, con cuatro ítems, intenta analizar el grado de participación desarrollado por el encuestado/a en el proyecto (en todas las competencias del enfoque de gestión de programas de Educación no formal: diagnósticas, económica, de personal, de marketing, pedagógica y evaluativas).
- El cuarto bloque, con dos ítems, analiza el grado de satisfacción y lo que ha supuesto este proyecto como arranque de futuras participaciones en proyectos sociales.
- El quinto bloque, cierra el cuestionario con ítems sobre valoración y vinculación del proyecto de ApS con un servicio a la comunidad y con un aprendizaje significativo.

4.4. Procedimiento

En las sesiones de grupos reducidos, destinadas a las prácticas propias de la asignatura, se expuso que, una vez terminada la participación en el proyecto, se pasaría este cuestionario al objeto de valorar la validez de este tipo de prácticas de cara a su formación como futuros educadores. En todo momento, se les aseguró la confidencialidad de los datos que se iban a recoger y se recabó su consentimiento. En la muestra se pudo diferenciar el alumnado que desarrolló la puesta en práctica de la propuesta diseñada (trabajo opcional en la práctica de la asignatura), del que sólo desarrollo el diseño de la misma (trabajo obligatorio en la práctica).

5. RESULTADOS

5.1. Datos personales de importancia para el análisis de las respuestas

El análisis de los resultados del primer bloque de datos que nos aportaba el instrumento, nos permitió destacar un dato de especial interés "sólo un 18,60% de la muestra había participado en proyectos sociales con anterioridad", todos habían sido estudiantes de ciclo superior de integración social. Esta información, nos aportó un elemento significativo a la hora de cruzar sus opiniones con el resto del alumnado para los que la práctica era la primera participación en proyectos sociales.

Del mismo modo, se comprueba la feminización que se da en esta titulación, donde más del 88% del alumando matriculado es mujer. Esto nos impide poder analizar datos relativos a la variable género. En relación a la variable cultura/religión, si que podemos sacar datos de contraste entre los grupos ya que un 39,53 % son de origen cristiano y un 60,47 % musulmanes.

Los cruces de estos datos no se presentarán en este documento. Se hará sólo una visión global de todo el alumnado respecto a los cuatro siguientes bloques : ventajas y utilidad del ApS, grado de participación del alumnado en las competencias bajo el enfoque de gestión de planificación de proyectos, niveles de satisfacción sobre la metodología y futuras participaciones en proyectos de este tipo, conformidad con aportaciones del ApS.

5.2. Datos sobre las ventajas y utilidad del ApS

La información aportada en elsegundo bloque nos permite analizar la utilidad en la adquisición de contenidos curriculares de la materia, así como respuesta a una necesidad social.

Los ítems 5 y 6 que valoran estas cuestiones se estructuran en una escala Likert, mostrando que:

- respecto a la utilidad del ApS para la adquisición de contenidos curriculares, el alumnado ha manifestado en un 4,65% "estar de acuerdo con la utilidad" (valor 4) y un 95,35 dice "estar totalmente de acuerdo con el beneficio de esta metodología" (valor 5). Estos datos nos vienen a decir que el 100% del estudiante muestra un grado de acuerdo sobre la utilidad del método. Cuando analizamos en qué han considerado útiles este enfoque de trabajo, se aprecia que la totalidad del alumnado manifiesta que les ha ayudado "mucho" a comprender necesidades sociales, a interesarse por los problemas que hay en la sociedad, a estar más motivado en los estudios que cursa relacionando mejor la teoría y la práctica, a reflexionar sobre los contenidos de trabajo, a conocer ámbitos profesionales de la titulación y a contribuir en la mejora de la sociedad (véase las respuesta manifestadas por los sujetos en la tabla 1; en la misma sólo aparecen los valores que han sido marcados, siendo todos de valoración positiva -3, 4 y 5-)
-

(1 = nada; 2 = poco; 3 = ni mucho ni poco; 4 = bastante; 5 = mucho)	3	4	5
Comprender necesidades sociales			43
Colaborar con entidades, asociaciones, organizaciones...	30	10	3
Interesarse por los problemas que hay en la sociedad			43
Animarme a participar en la facultad o entorno cercano		3	40
Estar más motivado con los estudios			43
Aprender contenidos curriculares			43
Reflexionar sobre los contenidos que trabajo en la universidad			43
Ser más consecuente con las actuaciones que haces	40	2	1
Poner en práctica las competencias profesionales	7	25	11
Contribuir para la mejora de la sociedad			43
Relacionar teoría y práctica			43
Conocer el ámbito profesional de los estudios que cursas			43
Adquirir valores	10	10	23

Tabla 1. Valoración de la utilidad del ApS. **Fuente:** Elaboración propia, 2023.

La valoración de este tipo de proyectos para el desarrollo transversal presenta datos aún más positivos. Valoran como mucho (valor 5): la mejora del conocimiento, comprensión de ideas y conceptos, la organización y planificación, la toma de decisiones, la resolución de problemas, la búsqueda y gestión de la información, la comunicación oral y escrita, la expresión de sentimientos, el trabajo en equipo, el razonamiento crítico, el compromiso ético, la creatividad, el liderazgo, así como, la iniciativa y el espíritu emprendedor.

- respecto a la validez de este tipo de proyectos para mejorar realidades sociales, el 100% del alumando dice estar totalmente de acuerdo con la misma.

5.3. Datos sobre el grado de participación del alumnado en las competencias del enfoque de gestión de proyectos bajo esta experiencia de ApS

Los sujetos encuestados manifiestan:

- En un 100% que consideran que cada una de las competencias del enfoque de gestión de planificación de programas de educación no formal son imprescindibles para su futura labor profesional.
- En un 81,39% dicen haber realizado acciones que no creían que formaban parte de un proyecto, tales como, recaudar fondos, búsqueda de voluntariado, estrategias de marketing (logo del proyecto, sistema de comunicación, estrategia de difusión, ...).
- Casi la totalidad del alumnado, un 95,34%, valora muy positivamente la adquisición de estas competencias desde la propia práctica, llegando a asegurar que si lo hubiesen estudiado de forma teórica, difícilmente, hubieran podido comprobar las dificultades que tiene algunas de las competencias de planificación, valga de ejemplo la de diseñar y llevar a cabo líneas de recaudación económica (fácil en la teoría, pero muy complicado en la práctica -esponsor o patrocinios,

subvenciones, donaciones, convenios, venta de servicios y objetos, créditos, cuotas de socios,...).

5.4. Datos sobre el grado de satisfacción del alumnado y lo que ha supuesto este tipo de proyectos bajo la metodología de ApS de cara a futuras participaciones en proyectos sociales

Todos los estudiantes manifiestan en la escala tendencias positivas o muy positivas, comprobándose que tanto el planteamiento de las prácticas, la implicación que han desarrollado, los aprendizajes alcanzados, las competencias evaluativas tanto para el diseño como para el control del impacto, las competencias desarrolladas tan útiles en futuros proyectos, el papel orientador, dinamizador y de seguimiento del profesor, así como el servicio realizado han sido manifestados con niveles 4=bastante ó 5=mucho.

El 100% del alumnado manifiestan la utilidad de este tipo de experiencias formativas de cara a su participación futura en proyectos sociales.

5.5. Datos sobre el grado de conformidad de las aportaciones del ApS

En la tabla que presentamos se puede apreciar las percepciones de los estudiantes que han trabajado bajo este enfoque metodológico sobre el valor que tiene el ApS (tabla 2), destacando que en una escala de 1 a 5, sólo aparecen reflejados los valores 4 (bastante) y 5 (mucho).

(1 = nada; 2 = poco; 3 = ni mucho ni poco; 4 = bastante; 5 = mucho)	4	5
Este tipo de proyectos de ApS ayuda a servir socialmente y aprender significativamente.	10	33
El ApS permite a los individuos relacionar lo que hicieron durante el proyecto y lo que aprendieron en la Facultad.		43
El ApS promueve la formación en valores	1	42
El Aps promueve el crecimiento personal	5	38
El ApS refuerza los lazos sociales con la comunidad		43
A nivel curricular, el ApS favorece el dominio de los contenidos aprendidos en la Facultad.		43
A nivel curricular, el ApS favorece el desarrollo de actitudes hacia el aprendizaje.	7	36
A nivel curricular, el ApS favorece el desarrollo de actitudes hacia el trabajo.	12	31
A nivel curricular, el ApS fomenta el aprendizaje de calidad.	8	35
A nivel curricular, el ApS favorece una participación activa.		43
A nivel de desarrollo personal, el ApS fomenta la responsabilidad.	2	41
A nivel de desarrollo personal, el ApS fomenta la autoestima y autoeficacia.	25	18
A nivel de desarrollo personal, el ApS fomenta el trabajo en equipo	10	33
A nivel de desarrollo personal, el ApS fomenta la superación y motivación.	11	32
A nivel de desarrollo personal, el ApS fomenta la comunicación.	2	41
A nivel de desarrollo personal, el ApS fomenta la creatividad.	40	3
A nivel de desarrollo personal, el ApS fomenta el liderazgo.	38	5

A nivel de desarrollo social, el ApS favorece la prosocialidad.		43
A nivel de desarrollo social, el ApS favorece la convivencia.	2	41
A nivel de desarrollo social, el ApS favorece la interacción entre grupos diversos.	2	41
A nivel de desarrollo social, el ApS muestra el valor de la diversidad.	2	41
A nivel de desarrollo social, el ApS favorece la intervención comunitaria.		43
La Universidad debería apostar más por estos enfoques de aprendizajes.		43
Este tipo de proyectos te cambia la mirada sobre los profesores.	1	42

Tabla 2. Grado de conformidad del valor del ApS. Fuente: Elaboración propia, 2023.

Como se ha podido observar en la tabla 2 la valoración de este tipo de enfoque auna múltitud de aspectos positivos, tanto a nivel curricular, personal, como social. Además, ayuda a mejorar la visión que tiene el alumando sobre la universidad y la docencia dentro de las aulas de educación superior.

Hay que destacar que en las materias donde se desarrollan este tipo de proyectos, el uso de las tutorías aumenta significativamente (tabla 3). El alumnado, individual o en equipos, ha solicitado más tutorías presenciales y no presenciales, manteniendo los contactos digitales en valores muy parecidos, con lo que no puede decirse que sustituyan las tutorías por consultas vía email, plataforma, telegram, u otro tipo de contactos.

Por último, resaltar la insistencia que han manifestado durante el transcurso de la experiencia en que se llevara a cabo en todas las asignaturas enfoques parecidos al que han disfrutado durante el semestre.

	Uso de tutorías presenciales	Uso de tutorías no presenciales	Contactos digitales
Asignatura TE (con prácticas bajo el ApS)	87	122	356
Asignatura PPPS (con prácticas sin uso de ApS)	16	56	320

Tabla 3. Número de tutorías y modalidad. Fuente: Elaboración propia, 2023.

5. CONCLUSIONES

Los resultados de esta investigación ponen de relieve una serie de elementos de gran valor para la docencia universitaria, tales como: las altas valoraciones positivas manifestadas por el alumnado sobre el acercamiento a la materia de estudio desde un enfoque de ApS, el incremento del uso de las tutorías, y no menos importante, el fortalecimiento de papel de la universidad a nivel social. Estos indicadores nos permiten catalogar este tipo de metodologías como fórmulas docentes de gran utilidad en las aulas universitarias por su facilidad a la hora de que el alumnado adquiera las competencias propias de la materia (Mella-Núñez, Santos-Rego, Malheiro-Gutiérrez, 2015; Strage, 2000; Hart y King, 2007; Leimer, Yue, y Rogulkin, 2009; Astin, *et al.*, 2000), así como, desarrolle una conducta prosocial (Tapia, 2010; Guevara, 2017). Este último aspecto, muy interesante para las competencias profesionales de los universitarios (Santos-Rego, *et al.*, 2022; Cebrián, *et al.*, 2021), más aún en una titulación como es el grado de Educación Social.

Es muy importante exponer la necesidad que desde las intituciones de educación superior tenemos de visibilizar y potenciar el papel de la actividad universitaria en relación con los entornos cercanos, demostrando que los contenidos teóricos de las materias pueden encontrar sentido en las problemáticas sociales de referencia, y que los problemas del entorno, encuentran en la universidad un espacio de reflexión y de contribución a su mejora. Además permite la convivencia del aprendizaje y el servicio comunitario tal y como nos exponían Sotelino *et. al.,* (2016)

Esta experiencia nos aporta elementos suficientes para seguir desarrollando en años venideros y, en otras asignaturas, diferentes propuestas bajo este enfoque metodológico.

Concluimos esta investigación presentando las limitaciones del estudio, basados fundamentalmente, en valoraciones de los sujetos participantes y una muestra no muy numerosa. Se hace necesario demostrar todas las bondades expuestas en el mismo desde métodos con enfoques experimentales, tal como nos expone (Del Mar Lorenzo *et. al.,* 2017; Furco, 2007).

6. REFERENCIAS

Astin, A. W., Vogelgesang, L. J., Ikeda, E. K. y Yee, J. A. (2000). *How Service-Learning affects students.* Los Angeles: Higher Education Research Institute. http://heri.ucla.edu/pdfs/hslas/hslas.pdf

Del Mar Lorenzo, M., Mella, Í., García, J. y Varela, C. (2017). Investigar para institucionalizar el aprendizaje servicio en la universidad española. *RIDAS. Revista Iberoamericana de Aprendizaje-Servicio,* 3, 118-130

Furco, A. (2005). *Impacto de los proyectos de aprendizaje servicio. Aprendizaje y servicio solidario en la Educación Superior y en los sistemas educativos latinoamericanos.* Actas del 7o Seminario Internacional Aprendizaje y Servicio Solidario, Buenos Aires (Argentina), 19-26. http://www.clayss.org.ar/seminario/anteriores/actas/2005_Actas7.pdf

Furco, A. (2007). Institutionalising service-learning in higher education. En L. McIlrath, e I. M. Labhrainn (Eds.), *Higher education and civic engagement: international perspectives.* (pp. 65-82). Aldershot: Ashgate

Cebrián, G., Moraleda, A., Fernández, M., Fuertes, M. T., Segalàs, J. y Gutiérrez, I. (2021). Multiple case-study analysis of service-learning as a means to foster sustainability competencies amongst pre-service educators. *Teachers an Teaching 27*(6), 488-505

Guevara, C. (2017). Servicio comunitario, aprendizaje-servicio y formación social: claves para la construcción de espacios transformativos universitarios. *REDHECS, 23*(2), 80-105.

Hart, S. M. y King, J. R. (2007). Service learning and literacy tutoring: Academic impact on pre-service teachers. *Teacher and Teaching Education,* 23, 323-338.

Leimer, C., Yue, H. y Rogulkin, D. (2009). *Does Service-Learning help students succeed? Assessing the effects of Sevice-Learning at California State University-Fresno.* http://files.eric.ed.gov/fulltext/ED521013.pdf

López, J. A. (2010). Educación de calidad y en competencias para la competitividad o para la cooperación. *Revista Complutense de Educación, 21*(1), 107-122.

Martínez-Vivot, M. y Bertomeu, P. F. (2015). Evaluación participativa, aprendizaje-servicio y universidad. *Profesorado, revista de currículum y formación del profesoras, 19*(1), 128-143.

Mella-Núñez, Í., Santos-Rego, M. Á. y Malheiro-Gutiérrez, X. M. (2015). Aprendizaje-Servicio y rendimiento académico del alumnado universitario. *Revista de Estudios e Investigación en Psicología y Educación,* 35-39

Santos-Rego, M. Á., Sáez-Gambín, J. L. y García-Romero, D. (2022). Transversal Competences and Employability of University Students: Converging towards Service-Learning. *Education Sciencies 12*(4), 265. https://doi.org/10.3390/educsci12040265

Sotelino, A., Santos, M. A. y Lorenzo, M. (2016). Aprender y Servir en la Universidad: Una vía cívica al desarrollo educativo. *Teoría de la Educación, 28*(2), 225-228. https://doi.org/10.14201/teoredu282225248

Strage, A. A. (2000). Service-Learning: Enhancing student learning outcomes in a college-level lecture course. *Michigan Journal of Community Service Learning,* 7, 5-13.

Tapia, M. N. (2000). *La Solidaridad como Pedagogía.* Buenos Aires: Ciudad Nueva.

Tapia, M. N. (2008). *Aprendizaje y servicio solidario.* Buenos Aires: Ciudad Nueva.

Tapia, M. N. (2010). La propuesta pedagógica del "aprendizaje-servicio": una perspectiva Latinoamericana. *Revista científica TzhoeCoen, 3*(5), 23-44.

EJERCITANDO LA VISIÓN ESPACIAL EN EL AULA UNIVERSITARIA DE MAESTROS CON GEOGEBRA 3D Y REALIDAD AUMENTADA

Marcos Loureiro-Ga[1]

1. INTRODUCCIÓN

La visión espacial en tres dimensiones es la capacidad de visualizar y manipular objetos en un espacio tridimensional, lo que implica entender la posición relativa de los objetos en el espacio y la forma en que interactúan entre sí. Esta habilidad es esencial en muchas áreas, como la arquitectura, la ingeniería, la física, la informática y la medicina, por nombrar algunas.

Sin embargo, muchos niños y adultos tienen dificultades para desenvolver esta habilidad, lo que puede causar problemas en su rendimiento académico y profesional. Una de las principales razones de esta dificultad es la falta de exposición a objetos en tres dimensiones en la vida cotidiana, especialmente en las primeras etapas del desarrollo infantil.

Los niños que no experimentan con objetos tridimensionales en su entorno pueden tener dificultades para visualizar y manipular objetos en un espacio tridimensional. Además, la falta de actividades y juegos que fomenten la visualización espacial también puede tener un impacto negativo en su capacidad para desarrollar esta habilidad debido a la falta de entrenamiento en dicha habilidad. Además, los adultos que no hayan tenido experiencia en el desarrollo de habilidades espaciales pueden tener dificultades para aprender y aplicar conceptos espaciales avanzados en su trabajo y en la vida diaria.

Otra característica que debemos resaltar es que la presencia de determinadas carencias en lo que respecta a habilidades de visualización espacial también puede estar relacionada con trastornos del aprendizaje, como la dislexia y el trastorno del déficit de atención con hiperactividad. Existe una correlación no desdeñable entre niños y adultos con dichos trastornos que muestran dificultades para visualizar y manipular objetos en un espacio tridimensional, lo que llega a afectar a su rendimiento académico y profesional.

Es crucial destacar que la visión espacial tridimensional es una habilidad que se puede potenciar a lo largo de la vida con práctica y entrenamiento adecuados. Como ejemplo práctico, podríamos destacar que para los niños resultan beneficiosas determinadas actividades y juegos que fomentan la visualización espacial, como la construcción de modelos 3D y el uso de juguetes como bloques de construcción y rompecabezas.

1. Grupo de investigación RITME, Facultade de Educación e Traballo Social, Departamento de Matemáticas, Universidade de Vigo (España)

Los adultos también pueden mejorar sus habilidades de visualización espacial a través de juegos y actividades que requieran el uso de dicha habilidad, como los videojuegos de estrategia, la navegación en línea y la resolución de problemas de diseño. Además, la práctica regular de actividades como el dibujo y la escultura resulta instrumental para ayudar a desarrollar habilidades de visualización espacial en adultos.

2. OBJETIVOS

El presente texto nace con el afán de mejorar la visión espacial de los futuros docentes en el aula universitaria del grado en Educación Infantil. Para ello se establecen tanto un objetivo principal como varios objetivos específicos.

2.1. Objetivo principal

El objetivo principal de este trabajo consiste en crear una situación didáctica, dirigida a los futuros docentes de Educación Infantil, para trabajar los contenidos de geometría y visión espacial empleando la realidad aumentada.

2.2. Objetivos específicos

Se proponen los siguientes objetivos específicos que complementarán y ayudarán a conseguir el objetivo principal del trabajo.

- Será necesario hacer un análisis de la bibliografía existente sobre la temática tratada.
- Se deberá establecer y definir la metodología de trabajo empleada en la situación didáctica. También se deberá integrar y trabajar otras competencias clave como son la Competencia Matemática, la Competencia Digital e incluso la Competencia de Aprender a Aprender.
- Se analizarán y explicarán las herramientas TIC necesarias para emplear la realidad aumentada en la situación didáctica.
- Se aplicará la situación didáctica en un grupo de estudiantes y se comentará el desarrollo de la misma.

3. MARCO TEÓRICO

Las matemáticas son una disciplina que se ocupa del estudio de las propiedades y relaciones entre números, formas, estructuras y patrones. Así pues, son una parte esencial de la Educación Infantil, ya que permiten desarrollar habilidades y competencias en los niños desde una edad temprana. Por esta razón es de vital importancia que los docentes de Educación Infantil tengan una formación sólida en matemáticas para poder enseñar a los niños de manera efectiva, práctica y con un efecto duradero.

La formación en matemáticas para los docentes de Educación Infantil no solo se trata de aprender conceptos matemáticos básicos, sino también de adquirir habilidades y estrategias para enseñar a los niños de manera lúdica, creativa y significativa. Esto implica aprender a diseñar actividades que permitan a los niños explorar y experimentar con los conceptos matemáticos, así como a identificar y abordar las dificultades que puedan tener los niños en el aprendizaje de las matemáticas.

La visión espacial 3D se refiere a la capacidad de percibir objetos y formas en tres dimensiones, y de imaginar cómo se ven y se mueven en el espacio tridimensional. Esta habilidad es importante en campos como la arquitectura, la ingeniería, la informática gráfica y la mecánica.

La geometría es una rama de las matemáticas que se ocupa de las formas y las relaciones espaciales en la que se utilizan conceptos como puntos, líneas, planos, ángulos y figuras tridimensionales como cubos, esferas, conos y pirámides. La geometría es especialmente importante para la visión espacial 3D, ya que nos permite entender cómo se relacionan las formas y los objetos en el espacio tridimensional según Suárez-Moya y León-Corredor (2016).

Se han realizado estudios en la misma línea donde se habla sobre la importancia del aprendizaje de la geometría en el ámbito de la educación matemática, especialmente en lo que se refiere a la geometría espacial. En el estudio de Teófilo de Sousa *et al.* (2021) se destaca que la geometría es fundamental para la percepción del espacio y que su enseñanza puede resultar complicada para los estudiantes. Asimismo, se menciona la importancia del desarrollo del pensamiento geométrico y la visualización espacial en la resolución de problemas y en la comprensión de la geometría en general.

Es necesario trabajar en crear entornos de aprendizaje para desarrollar el conocimiento de geometría tridimensional, así como las habilidades espaciales (Koparan *et al.*, 2015). En los últimos años se ha estado trabajando es esta dirección tanto en educación primaria con trabajos sobre reflexiones de figuras geométricas por Götz y Gasteiger (2022), educación secundaria combinando STEAM con gamificación (Moral-Sánchez *et al.*, 2022) como universitaria (Montes *et al.* 2022).

4. METODOLOGÍA

El objetivo principal de este trabajo es el de diseñar una propuesta de intervención docente empleando la teoría de las situaciones didácticas para trabajar en los conceptos relativos a geometría espacial con los futuros docentes de Educación Infantil.

La teoría de las situaciones didácticas (TSD) propone un enfoque para comprender el triángulo didáctico del que habla Brousseau (2009): la relación entre el estudiante, el profesor y el conocimiento, así como el entorno en el que se lleva a cabo la situación de aprendizaje. Con el fin de facilitar el aprendizaje del estudiante, es crucial establecer una conexión entre el conocimiento y la interacción entre dos o más personas a través de la situación didáctica. Estas situaciones pueden tomar la forma de juegos, desafíos u otros dispositivos diseñados para promover un aprendizaje efectivo.

Esta teoría propone que el alumno trabaje como un investigador formulando hipótesis, construyendo conceptos, entre otros, con el profesor siempre como mediador del proceso. El proceso de aprendizaje se divide en fases o dialécticas que permiten la construcción y apropiación del conocimiento por parte del alumno. La intención de enseñar es el proceso de transmitir el conocimiento a través de situaciones didácticas preparadas por el profesor para que el alumno construya y se apropie del conocimiento.

4.1. Destinatarios

La presente situación didáctica está diseñada para implementar en la materia de *Matemáticas para maestros: Educación Infantil* del tercer curso del Grado en Educación Infantil en la Universidade de Vigo. La situación puede ser adaptada para otros destinatarios. La duración de la actividad es de una hora y se trabajará en grupos reducidos con un máximo de 15 alumnos para poder brindarles atención lo más personalizada posible. Los recursos necesarios para llevar a cabo dicha actividad, a parte de los de un aula tradicional, son los dispositivos móviles o *tablets* de cada uno de los alumnos con acceso a internet.

4.2. Secuenciación

En primer lugar, se pide a los alumnos que durante cinco minutos piensen en una figura tridimensional y que la intenten dibujar en su cuaderno. Se hará una recopilación en voz alta de todas las figuras que han aparecido durante ese tiempo.

Posteriormente se les indica que intenten hacer su desarrollo, es decir, abrir sus caras de tal forma que la figura tridimensional pase a estar en dos dimensiones. Se ayudará con las figuras más complejas cuando soliciten ayuda al docente, trabajando siempre como mediador en el proceso de aprendizaje.

A continuación, se pedirá que trabajen con los dispositivos móviles. Deberán instalar en cada uno de ellos la aplicación Geogebra3D o Graficadora 3D Geogebra disponible para las plataformas Android e IOS. Una vez instalada, el docente explicará los elementos básicos de la aplicación, la sección de álgebra y la de herramientas. Se darán unos minutos de exploración para que se familiaricen, antes de pedirles que reproduzcan en la aplicación la figura que habían elegido.

Una vez que hayan diseñado la figura 3D en Geogebra, deberán realizar el desarrollo 2D y ver si coincide con el que habían realizado manualmente.

Por último, es momento de introducir la realidad aumentada y llevar las figuras al aula en la que se está llevando a cabo la situación didáctica. Para ello se utilizará la herramienta de AR (las siglas en inglés de realidad aumentada) que activarán la cámara del dispositivo y comenzará a buscar una superficie sobre la que reproducir la figura 3D.

4.3. Evaluación

Pare evaluar la actividad se han empleado dos instrumentos de evaluación. Por un lado se ha empleado la observación directa del alumnado en el aula y tomado registro de su implicación y nivel de atención durante la actividad. Por otra parte, se pidió al alumnado que subiesen una captura de pantalla tanto de la figura 3D en el entorno de Geogebra como en su proyección aumentada con la RA en el aula, a la actividad previamente creada en el campus virtual de la materia. De este modo, quedó evidencia del progreso y consecución de objetivos de cada alumno de forma individual.

La actividad en el aula virtual fue revisada de forma individual por el docente para cada uno de los alumnos, comprobando con una rúbrica que objetivos había sido alcanzados, así como su nivel de consecución.

5. RESULTADOS

La situación didáctica diseñada en este trabajo ha sido puesta en práctica en un aula de tercer curso de la *Facultade de Educación e Traballo Social* de la *Universidade de Vigo* en el curso 2022-23. Se ha realizado con seis grupos diferentes de alumnado y algunos resultados se pueden ver en esta sección. A continuación (figura 1) se muestra el diseño realizado en Geogebra por varias de las alumnas dónde se aprecian una pirámide, así como un cubo.

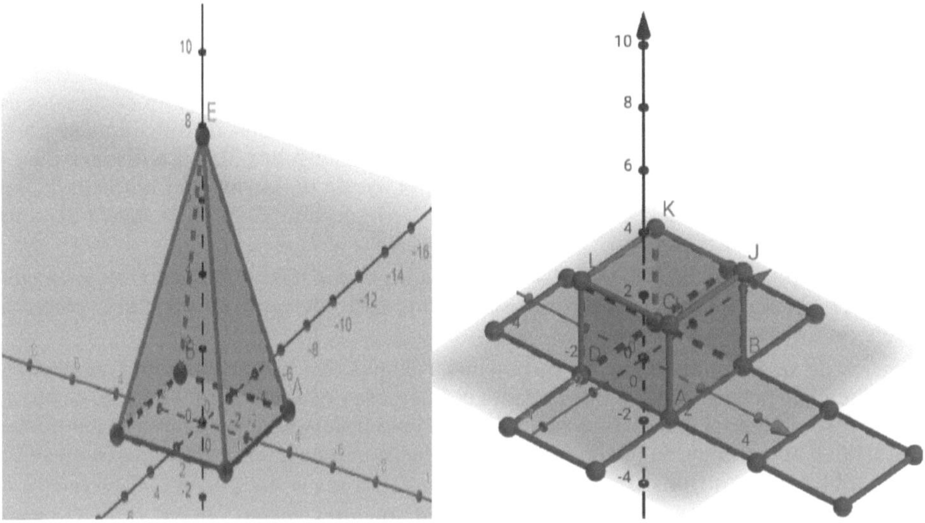

Figura 1. Pirámide (izquierda) y cubo (derecha) 3D diseñados con la herramienta Geogebra 3D. Fuente: Elaboración propia.

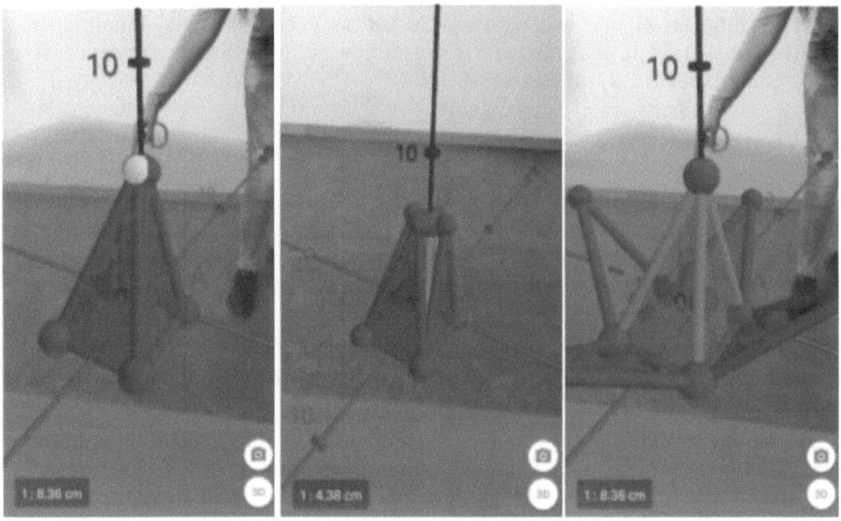

Figura 2. Pirámide 3D con varios pasos de su desarrollo 2D en el aula gracias a la realidad aumentada. Fuente: Elaboración propia.

6. DISCUSIÓN

Tal y como se ha evidenciado en el marco teórico, es necesario crear situaciones de aprendizaje para ayudar a trabajar las habilidades espaciales y el desarrollo de la percepción tridimensional. Por ese motivo se propuso la presente intervención basada en la realidad virtual para trabajar contenidos de geometría espacial en tres dimensiones.

La finalidad de esta situación didáctica es la de concienciar a los futuros maestros de infantil de la importancia que tiene trabajar contenidos espaciales y tridimensionales en el aula y que ellos mismos se vieran retados con diferentes niveles de dificultad, según el nivel de su visión espacial. Se empleó la herramienta Geogebra 3D para diseñar piezas sencillas como cubos, prismas o esferas y con la ayuda de la realidad aumentada, los visualizan en el aula. También vieron cómo se haría el desarrollo de la figura 3D a un plano, interactuando con ella.

Aunque la situación didáctica está diseñada para los destinatarios indicados en la sección 4.1, es posible adaptarla para otros destinatarios tanto de nivel universitario como de niveles inferiores.

En caso de que el alumnado no disponga de dispositivo móvil, se podrá analizar la posibilidad de proporcionarle uno durante el trascurso de la actividad. También se puede dar el caso de que el dispositivo con el que se está trabajando, no disponga del núcleo de realidad aumentada. Se puede intentar instalar, aunque algunos dispositivos no serán compatibles con el mismo.

El nivel de satisfacción observado en el alumnado fue elevado, mostraron interés y motivación al mismo tiempo que sorpresa por ser capaces de hacer de manera fácil algo que de antemano les parecía tan complejo.

Todo el alumnado que asistió a clase y participó en la actividad, terminó consiguiendo la mayor parte de los objetivos propuestos. El docente actuó en todo momento como facilitador y guía en el proceso resolviendo dudas y curiosidades. Finalmente, todos hicieron la entrega en la plataforma virtual donde se evidenció la consecución de los objetivos tanto específicos como general.

7. CONCLUSIONES

En resumen, la visión espacial en tres dimensiones es una habilidad esencial para muchas áreas de la vida, pero puede ser difícil de desarrollar para algunos niños y adultos. La falta de exposición a objetos tridimensionales y la falta de entrenamiento en esta habilidad pueden contribuir a esta dificultad, pero se puede mejorar con práctica y entrenamiento adecuados.

En este trabajo se ha expuesto una propuesta didáctica basada en la teoría de las situaciones didácticas y se ha puesto en práctica con varios grupos de alumnado, futuro docentes de Educación Infantil.

Para ello se ha establecido un marco teórico que brinda contexto a la situación. Posteriormente se han detallado los elementos metodológicos necesarios para llevar a cabo la actividad explicando los elementos TIC necesarios para su puesta en práctica. Finalmente se explica brevemente qué instrumentos de evaluación se pueden emplear, y de hecho se han empleado en los grupos en los que se ha puesto en práctica.

Se trata de una actividad innovadora que emplea la realidad virtual para trabajar en profundidad el concepto de visión espacial. Debido a su éxito e interés, surge la necesidad de crear alguna actividad empleando técnicas similares en la misma línea de trabajo en el futuro.

8. REFERENCIAS

Brousseau, G. (2007). *Iniciación al Estudio de la Teoría de Situaciones Didácticas*. Zorzal.

Götz, D., Gasteiger, H. (2022). Reflecting geometrical shapes: approaches of primary students to reflection tasks and relations to typical error patterns. *Educational Studies in Mathematics, 111*, 47–71 https://doi.org/10.1007/s10649-022-10145-5

Koparan, T. *et al* (2023) Integrating augmented reality into mathematics teaching and learning and examining its effectiveness. *Thinking Skills and Creativity, 47*, March, 101245 https://doi.org/10.1016/j.tsc.2023.101245

Montes M.A. *et al.* (2022). Construyendo conocimiento especializado en geometría: un experimento de enseñanza en formación inicial de maestros. *Aula Abierta, 51*(1), 27–36. https://doi.org/10.17811/rifie.51.1.2022.27-36

Moral-Sánchez, S. N., Sánchez-Compaña, M. T., & Romero, I. (2022). Geometry with a STEM and gamification approach: A didactic experience in Secondary Education. *Mathematics, 10*(18), 3252. http://dx.doi.org/10.3390/math10183252

Suárez Moya, W. A., León Corredor, O. L. (2016). La visualización espacial en niños y en niñas. *Revista Horizontes Pedagógicos, 18*(2), 110-119.

Teófilo de Sousa, R. et al. (2021). GeoGebra 3D in the study of orthogonal projections supported by the Theory of Didactic Situations. *Jornal Internacional de Estudos Em Educação Matemática, 14*(1), 92–98. https://doi.org/10.17921/2176-5634.2021v14n1p92-98

9. AGRADECIMIENTOS

Esta actividad ha sido desarrollada aplicando dentro del proyecto de innovación docente de la Facultade de Educación e Traballo Social del Campus de Ourense, Universidade de Vigo.

ADQUISICIÓN DE COMPETENCIAS TRANSVERSALES Y ESPECÍFICAS A TRAVÉS DE LA IMPLANTACIÓN DE UNA ACTIVIDAD FORMATIVA TRANSVERSAL EN UN MÁSTER UNIVERSITARIO

Vanesa Mancebo Campos [1], *Almudena Soriano Pérez* [1], *Justa Mª Poveda Colado* [1]

El presente texto nace de la concesión del proyecto "Desarrollo de nuevos productos: actividad trasversal para mejorar el aprendizaje de competencias profesionales multidisciplinares en el Máster Universitario en Innovación y Desarrollo de Alimentos de Calidad." en la XII convocatoria de proyectos de Innovación y Mejora Docente 2021/2023 de la Universidad de Castila La Mancha.

1. INTRODUCCIÓN

El Máster en Innovación y Desarrollo de Alimentos de Calidad (mIDeA) de la Universidad de Castilla-La Mancha pretende formar a profesionales para desarrollar o mejorar productos alimentarios de alta calidad y elevado valor añadido, respondiendo a los retos y tendencias actuales y a las exigencias planteadas por los consumidores. Se implantó en el curso 2015-2016 y se trata de un título semipresencial estructurado en un total de 60 ECTS que se imparten en un solo curso académico. Como todas las titulaciones académicas, las competencias o resultados de aprendizaje del mIDeA se dividen en específicas y en generales o transversales (ANECA, 2008). Es conocido que la adquisición de conocimientos y competencias por parte de los estudiantes se mejora en un grado significativo cuando se enmarcan en actividades de enseñanza-aprendizaje en las que el estudiante debe participar activamente, durante un periodo de tiempo, con el objetivo de encontrar la solución o soluciones a un planteamiento o problema (Xun *et al.*, 2020; Freeman *et al.*, 2014). Un sistema que ha generado buenos resultados de aprendizaje es el basado en proyectos (Janke y Pesko, 2018; Mousa, 2018). La actividad innovadora que se describe en este artículo está alineada con el mencionado aprendizaje basado en proyectos y se considera clave para contribuir al desarrollo competencial de los estudiantes en competencias específicas como "saber llevar a cabo el diseño y la formulación de nuevos productos de calidad diferenciada y alto valor añadido", al mismo tiempo que en las competencias transversales de organizar y planificar, resolución de problemas, gestión de la información, trabajo en equipo y liderazgo, razonamiento crítico y toma de decisiones, comunicación, creatividad y emprendimiento, entre otras.

1. Universidad de Castilla-La Mancha (España)

2. OBJETIVOS

El objetivo general del presente proyecto es diseñar, planificar y llevar a cabo una nueva actividad formativa transversal de enseñanza-aprendizaje que permita a los alumnos del Máster en Innovación y Desarrollo de Alimentos de Calidad desarrollar los conocimientos y adquirir las competencias profesionales necesarias para liderar o desempeñar con eficacia el proceso de desarrollo y creación de nuevos productos en una empresa del sector de la alimentación.

Los objetivos específicos planteados son los siguientes:

1. Definir los objetivos específicos de cada actividad que realice el profesorado en cada fase del proceso
2. Definir y aplicar los procedimientos y los criterios de evaluación de cada etapa de la actividad y de la actividad global
3. Definir los indicadores de calidad y aplicar el procedimiento de evaluación del desarrollo de la actividad
4. Que el estudiante conozca y aplique las herramientas de generación, evaluación y filtración de ideas necesarias para decidir el nuevo producto a desarrollar
5. Que el estudiante conozca los diferentes aspectos que debe considerar para definir correcta y completamente el nuevo producto y adquiera la capacidad de búsqueda y gestión de la información necesaria
6. Que el estudiante conozca y aplique las herramientas de desarrollo y evaluación del producto piloto
7. Que el estudiante conozca y sea capaz de proporcionar al equipo la información necesaria sobre el producto que facilitará su lanzamiento a escala piloto

3. METODOLOGÍA

A continuación, se indica la metodología que se siguió para conseguir los objetivos del proyecto. Ésta se ha estructuró en tres partes.

3.1. Planificación de la actividad transversal.

El desarrollo de productos alimenticios depende en gran parte de cada empresa y su entorno y, por lo tanto, varía de un proyecto a otro, pero existe una estructura básica y general que es el Proceso de Desarrollo de un Nuevo Producto. El desarrollo de un producto, desde la simple idea hasta su concreción real, es un proceso en continua evolución. Se requiere la creatividad en el desarrollo de ideas de producto y posteriormente para el detalle del producto, pero es importante que la creatividad no desemboque en un producto que esté fuera de la estrategia empresarial. Por ello la necesidad de seguir un proceso creativo-lógico, estructurado normalmente en las siguientes etapas (Aramouni y Deschenes, 2018):

- DECIDIR cuál va a ser el producto creado, considerando multitud de ideas sobre su necesidad en el mercado, tendencias de consumo, estatus y marca de la empresa fabricante, etc.
- DESCUBRIR quién será el consumidor diana, las necesidades de éste, el sector de compra al que pertenece, su poder de decisión de compra, así como la competencia que el producto ya puede tener.

- DEFINIR las características del producto con el máximo grado de especificación: formulación, ingredientes, características sensoriales, composición nutricional, requerimientos legales y criterios de calidad, vida útil, packaging, etc.
- DESARROLLAR el producto con el mayor nivel de realidad posible. Transformar el producto desde su idea al producto final, que posea todas las características definidas para hacerlas llegar al consumidor con el mayor grado de realidad posible.
- LANZAR el producto al mercado, para lo que previamente hay que definir aspectos como su precio de venta, sistema logístico, o almacenamiento y transporte, fundamentales para trazar un correcto plan de marketing.

Por otro lado, los profesores participantes en este proyecto decidieron en las reuniones iniciales, el modo concreto de llevar a cabo la actividad transversal:

- se determinó el sistema de organización y composición de los equipos de desarrollo de nuevo producto
- se detallaron los objetivos específicos de cada actividad que se pretendía realizar, emulando cada etapa de desarrollo de un producto, así como su procedimiento
- se definieron también los procedimientos y los criterios de evaluación de cada actividad, así como de la actividad global, que resultaron ser rúbricas que detallaban los indicadores de logro de cada una de las competencias evaluadas y los descriptores del grado de adquisición de dicha competencia
- se estimó un tiempo aproximado de dedicación a cada actividad, en el aula y de forma autónoma por el alumno, tiempo que se confirmó una vez realizadas las actividades con el fin de transformarlo en créditos ECTS presenciales y de trabajo autónomo.
- se fijaron las actividades dentro del calendario académico y del horario del mIDeA, de manera que se ajustaron perfectamente a los créditos actuales de la titulación
- se definió el modo de desarrollar las tutorías (duración, estructura) y la asignación de tutores por equipo
- se establecieron los indicadores de calidad y el procedimiento de evaluación del desarrollo e implementación de la actividad transversal, que incluían cuestionarios a profesores y alumnos sobre el tipo de actividades realizadas y tiempo dedicado a las mismas, y cuestionarios a profesores y alumnos sobre el procedimiento, el proceso y el resultado del trabajo transversal.

3.2. Implantación del trabajo transversal.

Siguiendo la estructura de las etapas de desarrollo de un nuevo producto que se han enumerado en el apartado anterior, se llevaron a cabo las tareas planificadas, tanto en el aula como de forma autónoma por el alumno. Se establecieron periodos de inicio y de fin de cada tarea a lo largo del curso que se dieron a conocer a los alumnos. Se indican a continuación los procedimientos planificados:

3.2.1. Decidir el producto a desarrollar

El objetivo de esta tarea es decidir cuál va a ser el producto creado, generando y evaluando multitud de ideas sobre su necesidad en el mercado, tendencias de consumo, estatus y marca de la empresa fabricante, etc.

En esta etapa un profesor participante en el proyecto, explicó a los alumnos la actividad transversal completa, su objetivo, tareas y evaluación continua. Creó los "Equipos de desarrollo de nuevo producto" (entre 3 y 5 equipos multidisciplinares en función de las titulaciones de los alumnos), dejando a decisión del equipo la asignación de roles entre sus miembros (por ej., responsable I+D, responsable calidad, responsable producción, responsable comercial, etc).

Posteriormente, otro profesor del equipo orientó a los equipos sobre la tarea de generación de ideas, evaluación y filtración de éstas. Se trabajó para que los alumnos aprendieran a utilizar técnicas de brain-storming o similar.

La explicación de ésta y las siguientes tareas por los profesores se realizó en el aula, pero para las sesiones de trabajo en equipo, los alumnos podían disponer de espacios de trabajo dentro de los edificios de la Facultad de Ciencias y Tecnologías Químicas.

Los alumnos tuvieron acceso en todo momento a los recursos bibliográficos de la biblioteca.

3.2.2. Descubrir el target idóneo y el nicho de mercado del nuevo producto

En este caso, el objetivo es averiguar quién será el consumidor diana, las necesidades de éste, el sector de compra al que pertenece, su poder de decisión de compra, así como la competencia que el producto ya puede tener.

Se realizó mayormente de forma autónoma por parte del alumno dentro de su comité de innovación. Hubo un seguimiento de esta tarea por parte de un profesor del equipo.

3.2.3. Definir las características del nuevo producto

Los alumnos en esta etapa tendrán como objetivo definir las características del producto con el máximo grado de especificación.

Se orientó y solicitó a los alumnos que, a partir de los contenidos y documentación obtenida en las diferentes asignaturas, trabajasen en concretar aspectos del producto como su entorno legislativo, parámetros de calidad, índices y marcadores de autenticidad y calidad, creación de la ficha técnica completa, creación de etiqueta, estudiar la posibilidad de patente, etc. También se les pidió que investigasen y definiesen el proceso de elaboración del producto elegido, los peligros asociados y las causas de pérdida de calidad del producto y su vida útil.

3.2.4. Desarrollo del producto piloto

En esta etapa los equipos deben tratar de elaborar un producto piloto real, con los medios disponibles en la Facultad, o a partir de los recursos externos a los que ellos puedan tener acceso. La idea es que, a través del producto piloto, el mayor número de características puedan llegar al consumidor, de manera física (elaborando el producto real) o simbólica (realidad virtual, video, imagen).

Posteriormente, tuvieron que diseñar una o varias pruebas de evaluación sensorial del producto piloto, con un grupo de consumidores objetivo (por ejemplo, un equipo contrario).

Para llevar a cabo esta tarea, se estudió la posibilidad de que los alumnos utilizasen de forma autónoma pero supervisada los equipos de la planta piloto del Edificio Marie Curie perteneciente a la Facultad de Ciencias y Tecnologías Químicas.

3.2.5. Análisis pre-lanzamiento y fase de prueba del producto piloto

En esta etapa, emulando de nuevo la realidad de la industria alimentaria en la fase previa al lanzamiento de un producto piloto, el objetivo es que, con los conocimientos adquiridos hasta el momento, los alumnos determinen en su producto aspectos como el coste de producción, coste de innovación y desarrollo, precio estimado de venta, objetivos de ventas, cuota de mercado o beneficios en los primeros años.

Tras las etapas descritas en 3.2.2. y 3.2.3 se realizaron, respectivamente, una TUTORÍA INICIAL y una TUTORÍA INTERMEDIA de seguimiento y consulta con los alumnos en las que, por equipos, expusieron el trabajo realizado hasta el momento y las dudas correspondientes a varios profesores relacionados con los contenidos de las etapas en cuestión. Los tutores pudieron formular preguntas con carácter evaluativo a los alumnos.

3.2.6. Exposición del proyecto de desarrollo de nuevo producto: tutoría final

En esta etapa, los diferentes equipos expusieron cuál ha sido el producto desarrollado, explicando el procedimiento seguido, la justificación de las decisiones tomadas, la valoración del producto por los consumidores objetivo, y sus conclusiones finales. Esta exposición se realizó ante varios profesores que solventaron las dudas del equipo y también pudieron formular preguntas con carácter evaluativo a los alumnos.

3.3. Evaluación de la implantación de la actividad transversal y propuestas de mejora

La última fase fue ejecutar los mecanismos de seguimiento establecidos en la planificación para comprobar el grado de consecución de los objetivos específicos, y verificar si la actividad se llevó a cabo correctamente. El grupo de profesores participantes en el proyecto analizó los resultados de la evaluación formativa, la adecuación del tiempo dedicado a cada actividad presencial y a las de trabajo autónomo, así como la percepción que mostraron estudiantes y profesorado de la actividad transversal y de las competencias desarrolladas en la misma.

Tras la evaluación de los resultados, se establecieron y ejecutaron las medidas correctoras que sirvieron al Plan de mejora continua de la actividad transversal para el siguiente curso.

4. DESARROLLO

Se ha llevado a cabo la realización de la actividad de forma completa por equipos con los alumnos del curso 2021-22, así como del curso 2022-23.

Las actividades realizadas han sido las siguientes:

4.1. Curso 2021-22

- Elaboración de los documentos explicativos Protocolo de la Actividad Transversal (AT) para profesores y del Protocolo del AT para alumnos
- Elaboración del Cronograma del proyecto con las distintas etapas de la AT así como las tutorías de seguimiento-evaluación durante el curso 2021-22
- Elaboración de la Tabla de actividades y dedicación temporal
- Realización de la Tutoría 0. Presentación y descripción de la actividad a los alumnos (12/11/2021)
- Creación de los equipos de trabajo multidisciplinares: se realizó por parte de los profesores teniendo en cuenta las titulaciones y el perfil de cada alumno, considerando que hubiera la mayor multidisciplinariedad posible. Propuesta de un listado de roles para su asignación entre los miembros de cada grupo: ej., presidente, secretario, responsable I+D, responsable calidad, responsable producción, responsable comercial, etc. Con un total de 19 alumnos matriculados en el curso 2021-22, se crearon 4 equipos
- A continuación, tuvieron lugar las distintas tutorías de seguimiento-evaluación que se programaron, en las que los alumnos por equipos expusieron, normalmente de forma presencial o a veces mixta, el trabajo realizado correspondiente a cada una de las etapas del desarrollo del nuevo producto. En todas ellas ha habido asesoramiento y evaluación por parte de varios profesores participantes en el proyecto y que imparten docencia en cada una de las asignaturas relacionadas con cada etapa de realización de la AT
- Realización de la Tutoría 1: presentación de los resultados de la etapa Decidir-Descubrir (14/01/2022). Los estudiantes, tras aplicar el proceso de generación y evaluación de ideas explicado en clase para decidir una idea de nuevo producto, lo presentaron los tutores y explicaron el procedimiento seguido en la decisión.
- Realización de la Tutoría 2: presentación de los resultados de la etapa Definir (04/03/2022 y 22/04/2022). Los alumnos definieron y caracterizaron el nuevo producto, presentando la siguiente información ante los tutores: ficha técnica con las características de composición, físico-químicas y microbiológicas; entorno legislativo y parámetros de calidad del producto (legislación a aplicar, calidad diferenciada, procedimiento de inscripción en el RGSEAA); descripción del proceso de elaboración (dia-grama de flujo, etapas, método de conservación según vida útil a obtener); causas de pérdida de calidad y seguridad alimentaria del producto; vida útil definiendo el/los métodos que se emplearán para determinarla; descripción de la funcionalidad del producto innovador, información del etiquetado nutricional y de las posibles declaraciones nutricionales o de propiedades saludables, justificación de su integración; etiqueta, marca (imagen) y procedimiento de registro de marca; posibilidad de patente en producto o proceso.
- Realización de la Tutoría 3: presentación de los resultados de la etapa Desarrollar. (08/04/2022 y 19/05/2022). Los alumnos elaboraron diferentes prototipos del producto, algunos de manera física (elaborando el producto a nivel casero o en empresa) o simbólica (video, imagen) y los presentaron a los tutores. También diseñaron y justificaron las pruebas de análisis sensorial que utilizaron con un grupo de consumidores objetivo, explicando el tratamiento estadístico de los resultados y las decisiones tomadas en base a los mismos.

- Realización de la Tutoría 4: presentación de los resultados de la etapa Pre-Lanzamiento (20/05/2022). Los alumnos establecieron el coste del producto, el precio estimado, la rentabilidad económica, los objetivos de ventas, la cuota de mercado, los beneficios en los primeros años, etc, presentando ante el tutor las herramientas utilizadas para ello y las hipótesis planteadas.
- Realización de la Tutoría Final (24/06/2022). Los equipos describieron ante los tutores todo el proceso en conjunto, algunos incluso volviendo a presentar prototipos mejorados de los productos. En esta última tutoría participó la mayoría de los profesores integrantes del proyecto.
- De forma paralela y previamente a la realización de cada tutoría se elaboraron y publicado en Campus Virtual las correspondientes rúbricas de evaluación, con las competencias específicas a evaluar en cada tutoría, los indicadores que concretan la evaluación y los descriptores que detallan los 4 niveles de consecución: necesita mejorar, suficiente, notable y sobresaliente.
- También tuvieron lugar diversas reuniones de trabajo de todos los profesores participantes en el proyecto y, sobre todo, del equipo de dirección del mismo, para ir tomando decisiones sobre la implantación del proyecto en tiempo real y para ir implementando medidas.
- Las calificaciones obtenidas en cada tutoría de evaluación suponían el 10% de la nota final de la AT, mientras que la tutoría final supuso el 40%. El equipo con mayor calificación sumó 1 punto a la nota obtenida en su TFM, mientras que los demás sumaron puntuaciones proporcionales según la calificación obtenida en la AT (+0.50, +0.78, +0.84 puntos)
- Al finalizar el curso 2021-22, se hizo llegar a los profesores participantes un cuestionario de evaluación de la actividad, con preguntas relacionadas con el grado de percepción de adquisición de competencias específicas y transversales del máster, el grado de dedicación temporal de la actividad, o su forma de evaluación.
- También se pasó un cuestionario similar a los alumnos con el fin de evaluar la percepción del desarrollo de la actividad.
- Se evaluaron las respuestas obtenidas en los cuestionarios, así como las observaciones del equipo de dirección durante el primer curso de la actividad, para realizar las oportunas modificaciones a implantar en el curso 2022-23.

En la Figura 1 se muestra un ejemplo de la rúbrica utilizada en la etapa final con las calificaciones obtenidas por cada grupo.

RÚBRICA ANALÍTICA DE EVALUACIÓN Actividad transversal mIDeA 2021-22

ETAPA FINAL

	NIVELES DE LOGRO					Calificación ponderada (sobre 10 ptos)			
INDICADORES	Necesita mejorar (4)	Suficiente (6)	Notable (7,5)	Sobresaliente (10)	Ponderación (%)	GRUPO 1	GRUPO 2	GRUPO 3	GRUPO 4
La presentación es atractiva y ayuda a entender el proceso y el producto final	La presentación refleja un esfuerzo mínimo, no entusiasma al espectador con el producto. La longitud es mínima y los procesos no están suficientemente explicados	La presentación es visualmente atractiva. Se crea poco interés en el producto. La longitud es adecuada pero algún proceso no está suficientemente explicado.	La presentación es creativa, visualmente atractiva. Se crea cierto interés en el producto. La longitud es suficiente y explica los procesos	La presentación es creativa, visualmente atractiva y comercializa completamente el producto. La longitud permite explicar los procesos de forma clara.	10	0.91	0.79	0.69	0.81
Describen adecuadamente y con concreción la finalidad del producto desarrollado	No describen prácticamente la finalidad el producto y apenas concretan características del mismo, haciendo muy difícil imaginar su posible desarrollo	Definen la finalidad del producto y describen someramente algunas carácteristicas del mismo/ o proporcionan bastantes características del producto con importantes deficiencias a corregir	Definen la finalidad el producto correctamente y describen las características del mismo, con alguna pequeña deficiencia	Definen la finalidad del producto correctamente y describen ampliamente las características del mismo, proporcionando referencias	15	1.43	1.27	1.06	1.22
Describen adecuadamente el proceso de elaboración y conservación del producto	No describen prácticamente el proceso y el modo de conservación y vida útil	Describen someramente el proceso de elaboración y conservación/ o proporcionan bastantes características del proceso con importantes deficiencias a corregir	Definen el proceso correctamente y describen las características del mismo, con alguna pequeña deficiencia	Definen el proceso correctamente y describen ampliamente las características del mismo, proporcionando referencias	15	1.41	1.31	1.10	1.29
Calidad del prototipo presentado	La elaboración del prototipo parece descuidada o casual. Muchos detalles del producto no quedan reflejados en el mismo.	Buena construcción pero 3-4 detalles podrían haber sido refinados para un prototipo más atractivo.	Construcción cuidadosa, pero 1-2 detalles podrían haber sido refinados para un prototipo más atractivo	El gran cuidado tomado en la elaboración del prototipo hace que éste sea atractivo, y refleje sus características con exactitud	15	1.38	1.36	0.98	1.23
Calidad de la información legal y de marketing del producto	Escasa, imprecisa o incorrecta	Suficiente con algunas incorrecciones	Suficiente, sin errores	Amplia, correcta y muy trabajada	15	1.38	1.35	1.07	1.22
Estudio sensorial para la aceptación del producto	La metodología seguida son totalmente inadecuadas para el objetivo pretendido	La metodología seguida no es la más adecuada o no se describe de forma adecuada	Han seguido correctamente la metodología de acuerdo al objetivo perseguido	Han seguido correctamente la metodología para alcanzar objetivos diferentes y obtener más información	15	1.42	1.26	1.05	1.32
Utilizan criterios correctos para estimar los costes, la estimación de la demanda y la viabilidad económica	No queda claro cómo se han determinado los ítems planteados	La estimación se ha basado en criterios subjetivos poco fiables	La estimación se ha basado en criterios objetivos y fiables	La estimación se ha basado en criterios objetivos y fiables y se ha explicado y presentado de forma clara y coherente	15	1.2	1.2	1.35	1.305
					100	***9.1***	***8.5***	***7.3***	***8.4***

RÚBRICA ANALÍTICA DE EVALUACIÓN Actividad transversal mIDeA 2021-22

ETAPA FINAL

	NIVELES DE LOGRO					Calificación ponderada (sobre 10 ptos)			
INDICADORES	Necesita mejorar (4)	Suficiente (6)	Notable (7,5)	Sobresaliente (10)	Ponderación (%)	GRUPO 1	GRUPO 2	GRUPO 3	GRUPO 4
La presentación es atractiva y ayuda a entender el proceso y el producto final	La presentación refleja un esfuerzo mínimo, no entusiasma al espectador con el producto. La longitud es mínima y los procesos no están suficientemente explicados	La presentación es visualmente atractiva. Se crea poco interés en el producto. La longitud es adecuada pero algún proceso no está suficientemente explicado.	La presentación es creativa, visualmente atractiva. Se crea cierto interés en el producto. La longitud es suficiente y explica los procesos	La presentación es creativa, visualmente atractiva y comercializa completamente el producto. La longitud permite explicar los procesos de forma clara.	10	0.91	0.79	0.69	0.81
Describen adecuadamente y con concreción la finalidad del producto desarrollado	No describen prácticamente la finalidad el producto y apenas concretan características del mismo, haciendo muy difícil imaginar su posible desarrollo	Definen la finalidad del producto y describen someramente algunas carácteristicas del mismo/ o proporcionan bastantes características del producto con importantes deficiencias a corregir	Definen la finalidad el producto correctamente y describen las características del mismo, con alguna pequeña deficiencia	Definen la finalidad del producto correctamente y describen ampliamente las características del mismo, proporcionando referencias	15	1.43	1.27	1.06	1.22
Describen adecuadamente el proceso de elaboración y conservación del producto	No describen prácticamente el proceso y el modo de conservación y vida útil	Describen someramente el proceso de elaboración y conservación/ o proporcionan bastantes características del proceso con importantes deficiencias a corregir	Definen el proceso correctamente y describen las características del mismo, con alguna pequeña deficiencia	Definen el proceso correctamente y describen ampliamente las características del mismo, proporcionando referencias	15	1.41	1.31	1.10	1.29
Calidad del prototipo presentado	La elaboración del prototipo parece descuidada o casual. Muchos detalles del producto no quedan reflejados en el mismo.	Buena construcción pero 3-4 detalles podrían haber sido refinados para un prototipo más atractivo.	Construcción cuidadosa, pero 1-2 detalles podrían haber sido refinados para un prototipo más atractivo	El gran cuidado tomado en la elaboración del prototipo hace que éste sea atractivo, y refleje sus características con exactitud	15	1.38	1.36	0.98	1.23
Calidad de la información legal y de marketing del producto	Escasa, imprecisa o incorrecta	Suficiente con algunas incorrecciones	Suficiente, sin errores	Amplia, correcta y muy trabajada	15	1.38	1.35	1.07	1.22
Estudio sensorial para la aceptación del producto	La metodología seguida son totalmente inadecuadas para el objetivo pretendido	La metodología seguida no es la más adecuada o no se describe de forma adecuada	Han seguido correctamente la metodología de acuerdo al objetivo perseguido	Han seguido correctamente la metodología para alcanzar objetivos diferentes y obtener más información	15	1.42	1.26	1.05	1.32
Utilizan criterios correctos para estimar los costes, la estimación de la demanda y la viabilidad económica	No queda claro cómo se han determinado los ítems planteados	La estimación se ha basado en criterios subjetivos poco fiables	La estimación se ha basado en criterios objetivos y fiables	La estimación se ha basado en criterios objetivos y fiables y se ha explicado y presentado de forma clara y coherente	15	1.2	1.2	1.35	1.305
					100	***9.1***	***8.5***	***7.3***	***8.4***

Figura 1. Ejemplo de rúbrica analítica utilizada para la evaluación de una etapa de la AT

4.2. Curso 2022-23

Durante el curso 2022-23 se ha vuelto a realizar la actividad transversal (AT), básicamente en los mismos términos que el curso 2021-22, pero con los siguientes cambios:

- Los equipos de trabajo los forman los alumnos, bajo la supervisión de la dirección del proyecto, con el fin de facilitar las reuniones presenciales para el trabajo en equipo.

- Se han introducido en el calendario compartido las horas autónomas aproximadas que deberían dedicar los alumnos a la AT y al resto de tareas de otras asignaturas, con el fin de orientarles en la dedicación continua que conviene procurar a cada trabajo autónomo.
- Se establecieron fechas máximas de entrega de las tareas de la AT (no fechas aconsejadas).
- La calificación obtenida en cada tutoría de evaluación ha supuesto el 10% de la nota de una asignatura del máster relacionada con las tareas correspondientes a la etapa que se esté evaluando. Estas asignaturas son: Tendencias en el sector de la alimentación (tutoría 1), Análisis Sensorial Avanzado (tutoría 2), Innovación tecnológica (tutoría 3), Desarrollo industrial (tutoría 4), y Propiedades y Desarrollo de alimentos funcionales (tutoría 5).
- La calificación obtenida en la tutoría final ha supuesto el 10% de la nota del TFM, ya que las competencias transversales necesarias para la realización del TFM se desarrollan en gran parte durante la AT.

Los alumnos han conocido la forma de evaluación desde el primer día de curso.

4.3. Materiales generados a lo largo del proyecto

Los materiales elaborados hasta el momento para profesores y alumnos han sido los siguientes:

- Protocolo del Trabajo Transversal (TT) para profesores
- Protocolo del TT para alumnos
- Cronograma del proyecto
- Tabla de actividades y dedicación temporal
- Calendario compartido con la dedicación al trabajo autónomo referido al TT
- Tabla de tutorías, fechas y profesores implicados
- Rúbricas analíticas de evaluación de cada etapa, en total 7 rúbricas
- Cuestionario de evaluación del trabajo transversal para profesores
- Cuestionario de evaluación del TT para alumnos

Todos estos documentos se encuentran disponibles para los profesores y alumnos en Campus Virtual (plataforma Moodle).

4.4. Evaluación de la implantación de la AT por alumnos y profesores

La implantación de la actividad trasversal fue valorada por alumnos y por profesores mediante sendos cuestionarios de 20 preguntas (Tablas 1 y 2) relacionadas con la adquisición de las competencias del máster, dinámica general, trabajo en equipo, tiempo de dedicación y plazos, instrumentos de evaluación utilizados (rúbricas), resultado de la evaluación, aprendizaje, y valoración general de la actividad.

En la Figura 2 se muestran los resultados obtenidos tras la valoración de los alumnos y profesores en las cuestiones específicas. La valoración global de la actividad fue de 3.1 y 4.1 sobre 5 puntos, por parte de alumnos en los cursos 2021-22 y 2022-23, respectivamente. En el 2021-22, los aspectos más criticados fueron las fechas máximas de presentación de las tareas, el tiempo dedicado a cada actividad, considerando las demás tareas simultáneas de otras asignaturas, y sobre todo no consideraron apropiado que la calificación de la AT tuviera un peso tan pequeño y solo repercutiese en la nota TFM, algo que se cambió para el curso 2022-23, como se ha mencionado.

El profesorado valoró muy positivamente la actividad, con un 4.7 sobre 5 puntos en 2021-22, y con 4.8 en 2022-23.

En cuanto a la autopercepción del nivel de adquisición de competencias específicas y transversales antes y después de realizar la actividad, los datos indicaron que todos los alumnos consideraron que la actividad transversal contribuyó a incrementar su grado de adquisición de las competencias transversales del máster.

Esto ocurrió en mayor medida en las competencias específicas (Figura 4), sobre todo para los alumnos del curso 2022-23.

La actividad ha despertado mi interés por adquirir las competencias específicas del máster
Me ha parecido conveniente que la actividad implique utilizar conocimientos anteriores al máster
La actividad planteada me parece adecuada para el nivel académico y los conocimientos adquiridos
Me ha parecido que la dinámica planteada genera inseguridad e incertidumbre, dudas sobre qué hay que realizar
Me ha parecido que el trabajar en equipo supone una dificultad
Me han parecido adecuadas las fechas y el ritmo en el que se aconsejaba presentar las diferentes tareas en Campus Virtual
El tiempo que le he dedicado a la actividad ha sido adecuado
Me han parecido adecuadas las fechas y el ritmo en el que se han programado las tutorías
Me ha resultado fácil entender lo que se me pediría en la evaluación con la rúbrica
Los indicadores de evaluación de la rúbrica son coherentes con los contenidos y objetivos desarrollados a lo largo del curso
La rúbrica recoge los aspectos fundamentales para evaluar las competencias específicas de la actividad
La evaluación realizada por los profesores ha sido justa y adecuada
Las correcciones han sido claras y han llegado adecuadamente al alumno
Me parece conveniente que la calificación de la actividad tenga un cierto peso en la calificación final de cada asignatura
Estoy satisfecho con el resultado de la evaluación de la actividad en general
Me parece conveniente que la calificación de la actividad tenga un cierto peso en la calificación final del TFM
En mi opinión, este tipo de actividad facilita el aprendizaje funcional y significativo
En mi opinión, este tipo de actividad aumenta la motivación hacía el aprendizaje
En mi opinión, encuentro beneficio en la realización de esta actividad, me parece positiva
Mi implicación (trabajo, actitud, participación) en la actividad ha sido máxima

Tabla 1. Preguntas del cuestionario de valoración para alumnos

1. Considero que la actividad despierta el interés de los alumnos por adquirir las competencias específicas del máster
5. Me ha parecido que el trabajo se ha realizado adecuadamente "en equipo", con la participación de todos los miembros

6. Me han parecido adecuadas las fechas y el ritmo en el que se aconsejaba presentar las diferentes tareas en Campus Virtual
7. Me ha parecido conveniente que la actividad tenga carácter obligatorio
10. Los indicadores de evaluación de la rúbrica son coherentes con los contenidos y objetivos desarrollados a lo largo del curso por mi parte en mi/s asignatura/s
13. Considero que mis correcciones o feed-back han llegado adecuadamente al alumno
15. Estoy satisfecho con el resultado de los trabajos de cada equipo en la actividad en general
18. En mi opinión, este tipo de actividad aumenta la motivación del profesor hacía la enseñanza
20. En mi opinión, el trabajo colaborativo con otros profesores para plantear tareas y actividades me parece positivo, ayuda a integrar los conocimientos impartidos y evaluar de forma más objetiva

Tabla 2. Preguntas del cuestionario de valoración para profesores (solo se indican las que difieren respecto a las cuestiones para alumnos)

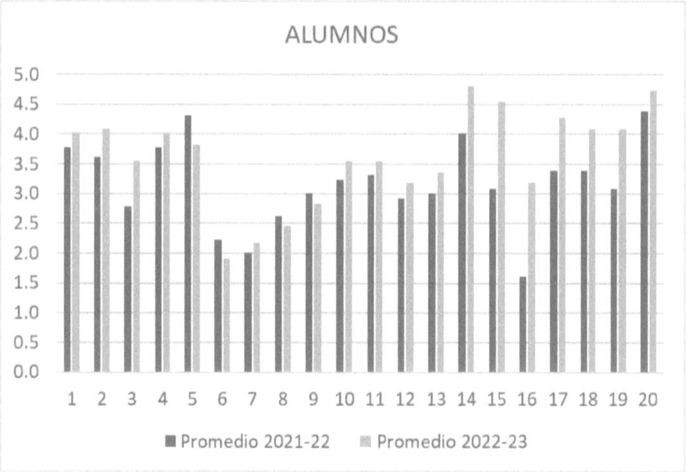

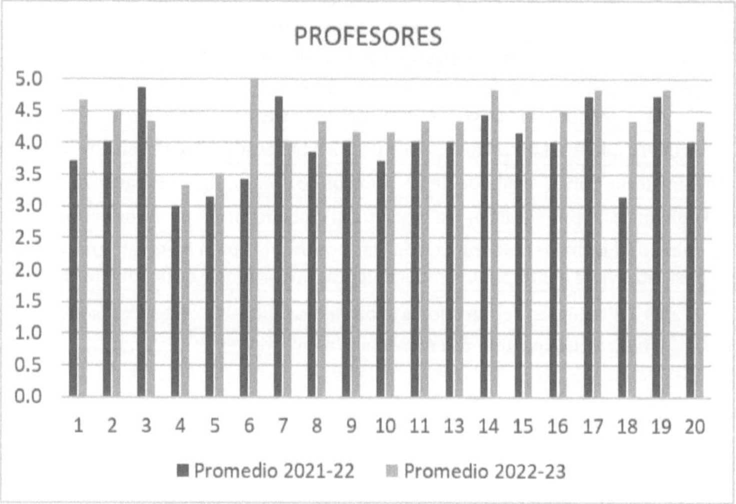

Figura 2. Valoración de las cuestiones reflejadas en las Tablas 1 y 2.

Figura 3. Autopercepción del grado de adquisición de las competencias transversales por parte de los alumnos.

Figura 4. Autopercepción del grado de adquisición de las competencias específicas por parte de los alumnos.

5. CONCLUSIONES

En conclusión, el presente proyecto de innovación docente ha logrado alcanzar en su totalidad el objetivo general de diseñar, planificar y llevar a cabo una actividad formativa transversal de enseñanza-aprendizaje que permita a los alumnos del Máster en Innovación y Desarrollo de Alimentos de Calidad adquirir los conocimientos y competencias necesarias para liderar o desempeñar con eficacia el proceso de desarrollo de nuevos productos en el sector de la alimentación.

Además, se han cumplido los objetivos específicos establecidos, que incluyen la definición de los objetivos de cada actividad realizada por el profesorado en cada fase del proceso, la aplicación de procedimientos y criterios de evaluación, el conocimiento y aplicación de herramientas de generación, evaluación y filtración de ideas, la comprensión de los aspectos clave para definir correctamente el nuevo producto y la adquisición de habilidades de búsqueda y gestión de información. Asimismo, se han alcanzado los objetivos relacionados con el conocimiento y aplicación de herramientas de desarrollo y evaluación del producto piloto, la capacidad de proporcionar información relevante para el lanzamiento a escala piloto y la definición de indicadores de calidad y aplicación de un procedimiento de evaluación integral.

La evaluación de la actividad por profesores y alumnos ha sido bastante positiva, mejorando en el último curso académico de forma sustancial, después de aplicar ciertos cambios respecto al curso anterior.

En resumen, se puede afirmar que el proyecto de innovación docente ha logrado satisfactoriamente los objetivos propuestos, lo que demuestra su eficacia para desarrollar las habilidades y conocimientos necesarios en los estudiantes del Máster en Innovación y Desarrollo de Alimentos de Calidad en relación con el proceso de desarrollo de nuevos productos en el sector alimentario.

6. REFERENCIAS

ANECA (2008). Protocolo de Evaluación para la Verificación de Títulos Universitarios Oficiales (Grado y Máster). ANECA. V.01- 16/02/08

Xun Ge, X., Lin, Y.L. Bryant, J.R. (2020). The Effects of Inquiry-Based Learning on Student Engagement and Achievement: Evidence from a Meta-Analysis. *Educational Research Review*, Vol. 38

Freeman, S., Eddy, S.L. McDonough, M., Smith, M.K. Okoroafor, N. Jordt, H., Wenderoth, M.P. (2014) Active Learning Increases Student Performance in Science, Engineering, and Mathematics. *Proceedings of the National Academy of* Sciences, *111*(23)

Janke, K.D., Pesko, P.T. (2018) Project-Based Learning in Higher Education: A Systematic Review of Benefits and Limitations. *Higher Education Studies*, *8*(3)

Mousa, S. (2018) Project-Based Learning: A Review on Evaluation and Assessment in Higher Education. *Journal of Education and Practice*, *9*(26)

Aramouni, F. Deschenes, K. (2018) Methods for developing new Food products. An instructional guide. *DEStech Publications Inc. Pensilvania* (USA)

DESCOMPONIENDO LOS NUEVOS ACRÓNIMOS ¿CÓMO SE CONSTRUYE UNA RELACIÓN ENTRE HUMANIDADES, CIENCIAS SOCIALES Y LA EDUCACIÓN STEM?

Giancarlo Marcone[1], *Gabriela García Benavente*[1]

1. INTRODUCCIÓN

Existe una tendencia creciente a reclamar mayor interdisciplinariedad en la educación superior. Los giros paradigmáticos en los últimos años sobre cómo se percibe el rol de la ciencia y la tecnología en la sociedad proponen la necesidad de enfrentar los grandes desafíos que suponen las problemáticas socio-ambientales de desarrollo (Boon & Edler, 2018; Chaminade & Lundvall, 2019; Kattel & Mazzucato, 2018; Vasen, 2016). Estos ponen de manifiesto que problemáticas como: salud, calidad de vida, educación, medio ambiente, entre otras; son en esencia multidimensionales y están entrelazadas entre sí, constituyendo problemas complejos que necesitan aproximaciones interdisciplinarias. ¿Estamos preparando a los profesionales capaces de operar en esta necesaria interdisciplinariedad?

Una propuesta vigente desde los 90´s que sigue sirviendo como guía para afrontar la interdisciplinariedad en la educación es la propuesta de "Educación STEM" (*Science, Technology, Engineering, Math*). Esta propone integrar conocimientos aplicados y teóricos en la enseñanza, enfocados a la resolución de problemas concretos: la tecnología y los principios de ingeniería como conocimiento aplicado y los conocimientos teóricos representados por las ciencias básicas y las matemáticas (Bybee, 2010 y 2013). A esta propuesta de Educación STEM se han sumado voces reclamando ampliar su alcance incluyendo otras disciplinas y competencias, especialmente las disciplinas de humanidades, artes y ciencias sociales (HACS). Inicialmente estas nuevas propuestas estaban centradas en incorporar a la Educación STEM la creatividad y la capacidad del pensamiento abstracto. Es así como surgen las propuestas de transformar la Educación STEM en STEAM, incluyendo específicamente el arte (Aguilera & Ortiz-Revilla 2021; Conradty & Bogner, 2018). A esta propuesta le siguieron planteamientos donde se llamaba la atención sobre la necesidad de incorporar a esta interdisciplinariedad las demás disciplinas de humanidades y ciencias sociales. Por ejemplo, así tenemos las propuestas STEAM+H y EDS (Educación para el Desarrollo Sostenible) (United Nations Educational, Scientific and Cultural Organization (UNESCO), 2019) que vienen siendo promovidas desde los organismos internacionales (UNESCO, 2023). O incluso propuestas que siguen el modelo de la Educación STEM pero que intentan cambiar el balance entre las disciplinas, por ejemplo "SHAPE" (*Science, Humanities, Arts for People and the Economy/Environment*)

1. Universidad de Ingeniería y Tecnología (Perú)

(The British Academy, 2021) o "TACH-di" (Tecnología, Artes, Ciencias y Humanidades) (Caeiro, 2021).

Sin embargo, más allá de los acrónimos, la pregunta subyacente subsiste ¿cómo se construye una relación ente Humanidades, Ciencias Sociales y las disciplinas STEM en un contexto de educación superior? En específico, ¿cómo las Ciencias Sociales y las Humanidades, en el contexto de carreras de ingeniería y ligadas a tecnología, contribuyen efectivamente a la formación de profesionales más completos y competentes para afrontar los retos del desarrollo sostenible? En la práctica, la operativización de esta interdisciplinariedad entre las disciplinas HACS y las disciplinas STEM en contextos educativos es complicada, para algunos su aplicación aún sigue siendo un ideal más que una realidad (Zeidler, 2016).

Es claro que las disciplinas HACS (Humanidades, Artes y Ciencias Sociales) promueven el entendimiento de los problemas de desarrollo como problemas complejos y sobre todo subjetivos. Las relaciones sociales y humanas le dan forma al mundo, por lo que las humanidades y ciencias sociales nos proveen de los entendimientos contextuales necesarios para entender la totalidad de los problemas y sus interconexiones, idear posibles soluciones y entender sus impactos. A nivel de capacidades, la capacidad de generar una efectiva retroalimentación y comunicación con la sociedad y sus diversos actores.

Usando de ejemplo la línea cursos basados en el aprendizaje por diseño desarrollados en la Universidad de Ingeniería y Tecnología – UTEC, llamados Proyectos Interdisciplinarios, discutimos la operatividad de una manera eficiente para integrar estas características a los contenidos educativos. La propuesta permite que el estudiante pueda identificar una problemática global o general tomando en cuenta la multidimensionalidad del problema (Collins, 2018), los espacios de debate e interacción asociados al mismo, la relación entre sus factores, variables y actores; para luego aterrizarla a un contexto local, rutinario y concreto para el estudiante. Pensamos que es recién ahí donde se podrá integrar efectivamente las disciplinas de ciencias sociales y humanidades a las disciplinas STEM y alcanzar una efectiva interdisciplinariedad que permita idear propuestas innovadoras y de impacto real.

1.1. Educación STEM: Interdisciplinariedad profunda y para toda la vida

La propuesta de la educación STEM implica un enfoque particular de la educación, donde aprender a aplicar conocimientos adquiridos a una situación de la vida real es tan importante como adquirir este conocimiento (Bybee, 2013). Algunas de las características de la educación STEM se centran en la necesidad de reconocer que la educación debe ocurrir de manera permanente, en todos los contextos y con una comprensión profunda de la realidad (Life long, life wide, life deep) (Dierking & Falk, 2016, p. 1). Aunque bajo el término "Educación STEM" existen diferentes ideas y criterios (Aguilera et al., 2021, p. 597; Dierking & Falk, 2016; Sanders, 2009, p. 20), es seguro decir que todos los planteamientos sobre esta implican el reconocimiento de la necesidad de integrar disciplinas en un proceso interdisciplinario para enfrentar problemas del mundo real/concreto (Aguilera et al., 2021, p. 598; Mohr-Schroeder et al., 2021, p. 10; Sanders, 2009). Incluso las matemáticas no son independientes ni están aisladas del resto de los procesos sociales que las rodean (Dierking & Falk, 2016; Mejia, 2009; Zeidler, 2016), por lo tanto, necesitan ser entendidas desde estos. Para desarrollar este entendimiento sistémico y/o contextual, la educación STEM debe promover la interacción del científico/profesor y sus estudiantes con los diversos actores sociales, así como con sus historias cotidianas. Por lo tanto, implica el reconocimiento de una diversidad de actores y la comprensión de sus historias, sus necesidades y expectativas. De esta interacción con los actores se aprende y se identifican las aristas de los problemas que de otra manera podrían pasar desapercibidas (Dierking & Falk, 2016, p. 3; Sanders, 2009, p. 23). La comprensión de la diversidad de actores relevantes que rodean un problema complejo real viene con el reconocimiento de que la subjetividad (de los mismos actores) es parte de los desafíos de entender el problema y que, por ende, este problema va ser por naturaleza multidimensional, fluido y cambiante; así, las soluciones deben responder a esta diversidad. Dierkling and Falk (2016, p. 2-3) resumen esta idea cuando indican que la educación STEM está asociada a enseñar a los estudiantes a buscar el ¿Por qué? ¿Cuándo? ¿Dónde? ¿Cómo? ¿Quién?

Esta idea de retroalimentación con la comunidad se está volviendo dominante en las políticas actuales de ciencia, tecnología e innovación (CTI). Las ideas de co-creación de la ciencia y de ciencia ciudadana son cada vez más populares y reconocen el valor de una retroalimentación fluida entre la sociedad y la academia (Chaminade & Lundvall, 2019; Loray, 2017; Vasen, 2016). Esto representa pasar de enfoques basados primordialmente en la economía y la competitividad hacia enfoques basados en el bienestar de la sociedad en su conjunto. Uno de estos enfoques propone que las políticas de CTI deben estar orientadas a lograr objetivos claros de desarrollo sostenible que afecten directamente la calidad de vida de las personas a nivel mundial (Chamide & Lundvall, 2019; Kattel & Mazzucato, 2018; Vasen, 2016).

Reconocemos que la educación STEM y las políticas de CTI orientadas al desarrollo sostenible no solo están alineadas, sino que son mutuamente dependientes. La educación STEM necesita la aproximación del desarrollo sostenible para poder desarrollar e incorporar en los currículos las dimensiones *life long, life wide* y *life deep* que mencionábamos líneas arriba. Mientras tanto, las políticas orientadas hacia el desarrollo sostenible y el impacto en la vida diaria de los ciudadanos necesitan de la educación STEM para formar profesionales interdisciplinarios y sensibles a estas problemáticas. Son como las dos caras de una moneda, donde el contenido de HACS es el metal en el medio.

1.2. El surgimiento de la Educación STEAM y otros acrónimos

Como decíamos líneas arriba, las propuestas de Educación STEM pueden ser ambiguas (Aguilera & Ortiz-Revilla, 2021) dado que dentro de este mismo marco conceptual hay una diversidad de planteamientos (Aguilera et al., 2021, p. 597; Dierking & Falk, 2016; Sanders, 2009, p. 20). Desde posiciones conservadoras donde las disciplinas de las ciencias duras y las matemáticas están al centro de la solución de cualquier problema complejo; y, el aporte de disciplinas de humanidades y ciencias sociales es ignorado hasta posiciones más abiertas donde la Educación STEM es un marco general que permite la integración de otras disciplinas (Aguilera & Ortiz-Revilla, 2021). Ante esta ambigüedad se hace necesario hacer explícito el rol de la creatividad y las humanidades en general para unificar el pensamiento convergente (característico de las disciplinas STEM) y el pensamiento divergente (de las humanidades) en la resolución de problemas reales, para crear significado personal y para la automotivación (Lewis, 2015, p. 260; Aguilera & Ortiz-Revilla, 2021, p. 2). En esta propuesta la incorporación de la A en STEM hace referencia a la necesidad de reconocer el rol analítico de las disciplinas HACS a la hora de entender diferentes perspectivas y circunstancias específicas para generar soluciones imaginativas a los problemas y articularlas dentro de la propuesta STEM (Lewis, 2015). Sin embargo, la ahora educación STEAM, si bien cumple en hacer explícita la necesidad de las disciplinas y temas HACS en la resolución de problemas, no provee de una narrativa cohesionada sobre su relevancia. Muchas veces las disciplinas HACS siguen teniendo un rol subordinado en las propuestas interdisciplinarias y a veces confinando su aporte a la idea de habilidades interpersonales o habilidades blandas. Por lo que sucesivos planteamientos han seguido reclamando la incorporación de investigación y habilidades de las humanidades y ciencias sociales no solo como complemento si no como parte esencial de la propuesta interdisciplinaria.

En esa línea, los acrónimos STEAM+H y EDS (Educación para el Desarrollo Sostenible) se vienen promoviendo desde algunos organismos internacionales, dándole énfasis a la capacidad de las ciencias sociales y las humanidades para fomentar soluciones de desarrollo sostenible que tengan en cuenta aspectos sensibles de diversidad, inclusión y justicia para lograr el empoderamiento de la gente (Hsiao, 2021; UNESCO, 2023) que en propuestas tradicionales STEM, sobre enfocadas a las ciencias duras, podrían pasar por alto.

La propuesta SHAPE (The British Academy, 2021; Futurum, 2023) impulsada por The British Academy hace énfasis en la necesidad de incluir la investigación y los métodos de las disciplinas de humanidades y ciencias sociales para conseguir una interdisciplinariedad verdadera, donde alcancemos un entendimiento de nosotros mismos, de los demás y del mundo social y económico alrededor de nosotros (Jones et al., 2020); para así garantizar el propósito de la investigación y la innovación orientada al bienestar social. Finalmente, otros modelos como TACH-di (Caerio, 2021) también buscan revalorar el rol particular que tienen estas disciplinas para conectar la investigación interdisciplinaria a la realidad. Pero desde una perspectiva donde la valoración de la experiencia humana está por encima de la capacidad generalizadora de las disciplinas STEM, alejándose así del pensamiento y metodologías de las ciencias, cambiando el balance de las disciplinas.

Mas allá de estas variaciones de acrónimos, es claro que sin las disciplinas HACS el marco teórico de la educación STEM sería un marco limitado (Ziedler, 2016, p. 12). Sin disciplinas HACS el reconocimiento de actores y motivaciones sería pobre, genérico y basado en prejuicios. Sobre centrados en lo concreto y evidente, limitando la capacidad de definir el problema en su totalidad y complejidad, con limitados recursos para fomentar relaciones de co-creacion y participación de la sociedad.

1.3. La interdisciplinariedad un problema operativo en la educación

Como discutimos, la interdisciplinariedad está en el centro de la definición de la educación STEM. La necesidad de la participación de la disciplina HACS en la educación STEM ha sido bien establecida (Collins, 2018; Otsuki, 2018; Zeidler, 2016), pero esto no significa que en la práctica se logre fácilmente. En la práctica esta idea no es más que un lugar común, una propuesta en el ámbito de lo políticamente correcto (Zeidler, 2016, p. 11). La falta de una conceptualización común sobre cómo integrar las disciplinas (Aguilera et al., 2021, p. 598; Mohr-Schroeder et al., 2021, p. 11) dificulta su integración real en el aula o en otros entornos educativos. El problema puede verse como un problema operativo.

En las instituciones de educación superior, a pesar de las buenas intenciones institucionales, las materias STEM y los métodos HACS todavía se consideran lados opuestos de una dicotomía. Incluso los mismos profesionales reproducimos estas dicotomías (Gleason, 2018, p. 10). Los profesionales de disciplinas de ciencias sociales y humanidades no ven la relevancia de las disciplinas STEM en el entendimiento de la realidad. Por el contrario, tienden a asumir que las disciplinas STEM son intrínsecamente antagónicas a sus objetivos de investigación: el análisis y crítica del mundo contemporáneo. Por otra parte, en la tienda de los profesionales STEM, la participación de las disciplinas HACS en la investigación y la educación se justifica a medida que es una herramienta para mejorar el desempeño de los alumnos en las disciplinas STEM, pocas veces hay disposición a incluir métodos o preguntas de investigación de las ciencias sociales o las humanidades. Es necesario balancear la interacción entre estas disciplinas dentro de los temas que se discuten en la clase.

En esa línea podemos definir al menos tres actitudes sobre la relación entre HACS y STEM en la educación e investigación (siguiendo de manera general las ideas propuestas por Gleason, 2018): Las disciplinas HACS se ven como asistentes de las disciplinas STEM; HACS ayuda a los estudiantes en sus habilidades interpersonales, no hay una contribución directa al conocimiento o solución del problema. En otros casos, HACS se piensa como proveedor de contra ejemplos, importantes para probar/criticar las soluciones y planteamientos de las disciplinas y métodos STEM. HACS provee del pensamiento crítico que al final sirve para mejorar STEM, pero todavía sigue ocupando un rol subalterno, no hay una verdadera interdisciplinariedad, por lo que los problemas y las soluciones siguen siendo pensadas desde las disciplinas STEM. Finalmente, podemos intentar abordar el problema con temas, contenidos y métodos tanto de HACS como de STEM, participando ambas disciplinas en definir los problemas y buscar las soluciones.

A nivel educativo, la limitación intrínseca de esta interdisciplinariedad es que parece solo alcanzable cuando se trabaja a gran escala. Cuando los problemas se ven de manera general en escalas globales, los estudiantes y académicos pueden identificar claramente los beneficios de la interdisciplinariedad y operarla (Collins, 2018, p. 104), pero la figura se complejiza cuando intentamos aterrizarlos a los problemas concretos. Aún no logramos, en la mayoría de los casos, integrar las diferentes disciplinas en un único enfoque dentro de la clase y que a su vez tenga implicación real en la vida cotidiana de los estudiantes. Alcanzando este nivel cotidiano es donde el aporte de las humanidades y ciencias sociales tiene el mayor potencial.

2. LA RETROALIMENTACIÓN Y EL CONTEXTO: VISIBILIZANDO EL ROL DE LAS HUMANIDADES Y CIENCIAS SOCIALES CON LA EDUCACIÓN STEM

La importancia de las disciplinas HACS en la Educación STEM está justamente en la capacidad de bajar el problema desde el nivel más general al nivel más específico. En la medida que la investigación y métodos de las humanidades y ciencias sociales nos permiten entender las subjetividades de los actores, lo relativo de los contextos sociales y humanos; y sobre todo, el entendimiento de mi lugar en estos contextos y en relación con los demás. Por ejemplo, sin este entendimiento es difícil pasar de un problema general como el cuidado del medio ambiente hasta una solución concreta identificando como los mismos estudiantes pueden reducir de manera más eficiente su propia huella de carbono.

A nivel de las soluciones, las disciplinas HACS ayudan a la creación de soluciones alternativas -disruptivas- con un mejor entendimiento de sus impactos. El impacto de estas soluciones, ya sean positivos o negativos, estarán en directa relación a cuanto de estas soluciones estén orientadas a generar y promover la inclusión de la diversidad de actores y sus agendas en las mismas. No solo por el lógico interés de justicia, sino por entender la variabilidad del problema. Entonces, la capacidad de establecer una comunicación y retroalimentación efectiva con la sociedad es lo que a la larga provee el entendimiento de la verdadera dimensión de complejidad del problema y la que asegura el impacto de la solución. Esta retroalimentación no es posible sin el correcto entendimiento del rol del estudiante como parte de esta sociedad. Al generar un impacto real y tangible en la vida de las personas, la investigación y la enseñanza científica tienen que estar seguros de contar con una compresión del contexto social, la diversidad, los significados y las subjetividades que rodean la investigación; relacionando aspectos físicos y concretos con subjetividades, creencias, impresiones y anhelos.

Para operativizar esta interdisciplinariedad a nivel de la clase debemos buscar la representación de este proceso en el salón de clase. Debemos poder abordar la definición misma de un problema complejo desde los marcos conceptuales de las humanidades y ciencias sociales. No importa lo técnico que pueda parecer el problema, el forzar inicialmente una lectura desde las disciplinas HACS del mismo puede ayudar a encontrar todas sus aristas y no correr el riego de homogenizar o simplificar (por ende, enajenar socialmente) una problemática que de por sí es compleja. Este ejercicio de definición del problema debe repetirse a todas las escalas necesarias hasta conseguir que el alumno entienda el efecto del problema y sus soluciones en el contexto más concreto posible, sin perder de vista la perspectiva general.

Del mismo modo, los cursos deberían explícitamente evaluar impactos de las posibles soluciones desde la perspectiva de la gente. Pensar en cómo las soluciones afectan o cambian la vida de la gente en las clases, entendiendo las diferencias sociales y culturales y como estas interactúan con las posibles soluciones. En general, explotar la capacidad de las disciplinas HACS de aumentar la retroalimentación con la sociedad y el entendimiento particular del individuo.

En esa línea de trabajo, la Universidad de Ingeniería y Tecnología – UTEC mantiene una línea de cursos llamados "Proyectos Interdisciplinarios". Estos empiezan desde el análisis de los grandes desafíos de desarrollo sostenible, siguiendo una aproximación de aprendizaje por diseño (*Design based learning*) hasta llegar al diseño y/o prototipado de soluciones concretas. Durante todo el proceso existe una fuerte orientación de entender a los actores y sus relaciones que, de manera transversal, examina el problema desde su escala global hasta su materialización en contextos cotidianos.

2.1. Proyectos interdisciplinarios – Diseñando soluciones humanas y sociales desde las disciplinas STEM

La Universidad de Ingeniería y Tecnología - UTEC del Perú tiene como propósito institucional "Resolver desafíos complejos para construir un mundo mejor" (Universidad de Ingeniería y Tecnología, 2023). Esto implica que como institución el objetivo es formar profesionales capaces de adaptarse a un mundo en constante cambio, generando un impacto positivo en la sociedad a través de la innovación y la solución a problemas complejos.

En línea con este objetivo general, la formación profesional de sus estudiantes desde sus inicios estuvo basada en la idea de aprender a través de la práctica (*Project-based learning*). La idea de aprender haciendo generó una trayectoria de cursos llamados Proyectos Interdisciplinarios que promueven el diseño y conceptualización de soluciones prácticas con impacto social. Esta línea de cursos se desarrolló de manera paralela a las líneas de cursos transversales (que incluyen los cursos de ciencias generales y los de humanidades o ciencias sociales) y a las líneas de cursos disciplinarios de cada carrera o especialización. La existencia de esta línea no solo permite el desarrollo del componente práctico, sino que busca dar sentido a una perspectiva interdisciplinaria, integrando las otras líneas de aprendizaje en la elaboración de propuestas de soluciones complejas a problemas complejos.

Inicialmente, pensada desde la priorización de la parte práctica, esta línea de cursos se centraba especialmente en la parte del diseño y prototipado de soluciones. Con el riesgo de terminar priorizando, a pesar de mejores intenciones, los contenidos técnicos de las disciplinas STEM sobre los entendimientos sistémicos y contextuales de los problemas. Si bien la participación de los alumnos en los diversos proyectos contribuía al aprendizaje práctico de sus carreras, estos proyectos no necesariamente partían de un conocimiento de la problemática, sino de la afinidad que tuvieran los alumnos a determinado proyecto o profesor. Los contenidos interdisciplinarios se perdían al no tener claridad en cómo estos proyectos se relacionaban con las problemáticas de desarrollo sostenible. Estos aspectos llevaron a su reconceptualización como una línea de carrera basada en el aprendizaje por diseño (*Design-based learning*). De esa manera, intenta mantener la interdisciplinariedad a través del desarrollo de secuencia lógica de diseño que parte desde aterrizar el problema global a la escala concreta, cuidando de mantener una aproximación social y humana en cada parte del diseño, pasando por la metodología hasta llegar a las propuestas y prototipos de solución.

En la actualidad, esta línea de cursos sigue una progresión a través de diferentes escalas de un problema. Desde la comprensión de algunos de los desafíos del desarrollo sostenible con ayuda de los ODS y la agenda 2030 en el curso Proyecto Interdisciplinario 1. Pasando a un curso de fuerte carga metodológica, donde las alumnas y los alumnos se familiarizan con metodologías de las humanidades, ciencias sociales, negocios, ciencias de la computación e ingeniería en el curso de Proyectos Interdisciplinarios 2. Finalmente, en el curso Proyecto Interdisciplinario 3 el estudiante desarrollará iniciativas, prototipos u otro tipo de solución a un problema específico derivado de uno de los problemas generales abordados en el primer curso con las herramientas y habilidades desarrolladas en el segundo curso. De esta manera, los estudiantes están expuestos a metodologías de diferentes disciplinas, problemas de pensamiento y soluciones dentro de un ambiente de interdisciplinariedad. La piedra fundamental de esta trayectoria académica, así como su hilo conductual se encuentra en los contenidos de las disciplinas HACS, aunque los resultados finales son ejemplos claros de las ideas de la educación STEM.

El curso Proyectos Interdisciplinarios 1 busca enseñar al estudiante a identificar un problema o desafío, proponiendo líneas iniciales para abordar un problema complejo y multidimensional. Para ello, en el curso se abordan los retos globales del desarrollo sostenible con herramientas y metodologías propias de las ciencias sociales y humanidades. El curso busca desarrollar en el estudiante la capacidad de dar cuenta de la complejidad de los problemas globales e identificar la multiplicidad de factores que los afectan. Los resultados de aprendizaje esperados para el curso incluyen: 1) Identificar los factores constituyentes de un desafío global de desarrollo sostenible; 2) Identificar relaciones causales o no causales entre múltiples factores en estos desafíos; 3) identificar a los actores relevantes, incorporando sus perspectivas; y, 4) Determinar una primera pregunta de investigación a través de un análisis multidimensional que incluya las dimensiones éticas y morales inherentes a un desafío social. Más allá de una pregunta de investigación terminada, lo que se espera es que la pregunta cumpla con la condición de ser concreta y relacionable a su realidad. Al nivel educativo que se encuentra el alumno, el objetivo no es la pregunta de investigación en sí, sino de relacionar la problemática específica con las problemáticas globales a través de la realización de un mapa conceptual de factores, causas y un mapa de actores relevantes al problema concreto definido. Esto le permite al estudiante comprender que estos problemas son subjetivos y difíciles de universalizar. De ahí la necesidad de la interdisciplinariedad para su comprensión. De esta forma, se busca promover la relación de las asignaturas STEM con las asignaturas de

Ciencias Sociales y Humanidades desde la concepción del problema, no solo en la solución, sino desde la pregunta misma.

Proyectos Interdisciplinarios 2 tiene un corte más metodológico. Se le presenta y familiariza al alumnado con un menú de metodologías de diversos campos del conocimiento que van desde metodologías de las ciencias sociales, pasando por técnicas y métodos de la administración e innovación económica, ciencias de la computación, así como de ingeniería y manufactura. Esto con el fin de que los alumnos adquieran un conocimiento básico de las metodologías y métodos de investigación de otras disciplinas, pero que al final sean capaces de escoger, dentro de una problemática, cuales cumplen mejor los objetivos propuestos para resolverla. Es así que los alumnos se vuelvan capaces de continuar su proceso de diseño de soluciones contando con una mirada general de las herramientas a su disposición.

Finalmente, Proyectos Interdisciplinarios 3 sigue el formato de "Proyecto *capstone*", donde los estudiantes participan directamente en el diseño de un producto para luego realizar su prototipado y/o simulación. Para ayudar a los estudiantes en la organización y en la realización de este proyecto *capstone* se utilizan una o más metodologías ágiles como *Design Thinking* o *Lean Methodology*. Pero a diferencia de otras experiencias con estas metodologías ágiles, la familiaridad con las metodologías de las diversas disciplinas de ciencias sociales y humanidades les permiten hacer un análisis sustantivo de los actores y casusas relacionadas al problema. En lugar de análisis superficiales, a veces banales y poco profundos que muchas veces resultan de la sobre dependencia en estas metodologías. Estas sirven como buenas guías de trabajo, pero no debemos olvidar que están más sujetas a tendencias y modas que a propuestas epistémicas reales. Las metodologías ágiles ayudan a dinamizar y operar lo que debe ser un análisis interdisciplinario más profundo, que no es reemplazable por estas metodologías orientadas al diseño y al resultado.

De esta manera, se desarrolla el componente práctico, pero se construyen las bases sólidas del diseño de este componente, basándose en los análisis y metodologías de otras disciplinas que, al mismo tiempo, permiten que los alumnos tengan visiones más amplias de los problemas y soluciones más enfocadas, reales y concretas de los mismos. Mientras se fomenta una interdisciplinariedad real.

4. DISCUSIÓN

Esta claramente establecida la necesidad de aproximarse a los desarrollos de sostenibilidad desde la interdisciplinariedad. Es claro que se necesita de las disciplinas HACS (Humanidades, Artes y Ciencias Sociales) para entender estos problemas como concretamente complejos y socialmente subjetivos. Las humanidades y ciencias sociales nos proveen de los entendimientos contextuales necesarios para entender la totalidad del problema, mediante el desarrollo de la capacidad de generar una efectiva retroalimentación y comunicación con la sociedad y sus diversos actores.

En el contexto de la educación superior, para alcanzar esta interdisciplinariedad en nuestras aulas, las propuestas nacidas desde el modelo de la Educación STEM siguen siendo las guías para lograrlo. La integración entre teoría y práctica en la educación, para lograr desempeños académicos que tengan sentido y presencia en el mundo real, sigue siendo la piedra fundacional para alcanzar interdisciplinariedad.

Mas allá de los acrónimos, tenemos que perfeccionar el modelo de educación STEM para incluir efectivamente las disciplinas de las ciencias sociales y las humanidades en nuestras actividades educativas. Sin ellas la promesa de la Educación STEM de interdisciplinariedad queda incompleta. Pero esta no es una tarea fácil, sobre todo en la medida que concretizamos el problema. Para incorporar esta interdisciplinariedad al salón de clase es necesario tomar ventaja de las capacidades únicas de las disciplinas HACS para entender el problema de manera general mediante la generación de retroalimentación social.

Para lograrlo, una aproximación es desarrollar cursos y actividades académicas donde el estudiante pueda identificar una problemática global o general, tomar en cuenta la multidimensionalidad, los espacios de debate y actores asociados al mismo; y, luego aterrizarlo a un contexto local, rutinario y concreto para el estudiante. Esto es lo que está a la base de la propuesta de los cursos de Proyectos Interdisciplinarios de la Universidad de Ingeniería y Tecnología – UTEC. Un viaje de lo general a lo particular, partiendo de las ciencias sociales y humanidades, usando las disciplinas STEM, para conseguir soluciones y aprendizajes que son en esencia humanos.

5. REFERENCIAS

Aguilera, D., Lupiañez, J.L., Vilchez-Gonzalez, J.M. & Perales-Palacios, F.J. In Search of a Long-Awaited Consensus on Disciplinary Integration in STEM Education. *Mathematics* 2021, 9, 587-597. https://doi.org/10.3390/math9060597

Aguilera, D., & Ortiz-Revilla, J. (2021). STEM vs. STEAM education and student creativity: A systematic literature review. *Education Sciences*, 11(7), 331. https://doi.org/10.3390/educsci11070331

Boon, W., & Edler, J. (2018). Demand, challenges, and innovation. Making sense of new trends in innovation policy. *Science and Public Policy*, 45(4), 435-447. https://doi.org/10.1093/scipol/scy014

Bybee, R. W. (2010). What is STEM education?. *Science*, 329(5995), 996-996.

Bybee, R. W. (2013) *The Case for STEM Education: Challenges and Opportunities.* National Science Teachers Association NSTA Press.

Caeiro M. (2021). Diálogos entre la Tecnología, el Arte, la Ciencia y las Humanidades en contextos educativos: de los modelos STEAM y SHAPE al TACH-di. *Educación artística: revista de investigación (EARI)*, 12, 43-60. https://www.redalyc.org/articulo.oa?id=671971853003

Chaminade, C., & Lundvall, B. Å. (2019). Science, Technology, and Innovation Policy: Old Patterns and New Challenges. *Oxford Research Encyclopedia of Business and Management.* https://doi.org/10.1093/acrefore/9780190224851.013.179

Collins, C. S. (2018). Not Just a Technical Problem: The Intersections of STEM and Social Science in Addressing Global Poverty en *New Directions of STEM Research and Learning in the World Ranking Movement* (pp. 97-110). Palgrave Macmillan, Cham. https://doi.org/10.1007/978-3-319-98666-1_7

Conradty, C., & Bogner, F. X. (2018). From STEM to STEAM: How to monitor creativity. *Creativity Research Journal*, 30(3), 233-240. https://doi.org/10.1080/10400419.2018.1488195

Dierking, L. D., & Falk, J. H. (2016). 2020 Vision: Envisioning a new generation of STEM learning research. *Cult Stud of Sci Educ*, 11, 1–10. https://doi.org/10.1007/s11422-015-9713-5

FUTURUM (1 de julio de 2023) *STEM, STEAM and now SHAPE: Can an acronym help valorize the social sciences, humanities and arts?* https://futurumcareers.com/stem-steam-and-now-shape-can-an-acronym-help-valorise-the-social-sciences-humanities-and-arts

Gleason, D. W. (2020). *The humanities meet STEM: Five approaches for humanists. Arts and Humanities in Higher Education,* 19(2), 186-206. https://doi.org/10.1177%2F1474022218806730

Hsiao, P. W., & Su, C. H. (2021). A study on the impact of STEAM education for sustainable development courses and its effects on student motivation and learning. *Sustainability,* 13(7), 3772. https://doi.org/10.3390/su13073772

Jones, M. M., Abrams, D., & Lahiri, A. (2020). Shape the Future: how the social sciences, humanities and the arts can SHAPE a positive, post-pandemic future for peoples, economies and environments. *Journal of the British Academy,* 8, 167-266. https://doi.org/10.5871/jba/008.167

Kattel, R., Mazzucato, M. (2018). Mission-oriented innovation policy and dynamic capabilities in the public sector. *Industrial and Corporate Change,* 27 (5), pp. 787-801. DOI: https://doi.org/10.1093/icc/dty032

Lewis, A. L. (2015). Putting the "H" in STEAM: Paradigms for modern liberal arts education. *Emerging technologies for STEAM education: Full STEAM ahead,* 259-275. https://doi.org/10.1007/978-3-319-02573-5_14

Loray, R. (2017). Políticas públicas en ciencia, tecnología e innovación: tendencias regionales y espacios de convergencia. *Revista de Estudios Sociales,* 62, 68-80. https://doi.org/10.7440/res62.2017.07

Mejía, A. (2009). Tres esferas de acción del pensamiento crítico en ingeniería. *Revista Iberoamericana de Educación,* 49(3), 5-6. https://doi.org/10.35362/rie4932091

Mohr-Schroeder, M. J., Cavalcanti, M., & Blyman, K. (2015). STEM education: Understanding the changing landscape. En *A practice-based model of STEM teaching* (pp. 3-14). Brill.

Otsuki, G. J. (2018). Finding the Humanities in STEM: Anthropological Reflections from Working at the Intersection. *New Directions of STEM Research and Learning in the World Ranking Movement: A Comparative Perspective,* 65-78. https://doi.org/10.1007/978-3-319-98666-1_5

Sanders, M. (2009). *STEM, STEM education, STEMmania. the technology teacher.* Virginia Tech Blacksburg.

The British Academy. (1 de julio de 2023). *This is SHAPE.* https://www.thebritishacademy.ac.uk/this-is-shape/

United Nations Educational, Scientific and Cultural Organization (UNESCO). 2019. *Framework for the Implementation of Education for Sustainable Development (ESD) Beyond 2019.* UNESCO: France.

United Nations Educational, Scientific and Cultural Organization (UNESCO). (1 de julio de 2023). *Necesaria la educación STEAM+H para cultivar un pensamiento y habilidades transformadoras, innovadoras y creativas para avanzar hacia un desarrollo sostenible.* https://acortar.link/xTmVsm

Universidad de Ingeniería y Tecnología (UTEC). (1 de julio de 2023). *UTEC 2021-2025.* https://utec.edu.pe/planeamiento

Vasen, F. (2016). ¿Estamos ante un "giro postcompetitivo" en la política de ciencia, tecnología e innovación? *Sociologias,* 18(41), 242-268. DOI: https://doi.org/10.1590/15174522-018004112

Zeidler, D. L. (2016). STEM education: A deficit framework for the twenty first century? A sociocultural socioscientific response. *Cultural Studies of Science Education,* 11, 11-26.

ANÁLISIS DE LOS CAMBIOS EN LA ACTITUD DE LOS ESTUDIANTES FRENTE AL APRENDIZAJE BASADO EN LA PRESENCIALIDAD TRAS EL COVID-19

Juan Ignacio Martín-Castilla[1]

1. INTRODUCCIÓN

La irrupción del Covid-19, y el establecimiento en España de los sucesivos confinamientos desde el 21 de marzo de 2020, provocaron una situación de excepcionalidad, experimentando vivencias desconocidas hasta entonces, cambiando completamente la forma de relación entre los docentes y los estudiantes. De esta forma, se pasó por la docencia exclusivamente no presencial (a distancia, mediante medios telemáticos) en el segundo cuatrimestre del curso 2019/2020) a la semipresencial el curso 2020/2021, hasta volver ya a la presencialidad en el 2021/22.

Dicho escenario, supuso un cambio drástico en el paradigma educativo, que plateó gran heterogeneidad en las circunstancias de cada tipología de estudiantes para afrontar la educación por medios telemáticos, no sólo a nivel de disponibilidad de recursos telemáticos -ordenadores, dispositivos para conectividad a internet- o de espacios y condiciones adecuadas para el estudio en el hogar, sino también de capacidades para el desempeño digital y el autoaprendizaje. Lo mismo podría decirse con respecto a los docentes, unido a una gran carga emocional derivada del confinamiento y de la necesidad imperante de capacitarse rápidamente para la docencia telemática, tanto en la docencia no presencial como la posterior semipresencial.

También, el uso de la mascarilla en el aula, y las restricciones en la atención personalizada y directa en tutorías presenciales, contribuyeron a establecer un distanciamiento o desvinculación emocional comunicativa entre el estudiante y el profesor, así como entre los propios estudiantes entre sí.

Dichas transformaciones tuvieron, además de evidentes repercusiones psicológicas, en los estudiantes y en los profesores, un importante cambio en el modelo de enseñanza-aprendizaje, orientado hacia una mayor profundización en el papel primordial del autoaprendizaje, reforzando el papel determinante del esfuerzo y la asunción de responsabilidad por parte del estudiante.

En la descripción del entorno señalado, no debe perderse de vista el importante impacto socioeconómico soportado por las familias, derivado de la interrupción de gran parte de las actividades económicas, que pudieron contribuir en algunos casos a tensar las relaciones y a extremar sus condiciones de vida en los hogares.

1. Universidad Autónoma de Madrid (España)

Como consecuencia del escenario señalado, se ha podido evidenciar en los dos últimos cursos (2021/2022 y 2022/2023) un cambio significativo en la situación emocional de parte de los estudiantes, que afecta a la motivación, las expectativas hacia el futuro, pasando por mayores incidencias de fenómenos de ansiedad, estrés e incluso en un incremento significativo de casos identificados como depresión.

Este estudio se centra en concreto en el análisis de algunos de los principales indicadores que nos ha evidenciado dichos cambios, tales como el incremento del absentismo, la irregularidad o falta de constancia en la asistencia a clase como instrumento de refuerzo en el aprendizaje, así como la aparente bajada de rendimiento experimentada en algunos tramos de estudiantes.

2. OBJETIVOS

La presente investigación se fija como objetivos el evidenciar si realmente se ha producido un cambio en el sistema de aprendizaje de los estudiantes, identificando los posibles aspectos positivos, así como los que podrían considerarse hábitos negativos, que favorecen o perjudican un aprendizaje óptimo desde el balance de la perdurabilidad y ampliación de capacidades beneficiosas para un futuro autoaprendizaje.

El objetivo último que se pretende es identificar factores críticos para el éxito y posibles estrategias a adoptar para mejorar el proceso de enseñanza-aprendizaje de los estudiantes.

3. METODOLOGÍA

El enfoque metodológico seguido en el presente trabajo combina tanto el análisis cualitativo como cuantitativo, orientando el estudio en el marco de un paradigma interpretativo de los datos, contemplando un análisis reflexivo de las consecuencias del de la irrupción de la pandemia en la educación y sus agentes: el estudiante y el profesor.

La metodología cualitativa permite la adaptación flexible, holística e interpretativa al análisis que nos ocupa (Hernández-Sampieri & Mendoza, 2020). Por otra parte, el estudio se centra en el caso concreto de la asignatura de Dirección Estratégica, del tercer curso en el grado en Administración y Dirección de Empresas.

Gracias a disponer de indicadores de asistencia a clase, en el periodo comprendido desde antes de la pandemia (curso 2018/19), el del confinamiento por la pandemia (2019/20) y los dos cursos posteriores hasta este último (curso 2022/23), se va a analizar la evolución en la misma en el escenario anterior y posterior a la pandemia, relacionándolo con indicadores de resultados (tasas de abandono de los estudiantes, nivel de excelencia alcanzado -en términos de calificación final-).

Tras analizar variaciones en el nivel de asistencia y en los resultados alcanzados (calificaciones obtenidas en la asignatura), se procedió al análisis de la información recabada a través de la realización de 30 entrevistas en profundidad a estudiantes, así como a 4 profesores que impartieron clase en el mismo grupo. Por último, se dispuso de la valiosa información recabada en los informes de resultado de las encuestas de opinión de los estudiantes, tanto sobre el profesor como sobre la asignatura, para todos los cursos académicos analizados.

Esta aproximación mixta permitió comprender los efectos de la pandemia en el ámbito educativo desde diferentes perspectivas, teniendo en cuenta las experiencias y percepciones de los participantes, así como los datos objetivos relacionados con la asistencia y el rendimiento académico.

4. ANÁLISIS DEL CASO DE LA ASIGNATURA DE DIRECCIÓN ESTRATÉGICA

4.1. El modelo de enseñanza-aprendizaje de la asignatura de Dirección Estratégica

La asignatura de Dirección Estratégica se imparte en el segundo cuatrimestre del tercer curso del grado en Administración y Dirección de Empresas, y tiene una carga curricular de 9 créditos.

Uno de los principales objetivos de la asignatura es el desarrollo de un enfoque sistemático y práctico apoyado en la metodología de análisis de casos. Entre otros aspectos, se pretende fomentar la implicación de los estudiantes en su aprendizaje, poniendo mucho en valor su capacidad de aportar y defender opiniones y desarrollar procesos de creatividad para buscar diversas alternativas para la gestión a los casos empresariales o dilemas estratégicos propuestos.

A lo largo de la docencia de la asignatura se establece el objetivo de desarrollar la atracción del alumno por el conocimiento y su capacitación para poder interpretar y opinar acerca de las diversas estrategias que desarrollan en el día a día las principales empresas y sectores, tanto nacionales como internacionales. Entre las capacidades específicas definidas como objetivo están el diseñar y gestionar proyectos empresariales; dominar el diseño de las estructuras organizativas y saber identificar todas las variables que intervienen en la toma de decisiones empresariales, así como saber formular, evaluar y seleccionar las estrategias empresariales para tomar decisiones empresariales.

Uno de los principales instrumentos en los que se basa el aprendizaje en la asignatura es el método del caso, clave en la docencia de una asignatura eminentemente práctica y que requiere procesos de reflexión, razonamiento y propuesta de escenarios y alternativas posibles.

A través de la metodología del caso, el docente actúa como agente facilitador del debate, planteando reflexiones y orientaciones, que promueven la implicación constructiva del conjunto de los alumnos para enriquecer la discusión y el planteamiento de distintos puntos de vista alternativos (Martín-Castilla, 2023). Ello permite la apertura continua de la asignatura al mundo empresarial cotidiano, y a la comprensión de las estrategias adoptadas por las empresas, potenciando en cada caso aspectos específicos sobre los que profundizar, atendiendo a la materia de cada tema, así como las competencias específicas a potenciar en cada caso. Precisamente en esto, puede encontrarse el valor de la importancia de la asistencia a clase, para la interacción entre estudiantes y profesor, el debate en común acerca de cada caso, como vehículo de aprendizaje que nos acerca a la realidad empresarial y permite entender, aplicando, la teoría relativa a instrumentos y herramientas estratégicas (Martín-Castilla, 2023). Esto se ve plasmado en los criterios de evaluación de la asignatura. que requiere la participación activa y continua.

La asignatura se imparte 3 días a la semana, con clases de una hora 45 minutos, a lo largo de unas 16 semanas lectivas, sin contar el periodo de exámenes. Con dicha secuencia, es fácil poder tener una relación continua con el estudiante.

En cuanto a la distribución de las actividades en cada clase, se componen por lo general de una primera parte de una media hora de exposición de aspectos más relevantes de la teoría, de forma muy participativa, actuando de guía para que sean los propios estudiantes los que van construyendo entre todos la misma. Ello favorece además una mayor comprensión y asimilación de la materia, además de unas clases más amenas. El resto del tiempo de la clase se dedica a la realización de casos prácticos, empleando el método del caso. En algunos temas se acudía a la metodología de aula invertida, conminando a los estudiantes a prepararse anticipadamente el siguiente tema, a partir del manual propuesto para la asignatura y de los materiales de apoyo a su disposición en la plataforma docente.

A lo largo de la asignatura, se realiza evaluación continua, consistente en 3 parciales liberatorios (con fecha preestablecida ya el primer día de clase) y en torno a 6 trabajos individuales. Este sistema ha sido siempre muy valorado por los alumnos, máxime en una asignatura con tanta carga en créditos. Efectivamente, la carga de evaluación continua es muy fuerte desde el inicio, pero los resultados en el aprendizaje han demostrado ser muy eficaz y mostrar una valoración final alta por parte de los estudiantes.

Cada uno de los trabajos individuales se basan en el análisis de un caso empresarial, aplicando los contenidos e instrumentos estratégicos explicados. Como apoyo, se facilitaba gran número de tutorías presenciales y telemáticas (vía Teams), así como por correo electrónico. Tras la entrega, en la siguiente clase, uno o dos estudiantes realizaban la exposición de la posible corrección al caso, que habrían preparado previamente con el apoyo del profesor. Dicha exposición, daba cabida al debate sobre posibles interpretaciones que hubiesen dado otras personas de la clase, lo cual enriquecía la propia corrección y permitía introducir matices o aspectos no recogidos en el borrador previo de corrección que se proponía en la exposición realizada en clase (Martin-Castilla, 2023). De este modo, se recogían todas las aportaciones en un documento consensuado de corrección del trabajo. Dicha actividad promovía el debate de ideas y la participación de los estudiantes, en torno al caso que tenían asimilado, al acabar de entregar el trabajo. Dicha actividad constituía en sí misma una forma muy valiosa de aprendizaje, que se reforzaba más, incorporando la obligatoriedad de que cada estudiante realizase su propia autocorrección a partir de la consensuada que se les proporcionaba, como actividad para poder ser evaluado el trabajo. La calificación, tenía en consideración tanto el propio trabajo entregado, como la exhaustividad en la autocorrección, dándoles una retroalimentación lo más extensa posible.

Como puede evidenciarse, dicho sistema exigía un esfuerzo continuo, tanto del estudiante como del profesor, que se orientaba a un aprendizaje incremental y de refuerzo. Al mismo tiempo, pretendía promover el autoaprendizaje y la autocrítica constructiva. Ello nos ayudó a que ningún estudiante se relaje del ritmo continuo de evaluación ni se desvinculase de la asignatura. Puede decirse que se consiguió en la mayor parte de los alumnos, teniendo ratios de abandono prácticamente nulos, si se tiene en cuenta la casuística de los matriculados que no han aparecido nunca por clase, que se deben a factores externos o circunstancias familiares, sobre las que no puede actuar o controlar por parte del profesor.

Al mismo tiempo, transcurridas 2 ó 3 semanas del inicio del curso, se escribía un correo electrónico a los estudiantes que no habían acudido a clase en dichas semanas, o no se habían conectado a la plataforma docente, y se completaba con llamadas telefónicas, en caso de no haber obtenido contestación anteriormente. Excepcionalmente, también se hacía cuando había algún estudiante que no había presentado algún trabajo, o mantenía inasistencia a clase reiterada. Estas actuaciones nos permitieron identificar algunos casos de estudiantes con problemas emocionales, en algunos casos con casos de depresión, al margen de otras casuísticas derivadas de problemas laborales o necesidades familiares puntuales. A pesar del esfuerzo que requería en el docente, dichas iniciativas permitieron

recuperar y reinsertar a la clase a algunos estudiantes, así como un tratamiento más individualizado a casos con mayor vulnerabilidad y susceptibles de posible desvinculación.

Cabe señalar que, al final de cada semana, se enviaba un mensaje al conjunto de la clase, con las reflexiones de los aspectos avanzados durante la semana. Dichos mensajes también trataban de ser un refuerzo a la vinculación, motivantes y tranquilizadores de la buena marcha del grupo y la asignatura, agradeciendo su esfuerzo e interés.

La crisis provocada por la irrupción de la pandemia ha puesto en evidencia la importancia de la evaluación continua como método más acertado para proporcionar un aprendizaje más sostenido y maduro en el alumno, así como para analizar y evaluar de una forma más completa y justa el progreso en el aprendizaje.

En nuestra asignatura, no se cambió nada en los sistemas de evaluación tras la crisis. Tampoco fue necesario ajustar lo más mínimo ningún calendario (ni de temas, finalización de clases, evaluación). Eso sí, se tuvo que introducir herramientas adicionales y reforzar otro tipo de comunicación. Creo que ello fue la razón de que los alumnos agradeciesen al final la seguridad que se les había transmitido de que el sistema seguía la misma marcha y rutinas que antes y se conservaban las fechas de evaluación continua establecidas y el final de las clases.

Este sistema ha sido siempre muy valorado por los alumnos, máxime en una asignatura con tanta carga (9 créditos). Efectivamente, la carga de evaluación continua es siempre, también en situaciones normales, muy fuerte desde el inicio, pero los resultados en el aprendizaje nos han demostrado ser muy eficaz y mostrar una valoración final alta por parte de los estudiantes.

Sin embargo, sí que se cambió la mecánica y el número de trabajos. Así, se tuvo que introducir la grabación de cada uno de los temas, la disposición de materiales escritos adicionales de desarrollo, así como más casos prácticos resueltos, sesiones conjuntas de Teams de realización de casos prácticos y disponibilidad de tutorías telemáticas.

De forma excepcional, para no perder el compromiso y vinculación de los estudiantes con la asignatura, se estableció un trabajo individual al final de cada semana, cuya resolución se les daba tras la entrega, teniendo que hacer ellos mismos la corrección a partir de la corrección que se les proporcionaba en la plataforma Moodle para la docencia. A partir de la misma se calificaba de forma muy rápida, dándoles una retroalimentación lo más extensa posible. Ello nos ayudó a que ningún estudiante se relajase del ritmo continuo de evaluación, ni se descolgase. Es más, incorporó a un alumno descolgado desde el comienzo de curso, al ser atleta y haber dejado al comienzo abandonada la asignatura, que vio la ocasión de poder dedicarse a la misma ante el confinamiento.

El poder vernos con regularidad, a través de la aplicación Teams, lanzando mensajes de continuidad y cumplimiento del calendario, contribuyó a transmitir seguridad al grupo y a seguir con la rutina de dedicación a la asignatura.

Al mismo tiempo, se enviaban mensajes de refuerzo a la vinculación, motivantes y tranquilizadores de la buena marcha del grupo y la asignatura, agradeciendo su esfuerzo e interés.

Antes del confinamiento, se realizó un examen parcial presencial. Para el resto, se tuvieron que hacer 7 modelos distintos de casos empresariales, dirigidos cada uno a aquellos estudiantes que pensábamos no tenían amistad o relación más cercana, al efecto de evitar posibles trasvases de información durante el examen. Además, se daba un tiempo muy escaso para realizarlo en papel y subirlo a Moodle (una foto). A pesar del miedo inicial, creemos que funcionó.

Por último, cabe señalar la comunicación fluida y casi continua con el delegado del grupo, vía Teams, para que trasladase vía WhatsApp del grupo, lo que me permitió tener retroalimentación continua que alcanzase al máximo número de estudiantes del grupo.

Como conclusión, se evidencia que el modelo de enseñanza-aprendizaje diseñado para la asignatura se orienta en gran parte tanto al trabajo autónomo del estudiante, a través del análisis de casos y la preparación previa de los temas (en el caso de acudir al aula invertida), así como a la importancia de la asistencia a clase como cauce de reflexión y debate conjunto en torno a las posibles alternativas estratégicas por las que pudiese derivar la actuación de una empresa a través de los diferentes casos analizados. Precisamente, el presente estudio se fija en el análisis de la incidencia en la presencialidad como consecuencia de los efectos derivados del cambio drástico en el paradigma educativo ocasionado por la irrupción de la pandemia y la interrupción de las clases presenciales de forma regular.

4.2. Análisis comparativo de los resultados de la asignatura ex-ante, durante y ex-post la pandemia

Al analizar las calificaciones obtenidas (en porcentaje), desde el año anterior a la pandemia hasta el curso 2022/23, puede observarse un aumento progresivo en el porcentaje de estudiantes no presentados, hasta el curso pasado, salvando el paréntesis del curso (2019/20) en que irrumpió la pandemia y el confinamiento. Por su parte, los suspensos fueron disminuyendo desde dicho curso. Por su parte, el número de estudiantes con calificación de Aprobado se desplazó hacia calificaciones superiores (notable y sobresaliente) el año del confinamiento (2019/20), pero se incrementó en los siguientes cursos, en detrimento de calificaciones superiores.

En el curso 2018/19, el porcentaje de estudiantes que obtuvieron calificaciones de "Notable" y "Sobresaliente" fue del 63.26% (28.57% de notables y 34.69% de sobresalientes). Sin embargo, en el último curso analizado (2022/23), el porcentaje combinado de notables y sobresalientes disminuyó a un 57.7% (38.46% de notables y 19.24% de sobresalientes). Esto indica que, si bien el porcentaje de estudiantes con calificaciones notables ha aumentado, ha habido una disminución significativa en el número de estudiantes con calificaciones sobresalientes.

	2018/19	2019/20	2020/21	2021/22	2022/23
No presentado	4,08%	0	1,96%	3,39%	5,77%
Suspenso	10,20%	4,26%	0%	1,69%	0%
Aprobado	22,45%	17,02%	35,29%	27,12%	36,54%
Notable	28,57%	42,55%	35,29%	35,59%	38,46%
Sobresaliente	34,69%	36,17%	27,45%	32,20%	19,24%

Tabla 1. Calificaciones por curso académico. Fuente: Elaboración propia, 2023.

Cabe señalar con respecto al gran número de estudiantes que superaron la asignatura en el curso 2019/20, en el que se interrumpió la presencialidad debido a la pandemia, que hay factores que pueden justificar los resultados excepcionales. Entre dichos factores se encuentra que el paso al aprendizaje en línea supuso un cambio significativo en la forma en que se impartían las clases, se interactuaba con el estudiante y, especialmente, se realizaban las evaluaciones.

La situación excepcional y las dificultades asociadas con las restricciones por la pandemia podrían haber tenido un impacto en la salud emocional y la motivación de los estudiantes, lo que podría haber repercutido a la postre de forma negativa en los resultados. Pero el comportamiento de los resultados no fue así. La explicación puede encontrarse en las actuaciones concretas que se realizaron, y que se han descrito en el apartado anterior.

En general, existe una relación entre el porcentaje de asistencia y el rendimiento académico de los estudiantes. Así, los cursos en los que se registró un mayor porcentaje de asistencia, como el 2019/20 y el 2020/21, coincidieron con un mayor porcentaje de calificaciones "Notable" y "Sobresaliente". Por otra parte, el último curso analizado (2023/23), en el que la asistencia fue más baja, refleja una disminución en el porcentaje de calificaciones más altas.

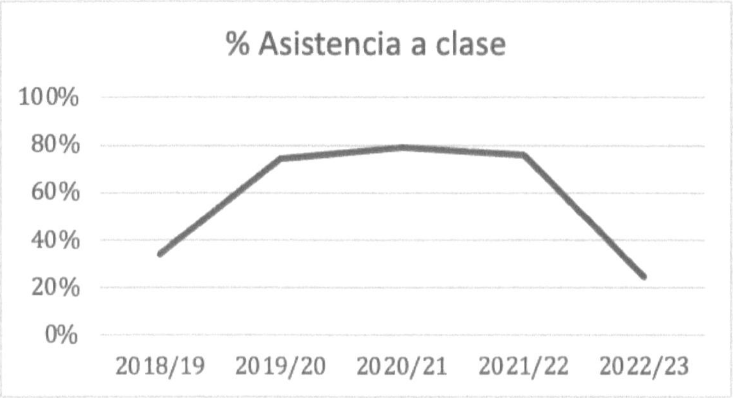

Figura 1. Ratio de asistencia a clase. Fuente: Elaboración propia, 2023.

A tenor de los resultados señalados, podría concluirse que existe una relación directa entre la asistencia regular a clase y la mejora del rendimiento académico de los estudiantes. Ello sería congruente con el hecho de que posibilita una mayor oportunidad de participar más activamente en el proceso de aprendizaje, interactuar con el profesor y sus compañeros, así como en poder recibir una retroalimentación inmediata. Sin embargo, habría que considerar también otros factores que influyen en el rendimiento académico, como son la motivación, el esfuerzo y dedicación al estudio, así como las posibles situaciones emocionales y psicosociales, derivadas de la crisis por la pandemia.

Por último, debe guardarse cautela con respecto a posibles efectos debidos a la variabilidad de los estudiantes, lo que debería conducirnos a comparar con muestras más amplias, así como con otras titulaciones y universidades.

Es importante señalar que los niveles de asistencia a otras asignaturas de los estudiantes de los grupos analizados eran similares a los de la asignatura objeto de estudio, con lo que podría inferirse que es un comportamiento generalizable. Incluso, había una asignatura dentro de las cuatro que cursaba el grupo que mostraba índices de absentismo superiores. Precisamente, las cuatro asignaturas no contemplaban en su guía docente la obligatoriedad de la asistencia, pero si la valoraban entre los parámetros de evaluación.

Un aspecto que debería haberse analizado es el descenso en la asistencia los viernes, provocado por dos aspectos fundamentales. Así, no deberá omitirse, tener presente que existe la costumbre entre jóvenes de salir de "fiesta" los jueves por la noche, volviendo tarde a sus casas, con lo que no se presentan al día siguiente a clase. Otro factor que habrá que tenerse en cuenta en el incremento del absentismo los viernes en concreto es que algunos amplían el fin de semana al propio viernes, al menos en determinadas fiestas o puentes durante el año.

4.3. Análisis de la opinión de los estudiantes y los profesores

A continuación, se expondrán los principales hallazgos obtenidos a través de entrevistas a profesores y estudiantes, así como del análisis de los informes de las encuestas.

Los estudiantes valoran mucho el carácter práctico de las clases, orientadas al debate en torno a casos concretos, potenciando la clase invertida (donde el estudiante adquiere el compromiso de estudiar previamente los contenidos de la materia), hace más atractiva la asistencia, implica y motiva más a éste, consiguiendo mejores resultados en términos de aprendizaje duradero. Es más, consideran que dicho enfoque facilita mucho el seguimiento de la asignatura de forma regular.

Asimismo, consideran muy útil la corrección de los casos realizada en clase y la implicación del propio estudiante en la autocorrección previa de sus trabajos. Con ello, se consigue un círculo virtuoso donde la identificación de los errores propios potencia más el aprendizaje, pues en muchos casos el estudiante antes sólo se interesaba por la calificación y no se leía la retroalimentación de mejora proporcionada de forma individual por el profesor.

La realización de trabajos y exámenes parciales, de carácter liberatorio, distribuidos de forma continua durante el curso, producen una mayor implicación del alumno desde el comienzo de la asignatura y muestran mejores tasas de aprendizaje, y de carácter más duradero de éste. De esta forma, el estudiante va viendo metas intermedias alcanzables, reforzando la motivación intrínseca. Sin embargo, esto puede suponer un contratiempo para los alumnos descolgados al comienzo de curso, pues pone dificultades a su reenganche a la asignatura (al no haber realizado los trabajos o exámenes parciales). Desde la perspectiva de los docentes, esto supone un esfuerzo grande para éstos en términos de corrección ágil de trabajos exámenes y de tener preparados gran número de casos prácticos.

Cabe detenerse un momento en los trabajos, la mayor parte de los estudiantes valoran que éstos sean de carácter individual, pues realmente muestran el esfuerzo de cada uno, frente a las posibles injusticias que podrían suponer la evaluación de los trabajos grupales, que presentan divergencias en el nivel de conocimiento y profundidad en el análisis realizado, así como en el esfuerzo individual de cada componente, diferentes objetivos por parte de cada uno en su interés por el aprendizaje, etc. Aquí surge siempre un dilema tanto con otros docentes como con la teoría acerca de la necesidad de promover la capacitación para el trabajo en grupo. Efectivamente, supone un incremento significativo el esfuerzo en evaluar los trabajos individuales, que se multiplican frente a los grupales. Por otro lado, implica introducir parámetros de evaluación de la capacidad de trabajo en grupo. Habrá que analizar en el futuro el equilibrio entre ambos objetivos y, tal vez, la combinación de ambos tipos de trabajos, o reservar el trabajo en grupo para otras actividades.

Otro aspecto que valoran mucho los estudiantes es el carácter liberatorio de los exámenes, máxime cuando la asignatura tiene mucho contenido y extensión (9 créditos). Sin embargo, ello exige la rigurosidad en la evaluación que debe combinar trabajos previos que incidan en la práctica de los principales contenidos, antes de la realización de los exámenes parciales correspondientes. Precisamente, los estudiantes valoran mucho que, a pesar de la alta carga que supone (y sobre la que inciden en sus valoraciones) realizar tantos trabajos, junto con sus correspondientes autoevaluaciones, dicha metodología les ayuda a una mayor comprensión y fijación de contenidos antes del examen, al recibir retroalimentación previa sobre su nivel de asimilación práctica de la materia y verse en la tesitura de tener que estudiar antes la teoría y entenderla. Por supuesto, ello debe ir acompañado de un apoyo continuo del docente, ofreciendo tutorías, abordando y resolviendo principales problemáticas encontradas en el análisis de cada caso.

De forma generalizada, los estudiantes consideran justo y proporcional el sistema de evaluación de la asignatura, que equilibra diferentes componentes que se refuerzan mutuamente, valorando el esfuerzo continuo, la mejora gradual y el nivel de excelencia alcanzado finalmente. Ello nos lleva a huir de las calificaciones finales realizadas como media estricta o ponderación cartesiana de notas parciales, pues el resultado sostenible e incremental a lo largo del curso debe ser valorado en un sistema de aprendizaje integral. Sin embargo, hay que prestar especial cuidado a la objetividad y transparencia a la hora de establecer los objetivos de aprendizaje, cómo se evalúan y califican. Cabe señalar el problema que señalan algunos profesores, relativo a los grupos en los que hay más de un docente implicados, que dificultan la homogeneidad en la evaluación en base a una concepción integral del avance en el aprendizaje del estudiante a lo largo del curso, que no se puede compartimentar en las evaluaciones que hacen de una parte de la materia y otra cada profesor.

Algo que resaltan mucho los estudiantes es el positivo impacto que tiene la accesibilidad y disposición del profesor a apoyar al estudiante, tanto en tutorías como en el propio desarrollo de las clases, promoviendo el clima adecuado para la participación y debate en torno a opiniones, análisis y razonamiento en clase. Cabe señalar la alta valoración a la disposición de cauces tanto presenciales (en tutoría o en el aula), como a través de Teams, en amplios intervalos flexibles. También, el preocuparse por los estudiantes e implicarles en el establecimiento de fechas de entregas más adecuadas, en función de la carga de trabajo conjunto, para lo que resulta clave una buena coordinación con otras asignaturas, a través del diálogo fluido con delegados y coordinadores del grupo.

Algunos estudiantes que encuentran problemas para asistir a clase, por encontrarse trabajando, son conscientes del efecto negativo que tiene no asistir de forma continuada a clase, evidenciando con ello el valor de refuerzo que proporciona en la creación de hábitos o rutinas de estudio, comprensión de contenidos y aprendizaje. Ello también marca una dirección en torno a cómo abordar dichos casos que se suelen presentar todos los años. Ellos mismos señalan que constituye una gran ayuda el disponer de un repositorio amplio de casos resueltos, así como la accesibilidad del docente en tutorías. Quizás en este aspecto, pueden encontrarse problemas a la hora de abordar la posible implantación de la obligatoriedad de la asistencia a clase, o al menos considerar excepcionalidades, siempre que exista una comunicación del alumno de dicha situación, y se complete con acudir a tutorías. La cuestión deberá ser analizada en un futuro.

Un aspecto negativo que recalcan algunos estudiantes es que, el exceso de disponibilidad del profesor para explicar la materia y lo realizado a lo largo de la semana a aquellos que se han ausentado por cualquier circunstancia, hace que algunos pierdan la responsabilización de acudir regularmente, al contemplar la posibilidad de que el docente les ponga al día. También, el enviar al final de la semana un resumen de las actividades realizadas durante la semana, que se había concebido como un repaso de apoyo para los que asisten, puede volverse en contra de dicho objetivo, pues los ausentes consideran que, gracias a dicho resumen no es preciso acudir.

Un problema que evidencian algunos profesores que comparten asignatura con otros docentes, es la dificultad de poder hacer una evaluación integral del avance en el aprendizaje de los estudiantes, teniendo que acudir a la media de las calificaciones de cada estudiante. Este es un aspecto que deberá analizarse en un futuro de cara a equilibrar el sistema de evaluación.

Por otra parte, los estudiantes prefieren un único profesor por asignatura que dos docentes compartiendo el temario, pues conlleva mayores problemas de adaptación a ambas docencias que pueden ser divergentes, pueden provocar problemas de coordinación, y dificultan el conocimiento del esfuerzo y avances globales realizados por el estudiante a lo largo del transcurso de la asignatura.

5. DISCUSIÓN Y CONCLUSIONES

La interrupción de la asistencia presencial a clase durante la irrupción de la pandemia produjo efectos positivos, pero también negativos en el proceso de enseñanza-aprendizaje. Así, tal como señalan Raby *et al.* (2015), existe una relación directa entre la asistencia regular a clase y el rendimiento académico alcanzado por los estudiantes, al favorecer la instauración de rutinas de estudio, el aprendizaje activo, la participación y la interacción con el profesor y los compañeros de clase.

La asistencia a clases presenciales permite a los estudiantes participar en las discusiones y debates, plantear sus dudas a través de posibles reformulaciones de las mismas, que reciben retroalimentación inmediata, permitiendo profundizar en un conocimiento más racional y práctico que, a través de un círculo virtuoso, contribuye a reforzar el atractivo por los contenidos y la necesidad de avanzar y seguir profundizando más allá, lo que podría traducirse en una mayor orientación hacia calificaciones de "sobresaliente".

Efectivamente, los resultados empíricos mostrados en este estudio coinciden con dicha relación y muestran que la pérdida de rutinas pudo contribuir a desarrollar hábitos negativos en algunos estudiantes, que en algunos casos se centraron demasiado en el estudio exclusivo de los materiales aportados, menoscabando la importancia de la participación en las clases, lo que pudo redundar en una menor motivación y refuerzo del aprendizaje.

Cabe precisar que, en el intervalo de tiempo analizado, marcado por la interrupción de la presencialidad, se presentaron nuevos desafíos asociados con la transición al aprendizaje a distancia. Así, Chen *et al.* (2020) señala la falta de interacción directa profesor-estudiante, la dificultad para mantener la motivación e implicación del estudiante, y la necesidad de desarrollar habilidades para el aprendizaje a distancia Estos factores podrían haber contribuido a una disminución en el rendimiento académico y en el porcentaje de calificaciones más altas durante los cursos en los que la presencialidad fue interrumpida, pero tendrían que disiparse transcurrido varios cursos.

Evidentemente, la interacción directa con el docente, en el proceso de aprendizaje, permiten potenciar la retroalimentación, reforzando el compromiso y motivación del estudiante, lo que, a la postre, se refleja en una mejora del rendimiento, evidenciado a través de las calificaciones académicas (Hattie, 2009).

Ahondando más en las ideas señaladas anteriormente, autores como Dweck (2006) exploran la importancia de la ambición del sujeto por el conocimiento y crecimiento en el aprendizaje en el consecuente rendimiento académico. Dicho autor llega a la conclusión de que la forma en que los estudiantes reflexionan sobre sus propias habilidades y capacidades para el aprendizaje puede tener un impacto significativo en su motivación, esfuerzo y éxito académico.

Finalmente, esta investigación evidencia el impacto positivo de la asistencia, por la implicación del estudiante, interacción con el profesor y otros estudiantes, lo cual nos hace plantearnos la necesidad de incorporar en el futuro la necesidad de un nivel mínimo de asistencia continua a las clases. Dicha asistencia, se podría vincular a la disposición para poder realizar la evaluación continua, en base a trabajos repartidos a lo largo del curso, así como de exámenes parciales.

Los hallazgos evidenciados en este estudio pueden apoyar a identificar y desarrollar estrategias que mejoren el proceso de enseñanza-aprendizaje y permitan afrontar retos futuros en la docencia de asignaturas de carácter práctico. Entre dichos retos cabría la decisión acerca de establecer la obligatoriedad de la asistencia para poder someterse a evaluación continua, el refuerzo de la participación en clase, implicación y motivación de los estudiantes y continuar profundizando en la evaluación continua.

Una limitación que nos ha surgido en esta investigación, y que habrá que analizar en estudios posteriores, es si el facilitar demasiados casos resueltos puede influir en la decisión de algunos estudiantes de que no es necesaria la asistencia a clase. En dicho sentido, algunos estudiantes pudieran adoptar la postura de suplir la asistencia con el estudio individual de dichos casos, en detrimento de desarrollar otras capacidades, circunscritas a un escenario de participación en el grupo, como pueden ser el debate de ideas y otras alternativas a cada caso, la adquisición de una sistemática y organización para el análisis, hábitos de socialización, expresión oral ante el grupo, además del esfuerzo regular y la disciplina de asistencia a clase. En este punto, nos surge también el dilema del difícil equilibrio entre poder llegar a un exceso de protección del estudiante, poniendo cautela en el nivel de esfuerzo y exigencia, en detrimento de mermar su capacidad de gestionar situaciones futuras difíciles, de estrés y que exigen esfuerzo regular, que por otra parte son gran parte de las situaciones que tendrán que aprender a lidiar. Lo señalado anteriormente podría frenar los mecanismos de internalización de la motivación, tal como sugieren Ryan y Deci (2017), para asimilar las regulaciones de comportamiento que originalmente eran externas. Dichos autores también inciden en cómo los sentimientos de competencia en las actividades deberían facilitar la internalización de las acciones promovidas.

En otro orden de cosas, cabe señalar la aparición de casos de personas con problemas depresivos que entran en un círculo vicioso, al interrumpir la asistencia a clase, con lo que se privan de interactuar y socializar y ensanchando la brecha para reincorporarse a las rutinas de estudio regular necesarias.

Por último, cabe señalar que, aunque los resultados podrían ser extrapolados a otras asignaturas, es importante tener en cuenta que este estudio se circunscribió a un caso específico y que dichos resultados pudieran variar en diferentes contextos educativos, lo cual podría ser objeto de futuras investigaciones complementarias, al igual que las anteriormente señaladas limitaciones con que nos hemos encontrado a lo largo de la presente investigación. También, podría resultar oportuno analizar las posibles variaciones en función del sexo y la conformación sociocultural de los ambientes familiares en que conviven los estudiantes.

6. REFERENCIAS

Chen, N.-S., Wei, C.-W., Wu, K.-C. y Chen, W.-J. (2020). Investigating students' perceived satisfaction, behavioral intention, and effectiveness of online learning: A structural equation modeling approach. En R. Huang, K.-C. Wu, & T.-C. Kuo (Eds.), *Educational technology to improve quality and access on a global scale* (pp. 99-112). Springer.

Dweck, C.S. (2006). *Mindset: The New Psychology of Success.* Random House

Hattie, J. (2009). *Visible learning: A synthesis of over 800 meta-analyses relating to achievement.* Routledge.

Hernández-Sampieri, R., & Mendoza, C. (2020). *Metodología de la investigación: las rutas cuantitativa, cualitativa y mixta.* McGraw-Hill.

Martín-Castilla, J.I. (2023). Estrategia docente para la optimización del aprendizaje en dirección estratégica. En Pizà-Mir, B. *et al* (Coords.), *Currículum, didáctica y los objetivos de desarrollo sostenible (ODS): reflexiones, experiencias y miradas* (pp. 912-929). Dykinson.

Raby, M., Soloman, E., & East, M. (2015). The relationship between class attendance and academic performance among students at an urban university. *Journal of College Student Retention: Research, Theory & Practice, 17*(4), 412-426.

Ryan, R. M. & Deci, E. L. (2017). *Self-determination theory: Basic psychological needs in motivation, development, and wellness.* Guilford Publishing.

INFLUENCIA DE LA INNOVACIÓN EDUCATIVA Y LA OFERTA PEDAGÓGICA DE POSTGRADOS DE LA EDUCACIÓN SUPERIOR COLOMBIANA

Adriana Martínez Cerveleón[1]

El presente texto nace en el marco de un proyecto de tesis doctoral titulado "La Innovación Educativa y la Oferta Pedagógica del Centro Regional de Posgrados de la Corporación Universitaria Minuto de Dios en Bucaramanga-Colombia" de la Universidad Ciencia y tecnología UMECIT de la autora

1. INTRODUCCIÓN

Para entrar a abordar el concepto de innovación en la educación se parte de la revisión conceptual del término innovación, ampliamente utilizado en distintos contextos. Esto hace que, se construyan concepciones en diferentes ámbitos de aplicación y, se llegue a distintas interpretaciones de dicho concepto. El sector económico y productivo, desde una lógica de mercado, es donde más ampliamente se utiliza el concepto.

La revisión documental presentada a continuación busca en primera instancia referenciar las principales definiciones asociadas a la innovación e identificar aquellos elementos clave que son aplicables o no al sector educativo. Desde una primera perspectiva conceptual, la innovación se entiende como "la creación o modificación de un producto y su introducción en el mercado" (Real Academia Española, 2000).

En esta misma línea, la innovación también se complementa como un concepto que permite ampliar el ámbito de aplicación desde los productos hacia la producción intelectual, es decir a los métodos y las ideas, y se define como "hacer cambios en algo establecido, especialmente mediante la introducción de nuevos métodos, ideas o productos" (English Oxford Living Dictionaries, 2019).

Así mismo, y en la medida que la sociedad se transforma culturalmente, la definición de innovación cambia con el tiempo, pero mantiene ciertos aspectos constantes, como la persistencia en el uso de términos asociados como creatividad, novedad y cambio. Además, varios autores coinciden en entenderla como el hecho de lograr que las ideas y los conocimientos se transformen en productos, procesos o servicios que generen riqueza; es decir, no solo cambios tecnológicos, sino la adaptación en el mercado de estos. Ortega Hoyos y Marín Verhelst (2019). Esta definición enfatiza en el papel de la innovación en los

1. Universidad Minuto de Dios sede Bucaramanga (Colombia).

procesos productivos y el impulso al desarrollo económico, factor clave para entenderla en el contexto contemporáneo.

A partir de la revisión realizada, la presente investigación propone y adopta la siguiente definición de innovación en la que se pretende introducir las características más importantes y relevantes. Se entiende entonces a la innovación como: un proceso que evoluciona a través de diferentes etapas no deterministas, que involucra creación, transformación y producción, cuyo producto es novedoso y transferible y a su vez genera valor.

Una vez construido el concepto de innovación es necesario comprender lo que es la innovación educativa. En este sentido, la innovación confluye con la educación dado que esta última es el conjunto de todas aquellas herramientas y saberes dados para ingresar o modificar la vida laboral de las personas Martín-Gordillo y Castro-Martínez (2014), es decir, aquella donde los procesos innovadores son principalmente demandados.

En segundo lugar, es importante concebir la educación como una interacción constante entre pedagogía, didáctica y enseñanza donde: la pedagogía es una disciplina que conceptualiza, aplica y experimenta los conocimientos referentes a la enseñanza de los saberes específicos en las diferentes culturas; la didáctica es la unión de la enseñanza y aprendizaje a través del método; y la enseñanza es el espacio que facilita el pensamiento y el saber (Zuluaga *et al.*, 2011).

Las actividades enunciadas son netamente humanas, por lo tanto, la educación es una actividad práctica, que no pertenece por entero a la vida, sino que implica un hacer. Para que el hombre llegue a sabio necesita ser educado y que la educación actúe sobre él (Comneno, 1955). Este concepto de educación implica que sea un proceso constante y también la existencia de más actores además del educando y el profesor como la sociedad y las universidades, entre otros.

De acuerdo con lo descrito, la definición de innovación en educación debe asumir, en principio, que ésta se trata de un ejercicio esencialmente humano que, si bien tiene como consecuencia la enseñanza de saberes y prácticas, su finalidad es más transformativa. Esta visión de educación es compartida desde un punto de vista filosófico. Se presume que la educación formativa debe ser perseguida por una educación transformativa asumiendo el cuidado y el desarrollo del individuo; se busca entender la existencia del individuo como algo bello, valioso, una obra de arte incompleta quizás (Megías, 2016).

Sin que esto deje de lado el cuidado de la sociedad, ya que se puede estar de acuerdo en que una sociedad compuesta de individuos bien cuidados y desarrollados es una sociedad bien cuidada y desarrollada. Entonces, para concluir, la educación es en definitiva una práctica con la que se busca el desarrollo y la transformación del individuo, cuya consecuencia es la transmisión de conocimiento y la formación de la sociedad.

Pasando al concepto de innovación educativa y lo que se ha propuesto como una polisemia en su uso, desde los años 60s se ha venido utilizando, este término, entendido como la "introducción de nuevas ideas o prácticas dentro de los programas, sistemas o estructuras educativas2" (Eric, 1966, p. 95). Hablar de nuevas ideas que se introduzcan en la práctica educativa, habilita un paso importante desde ese entonces, particularmente y pensando en los componentes de la relación enseñanza-aprendizaje.

En primera instancia es necesario comprender como la innovación influye en la oferta pedagógica y en el aumento de la matricula que es el constructor de aspectos y características relacionadas con la enseñanza que se dan a conocer para su consumo, sometida a reglamentos y normas, concretada en materias, programas, horarios y profesores, y expresada en la utilidad que tiene para sus posibles consumidores; en la educación superior como: "la formación de profesionales competentes; individuos que resuelvan creativamente, es decir, de manera novedosa, eficiente y eficaz, problemas sociales" (Badillo Gaona, Torres Rivera, y Olea Deserti, 2014).

Así, las Instituciones de Educación Superior, son las encargadas de la educación en los jóvenes y las características de éstas; están íntimamente relacionadas a la calidad de la formación de sus estudiantes, considerando que la calidad hace referencia a un sistema donde los principales factores son los individuos quienes son capaces de organizarse de forma eficiente para alcanzar las expectativas de la organización educativa Educere (2005), por ello, su función está dirigida al desarrollo de la creatividad e innovación en ellas mismas, propiciando un ambiente educativo que además de solucionar problemas sociales actuales junto con los alumnos, también ayuden a preparar mejores profesionistas para el futuro.

En segunda línea la revisión documental aborda los elementos relevantes para un impacto real en la demanda y en la sociedad como fenómenos que busca transformar la sociedad, como lo menciona Cela - (Ranilla, Esteve González, Esteve Mon, González Martínez y Gisbert-Cervera, 2017), el contexto es fundamental para el desarrollo de ciertas actividades y para que el estudiante las adquiera para ejercerlas ya sea en la escuela o en algún otro contexto, pero también se debe tener en cuenta que no necesariamente el estudiante debe de aprender de la misma forma que otro y lo aplique de igual manera sino que cada uno reacciona a su realidad de acuerdo a sus capacidades durante el desarrollo del aprendizaje el cual es funcional para el estudiante.

Por último, en la revisión final se abarca el análisis de las campañas de mercadeo para aumentar la matrícula en la Corporación Universitaria Minuto de Dios; a fin de analizar las variadas acciones que se realizan en el horizonte institucional para lograr la transformación de la calidad educativa.

2. OBJETIVOS

GENERAL

- Establecer la relación entre la innovación educativa y la oferta pedagógica para mejorar la calidad educativa posgradual en el contexto colombiano.

Específicos

1. Determinar la importancia de la oferta pedagógica posgradual como índice de transformación social
2. Identificar las principales transformaciones en los procesos de formación docente, referidos a la innovación educativa e inclusión de las herramientas tecnológicas al proceso
3. Caracterizar la oferta pedagógica posgradual de la educación superior tomando como referencia el Centro Regional de Posgrados de la Corporación Universitaria Minuto de Dios en Bucaramanga-Colombia.

3. METODOLOGÍA

La realización del artículo asumió una metodología cualitativa, desde una revisión bibliográfica y de análisis documental, para comprender acerca del tema que se está analizando; a través del análisis para recopilar y comentar la literatura publicada sobre la temática abordada y orientado a seleccionar las ideas más sobresalientes de toda la información comprendida con la finalidad de estructurar su contenido evitando la subjetividades o cambios en la esencia del mismo, por ello, no hace referencia solo a la recuperación o divulgación de la información sino que se encauza en facilitar el aprendizaje de los usuarios brindándole información adecuada y pertinente al tema que está abordando Peña y Pirela (2007). En el proceso de revisión sistemática llevado a cabo, se siguió un enfoque riguroso y metódico para seleccionar los artículos, investigaciones y análisis documental que formaron parte de este estudio. El procedimiento se dividió en varias etapas, cada una diseñada para garantizar la inclusión de fuentes pertinentes y confiables:

En la identificación de la literatura, se llevó a cabo una exhaustiva búsqueda en bases de datos académicas, bibliotecas digitales, revistas especializadas y otros recursos relevantes. Se utilizaron términos de búsqueda específicos relacionados con el tema de estudio y sus conceptos clave.

Por otro lado, en los criterios de inclusión y exclusión se establecieron criterios claros para la selección de los estudios que cumplieran con los objetivos de la revisión. Se incluyeron aquellos artículos, investigaciones o análisis documental que abordaran directamente la temática de interés, fueran relevantes para los objetivos del estudio y estuvieran escritos en un idioma comprensible para el equipo de investigación.

Evaluación de la calidad, se aplicaron criterios de calidad para evaluar la validez y la confiabilidad de las fuentes identificadas. Se consideró la metodología de investigación, la calidad de los datos recopilados y la coherencia de los resultados.

Se realizo un análisis y síntesis, una vez seleccionadas las fuentes pertinentes, se efectuó una lectura detallada y se extrajeron los hallazgos clave y la información relevante. Luego, se llevó a cabo una síntesis de los datos para identificar patrones emergentes y tendencias significativas.

Se realizo interpretación y conclusiones, con base en los hallazgos extraídos de los estudios seleccionados, se realizó una interpretación crítica y se obtuvieron conclusiones sobre el tema de investigación. Se destacaron las implicaciones prácticas y las recomendaciones pertinentes.

4. DESARROLLO DE LA INVESTIGACIÓN

La demanda actual de la educación posgradual en Colombia viene aumentando gradualmente, de igual manera esto a su vez trae como consecuencia el aumento tanto de tiempo, como de: recursos materiales, financieros, humanos, tecnológicos y físicos que generan el cambio deseado, sino que requiere en mayor proporción de interés y voluntad de cambiar la realidad y sus problemáticas (García, López y Ramírez, 2021). Adicionalmente, causa curiosidad que sean estos educandos de nivel de posgrados los que manifiesten tales actitudes frente a su formación, por ser personas adultas que buscan la continuidad de formación académica y su crecimiento profesional, lo cual lleva a pensar en que debe existir una conexión entre los métodos utilizados en la oferta de posgrados del Centro Regional de esta institución de educación superior y las actitudes y los comportamientos de sus estudiantes frente a estas, pues pareciera existir ciertas debilidades administrativas y pedagógicas al interior del Centro que producen tales problemáticas (Pérez, Gómez, y Rodríguez, 2022).

Para mayor detalle, lo anterior se percibe en la tendencia que muestran cada vez más estudiantes de la especialización en Salud Industrial y Salud Ocupacional, a quienes se les proponen como opciones de grado la presentación de una de dos alternativas: Por una parte, una tesis de grado o trabajo de investigación; o por otro, un seminario de grado. No obstante, es esta última opción la que mayoritariamente escogen los estudiantes por la percepción que supone para algunos este proceso, pero ante lo cual finalmente muestran también desinterés y actitudes inconvenientes para su aprendizaje y formación. En este sentido, cabe preguntarse, si se supone que esta opción es la más conveniente y sencilla para muchos estudiantes, ¿En qué radica entonces el bajo nivel académico presentado por estos educandos del Centro de Posgrados en este curso? ¿Son estas actitudes el resultado de prácticas pedagógicas cuyos modelos son tradicionales e inconvenientes para el contexto en que se desenvuelven los educandos del Centro Regional de Posgrados del Corporación Universitaria Minuto de Dios? o bien ¿Ha propendido La institución de educación superior Uniminuto por programas de innovación educativa de sus procesos educativos para mejorar su oferta académica o, por el contrario, requiere dar este paso fundamental de mejoramiento de sus actividades?

Tales interrogantes permiten identificar que en la Corporación Universitaria Minuto De Dios, en Bucaramanga (Colombia), específicamente en el Centro Regional De Posgrados existen problemáticas que necesitan pronta solución, en tanto se desea tener no solo mejores egresados de sus programas de posgrados, cuyos perfiles y cualificación serán requeridos por el sector empresarial, sino también porque existe la necesidad de aumentar la oferta pedagógica a través de un proceso de innovación educativa necesario que facilite el desempeño académico de los estudiantes, así como las prácticas pedagógicas de los docentes y, por ende, la potencialización de los procesos educativos institucionales de Uniminuto, lo cual puede estudiarse a partir del establecimiento de principios teóricos que ayuden a entender las razones de la actual falta de procesos de innovación educativa en esta institución de educación superior, el aumento en el número de estudiantes cuyo desempeño académico es aceptable, la disminución progresiva que ha tenido el centro de posgrados en algunas de sus ofertas pedagógicas, entre otros.

Finalmente, todavía mucho más interesante es revisar si tanto Uniminuto como otras instituciones de educación superior de Bucaramanga presentan los problemas de falta de programas de innovación educativa en sus facultades o programas, si el problema radica solo en instituciones de educación superior de nivel técnico, tecnológico o profesional, o si las Universidades públicas son las que más mantienen este tipo de acciones de mejora continua en sus facultades, a diferencia de las instituciones privadas. Son cuestiones que al ser resueltas ayudarán a identificar qué tanto se tiene en cuenta el proceso de innovación en las entidades de educación superior en Bucaramanga, o bien qué tanta falta por avanzar y los aspectos más relevantes que se deben resolver para lograr las metas propuestas.

4.1 Innovación: Apuestas de la globalización en educación Posgradual

Diversas investigaciones que enfatizaron en identificar la importancia de la innovación en el sector educativo han evidenciado que algunas de las necesidades más concretas para la implementación de la innovación han sido consistido en el fortalecimiento de los saberes y aprendizajes de los educandos, sobre todo orientadas hacia el estudio de cómo estos logran la adquisición de información, o bien cómo los docentes pueden mejorar sus prácticas para la consecución de los objetivos de estudio. En resumen, se ha confirmado que el empleo de procesos y herramientas de innovación existentes es fundamental para la educación, pero tales inquietudes frente al tema muestran la transcendencia que supone ser parte integral de este proceso; es decir, que haya una participación de todos en el proceso de innovación en la institución educativa (González, Rodríguez, y Pérez, 2023).

Ahora bien, al no contar con una alternativa óptima para la generación o el impulso de la innovación en las instituciones de educación superior, o en los programas de educación de posgrado como es este el caso, tales entidades o programas entran de forma tardía en un mundo cada vez más demandante y dinámico que posibilita la transformación de sus procesos institucionales hacia mejores ofertas educativas. Es decir, desde un sentido productivo, las instituciones de educación superior producen conocimiento, como parte de las funciones que esta cumplen, es decir, el saber cómo producto final, toda vez que debe seguirse y cumplir un ciclo cuyas etapas van de la creación hasta el almacenamiento o la contabilización de este producto. Ahora bien, si se considera que, desde lo práctico, la innovación posee semejanzas con la producción de conocimiento, es preciso que se recuerde este ciclo por desarrollar, debido a la necesidad de documentar cada innovación producida y la imposibilidad de contar con otras formas de almacenamiento, estructuración, distribución, mantenimiento y contabilización, para, de esta forma, poder compartirlas con otros. En palabras sencillas, al desarrollar una investigación que busca revisar la relación de la innovación educativa con la oferta pedagógica de un programa de posgrado de una institución de educación superior, no hay mejor manera de compartir los resultados obtenidos que realizando un proceso de investigación innovador en esta entidad. De esta manera no se perderían las nuevas creaciones y se deja registro de los logros obtenidos en esta innovación para futuras investigaciones (López Leyva, 2014).

De igual forma cuando se habla de innovación la Declaración Mundial sobre la Educación Superior en el siglo XXI reafirma que:

> *...se deberían establecer directrices claras sobre los docentes de la Educación Superior, que deberían ocuparse, sobre todo, hoy en día, de enseñar a sus alumnos a aprender y a tomar iniciativas, y no a ser, únicamente, pozos de ciencia. Deberían tomarse medidas adecuadas en materia de investigación, así como de actualización y mejora de sus competencias pedagógicas mediante programas adecuados de formación del personal, que estimulen la innovación permanente en los planes de estudio y los métodos de enseñanza y aprendizaje...*

Es por ello, entre otras razones, que en las últimas décadas se ha observado en las universidades en América Latina una revaloración del papel de la innovación, aunado a una serie de cambios ocasionados fundamentalmente por el reto de atender una matrícula en constante crecimiento. Según Motta, Moraes, y Gonfiantini, 2016) advertían que la sociedad se encontraba frente a una emergencia educativa, que exigía ir más allá de una reforma educativa. Hay que aclarar que el cambio en la educación no depende únicamente de las reformas educativas, más bien depende en gran medida de la capacidad que tengan los actores educativos para implementar procesos de innovación. Según Moreno-Correa (2020), plantea que dichos cambios deben ser de carácter metodológico, administrativo o epistemológico, superando la rigidez curricular o los esquemas de estandarización de las políticas educativas.

Además, la "emergencia educativa" a la que se hace referencia sirve para crear una nueva forma de hacer y entender a la educación, para ver las necesidades de la Pedagogía y de la Didáctica, y proponer una nueva vía de enseñanza que esté direccionada a responder las diferentes problemáticas que cuestionan a la civilización.

Es esencial salir de la mera acumulación y repetición de la información, hay que cuestionar, debatir, reflexionar y crear un significado acorde a las necesidades de los sujetos que participan del proceso educativo. En este contexto, Merchán (2013) plantea que la sociedad educativa debe ser consciente que "el cambio social no sucederá con el simple discurso de una teoría pedagógica".

Por lo que la solución no es encontrar una teoría pedagógica perfecta, sino, empezar por desprendernos de los procesos deshumanizantes que circulan dentro de los currículos, modelos pedagógicos, teorías educativas, paradigmas educativos, en donde se observa que cada vez se fragmenta más los saberes, por un lado, los saberes científicos y cuantificables, y por el otro los saberes no científicos (religiosos, populares, ancestrales, etc.), los que no son considerados por la ciencia moderna positivista.

En este escenario de la innovación educativa, se reflexiona con Morín (2000) que se debe redirigir la misión de la educación escolarizada, hacia una formación para la complejidad, para comprender los problemas con entramados transdisciplinares, para enseñar la identidad humana y para enseñar a respetar a la naturaleza. Estas características fomentarán al desarrollo integral del ser humano, teniendo en cuenta todas sus dimensiones (ético, social, político, cognoscitivo, etc.).

Bajo este marco de análisis, Sanz y Hernández (2016) indican, a propósito de la innovación educativa, lo siguiente: Tiene como finalidad alterar la realidad vigente y para ello se hace necesario modificar concepciones y actitudes e intervenir con nuevos métodos que contribuyan a mejorar o transformar el proceso de enseñanza aprendizaje; es un proceso de lucha con los múltiples actores que intervienen en la puesta en práctica de esta. Es un proceso de negociación, poder y conflicto; presupone tener una idea clara de lo que se tiene (insuficiencias y potencialidades), de lo que se quiere lograr y de cómo controlar y valorar lo que se va logrando; es un aspecto fundamental en los procesos de desarrollo y de mejora de la calidad.

De esta forma, la innovación en formación superior debe comprometer a toda la comunidad educativa partiendo desde la decisión de los directivos de las instituciones de formación con el apoyo de los entes gubernamentales de los países y los sectores productivos (López, García y Martínez, 2023).

4.2 Tecnologías emergentes: Proceso para reconstrucción de currículos innovadores

La utilización de las tecnologías de la información y la comunicación son de gran relevancia para desarrollar en el estudiante, el sentido de lectura crítica y el análisis de los contenidos de calidad para su proceso de aprendizaje en búsqueda de la autorregulación de la formación para toda la vida (González, López y Ramírez, 2023).

De igual forma, Pere Molina, Valencia, y Gómez (2016), sostienen que "se ha identificado a los edublogs como un buen recurso docente para promover el aprendizaje colaborativo y también para facilitar procesos de evaluación formativa", lo cual permite evidenciar la importancia de la tecnología en los procesos de formación superior y la evaluación que debe orientar la evaluación formativa dejando de lado la evaluación memorística de contenidos, dando lugar a la construcción de conocimiento significativo, a partir de la resignificación de estos por parte de los aprendientes.

De igual manera, Tamayo, Zona y Loaiza (2015) sostienen que uno de los propósitos centrales de la educación se orienta en la formación de pensamiento crítico en estudiantes y maestros en las aulas de clase, para ese propósito es necesario comprender y analizar las diferentes construcciones que se tejen cuando se orientan acciones que conllevan a formar pensadores críticos que potencien cambios en la sociedad actual"

En este sentido, el estudiante debe ser el protagonista de su propio proceso formativo desde sus perspectivas de crecimiento personal y donde el docente debe asumir un rol de orientador de los procesos, buscando que el estudiante logre resignificar los contenidos dando lugar al aprendizaje significativo y pertinente a las demandas del mercado laboral.

Los profesionales dedicados al campo de la educación tienen en sus manos un gran reto y sobre todo una gran responsabilidad al asumir compromisos en la tarea de repensar el carácter de funcionabilidad de la educación superior en tiempos de era digital y tecnológica, por tal razón, ante este panorama educativo, es conveniente tener otra oferta pedagógica como una herramienta que proporcione tanto al docente como a los estudiantes de no solo cómo enseñar sino también marcar el camino para que él estos asimilen los conocimientos y comprobar que en realidad se han adquirido. En esta línea y siguiendo con las posturas de investigadores referente a los puntos relevantes de este estudio; a lo que se refiere a oferta pedagógica en la educación superior (García, López y Martínez, 2023)

La educación superior cumple un papel estratégico en el proyecto de desarrollo económico, social y político en el que está comprometido el país. Se necesita una Universidad que esté en capacidad de formar las nuevas generaciones, para que puedan asumir de manera competente y responsable los compromisos que demanda la construcción de la nueva sociedad que se encuentra en proceso de gestación. No obstante, existe consenso en que la actual formación universitaria no responde, ni cualitativamente ni cuantitativamente, a las necesidades de la sociedad colombiana (Martínez, Gómez, y Rodríguez, 2023).

Es urgente que la Universidad construya una visión de futuro, que permita al sistema de educación superior orientar sus esfuerzos en el desarrollo y la consolidación de los programas de formación e investigación que se consideren estratégicos para alcanzar las metas que se fije la sociedad. Con el fin de aportar en ese esfuerzo, finalmente se propondrá algunas opciones de reforma que permitirían avanzar en la solución de algunos problemas antes mencionados.

4.3 Análisis contextual de reestructuración curricular de la oferta pedagógica de la educación Superior posgradual: Universidad Minuto de Dios sede Bucaramanga

La Corporación Universitaria Minuto De Dios, en su sede de Bucaramanga (Colombia), se encuentra el Centro Regional De Posgrados de la Vicerrectoría Los Santanderes, y cuya visión institucional actual ha resultado en bajos niveles académicos de los estudiantes, desinterés por las labores académicas programadas, etc., lo que resulta extraño en una institución de educación superior que ha mostrado programas de cualificación de sus procesos y recurso humano.

Al ser adultos por su condición de educación posgradual debería existir una conexión entre los métodos utilizados en la oferta de posgrados del Centro Regional de esta institución de educación superior y las actitudes y los comportamientos de sus estudiantes frente a estas, pues pareciera existir ciertas debilidades administrativas y pedagógicas al interior del Centro que producen tales problemáticas (González, Pérez, y Rodríguez, 2023).

Para mayor detalle, lo anterior se percibe en la tendencia que muestran cada vez más estudiantes de la especialización en Gerencia de Riesgos Laborales, a quienes se les proponen como opciones de grado la presentación de una de dos alternativas: Por una parte, una tesis de grado o trabajo de investigación; o por otro, un seminario de grado. No obstante, es esta última opción la que mayoritariamente escogen los estudiantes por la percepción que supone para algunos este proceso, pero ante lo cual finalmente muestran también desinterés y actitudes inconvenientes para su aprendizaje y formación. En este sentido, cabe preguntarse, si se supone que esta opción es la más conveniente y sencilla para muchos estudiantes, ¿En qué radica entonces nivel académico aceptable presentado por estos educandos del Centro de Posgrados en este curso? ¿Son estas actitudes el resultado de prácticas pedagógicas cuyos modelos son tradicionales e inconvenientes para el contexto en que se desenvuelven los educandos del Centro Regional de Posgrados del Corporación Universitaria Minuto de Dios? o bien ¿Ha propendido La institución de educación superior Uniminuto por programas de innovación educativa de sus procesos educativos para mejorar su oferta académica o, por el contrario, requiere dar este paso fundamental de mejoramiento de sus actividades?

Tales interrogantes permiten señalar que en la Corporación Universitaria Minuto De Dios, en Bucaramanga (Colombia), específicamente en el Centro Regional De Posgrados existen problemáticas que necesitan pronta solución, en tanto se desea tener no solo mejores egresados de sus programas de posgrados, cuyos perfiles y cualificación serán requeridos por el sector empresarial, sino también porque existe la necesidad de aumentar la oferta pedagógica a través de un proceso de innovación educativa necesario que facilite el desempeño académico de los estudiantes, así como las prácticas pedagógicas de los docentes y, por ende, la potencialización de los procesos educativos institucionales de Uniminuto, lo cual puede estudiarse a partir del establecimiento de principios teóricos que ayuden a entender las razones de la actual falta de procesos de innovación educativa en esta institución de educación superior, el aumento en el número de estudiantes cuyo desempeño académico es bajo, la disminución progresiva que ha tenido el centro de posgrados en algunas de sus ofertas pedagógicas, entre otros, como se evidencia en la Tabla 1:

PROGRAMA	META	PROSPECTOS	PRE INSCRITOS	ADMITIDOS	CUMPLIMIENTO	% CUMPLIMIENTO
PREGRADO SEMESTRALES 2021-1						
LIC ED ARTISTICA	25	35	31	24	20	80,00%
LIC ED INFANTIL	95	142	130	117	99	104,21%
TRABAJO SOCIAL	60	73	73	68	66	110,00%
INDUSTRIAL	40	62	54	50	23	57,50%
TOTAL	220	312	288	259	208	94,55%
POSGRADO SEMESTRAL 2021-1 BUCARAMANA						
ESP GER RIESGOS S1	130	178	178	178	163	125,38%
ESP GER PROYECTOS BUC S1	70	98	98	95	92	131,43%
ES GER FINANCIERA S1	23	37	36	34	32	139,13%
ESP FAMI, INF Y ADOL	35	56	56	42	35	100,00%
TOTAL	258	313	312	307	287	128,70%

Tabla 1. Estudiantes matriculados en pregrado y posgrado con la tasa de deserción. Fuente: Campaña sombrilla UNIMINUTO (2022).

En la tabla anterior se evidencia deserción y el aumento de la tasa de incumplimiento a las obligaciones, de igual manera se observa la disminución de la matricula posgradual, en el siguiente gráfico se evidencia el plan de mercadeo implementado por la Corporación Minuto de Dios para socializar la oferta pedagógica que ofrece (Gráfico 1):

PERIODO CUATRIMESTRAL 2021-1

MEDIO	CANTIDAD IMPACTOS	PORCENTA
AVISO	22	3,4215%
BUSQUEDA EN GOOGLE	27	4,1991%
DIGITAL	29	4,5101%
FERIA PRESENCIAL	12	1,8663%
FERIA VIRTUAL	2	0,3110%
OTROS	99	15,3966%
PAG WEB INST	105	16,3297%
PRENSA	6	0,9331%
RADIO	3	0,4666%
RECOMENDACIÓN	260	40,4355%
RED SOCIAL	44	6,8429%
TV	16	2,4883%
VISITA EMPRESARIAL	2	0,3110%
VOLANTE	5	0,7776%
NO ESPECIFICA	11	1,71073%
Total	**643**	**100%**

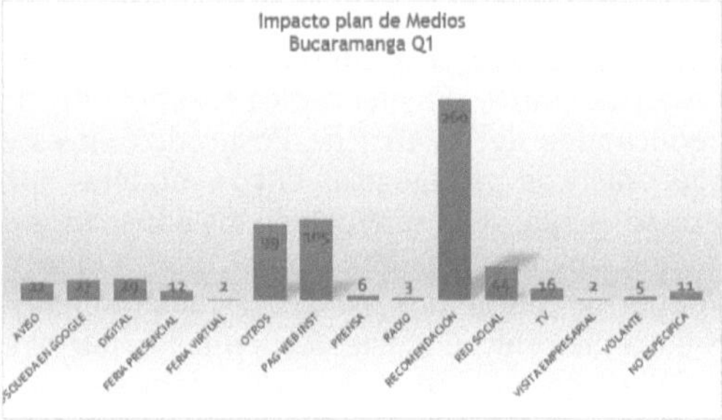

Gráfico 1. Medios de difusión de la oferta pedagógica. Fuente: Campaña sombrilla UNIMINUTO (2022).

En el Gráfico 1 se observa como el mayor índice de matrícula se hace de voz a voz; superior a los medios de comunicación masivos, esta ha logrado el fortalecimiento de la identidad institucional; en este sentido la campaña "Sombrilla UNIMINUTO" ha contribuido a fortalecer el sentido de pertenencia y la identidad institucional entre la comunidad universitaria, el aumento de matrícula se debe al sentimiento de unidad y orgullo en torno a los valores y principios de la universidad, de igual manera se ha logrado una comunicación efectiva, logrando promoción de la inclusión y la equidad; esto se debe principalmente al acceso a la educación de calidad para personas de diversos contextos socioeconómicos y culturales, fomentando así la diversidad y la igualdad de oportunidades.

Reflexiones finales:

1. Impacto en la comunidad, la campaña "Sombrilla UNIMINUTO" ha tenido un impacto significativo en la comunidad universitaria y en la sociedad en general. Ha fortalecido los lazos entre UNIMINUTO y sus estudiantes, profesores, personal administrativo y egresados, así como con otras instituciones y actores clave.
2. El posicionamiento institucional, esta campaña ha contribuido al posicionamiento de UNIMINUTO como una institución académica de calidad, comprometida con la formación integral de sus estudiantes y con la generación de conocimiento relevante y de impacto social. Ha reafirmado la reputación y credibilidad de UNIMINUTO en el ámbito educativo.
3. La continuidad y evolución, es importante considerar la continuidad y la evolución de la campaña "Sombrilla UNIMINUTO". La identidad y los valores de UNIMINUTO deben seguir siendo promovidos y reforzados a lo largo del tiempo, adaptándose a los cambios y desafíos que surjan en el entorno educativo y social.
4. Con relación a la evaluación y mejora continua, dicha evaluación de los resultados y el impacto de la campaña es fundamental para realizar ajustes y mejoras. Se deben establecer indicadores de seguimiento y retroalimentación para evaluar la efectividad de la campaña y tomar decisiones informadas para su mejora.

En general, la campaña "Sombrilla UNIMINUTO" ha sido una herramienta efectiva para promover la identidad, los valores y los logros de UNIMINUTO. Ha fortalecido el sentido de pertenencia, ha comunicado los mensajes clave de la institución y ha generado conciencia sobre su compromiso social, sin embargo, la tasa de matricula ha disminuido por lo que debe existir mayor esfuerzo en contribuir a incorporar elementos innovadores en sus programas, para lograr un impacto real en la demanda social que esta tiene.

5. CONCLUSIONES

A medida que los cambios sociales y las dinámicas laborales influyen en nuestro trabajo de revisión sistemática de la educación superior, ahora comprendemos la importancia de las interacciones dialógicas entre los diferentes actores involucrados en el diseño de políticas educativas. Estas interacciones son fundamentales para impulsar una revisión continua y garantizar la relevancia de la educación superior en la construcción de sociedades democráticas, equitativas y orientadas hacia el desarrollo humano y el potencial de los jóvenes.

El diálogo se revela como una de las claves centrales en este proceso. Por lo tanto, en Innovación Educativa, presentamos un espacio académico, una plataforma para nuevas ideas y un foro dialógico en nuestra nueva sección, llamada Fórum. Este espacio se caracteriza por la originalidad, la argumentación inteligente y el rigor de la expresión escrita.

El propósito de Fórum es contribuir al diseño de una educación pertinente, actual y significativa, trabajando junto con aquellos que están involucrados en la creación de la realidad en las aulas. Se publicarán artículos no arbitrados y por invitación que ofrecerán una visión general de la educación y propuestas para el desarrollo de políticas educativas.

Las conclusiones de este editorial señalan que la Innovación Educativa busca recibir la perspectiva crítica de los lectores, al mismo tiempo que abre un nuevo espacio para construir la innovación y el diálogo. En este espacio, se fomentará la escucha activa y la reflexión propositiva entre investigadores, científicos y los responsables de diseñar políticas educativas en distintos niveles institucionales, nacionales o regionales. (2017). Editorial. Fórum: innovación y diálogo. Innovación Educativa, 17(74).

6. REFERENCIAS

Badillo Gaona, M., Torres Rivera, A.D., y Olea Deserti, E. (2014). Competencias para la práctica docente. Formación profesional, competente e impulsor del desarrollo. *Mercados y Negocios, 15*(2), 149-172. https://www.redalyc.org/articulo.oa?id=571863946008

Barrera Cabrera, I., Cueto Marín, R.N., y Reyes Torres, A.C. (2016). La orientación profesional pedagógica con enfoque grupal, la Educación Superior Pedagógica. *Varona,* (63), 1-11. https://www.redalyc.org/articulo.oa?id=360657459021

Boulet Martínez, R., y Escribano Hervis, E. (2014). Los recursos de la web al servicio de la formación académica de postgrados. *Atenas, 2*(26), 115-124. https://www.redalyc.org/articulo.oa?id=478047202010

Cela - Ranilla, J.M., Esteve González, V., Esteve Mon, F., González Martínez, J., y Gisbert - Cervera, M. (2017). El docente en la sociedad digital: una propuesta basada en la pedagogía transformativa y en la tecnología avanzada. Profesorado. *Revista de Currículum y Formación de Profesorado, 21*(1), 403-422. https://www.redalyc.org/articulo.oa?id=56750681020

Educere. (2005). *La Educación Superior en el sismo del Decreto 3444. 9*(29), 237-243. https://acortar.link/lV8I4k

Hernández-Madrigal, M., Ramos-Córdova, M.E., y Ramírez-Flores, É. (2013). La oferta educativa superior del área de negocios: una perspectiva internacional basada en el ranking Eduniversal. *Formación Universitaria, 6*(6), 3-12. https://www.redalyc.org/articulo.oa?id=373534463002

Innovación Educativa. (2017). *Fórum: innovación y diálogo. 17*(74). https://acortar.link/JP6XGl

López Leyva, S., (2014). Las universidades en la economía del conocimiento. *Revista de la Educación Superior, XLIII (2).* (170), 153-160. https://www.redalyc.org/articulo.oa?id=60431363008

Millenaar, V., Roberti, E., y Garino, D. (2022). Las emociones en la escuela secundaria: entre la formación para el trabajo, la inclusión social y la innovación educativa. *Espacios en Blanco. Serie Indagaciones, 2*(32), 97-110. https://www.redalyc.org/articulo.oa?id=384569922011

Ortega Hoyos, A.J., y Marín Verhelst, K. (2019). La innovación social como herramienta para la transformación social de comunidades rurales. *Revista Virtual Universidad Católica del Norte,* (57), 87-99. https://www.redalyc.org/articulo.oa?id=194260035007

Ortega Vera, O., (2016). Pedagogía personalista para la transformación de la educación superior. *Academo, 3*(2), https://www.redalyc.org/articulo.oa?id=688273458014

Pere Molina, J., Valencia, A., y Gómez, F. (2016). Innovación docente en educación superior: edublogs, evaluación formativa y aprendizaje colaborativo. *Profesorado. Revista de Currículum y Formación de Profesorado, 20*(2), 432-450. https://www.redalyc.org/articulo.oa?id=56746946024

Porras Cosme, S., y Pacheco Peña, E.M. (2020). Gamaniel Blanco Murillo, Educador Innovador. *Horizonte de la Ciencia, 10*(19), 103-117. https://doi.org/10.26490/uncp.horizonteciencia.2020.19.591

Prendes Espinosa, M.P., y Cerdán Cartagena, F. (2021). Tecnologías avanzadas para afrontar el reto de la innovación educativa. *RIED-Revista Iberoamericana de Educación a Distancia, 24*(1), 33-53. https://www.redalyc.org/articulo.oa?id=331464460002

Rivera, O., Del Orden, O., y Ranguelov, S. (2003). Análisis de la oferta de formación de postgrado en gestión del conocimiento. *Cuadernos de Gestión, 3*(1-2), 27-47. https://www.redalyc.org/articulo.oa?id=274323095002

Rubio Gaviria, D.A., y Jiménez Guevara, J.E. (2021). Constructivismo y tecnologías en educación. Entre la innovación y el aprender a aprender. *Revista Historia de la Educación Latinoamericana, 23*(36), 61-92. https://www.redalyc.org/articulo.oa?id=86969306004

Sangrà, A., Guitert-Catasús, M., y Behar, P.A. (2023). Competencias y metodologías innovadoras para la educación digital. *RIED-Revista Iberoamericana de Educación a Distancia, 26.* (1), 9-16. https://doi.org/10.5944/ried.26.1.36081

Sianes-Bautista, A. (2021). Desarrollo de la Pedagogía como disciplina y su impacto en la Educación Superior en Francia. *Revista Educação & Formação, 6*(3). https://doi.org/10.25053/redufor.v6i2.5324

Siciliani Barraza, J.M., y Barrios Tao, H. (2019). Tendencias teóricas de dos propuestas de pedagogía de la memoria en la educación superior colombiana. *Análisis. Revista Colombiana de Humanidades, 51*(95), 433-463. https://doi.org/10.15332/21459169.4496

Vera-Sagredo, A.J., Constenla-Núñez, J., Jara-Coatt, P., y Lassalle-Cordero, A. (2020). Emprendimiento e innovación en educación técnico profesional: percepción desde los docentes y directivos. *Revista Colombiana de Educación,* (79), 85-108. https://doi.org/10.17227/rce.num79-8605

LA ENSEÑANZA DE LA GESTIÓN DEL PATRIMONIO FOTOGRÁFICO EN ÁMBITOS UNIVERSITARIOS A TRAVÉS DE UNA METODOLOGÍA ONLINE

Asensio Martínez Jódar[1]

Este escrito nace en el marco del proyecto de innovación docente "Actividades docentes innovadoras para la enseñanza y el aprendizaje en la recuperación, conservación, estudio y gestión del patrimonio foto-histórico", desarrollado en la Universidad de Murcia.

1. INTRODUCCIÓN

Mediante el presente texto expondremos la experiencia y los resultados obtenidos a través de un proyecto educativo puesto en marcha por el Laboratorio de Investigación Fotográfica de la Universidad de Murcia (en adelante LIFUM) durante el curso académico 2020-2021. Este proyecto fue elaborado y ejecutado para dar respuesta a la situación excepcional vivida a raíz de la pandemia de la covid-19, la cual impidió que los estudiantes del grado de Historia del Arte pudieran llevar a cabo sus prácticas de manera presencial en las instalaciones del LIFUM. En circunstancias normales, este programa de prácticas permtie a los alumnos del citado grado trabajar en un entorno dotado de los materiales y herramientas necesarios para que adquieran nociones básicas sobre investigación, conservación y gestión de colecciónes fotográficas. Se trata de materias de gran importancia, pues abordan uno de los grandes retos a los que se enfrentan los profesionales de archivos, museos y bibliotecas. Y es que, en la última década, los fondos de obra gráfica de muchos de estos centros han vivido un crecimiento exponencial, lo que supone todo un reto a la hora de gestionar y poner en valor todo este material. El programa de prácticas del LIFUM trata de dar respuesta a esta nueva realidad desde el ámbito de la enseñanza superior, promoviendo la formación especializada de los futuros técnicos de estas entidades culturales a través de cualificaciones prácticas especificas en la materia.

Las limitaciones de acceso derivadas de la situación de pandemia hicieron que, desde el laboratorio, nos planteásemos el diseño de un plan de prácicas alternativo basado en una metodología totalmente online, en la que los estudiantes pudieran trabajar con objetos que podían encontrar en su entorno cotidiano. Para ello nos basamos en la experienia de los proyectos de recuperación colectiva del patrimonio fotográfico conocidos como "Álbum Familiar". Se trata de iniciativas de éxito probado, puestas en marcha por diversas

1. Universidad de Murcia (España)

instituciones culturales (algunas de ellas con sede en la Región de Murcia) mediante las que la ciudadanía contribuye en la investigación y difusión de este patrimonio a través de la interacción con sus propias colecciones (álbumes familiares).

2. OBJETIVOS

En concordancia con lo anteriormente expuesto, los objetivos de nuestro estudio se basan, por un lado, en el diseño de un modelo de enseñanza virtual que permita al alumnado alcanzar las competencias básicas del plan de prácticas establecido por el LIFUM y, por otro, en trasladar la experiencia de la construcción del Álbum Familiar al ámbito formativo universitario. Ambos objetivos se hallan encaminados a lograr la formación del alumnado en procedimientos, destrezas y aptitudes relacionadas con la gestión y catalogación del patrimonio fotográfico, que constituye una de las posibles salidas profesionales del grado de Historia del Arte impartido por la Universidad de Murcia.

3. METODOLOGÍA

La metodología de trabajo puesta en marcha para la elaboración de este proyecto se vio influenciada por dos condicionantes: la necesidad de formar al alumnado del grado en Historia del Arte en materias prácticas relacionadas con la conservación del patrimonio fotográfico y la imposibilidad de llevarlas a cabo en el espacio destinado y equipado para tal fin. Partiendo de estos presupuestos desarrollamos una metodología en la que el alumnado pudiera trabajar de manera autónoma siguiendo las directrices y enseñanzas del equipo docente. En este contexto, los materiales de trabajo que habitualmente proporcionaba el LIFUM hubieron de ser sustituidos por otros que los estudiantes pudieran conseguir en su entorno cercano. Es en este punto es donde decidimos aplicar las enseñanzas de las experiencias denominadas en ciertos ámbitos como Álbum Familiar. Se trata de proyectos enfocados a la recuperación del patrimonio fotográfico de un área geográfica determinada a través de la participación ciudadana. Esto supone que son los mismos habitantes del territorio escogido los que seleccionando imágenes de sus propias colecciones familiares las ceden temporalmente a las instituciones encargadas del proyecto para su digitalización y posterior gestión, lo cual garantiza su preservación y contribuye a la elaboración de una memoria visual colectiva.

Al poner en marcha esta dinámica el alumno adquiere el papel de investigador y conservador de las imágenes de su propio núcleo familiar. Todo ello con el fin de crear, mediante el estudio y la digitalización de estas, un archivo documental fotográfico que sirva de base para su aprendizaje. Se trata de un proceso en el que los estudiantes tienen la oportunidad de trabajar empleando protocolos profesionales de análisis, gestión y conservación de materiales fotográficos, logrando así un complemento excelente para su formación académica. Complemento que está directamente relacionado con las actividades, que, como profesionales, podrán desempeñar en cualquier institución cultural que tenga entre sus fines la salvaguarda del patrimonio gráfico.

Para lograr que nuestros alumnos alcanzaran este objetivo formamos un equipo docente compuesto por dos profesores con amplia experiencia tanto en el ámbito docente como en el de la gestión y catalogación del patrimonio fotográfico en entornos profesionales[2]. Puesto que en el proceso formativo de los alumnos no podríamos contar con la infraestructura del LIFUM, adaptamos nuestros programas al modelo de enseñanza online, con lo que diseñamos espacios de encuentro virtuales basados en las herramientas que la Universidad de Murcia puso a nuestra disposición (carpetas compartidas, aulas virtuales, programas de videoconferencia, etc.).

4. DESARROLLO DE LA INVESTIGACIÓN

Antes de describir y exponer las diferentes fases que conformaron nuestro proyecto, dedicaremos unas líneas a hablar del LIFUM con el fin de contextualizar institucionalmente la labor realizada.

4.1. Laboratorio de Información Fotográfica de la Universidad de Murcia (LIFUM)

El LIFUM forma parte del Departamento de Historia del Arte de la Universidad de Murcia. Actualmente tiene su sede en el campus de Espinardo (Edificio C)[3]. Su origen se remonta al año 1995, momento en el que recibía la simple calificación de "Laboratorio Fotográfico". Entonces tuvo unos fines diferentes a los actuales, que fueron los de servir de apoyo al profesorado del departamento, dotándolo del material gráfico necesario para sus labores docentes (Vázquez Casillas, 2019). Esta primitiva labor quedó enseguida obsoleta debido al rápido crecimiento experimentado por las Tecnologías de la Información y Comunicación que pusieron a disposición del profesorado imágenes en formato electrónico a través de portales web y fototecas digitales. En consecuencia, entre los años 2008 y 2012 el laboratorio vivió un cambio de rumbo que potenció su transformación en una institución puntera dedicada por entero a la docencia y a la investigación en materia de historia de la fotografía. Esta nueva etapa traería consigo el cambio de denominación por la de Laboratorio de Investigación Fotográfica de la Universidad de Murcia, que se mostraba mucho más acorde con sus nuevas funciones. En palabras de su director, el profesor José Fernando Vázquez Casillas (2019, p. 100):

> *Definido su campo de actuación, este laboratorio asume como principal tarea la de atender y despertar el interés de la comunidad universitaria -en particular- y de la sociedad -en general- por la investigación y protección del patrimonio fotográfico. De este modo, y apoyándose en los pilares fundamentales de la universidad (docencia e investigación), centra todos los esfuerzos en construir la base adecuada para instruir (y capacitar) a futuros profesionales de este sector.*

Desde entonces han sido varias la acciones formativas e investigadoras emprendidas por el LIFUM. En lo que concierne a este trabajo, hemos de destacar los programas de formación práctica destinados a los alumnos del grado de Historia del Arte, que es a quienes se dirigió el presente proyecto. En cada curso académico, desde el 2014-2015, el laboratorio oferta ocho plazas destinadas a los estudiantes matriculados en la asignatura Prácticum del grado según la guía docente de la asignatura (Universidad de Murcia, 2022). Durante las 60 horas que dura este programa de prácticas los alumnos desarrollan

---

2. Los docentes implicados en el proyecto fueron José Fernando Vázquez Casillas, director del LIFUM y Asensio Martínez Jódar, Profesor Asociado del Departamento de Historia del Arte.
3. Para obtener información actualizada sobre esta institución, así como de los diferentes proyectos que actualmente tiene en marcha el LIFUM se recomienda la visita de página web: https://www.um.es/web/lifum/inicio

diversos proyectos relacionados con el campo de la preservación y gestión de materiales fotográficos (Vázquez Casillas, 2019).

4.2. Desarrollo del proyecto (plan de trabajo)

El proyecto educativo que presentamos aquí se desarrolló a lo largo de varios meses, si bien el trabajo de los estudiantes ocupó un total de dos. Sin embargo, antes de la incorporación de estos, el equipo docente llevó a cabo una planificación previa del trabajo a desarrollar, que finalmente abarcó cuatro fases sucesivas, las cuales expondremos a continuación.

La primera fase estuvo centrada en la preparación de materiales didácticos elaborados por parte del profesorado. Consistieron en textos, recursos audiovisuales y presentaciones de diapositivas, que sirvieron para la formación autónoma y guiada de los alumnos. Su fin era que estos adquirieran las competencias teóricas acerca de las siguientes materias:

- Historia de la fotografía y su evolución técnica a lo largo del tiempo.
- Identificación y datación de materiales fotográficos.
- Gestión de archivo fotográfico.
- Inventario y catalogación de imágenes.

Para la elaboración de los contenidos, se formó una bibliografía básica, compuesta por manuales y otros escritos realizados por especialistas en disciplinas relacionadas directamente con las materias a trabajar, como historia general de la fotografía (Sougez, 2011), identificación y conservación (Pavao, 2011 y Lavédrine, 2010) y gestión y catalogación (Sánchez Vigil y Salvador Benítez, 2013 y Salvador Benítez, 2015). Durante esta fase también se procedió al diseño de un modelo de ficha para la catalogación de las imágenes recopiladas por los alumnos. Esta se basó en la normativa estandarizada ISAD(G) (Consejo Internacional de Archivos, 2000), ya que es una de las más empleadas por las instituciones culturales encargadas de gestionar patrimonio fotográfico a nivel internacional (archivos, fototecas, centros documentales, etc.) De esta manera se introdujo a los estudiantes en metodologías de trabajo que podrán llegar a aplicar en su futuro laboral.

La segunda fase consistió en la formación teórico-práctica de los alumnos participantes del programa de prácticas. El lugar de encuentro entre docentes y estudiantes lo conformó el Aula Virtual de la Universidad de Murcia, un entorno digital basado en el software SAKAI. Sus múltiples herramientas integradas y su facilidad de uso han hecho que en los últimos años se muestre como una plataforma idónea para el aprendizaje online en ámbitos universitarios (Jiménez Jiménez *et al.*, 2014). En este espacio es en el que se debatió sobre los procedimientos de ejecución y de funcionamiento del proyecto. La plataforma digital, apoyada por un chat tutorial abierto al grupo, sirvió para resolver las dudas de los participantes durante el desarrollo del ensayo.

De este modo, se proporcionaron materiales de contenido teórico y se realizaron varias conferencias formativas en las que se insistió en la enseñanza del protocolo adecuado para que los alumnos efectuaran la recuperación y estudio de su propio álbum familiar, dándoles las pautas para digitalizar correctamente las imágenes con cualquier dispositivo de captura actual (móviles, tabletas, escáneres o cámaras fotográficas). Al mismo tiempo instamos a los participantes a hacer uso de fuentes tanto escritas como orales para recabar los datos necesarios para cumplimentar la ficha de catalogación y para desentrañar las "historias" que usualmente encierran las fotografías.

Como anticipamos en el apartado anterior, esta metodología de trabajo se basó en los proyectos Álbum Familiar, pues consideramos que su filosofía se adecuaba perfectamente a los fines de nuestra acción formativa. En efecto, en ambos casos el objeto de recuperación y estudio se encuentra en las colecciones domésticas, que, gracias a la condición de bien de consumo que ha acompañado tradicionalmente a la fotografía, son una las principales depositarias de este patrimonio. Hemos de señalar que este tipo de proyectos no son ajenos al personal del LIFUM, pues a partir del año 2008 esta institución se involucró en las acciones de recuperación del patrimonio emprendidas por el antiguo Centro Histórico Fotográfico de la Región de Murcia (CEHIFORM) (Vázquez Casillas, 2019). Entre ellas, podemos destacar la conformación de los álbumes familiares de Puerto Lumbreras (Vázquez Casillas *et al.*, 2008) y Cartagena (Pérez Adán *et al.*, 2009)[4].

Durante la tercera fase los alumnos trabajaron de forma autónoma. Cada uno de ellos seleccionó un número de imágenes conveniente de su propio álbum familiar para participar en el proyecto. Así asumieron la primera labor, potenciando con ella el trabajo de campo para fortalecer sus competencias en materia de investigación. Elegidas las imágenes se procedió a su digitalización.

En la cuarta y última fase se emprendió el análisis de las imágenes. Los alumnos estudiaron críticamente el material seleccionado, aprendiendo mediante un proceso personalizado las reglas profesionales de descodificación de los objetos. De esta forma, extrajeron los datos precisos de las fotografías, haciendo uso aquí tanto del objeto fotográfico como de las fuentes orales y textuales, procedentes en su mayor parte del propio ámbito familiar. En todo momento los estudiantes contaron con la asesoría y apoyo del equipo docente, que, en los casos necesarios, proporcionó pautas e indicaciones para la extracción de los datos más relevantes de cada imagen (técnica, material, formato, fecha, etc.). Como producto final de su proyecto, cada alumno entregó una memoria de trabajo en la que también se incluían las fichas con la catalogación de cada una de las imágenes seleccionadas.

4.3. Resultados del proyecto

Los resultados generales obtenidos a través de esta actividad han sido altamente satisfactorios. En su desarrollo, los alumnos han tenido la oportunidad de trabajar fuera del aula con materiales originales, ligados emocionalmente a su propia historia familiar (con lo que hemos logrado despertar en ellos su interés primario). Las actividades propuestas se han llevado a cabo en un ambiente en el que ha primado el aprendizaje a través de la experimentación y el ensayo, abogando por la conexión entre el material de estudio y el propio estudiante.

Uno de los puntos que más positivamente han valorado los alumnos ha sido la introducción supervisada de técnicas de trabajo similares a las utilizadas por instituciones culturales que albergan colecciones fotográficas. Por otra parte, al rastrear la historia de las propias imágenes, se han puesto en práctica metodologías de corte reflexivo propias de la Historia del Arte, que insisten en la relación intrínseca entre las piezas objeto de estudio y el desarrollo histórico y cultural de una sociedad determinada.

---

4. Aunque actualmente el CEHIFORM ya no está conformado como una entidad autónoma, sus colecciones y principales líneas de actuación han sido asumidas por el Archivo General de la Región de Murcia (AGRM), centro que sigue dando continuidad al proyecto "Álbum Familiar de la Región de Murcia" a través de su página web: https://archivogeneral.carm.es/archivoGeneral/arg.mostrar_galeria.incluir_galeria?idseccion=576

En consecuencia, los alumnos participantes han obtenido un grado de especialización, cumpliendo una serie de ítems formativos, que difícilmente podría haber adquirido en el entorno de un aula al uso, aumentando y reforzando su capacidad autónoma para solucionar problemas profesionales.

5. CONCLUSIONES

Con nuestro proyecto nos planteamos el objetivo de trasladar la experiencia práctica de la metodología del Álbum Familiar al ámbito educativo universitario. Con ello, hemos conseguido poner en marcha un proceso de aprendizaje sencillo y dinámico pues, en definitiva, hemos dado la posibilidad a docentes y alumnos de introducirse en campos alejados de la formación reglada. Gracias a esto hemos otorgado a estos últimos las herramientas conceptuales y profesionales que motivan su desarrollo personal en el ámbito de la conservación y salvaguarda del patrimonio fotográfico. De este modo, hemos fomentado la participación del alumnado creando un ejercicio final colectivo que contribuye a la puesta en valor de nuestra historia. Se abre así una vía trascendental para la futura transferencia de conocimiento, pues a través de las actuales tecnologías de la información sería plausible la difusión de los resultados del proyecto, permitiendo así su uso y disfrute por parte de la sociedad en general.

El uso de herramientas virtuales, potenciado por las restricciones vividas a raíz de la pandemia del covid-19, nos ha servido para demostrar la plena adaptación de nuestro proyecto a la metodología de docencia online. Esto, le añade un plus de utilidad y versatilidad y permite su implantación en cualquier ámbito geográfico. Para finalizar, creemos que el sistema de trabajo aquí desarrollado se podría adecuar fácilmente a otros niveles académicos, especialmente en Educación Secundaria y Bachillerato, ya que serviría para estudiar conceptos relacionados el valor de las tradiciones locales y, por ende, del patrimonio inmaterial, a través del análisis de las fotografías familiares. En este sentido, los proyectos Álbum Familiar se amoldan muy bien a la metodología del aprendizaje servicio mediante la que se promueve entre el alumnado la participación ciudadana en programas relacionados directamente con las materias y competencias de su formación académica. De este modo, el Álbum Familiar entendido como una acción destinada a recuperar la memoria visual de una comunidad concreta puede constituir un proyecto de aprendizaje servicio por sí mismo o complementarse con otras acciones que fomenten la enseñanza del patrimonio local (Rodríguez Pérez y Gutiérrez Sánchez, 2019).

6. REFERENCIAS

Consejo Internacional de Archivos (2000). *ISAD(G): Norma Internacional General de Descripción Archivística.* Ministerio de Educación, Cultura y Deporte.

Lavédrine, B. (2010). *(re)Conocer y conservar las fotografías antiguas.* Cths.

Jiménez Jiménez, D., Martínez Costa, M. y Carrasco Hernández, A. J. (2014). ¿Son las TICs aplicadas a la enseñanza universitaria útiles para el aprendizaje universitario? En: *II Congreso Internacional de Innovación Docente. CIID: Murcia, 20 y 21 de febrero de 2014,* (pp. 671-680). Universidad de Murcia.

Pavao, L. (2001). *Conservación de Colecciones de Fotografía.* Junta de Andalucía.

Pérez Adán, L. M., Vázquez Casillas, J. F., García Pérez, N. y López Martínez, J. F. (2009). *Álbum Familiar de la Región de Murcia. Cartagena.* Tres Fronteras Ediciones.

Salvador Benítez, A. (2015). Conocer y describir el patrimonio fotográfico. En A. Salvador (Coord.). *Patrimonio fotográfico: de la visibilidad a la gestión* (pp. 19-50). Trea.

Sánchez Vigil, J. M. y Salvador Benítez, A. (2013). *Documentación fotográfica*. Editorial UOC.
Sougez, M.-L. (Coord.). (2011). *Historia general de la fotografía*. Cátedra.
Rodríguez Pérez, R. A. y Gutiérrez Sánchez, M. (2019). El aprendizaje servicio como metodología para la enseñanza de la Historia y el patrimonio local. *Historia y espacio, 15*(53), 192-219. https://doi.org/10.25100/hye.v15i53.8661
Universidad de Murcia (2022). *Plan de estudios y guías docentes del Grado de Historia del Arte.* https://www.um.es/web/estudios/grados/historia-arte/plan-guias
Vázquez Casillas, J. F. (2019). Laboratorio de Investigación Fotográfica de la Universidad de Murcia. Un proyecto en desarrollo. En R. Fresneda (Coord.), *El patrimonio fotográfico en la encrucijada digital. Taller de Historia del Archivo General.* Tres Fronteras Ediciones.
Vázquez Casillas, J. F., Ruiz, S. Sanz, J. B. y Salvador Romera, M. (2008). *Álbum Familiar de la Región de Murcia. Puerto Lumbreras.* Tres Fronteras Ediciones.

ENSEÑAR A COMUNICAR INFORMACIÓN ECONÓMICA MEDIANTE MAPAS, CUESTIONARIOS, INFOGRAFÍAS Y GRÁFICOS INTERACTIVOS

Francisco José Murcia Verdú[1]

1. INTRODUCCIÓN Y MARCO TEÓRICO

Desde hace casi 25 años, tras la firma de la Declaración de Bolonia el 19 de junio de 1999, la innovación y la mejora docentes se han alzado como una de las constantes del profesorado, que busca de una manera eficaz una enseñanza en la que el alumnado aplique metodologías activas de aprendizaje. Por tanto, el Espacio Europeo de Educación Superior (EEES) cuenta con unas bases asentadas para la reformulación de los procesos docentes entre profesorado y estudiantado.

El principal objetivo del EEES es la nueva configuración de metodologías docentes y pedagógicas con la finalidad de aplicarlas en la sociedad del momento (Rodríguez Jaume, 2009), distanciarse de una enseñanza estancada y anclada en el pasado (Fidalgo Redondo y García Sánchez, 2007; Rodríguez Moreno, 2005), enseñar a que el alumnado aprenda por sí mismo (Toledo y Sánchez, 2018) y convertir al profesorado en un orientador y guía del propio aprendizaje (Benito y Cruz, 2005). Por consiguiente, es necesario formar al estudiantado en diferentes competencias transversales mediante metodologías activas que favorezcan un alumnado más participativo y que se interese más por su propio conocimiento (Fernández March, 2006).

El sector de la comunicación también ha evolucionado durante los últimos tiempos. Precisamente, el desarrollo y los avances de las Tecnologías de la Información y la Comunicación (TICS) han influido en la manera en las que nos comunicamos y el usuario de se informa (Bernabeu y Goldstein, 2016). La irrupción de internet supuso un cambio significativo en las labores de los medios de comunicación y en la distribución de la información (Gabelas y Marta Lazo, 2016). El desarrollo de la inteligencia artificial aplicada al periodismo también ha provocado cambios en ciertos procesos de producción informativa y en las propias rutinas, como, por ejemplo, la generación de crónicas deportivas mediante los algoritmos que, aunque no alcanzan el nivel de retórica y observación del periodista, se emplean en ciertos medios de comunicación para surtir sus páginas web de más contenido (Murcia Verdú *et al.*, 2022). Además, las TICS han favorecido a trabajar de manera efectiva con una ingente cantidad de datos y visualizarlos de manera atractiva para el usuario (Murcia Verdú, 2019). Ante los progresos de las Tecnologías de la Información y la Comunicación, el docente debe de equipar al estudiantado de los conocimientos y

1. Universidad de Castilla-La Mancha (España).

capacidades suficientes para que sepan emplear las herramientas necesarias para que salgan con una preparación óptima para las exigentes demandas del mercado laboral.

En el contexto actual, la comprensión de las informaciones económicas se ha vuelto fundamental para la ciudadanía. Sin embargo, la complejidad de este tipo de piezas periodísticas puede resultar un desafío para los estudiantes, incluso a veces se convierte en una barrera inicial por sus prejuicios. Un cuestionario en línea que se realizó entre finales de enero y principios de febrero de 2023 a 2.031 personas mayores de 18 años y representativas de la sociedad española señala que el 25% de los encuestados considera comprensible la información económica y solo el 20% cree que se puede aplicar a la vida cotidiana (Amoedo Casais *et al.*, 2023). Con el fin de abordar el problema de la falta de comprensión, se propone una metodología innovadora basada en el uso de mapas, cuestionarios y gráficos interactivos al alumnado del curso académico 2022-2023 en la enseñanza de la asignatura de Periodismo Económico de 4º del Grado en Periodismo de la Facultad de Comunicación de la Universidad de Castilla-La Mancha. Estas herramientas permiten presentar la información de manera visual y accesible para el receptor, fomentando así la comprensión y el interés del alumnado.

En este sentido, las narrativas interactivas son una forma creativa y atractiva para que el usuario pueda participar en la propia información y así favorecer a un mejor entendimiento del mensaje. Cada vez son más medios de comunicación los que introducen en sus publicaciones diferentes tipos de narrativas interactivas con la finalidad de que sus usuarios no solamente se informen, sino que aprendan y disfruten de una experiencia completa, gracias a la interacción. Hay ciertas secciones que, por su naturaleza y también por la influencia que repercuten en la vida de los receptores, ocupan cada vez más espacio en los distintos medios (Gutiérrez Coba, 2001). Durante los últimos quince años, la audiencia que consume temas económicos ha aumentado, desde los medios locales hasta los nacionales, pasando por los especializados en economía. La influencia de las principales crisis mundiales del siglo XXI ha propiciado una alerta generalizada entre la población y ha suscitado que muchos usuarios que no se interesaban por este tipo de temas empiecen a consumir esta información: recesión económica del 2008, la crisis migratoria en Europa en 2016, la pandemia de la COVID-19 en 2020 y la guerra entre Ucrania y Rusia en 2022.

2. OBJETIVOS

El objetivo principal de esta innovación docente en el aula es representar información económica mediante mapas, cuestionarios, infografías y gráficos interactivos, de manera que el usuario pueda participar de forma activa en el contenido, se informe sobre temas económicos y, además, aprenda de un modo divertido y sencillo. Estos trabajos pretenden que el alumnado de Periodismo Económico desarrolle de manera práctica y de una forma creativa los principales conceptos de economía que conforman parte de la actualidad. A partir de este objetivo general, se pretende cumplir con los siguientes objetivos específicos (OOEE):

- **OE1. Mejorar la capacidad de comprensión económica.** Potenciar la comprensión de temas económicos del estudiantado mediante la organización del trabajo, la selección de documentación relevante, la lectura detallada de textos y el análisis crítico.
- **OE2. Aumentar la motivación y creatividad del alumnado.** Mediante la enseñanza de las narrativas interactivas se pretende modificar la percepción

del aprendizaje sobre información económica que, a priori, está percibida como densa y enrevesada.

- **OE3. Promover un aprendizaje proactivo y la toma de decisiones.** Orientar al alumnado para que participe de manera activa en su proceso de aprendizaje y asuma la responsabilidad de tomar decisiones fundamentales: la elección del tema, el tipo de narrativa, las herramientas utilizadas en su producción y el diseño de sus trabajos.
- **OE4. Transformar de manera accesible la información económica.** Desarrollar capacidades para elaborar información económica que ayude a la comprensión del usuario, mediante el diseño de narrativas interactivas. En este sentido, el alumnado demostrará su conocimiento sobre el tema que trate en cada una de sus creaciones.

3. METODOLOGÍA

Durante el desarrollo práctico de la asignatura de Periodismo Económico del Grado de Periodismo de la Facultad de Comunicación de la Universidad de Castilla-La Mancha en el curso 2022-2023, se establecieron tres entregas con el fin de comparar entre ellas la adquisición de conocimientos en materia económica, su comprensión y su capacidad de transmitirlos de forma accesible para el lector o el usuario.

En primer lugar, los alumnos tenían que elaborar una entrevista original para prensa, con un personaje de la preferencia del alumnado, relacionado con el sector de la economía y con las siguientes partes: un título de acto de habla directo con un máximo de 60 caracteres (incluyendo espacios); un antetítulo o subtítulo informativo-interpretativo con un máximo de 100 caracteres (incluyendo espacios); un cuerpo de texto de entre 1.000-1.200 palabras, con el formato pregunta-respuesta; y una fotografía (elaborado por el estudiantado). El profesor aprueba o rechaza al personaje de la entrevista en base a su pertinencia. La finalidad de esta práctica inicial es evaluar cómo el alumnado asimila los contenidos económicos a través de trabajos tradicionales, como es la redacción en prensa, y compararlos de manera posterior con aquellos que utilizan las narrativas interactivas.

La segunda práctica consistió en transformar información económica en narrativas interactivas. El tema era libre, pero siempre debía estar relacionado con cualquier asunto económico. El estudiantado tenía la opción de elegir entre diferentes tipos de narrativas interactivas, como mapas, cuestionarios (*quiz*), infografías y gráficos interactivos, empleando una serie de herramientas gratuitas sugeridas y cualquier otra aplicación que no estuviera en el listado siempre y cuando creara lenguajes interactivos. Se requería el uso de al menos dos herramientas diferentes, como podrían ser Piktochart, Flourish, Datawrapper, Infogram, Canva, Visme, Genially, Easelly, Visual.ly, MyMaps, StoryMapJS, StoryMaps, Draw.io, Mapchart, MapInSeconds, Juxtapose, Thinglink y Apester.

Previamente, el profesor mostró algunas de las funcionalidades básicas de estas herramientas y ejemplos a nivel profesional de medios de comunicación y trabajos del estudiantado de cursos anteriores. El manejo en profundidad de la herramienta corría a cargo de cada uno de los creadores.

En la tercera práctica, los estudiantes debían crear un póster interactivo sobre un tema económico de su preferencia. El póster debía incluir elementos como infografías, gráficos y mapas interactivos. En este caso, las dos herramientas sugeridas fueron Piktochart e Infogram. Al igual que en la práctica anterior, el profesor explicó el funcionamiento de estas dos herramientas, pero profundizando en su uso y mostrando ejemplos de cursos anteriores. Se otorgó libertad creativa, pero con el requisito indispensable de la interactividad.

Las rúbricas de evaluación que se tienen en cuenta a la hora de evaluar las narrativas interactivas suman 10 puntos y son las siguientes: 1) documentación general y especializada de sus temas (2 puntos), 2) comprensión de los conceptos económicos y su representación en las narrativas interactivas (4), 3) pertinencia del uso de la herramienta adecuada, aplicando el lenguaje más idóneo para cada una de ellas (2), y 4) diseño y creatividad a la hora de representar los temas económicos (2). En el caso de la entrevista, la primera rúbrica coincide con la aplicada a las narrativas interactivas y la segunda rúbrica también trata la comprensión de los conceptos económicos y su transmisión eficaz en formato entrevista (4). Sin embargo, la tercera rúbrica se enfoca en la correcta aplicación de los criterios solicitados por el profesor y las características propias del género de la entrevista, otorgando una calificación de 2 puntos. La cuarta rúbrica se refiere a la corrección y estilo de la expresión escrita, también con una calificación de 2.

Durante las prácticas se implementa una metodología activa de aprendizaje que supone distintas estrategias didácticas, como es la gamificación (Batistello y Cybis Pereira, 2019). Con esta metodología, se pretende que se estimule la creatividad, la comprensión de contenidos, el aprendizaje basado en competencias y la interdisciplinariedad de conocimientos del estudiantado. En este caso, el profesor cumple con la función de la enseñanza de las herramientas, pero también de orientador de sus creaciones. Con la metodología activa de aprendizaje, el estudiantado tiene que documentarse, proponer temas y seleccionar las herramientas más acordes y configurar el diseño final. Esta metodología se está adoptando cada vez más en asignaturas donde el uso de tecnologías es relevante (Ufarte Ruiz *et al.*, 2020), pero ayuda también de manera pedagógica en otras materias.

Los diferentes lenguajes que otorgan las narrativas interactivas incentivan una mejora en la comprensión, creatividad y conocimientos económicos (Mestre Pérez, 2007). Conforme a Mestre (2018, 10 de febrero), el alumnado tiene que partir con la idea de lo que quiere trabajar para escoger la herramienta más adecuada a su información.

4. RESULTADOS

La innovación del empleo de narrativas interactivas en el aula dentro de la asignatura de Periodismo Económico se implementó como idea piloto en el curso 2020-2021. Al observar los buenos resultados iniciales, se continuó con esta metodología durante los cursos 2021-2022 y 2022-2023.

Se diseñaron tres prácticas con la finalidad de comprobar los conocimientos adquiridos en las diferentes prácticas. Estos trabajos permitieron comparar el trabajo del alumnado (n=41) en rúbricas como la comprensión de los conceptos y en la documentación general y especializada. En la primera práctica, que fue de corte tradicional y consistió en la elaboración de entrevistas a personajes relacionados con la economía, participaron 32 de los 41 estudiantes matriculados. El promedio de calificación obtenido por los estudiantes en esta práctica fue de 5,6 sobre 10. Esta práctica fue la que menos participación y calificación obtuvo de las tres.

A partir de las rúbricas preestablecidas en la metodología, la nota media de cada uno de los elementos evaluables es la siguiente: documentación general y especializada de sus temas (1,20); comprensión de los conceptos económicos y su transmisión eficaz en formato entrevista (2,17); correcta aplicación de los criterios solicitados por el profesor y las características propias del género de la entrevista (1,12); y corrección y estilo de la expresión escrita (1,11).

En la segunda práctica, en la que el estudiantado creó narrativas interactivas para visualizar información económica utilizando diferentes soportes como cuestionarios, mapas, infografías y gráficos, participaron 36 estudiantes. En esta práctica, se observó un aumento en el promedio de calificación, llegando a 6,1.

Seguidamente, se presenta la nota media de cada uno de los elementos evaluables: documentación general y especializada de sus temas (1,28); comprensión de los conceptos económicos y su representación en las narrativas interactivas (2,46); pertinencia del uso de la herramienta adecuada, aplicando el lenguaje más idóneo para cada una de ellas (1,10); y diseño y creatividad a la hora de representar los temas económicos (1,26).

En la tercera y última práctica, que consistió en la elaboración de un póster interactivo, la participación aumentó ligeramente con la participación de 38 estudiantes. La calificación promedio obtenida en esta entrega fue de 8,6. A continuación, se detalla la calificación promedio obtenida en cada uno de los elementos evaluables: documentación general y especializada de sus temas (1,56); comprensión de los conceptos económicos y su representación en las narrativas interactivas (3,42); pertinencia del uso de la herramienta adecuada, aplicando el lenguaje más idóneo para cada una de ellas (1,87); y diseño y creatividad a la hora de representar los temas económicos (1,75).

Si se comparan las dos rúbricas que son comunes a las tres prácticas, se observa que el estudiantado mejora sus competencias de manera gradual tanto en la comprensión de los conceptos económicos como en la capacidad de documentarse en temas generales y especializados. Algunos de los temas que trató el alumnado fueron los siguientes: la situación del desempleo, el precio de los combustibles fósiles, la inflación, datos sobre exportaciones, condiciones de vida en España, tasa de riesgo de pobreza, los precios del alquiler, la economía en el deporte y la industria de los videojuegos, entre otros muchos asuntos de interés.

Los resultados del curso académico 2022-2023 son muy parecidos a los del año anterior. En las calificaciones de la entrevista sí hay una diferencia notoria, este curso académico subió seis décimas la media, pasando de un 5 a 5,6. En el segundo ejercicio práctico, que consiste en la elaboración de dos narrativas interactivas, el alumnado de este año baja tres décimas la media, pasando de un 6,4 a un 6,1. Y, por último, también hay una ligera bajada de la nota en la elaboración del póster, pasando del 8,8 del año anterior al 8,6 de este curso académico. Por tanto, existe una tendencia bastante similar en los dos grupos, con una mejor calificación en los trabajos relacionados con la incorporación de las tecnologías que con aquellos que siguen patrones tradicionales.

5. DISCUSIONES

Durante los cuatro cursos académicos en los que el profesor ha impartido la asignatura de Periodismo Económico del Grado de Periodismo de la Facultad de Comunicación de la UCLM, tres de ellos han contado con la metodología activa de aprendizaje mediante la gamificación: 2020-2021, 2021-2022 Y 2022-2023. En este tiempo, se han realizado prácticas tradicionales periodísticas, como elaboración de entrevistas e informes económicos, pero se ha comprobado que algunos trabajos más enrevesados y densos no capacitan de la misma manera al estudiantado para que comprenda mejor la información económica. Este tipo de prácticas, a veces, no transmiten de la misma manera el lenguaje económico para que el alumnado consiga adquirir unos mínimos conocimientos de una asignatura de periodismo especializado.

Es importante determinar cuáles son los motivos de llegar con un aprobado poco solvente en la entrega tradicional de la entrevista. De acuerdo con Ufarte Ruiz (2016), es muy importante entablar una conversación con el entrevistado, de manera que no quede una entrevista encorsetada y sin naturalidad. Pero en economía es mucho más importante mantener una conversación más profunda y didáctica, con la finalidad de que se expliquen los conceptos más complejos. En esta primera práctica, que se celebra en una asignatura impartida en el segundo cuatrimestre de 4º, el profesor espera que el alumno haya adquirido la habilidad de formular preguntas pertinentes a lo largo de su formación en la titulación. La finalidad es que trasladen al lector una información clara y accesible.

Conforme a Suberviola (2021), el estudiantado se aleja de las aulas cuando las metodologías son las tradicionales y se mantienen o desarrollan un trabajo más productivo cuando se innova en la docencia, porque disfrutan más a la hora de trabajar y se sienten más familiarizados con la tecnología. El alumnado que ingresa actualmente en la universidad es cada vez más tecnológico. Por tanto, el uso de herramientas, que cada vez es más intuitivo, ayuda a que el estudiantado aplique de manera más eficaz la metodología activa de aprendizaje. En este caso, el profesor necesita varias sesiones de enseñanza de la herramienta y el asesoramiento en el desarrollo de los trabajos. El hecho de que el alumnado tenga que sintetizar la información económica de manera visual obliga a un mayor trabajo de comprensión de los conceptos.

Solo es necesario por parte del profesor varias sesiones para trabajar en la enseñanza básica de los instrumentos de creación de narrativas interactivas y la muestra de ejemplos. Para una producción mayor y con más creatividad de la práctica es necesario que el estudiantado trabaje por sí mismo y, por consiguiente, desarrolla una metodología activa de aprendizaje. El empleo del uso de las tecnologías y la necesidad de sintetizar la información y hacerla comprensible al lector mediante imágenes y esquemas obliga al alumnado a tener que traducirla de una manera accesible para el usuario.

La elaboración de dos narrativas interactivas previas a la elaboración del póster ayudó al alumnado a perfeccionar el uso de las herramientas y a sintetizar de forma más comprensible la información económica. La retroalimentación proporcionada por el profesor en las entregas anteriores fue útil para que el alumnado lo aplicara posteriormente en la última práctica y existiera un progreso en la formación.

Además, este tipo de prácticas en el que se emplean narrativas interactivas capacitan al alumnado para trabajar con datos y conseguir una visualización atractiva de esa información (Murcia Verdú, 2019), una figura profesional cada vez más demandada en los medios de comunicación.

6. CONCLUSIONES

Como conclusión, los resultados evidencian que los estudiantes asimilan mejor la información económica cuando la transforman en diferentes tipos de narrativas interactivas. El uso de tecnologías y la necesidad de sintetizar la información de manera comprensible obliga a los estudiantes a comprenderla y presentarla de una forma más accesible para los usuarios.

El estudiantado de la asignatura de Periodismo Económico ha asimilado mejor los contenidos cuando elaboraba prácticas de narrativas interactivas (OE1), que en la confección del trabajo de corte tradicional. A la hora de realizar entrevistas, el alumnado no logra profundizar en ciertas temáticas por falta de conocimiento en el momento de la conversación con el entrevistado. Sin embargo, cuando trasladan esa información a mapas, cuestionarios, gráficos o infografías consiguen transformarla en contenido accesible para el usuario (OE4).

Aunque el docente ayudó y orientó al alumnado para la elaboración de las prácticas, el alumnado fue proactivo en su proceso de aprendizaje en la toma de decisiones para la elección del tema y la narrativa más acorde, para su diseño y para documentarse de manera profunda sobre el asunto que van a tratar (OE3). Por otra parte, la implementación de las narrativas interactivas dentro de la asignatura de Periodismo Económico aumentó la motivación, creatividad y atención del estudiantado, cambiando esos prejuicios sobre la economía, que era percibida como información enrevesada. Todo esto generó mayor participación en el propio proceso del aprendizaje (OE2). Esta afirmación que avalada por las propias calificaciones que van desde el 5,6 en la primera práctica al 8,6 de la última.

En definitiva, la implementación de narrativas interactivas en la asignatura de Periodismo Económico del Grado de Periodismo de la Facultad de Comunicación de la UCLM está demostrando durante estos cursos académicos ser una innovación docente efectiva para alcanzar las competencias generales y específicas de la materia. Por tanto, la metodología activa de aprendizaje basada en la gamificación ha resultado ser una buena aplicación docente en el aula y la intención es seguir empleándola en los siguientes cursos académicos de esta asignatura.

7. REFERENCIAS

Amoedo-Casais, A., Moreno-Moreno, E., Negredo-Bruna, S., Kaufmann-Argueta, J. y Vara-Miguel, A. (2023). Digital News Report España 2023.

Batistello, P. y Cybis Pereira, A. T. (2019). El aprendizaje basado en competencias y metodologías activas: aplicando la gamificación. *Revista Científica De Arquitectura Y Urbanismo*, *40*(2), 31–42. https://bit.ly/3qfSk2w

Benito, Á. y Cruz, A. (2005). *Nuevas claves para la docencia universitaria en el Espacio Europeo de Educación Superior*. Narcea Ediciones.

Bernabeu, N. y Goldstein, A. (2016). *Creatividad y aprendizaje: El juego como herramienta pedagógica* (Vol. 144). Narcea Ediciones.

Fernández March, A. F. (2006). Metodologías activas para la formación de competencias. *Educatio siglo XXI*, *24*, 35-56.

Fidalgo Redondo, R. y García Sánchez, J. N. (2007). Las directrices del Espacio Europeo de Educación Superior en el marco legislativo del sistema universitario español. *Aula Abierta, 35*(1, 2), 35-48.

Gabelas, J. A. y Marta-Lazo, C. (2016). Comunicación digital: Un modelo basado en el Factor R-elacional. *Comunicación digital*, 1-191.

Gutiérrez Coba, L. (2001). Temas de interés para los periódicos de prestigio. El caso de El País (España) y El Espectador (Colombia). *Zer: Revista de estudios de comunicación= Komunikazio ikasketen aldizkaria*, 10, 7.

Mestre, J. (2018, 20 de febrero). *Narrativas interactivas: ¿cuál usar y por qué?* FLUOR Lifestyle. https://bit.ly/43bB9xG

Mestre Pérez, R. (2007). Retórica hipertextual: para un modelo de análisis de la ficción interactiva. *Comunicar: Revista científica iberoamericana de comunicación y educación*, 28, 157-165. https://bit.ly/3N0JK0x

Murcia Verdú, F. J. (2019). El periodista de datos: la información se cuenta en cifras. En M. J. Ufarte Ruiz. *Nuevos perfiles profesionales para el mercado periodístico* (pp. 69-82). Comunicación Social Ediciones y Publicaciones.

Murcia Verdú, F. J., Ramos Antón, R. y Calvo Rubio, L. M. (2022). Análisis comparado de la calidad de crónicas deportivas elaboradas por inteligencia artificial y periodistas: Aplicación de la inteligencia artificial en comunicación. *Revista Latina de Comunicación Social*, 80, 31. https://doi.org/10.4185/RLCS-2022-1553

Rodríguez Jaume, M. J. (2009). *Espacio Europeo de Educación Superior y metodologías docentes activas: dossier de trabajo*. Universidad de Alicante.

Rodríguez Moreno, M. L. (2005). Las demandas sociales y el mercado laboral ante la integración europea del conocimiento universitario. *Cuadernos de Integración Europea*, 2, 54-68. https://bit.ly/45x9AR2

Suberviola, I. (2021). Análisis de los factores predictivos del abandono escolar temprano. *Vivat Academia. Revista de Comunicación*, 25-52.

Toledo, P. y Sánchez, J. M. (2018). Aprendizaje basado en Proyectos: Una experiencia universitaria. *Profesorado, Revista de Currículum y Formación del Profesorado, 22*(2), 471-491. http://doi.org/10.30827/profesorado.v22i2.7733

Ufarte Ruiz, M. J. (2016). *Preguntar para escribir: Análisis crítico de las entrevistas-perfil de Antonio López Hidalgo en el diario Córdoba (2007-2015)*. Diputación Provincial de Córdoba.

Ufarte Ruiz, M. J., Calvo Rubio, L. M. y Murcia Verdú, F. J. (2020). Las tecnologías hi-tech en los grados en Periodismo. Planes de estudios, formación de los periodistas y propuestas de inserción curricular. *adComunica. Revista Científica del Estrategias, Tendencias e Innovación en Comunicación*, 20, Universitat Jaume I, 43-66. http://dx.doi.org/10.6035/2174- 0992.2020.20.3

EVALUACION CONTINUA EN EDUCACION SUPERIOR. IMPACTO DE UNA EXPERIENCIA INNOVADORA EN EL GRADO DE PSICOLOGÍA

Guiomar Nocito-Muñoz[1]

1. INTRODUCCIÓN

El eje central del Espacio Europeo de Educación Superior gira en torno a la idea de que el conocimiento es el centro de la producción de la riqueza y, por tanto, no es tan relevante la cantidad de conocimiento como el uso que se hace del mismo. Así pues, desde principios de este siglo, y tal y como se manifestó en el Consejo Europeo de Lisboa (2000), Europa tiene la meta de competir en condiciones de igualdad con las grandes potencias económicas mundiales, basándose en el aprovechamiento del conocimiento, y siendo capaz de mantener el crecimiento económico, al tiempo que genera una mayor cohesión social.

La universidad se sitúa actualmente en un paradigma que fomenta una educación centrada en el aprendiz, mediante la cual el estudiante se convierte en el núcleo central del modelo educativo, teniendo que participar de forma proactiva en la construcción de su propio conocimiento y desarrollo competencial. Entendemos que el desarrollo de competencias se centra en el aprendizaje de orden superior, la competencia es un constructo complejo que incluye, y retroalimenta factores cognitivos y afectivos, que favorecen la autorregulación del proceso de aprendizaje, y que facilita la actuación eficaz de la persona en los contextos personales, profesionales o sociales (Gallardo Gil *et al.*, 2022).

Tradicionalmente la evaluación se ha entendido como la última fase del proceso didáctico. En el enfoque actual la evaluación se considera el centro dinamizador de la acción didáctica, es un factor sistemático que engarza el complejo proceso de enseñanza- aprendizaje (Hincapié Parejo y Araujo, 2022).

Pasar de la evaluación como una revisión final de unos conocimientos adquiridos a utilizarla como una herramienta que facilita la formación del alumno, ofrece retos exigentes al sistema de Educación Superior, siendo una de las variables del EEES más controvertidos y difíciles de llevar a cabo por la comunidad universitaria, que debe materializar el cambio en enfocar la evaluación en la manera de aprender, y no tanto en los resultados (Rodríguez Pulido *et al.*, 2021; Romero-Martín, 2015). El aspecto clave de la evaluación formativa es que la evaluación es un medio para aportar información sobre el proceso de aprendizaje que se está desarrollando y favorece la autorregulación del aprendizaje de los estudiantes (Cunill y Curbelo, 2021). La evaluación formativa consiste en una actividad que ocurre,

1. Universidad Villanueva (España)

no sólo únicamente al final del proceso de aprendizaje, sino que se desarrolla durante todo el proceso de enseñanza con la finalidad de que el estudiante construya su propio aprendizaje ("aprender a aprender") con ayuda del docente.

Blanco apunta que (2011, p.175) "La evaluación es, finalmente, la que determina lo que aprenden los alumnos". En esta línea en estudios previos los resultados apuntan que existe una conexión entre evaluación y aprendizaje (Gómez Ruiz y Quesada-Serra, 2020) por lo que el método de evaluación condiciona la forma de aprender del alumnado, que ajusta su actividad al modelo de evaluación propuesto (Navaridas, 2002) y que el hecho de que la evaluación sea continua mejora el aprendizaje de los estudiantes (Ortiz Martínez *et al.*, 2018). Así mismo se ha determinado que la evaluación formativa fomenta el desarrollo de competencias en los estudiantes (Cañadas *et al.*, 2021; Cid *et al.*, 2018; Gallardo, 2022; Suárez, 2017) y favorece la reorientación del aprendizaje en relación a los indicadores previos (Castañeda-Vázquez *et al.*, 2019).

Según los análisis realizados por Hortiguela-Alcalá *et al.* (2015) los alumnos valoran positivamente el sistema de evaluación continua y formativa ya que les hace implicarse en su aprendizaje desde el principio, manteniendo la constancia durante el proceso formativo, favorece que busquen estrategias de autorregulación y aumenta su implicación, y su motivación (Lopez Pastor, 2008). Romero Martín *et al.* (2015) indican que los resultados indican que la evaluación continua es bastante más exigente para el estudiantado, pero que al mismo tiempo muestra una alta satisfacción con este tipo de evaluación, y la percepción del alumnado es altamente positiva en relación a la evaluación continua (Hortigüela *et al.*, 2015).

1.1. Aspecto clave del proceso de enseñanza-aprendizaje: las actividades centradas en el aprendizaje

En Dunkin y Biddle establecieron en 1974 un modelo que describe el proceso de enseñanza-aprendizaje en tres fases consecutivas: presagio, proceso y producto. Los factores de presagio comprenden aspectos contextuales previos a la acción educativa. Estos influyen sobre las variables del proceso, las cuales describen la dinámica de enseñanza-aprendizaje que tienen lugar durante la interacción en clase y de la cual resulta la fase del producto, sinónimo de resultados escolares.

Biggs (1993) adopta este modelo, denominándolo "Modelo 3P" y realiza una adaptación desde la visión del alumno en el proceso de enseñanza-aprendizaje. Este modelo señala tres momentos en el tiempo, en los que se sitúan los aspectos relacionados con el aprendizaje: pronóstico, antes de que se produzca el aprendizaje; proceso, durante el aprendizaje, y producto o resultado de aprendizaje.

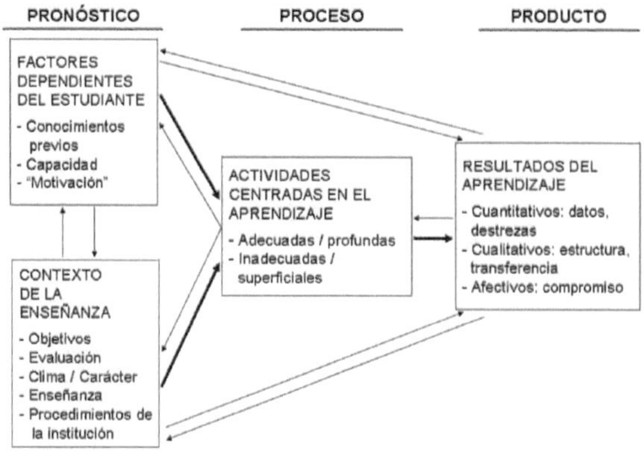

Figura 1. El Modelo 3P de Enseñanza Aprendizaje. Biggs (2005, p. 38).

¿Dónde se sitúa el elemento clave en el desarrollo del aprendizaje significativo en la universidad? En su libro Calidad del aprendizaje universitario (2005) Biggs señala que el "Modelo 3P" explica la docencia como un sistema interactivo en el que las características del aprendiz y el contexto de enseñanza determinan mutuamente las actividades de aprendizaje, las cuales a su vez determinan la calidad de los resultados de aprendizaje.

Los factores del pronóstico son de dos tipos:

1. Dependientes del aprendiz: como son los conocimientos previos relevantes que tenga el estudiante acerca del tema, su interés, su capacidad, su compromiso con la universidad, etc.
2. Dependientes del contexto de la enseñanza: qué se pretende enseñar, cómo se enseña y se evalúa, el dominio de la materia que tenga el profesor, el "clima" o ambiente de la clase y de la misma institución.

Estos factores interactúan en el nivel del proceso para determinar las actividades inmediatas del estudiante relacionadas con el aprendizaje.

En la Guía de Apoyo y puesta en práctica y evaluación de los resultados de aprendizaje (ANECA, 2013) se apunta que para conseguir los resultados de aprendizaje es necesario realizarse preguntas clave para realizar un diseño óptimo de las actividades formativas poniendo el énfasis en los resultados del aprendizaje que se pretende alcanzar, y para ello se nos remite a Biggs (2003) en su defensa de la necesidad de poner en marcha un método de enseñanza integrado en el que los métodos, actividades formativas, y los sistemas de evaluación estén coordinados generando un sistema lo más coherente posible. "El vínculo entre actividades formativas, sistemas de evaluación y resultados del aprendizaje es evidente. La triangulación de estos tres conceptos es clave para garantizar la calidad de la enseñanza y para reforzar el enfoque del proceso de enseñanza y aprendizaje centrado en el estudiante. Además, esta alineación ayuda a que la experiencia de aprender sea más coherente y transparente y, en definitiva, tenga más sentido. (ANECA, 2013, pg.35).

Figura 2: Triangulación entre resultados de aprendizaje, actividades formativas y métodos de evaluación (ANECA, 2013, p. 35).

a.1. Desarrollo de la experiencia

Psicología de la Intervención Educativa es asignatura optativa de 6 créditos que se cursa en el último año de carrera (4º). La asignatura tiene lugar durante el segundo semestre y se desarrolla durante 5 horas los miércoles, con un intervalo de tiempo para la comida.

En la experiencia que aquí presentamos los estudiantes se encuentran alternando las asignaturas optativas de final de carrera con las prácticas obligatorias que han de realizar fuera del centro. Por tanto, están en un momento de alta exigencia académica y profesional, en la que hay un gran interés por el desarrollo competencial propio para la solución de problemas reales que pueden encontrarse en su contexto laboral.

Se ha de tener en cuenta que, en la mayoría de las asignaturas que los estudiantes han cursado durante la carrera, no se ha utilizado la evaluación continua. Así mismo el desarrollo de actividades centradas en el aprendizaje suponen una nueva forma de afrontar la formación, más exigente y participativa.

La finalidad del presente diseño de trabajo y evaluación es favorecer un aprendizaje profundo y significativo en relación con los resultados de aprendizaje de la asignatura. El desarrollo real de competencias supone centrar la atención en el proceso formativo, poniendo al alumno como protagonista del proceso de aprendizaje, y acompañándole en ese camino, siendo capaces como docentes de generar una comunicación continua y unas herramientas eficaces que le ayude a percibir los cambios que ha de llevar a cabo para mejorar sus competencias en una actividad real.

El diseño didáctico se ha basado en la triangulación entre resultados de aprendizaje, actividades formativas y métodos de evaluación propuesta por la ANECA (Figura 2), en el que en base a los resultados de aprendizaje esperados se han desarrollado seis actividades clave centradas en el aprendizaje, que se relacionan así mismo con el contenido y las competencias a desarrollar en la asignatura, vertebrado por un sistema de evaluación formativo y continuo ajustado a los parámetros que marca el Documento Verifica de la Universidad Complutense de Madrid del grado en Psicología.

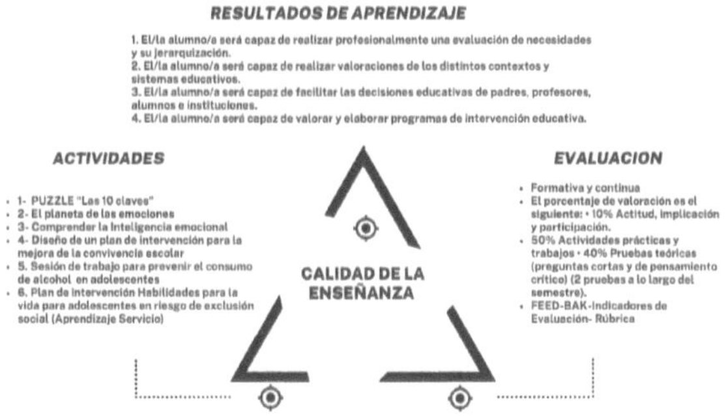

Figura 3. Triangulación Resultados de Aprendizaje, Actividades y evaluación de la asignatura.

Como puede apreciarse en la figura 3 para el diseño de esta asignatura se han desglosado las competencias transversales y específicas de la asignatura, que se desarrollan por medio de actividades centradas en el aprendizaje. La evaluación continua es el eje vertebrador del presente modelo que conecta todos los elementos.

Así mismo se ha establecido el mejor modo de trabajar las competencias según su naturaleza, por ejemplo, las competencias genéricas como: la capacidad de análisis y síntesis; la elaboración y defensa de argumentos adecuados; o el desarrollo del pensamiento crítico se han trabajado por medio del análisis de documentos clave, la preparación, presentación y defensa de trabajos y la autoevaluación y coevaluación de actividades. Por otro lado, se han trabajado de manera integrada las competencias específicas de la asignatura, como ser capaces de evaluar necesidades educativas y establecer una jerarquía de las mismas; saber seleccionar y administrar los instrumentos, productos y servicios y ser capaz de identificar a las personas y grupos interesados; o ser capaz de definir los objetivos y elaborar el plan de la intervención básico en función del propósito de la misma (prevención, tratamiento, rehabilitación, inserción, acompañamiento), se han trabajado mediante la elaboración de proyectos y el Aprendizaje Servicio. Así mismo para facilitar la operatividad de la formación competencias se han establecido indicadores de evaluación que se han concretado en rúbricas para cada actividad.

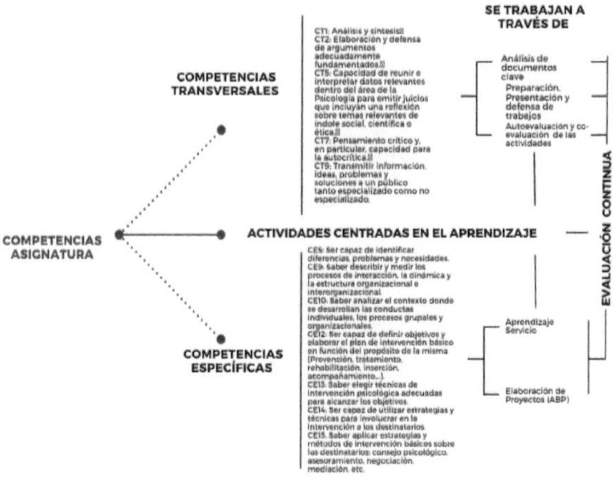

Figura 4. Diseño didáctico de la asignatura

El presente diseño se fundamenta en que el contexto de aprendizaje de Educación Superior, que tiene una estrecha relación entre lo académico y lo laboral, por lo que las situaciones de la vida real deben integrarse en las actividades centradas en el aprendizaje como centro del diseño didáctico. La evaluación auténtica parte de las propias competencias a desarrollar a través de actividades y procesos de evaluación que se ejercitan en el contexto laboral (Boud, 2020). En este sentido la evaluación formativa que hemos planteado se establece desde el eje central del diseño propuesto, a través de indicadores de evaluación en forma de rúbricas que desglosan las competencias a trabajar y se implican en las propias actividades a llevar a cabo por el estudiante y el desarrollo de las mismas de manera experiencial, de tal manera que la función de la evaluación no es solo medir el aprendizaje, sino que por medio de la propia evaluación se desarrollan las competencias que se pretenden evaluar (Bonnefoy, 2021).

Así mismo se ha trabajado para que las actividades centradas en el aprendizaje cumplieran los requisitos marcados por Cunil y Curbero (2021) : 1) requerir suficiente tiempo y esfuerzo ; 2) plantear la tarea con antelación para el estudiante pueda distribuir correctamente el tiempo y establezca metas de cumplimiento ; 3) Propiciar que el estudiante se concentre en un tema de aprendizaje que sea productivo para estimular y mantener su atención y 4) transmitir expectativas claras mediante la evaluación.

La evaluación se ha planteado desde una perspectiva sostenible y coherente (Ibarra-Sáiz *et al.*, 2020). El uso del feedback ha tenido un papel clave y ha servido de mediación para contribuir al aprendizaje de los estudiantes, su orientación y reorientación a lo largo del proceso de enseñanza- aprendizaje. La evaluación se ha basado en el principio de transparencia y, se han explicado desde el inicio de la asignatura las competencias a desarrollar y los indicadores de cada competencia ajustada a cada actividad- tarea. Se ha dejado participar a los alumnos dentro de los márgenes que permite el verifica y dar su opinión de algunos aspectos de la evaluación en el proyecto de Aprendizaje- Servicio, generando diálogo y consenso en el proceso de evaluación.

De tal manera que se ha pretendido que la evaluación de la asignatura fuera el eje vertebrador de la misma, y cumpliera las siguientes funciones establecidas por Boud

(2020): 1) juzgar y certificar lo que los estudiantes han aprendido ; 2) ayudar a los estudiantes a aprender para cumplir los requisitos del curso ; y 3) desarrollar la capacidad de los estudiantes para valorar su propio trabajo.

2. OBJETIVOS

Se pretende con esta investigación evaluar la percepción del alumnado en relación con la satisfacción, motivación, aprendizaje y desarrollo de competencias tras haber cursado la asignatura «Psicología de la Intervención Educativa», desarrollada en base a una evaluación formativa que se centra en la puesta en práctica de actividades de aprendizaje creadas para el desarrollo de competencias, y conforma, por tanto, una experiencia de aprendizaje innovadora para los estudiantes.

3. METODOLOGÍA

Se aplicó un cuestionario ad hoc al final del proceso formativo, de caracter anónimo y voluntario en una escala Likert de 1 a 5, siendo 1 nada de acuerdo y 5 muy de acuerdo. El cuestionario se contestó a través de google forms desde un link facilitado en la página de la asignatura. Contestaron la encuesta el 100% de los estudiantes que cursaron la asignatura (N=19).

Con el fin de profundizar en la percepción de los participantes se ha ofrecido un espacio abierto para dos preguntas de libre contestación en relación a dos cuestiones clave : 1) Diferencias entre la evaluación llevada a cabo en la asignatura y la evaluación llevada a cabo en otras asignaturas que no utilizan evaluación continua ; 2) Aspectos a destacar de la evaluación formativa y continua llevada a cabo en la asignatura. Han contestado 17 alumnos ambas cuestiones.

4. DESARROLLO DE LA INVESTIGACIÓN

A continuación se presentan los resultados obtenidos.

El 100% de los estudiantes manifestaron una alta satisfacción en relación a la evaluación. El 10,5% indicó estar satisfecho y, el 89,5% muy satisfecho en relación con la forma de evaluación llevada a cabo en la asignatura (Figura 5).

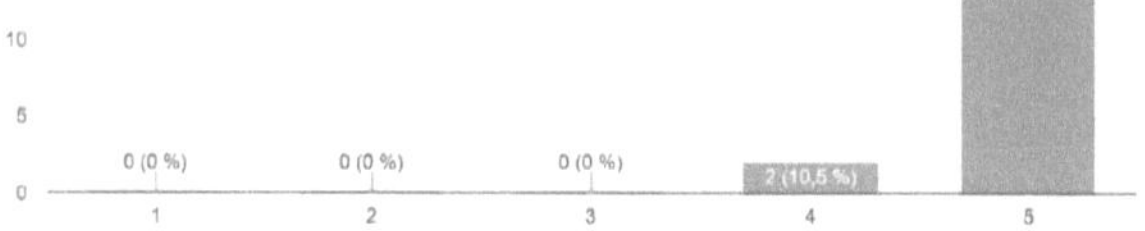

Figura 5. Grado de satisfacción con el sistema de evaluación de la asignatura

Tal y como se observa en la figura 6 los estudiantes de la asignatura afirmaron que la evaluación continua ha favorecido su motivación. Un 5,3% manifestó estar de acuerdo y un 94,7% muy de acuerdo.

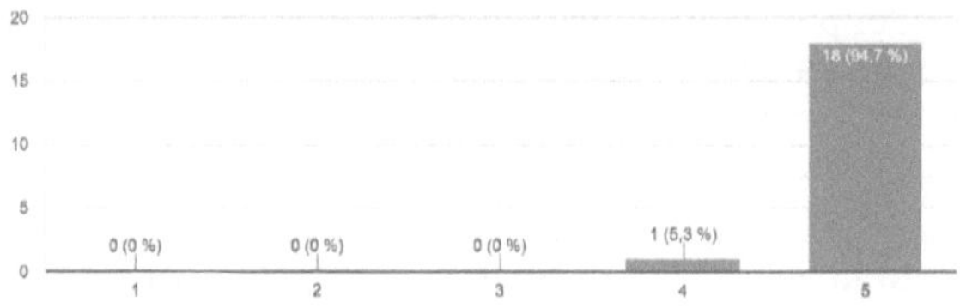

Figura 6. Relación entre el método de evaluación y la motivación

El 100% de los participantes considera que la evaluación continua favorece su aprendizaje y la mayoría de los estudiantes (94,7%) indicó que estaba muy de acuerdo en que el método de evaluación ha favorecido su aprendizaje (Figura 7).

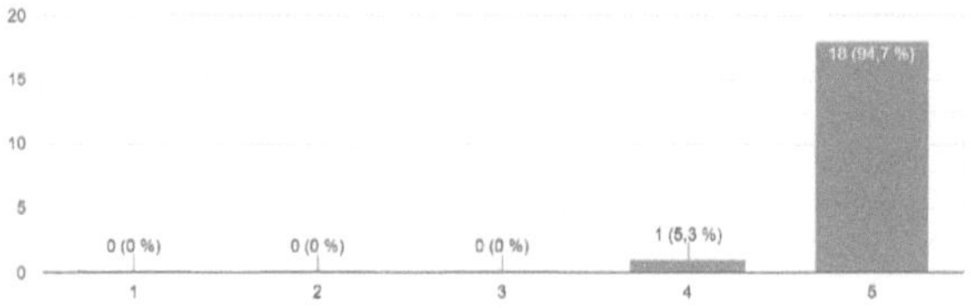

Figura 7. Relación entre el método de evaluación y el aprendizaje

El alumnado percibe una clara relación entre el método de evaluación y el desarrollo de competencias (Figura 8). Un 10,5% de los participantes han valorado esta conexión en un 4 sobre 5, mientras que el 89,5% lo han valorado con la máxima puntuación.

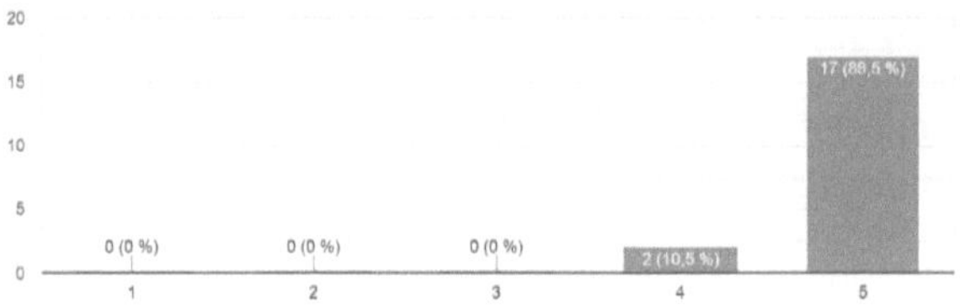

Figura 8. Evaluación y desarrollo de competencias

En relación al análisis cualitativo de los datos destacar que el análisis de las observaciones y comentarios de los estudiantes aportan luz a la comprensión del impacto de la experiencia.

Uno de los aspectos más relevantes ha sido la conexión que los participantes establecen entre el binomio aprendizaje y evaluación continua. Tras el análisis de los datos encontramos una fuerte relación entre el diseño de la asignatura y el aprendizaje significativo. Los estudiantes consideran que la evaluación está centrada en el aprendizaje, y que al llevarse a cabo mediante actividades desde la práctica, esto provoca una mejora en el aprendizaje, que conlleva un aprendizaje progresivo, más duradero y profundo, que culmina con la percepción de que el aprendizaje ha sido significativo (Figura 9).

Algunos de los comentarios de los estudiantes han sido: (A1) "Se aprende DE VERDAD" (A12) "Pienso que la evaluación continua es mucho más enriquecedora ya que no solo nos reducimos a aprender la teoría (que también es importante), sino que también nos permite aplicar estos conocimientos a situaciones reales o mucho más prácticas. Esto tiene como consecuencia un aprendizaje mucho más significativo y mucho más duradero, desde mi punto de vista.", (A13) "A mí me ha aportado un aprendizaje mucho más profundo, significativo y duradero que en otras asignaturas". (A14) "La evaluación continua fomenta la dedicación de cara a la asignatura, a verse más involucrado frente a pegarse un atracón de estudio de cara al examen parcial o final. Favorece la puesta en práctica de los contenidos aprendidos y de esta manera que se queden más tiempo en nuestra memoria".

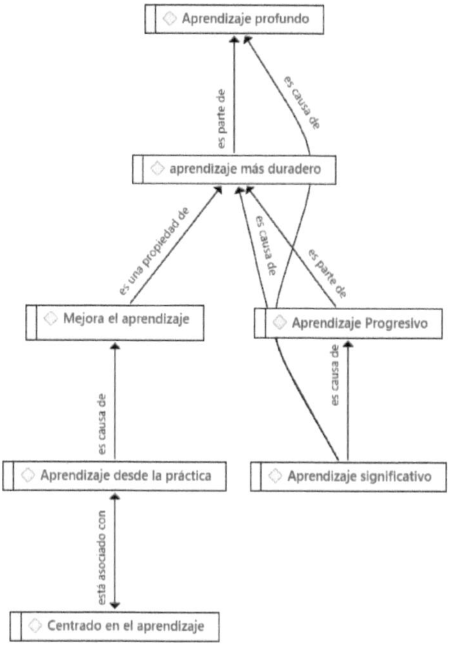

Figura 9. Redes en relación con el aprendizaje. Percepción de los participantes

En relación a las características propias de la evaluación continua en comparación con la evaluación tradicional los estudiantes consideran que la motivación es el elemento clave diferencial. Se sienten más motivados e implicados en la asignatura ya que consideran que la evaluación a través de actividades centradas en el aprendizaje es más útil, interesante y promueve la reflexión y el trabajo diario. La motivación se asocia al esfuerzo y la constancia. Así mismo la evaluación continúa es más flexible y consideran que la evaluación es más efectiva por lo que son capaces de percibir su mejora en el desarrollo de las competencias (Figura 10).

Figura 10. Impacto de la Evaluación continua. Percepción de los participantes

Algunas de las observaciones de los estudiantes han sido: (A7)" Es mucho más motivadora y aprendes sin darte cuenta. Al no ser mera memorización se aprende más, aprendes cosas de las que no te olvidas"; (A2) "Creo que, con la evaluación continua, se afianzan y retienen de mejor manera los contenidos. Me ha gustado mucho el modo de trabajo de esta asignatura y ha supuesto un menos nivel de estrés a la hora de estudiar los contenidos"; (A8) "Pienso que miden cosas distintas y no solo los aprendizajes. La evaluación que hemos tenido en otras asignaturas mide la cantidad de contenidos que los alumnos son capaces de memorizar, dejándose por el camino muchos otros aspectos fundamentales en el aprendizaje, como son el aprendizaje mismo, la motivación, interés y esfuerzo. Es el camino más sencillo para los profesores y el que está instaurado. La evaluación continua permite evaluar de forma más flexible los aprendizajes pudiendo tener un formato muy variado. Ello no implica desterrar los exámenes, pero permite la entrada de otros formatos. Además en más de una ocasión, lo que permite evaluar de forma más efectiva la evolución de cada alumno"; (A10) "En la evaluación continua llevas los contenidos de la asignatura al día, siendo capaz de asumir estos contenidos mejor y con más calidad puesto que la atención y dedicación a ello ha sido más pausada, reflexionada y calmada, así como la dedicación a ese trabajo o contenido Es importante que el profesor sepa cómo van sus alumnos a medida que avanza el cuatrimestre, así como facilitarles no ir con todos los contenidos al final convirtiéndose el aprendizaje en una carga de estudiar y escribirlo todo el mismo día, sino que el aprendizaje ha sido continuo y te puedes centrar en cada contenido mejor". (A11) "Esfuerzo máximo en todo momento, Mayor motivación, Implicación absoluta desde el inicio"; (A15) "El trabajo continuo te hace ver que estás mejor preparado", (A16) "Hace que me implique de forma activa, haciendo que me lo pase mucho mejor e interiorice mejor los contenidos".

5. CONCLUSIONES

Según Luján y Medina (2022) la evaluación formativa ha sido influenciada por la corriente constructivista, que concede al alumno un rol protagonista, al tiempo que compromete al profesor para que lleve a cabo una tarea de guía y mediación del aprendizaje. Así pues la evaluación de competencias está íntimamente relacionada con la evaluación auténtica, que se contextualiza en el desempeño de situaciones reales que favorecen el desarrollo de competencias adecuadas para actuar de manera eficaz (Bonnefoy, 2021).

En este diseño didáctico de carácter innovador se ha articulado la evaluación continua en relación a una serie de actividades de aprendizaje adecuadas para el desarrollo de competencias, ya que tal y como apunta Boud (2020). una incorrecta elección de las actividades de evaluación provoca un aprendizaje deficiente y pierde la potencia formativa de lo que un estudiante es realmente capaz de a hacer.

Tras la reflexión sobre el análisis de los datos podemos concluir que la experiencia innovadora ha sido altamente satisfactoria para los estudiantes y con el sistema de evaluación empleado. Es interesante la relación entre el binomio evaluación- aprendizaje, ya que nuestros datos se suman a la tendencia de investigaciones previas que indican que existe una conexión entre la percepción del estudiante entre el uso de la evaluación continua y la mejora de su aprendizaje, especialmente en relación a la profundidad del aprendizaje y su significación (Gómez Ruiz y Quesada-Serra, 2020, Navaridas, 2002; Ortiz Martínez et al., 2018). Así mismo, al igual que la investigación llevada a cabo por Lopez Pastor, (2008) los datos de nuestro estudio apuntan que el alumnado percibe una relación entre la evaluación continua y el aumento de su motivación, que en nuestro caso es eje central de las características de la evaluación continua.

Tal y como se indicaba en la documentación científica sobre la que se apoya esta investigación (Cañadas *et al.*, 2021; Cid *et al.*, 2018; Gallardo, 2022; Suárez, 2017) los estudiantes que han vivido esta experiencia han percibido que este tipo de evaluación fomenta el desarrollo de competencias en relación con la asignatura, así mismo el análisis cualitativo nos ayuda a comprender que, no es únicamente el modo de evaluación, sino que es la evaluación continua en relación con las actividades prácticas, lo que general un modo de aprender más profundo y duradero, y por tanto, una percepción de mejora en sus propias competencias.

En relación a las investigaciones previas nuestros datos coindicen con los trabajos llevados a cabo por Hortiguela-Alcalá *et al* (2015) y Lopez Pastor, (2008) ya que la percepción de los estudiantes que han participado en esta experiencia innovadora consideran que el método de evaluación favorece su motivación, y por tanto, su implicación, esfuerzo y constancia durante todo el periodo formativo, y en nuestro caso, les ha resultado más interesante la propia materia.

Hay algunos puntos que se perciben en la evaluación de esta experiencia que no han captado otros estudios. En primer lugar, la percepción del alumnado de que este modo de evaluación favorece la reflexión, y esto ha llevado a percibir el proceso de aprendizaje con más calma, centrado en el trabajo diario, y esto ha provocado que los alumnos hayan disfrutado del aprendizaje, y que hayan aprendido con menos estrés, con más profundidad, por lo que han mejorado la asimilación de los aprendizajes en comparación con la utilización de métodos de evaluación más centrados en el examen y trabajos finales. De hecho, los propios estudiantes han juzgado la evaluación como "más efectiva" por lo que la evaluación continua y formativa, según los estudiantes, no sólo mejora el proceso formativo, sino que su impacto va más allá de la calificación y entienden que es más eficaz.

A modo de cierre y prospectiva, cabe indicar que mejorar la calidad en el proceso de enseñanza – aprendizaje en Educación Superior es aún un reto que debemos afrontar, no sólo desde el contenido propio de los campos del conocimiento, sino desde la innovación y la didáctica. Los nuevos enfoques que promueven una evaluación orientada hacia el aprendizaje del estudiante nos hacen plantearnos nuevas formas de desarrollar diseños didácticos vertebrados en actividades centradas en el aprendizaje y, engarzadas en métodos de evaluación continua y formativa. Hay que abogar por diseños que realmente generen procesos eficaces que ayuden a mejorar las competencias que se persiguen.

6. REFERENCIAS

ANECA (2013). Guía de apoyo para la redacción, puesta en práctica y evaluación de los resultados de aprendizaje". https://n9.cl/oq6i9

Biggs, J. B. (1987). *Student approachhes to learning and studying*: Australian Council for Educational Research.

Biggs, J. B. (1993). From theory to practice: a cognitive systems approach. *Higher Education Research and Development, 12*(1), 73-86.

Biggs, J. B. (2001). *Teaching for quality learning at university* (3ª ed.): Open University Press.

Biggs, J. (2003). Teaching for Quality Learning at University. SRHE and Open University Press

Biggs, J. B. (2005). *Calidad del aprendizaje universitario.* Madrid: Narcea.

Blanco, A. (2011). Convertir la evaluación en una oportunidad para aprender: una propuesta para la asignatura de lengua española. *Contextos educativos: Revista de educación*, 14, 175-190.

Bonnefoy, N. (2021). Evaluación de competencias en educación superior: conceptos, principios y agentes. *Revista Educación, 45*(2), 612-628.

Boud, D. (2020). Retos en la reforma de la evaluación en educación superior: una mirada desde la lejanía. RELIEVE. *Revista Electrónica de Investigación y Evaluación Educativa, 26(1).*

Consejo Europeo de Lisboa. (2000). http://www.eees.es/es/documentacion

Cunil, M. E. y Curbelo, L. (2021). Una aproximación a la autorregulación del aprendizaje desde la evaluación formativa en la educación médica. *Revista Cubana de Educación Médica Superior, 35*(1), 1-19.

Dunkin, M. J. y Biddle, B. J. (1974). *The study of teaching:* Holt, Rinehart & Winston.

Gallardo Gil, M., Pérez Granados, L. y Alcaraz Salarirche, N. (2022). La evaluación de las competencias educativas: De las pruebas estandarizadas al portafolios educativo. *Márgenes Revista de Educación de la Universidad de Málaga, 3*(3), 149-163.

Hincapié Parejo, N. F. y De Araujo, C. (2022). Evaluación de los aprendizajes por competencias: Una mirada teórica desde el contexto colombiano. *Revista de ciencias sociales, 28*(1), 106-122.

Hortigüela Alcalá, D., Pérez Pueyo, Á. y López Pastor, V. M. (2015). Implicación y regulación del trabajo del alumnado en los sistemas de evaluación formativa en educación superior. *RELIEVE-Revista Electrónica de Investigación y Evaluación Educativa, 21*(1), 1-15.

Ibarra Sáiz, M. S., Rodríguez Gómez, G., Boud, D., Rotsaert, T., Brown, S., Salinas Salazar, M. L. y Rodríguez Gómez, H. M. (2020). El futuro de la evaluación en la educación superior. *Revista electrónica de investigación y evaluación educativa.*

Navaridas, F. (2002). La evaluación del aprendizaje y su influencia en el comportamiento estratégico del estudiante universitario. *Contextos educativos: Revista de educación*, 5, 141-156.

Ortiz Martínez, E., Gras Gil, E. y Marín Hernández, S. (2018). El efecto de la evaluación continua en el aprendizaje universitario. Un estudio empírico en Contabilidad financiera. *Revista mexicana de investigación educativa, 23*(79), 1235-1259.

Quesada-Serra, V. y Gómez-Ruiz, M. A. (2020). Análisis de las calificaciones compartidas en la modalidad participativa de la evaluación colaborativa entre docente y estudiantes. *RELIEVE. Revista Electrónica de Investigación y Evaluación Educativa, 26*(1).

Rodríguez Pulido, J., Artiles Rodríguez, J. y Aguilar Perera, M. V. (2021). Validación de un cuestionario para la evaluación del aprendizaje en el alumno universitario. *Contextos Educativos. Revista de Educación*, 28, 105-127.

ESCAPE ROOM: UN ENFOQUE INNOVADOR PARA LA ENSEÑANZA Y APRENDIZAJE EN LA EDUCACIÓN SUPERIOR

Juana María Padilla Piernas[1], *María del Pilar Flores Asenjo*[1], *María Concepción Parra Meroño* [1]

1. INTRODUCCIÓN

La educación superior ha experimentado cambios significativos en los últimos tiempos y ha tenido que adaptarse para hacer frente a multitud de desafíos. Los factores que han impulsado dichos cambios son diversos: avances tecnológicos, pandemia de coronavirus, cambios en las demandas laborales y la evolución de la economía (Unesco, 2023).

En el cambiante panorama de la educación superior, los educadores buscan constantemente nuevas estrategias pedagógicas para mejorar la experiencia de aprendizaje de los estudiantes y sus competencias. Las *escape rooms* virtuales, surgen como una innovación educativa en el ámbito de la enseñanza superior de gran eficacia para aumentar el compromiso y motivación de los estudiantes. Como herramienta educativa las *escape rooms* virtuales ofrecen una experiencia de aprendizaje activa y centrada en el estudiante que puede mejorar significativamente la retención y la comprensión del material de estudio (Johnson, 2020; García-Lázaro, 2019; Roig et al., 2023).

Sin embargo, la mayoría de las investigaciones hasta la fecha se han centrado en la aplicación de las *escape rooms* virtuales a entornos de educación a distancia. Como observa Smith (2021), la transposición de las estrategias de enseñanza de la educación a distancia al entorno presencial puede ofrecer nuevas oportunidades para mejorar el compromiso y la motivación de los estudiantes (Navarro-Mateos y Pérez-López, 2022; Sempere-Pla, 2022).

En este trabajo, se explora el potencial de las *escape rooms* virtuales para transformar la experiencia de aprendizaje en un entorno presencial. A través de un análisis detallado utilizando el modelo AIDA (Atención, Interés, Deseo, Acción), este estudio examina cómo los estudiantes responden a los desafíos planteados en la *escape room* virtual (Shala, 2020; Polk, 2018).

Los hallazgos de esta investigación tienen implicaciones significativas para la pedagogía en la educación superior presencial. Las *escape rooms* virtuales pueden ofrecer una experiencia de aprendizaje única que mejora la interacción y el compromiso de los estudiantes (Salvador-Gómez et al., 2022; Zarco et al., 2019). Este estudio destaca el

1. UCAM Universidad Católica de Murcia (España)

potencial de las *escape rooms* virtuales para mejorar la educación superior presencial y sugiere nuevas direcciones para la investigación futura.

2. OBJETIVOS

El objetivo general de esta investigación es analizar el impacto de las *escape rooms* virtuales en la motivación de los estudiantes de educación superior presencial, específicamente en el Grado de Marketing, en la asignatura de Comercio Internacional. Como objetivos específicos se señala (1) Evaluar la implementación del modelo AIDA como herramienta para planificar la *escape room* y medir su desempeño; (2) Evaluar el nivel de percepción de la *escape room; y (3)* Proporcionar recomendaciones para la implementación efectiva de las *escape rooms* en el contexto de la educación superior presencial.

3. MARCO TEÓRICO

3.1. Desmotivación de los estudiantes de educación superior presencial

Según Ramírez y Olmos (2020), la motivación en un contexto educativo se puede definir como la actitud positiva para que se logre el aprendizaje. Sin embargo, la actitud del docente puede ser uno de los factores académicos que provoca la desmotivación por parte de los estudiantes. Rodríguez-Pérez (2012) y Triana et al. (2016) resaltaron el papel tan determinante que juega la motivación en los estudiantes a través del papel del docente, la metodología que utilice y las relaciones que establezca para promover la interacción entre él y los otros estudiantes.

La desmotivación de los estudiantes de educación superior es un problema que ha sido estudiado por diversos autores. Kusurkar et al. (2013) encontraron que la falta de interés en el material del curso, la falta de interacción con los compañeros y los profesores, y la falta de desafíos intelectuales, pueden contribuir a la desmotivación de los estudiantes. En este sentido, las *escape rooms* virtuales pueden ayudar a combatir la desmotivación al proporcionar un entorno de aprendizaje interactivo y desafiante.

3.2. Gamificación y *escape rooms*

García-Lázaro (2019), aborda la gamificación como estrategia de aprendizaje, destacando los beneficios de su implementación en el aula y presentando el modelo de *escape room* como una forma de gamificación grupal. Según dicha autora, la gamificación puede aumentar la motivación, la responsabilidad y el compromiso de los estudiantes y, por tanto, la *escape room* se presenta como un recurso óptimo para el proceso de enseñanza-aprendizaje (Roig, et al., 2023).

Autores como Monereo y Monte (2011) y Oliva (2016) destacan la capacidad de la gamificación para cubrir las necesidades de aprendizaje de los estudiantes y fomentar su compromiso con los contenidos académicos. Por un lado, autores como Kapp (2012) y Viciana y Conde (2002) subrayan el valor del juego como herramienta pedagógica, mientras que Sierra y Fernández-Sánchez (2019) y Hernández-Horta, Monroy-Reza y Jiménez-García (2018) discuten cómo la gamificación puede ayudar a los estudiantes a asimilar los contenidos teóricos y a implicarse en el proceso de enseñanza-aprendizaje.

De acuerdo con Nicholson (2015), las *escape rooms* o salas de escape constituyen juegos de acción en vivo, fundamentados en el trabajo en equipo, en los cuales los participantes descubren indicios, resuelven enigmas y cumplen tareas en uno o más espacios con el objetivo de alcanzar una meta específica en un periodo de tiempo limitado.

Por su parte, las *escape rooms* virtuales son experiencias de juego en línea que requieren que los jugadores trabajen juntos para resolver una serie de acertijos y desafíos en un entorno virtual (Salvador-Gómez et al., 2022; Manzano-León, 2021). Estos juegos se basan en las *escape rooms* físicas, pero se llevan a cabo completamente en línea, lo que permite a los jugadores participar desde cualquier lugar y es a partir de la pandemia del Covid-19 que han experimentado un crecimiento significativo (Smith, 2021). Los desafíos presentados en las escape rooms virtuales a menudo implican la aplicación de conocimientos y habilidades específicas, lo que las hace particularmente adecuadas para contextos educativos (Duggins, 2019; Makri et al., 2021).

3.3. Las *escape rooms* en la educación

En el entorno actual, incluyendo la educación superior, los profesores deben adaptarse a los estudiantes nativos digitales que están familiarizados con tecnologías y formatos audiovisuales modernos, proporcionando materiales atractivos que faciliten el aprendizaje y minimicen la desmotivación (Álvarez-López y Sampablo-Buezas, 2020; López y Ortega, 2020).

La *escape room*, según García-Lázaro (2019), es un modelo de gamificación que potencia el desarrollo de las habilidades mentales del alumnado. Las *escape rooms* educativas son juegos en los que los alumnos deben resolver diversos retos en un tiempo determinado para "escapar" de una sala. Este tipo de actividad fomenta la cooperación, la creatividad y la reflexión crítica entre los estudiantes.

Las salas de escape virtuales son un ejemplo de gamificación y han sido objeto de varios estudios en el contexto de la educación. Wouters y Van Oostendorp, (2013) consideran que pueden ser una herramienta efectiva para el aprendizaje, ya que fomentan el trabajo en equipo, la resolución de problemas y el pensamiento crítico. Además, proporcionan una experiencia de aprendizaje activa, lo que puede ayudar a aumentar la motivación y el compromiso de los estudiantes (Clarke et al., 2016; Duggins, 2019; Makri et al., 2021). Su implementación por primera vez en 2018 por la Universidad Rey Juan Carlos I demostró su utilidad como recurso motivador y evaluador del trabajo colaborativo (Salvador-Gómez et al., 2022; Zarco et al., 2019).

García-Lázaro (2019) sostiene que la gamificación educativa, y en particular el modelo de *Escape room*, puede ser una herramienta valiosa para fomentar un aprendizaje significativo y motivado. Sin embargo, también señala que su implementación requiere una gran dedicación por parte del docente, quien debe diseñar cuidadosamente las tareas y ambientar el aula de acuerdo a la temática que se trabaje (Salvador-Gómez et al., 2022). El diseño efectivo de una sala de escape educativa requiere considerar varios elementos clave, como el tiempo, la dificultad de las actividades, los objetivos de aprendizaje, el tema y el espacio, los enigmas, la tecnología y los materiales, la evaluación y el ensayo (Zarco et al., 2019; Segura-Robles y Parra-González, 2019; Cordero, 2018).

3.4. Implicaciones de las *Escape rooms* virtuales en la educación superior

Las implicaciones de las *escape rooms* virtuales en la educación superior presencial son significativas. Según Pérez et al. (2023), las *escape rooms* virtuales pueden ofrecer una experiencia de aprendizaje única que mejora la interacción y el compromiso de los estudiantes. Además, este estudio destaca el potencial de las *escape rooms* virtuales para mejorar la educación superior presencial y sugiere nuevas direcciones para la investigación futura.

De acuerdo con Pegalajar-Palomino (2021), la gamificación puede transformar las actividades evaluativas en un proceso didáctico basado en la competitividad y cooperación, promoviendo un aprendizaje basado en problemas y por descubrimiento. Esto puede resultar en una mayor motivación y compromiso de los estudiantes hacia el estudio (Abdul y Felicia, 2015; Huang, Hew y Lo, 2019), y el desarrollo de un aprendizaje más significativo (Prieto, 2018).

Además, el diseño, planteamiento y la puesta en práctica de la gamificación son factores críticos que pueden influir en los resultados esperados en el estudiante (Pegalajar-Palomino, 2021; Contreras y Eguia, 2016; Oliva, 2017). Aldemir, Celik y Kaplan (2018) encontraron que los estudiantes tienen una alta aceptación de la gamificación si el juego es diseñado de manera adecuada.

3.5. Modelo AIDA aplicado a la educación

El modelo AIDA, un acrónimo de Atención, Interés, Deseo y Acción, es ampliamente reconocido en el marketing para analizar las respuestas de los consumidores a los productos y servicios (Kulkarni et al., 2020). Recientemente, se ha explorado su aplicación en el ámbito educativo para examinar las respuestas de los estudiantes a las estrategias de enseñanza y aprendizaje (Shala, 2020; Polk, 2018). Este modelo, que ha demostrado su eficacia en la elaboración de estrategias de comunicación para la venta de bienes y servicios, puede ser útil en la planificación y evaluación de las *escape rooms* virtuales.

El diseño de las *escape rooms* virtuales puede beneficiarse de la aplicación del modelo AIDA. En la fase de atención, se pueden utilizar recursos visuales y auditivos atractivos y una historia estimulante para captar y mantener el interés de los estudiantes (Gómez et al., 2022). Para generar interés, es crucial proporcionar instrucciones claras y recursos necesarios para el éxito de la actividad. En la fase de deseo, la selección adecuada de los retos y su dificultad pueden estimular al alumno a continuar con la actividad hasta su finalización. Finalmente, para motivar la acción, es importante establecer correctamente las recompensas del juego.

4. METODOLOGÍA

Nuestro estudio emplea una metodología mixta, fusionando aspectos cuantitativos y cualitativos, para examinar la efectividad de las *escape rooms* como instrumento de aprendizaje en la educación superior (Creamer, 2018; Shannon-Baker, 2015). Este enfoque, que ya ha demostrado su eficacia en la educación superior (Stupnisky et al., 2014; Vogelsang et al., 2020), facilita una comprensión más detallada y matizada de la experiencia de aprendizaje, uniendo la objetividad de los datos cuantitativos con la profundidad de los datos cualitativos (McCrudden et al., 2019; Tobi y Kampen, 2018; Gobble, 2018). Para el enfoque cuantitativo, se recopilaron y analizaron datos numéricos mediante encuestas y análisis estadísticos. En cuanto al enfoque cualitativo, se realizaron observaciones directas y se recopilaron datos textuales a través de entrevistas a los alumnos.

El estudio se llevó a cabo en dos etapas. En la primera etapa, se preparó el material y se diseñó la *escape room* basándonos en la experiencia de Salvador-Gómez et al., (2022) y teniendo en cuenta las características del modelo AIDA. Esta se centró en las diferencias interculturales entre países en las negociaciones. Para ello, se realizó una revisión bibliográfica exhaustiva para documentarse sobre el comportamiento de ciertos países. Finalmente, se seleccionaron cinco países: México, Brasil, España, Arabia Saudí y Japón, por sus peculiaridades y exotismo. Estos países representan una amplia gama de culturas y tradiciones, lo que proporciona un rico contexto para explorar las diferencias interculturales en la negociación. Además, también ofrecen una buena representación geográfica, abarcando América del Norte, América del Sur, Europa, Oriente Medio y Asia.

En la segunda etapa, se probó la *escape room* con un grupo de control compuesto por 24 estudiantes del Grado de ADE en inglés de la UCAM, compuesto por alumnos de diversas nacionalidades, durante el curso 2022-23. Durante esta etapa, se realizó una observación directa, donde se analizaba cómo los estudiantes interactuaban y colaboraban entre sí para resolver las preguntas. A través de dicha observación, se recogieron sus comentarios para mejorar la experiencia de aprendizaje, anotando los siguientes puntos: número de códigos conseguidos, tiempo empleado, interacciones con los compañeros, etc.

En la tercera etapa, con la *escape room* mejorada de acuerdo a la experiencia del grupo de control, se utilizó con alumnos del Grado de Marketing y Dirección Comercial de la asignatura de Comercio Internacional de 4º, durante el mes de abril de 2023. Los alumnos completaron la prueba y respondieron a un cuestionario basado en los objetivos a alcanzar en cada fase del modelo AIDA para evaluar su satisfacción con la *escape room.*

4.1. Composición de la muestra

De los 74 encuestados (24 estudiantes del grado de ADE en inglés y 50 de Marketing), las repuestas válidas son 60, lo que deja una muestra con las siguientes características: 31 son mujeres (51%) y 29 hombres (49%). El 63% de la muestra tiene una edad entre 18-21 años, el 33% entre 22-25 años, y el resto es mayor de 26 años. Además, 49 alumnos (81%) cursan Marketing y 11 (19%) cursan BBA (Grado de ADE en inglés).

En esta muestra, el 82% consiguió los 5 códigos del juego, el 5% consiguió 4 y el resto 3 o menos. El 69% responde que volvería a enfrentarse a un *escape room* como el usado y el 86% indica que es mejor trabajar en equipo para lograr los objetivos del juego. Además, más del 70% indican que es una herramienta útil para la asignatura.

5. RESULTADOS

Los resultados obtenidos del estudio empírico, realizado a través de la encuesta a los participantes en la *escape room*, muestran que todas las escalas cumplen los requisitos que son recomendables para estudios exploratorios (Tabla 1).

Variables	Propiedades de la escala	Variables	Propiedades de la escala
Atención	Alfa de Cronbach= 0,939 Factorial= 1 factor Varianza explicada= 89,159% Sig. Bartlett= 0,000 KMO= 0,746	Deseo	Alfa de Cronbach= 0,892 Factorial= 1 factor Varianza explicada= 82,404% Sig. Bartlett= 0,000 KMO= 0,712
Interés	Alfa de Cronbach= 0,965 Factorial= 1 factor Varianza explicada= 93,547% Sig. Bartlett= 0,000 KMO= 0,772	Acción	Alfa de Cronbach= 0,922 Factorial= 1 factor Varianza explicada= 86,556% Sig. Bartlett= 0,000 KMO= 0,748

Tabla 1. Validación de escalas de medida del modelo AIDA. Fuente elaboración propia.

El análisis de las puntuaciones recibidas en cada uno de los ítems que conforman el modelo AIDA revela que los resultados de la muestra son muy favorables. Todas las medias se sitúan por encima de 3,8, siendo especialmente favorable en los ítems que forman la variable DESEO (media=4,07; Des. Típica=0,90).

Variables	Media	Desv. Típica
A1	4,0000	1,101
A2	3,8947	1,160
A3	3,9298	1,147
I1	3,9298	1,066
I2	3,9649	1,051
I3	3,9123	1,106
D1	4,0175	1,043
D2	4,1228	,983
D3	4,0877	,968
AC1	4,1228	,964
AC2	3,9474	1,076
AC3	3,9649	1,101
ATENCIÓN	3,9415	1,072
INTERÉS	3,9357	1,039
DESEO	4,0760	,906
ACCIÓN	4,0117	,973

Tabla 2. Estadísticos del modelo AIDA. Fuente elaboración propia

El análisis de diferencia de medias, en función de las variables independientes, se ha realizado a través de pruebas no paramétricas dado el tamaño y distribución de la muestra. En concreto, se ha utilizado la U de Mann Whitney, en el caso de comparar dos grupos, y el test de Kruskal-Wallis, en el caso de comparar tres o más grupos. Con estos análisis se pretende observar si existen diferencias o no en función del género y edad de los encuestados, así como si se puede o no considerar que el grupo de alumnos del BBA se distribuye de forma diferente o no a los alumnos de Marketing.

En el caso de la variable GÉNERO, no se observan diferencias significativas, es decir, los ítems del modelo AIDA se distribuyen de forma semejante independientemente de si el encuestado es hombre o mujer (Tabla 3).

	ATENCIÓN	INTERÉS	DESEO	ACCIÓN
U de Mann-Whitney	484,500	484,000	444,500	392,000
W de Wilcoxon	890,500	890,000	850,500	798,000
Estadístico de prueba	484,500	484,000	444,500	392,000
Error estándar	61,344	60,870	61,152	61,398
Estadístico de prueba estandarizado	1,280	1,281	57	-,228
Sig. asintótica (prueba bilateral)	,201	,200	444,500	,820

Tabla 3. RESUMEN: Prueba U de Mann-Whitney GENERO-AIDA. Fuente elaboración propia

Tampoco se observan diferencias significativas en los distintos grupos de edad (Tabla 4).

	ATENCIÓN	INTERÉS	DESEO	ACCIÓN
Estadístico de prueba	,661	2,496	1,257	,504
Grado de libertad	2	2	2	2
Sig. asintótica (prueba bilateral)	,719	,287	,534	,777

Tabla 4. RESUMEN: Prueba Kruskal-Wallis EDAD-AIDA. Fuente elaboración propia

Se comprobó también si existen diferencias significativas entre los alumnos que cursan el BBA y los que estudian Marketing, y no se observaron diferencias significativas, tal y como muestra la Tabla 5.

	ATENCIÓN	INTERÉS	DESEO	ACCIÓN
U de Mann-Whitney	274,500	293,000	297,000	330,500
W de Wilcoxon	1177,500	1196,000	1200,000	1233,500
Estadístico de prueba	274,500	293,000	297,000	330,500
Error estándar	54,034	53,616	53,865	54,081
Estadístico de prueba estandarizado	-,750	-,410	-,334	,287
Sig. asintótica (prueba bilateral)	,454	,682	,738	,774

Tabla 5. Prueba U de Mann-Whitney GRUPO-AIDA. Fuente elaboración propia

Otro aspecto interesante para observar en la muestra es si la distribución de respuesta al modelo AIDA es diferente en los distintos grupos formados por los alumnos que han conseguido todos los códigos del juego (5 códigos) y los que han conseguido otros resultados (4, 3, 2 o 1). Tal y como se muestra en la Tabla 6, la distribución es diferente para las variables INTERES, DESEO y ACCION. Parece que aquellos que han conseguido mejor resultado en el juego perciben que éste les ha causado un mayor interés, deseo y voluntad de repetir (acción). Esto puede apreciarse de forma muy clara, por ejemplo, en el Gráfico 1, que muestra la prueba de Kruskal-Wallis para la variable ACCION en los grupos creados en función del número de códigos conseguidos (Figura 1).

Hipótesis nula	Sig.	Decisión
La distribución de ATENCIÓN es la misma entre categorías de R1.	,052	Conserve la hipótesis nula.
La distribución de INTERÉS es la misma entre categorías de R1.	,025	Rechace la hipótesis nula.
La distribución de DESEO es la misma entre categorías de R1.	,012	Rechace la hipótesis nula.
La distribución de ACCIÓN es la misma entre categorías de R1.	,034	Rechace la hipótesis nula.

Tabla 6. Prueba de Kruskal-Wallis para muestras independientes R1 (Nº CÓDIGOS)-AIDA. Fuente elaboración propia

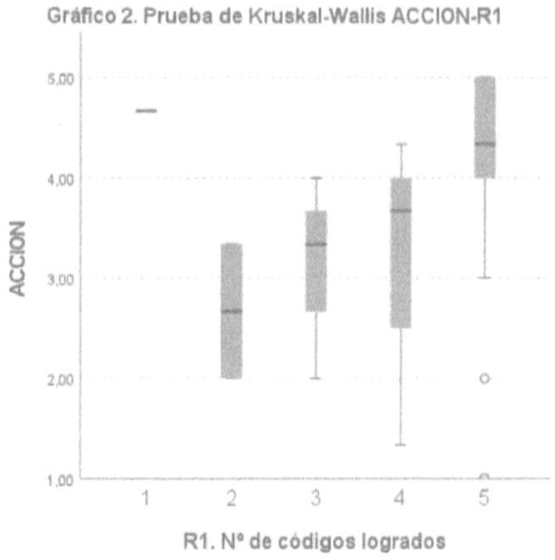

Figura 1. Prueba de Kruskal-Wallis. Acción. Fuente: elaboración propia

Siguiendo con la observación de los resultados, se ha contrastado la distribución de AIDA según la respuesta a si es o no interesante el trabajo en equipo para el logro de los objetivos del juego (R2), y no se aprecian diferencias (Tabla 7).

Hipótesis nula	Sig.	Decisión
La distribución de ATENCIÓN es la misma entre categorías de R2.	,309	Conserve la hipótesis nula.
La distribución de INTERÉS es la misma entre categorías de R2.	,865	Conserve la hipótesis nula.
La distribución de DESEO es la misma entre categorías de R2.	,690	Conserve la hipótesis nula.
La distribución de ACCIÓN es la misma entre categorías de R2.	,281	Conserve la hipótesis nula.

Tabla 7. Prueba U de Mann-Whitney para muestras independientes R2 (sí o no trabajo en equipo)-AIDA. Fuente elaboración propia

Tampoco se observa una distribución diferente de las variables AIDA en los grupos que están o no de acuerdo en el interés de este juego para la asignatura (R3) (Tabla 8).

Hipótesis nula	Sig.	Decisión
La distribución de ATENCIÓN es la misma entre categorías de R3.	,371	Conserve la hipótesis nula.
La distribución de INTERÉS es la misma entre categorías de R3.	,190	Conserve la hipótesis nula.
La distribución de DESEO es la misma entre categorías de R3.	,168	Conserve la hipótesis nula.
La distribución de ACCIÓN es la misma entre categorías de R3.	,795	Conserve la hipótesis nula.

Tabla 8. Prueba U de Mann-Whitney para muestras independientes R3 (sí o no es interesante)-AIDA. Fuente elaboración propia

Por tanto, parece que la percepción de la utilidad de la *escape room* como herramienta para mejorar las competencias de la materia de estudio y el mejor logro mediante el trabajo en equipo es independiente de la respuesta de los alumnos encuestados a las variables del modelo AIDA.

6. DISCUSIÓN Y CONCLUSIONES

Este trabajo aporta nueva literatura a la ya existente con respecto a la gamificación en la educación y la aplicación del modelo AIDA, tanto para el diseño de las *escape rooms* digitales así como medir cómo son percibidas. Nuestros descubrimientos respaldan la premisa de que las técnicas de gamificación pueden potenciar la motivación y la implicación de los estudiantes, tal y como sostienen autores como Manzano-León et al., (2021) y Hamari et al., (2016). En nuestra investigación se ha examinado cómo las *escape rooms* pueden contribuir a incrementar la motivación y la participación de los estudiantes.

Los datos obtenidos indican que la mayoría de los estudiantes perciben estas herramientas como estimulantes, en concordancia con estudios previos (Hanus y Fox, 2015). Además, hemos desglosado el proceso de creación de la *escape room* teniendo en cuenta el modelo AIDA y cómo se ha perfeccionado a partir de la retroalimentación de los estudiantes, lo que refuerza el concepto de Salvador-Gómez et al. (2022) y Deterding et al. (2011) sobre la efectividad de la gamificación en función de una planificación y desarrollo apropiados.

Estos descubrimientos tienen relevancia para la práctica y teoría de la educación superior. Desde un punto de vista práctico, sugieren que las *escape rooms* pueden ser una herramienta útil para potenciar la motivación y experiencia de aprendizaje. Sin embargo, como han indicado Ouariachi y Wim (2020) y Kapp (2012), todavía existe mucha incertidumbre sobre cómo aplicar estas estrategias de manera efectiva en educación.

Por ello, se requieren más estudios para investigar cómo se pueden optimizar el diseño y la implementación de las *escape rooms* digitales en distintos contextos educativos. Desde una perspectiva teórica, estos resultados amplían nuestro entendimiento de cómo las técnicas de gamificación pueden emplearse en la educación superior. En concreto, aportan pruebas empíricas de la aplicabilidad del modelo AIDA en este ámbito, lo cual es un campo que ha sido poco explorado en la literatura existente (Shala, 2020; Polk, 2018). Nuestros descubrimientos se añaden a la creciente literatura sobre la gamificación en la educación superior, y sugieren que las *escape rooms* digitales pueden ser igualmente atractivas para un amplio espectro de estudiantes, convirtiéndolas en una herramienta de aprendizaje versátil y accesible (Castillo-Mora et al., 2022; Manzano-León et al., 2021; Zichermann y Cunningham, 2011; Hanus y Fox, 2015).

En este trabajo se ha comprobado que existe una alta motivación por parte de los alumnos hacia el uso de la *escape room* digital, tal como se ha implementado teniendo en cuenta las características del alumnado (nativos digitales). Podemos establecer que se cumple el primer objetivo en cuanto a la eficacia del modelo AIDA para el diseño de las *escapes rooms* puesto que se demuestra que capta la atención, mantiene el interés, genera deseo y lleva a los alumnos a realizar la actividad. De los resultados obtenidos se desprende que los alumnos encuentran interesante y motivador el uso de la *escape room* independientemente de su género, edad y estudios. En general, también consideran que es más satisfactorio, porque el juego en equipo genera mejores resultados. Por tanto, puede ser un buen instrumento para poner en práctica esta competencia en la educación superior.

Las diferencias observadas en función de los códigos obtenidos pueden apoyar la necesidad de crear juegos planificados, de tal forma que no sólo capten la atención del alumno, sino que genere y mantenga un interés y un deseo que le lleve a querer terminar e incluso repetir el juego para lograr las recompensas. El diseño efectivo de una sala de escape educativa requiere una planificación adecuada en la que el modelo AIDA puede ser de gran ayuda. De este estudio se desprenden una serie de recomendaciones a la hora de diseñar y planificar futuras *escape rooms*.

Por un lado, las instrucciones del juego deben ser muy claras y estar insertadas en la primera página del juego, para que los alumnos entiendan qué se les pide y cómo lograrlo. Por otro lado, la dificultad de las pruebas no podrá ser ni muy fácil ni muy complicada, porque los alumnos se desmotivan, teniendo en cuenta que las recompensas son un motor para la acción. Como futuras líneas de investigación, se propone repetir esta investigación en una muestra de alumnos más amplia, incluyendo alumnos presenciales y a distancia. También se propone ampliar esta investigación a otras áreas. Y por último, se podrían llevar a cabo estudios de seguimiento a largo plazo para analizar los efectos de las escape rooms en la motivación y el rendimiento de los estudiantes.

7. REFERENCIAS

Abdul, A.I., y Felicia, P. (2015). Gameplay engagement and learning in game-based learning: A systematic review. *Review of educational research, 85*(4), 740-779. https://doi.org/10.3102/0034654315577210

Aldemir, T., Celik, B., y Kaplan, G. (2018). A qualitative investigation of student per ceptions of game elements in a gamified course. *Computers in Human Behavior*, 78, 235-254. https://doi.org/10.1016/j.chb.2017.10.001

Álvarez -López, J. A., y Sampablo- Buezas, R. (2020). Una propuesta de modelo educativo para las organizaciones exponenciales. *Revista Tecnología, Ciencia Y Educación*, 17, 149–179. https://doi.org/10.51302/tce.2020.493

Castillo-Mora, M. J., Escobar-Murillo, M. G., de los Ángeles Barragán-Murillo, R., y Cárdenas-Moyano, M. Y. (2022). La Gamificación como herramienta metodológica en la enseñanza. *Polo del conocimiento, 7*(1), 686-701. https://doi.org/10.23857/pc.v7i1.3503

Clarke, S., Peel, D., Arnab, S., Morini, L., Keegan, H., y Wood, O. (2017). EscapeD: A Framework for Creating Educational Escape rooms and Interactive Games to For Higher/Further Education. *International Journal of Serious Games*, 4(3), pp. 73-86. https://doi.org/10.17083/ijsg.v4i3.180

Contreras, R., y Eguia, J.L. (2016). *Gamificación en aulas universitarias*. Institut de la Comunicació

Cordero, C. (2018). Escape room Educativo. *Agora Abierta.* https://www.agorabierta.com/2018/03/escape-room-educativo/

Creamer, E. G. (2018). *An introduction to fully integrated mixed methods research.* SAGE publications. https://doi.org/10.4135/9781071802823

Deterding, S., Sicart, M., Nacke, L., O'Hara, K., y Dixon, D. (2011). Gamification. using game-design elements in non-gaming contexts. *CHI'11 extended abstracts on human factors in computing systems* (pp. 2425-2428). https://doi.org/10.1145/1979742.1979575

Duggins, R. (2019). Innovation and problem solving teaching case: The breakout box–a desktop escape room. *Journal of Organizational Psychology, 19*(4), 73-77. https://doi.org/10.33423/jop.v19i4.2294

García-Lázaro, I. (2019). Escape room como propuesta de gamificación en educación. *Revista Educativa Hekademos*, (27), 71-79. https://hekademos.com/index.php/hekademos/article/view/17/7

Gobble, M. M. (2018). Digital strategy and digital transformation. *Research-Technology Management, 61*(5), 66–71. https://doi.org/10.1080/08956308.2018.1495969

Hamari, J., Shernoff, D. J., Rowe, E., Coller, B., Asbell-Clarke, J., y Edwards, T. (2016). Challenging games help students learn: An empirical study on engagement, flow and immersion in game-based learning. *Computers in Human Behavior*, 54, 170-179.

Hanus, M. D., y Fox, J. (2015). Assessing the effects of gamification in the classroom: A longitudinal study on intrinsic motivation, social comparison, satisfaction, effort, and academic performance. Computers & education, 80, 152-161. https://doi.org/10.1016/j.chb.2015.07.045

Hernández-Horta, I., Monroy-Reza, A. y Jiménez-García, M. (2018). Aprendizaje mediante Juegos basados en Principios de Gamificación en Instituciones de Educación Superior. *Formación Universitaria*, Vol. 11(5), 31-40

Huang, B., Hew, K.F., & Lo, C.K. (2019). Investigating the effects of gamification-enhanced flipped learning on undergraduate students' behavioral and cognitive engagement. *Interactive Learning Environments*, 27(8), 1106-1126. https://doi.org/10.1080/10494820.2018.1495653

Kapp, K. M. (2012). *The gamification of learning and instruction: game-based methods and strategies for training and education.* San Francisco: John Wiley & Sons.

Kusurkar, R. A., Ten Cate, T. J., Vos, C. M. P., Westers, P., & Croiset, G. (2013). How motivation affects academic performance: a structural equation modelling analysis. *Advances in health sciences education*, 18, 57-69.

López, S, I., y Ortega, T., E. (2020). Escape room educativa: Concepción de los futuros maestros de Educación Secundaria en especialidadde Educación Física y Tecnología sobre la experiencia de diseñar y participar en una escape room educativa. *Didacticae,* 8, 176-192.

Makri, A., Vlachopoulos, D., y Martina, R. A. (2021). Digital escape rooms as innovative pedagogical tools in education: A systematic literature review. *Sustainability,* 13(8), 4587.

Manzano-León, A., Camacho-Lazarraga, P., Guerrero, M. A., Guerrero-Puerta, L., Aguilar-Parra, J. M., Trigueros, R., y Alias, A. (2021a). Between level up and game over: A systematic literature review of gamification in education. *Sustainability, 13*(4), 2247.

McCrudden, M. T., Marchand, G., y Schutz, P. (2019). Mixed methods in educational psychology inquiry. Contemporary *Educational Psychology,* 57, 1-8. https://doi.org/10.1016/j.cedpsych.2019.01.008

Monereo, C. y Monte, M. (2011). El docente en tránsito. *Incidentes críticos en secundaria.* Barcelona: Editorial Graó

Navarro-Mateos, C., & Pérez-López, I. J. (2022). El escape room como estrategia didáctica en el Máster de Profesorado. *Retos: nuevas tendencias en educación física, deporte y recreación*, (44), 221-231.

Nicholson, S. (2015). Peeking behind the locked door: A survey of escape room facilities. White Paper available at http://scottnicholson.com/pubs/erfacwhite.pdf

Oliva, H.A. (2016). La gamificación como estrategia metodológica en el contexto edu cativo universitario. *Realidad y reflexión*, 44, 30-47.

Ouariachi, T., y Wim, E. J. (2020). Escape rooms as tools for climate change education: an exploration of initiatives. *Environmental Education Research, 26*(8), 1193-1206.

Pegalajar Palomino, M. del C. (2021). Implicaciones de la gamificación en Educación Superior: una revisión sistemática sobre la percepción del estudiante. *Revista de Investigación Educativa*, 39(1), 169–188. https://doi.org/10.6018/rie.419481

Polk, X. L. (2018). Marketing: The Key to Successful Teaching and Learning. *Journal of Marketing Development & Competitiveness*, 12(2).

Prieto, J.M. (2018). Gamificación del aprendizaje y motivación en universitarios. Elabo ración de una historia interactiva: MOTORIA-X. Edutec. *Revista Electrónica De Tecnología Educativa,* (66), 77-92. https://doi.org/10.21556/edutec.2018.66.1085

Ramírez, M. R., & Olmos, H.I. (2020). Funciones cognitivas y motivación en el aprendizaje de las matemáticas. *Naturaleza y Tecnología*, (2), 51-63. http://www.naturalezaytecnologia.com/index.php/nyt/article/view/383/289

Rodríguez Castillo, M. C., & Ruano Ibarra, L. E. (2023). Investigación formativa en el aula: roles, percepciones e innovaciones. Ciencia Latina *Revista Científica Multidisciplinar,* 7(1), 7686-7707. https://doi.org/10.37811/cl_rcm.v7i1.4999

Rodríguez-Pérez, N. (2012). Causas que intervienen en la motivación del alumno en la enseñanza aprendizaje de idiomas: el pensamiento del profesor. *Didáctica, Lengua y Literatura*, 24, 381-409. https://doi.org/10.5209/rev_DIDA.2012.v24.39932

Roig, P. J., Alcaraz, S., Gilly, K., Bernad, C., & Juiz, C. (2023). Using Escape rooms as Evaluation Tool in Active Learning Contexts. *Education Sciences,* 13(6), 535. https://doi.org/10.3390/educsci13060535

Salvador-Gómez, A., Escrig-Tena, A. B., Beltrán-Martín, I., y García-Juan, B. (2022). El escape room virtual: herramienta docente universitaria para el desarrollo de competencias transversales y para la retención del conocimiento. *Tecnología, Ciencia y Educación*, 21, pp. 7-48.

Segura-Robles, A., y Parra-González, M. E. (2019). How to implement active methodologies in Physical Education: Escape room. *ESHPA* 3(2), 295-306

Sempere-Pla, S. (2020). Proyecto de gamificación basado en el escape room aplicado a un aula bilingüe de educación primaria con enfoque AICLE. *Revista Tecnología, Ciencia y Educación*, (16), 5-40.

Shala, A. (2020). Generation Z; using the AIDA model to evaluate marketing activities implications on the student application process for vocational schools; case study in Kosovo. *Technium Soc. Sci.* J., 14, 310.

Shannon-Baker, P. (2015). Making Paradigms Meaningful in Mixed Methods *Research. Journal of Mixed Methods Research,* 10(4), 319-334. https://doi.org/10.1177/1558689815575861

Sierra, M.C. y Fernández-Sánchez, M.R. (2019). Gamificando el aula universitaria. Aná lisis de una experiencia de Escape room en educación superior. *Revista de Estudios y Experiencias en Educación* Vol. 18, 36, 105-115.

Smith, W.C. (2021). Consequences of school closure on access to education: Lessons from the 2013–2016 Ebola pandemic. *Int Rev Educ* 67, 53–78. https://doi.org/10.1007/s11159-021-09900-2

Stupnisky, R. H., Weaver-Hightower, M. B., y Kartoshkina, Y. (2014). Exploring and testing the predictors of new faculty success: a mixed methods study. *Studies in Higher Education*, 40(2), 368-390. https://doi.org/10.1080/03075079.2013.842220

Tobi, H., y Kampen, J. K. (2018). Research design: the methodology for interdisciplinary research framework. *Quality and Quantity, 52*(3), 1209-1225. https://doi.org/10.1007/s11135-017-0513-8

Triana, M.L., Jadán, P. Y., Sánchez, M.S., Defaz, G.J., y García, R.E. (2016). Papel de la motivación docente en el desarrollo de conductas positivas de los estudiantes de las carreras de Idiomas y Secretariado Bilingüe de la Universidad Técnica de Babahoyo, Extensión Quevedo, Ecuador. *Didasc@lia: Didáctica y Educación*, 7(6), 329-338. https://dialnet.unirioja.es/des carga/articulo/6672974.pdf

Trinidad, J. E. (2020). Understanding student-centred learning in higher education: students' and teachers' perceptions, challenges, and cognitive gaps. *Journal of Further and Higher Education,* 44(8), 1013-1023.

UNESCO (20 de abril,2023). What you need to know about higher education. What you need to know about higher education | UNESCO

Viciana, V. y Conde, J. L. (2002). El juego en el currículo de Educación Infantil. En J. A. Moreno (Coord.). *Aprendizaje a través del juego* (67-97). Málaga: Aljibe.

Vogelsang, K., Brink, H., y Packmohr, S. (2020). Measuring the Barriers to the Digital Transformation in Management Courses – A Mixed Methods Study. Lecture Notes in *Business Information Processing*, 398 LNBIP, 19-34. https://doi.org/10.1007/978-3-030-61140-8_2

Wouters, P., & Van Oostendorp, H. (2013). A meta-analytic review of the role of instructional support in game-based learning. *Computers & Education*, 60(1), 412-425.

Zarco, C., N., Machancoses, M., y Fernández, P., R. (2019). La eficacia de la escape room como estrategia de motivación, cohesión y aprendizaje de matemáticas en sexto de educación primaria. *Edetania: estudios y propuestas socio-educativas*, (56), 23-42.

Zichermann, G., y Cunningham, C. (2011). Gamification by design: Implementing game mechanics in web and mobile apps. " O'Reilly Media, Inc.".

COMPETENCIAS PEDAGÓGICAS PARA EL EJERCICIO DOCENTE EN LA FORMACIÓN DE POSTGRADO EN EDUCACIÓN SUPERIOR

Alejandro Pérez-Carvajal[1], Damarys Roy-Sadadrin[1] y Juan Pablo Catalán-Cueto[1]

El presente texto nace en el marco del proyecto JORGE MILLAS (DI-4-JM/22) de la Universidad Andrés Bello de Santiago de Chile. "Impacto de la formación de posgrado en el desarrollo de las competencias pedagógicas para la mejora de la practica educativa en las aulas de Educación Superior"

1. INTRODUCCIÓN

La Educación Superior del siglo XXI está sustentada en un modelo socioeconómico caracterizado por el avance de la ciencia, la transición de una sociedad del conocimiento a una sociedad del aprendizaje, la globalización, el desarrollo de las comunicaciones y las TIC. Al respecto, CEDEFOP (2014) y OIT (2015) plantean que el escenario es complejo y exige que los individuos que cursan estudios en la educación superior no sólo adquieran una educación formal a nivel de competencias específicas, sino que además cuenten con una serie de habilidades transversales como el trabajo en equipo, liderazgo, comunicación y en especial el desarrollo en el uso de las tecnologías (Schwab, 2014).

La Organización para la Cooperación y el Desarrollo Económicos (OCDE) y el Banco Internacional para la Reconstrucción y el Desarrollo señalan que una de las principales preocupaciones en materia de políticas públicas en el país, es la creciente cantidad de estudiantes que acceden año a año a la educación superior, movimiento impulsado por la democratización del espacio universitario. Esta situación implica grandes desafíos para los y las docentes, dado que "para satisfacer las necesidades de estos estudiantes, los académicos necesitarán una mejor formación inicial y un desarrollo profesional continuo en métodos y enfoques pedagógicos nuevos, y más imaginativos" (OCDE, 2009, p. 56). Las categorías *formación inicial* y *desarrollo profesional continuo* hacen referencia a que la capacitación docente no tiene un final o no llega a una meta, sino que es un proceso de formación y acompañamiento continuo, de tal manera, que se actualice a sí mismo de acuerdo con los cambios que ocurren en la actual sociedad del conocimiento.

Los aspectos señalados son trascendentales y obligan a las entidades de educación superior, en gran medida, a repensar y modificar su paradigma educativo a la hora de lograr aprendizajes bajo una formación académica y de investigación integradora e

1. Universidad Andrés Bello (Chile)

integral (Rodríguez, 2015), todo ello desde la lógica de la diversidad, la inclusión y en concordancia a un contexto mundial que se modifica minuto a minuto (Planas, 2014). Lo anterior, nos muestra que la educación superior ha enfrentado un cambio de paradigma colocando el foco más allá de la enseñanza para alcanzar el aprendizaje, colocando al alumno como actor clave del proceso central de aprendizaje.

Por tanto, la siguiente investigación busca dar cuenta de la relevancia de la formación de postgrado en el desarrollo de las competencias pedagógicas, a partir de la siguiente pregunta: ¿cuáles son las competencias pedagógicas en la formación de postgrado que permiten el desarrollo de la práctica educativa en las aulas de Educación Superior? La docencia universitaria, dada su complejidad y magnitud, requiere ser asumida con un alto grado de profesionalización, existiendo muchos condicionantes relacionados con su gestión como: el tipo, tamaño y localización de la institución, la modalidad o nivel en que se imparte la docencia; siendo posible identificar al menos cinco ámbitos en la gestión docente: la gestión del currículo, la gestión de asuntos estudiantiles, la gestión del personal docente, la gestión de los recursos materiales y de información, y la planificación y la evaluación global de la función docente (Cancino y Márquez, 2015).

En la sociedad actual "ser profesor requiere unas competencias o disposiciones más básicas o fundamentales: valores, actitudes y aptitudes necesarias para potenciar el desarrollo personal de los alumnos" (García, 2009, p.10). Esto involucra un desarrollo cognitivo, ético, social y afectivo. Por esto mismo, se hace necesaria la entrega de herramientas como competencias pedagógicas al cuerpo docente para enfrentar de mejor manera estos desafíos.

En este contexto, el problema de investigación que se observa es la ausencia de información sobre aquellas competencias pedagógicas que deben desarrollarse en el nivel de postgrado frente a la formación de estudiantes que provienen desde distintas disciplinas profesionales y que ejercen la docencia en educación superior. La formación de los y las académicas se vuelve una necesidad fundamental en el marco de la educación superior, no sólo para contribuir a la generación de competencias en los estudiantes, sino para llevar a cabo cualquier tipo de mejora educativa que se desee implementar (Maldonado, 2018) Dicha formación no sólo debe ser inicial, sino que debe contar con una actualización permanente y adaptada a cada realidad local para lograr cambios positivos y efectivos en el proceso educacional (Toledo, 2021).

Al revisar el estado del arte, se evidencia que han existido distintos estudios destinados a identificar y validar los perfiles de competencias desde la docencia universitaria, desarrollando modelos que permiten evaluarlo (Abadía et al, 2015; Zabalza, 2009). Una primera postura es la planteada por Galvis (2007) quien distinguió cuatro competencias del docente universitario, a las que llamó: intelectuales, inter e intrapersonales, sociales y profesionales. Las Competencias Intelectuales se vincularían al "conocer", como son dominar conceptos y teorías actualizadas sobre las disciplinas educativas y de su especialidad, poseer una cultura general propia de la educación superior y conocer técnicas de recolección de información. Las Competencias Inter e Intrapersonales se relacionan con el "ser", como son, la apertura hacia las nuevas experiencias, la responsabilidad de sus acciones, la habilidad de adaptarse a los cambios, y de mostrar consistencia (Pérez y Catalán, 2021). Las Competencias Sociales están asociadas con la habilidad de "convivir con otros", lo que implica practicar la tolerancia, establecer relaciones de diálogo a nivel interpersonal e institucional, y respetar el pensamiento divergente. Finalmente están las Competencias Profesionales que se relacionan con el "hacer", como son el planificar y evaluar situaciones de aprendizaje significativo, manejar técnicas de trabajo grupal, y aplicar metodologías de evaluación activas que promuevan el aprendizaje.

En España, Zabalza (2009) enumeró nueve cualidades del docente de excelencia: a) Planificar el proceso de enseñanza y aprendizaje, b) Seleccionar y presentar, adecuadamente, los contenidos disciplinares, c) Ofrecer información e explicaciones comprensibles, d) Contar con alfabetización tecnológica y manejo didáctico de las TIC, e) Gestionar las metodologías de trabajo didáctico y las tareas de aprendizaje, f) Relacionarse constructivamente con los alumnos, g) Reflexionar e investigar sobre la enseñanza e i) Implicarse institucionalmente. El autor menciona que el desarrollo de competencias tecnológicas en la enseñanza de los docentes es una oportunidad de transformar la docencia universitaria y la modalidad de enseñanza y aprendizaje.

Según Ortega (2010), el Área Europea de Educación Superior (AEES) también ha identificado ocho competencias del perfil docente. Estas son: a) competencias cognitivas (el conocimiento en un nivel disciplinar y pedagógico), b) competencias metacognitivas (pensamiento crítico, autocrítico y reflexivo), c) competencias culturales y contextuales (conocimientos del entorno y de la organización), d) competencias comunicativas (lenguaje científico verbal y escrito), e) competencias sociales (cooperación, empatía y trabajo en equipo), f) competencias de gestión (gestión, organización y planificación), g) habilidades tecnológicas (aprendizaje, investigación y uso de las TIC), h) competencias de investigación (búsqueda de información sobre metodologías y recursos).

Gairín (2011), propuso que, para que un buen proceso de docencia se lleve a cabo se requiere, el desarrollo de cuatro competencias: técnicas, metodológicas, sociales y personales. Las Competencias Técnicas refieren al saber relacionado con el quehacer pedagógico, incluyendo el conocimiento de la disciplina que se enseña y del currículum. Las Competencias Metodológicas son aquellas que vinculan el conocimiento con la realidad de los estudiantes, incorporando las experiencias de los estudiantes y la interacción docente-estudiante durante el proceso de enseñanza. Las Competencias Sociales implican la habilidad para comprender y trabajar con otros, usando indicadores como actuar bajo criterios acordados colectivamente y participando en la evaluación del proyecto educativo. Finalmente, las Competencias Personales corresponden a la ética profesional y la responsabilidad en el ejercicio de la profesión. Estas competencias permiten a los docentes desarrollar funciones didácticas (planificación, enseñanza y evaluación), tutoriales (acompañamiento a los estudiantes), de extensión (vinculación con el medio y redes), y la formación constante e innovación en su profesión.

Hoy en día nos encontramos inmersos en la era de la información, que demanda una construcción del conocimiento desde una apropiación e incorporación consciente de dicha información (Sevilla, 2013) y, a partir de esto, se vuelve altamente relevante que los docentes no sólo cuenten con herramientas para crear entornos de aprendizaje, particularmente a partir de medios audiovisuales, sino que también se hace necesario que las hayan experimentado para su propio aprendizaje. Facilitar la comprensión de los procesos de aprendizaje del profesorado, apoyándolos/as desde la vereda de los estilos de aprendizaje, la planificación de actividades didácticas y evaluación para el aprendizaje, buscando ser el andamiaje entre su formación profesional, la capacitación docente y el desarrollo de competencias pedagógicas. Lo anterior, fortalecería la adquisición de conocimientos del área pedagógica que resultan imprescindibles para el inicio de una práctica alineada con las competencias que se busca desarrollar en el estudiantado.

Pues bien, a partir de la literatura revisada, se observa que se ha trabajado considerando las competencias docentes y/o técnicas, pero se ha dejado en un segundo plano las competencias pedagógicas siendo estás fundamentales cuando se trata de la formación de postgrado de profesionales de otras disciplinas que se dedican a la docencia, por lo cual no existe una claridad frente a lo que se ha denominado como *competencias pedagógicas* que debieran desarrollar los docentes para la educación superior. Lo anterior permite realizar un análisis desde los sustentos teóricos y desde la práctica formativa de los postgrados en educación superior para poder proponer aquellas competencias pedagógicas necesarias para ejercer la docencia en las aulas de educación terciaria chilenas del Siglo XXI.

Tal como señala García (2010) la capacidad de enseñar es mucho más compleja y específica que la capacidad de aprender. Desde esta perspectiva, la labor docente, dentro de su complejidad, claramente requiere no sólo de la intención o de los conocimientos teóricos, sino también una formación y desarrollo de competencias pedagógicas que vayan más allá de sólo transmitir conocimientos, sino que combinen habilidades y reflexiones respecto de la práctica pedagógica, de las actividades didácticas y del contexto, y la diversidad de los estudiantes (Cancino y Márquez, 2015).

2. OBJETIVOS

Para el desarrollo de este trabajo se planteó determinar las competencias pedagógicas alcanzadas en el proceso de formación de postgrado para profesionales de distintas disciplinas profesionales que ejercen la docencia en Educación Superior.

3. METODOLOGÍA

La metodología aplicada sustenta un paradigma de carácter pluriparadigmático que reconoce la diversidad de métodos para alcanzar su objetivo. Con todo, se recolectó la información a partir de entrevistas a profesionales que ejercen docencia y que están o han cursado un programa de postgrado para la formación en docencia para la educación superior. Se analizaron además resultados de aprendizajes y formulación de competencias de 17 instituciones que dictan algún programa de formación de postgrado sobre docencia universitaria o de educación superior durante los últimos años en Chile. Se determinaron categorías y aproximaciones conceptuales.

Además, se aplicó un instrumento de Cuestionario de Evaluación de la Metodología docente y Evaluativa de los profesores universitarios (CEMEDEPU) validado por la Universidad de Valencia, con la finalidad de profundizar y alcanzar el objetivo planteado en la investigación.

4. RESULTADOS

Las siguientes competencias pedagógicas están relacionadas a ejes de formación para la docencia en educación superior que se han elaborado a partir de diversos dispositivos curriculares de 17 instituciones, tales como los planes de estudio, los perfiles de egreso, los resultados de aprendizaje en conjunto con los datos levantados y las entrevistas ejecutadas. Logrando determinar 15 competencias pedagógicas.

4.1 Competencias pedagógicas determinadas para el proceso de formación de postgrado en docencia para la educación superior

Ejes de formación pedagógica	Competencias pedagógicas
Eje didáctica: aprendizaje y centralidad en el estudiante.	Diseña procesos de enseñanza aprendizaje Transforma desde el aprendizaje centrado en el estudiante

Tabla 1. Competencias pedagógicas del eje didáctica. Fuente: Elaboración propia.

Ejes de formación pedagógica	Competencias pedagógicas
Eje curricular: innovación y diseño curricular.	Innova desde la calidad de los productos educativos. Planifica desde el diseño instruccional

Tabla 2. Competencias pedagógicas del eje curricular. Fuente: Elaboración propia.

Ejes de formación pedagógica	Competencias pedagógicas
Eje estrategias de aprendizaje: estrategias activas para la docencia en educación superior.	Trabaja Colaborativa y autónomamente

Tabla 3. Competencias pedagógicas del eje estrategias de aprendizaje. Fuente: Elaboración propia.

Ejes de formación pedagógica	Competencias pedagógicas
Eje evaluación: evaluación para el aprendizaje en la educación superior.	Evalúa procesos educativos, programas y proyectos educativos

Tabla 4. Competencias pedagógicas del eje evaluación. Fuente: Elaboración propia.

Ejes de formación pedagógica	Competencias pedagógicas
Eje tecnología: aprendizaje mediado por tecnología.	Desarrolla aprendizajes interdisciplinario y colaborativo

Tabla 5. Competencias pedagógicas del eje tecnología. Fuente: Elaboración propia.

Ejes de formación pedagógica	Competencias pedagógicas
Eje reflexión: reflexión de la práctica docente.	Reflexiona sobre la realidad educativa y su carácter ético y valórico Inclusión cultural, social y económica Problematiza los fenómenos educativos y las políticas en educación superior

Tabla 6. Competencias pedagógicas del eje reflexión. Fuente: Elaboración propia.

Ejes de formación pedagógica	Competencias pedagógicas
Eje investigación: escritura científica, análisis de datos	Incorpora metodologías de la Investigación Aplica investigación acción en el aula Gestiona el conocimiento considerando la evidencia

Tabla 7. Competencias pedagógicas del eje investigación. Fuente: Elaboración propia.

Ejes de formación pedagógica	Competencias pedagógicas
Eje Liderazgo docente: liderazgo pedagógico.	Lidera para la innovación Lidera desde el entorno profesional

Tabla 8. Competencias pedagógicas del eje liderazgo docente. Fuente: Elaboración propia.

5. DISCUSIÓN

A través de la investigación se han logrado identificar los ejes de formación pedagógica fundamentales que hoy plantean los diversos programas e interés formativos en Educación Superior. Además, estos ejes han permitido determinar las competencias pedagógicas que tienen mayor consideración para la formación en docencia para la Educación Superior en Chile.

5.1. Ejes de formación pedagógica identificados en 17 programas de estudio de postgrado sobre docencia para la educación superior

Una vez organizada, sistematizada y categorizada la información, se prosiguió a identificar *los ejes de formación pedagógica* que orientan el tipo de competencias pedagógicas que se requieren para la formación de profesionales de distintas disciplinas que ejercen docencia en instituciones de educación superior.

- Eje didáctica: aprendizaje y centralidad en el estudiante.

- Eje curricular: innovación y diseño curricular.
- Eje estrategias didácticas: estrategias activas para la docencia en educación superior.
- Eje evaluación: evaluación para el aprendizaje en la educación superior.
- Eje tecnología: aprendizaje mediado por tecnología.
- Eje reflexión: reflexión de la práctica docente.
- Eje investigación: escritura científica, análisis de datos.
- Eje liderazgo docente: liderazgo pedagógico.

5. CONCLUSIONES

Desde la formación en docencia para el desarrollo de competencias pedagógicas en educación superior, que se realiza a nivel de postgrado, existen distintas investigaciones de aquellas habilidades que los docentes de las diversas disciplinas debiesen adquirir. Sin embargo, a partir de la experiencia en la formación pedagógica de profesionales que se desempeñan en educación superior falta precisar con claridad cuáles son las competencias pedagógicas que todo docente de las multiples áreas del conocimiento debiera desarrollar para el ejercicio profesional docente, constituyéndose, por tanto, en un perfil profesional que establezca las competencias pedagógicas necesarias para ejercer la docencia en las aulas de educación superior chilena.

La investigación ha permitido revisar, analizar, y focalizar las comptencias con una valoración pedagógica central a partir de ejes formativos que se pueden encontrar en las distintas propuestas de formación de postgrado. Estos ejes orientan y promueven los intereses pedagógicos en el campo formativo, logrando determinar 15 competencias que debiesen desarrollarse en todo acto didáctico de postgrado para la docencia en educación superior desde la inter y multidisciplina del conocimiento.

Una de las grandes dificultades para alcanzar los resultados de aprendizajes que proponen los programas de estudio actuales de la educación superior, dice relación con que, para aquellos docentes que no cuentan con formación didáctica o pedagógica, lo más habitual es reproducir los estilos de enseñanza con la que ellos fueron formados en sus propias etapas estudiantiles, donde el proceso se aleja de los y las estudiantes y de los objetivos o resultados esperados (Toledo, 2021). Adicionalmente, estos programas de estudio generalmente incorporan en sus mallas curriculares la formación de ciertas competencias, pero para poder lograrlo se requiere que los docentes cuenten con esas mismas competencias, pero focalizadas en las de carácter pedagógica.

Los desafíos en relación con las competencias pedagógicas de los docentes de educación superior incluyen la diversidad de disciplinas, la necesidad de actualización constante, la integración de la investigación, la atención a estudiantes diversos y la implementación de evaluaciones auténticas. Superar estos desafíos requiere un enfoque flexible, capacitación continua y una reflexión constante sobre la práctica pedagógica para mejorar la calidad de la educación en el nivel superior

6. REFERENCIAS

Abadía Valle, A. R., Bueno García, C., Ubieto-Artur, M. I., Márquez Cebrián, M. D., Sabaté Díaz, S., Jorba Noguera, H. y Pagès Costa, T. (2015). Competencias del buen docente universitario. Opinión de los estudiantes. REDU - *Revista de Docencia Universitaria, 13*(2), 363-390.

Cancino, V. E., y Márquez, T. S. (2015). Evaluación de Desempeño de la Función Académica: Análisis de un Sistema en el Contexto Universitario Chileno. *Formación universitaria, 8*(3), 35-46. https://dx.doi.org/10.4067/S0718-50062015000300005

Centro Europeo para el Desarrollo de la Formación Profesional [CEDEFOP] (2014). *Desajuste de competencias: Más de lo que parece a simple vista.* Nota informativa. https://www.cedefop.europa.eu/files/9087_es.pdf

Gairín Sallan, J. (2011). Formación de profesores basada en competencias. *Bordón. Revista De Pedagogía, 63*(1), 93–108. https://recyt.fecyt.es/index.php/BORDON/article/view/28907

García, E. (2010). Desarrollo de la mente: Filogénesis, Sociogénesis y Ontogénesis. En Maceiras, M. y Méndez, L. (Coordinadores). *Ciencia e investigación en la sociedad actual. San Esteban.* Aletheia.

Galvis, R. (2007). De un perfil docente tradicional a un perfil docente basado en competencia. *Acción Pedagógica 1*(16), 48-57.

García, E. (2009). Aprendizaje y construcción del conocimiento en Las plataformas de aprendizaje. En López Aloso, C. y Matesanz del Barrio, M. (Eds). *Las plataformas de aprendizaje. Del mito a la realidad* (pp. 21-44). Biblioteca Nueva.

Maldonado, E. P. (2018). Competencias del Profesorado Universitario para la Atención a la Diversidad en la Educación Superior. *Revista latinoamericana de educación inclusiva, 12*(2), 115–131. https://doi.org/10.4067/s0718-73782018000200115

Organización para la Cooperación y el Desarrollo Económicos (OCDE) y Banco Mundial (2009). *La Educación Superior en Chile. Revisión de Políticas Nacionales de Educación.* Ministerio de Educación de Chile.

Organización Internacional del Trabajo. OIT. (2015). *Tendencias mundiales del empleo juvenil 2015: promover la inversión en empleos decentes para los Jóvenes.* OIT.

Ortega, M. C. (2010). Competencias Emergentes del Docente ante las Demandas del Espacio Europeo de Educación Superior. *Revista Española de Educación Comparada,* (16) 305-327.

Pérez, A y Catalán, J. P. (2021). Competencias docentes en contextos de contingencia y virtualización. Una propuesta reflexiva. Anuario Digital De Investigación Educativa, (4), 27-34. https://revistas.bibdigital.uccor.edu.ar/index.php/adiv/article/view/4939

Planas, J. e Enciso, I. (2014). Los estudiantes que trabajan: ¿tiene valor profesional el trabajo durante los estudios? *Revista Iberoamericana de Educación Superior, 12*(5), 23-45.

Rodríguez, R. (2015). Competencias genéricas en la enseñanza superior a través de los programas de internacionalización. Revista Complutense de Educación, *26*(1), 81-100. http://dx.doi.org/10.5209/rev_RCED.2015.v26.n1.42598

Schwab, K. (2016). *The fourth industrial revolution.* Ginebra: World Economic Forum.

Sevilla, S. (2014). *Recursos audiovisuales y educación. Cuadernos de Documentación Multimedia,* 24(0). https://doi.org/10.5209/rev_cdmu.2013.v24.46367

Toledo Lara, G. (2021). La formación del profesorado universitario y algunas de sus tendencias de cara al siglo XXI. *Dilemas contemporáneos: educación, política y valores, 8(3), 00004. Epub.* https://doi.org/10.46377/dilemas.v8i3.2619

Zabalza, M. A. (2009). Ser un profesor universitario hoy. *La Cuestión Universitaria,* (5) 69-81.

EXPLORANDO LA UTILIDAD DE LOS CUESTIONARIOS VIRTUALES EN LA EVALUACIÓN FORMATIVA. UN ESTUDIO PILOTO EN EL ÁREA DE BIOLOGÍA CELULAR DESDE LA PERSPECTIVA ESTUDIANTIL

María del Mar Romero-Alemán [1]

1. INTRODUCCIÓN

En la actualidad, la mayoría de las universidades utilizan plataformas de aprendizaje virtual *(e-learning)* para exponer las asignaturas. Estas plataformas, como Moodle por ejemplo suelen complementar los métodos de enseñanza tradicionales.

Evidencias de la psicología cognitiva respaldan el uso de cuestionarios después de cada lección como método más efectivo para la retención de los conocimientos, en lugar de revisar la materia (Brenda et al., 2019). Por otro lado, mantener la atención, la conciencia y la curiosidad resulta fundamental en el proceso de aprendizaje. En ese sentido, los métodos de gamificación adaptan los elementos de los juegos a los entornos educativos para hacer más atractivo el proceso de aprendizaje. La experiencia acumulada a raíz de la crisis de la covid-19 ha propiciado multitud de estudios que avalan la utilidad de la gamificación en la enseñanza universitaria para mejorar ciertos aspectos de la evaluación formativa como la satisfacción, motivación, retroalimentación y el compromiso del estudiantado (Khaldi et al., 2023; Subhash y Cudney, 2018). Sin embargo, escasean los estudios comparativos con plataformas de aprendizaje virtual convencionales (ej. Moodle). A la luz de los prometedores resultados de las experiencias de gamificación, se ha sugerido la necesidad de incrementar esta experiencia en la rama de Ciencias de la Salud (van Gaalen et al., 2021; Xu et al., 2023).

La satisfacción del estudiantado influye en su proceso de aprendizaje y también aporta información relevante al profesorado sobre el entorno de aprendizaje que ha diseñado favoreciendo la mejora continua que promulga el Espacio Europeo de Educación Superior (EEES). Así, el procedimiento DOCENTIA está instaurado en las universidades españolas para cumplimiento de los estándares de calidad del EEES y para la acreditación nacional del profesorado universitario. Este procedimiento utiliza, entre otras fuentes, encuestas de satisfacción del estudiantado durante cada curso académico. Estas encuestas califican la actividad docente del profesorado según los siguientes factores: planificación de la docencia, desarrollo de la docencia, resultados y una valoración global. La utilidad de las encuestas se ha debatido ampliamente debido a la presencia de sesgos. Sin embargo, estudios recientes demuestran la escasa o nula influencia de éstos en los resultados (Martín

1. Universidad de Las Palmas de Gran Canaria (España).

et al., 2020). El presente estudio utiliza estas encuestas como herramienta suplementaria para la valoración de la experiencia.

2. OBJETIVOS

El presente estudio retrospectivo, descriptivo y transversal propone explorar la percepción del estudiantado de nuevo ingreso en los títulos de Medicina y Fisioterapia sobre la utilidad de las plataformas virtuales gamificada (Quizizz) y no gamificada (Moodle) en su evaluación formativa respecto a las situaciones de enseñanza-aprendizaje tradicionales.

3. MARCO TEÓRICO

En general, los estudios sobre educación médica de grado y postgrado validan la utilidad de plataformas virtuales gamificadas (ej. Kahoot!, Quizizz) como complemento de los métodos de enseñanza tradicionales. Estas plataformas promueven una mayor satisfacción, e implicación del estudiantado en su proceso de aprendizaje (Cortés-Pérez et al., 2023; Felszeghy et al., 2019; Ismail y Mohammad, 2017; Kalleny, 2020; Lohitharajah y Youhasan, 2022; Neureiter et al., 2020; Schultz et al., 2022). Posiblemente, la realidad de un estudiantado universitario que creció inmerso en la era digital y está acostumbrado al uso habitual de dispositivos electrónicos favorezca estos resultados. Sin embargo, los estudios comparativos entre plataformas virtuales gamificadas y convencionales, como Moodle, son escasos, a pesar de su relevancia para confirmar o matizar los resultados mencionados, como también sugieren otros autores (Felszeghy et al. 2019).

4. METODOLOGÍA

4.1. Contexto y diseño del estudio

Los contenidos de Biología Celular e Histología Humana tratan de la estructura microscópica del cuerpo humano y explican sus componentes moleculares, celulares y tisulares para establecer correlaciones funcionales y clínicas. Estos contenidos son básicos para todas las profesiones sanitarias y se imparten durante el primer curso de las titulaciones de la rama de Ciencias de la Salud. El presente estudio se realizó entre febrero de 2021 y mayo de 2022 (cursos académicos 2020-2021 y 2021-2022) durante las clases teóricas y prácticas de las asignaturas básicas de rama de primer curso: "Biología y Anatomía Especial" del Grado en Fisioterapia y "Biología para Ciencias de la Salud" del Grado en Medicina de la Universidad de Las Palmas de Gran Canaria. Los contenidos de Biología Celular e Histología Humana son similares en ambas asignaturas. Cada asignatura desarrolla a lo largo de 15 semanas las clases teóricas en grupos grandes (hasta 75 estudiantes) y las prácticas de laboratorio en grupos de 20-25 estudiantes.

Normalmente, el estudiantado universitario utiliza la web institucional (http://www.ulpgc.es) para acceder al campus virtual Moodle de las asignaturas. Habitualmente, el profesorado utiliza esta plataforma para compartir materiales didácticos con el estudiantado y establecer diversas actividades. Los contenidos teóricos y prácticos se imparten siguiendo el método expositivo-participativo tradicional. En las sesiones teóricas, el profesorado expone los contenidos en presentaciones PowerPoint mientras atiende las dudas o los comentarios del estudiantado. En las prácticas de laboratorio, el profesorado fomenta el autoaprendizaje guiado con la exposición de las preparaciones cito-histológicas en pantalla grande mientras el estudiantado las trabaja individualmente en su microscopio.

Los proyectos docentes de las asignaturas detallan los resultados de aprendizaje, actividades presenciales, contenidos y criterios de evaluación. Un tercio de los contenidos se impartió siguiendo el método expositivo-participativo tradicional a lo largo de las primeras 4 semanas de impartición de la asignatura. Durante las siguientes 10 semanas se impartieron los dos tercios restantes correspondientes a la experiencia piloto del presente estudio. La experiencia consistió en introducir cuestionarios individuales Moodle (CM) o bien Quizizz (CQ), en orden alternante, al finalizar cada lección como síntesis para reforzar el aprendizaje (t0) repitiéndose 30 días después (t30) para autoevaluación del progreso a medio plazo (Figura 1). La alternancia de los CM y CQ permitió reducir el sesgo de variables de confusión como el grado de complejidad de los bloques temáticos y circunstancias temporales. Para ampliar las posibilidades de participación, los cuestionarios virtuales programados a los 30 días se desarrollaron de forma presencial y online.

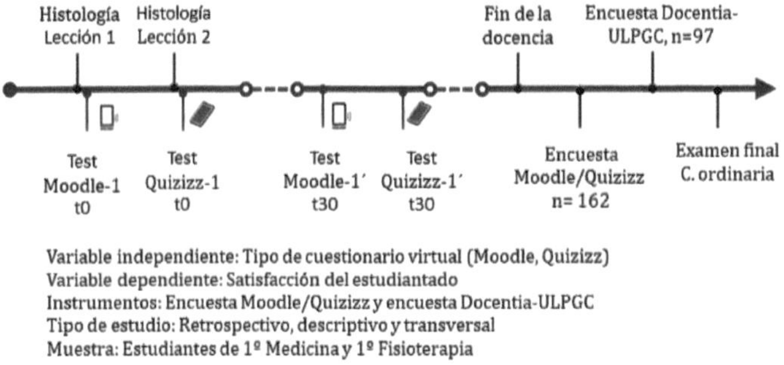

Figura 1. Diseño del estudio en escala temporal. Los cuestionarios virtuales se sucedieron en orden alternante (Moodle-1, Quizizz-1, etc.) al finalizar cada lección (t0) y se repitieron (Moodle-1', Quizizz-1') a los 30 días (t30). Fuente: Elaboración propia.

Los participantes utilizaron diversos dispositivos electrónicos (móvil, PC o *tablet*) para responder un total de 20 CM y 20 CQ correspondientes a los contenidos de Histología Humana. Cada cuestionario constaba de 10-14 preguntas de opción múltiple y tiempo límite de 10-14 minutos. El orden de las preguntas y las opciones de respuestas de cada cuestionario se programó de forma aleatoria. Los cuestionarios virtuales individuales permitieron el refuerzo de los contenidos, la autoevaluación formativa para seguimiento de su progreso y la preparación para el examen final Moodle *offline*, pues éste estaba programado con el mismo tipo de preguntas. Los participantes recibieron los resultados automáticamente mediante las herramientas virtuales anteriores. Además, la plataforma Moodle institucional permitió compartir materiales didácticos con el estudiantado, establecer foros virtuales de dudas o comentarios, enlazar el acceso a los CM y CQ y crear el examen final offline.

El diseño del presente estudio (Figura 1) se centró en una población conjunta de 266 matriculados en el Grado en Fisioterapia y en el Grado en Medicina. Una muestra aleatoria de 162 voluntarios (60,90%), 100% de nuevo ingreso, 72,22% mujeres participó en una encuesta propia online anónima sobre la percepción del estudiantado sobre los cuestionarios virtuales y las situaciones de enseñanza-aprendizaje tradicionales (tabla 1). El tamaño de la muestra cumplió con los requisitos mínimos. Para una población de 266 individuos, el tamaño mínimo de la muestra con un margen de error del 5%, nivel de confianza del 95% es 158. Para facilitar el cálculo se utilizaron calculadoras del tamaño muestral disponibles online (https://www.questionpro.com).

El estudio se completó, a modo orientativo, con el análisis de los resultados de la encuesta institucional DOCENTIA-ULPGC de satisfacción con la actividad docente del profesorado (tabla 2) en la que participaron una muestra aleatoria de 97 voluntarios (36,47%). Los resultados se compararon con encuestas equivalentes de los cursos académicos prepandemia 2014-2015 y 2017-2018. Las mismas asignaturas, proyectos docentes y profesorado aplicaron en ambos grupos.

4.2. Consideraciones éticas

El presente estudio se planteó como experiencia de mejora del proceso de aprendizaje del estudiantado en el contexto de una evaluación formativa voluntaria. El estudiantado fue informado de que su decisión de participar o no carecía de implicaciones en la calificación del examen final. El estudio se integró plenamente con la actividad docente habitual, no aplican consideraciones éticas. El estudiantado ofreció su consentimiento para participar en la encuesta anónima antes del envío voluntario del cuestionario online. También fue informado de sus derechos de acceso, rectificación, oposición y cancelación de sus datos, conforme a lo dispuesto en la el Reglamento General de Protección de Datos (UE) 2016/679 y en la Ley Orgánica 3/2018 de Protección de Datos Personales y garantía de los derechos digitales vigente en España. Durante el estudio, se garantizó el anonimato de los participantes mediante el tratamiento estrictamente confidencial de los datos personales.

4.3. Instrumentos y escalas de medida

La variable dependiente del presente estudio es la satisfacción del estudiantado. Como instrumento principal de medida se utilizó una encuesta online anónima (tabla 1) que presentaba 11 ítems tipo Likert basados en los propuestos en otros autores en estudios similares (Ismail y Mohannad, 2017; Felszeghy et al., 2019) con 5 niveles de respuesta, incluyendo una categoría neutra central. Los participantes también valoraron en una escala numérica de 0 a 10 su satisfacción con las tres situaciones de aprendizaje mencionadas.

Nº	Preguntas
1	Quizizz es útil para mi aprendizaje.
2	Moodle es útil para mi aprendizaje.
3	La programación de cuestionarios Quizizz me ha motivado a leer los materiales colgados en el campus virtual antes de cada clase.
4	La programación de cuestionarios moodle me ha motivado a leer los materiales colgados en el campus virtual antes de cada clase.
5	Quizizz crea un ambiente divertido.
6	Moodle crea un ambiente divertido.
7	Hay tiempo suficiente para resolver los cuestionarios Quizizz.
8	Hay tiempo suficiente para resolver los cuestionarios Moodle.
9	Los dispositivos e internet funcionan correctamente cuando se realizan los cuestionarios Quizizz.
10	Los dispositivos e internet funcionan correctamente cuando se realizan los cuestionarios Moodle.
11	En general, prefiero los cuestionarios Quizziz a los Moodle.
12	Valore su experiencia con la plataforma Quizizz en una escala de 0 a 10.
13	Valore su experiencia con la plataforma Moodle en una escala de 0 a 10.
14	Valore su experiencia en las clases con ausencia de cuestionarios Quizizz o Moodle en una escala de 0 a 10.

Tabla 1. Ítems de la encuesta propia online. Los primeros 11 ítems se corresponden con el cuestionario tipo Likert de 5 niveles de respuestas (1: Totalmente en desacuerdo, 2: En desacuerdo, 3: Ni de acuerdo ni en desacuerdo, 4: De acuerdo, 5: Totalmente de acuerdo). Los ítems sombreados (12 a 14) pertenecen a una escala numérica de 0 a 10. Fuente: Elaboración propia.

Las encuestas institucionales DOCENTIA-ULPGC de satisfacción del estudiantado también se utilizaron como instrumento de medida (tabla 2). Estas encuestas valoran tres factores o dimensiones: planificación de la docencia (F1), desarrollo de la docencia (F2) y resultados (F3) además de una valoración global (FG) de todas las anteriores. Los resultados estadísticos resumidos (tamaño muestral, media y desviación estándar) están disponibles en la web institucional y son accesible para el profesorado. Éstas son encuestas tipo Likert con 5 niveles de respuesta en gradación creciente desde totalmente en desacuerdo (1) a totalmente de acuerdo (5). Se estableció como control 100 encuestas equivalentes de los cursos académicos prepandemia 2014-2015 y 2017-2018 debido a que presentaban mayor número de participantes. Las mismas asignaturas, proyectos docentes y profesorado aplicaron en ambos grupos.

Factores	Preguntas DOCENTIA-ULPGC
F1	PLANIFICACIÓN DE LA DOCENCIA
F1.1	El profesor hace referencia al proyecto docente (P.D).
F1. 2	Los materiales de estudio elaborados y recomendados por el profesor son útiles para desarrollar las tareas individuales o de grupo.
F1.3	El volumen de trabajo de esta asignatura se ajusta a lo previsto en el P.D.
F1.4	Las clases se ajustan a lo previsto en el Proyecto Docente.
F1.5	El profesor aporta documentación de apoyo a los contenidos.
F2	DESARROLLO DE LA DOCENCIA
F2.6	El profesor utiliza adecuadamente los recursos didácticos.
F2.7	El profesor propone actividades para favorecer el aprendizaje autónomo.
F2,8	El profesor resuelve con claridad las dudas y preguntas.
F2.9	Se han realizado la mayoría de las actividades de aprendizaje previstas en el P.D.
F2.10	El profesor comprueba durante el desarrollo de las clases el grado de comprensión sobre la asignatura.
F2.11	El profesor realiza el seguimiento y asesora las actividades o trabajos.
F3	RESULTADOS
F3.12	El profesor informa del sistema y criterios de evaluación al inicio de la asignatura.
F3.13	La evaluación se ajusta a las pruebas y criterios establecidos en el P.D.
F3.14	La evaluación se ajusta a los contenidos y competencias trabajados durante el curso.
F3.15	Se están alcanzando los objetivos programados de la asignatura.
F3.16	El trabajo realizado por el profesor está contribuyendo a alcanzar los objetivos de la asignatura.
F3.17	La propuesta de temporalización en el proyecto docente se corresponde con el trabajo realizado para alcanzar los objetivos de la asignatura.
F3.18	En general, estoy satisfecho con la labor de este profesor.
FG	VALORACIÓN GLOBAL (F1 + F2 + F3)

Tabla 2. Encuesta DOCENTIA-ULPGC con 5 niveles de respuesta en gradación creciente, desde totalmente en desacuerdo (1) a totalmente de acuerdo (5). Analiza tres factores: planificación de la docencia (F1, sombreado arriba), desarrollo de la docencia (F2) y resultados (F3, sombreado abajo) además de una valoración global (FG) que analiza los tres factores en conjunto. Fuente: ULPGC, modificada.

4.4. Análisis de datos

Los resultados de la encuesta propia sobre cuestionarios virtuales (tabla 1) se recopilaron en la plataforma Moodle y se descargaron como documento Excel. Posteriormente se transfirieron al programa Jamovi 2.3.24 (The Jamovi project, 2022). Los 11 ítems de la escala Likert obtuvieron una consistencia interna (α-Cronbach, 0,68; ω-McDonald, 0,70) y validez (KMO, 0,58) aceptables. Posteriormente, se realizó un análisis estadístico descriptivo de los datos (tabla 3) y una prueba de proporciones de las opciones de respuesta de cada ítem, estableciéndose una escala cualitativa de satisfacción (valores 4 y 5), neutralidad (valor 3) e insatisfacción (valores 1 y 2) para cada ítem (tabla 4). Los valores de la escala numérica (0 a 10) sobre cuestionarios virtuales y la ausencia de ellos se contrastaron con la prueba t para muestras pareadas.

El análisis comparativo de las encuestas DOCENTIA-ULPGC se realizó siguiendo un procedimiento descrito previamente (Romero-Alemán, 2020). Los datos estadísticos resumidos de cada factor (tamaño muestral, media y desviación estándar) del grupo experimental y control se compararon con la prueba t de una cola para muestras independientes empleando varias aplicaciones estadísticas disponibles online: GraphPad quickcals (www.graphpad.com), StatsKingdom (www.statskingdom.com) y social science statistics (www.socscistatistics.com). El nivel de significación estadística se fijó en $p < 0,05$.

5. RESULTADOS

5.1. Análisis de la encuesta sobre cuestionarios virtuales

La tabla 3 muestra el análisis estadístico descriptivo (tamaño muestral, media, mediana y desviación estándar) de las respuestas de la encuesta propia online (tabla 1).

Ítem	n	Media	Mediana	DE
1	162	4.32	4.00	0.65
2	162	4.07	4.00	0.68
3	162	3.64	4.00	0.89
4	162	3.64	4.00	0.88
5	162	3.48	4.00	1.17
6	162	3.20	3.00	1.12
7	162	3.84	4.00	1.01
8	162	3.73	4.00	0.98
9	162	4.12	4.00	0.83
10	162	3.38	3.00	0.92
11	162	3.80	4.00	1.14
12	162	7.90	8.00	1.42
13	162	7.13	7.00	1.65
14	162	5.45	6.00	1.97

Tabla 3. Análisis estadístico descriptivo de las respuestas de cada ítem. Los primeros 11 ítems se corresponden con el cuestionario tipo Likert de 5 niveles de respuestas. Las filas sombreadas corresponden a los ítems valorados con escala numérica (0 a 10); n: tamaño muestral; DE: desviación estándar. Fuente: Elaboración propia.

Obsérvese que la mayoría de los ítems de la escala Likert (1 a 11) presentaron el mismo valor de la mediana (4) correspondiente a una percepción positiva de la experiencia. Solo los ítems 6 ("Moodle crea un ambiente divertido") y 10 ("Los dispositivos e internet funcionan correctamente cuando se realizan los cuestionarios Moodle") ofrecieron un valor de la mediana (3) correspondiente a una percepción neutra. Algunos aspectos relevantes en la evaluación formativa como "la utilidad para el aprendizaje" (ítems 1 y 2) y "motivación a leer los materiales colgados en el campus virtual antes de cada clase" (ítems 3 y 4) fueron percibidos de manera igualmente positiva con independencia del tipo de cuestionario virtual implementado (nótense valores similares de la DE en la tabla 3). Los valores de la mediana de los ítems 12 a 14 correspondientes a la escala numérica (0-10) indicaron una percepción positiva de la experiencia con cuestionarios virtuales y sin ellos, pero con matices importantes. Los datos establecieron el siguiente orden de preferencia: gamificación (8/10) con menor dispersión en las respuestas (SE), Moodle (7/10) y clase expositiva-participativa convencional sin cuestionarios virtuales (6/10). Las medias de las valoraciones numéricas revelaron una clara preferencia por la introducción de cuestionarios virtuales (CQ, 7,9±1,42; CM, 7,13±1,65) respecto a la metodología tradicional sin estos cuestionarios (5,45±1,97). La prueba t de dos colas para muestras pareadas mostró diferencias significativas entre las valoraciones medias de los CQ y CM con un tamaño del efecto medio (d-Cohen = 0,40). Por tanto, la preferencia del estudiantado por los cuestionarios gamificados es significativa.

La prueba de proporciones (tabla 4) indica que la mayoría de los participantes percibió los CQ (91,36%) y CM (81,48%) como herramientas útiles para el aprendizaje y motivadoras para la lectura previa de contenidos (CQ, 56,79%; CM, 56,17%) manifestando su preferencia por los CQ (63,58%) que también fueron considerados más divertidos (CQ, 77,16%; CM, 45,00%). A pesar de utilizar un tiempo similar para la resolución de los cuestionarios, el estudiantado manifestó mayor satisfacción con el tiempo asignado para los CQ (54,32%) que para los CM (43,83%). La mayoría de los encuestados también se mostró satisfecho con la infraestructura necesaria para realizar los cuestionarios (CQ, 68,52% ; CM, 64,20%).

Ítems	R	n	Satisfacción (%)
1. Quizizz es útil para mi aprendizaje	1	---	
	2	1	Insatisfecho (0,62)
	3	13	Neutro (8,02)
	4	81	Satisfecho (91,36)
	5	67	
2. Moodle es útil para mi aprendizaje	1	------	
	2	1	Insatisfecho (0,62)
	3	29	Neutro (17,90)
	4	89	Satisfecho (81,48)
	5	43	
3. La programación de cuestionarios Quizizz me ha motivado a leer los materiales colgados en el campus virtual antes de cada clase	1	2	
	2	12	Insatisfecho (8,64)
	3	56	Neutro (34,57)
	4	65	Satisfecho (56,79)
	5	27	
4. La programación de cuestionarios moodle me ha motivado a leer los materiales colgados en el campus virtual antes de cada clase	1	1	
	2	13	Insatisfecho (8,64)
	3	57	Neutro (35,19)
	4	64	Satisfecho (56,17)
	5	27	
5. Quizizz crea un ambiente divertido	1	-----	
	2	5	Insatisfecho (3,09)
	3	32	Neutro (19,75)
	4	63	Satisfecho (77,16)
	5	62	
6. Moodle crea un ambiente divertido	1	6	
	2	15	Insatisfecho (13,00)
	3	68	Neutro (42,00)
	4	57	Satisfecho (45,00)
	5	16	

7. Hay tiempo suficiente para resolver los cuestionarios Quizizz	1 2 3 4 5	7 33 34 52 36	Insatisfecho (24,69) Neutro (20,99) Satisfecho (54,32)
8. Hay tiempo suficiente para resolver los cuestionarios Moodle	1 2 3 4 5	12 34 45 52 19	Insatisfecho (28,39) Neutro (27,78) Satisfecho (43,83)
9. Los dispositivos e internet funcionan correctamente cuando se realizan los cuestionarios Quizizz	1 2 3 4 5	3 16 32 64 47	Insatisfecho (11,73) Neutro (19,75) Satisfecho (68,52)
10. Los dispositivos e internet funcionan correctamente cuando se realizan los cuestionarios Moodle	1 2 3 4 5	4 14 40 68 36	Insatisfecho (11,11) Neutro (24,69) Satisfecho (64,20)
11. En general, prefiero los cuestionarios Quizziz a los Moodle	1 2 3 4 5	9 10 40 49 54	Insatisfecho (11,73) Neutro (24,69) Satisfecho (63,58)

Tabla 4. Resultados de la encuesta tipo Likert (n=162). Las respuestas (R) corresponden a los siguientes niveles de acuerdo. 1: Totalmente en desacuerdo; 2: En desacuerdo; 3: Ni de acuerdo ni en desacuerdo; 4: De acuerdo; 5: Totalmente de acuerdo. Fuente: Elaboración propia.

5.2. Análisis de las encuestas DOCENTIA-ULPGC

Los datos resumidos de las encuestas DOCENTIA-ULPGC del grupo control (cursos prepandemia) y experimental (tabla 5) se compararon usando la prueba t de una cola obteniéndose una tendencia a la mejora (sin significación estadística) en los factores planificación y desarrollo de la docencia. Sin embargo, destaca una mejora significativa del factor resultado ($p < 0,001$; d-Cohen, 0,50) y de la valoración global ($p=0,024$; d-Cohen, 0,29) del profesorado respecto a las obtenidas en condiciones control (cursos prepandemia).

	Planificación (n) media±DE	**Desarrollo** (n) media±DE	**Resultado** (n) media±DE	**Valor Global** (n) media±DE
Control	(97) 3,85±0,95	(98) 3,94±1,06	(96) 3,48±0,95	(97) 3,75±0,99
Experimental	(97) 4,1±0,91	(97) 4,02±0,97	(92) 3,96± 0,97	(95) 4,03±0,95
t-test	p= 0.0628	p= 0.583	P < 0.001	p= 0.024
d- Cohen	0,27	0,08	0,5	0,29

Tabla 5. Comparación de los factores de las encuestas DOCENTIA-ULPGC entre el grupo control (cursos 2014-2015 y 2017-2018) y experimental (cursos 2020-2021 y 2021-2022). Prueba t de una cola mostró diferencias significativas en el factor resultado y en la valoración global (conjunto de las anteriores) del grupo experimental.

El factor resultado de la encuesta DOCENTIA-ULPGC (tabla 2) valora tres subfactores: el proceso de evaluación (tabla 2: F3.12 a F3.14), los objetivos formativos (tabla 2: F3.15 a F3.17) y una valoración general (tabla 2: F3.18). El grupo control valoró esos subfactores en un rango entre 3,35 y 3,58 sobre 5, mientras que el grupo experimental los puntuó entre 3,87 y 4,05 sobre 5.

5.3. Limitaciones del estudio

Entre las limitaciones del presente estudio destaca la ausencia de grupo control por tratarse de un diseño piloto integrado en la actividad docente habitual. Además, la población está limitada al estudiantado de 1º Medicina y 1º Fisioterapia de la ULPGC que asistió regularmente a clase. No obstante, el tamaño muestral (n=162) y la duración de la experiencia (15 semanas) es mayor que las indicadas en la mayoría de los estudios similares (Lohitharajah y Youhasan, 2022; Neureiter et al., 2020; Schultz et al, 2022; Yuenyongviwat y Bvonpanttarananon, 2021).

6. DISCUSIÓN

El presente estudio se realizó a lo largo de las 15 semanas de duración de las asignaturas, un periodo similar al utilizado en estudios recientes (Cortés-Pérez et al., 2023). Los resultados revelaron una percepción positiva del estudiantado respecto a la introducción de ambos tipos de cuestionarios virtuales. De hecho, una mayoría relevante (entre 81-91%) los consideró herramientas útiles para el aprendizaje y una mayoría más discreta (alrededor del 56%) los señaló como herramientas motivadoras para la lectura previa de contenidos antes de clase. Esto último tiene especial relevancia considerando que los cuestionarios eran voluntarios y carentes de efectos para la evaluación sumativa de la asignatura. El presente estudio también aporta evidencias de una preferencia significativa por los cuestionarios gamificados (63%) para la evaluación formativa. Todos estos resultados coinciden con los descritos en estudios previos sobre gamificación (Cortés-Pérez et al., 2023; Felszeghy et al., 2019; Kalleny, 2020; Ismail y Mohannad, 2017; Ismail et al., 2019). Asimismo, apoya el mantenimiento de mismos como complemento de la metodología de enseñanza tradicional para la evaluación formativa, es decir, aquella cuya función es orientadora, motivadora y que retroalimenta el proceso de aprendizaje del estudiantado permitiendo su autorregulación.

La originalidad del presente estudio consiste en aportar un diseño igualitario para las condiciones de aprendizaje virtual convencional usando la plataforma Moodle. En el presente estudio, la preferencia por los cuestionarios gamificados parece basarse la percepción mayoritaria (77%) como la opción más divertida. Posiblemente, ese ambiente gamificado y competitivo influyó en una percepción del tiempo mayoritariamente más adecuada para los CQ (tabla 4: ítem 7) que para los CM (tabla 4: ítem 8) a pesar de que el tiempo asignado fue el mismo. Por el contrario, algunos estudios revelan similar satisfacción del estudiantado con cuestionarios gamificados y en papel (Yuenyongviwat & Bvonpanttarananon 2021). Queda pendiente establecer la dosis de gamificación más adecuada para otros elementos de la evaluación formativa como la retención de conocimientos y la posibilidad de mejora como actividad grupal según han sugerido otros autores (Arayapisit et al., 2023; Felszeghy, 2019).

Un estudio previo analizó las encuestas DOCENTIA-ULPGC del área de Biología Celular después de la implantación del EEES y propuso el seguimiento y mejora de aspectos relacionados con el factor resultados (Romero-Alemán, 2020). Los datos estadísticos (tabla 5) avalan la utilidad de la introducción de cuestionarios virtuales en el aula como estrategia de mejora de la satisfacción del estudiantado en estas encuestas institucionales. El uso de estas encuestas como instrumento de autorregulación de la actividad docente parece oportuno en pro de la mejora continua que promulga el EEES y en consideración a sus implicaciones tanto en la calidad docente como en la acreditación nacional del profesorado universitario.

7. CONCLUSIONES

El estudiantado prefirió los cuestionarios gamificados por crear un ambiente más divertido. Los cuestionarios virtuales gamificados y no gamificados complementaron los métodos de enseñanza tradicionales aportando mayor satisfacción, motivación y compromiso del estudiantado. Esto se reflejó en las encuestas institucionales DOCENTIA de satisfacción con la docencia del profesorado.

8. REFERENCIAS

Arayapisit, T., Pojmonpiti, D., Dansirisomboon, K., Jitverananrangsri, K., Poosontipong, D., y Sipiyaruk, K. (2023). An educational board game for learning orofacial spaces: An experimental study comparing collaborative and competitive approaches. *Anatomical Sciences Education*, 16, 4. https://doi.org/10.1002/ase.2257

Cortés-Pérez, I., Zagalaz-Anula, N., Del Carmen López-Ruiz, M., Díaz-Fernández, Á., Obrero Gaitán, E., y Osuna-Pérez, M. C. (2023). Study Based on Gamification of Tests through Kahoot!™ and Reward Game Cards as an Innovative Tool in Physiotherapy Students: A Preliminary Study. *Healthcare, 11*(4), 578. https://doi.org/10.3390/healthcare11040578

Felszeghy, S., Pasonen-Seppänen, S., Koskela, A., Nieminen, P., Härkönen, K., Paldanius, K. M. A., Gabbouj, S., Ketola, K., Hiltunen, M., Lundin, M., Haapaniemi, T., Sointu, E., Bauman, E. B., Gilbert, G. S., Morton, D. C., y Mahonen, A. (2019). Using online game-based platforms to improve student performance and engagement in histology teaching. *BMC Medical Education, 19*(1). https://doi.org/10.1186/s12909-019-1701-0

Ismail, M. A., y Mohammad, J. A (2017). Kahoot: A Promising Tool for Formative Assessment in Medical Education. *Education in Medicine Journal*, 9(2), 19–26. https://doi: 10.21315/eimj2017.9.2.2

Ismail, M. A., Ahmad, A., Mohammad, J. A., Fakri, N. M. R. M., Nor, M. R. M., y Pa, M. N. M. (2019). Using Kahoot! as a formative assessment tool in medical education: a phenomenological study. *BMC Medical Education, 19*(1). https://doi.org/10.1186/s12909-0191658-z

Khaldi, A., Bouzidi, R., y Nader, F. (2023). Gamification of e-learning in higher education: a systematic literature review. *Smart Learning Environments, 10*(1), 10. https://doi.org/10.1186/s40561-023-00227-z

Kalleny N. K. (2020). Advantages of Kahoot! Game-based Formative Assessments along with Methods of Its Use and Application during the COVID-19 Pandemic in Various Live Learning Sessions. *Journal of microscopy and ultrastructure, 8*(4), 175–185. https://doi.org/10.4103/JMAU.JMAU_61_20

Lohitharajah, J., y Youhasan, P. (2022). Utilizing gamification effect through Kahoot in remote teaching of immunology: Medical students' perceptions. *Journal of advances in medical education & professionalism, 10*(3), 156-162. https://doi.org/10.30476/jamp.2022.93731.1548

Martín, A. G., Cases, T. M., León, J. M., y Arenas, G. V. (2020). Validez de las encuestas de satisfacción de los estudiantes para evaluar la calidad docente: el caso de la UPCT (Cartagena). *Red U, 18*(1), 275. https://doi.org/10.4995/redu.2020.12996

Romero-Alemán, M.M. (2020). Análisis comparativo de la satisfacción del estudiantado con la docencia del área de Biología Celular antes y después de la introducción del EEES. En N. Andollo-Victoriano y A. García de Galdeano (Eds.). *Experiencias de Innovación docente en Biomedicina* (pp. 224-227). Universidad del País Vasco e-books.https://accedacris.ulpgc.es/handle/10553/105859

The jamovi project (2022). *jamovi.* (Version 2.3) [Computer Software]. https://www.jamovi.org.

van Gaalen, A. E. J., Brouwer, J., Schönrock-Adema, J., Bouwkamp-Timmer, T., Jaarsma, A. D. C., y Georgiadis, J. R. (2021). Gamification of health professions education: a systematic review. *Advances in health sciences education: theory and practice, 26*(2), 683–711. https://doi.org/10.1007/s10459-020-10000-3

Xu, M., Luo, Y., Zhang, Y., Xia, R., Qian, H., y Zou, X. (2023). Game-based learning in medical education. *Frontiers in public health, 11*, 1113682.https://doi.org/10.3389/fpubh.2023.1113682

Yuenyongviwat, V., y Bvonpanttarananon, J. (2021). Using a Web-Based Quiz Game as a Tool to Summarize Essential Content in Medical School Classes: Retrospective Comparative Study. *JMIR medical education*, 7(2), e22992. https://doi.org/10.2196/22992

EDUCACIÓN SUPERIOR PARA LAS PERSONAS CON DISCAPACIDAD INTELECTUAL: OPORTUNIDAD PROFESIONAL SOBRE ACCESIBILIDAD UNIVERSAL

Marta Sierra Llamas[1], *Pablo Muñoz Navarro*[2], *Luis Delgado Méndez*[3] *Consuelo del Moral Ávila*[4] *Nieves Navarro Cano*[5]

El presente texto nace en el marco de un programa formativo universitario dirigido a jóvenes de entre 18 y 30 años para mejorar la empleabilidad y la inclusión de las personas con discapacidad intelectual a través de una formación especializada en accesibilidad universal y diseño para todas las personas en la edificación. El programa formativo está financiado por Fundación ONCE a través de fondos FEDER.

1. INTRODUCCIÓN

La Convención Internacional sobre los Derechos de las Personas con Discapacidad (Instrumento de Ratificación de la Convención sobre los derechos de las personas con discapacidad, 2008), ratificada por España en 2008, establece que los Estados Partes reconocen el derecho de las personas con discapacidad a la educación. Para ello, reconoce como la única forma de hacerlo posible a la educación inclusiva.

La Ley General de los derechos de las personas con discapacidad y de su inclusión social (Real Decreto Legislativo 1/2013) recoge en el artículo *2.j* el concepto "inclusión social" como *"el principio en virtud del cual la sociedad promueve valores compartidos orientados al bien común y a la cohesión social, permitiendo que todas las personas con discapacidad tengan las oportunidades y recursos necesarios para participar plenamente en la vida política, económica, social, educativa, laboral y cultural, y para disfrutar de unas condiciones de vida en igualdad con los demás"*. Este principio deja claro que las personas con discapacidad deben tener unas condiciones de vida iguales al resto de la población participando plenamente en la vida educativa. Por otro lado, en el artículo 18.2 de esta Ley se configura el derecho a la educación estableciendo las siguientes premisas:

1. Universidad Politécnica de Madrid (Madrid)
2. Universidad San Pablo CEU de Madrid (España)
3. Universidad de Granada (España)
4. Universidad de Granada (España)
5. Universidad Politécnica de Madrid (España)

a) Las administraciones educativas deben asegurar un sistema educativo inclusivo en todos los niveles educativos.

b) Se debe prestar atención a la diversidad de necesidades educativas del alumnado con discapacidad por medio de la regulación de apoyos y ajustes razonables para aquellas personas que lo necesiten.

En el artículo 21.1 de la Ley se establece que la valoración de las necesidades educativas de las personas con discapacidad recae en los servicios de orientación educativa y, en concreto, en las funciones de orientación, evaluación e intervención educativa para conseguir la dinamización pedagógica, la calidad y la innovación educativa.

La Unión Europea por medio de la Estrategia Europa 2020 (EUROPA 2020 Una estrategia para un crecimiento inteligente, sostenible e integrador, 2020) y a través de inversiones más eficaces en ámbitos como la educación, la investigación y la innovación se propone activar la creación de empleo y la reducción de la pobreza. Para ello, el objetivo fundamental es el de modernizar los mercados laborales incrementando la productividad laboral y reduciendo el desempleo, en particular, en los colectivos de la población más vulnerables. El 19 de diciembre de 2013, el Gobierno de España presentó a la Comisión Europea el Plan Nacional de Garantía Juvenil, que junto a la Estrategia de Emprendimiento y Empleo Joven, recoge un catálogo común de actuaciones que serán desarrolladas por los organismos intermedios del Programa Operativo de Empleo Juvenil (en adelante POEJ) y tendrán como objetivo la reducción del desempleo juvenil. La Fundación ONCE fue designada Organismo Intermedio del POEJ mediante acuerdo de delegación de funciones de fecha 26 de julio de 2016. Con fecha 23 de marzo de 2018, se comunica a la Fundación ONCE la concesión de una dotación adicional dentro de este Programa Operativo, en el marco del cual se encajan las convocatorias que sustentan el Programa UNIDIVERSIDAD (Fundación ONCE, 2021). El objeto de las convocatorias de UNIDIVERSIDAD es conceder ayudas a las Universidades españolas que desarrollen y ejecuten programas de formación para el empleo y la inclusión universitaria de jóvenes con discapacidad intelectual inscritos en el Sistema Nacional de Garantía Juvenil. Y los objetivos concretos a conseguir son los que se indican a continuación:

a) Proporcionar formación universitaria a jóvenes con discapacidad intelectual enfocada a mejorar su autonomía, su formación académica y su preparación laboral.

b) Dotar a estos/as jóvenes de habilidades y competencias necesarias para aumentar sus posibilidades de inserción laboral, accediendo a empleos en la modalidad del empleo con apoyo u otras.

c) Proporcionar experiencias inclusivas y de normalización dentro de la Comunidad Universitaria.

d) Facilitar una formación integral y personalizada para que los jóvenes con discapacidad intelectual puedan participar como miembros de pleno derecho en su comunidad.

e) Implicar a las Universidades españolas en la inclusión social de personas con discapacidad intelectual a través de la formación y la mejora de su empleabilidad.

Los requisitos y características del Programa UNIDIVERSIDAD se establecen en cada convocatoria, pero todos ellos se rigen por unos criterios que obligan a que sean títulos propios de las universidades que solicitan las ayudas. Deben estar integrados en las estrategias formativas de estas universidades, respecto a sus contenidos, metodología docente y sistemas de evaluación en cada curso académico.

En ese contexto se enmarca el Título Propio que nos ocupa en este artículo y que se denomina "Ciudades Inteligentes y Naturación Urbana en la Edificación" (Universidad Politécnica de Madrid, 2022) que tiene como objetivo que los estudiantes que cursen el mismo posean un Diploma de Extensión Universitaria de formación inclusiva en la universidad en el ámbito de la accesibilidad universal. Este Título Propio, desde su inicio, ha planteado algunas dudas respecto al nivel educativo en el que se enmarca, la educación superior. Los estudiantes con discapacidad intelectual reciben una formación en la universidad que tiene como objetivo permitirles una mejor situación en su presente y en su futuro laboral. Los programas que imparten las universidades obligatoriamente deben ser del formato de títulos propios con un profesorado que preferentemente debe pertenecer a las áreas de conocimiento de Psicología, Educación, Educación Social, Trabajo Social y/o Relaciones Laborales, aunque se valora también la participación de profesorado de otras áreas. Al hilo de estas circunstancias, surgen varias preguntas y una de ellas es la de "si se podría haber realizado un Programa Formativo similar, por ejemplo, en la Formación Profesional Reglada"; y otra la de "por qué la preferencia para las áreas relacionadas en el párrafo anterior?".

En ese contexto, este artículo trata de describir el diseño y la ejecución del Título Propio "Ciudades Inteligentes y Naturación Urbana en la Edificación" de la UPM, (Universidad Politécnica de Madrid, 2022) desde sus comienzos en el curso 2019-2020, para constatar que está siendo un éxito según los objetivos del Programa UNIDIVERSIDAD de Fundación ONCE y que cuenta además con la participación mayoritaria de profesorado de áreas de conocimiento distintas a las preferentes del Programa UNIDIVERSIDAD.

El artículo se estructura en seis capítulos, incluido el presente, que se relacionan a continuación: el capítulo primero, dedicado a la introducción del contenido principal; el segundo capítulo describe los objetivos del Título Propio; el tercer capítulo se centra en la metodología empleada y el cuarto capítulo describe con precisión el diseño y planificación de la enseñanza que se está utilizando; el quinto capítulo se dedica a las conclusiones y el sexto capítulo contiene la bibliografía.

2. OBJETIVOS

El objetivo general del programa formativo del título propio "Ciudades inteligentes y Naturación urbana en la edificación" (Universidad Politécnica de Madrid, 2022) es el de ofrecer una formación superior, pionera y especializada que mejore la inclusión universitaria y la empleabilidad de las personas con discapacidad intelectual en el ámbito de la accesibilidad universal. Está especializado en edificación verde y accesible y en la integración de los espacios urbanos verdes y todo ello para que pueda ser utilizado por todas las personas. La capacitación profesional de los participantes es equivalente al nivel de cualificación 6 según el Marco Europeo de Cualificaciones, EQF (Consejo de Gobierno de la UPM, 2018), (RECOMENDACIÓN DEL CONSEJO DE LA UNIÓN EUROPEA, 2017).

Este objetivo general se configura en los siguientes objetivos específicos:

1) La formación superior está enfocada a mejorar la autonomía, la formación académica y la preparación laboral de los jóvenes con discapacidad intelectual. Así se pretende conseguir que puedan participar en su comunidad como personas con pleno derecho.
2) Conseguir las habilidades y competencias necesarias de estos jóvenes para aumentar sus posibilidades de inserción laboral, accediendo a empleos en varias modalidades.

3) Proporcionar experiencias inclusivas y de normalización en el ámbito de la Comunidad Universitaria.
4) Implicar a las Universidades españolas en la inclusión social de personas con discapacidad intelectual a través de la formación y la mejora de su empleabilidad.

3. METODOLOGÍA

La metodología empleada para conseguirlo ha sido la de conformar un Diploma de Extensión Universitaria en la UPM (Consejo de Gobierno de la UPM, 2018) con un programa experto especializado en las denominadas "Smart Cities" (Ministerio de Asuntos Económicos y Transformación Digital, 2015), enfocado a la accesibilidad e inclusión en la ciudad, entendido como un nuevo nicho de empleo en el sector de la construcción a través de la arquitectura accesible, asequible y sostenible. Este Diploma de Extensión Universitaria se enmarca en los Títulos Propios de Posgrado bajo la denominación de "Otros Estudios Propios de Formación permanente" (art. 3, C1).

El aprendizaje de los estudiantes con discapacidad intelectual que se persigue va dirigido a facilitar una formación en competencias técnicas para la integración de espacios verdes en las ciudades y elementos verdes en los edificios, integrando la accesibilidad universal y la movilidad accesible y utilizando para ello el concepto de "diseño universal".

4. DISEÑO Y PLANIFICACION DE LA ENSEÑANZA DEL TÍTULO PROPIO

La enseñanza que se desarrolla en el título propio "Ciudades inteligentes y Naturación urbana en la edificación" tiene un valor singular y especial por su carácter técnico. Los estudiantes que lo cursan reciben una formación integral en competencias técnicas en el ámbito de la edificación y el urbanismo en la Universidad Politécnica de Madrid (en adelante UPM). Intervienen también otras universidades como la Universidad de Granada, la Universidad San Pablo CEU de Madrid, la Universidad Católica de Colombia y la Universidad de Yunta de Colombia. Y por último, colaboran en su desarrollo instituciones como el Instituto Internacional Académico y Profesional de Innovación en la Accesibilidad, iiAPA, y un amplio número de entidades del tercer sector especializadas en discapacidad intelectual.

La financiación corre a cargo del Fondo Social Europeo, a través del Programa Operativo de Empleo Juvenil y de Fundación ONCE como Organismo Intermedio del mencionado Programa Operativo. El importe de las ayudas que reciben las universidades se fija por número de estudiantes que se gradúan en el programa anual, considerando una asistencia de al menos al 80% de las horas totales del título propio. Se establece para cada universidad un máximo de ayuda de 60.000 euros, financiando 4.000 euros por cada estudiante matriculado y aprobado por superar los resultados previstos en el curso.

4.1. Características generales

El programa a desarrollar en el título propio es de 30 ECTS (mínimo exigido en cada convocatoria) con una duración que va desde el día 1 de octubre al 30 de junio de cada curso académico.

Los estudiantes tienen que cumplir unos requisitos previos que se indican a continuación:

a) Tener una discapacidad intelectual con un grado igual o superior al 33% reconocida por el Organismo Competente de la comunidad autónoma de la que es residente.

b) Haber cumplido o cumplir en el curso académico 18 años y tener menos de 30.

c) Ser beneficiaria o beneficiario del Sistema Nacional de Garantía Juvenil previo al inicio del curso.

Siendo la finalidad del título propio la ampliación de competencias y habilidades formativas y profesionales para conseguir una mejor inserción laboral (Real Decreto 822/2021) de los estudiantes con discapacidad intelectual, la UPM entrega a cada uno de ellos un Certificado con la denominación del curso y el contenido en créditos del mismo.

Los sistemas de adquisición y evaluación de competencias implantados en el título propio se aplican conforme a los principios de accesibilidad universal y diseño para todas las personas según lo recogido en la norma de organización de las enseñanzas universitarias y del procedimiento de aseguramiento de su calidad (Real Decreto 822/2021).

Las personas responsables del desarrollo del título propio "Ciudades inteligentes y Naturación urbana en la edificación" (Universidad Politécnica de Madrid, 2022) se recogen en la Figura 1.

Perfil	Nombre, apellidos, afiliación
Directora	Marta Sierra Llamas, profesora Titular de Escuela Universitaria de la Universidad Politécnica de Madrid
Codirectora	Nieves Navarro Cano, profesora Titular de la Universidad Politécnica de Madrid jubilada y presidenta de la Instituto Internacional Académico y Profesional de Innovación en la Accesibilidad, iiAPA, entidad colaboradora
Secretario	Alfonso García García, profesor Titular de la Universidad Politécnica de Madrid
Coordinadora de apoyo docente y de TIC en el aprendizaje	Consuelo del Moral Ávila, profesora Contratada Doctora de la Universidad de Granada
Profesorado	Marta Sierra Llamas profesora TEU. UPM Doctora Nieves Navarro Cano, profesora TU. UPM/ iiAPA Accesibilidad Doctor Alfonso García García, profesor TU. UPM Doctor Luis Delgado Méndez, acreditado a profesor Contratado Doctor y PA de la Universidad de Granada Doctora Consuelo del Moral Ávila, PCD. UGR Doctor José Javier Serrano Olmedo, PTU. UPM Doctor Roberto Rodríguez Solano, PTU. UPM Doctor Pablo Campos Calvo Sotelo, CU. Universidad San Pablo CEU

Figura 1. Personas responsables del Título Propio "Ciudades Inteligentes y Naturación urbana en la edificación". Fuente: elaboración propia

4.2. Plan de Estudios que se imparte

La modalidad de enseñanza del título propio es presencial y virtual, según el desarrollo de los contenidos de la misma. La adaptación a esta modalidad de docencia ha sido adoptada como buena y con total normalidad por parte de los estudiantes. El desarrollo de la docencia se realiza a través de módulos formativos teórico-prácticos especializados, contenidos transversales y prácticas laborales en entornos de empresas e instituciones de carácter público y privado. Igualmente, se ofertan actividades extra curriculares como son las relacionadas con la cultura, el deporte, las artes, que se desarrollan en los distintos Campus Universitarios con los que cuenta la Comunidad de Madrid.

Las competencias generales y específicas que los estudiantes tienen que conseguir se han diseñado siguiendo las normas europeas, las normas del estado español y las propias de la UPM (RECOMENDACIÓN DEL CONSEJO DE LA UNIÓN EUROPEA, 2017), (Real Decreto 822/2021), (Consejo de Gobierno de la UPM, 2018) y siguiendo también los objetivos y la estructura de la publicación denominada Formación Curricular de Diseño para Todos en Arquitectura (Aragall, y otros, 2010). En esta publicación el objetivo fundamental es el de incluir la accesibilidad universal en una de las titulaciones técnicas como es la Arquitectura para conseguir la formación de personas expertas en la materia, posibilitando la aplicación de la normativa específica desde el rigor técnico y el científico. Para ello, se trabajó en la configuración de competencias básicas y específicas que debían adquirir los estudiantes por medio de tres tipos de formación: común, específica y práctica (del Moral, Delgado, & Navarro, La inclusión de la accesibilidad universal en la educación superior: el caso de la titulación de arquitectura, 2016).

Las competencias generales y específicas del título propio (Universidad Politécnica de Madrid, 2022) se recogen en la Figura 2.

La configuración de las mencionadas competencias sigue el modelo descrito antes centrándose en dos aspectos fundamentales:

a) Conseguir que los resultados del aprendizaje de los estudiantes se materialicen en una mayor y mejor empleabilidad en el ámbito de la accesibilidad universal de las ciudades inteligentes (Ministerio de Asuntos Económicos y Transformación Digital, 2015).

b) Realizarlo a través de su experiencia inclusiva en la universidad (Fuller, Bradley, & Healey, 2004), (Moriña, School memories of young people with disabilities: an analysis of barriers and aids to inclusion, 2010) (Moriña & Molina, La Universidad a análisis: las voces del alumnado con discapacidad, 2011), (Moriña, Cortés-Vega, & Molina, What if we could imagine the ideal faculty? Proposals for improvement by university students with disabilities, 2015).

Respecto a su experiencia inclusiva en la universidad si se detectan dos importantes dificultades (Cotán, 2017), que con la tutorización personalizada se han conseguido superar, y que son la comprensión y utilización del protocolo de matriculación y llegada a la universidad y el manejo de la página web de la misma porque ninguno de ellos es intuitivo, ni siquiera para un estudiante sin discapacidad.

La estructura de la docencia del Título Propio se recoge en la Figura 3.

Competencias generales	Competencias específicas
G01. Aplicar los conceptos, teorías y principios adquiridos en la resolución de problemas y toma de decisiones	E01. Conseguir el aprendizaje básico en materia de ciudades inteligentes: concepto, gestión y desarrollo sostenible
G02. Adquirir compromisos socio-laborales, que contribuyan a su crecimiento como ciudadanos y ciudadanas de pleno derecho	E02. Conocer y manejar la normativa de obligado cumplimiento y la de recomendación en materia de accesibilidad universal a nivel de edificación y de urbanismo
G03. Adquirir y manifestar habilidades sociales y emocionales necesarias para relacionarse con éxito en los diferentes entornos en los que se desenvuelvan para trabajar satisfactoriamente en equipo	E03. Conocer y manejar la normativa de obligado cumplimiento y la de recomendación en materia de gestión de residuos y economía circular
G04. Ser capaces de reunir e interpretar datos relevantes (dentro de su área de estudio) para emitir juicios que incluyan una reflexión sobre temas relevantes de índole social, científica o ética	E04. Conocer y manejar la normativa de obligado cumplimiento en materia de seguridad laboral
G05. Transmitir información, ideas, problemas y soluciones a un público tanto especializado como no especializado	E05. Adquirir habilidades de manejo de las herramientas de expresión gráfica a nivel básico
G06. Trabajar en un equipo intercambiando maneras de pensar y actuar con respeto a las personas que lo integran	E06. Adquirir habilidades para comprender el proceso por el cual los edificios se integran en el espacio urbano respetando el medio ambiente urbano y natural
G07. Desarrollar actitudes flexibles con capacidad de adaptación al cambio	E07. Conocer y manejar cualidades plásticas, elásticas y de resistencia de sistemas constructivos y de naturación urbana para su uso en el ejercicio profesional
G08. Desarrollar prácticas en entornos laborales ordinarios	E08. Adquirir habilidades de manejo de tecnologías de la información y la comunicación, que les permitan resolver con eficacia tareas relacionadas con su trabajo

Figura 2. Competencias generales y específicas del Título Propio "Ciudades Inteligentes y Naturación urbana en la edificación". Fuente: elaboración propia

Módulo teórico-práctico

- Tema 1. Ciudades inteligentes
- Tema 2. Soluciones para el desarrollo urbano sostenible y resiliente
- Tema 3. Accesibilidad Universal y Movilidad Accesible
- Seminario de accesibilidad integral en el edificio y el entorno urbano

Módulo transversal

- Tema 1. Formación y orientación laboral
- Tema 2. Igualdad de género e igualdad de oportunidades (discapacidad)
- Tema 3. Habilidades socio-laborales y técnicas de comunicación
- Tema 4. Prevención de riesgos laborales
- Tema 5. Educación financiera
- Tema 6. Tecnologías de la información y la comunicación

Practicum

- Se realizan prácticas profesionales académicas
- Se cuenta con varias empresas e instituciones del entorno ordinario de los estudiantes

Figura 3. Estructura de la docencia del Título Propio "Ciudades Inteligentes y Naturación urbana en la edificación". Fuente: elaboración propia

La metodología docente se desarrolla en base a los siguientes elementos:

a) Lección expositiva en aulas no inclusivas e inclusivas.
b) Resolución de problemas y estudio de casos prácticos.
c) Ejercicios de simulación de estudios de caso.
d) Análisis de fuentes y documentos.
e) Manejo e interactuación con la plataforma docente de Moodle.
f) Realización de trabajos en grupo y de su puesta en común en el aula
g) Actividades formativas en el aula de forma presencial y virtual

Los criterios e instrumentos de evaluación se recogen en la Figura 4, recordando que también se realizan de forma presencial y virtual.

Criterios de evaluación	Instrumentos de evaluación
CE01. Constatación del dominio de los contenidos teóricos y prácticos y elaboración crítica de los mismos	IE01. Pruebas escritas de respuestas breves, supuestos o resolución de problemas
CE02. Valoración de los trabajos realizados de forma individual o en equipo, atendiendo a la presentación, redacción, claridad de ideas, creatividad, argumentación y la utilización de bibliografía actualizada	IE02. Pruebas orales de exposición de trabajos y debates en el aula
CE03. Grado de implicación y actitud del estudiantado por medio de su participación en la elaboración de los trabajos y en las sesiones de puesta en común en el aula	IE03. Trabajos y memorias elaborados de forma individual o en grupo
CE04. Asistencia a clase, a las sesiones de grupo y a las tutorías	

Figura 4. Criterios e instrumentos de evaluación del Título Propio "Ciudades Inteligentes y Naturación urbana en la edificación". Fuente: elaboración propia

Por último, es oportuno constatar que el desarrollo del aprendizaje de los estudiantes con discapacidad intelectual ha servido al profesorado y a los responsables de la impartición del título para iniciar un camino de "investigación inclusiva" (Álvarez-Aguado, y otros, 2021) que pueda proporcionar protocolos de actuación para que estas personas puedan incorporarse en igualdad de condiciones en los estudios superiores (Moriña, Cortés-Vega, & Molina, What if we could imagine the ideal faculty? Proposals for improvement by university students with disabilities, 2015). El proceso de investigación inclusiva se ha desarrollado en paralelo a la impartición de la docencia y del desarrollo del practicum en cada curso académico. Ha consistido en la estrecha colaboración de las personas encargadas de la tutorización de los estudiantes y de ellos mismos con el objetivo de generar procesos colaborativos sobre sus necesidades personales y profesionales (Pallisera, Fullana, Puyaltó, Vilà, & Díaz, 2017).

Entendemos que estos procesos colaborativos son un buen instrumento de cambio social porque son las propias personas afectadas por las barreras de acceso a la educación superior las que transmiten y pueden provocar la transformación real de la situación actual (Cotán, 2017). La universidad en este contexto debe plantearse ser una institución realmente inclusiva promoviendo la participación real y efectiva de las personas con discapacidad intelectual y haciendo posible la difusión de los resultados de la investigación y de la innovación docente que está generando.

4.3. Resultados obtenidos

Los resultados obtenidos los clasificamos en dos grupos: los de formación y los de empleabilidad. Se describen a continuación.

1) Resultados de formación.

En este apartado vamos a recoger los resultados más relevantes de las actividades de formación de los estudiantes con discapacidad desde el primer curso en el que se impartió el título propio.

Para ello y en primer lugar, en la Figura 5 se recoge el número total de estudiantes con discapacidad intelectual que han participado y superado los estudios en cada curso académico.

Curso académico	Número de estudiantes matriculados con el curso superado
2019-2020	15
2020-2021	14
2021-2022	13
2022-2023	14

Figura 5. Número de estudiantes que han participado en el Título Propio "Ciudades Inteligentes y Naturación urbana en la edificación" en cada curso académico.
Fuente: elaboración propia

A continuación de la Figura 6 a la Figura 10 se recogen algunos trabajos de los estudiantes de los cuatro cursos de desarrollo hasta el momento.

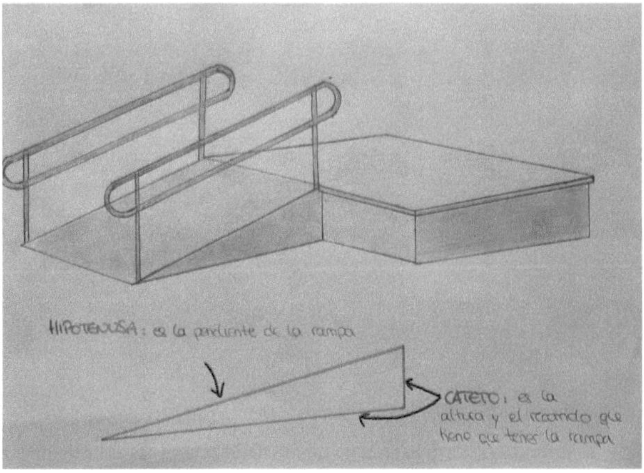

Figura 6. Resultados de Práctica Viva sobre dibujos de elementos de accesibilidad simples. Curso 2019-2020. Fuente: Alicia Verdugo García

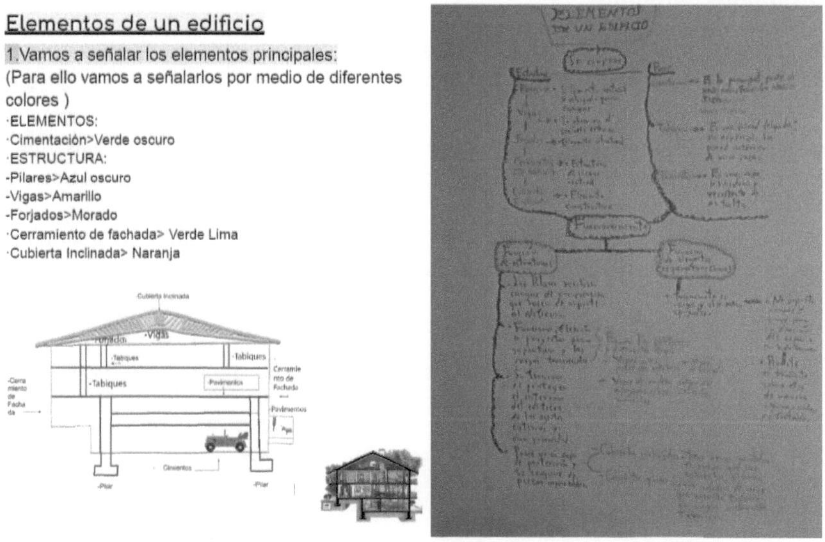

Figura 7. Resultados de la Práctica 2 sobre elementos de un edificio. Curso 2020-2021. Fuente: Carlos David Romero

Figura 8. Resultados de la clase inclusiva TP-TPDO ETSAGR. Curso 2021-2022. Fuente: (del Moral & Delgado, Docencia Inclusiva asignatura TPDO-Máster Universitario en Arquitectura, UGR, y TP Ciudades Inteligentes y Naturación Urbana en la Edificación, UPM, 2022)

Figura 9. Resultados de Práctica Viva Nº 4. Búsquedas documentales. Viveros en la provincia de Madrid. Curso 2022-2023. Fuente: Laura Jiménez Baños

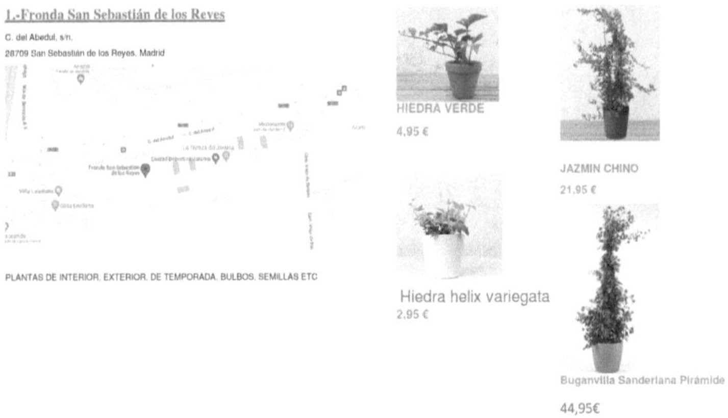

Figura 10. Resultados de Práctica Viva Nº 4. Búsquedas documentales. Viveros en la provincia de Madrid. Curso 2022-2023. Fuente: Ana María Pedrero Vidal

2) Resultados de empleabilidad.

Durante los cursos 2019-2020 a 2021-2022 se han formado 42 estudiantes de los que 22 son mujeres (52,38 %) y 20 son hombres (47,62 %). Se ha conseguido que el 17 % del total se encuentren trabajando en este momento en la administración pública y en empresas privadas.

5. CONCLUSIONES

La primera conclusión a destacar es que el título propio “Ciudades Inteligentes y Naturación urbana en la edificación” (Universidad Politécnica de Madrid, 2022) se viene desarrollando desde el curso académico 2019-2020 con un éxito moderado teniendo en cuenta que la pandemia COVID 19 aparece en el segundo semestre de ese primer curso. Debido a ello, la modalidad de docencia utilizada, presencial y virtual, ha afectado a todas las actividades del curso y finalmente se ha mantenido como tal, aunque en menor medida que en los cursos 2019-2020 y 2020-2021. La adaptación a esta modalidad de docencia ha sido adoptada como buena y con total normalidad por parte de los estudiantes y del profesorado.

En segundo lugar, cabe decir que el objetivo de ampliación de competencias y habilidades formativas y profesionales dirigidas a los estudiantes para conseguir una mejor inserción laboral se ha conseguido en parte, ya que ha posibilitado a casi un 20% de ellos conseguir un empleo estable.

Por último, la estrecha relación entre los responsables del título propio, profesores y los propios estudiantes con discapacidad, ha permitido iniciar y continuar una investigación inclusiva basada en la innovación docente de la impartición del título propio (Universidad Politécnica de Madrid, 2022) en estos cuatro cursos de desarrollo (Álvarez-Aguado, y otros, 2021). Como resultado de esta investigación inclusiva se puede afirmar que el acceso de las personas con discapacidad intelectual a la educación, también la no universitaria, es posible. Se trata de que las instituciones educativas eliminen los obstáculos que los estudiantes con discapacidad intelectual encuentran en el camino a través de medidas de acción positiva materializadas en ajustes razonables en el entorno construido de los centros educativos, en el proceso educativo de formación a seguir en cada nivel y empoderarles por medio de una vida independiente.

6. REFERENCIAS

Fundación ONCE. (2021). PROGRAMA UNIDIVERSIDAD: https://www.fundaciononce.es/es/que-hacemos/universidad-y-discapacidad

Universidad Politécnica de Madrid. (2022). Edificación UPM: https://n9.cl/90f7y

Álvarez-Aguado, I., Carrasco, P., González, F., Exss, K., Jarpa, M., Spencer, H., Vega Córdova, V. (2021). *Expertos por Experiencia. El proceso de investigación inclusiva: un desafío para los nuevos tiempos.* Valparaiso, Chile: Ediciones Universitarias de Valparaiso. Pontificia Universidad Católica de Valparaiso.

Aragall, F., Bonet, I., Bordás, M., Calatrava, J., Delgado, L., Fernández, A., Izquierdo, L., Monjo, J., del Moral Avila, C., Moreno, J. M., Navarro, N., Roca, J., Solana, E. y Valverde, I. (2010). *Formación curricular de Diseño para Todos en Arquitectura.* Barcelona, España: Instituto de Mayores y Servicios Sociales, IMSERSO, y Fundación ONCE.

Consejo de Gobierno de la UPM. (25 de 10 de 2018). *Normativa de las Enseñanzas Propias de la Universidad Politécnica de Madrid, UPM.* Madrid, España.

Cotán, A. (2017). Educación inclusiva en las instituciones de educación superior: narrativas de estudiantes con discapacidad. *Revista Española de Discapacidad, 5*(I), 43-61.

del Moral, C. y Delgado, L. (06 de 05 de 2022). *Docencia Inclusiva asignatura TPDO-Máster Universitario en Arquitectura, UGR, y TP Ciudades Inteligentes y Naturación Urbana en la Edificación, UPM.* http://hdl.handle.net/10481/75438

del Moral, C., Delgado, L., y Navarro, N. (2016). La inclusión de la accesibilidad universal en la educación superior: el caso de la titulación de arquitectura. (pág. 548). Granada: XIII FECIES, Libro de Resúmenes.

EUROPA 2020 Una estrategia para un crecimiento inteligente, sostenible e integrador. (03 de 03 de 2020). Bruselas, Europa: COM(2010) 2020 final.

Fuller, M., Bradley, A. y Healey, M. (2004). Incorporating disabled students within an inclusive higher education environment. *Disability & society, 19*(5), 455-468.

Instrumento de Ratificación de la Convención sobre los derechos de las personas con discapacidad. (2008). Madrid, España: BOE num. 96 de 21-04-2008.

Ministerio de Asuntos Económicos y Transformación Digital. (2015). *Plan Nacional de Ciudades Inteligentes, versión 2.* https://n9.cl/zdqac

Moriña, A. (2010). School memories of young people with disabilities: an analysis of barriers and aids to inclusion. *Disability & Society, 25*(2), 163-175.

Moriña, A. y Molina, V. (2011). La Universidad a análisis: las voces del alumnado con discapacidad. *Revista de Enseñanza Universitaria*, 37, 23-35.

Moriña, A., Cortés-Vega, M. y Molina, V. (2015). What if we could imagine the ideal faculty? Proposals for improvement by university students with disabilities. *Teaching and Teacher Education,* 52, 91-98.

Pallisera, M., Fullana, J., Puyaltó, C., Vilà, M. y Díaz, G. (2017). Apoyando la participación real de las personas con discapacidad intelectual: una experiencia de investigación inclusiva sobre vida independiente. *Revista Española de Discapacidad, 5*(I), 7-24.

Real Decreto 822/2021. (s.f.). de 28 de septiembre, por el que se establece la organización de las enseñanzas universitarias y del procedimiento de aseguramiento de su calidad. Madrid, España: BOE num. 233 de 29-09-2021.

Real Decreto Legislativo 1/2013. (s.f.). , de 29 de noviembre, por el que se aprueba el Texto Refundido de la Ley General de derechos de las personas con discapacidad y de su inclusión social. Madrid, España: BOE num. 289 de 03-12-2013.

RECOMENDACIÓN DEL CONSEJO DE LA UNIÓN EUROPEA. (22 de mayo de 2017). , de 22 de mayo de 2017, relativa al Marco Europeo de Cualificaciones para el aprendizaje permanente y por la que se deroga la Recomendación del Parlamento Europeo y del Consejo de 23 de abril de 2008 relativa a la creación del MEC para el aprendizaje p. Bruselas: DO C num. 189 de 15-06-2017.

CIENCIAS SOCIALES EN ABIERTO

Editada por
David Caldevilla Domínguez y Almudena Barrientos-Báez

Vol. 1 Almudena Barrientos-Báez / David Caldevilla Domínguez / Javier Sierra Sánchez (eds.): Inteligencia Artificial ¿amiga o enemiga?. 2024.

Vol. 2 Ana Tomás López / Sara Navarro Lalanda / Paola Eunice Rivera Salas (eds.): Las artes como expresión vital. 2024.

Vol. 3 Carmen Paradinas Márquez / Juan Andrés Rodríguez Lora / Daniel Becerra Fernández (eds.): Empresa, empresariedad y comunicación mercantil. 2024.

Vol. 4 Tania Brandariz Portela / Xabier Martínez Rolán / Virginia Sánchez Rodríguez (eds.): Desde la óptica del género: el género como perspectiva. 2024.

Vol. 5 Sara Mariscal Vega / Carmen Cristófol Rodríguez / Fernando García Chamizo (eds.): Comunicar a través del idioma: Pensar y traducir. 2024.

Vol. 6 Arantza Lorenzo De Reizábal / Marta Talavera Ortega / Guillermina Jiménez López (eds.): Recursos, competencias y enfoques para la enseñanza de lenguas. 2024.

Vol. 7 José Luis Corona Lisboa / Encarnación Ruiz Callejón / Alba María Martínez Sala (eds.): Límites y potencialidades de la gobernanza. 2024.

Vol. 8 Blanca Tejero Claver / Carmen Dorca Fornell / Carmen Lucía Hernández Stender (eds.): El factor humano en la salud. 2024.

Vol. 9 Daniel Muñoz Sastre / Andrés Sánchez Suricalday / Manuel Osvaldo Machado Rivera (eds.): Futuro poliédrico del fenómeno social a principios del siglo XXI. 2024.

Vol. 10 Pedro Pablo Marín Dueñas / Alberto García Moreno / Basilio Cantalapiedra Nieto (eds.): Contenidos audiovisuales para un mundo de pantallas multivalentes. 2024.

Vol. 11 María Santamarina Sancho / Virginia Dasí Fernández / Mercedes Herrero De la Fuente (eds.): Perspectivas para la visibilización del género. 2024.

Vol. 12 Dolores Rando Cueto / Francisco Jaime Herranz Fernández / Coral Ivy Hunt Gómez (eds.): Internet al servicio de la modernidad en red. 2024.

Vol. 13 María Isabel Huerta Viesca / Ricardo Teodoro Alejándrez / María José Márquez Ballesteros (eds.): Legalidad derecho y política: Marcos jurídicos para un nuevo contrato social. 2024.

Vol. 14 Ana María Botella Nicolás / Guillem Escorihuela Carbonell / Antonio Rafael Fernández Paradas (eds.): Efectos de la narrativa escrita y su enseñanza en lo social. 2024.

Vol. 15 Marta Martín Gilete / Cristina Manchado Nieto / Manuel José López Ruiz (eds.): La Universidad se renueva: Modelos, competencias y fórmulas de nueva implantación. 2024.

Vol. 16 Vicenta Gisbert Caudeli / Purificación Cruz Cruz / Alberto Dafonte Gómez (eds.): La Universidad innova en metodologías y herramientas. 2024.

Vol. 17 Bárbara Cerrato Rodríguez / Nazareth Martínez Heredia / Juan Manuel Corbacho Valencia (eds.): La nueva alquimia entre el aprendizaje y la enseñanza. 2024.

www.peterlang.com

www.ingramcontent.com/pod-product-compliance
Ingram Content Group UK Ltd.
Pitfield, Milton Keynes, MK11 3LW, UK
UKHW041829290926
8980IPUK00002B/150